Bracher / Funke / Schwarz (Hrsg.)
Deutschland zwischen Krieg und Frieden

Schriftenreihe Band 295

Studien zur Geschichte und Politik

Karl Dietrich Bracher / Manfred Funke /
Hans-Peter Schwarz (Hrsg.)

Deutschland zwischen Krieg und Frieden

Beiträge zur Politik und Kultur im 20. Jahrhundert

Bundeszentrale
für politische Bildung

Bonn 1990

Redaktion: Manfred Funke · Claudia Kemmer · Rüdiger Thomas
Eine Buchhandelsausgabe besorgt der Droste Verlag · Düsseldorf
Diese Veröffentlichung stellt keine Meinungsäußerung
der Bundeszentrale für politische Bildung dar.
Für die inhaltlichen Aussagen tragen die Autoren die Verantwortung.
Satzherstellung: Froitzheim KG · Bonn
Druck: Franz Spiegel Buch GmbH · Ulm
ISBN 3-89331-091-6 · ISSN 0435-7604

Inhalt

Vorwort

In den Annalen der Geschichte unseres Jahrhunderts werden künftige Generationen das Jahr 1990 vermutlich als einen historischen Wendepunkt bezeichnen können. Am 21. November 1990 verabschiedeten die Staats- und Regierungschefs der Teilnehmerstaaten der Konferenz über Sicherheit und Zusammenarbeit in Europa in Paris eine gemeinsame Erklärung, in der sie feststellten: »Das Zeitalter der Konfrontation und der Teilung Europas ist zu Ende gegangen.« Dieser Ausdruck einer neuen Zuversicht für eine gemeinsame Zukunft der Völker, die durch Frieden, Freiheit und Demokratie bestimmt wird, bildet den markanten politischen Schlußpunkt einer Entwicklung, in der das deutsche Volk wenige Wochen zuvor am 3. Oktober 1990 seine staatliche Einheit wiedererlangt hatte. Das alte Europa, das viele Jahrzehnte lang mit der Katastrophenerfahrung von Krieg und Vernichtung als Folge menschenverachtender Gewaltpolitik leben und nach dem Ende des Zweiten Weltkriegs eine lange Periode der Ost-West-Konfrontation bestehen mußte, hatte durch die Einsicht der Politiker und die Entschlossenheit engagierter Bürger die Energie zu einem Neuanfang gefunden, der in der Charta von Paris in eindrucksvollen Worten gewürdigt wird: »Durch den Mut von Männern und Frauen, die Willensstärke der Völker und die Kraft der Ideen von Helsinki bricht in Europa ein neues Zeitalter der Demokratie, des Friedens und der Einheit an.«

Engagierte Wissenschaftler haben einen wichtigen Beitrag dazu geleistet, daß die Periode der Konfrontation, die von ideologisch fixiertem Freund-Feind-Denken und Bedrohungsvorstellungen geprägt war, durch Formen »antagonistischer Kooperation« abgelöst worden ist, wie Hans-Adolf Jacobsen die Bemühungen charakterisiert hat, bei Aufrechterhaltung des Systemgegensatzes Elemente konstruktiver Zusammenarbeit zwischen den Staaten und Völkern in Ost- und Westeuropa zu entwickeln.

Es war und ist ein zentrales Anliegen von Hans-Adolf Jacobsen, den internationalen Dialog zwischen Historikern und Politikwissenschaftlern zu fördern, um damit das wechselseitige Verständnis zu vertiefen und zur Verständigung zwischen den Völkern beizutragen. Die in diesem Band zusammengefaßten Studien, die aus Anlaß seines 65. Geburtstags entstanden sind, belegen diese Weltoffenheit auf eindrucksvolle Weise. Renommierte Forscher aus Polen und der Sowjetunion, den USA und Japan haben gemeinsam mit deutschen Repräsentanten der »scientific community« den Versuch unternommen, die spannungsreiche Geschichte unseres Kontinents zwischen Krieg und Frieden in exemplarischen Studien zu erhellen. Differenzierte Rückblicke auf die Zeit der Diktaturen und den Zweiten Weltkrieg bilden den Hintergrund für thematisch breitgefächerte perspektivenreiche Untersuchungen zur deutschen Nachkriegsgeschichte im Zusammenhang der Entwicklung der internationalen Beziehungen.

Der vorliegende Sammelband kann als ein historisches Lesebuch verstanden werden, das auf höchst anregende Weise konkrete Einblicke in die gegenwärtige zeitgeschichtliche und politikwissenschaftliche Forschung ermöglicht. Die Analyse relevanter Einzelprobleme vermag die Komplexität historischer Prozesse zu veranschaulichen, sie ist eine wichtige Ergänzung zu systematisch orientierten bilanzierenden Gesamtdarstellungen, in denen das Besondere zugunsten des Allgemeinen oft zu sehr vernachlässigt werden muß. Wir hoffen daher, daß dieser Sammelband viele interessierte Leser findet und zugleich mit seinem internationalen Autorenkreis dazu beiträgt, ein Grundanliegen von Hans-Adolf Jacobsen zu fördern, das auch ein zentrales Ziel der politischen Bildung ausdrückt: »Es kommt entscheidend darauf an, das Vertrauen zwischen den Menschen zu stärken und damit jene Voraussetzungen zu schaffen, die eine echte Aussöhnung ermöglichen.«

Das Direktorium der Bundeszentrale für politische Bildung

Franklin Schultheiß — Horst Dahlhaus — Wolfgang Maurus

Zur Einführung

Die Katastrophe der Weltkriege, die Einbindung in den Ost-West-Konflikt, die Demokratisierung der Gesellschaft sowie die Sonderrolle beim Aufbau einer modernen europäischen Friedensordnung zählen zu den entscheidenden Prägekräften deutscher Politik im 20. Jahrhundert. Ihr Epochen-Profil wurde zudem bestimmt durch industrielle Dynamik und technologische Revolutionen bei gleichzeitiger Globalisierung des weltanschaulichen und ökonomischen Wettbewerbes.

Daß nunmehr in der Neige unseres Jahrhunderts die ideologischen Großkonflikte Europas allmählich ausglühen, die antagonistischen Systeme kooperativer werden und wider Erwarten die Einigung der beiden deutschen Staaten erreicht werden konnte, beweist einmal mehr die Offenheit der Geschichte zur Zukunft. Doch diese ist nie voraussetzungslos, ihre Ausgestaltung deshalb bedenklich ohne selbstkritische Rückversicherungen durch unser historisches Wissen über Ausmaß und Methoden politischer Gefährdung und Selbstgefährdung. Das Gedächtnis der modernen Welt sollte daher beim Umgang mit aktuellen Zukunftsentwürfen als eine zwar ermutigende, aber zugleich auch als eine ernüchternde Kontrollinstanz verpflichtend sein. Diese verbindet Disziplin, Wachsamkeit und Beharrlichkeit mit den Zielen offener Gesellschaften: Universalität der Menschenrechte, wehrhafte Demokratie, ökonomische Stabilität, Sicherheitspartnerschaft und weltbürgerliche Lebensordnung.

Die Behauptung und Durchsetzung solcher fundamentaler Gemeinschaftswerte drohte oft zu scheitern an der Versuchung durch imperialen Größenwahn, totalitäre Anmaßung und nicht zuletzt durch die Fremdheit der Völker untereinander, ihre Verführbarkeit zur Feindschaft gegeneinander.

Der vorliegende Sammelband ist deshalb dazu bestimmt, die neueste Geschichte Deutschlands zwischen Krieg und Frieden am Beispiel ausgewählter Probleme des 20. Jahrhunderts zu veranschaulichen. Szenische Verknüpfung und thematische Akzentuierung machen die Charakterzüge der einzelnen Epochenabschnitte und ihrer Tektonik einsichtig.

Im ersten Darstellungsbereich zur Epoche der Weltkriege markiert der Einleitungsbeitrag von Klaus-Jürgen Müller die gleich nach Hitlers Machtübernahme auftretenden Konflikte zwischen Reichswehr und Auswärtigem Amt über die Reichweite der Revisionspolitik. Deutlich endete das Duell zugunsten Hitlers, dem die Machtmittel zum deutschen Griff nach der Weltmacht bereitgestellt wurden. Daß der Westen dies nicht frühzeitig unterband, ist ein Vorwurf, der sich immer noch gegen Londons damalige Appeasement-Politik richtet. Reinhard Meyers erläutert in seinem Beitrag die Gründe für die britische Zurückhaltung aus den massiven Wirtschaftsproblemen und überdehnten Empire-Verpflichtungen.

Die ungezähmte äußere Machtfülle erlaubte Hitler die innenpolitische Verschärfung der antijüdischen Maßnahmen. Karol Jonca behandelt am Fall Herschel Grynszpans den Weg zur »Reichskristallnacht«. Sein Kollege Franciszek Ryszka dokumentiert parallel dazu die Steigerung des rassischen Imperialismus gegen Polen. Er wurde psychopolitisch ermöglicht durch ein traditionelles Feindbild, das die Hemmschwelle zur Aggressivität absenkte und in der Folge – nicht zuletzt aufgrund falscher Selbsteinschätzung der Warschauer Führung – die furchtbare Niederlage zum traumatischen Schock für ganz Polen werden ließ. Hitlers Überfall auf Polen hatte die politische Absicherung durch den Pakt mit Stalin zur Voraussetzung. Warum sich der rote Diktator von einem Zusammengehen mit Hitler Vorteile versprach, verdeutlicht der russische Historiker Wjatscheslaw Daschitschew. Aber nicht nur durch den Vertrag mit Stalin, sondern auch durch die Achse Berlin-Rom-Tokio versuchte Hitler Englands Führungsrolle zu beschneiden. Manfred Funkes Beitrag zeigt auf, wie die Alleingänge der Bündnispartner und die materielle Überlegenheit des Westens dieses Konzept Hitlers verdarben. Ermöglicht wurde die Niederringung der Achsenmächte durch die neue Supermacht USA, deren entscheidenden Einfluß auf das Kriegsgeschehen im pazifischen und europäischen Kampfraum Gerhard L. Weinberg als interdependente Unternehmungen beschreibt. Der weltpolitische Rang dieser Geschehnisse veränderte das Geschichtsbewußtsein der Amerikaner, die nun ernsthafter als früher den Aufbau ihres militärgeschichtlichen Archivwesens betrieben und zur Dokumentation der Geschehnisse des Zweiten Weltkrieges zahlreiche deutsche Offiziere heranzogen, wie Charles Burdick berichtet. Auf das Schicksal deutscher Kriegsgefangener in amerikanischer Hand richtete die Sensationspresse ihr Interesse, nachdem der kanadische Journalist James Bacque in seinem 1989 erschienenen Buch »Der geplante Tod« behauptet hatte, daß man über 700 000 deutsche Gefangene in den Lagern längs des Rheins dem Hunger- und Seuchentod ausgeliefert habe. Der amerikanische Forscher für die Geschichte der Kriegsgefangenen Arthur L. Smith Jr. geht in seinem kritischen Aufsatz gegen diese Legende vor.

Das Standesethos der deutschen Soldaten wurde durch das Attentat vom 20. Juli 1944 gespalten. Bis heute hält eine sich an diesen Aufstand des Gewissens anknüpfende Diskussion über die Frage nach dem Recht auf Widerstand an. Karl Dietrich Bracher veranschaulicht im Schlußbeitrag der ersten Abteilung die moralische Legitimation zum Staatsstreich aus den Lebensbedingungen der verbrecherischen Diktatur. Die mutige Tat des »anderen Deutschland« wurde zum wichtigen moralischen Baustein unserer zweiten deutschen Republik, in welcher der Autor die Gefahren eines inflationären Mißbrauchs des von Randgruppen reklamierten Rechts auf Widerstand aufzeigt.

Die zweite Abteilung veranschaulicht den Spannungsbogen zwischen der Zeit des Kalten Krieges und den ersten Baustufen einer gesamteuropäischen Friedensordnung. Warum dieser Weg heraus aus dem Schatten des Zweiten Weltkrieges immer wieder von Mißtrauen, nationalen Vorbehalten und ideologischen Verdächtigungen umstellt blieb, verdeutlichen die drei Beiträge von Mieczyslaw Tomala (Warschau), Lech Trzeciakowski (Posen) und Daniil Proektor (Moskau) über die Wandlungen des

Deutschlandbildes in Polen und Osteuropa. Mit der Abnahme der historisch-politischen Belastungen müsse sich bei Zuwachs demokratischer Potentiale – so die generelle Perspektive – die ökonomische und sicherheitspolitische Kooperationsbereitschaft verstärken. Eine positive Voraussetzung dafür zeigt sich, wie Eberhard Schulz darlegt, im Wandel der Methoden, des Stils und der Schwerpunkte sowjetischer Außenpolitik. Die postrevolutionäre Normalisierung drängt der nuklearen Supermacht UdSSR einen wohl primär innenpolitisch bestimmten Strategiewandel auf. Die Hinwendung zu gesamteuropäischen Strukturen sowie die Akzeptanz der deutsch-deutschen Einigung bewertet Wolfgang Pfeiler als Beweis für die zunehmende Auflösung des konfrontativen Denkens.

Die Voraussetzung dafür bestand westlicherseits wohl nicht zuletzt in der beharrlichen Parallelpolitik von demonstrativer Stärke und konstruktiver Dialogbereitschaft. Dies führte oft genug in der westlichen Allianz zu Irritationen und unterschiedlichen Auffassungen. Doch wie Wolfgang Bergsdorfs demoskopische Bewertung der deutsch-amerikanischen Beziehungen erkennbar macht, überwog oberhalb der Linie zeitweiliger publizistischer Duelle die Konstanz mehrheitlicher Sympathie für die Vereinigten Staaten von Amerika als Schutz- und Führungsmacht. Innerhalb dieser atlantischen Gemeinschaft wurde unter Adenauer und de Gaulle die deutsch-französische Verständigung zum wichtigsten »subsidiären Konzept«, wie Hans-Peter Schwarz in seiner Beschreibung der Entstehung des Elysée-Vertrages von 1963 einsichtig macht. Die in den Jahren zuvor und danach immer stärkere Hinwendung der Deutschen zur politischen Lebenskultur des Westens bestätigt – auch im Zeichen des deutsch-deutschen Einigungsprozesses – den endgültigen Verzicht auf dritte Wege, wie der Aufsatz von Christian Hacke konstatiert. Zunehmend stärker gehen deutsche Interessen in die Gravitationszentren der Europäischen Gemeinschaft ein, in welcher – dies erhellen die Beiträge von Gerd Langguth und Hans-Gert Pöttering – Deutschland aufgrund seiner Wirtschaftskraft und überzeugenden Selbstbefreiung aus dem verengten Horizont nationaler Selbstsucht eine bedachtsam zu gestaltende Führungsrolle übernehmen kann.

Das Gedeihen des europäischen Einigungsprozesses hängt naturgemäß von der Gewährleistung der sicherheitspolitischen Gesamtstabilität ab – einer Problematik, der sich die Beiträge der dritten Abteilung widmen. Sie wird eröffnet mit drei Aufsätzen der Generäle Ulrich de Maizière, Wolf Graf von Baudissin und Werner von Scheven. Sie behandeln mit unterschiedlichen Schwerpunkten die historischen Grundlagen, verfassungsmäßigen Aufgaben, das Selbstverständnis und Zukunftsbild der Bundeswehr. Deren ehemaliger Generalinspekteur de Maizière schildert einleitend im Zeichen der Frage nach einer atomaren Bewaffnung Deutschlands die Etappen, in denen die Bundeswehr innerhalb des Nordatlantikpaktes vom bevormundeten Hilfsorgan zum geachteten Partner aufstieg. Im Folgebeitrag erläutert Generalleutnant a. D. Graf von Baudissin das Leitbild des »Bürgers in Uniform«, dessen Auftrag sich aus der Forderung ableitet, nicht Sicherheit gegeneinander, sondern Sicherheit miteinander und füreinander zu schaffen. Die praktische Umsetzung dieser Ziele stellt die Bundeswehr, wie General von Scheven thematisiert, vor die besonderen Aufgaben einer politischen Sinnvermittlung soldatischen Tuns, wobei das Problem Auflösung oder Teilintegration der Streitkräfte der Nationalen Volksarmee nicht zu Einbrüchen in das demokratische Selbstverständnis unserer Soldaten führen darf. Damit ist auch die generelle Frage nach der Durchsetzbarkeit hoher demokratischer Anforderungsprofile gegenüber den Soldaten der Zukunft gestellt, die Wilfried von Bredow aufnimmt.

Davor, diese Zukunft nicht allzu vertrauensselig aus den bisherigen Erfahrungen des globalen Antagonismus auszukoppeln, warnt der japanische Sicherheitsexperte Akira Nishioka. Demgegenüber drängt die deutsche Nachwuchswissenschaftlerin Jutta Koch angesichts der veränderten weltpolitischen Rahmenbedingungen auf die neue, nämlich ab- und umrüstungsorientierte sowie technologisch konversionsbereite Sicherheits- und Verteidigungspolitik. Die bisherigen Hemmnisse auf diesem Weg hatten nicht zuletzt ihren Grund im Fortwirken von Feindbildern, für die Carl-Christoph Schweitzer einen intensiveren polit-psychologischen Erklärungsbedarf unter Hinweis auf die fortwirkenden Defizite interdisziplinärer Forschung konstatiert.

Die letzte Abteilung versammelt Beiträge, die unter dem Begriff der politischen Lebenskultur in exemplarischer Auswahl Beispiele liefern für eine grenzüberschreitende Verständigungsarbeit einerseits und für die innenpolitische Selbsterkundung unserer Gegenwart aus ihrem historisch-politischen Bedingungsfeld heraus andererseits. So erläutert Barthold C. Witte die Aufgaben und Ziele auswärtiger Kulturpolitik, die, einst oftmals nur Flankenhilfe imperialistischer Ambitionen, heute zunehmend die Durchsetzung von Bürgerfreiheit und Demokratie in vielen Ländern unterstützt. Eine solche Politik muß um ihrer eigenen Glaubwürdigkeit willen solide länderkundliche Informationen transferieren und auf Propaganda verzichten. Nur so gelingt die Schaffung vertrauensbildender Maßnahmen, wozu in internationaler Perspektive besonders das Austauschprogramm des US-Senators J. William Fulbright beigetragen hat. Davon profitieren in besonderer Weise deutsche und amerikanische Nachwuchswissenschaftler. Ulrich Littmanns Beitrag ist der Geschichte und heutigen Dimension dieses einzigartigen Unternehmens des amerikanischen Senators gewidmet.

Der nachfolgende Aufsatz von Rüdiger Thomas verschränkt die internationalen und nationalen Themenblöcke insofern, als er die Auswirkung der Ost-West-Spaltung auf die kulturelle Eigendynamik der beiden deutschen Teilstaaten resümiert und mit dem Begriff »Kommunikationskultur« gerade auch den Intellektuellen die Überwindung der geistigen Zerklüftung als große Aufgabe zuweist. Wie sehr von altersher das Geschichtsverständnis der Menschen auch durch visuelle Indoktrination belagert wurde, beweist Peter G. Thielens Studie über Herrschaftsbilder in Amtsräumen. Gegen fortgeltende Besetzung durch illegitime Traditionsbestände und Vorurteile wandte sich besonders das Emanzipations- und Partizipationsbegehren selbstbewußter Frauen, die sich um die Festigung des Parlamentarismus nach 1945 vielfach verdient gemacht haben und deren Lebensweg von Birgit Meyer geschildert wird. Den Band beschließt Werner Weidenfelds Essay über das Maß der Geschichtsverhaftung unserer Gegenwart. Dabei verbindet der Autor die Warnung vor Erfahrungsverlusten mit der Ermutigung zu geschichtsorientierter Sinnbestimmung deutscher Zukunft.

Abschließend sei angezeigt, daß auf die Auswahl der Themen und Autoren auch die Absicht der Herausgeber Einfluß hatte, mit diesem Band Professor Dr. Dr. h.c. Hans-

Adolf Jacobsen anläßlich der Vollendung seines 65. Lebensjahres in besonderer Weise zu ehren. Er ist seit vielen Jahren Mitglied des Wissenschaftlichen Beirats der Bundeszentrale für politische Bildung. Sein öffentliches Wirken und wissenschaftliches Lebenswerk sind der Erforschung der deutschen Diktatur und des Zweiten Weltkrieges gewidmet und stehen darüber hinaus seit vielen Jahren im Dienst eines sicherheitspolitisch verantwortbaren, friedlichen Wandels von der Konfrontation zur Kooperation innerhalb der europäischen Staatenwelt. Autoren und Herausgeber danken der Bundeszentrale für politische Bildung für die Publikation dieses Bandes in ihrer Schriftenreihe.

Bonn, im November 1990 Manfred Funke

I. Die Zeit der Diktaturen und des Zweiten Weltkrieges

Klaus-Jürgen Müller

Revision, Aufrüstung und nationale Sicherheit

Der Grundsatzkonflikt zwischen Militär und Diplomatie in Deutschland 1933–1935

Schon wenige Tage nach seiner Machtübernahme legte Hitler den höchsten Generälen der Reichswehr dar, daß der »Aufbau der Wehrmacht (die) wichtigste Voraussetzung für (die) Erreichung des Zieles: (der) Wiedererringung der politischen Macht« sei; wie solle diese Macht gebraucht werden? Seine Antwort war trotz scheinbarer Relativierung – klipp und klar: »Eroberung neuen Lebensraumes im Osten und dessen rücksichtslose Germanisierung«[1].

Aufrüstung und Außenpolitik standen also von Anfang an unter der von Hitler so verkündeten und von der Generalität widerspruchslos akzeptierten Zielsetzung einer militärisch bestimmten, expansiven Machtpolitik. Allerdings divergierten die Ansichten der Generalität und die Hitlers hinsichtlich der endgültigen Zielvorstellungen: Die Militärs dachten an die Erringung der deutschen Hegemonie in Mittel- und Mittelosteuropa, Hitler dagegen träumte von einem »großgermanischen Reich deutscher Nation«; eine Teilidentität der Ziele war vorhanden. Vor allem stimmten Hitler und die Generalität in den Mitteln überein: dem Aufbau und dem Einsatz militärischer Macht. Im Gegensatz zu einer nach dem Zweiten Weltkrieg entstandenen apologetischen Legende sind Art und Umfang der deutschen Aufrüstung der Generalität keineswegs von Hitler aufgezwungen worden. Diese Aufrüstung wurde vom Generalstab konzipiert und durchgeführt; Hitler hat nichts gegen den Willen der militärischen Führung unternommen. Schon der erste Schritt zur Realisierung einer militärischen Machtpolitik – der im Oktober 1933 vollzogene Austritt des Deutschen Reiches aus der Genfer Abrüstungskonferenz und aus dem Völkerbund – war von der militärischen Führung maßgeblich mit veranlaßt worden[2]. Mit diesem spektakulären Akt endete jene von Stresemann geprägte Phase deutscher Revisionspolitik, die durch den Einsatz ökonomischer Mittel und multilateraler Absprachen gekennzeichnet war.

Es begann die Phase einseitiger und vertraglich nicht gebundener Militärpolitik, wie sie immer schon von einer Gruppe hoher Militärs um General v. Blomberg gegen die Politik Groeners und Schleichers vertreten worden war[3]. Diese Gruppe konnte sich nun nach dem 30. Januar 1933 durchsetzen. Sie wollte weder eine ›Völkerbund-Armee‹ noch eine Miliz, sondern eine uneingeschränkt unter der Führung professioneller Militärs stehende nationale Armee der allgemeinen Wehrpflicht, die keinerlei Beschränkungen durch internationale Verträge unterworfen war. Militärische Macht sollte das wesentliche Instrument zur Durchsetzung der revisionistischen und hegemonialen Politik sein.

Dieses Konzept stand im diametralen Gegensatz zu den Vorstellungen des Mannes, welcher seit 1930 der politisch führende Kopf im deutschen Auswärtigen Amt war: des Staatssekretärs Bernhard v. Bülow[4]. Sein Minister, Konstantin v. Neurath, ein bequemer und anpassungsbereiter Mann, überließ dem Staatssekretär die Ausarbeitung des außenpolitischen Konzeptes. Bülow legte ihm am 13. März 1933 eine grundlegende Denkschrift über Ziele, Grundlagen und Methoden deutscher Außenpolitik vor, die der Minister dann am 7. April auf der ersten der Außenpolitik gewidmeten Kabinettssitzung der neuen Regierung vortrug[5].

In den Endzielen deutscher Politik – totale Revision des Systems von Versailles und Errichtung einer deutschen Hegemonialstellung in Mittel- und Mittelosteuropa – war er sich mit den Militärs einig. Hinsichtlich der Mittel und Methoden deutscher Revisions- und Großmachtpolitik vertrat Bülow jedoch eine fundamental andere Auffassung. Revisionspolitik durfte nach seiner Meinung auf keinen Fall die Sicherheit des Reiches gefährden. Angesichts der militärischen Schwäche des Reiches sollte daher das Interesse der Gläubigerstaaten und ein geschickter Einsatz des deutschen Wirtschaftspotentials auf den Außenhandelssektor zur Gewinnung einer bedeutsamen Position des Reiches ausgenutzt werden, nicht aber militärische Macht. Er sah keine Möglichkeiten einer militärisch abgestützten Revisionspolitik: »Unsere militärische Schwäche ist angesichts der steigenden Bedeutung technischer Rüstungen ... derart, daß wir keine Aussicht haben, in irgendwie absehbarer Zeit auf dem Wege eines Rüstungswettlaufes die Parität mit Frankreich wiederherzustellen.« Selbst gegenüber Polen werde Deutschland etwa fünf Jahre brauchen, um auch nur ein ungefähres militärisches Gleichgewicht herzustellen. Angesichts dieser Lage sei es eine absolute ›Notwendigkeit‹, eine deutsche Umrüstung möglichst langsam und geräuschlos durchzuführen, um außenpolitische Erschütterungen zu vermeiden. Nüchtern stellt er fest, daß die nationale Sicherheit des Reiches auf lange Zeit hin *militärisch* nicht gewährleistet werden könne, sondern nur durch politisch-diplomatische Mittel: »Gegenwärtig beruht unsere Sicherheit gegenüber Frankreich in erster Linie auf dem Locarno-Vertrag mit seiner englisch-italienischen Garantie, gegenüber Polen auf unserem Verhältnis zu Rußland, gegenüber allen anderen Staaten fast nur auf den allgemeinen vertraglichen Abmachungen (Völkerbund, Kelloggpakt) und dem ... Friedensbedürfnis fast aller Länder.« Als Resümee formuliert er die Empfehlung: »In Deutschlands besonderer Lage ist es das Gegebene, außenpolitische Konflikte solange zurückstellen bis wir weiter erstarkt sind ... Für uns wäre ein außenpolitischer Gottesfriede von einigen Jahren an sich ein natürliches Gegenstück zu dem ... Wiederaufbau im Inneren. Eine Periode relativer außenpolitischer Ruhe würde uns in ganz anderer Weise zu Kräften kommen lassen als die Entfesselung ständigen außenpolitischen Kampfes, der doch nicht zum Erfolg führen kann.«

Das war ganz offensichtlich ein außenpolitisches Kontrastprogramm zu der Konzeption rascher, massiver und vertraglich nicht abgesicherter Aufrüstungspolitik, wie sie die militärische Führung des Reiches vertrat und ab Oktober 1933 dann durchsetzte. Dieser Gegensatz zwischen der Konzeption der Wilhelmstraße und jener der Bendlerstraße sollte rasch zu Konflikten führen, die vornehmlich zwischen Staatssekretär v. Bülow und dem neuen Chef des Generalstabes, Generalleutnant Beck, ausgefochten wurden. Letzterer, der zwei Wochen vor dem deutschen Weggang aus Genf sein Amt übernahm, war ein energischer Verfechter der neuen Militärpolitik[6]. Der Eklat vom Oktober 1933 war also ein Sieg der Militärs über das Auswärtige Amt.

Die militärpolitische Konsequenz dieses spektakulären Schrittes war der im Dezember gefaßte Grundsatzbeschluß – vom Generalstab (damals noch ›Truppenamt‹ genannt) vorbereitet und von Hitler am 18. Dezember 1933 autorisiert und verkündet –, bis 1938 ein Heer von 21 Divisionen (300 000 Mann) zu schaffen, also die Reichswehr in sechs Jahren zu verdreifachen[7]. Damit knüpfte man hinsichtlich Größenumfang und Zeitplan an Vorstellungen und Pläne der Ära Groener-Schleicher an; der entscheidende Unterschied lag indessen darin, daß diese Aufrüstung autonom und einseitig durchgeführt werden sollte. Selbst eine zeitlich begrenzte Rüstungskonvention, die vom Auswärtigen Amt vorsichtig empfohlen wurde und der Hitler, besorgt über mögliche französische Reaktionen, damals auch zuneigte, wurde in den Grundsatzdokumenten dieses »Dezember-Programms«[8] schlichtweg abgelehnt. Damit verzichtete die militärische Führung auf eine außenpolitische Absicherung der Aufrüstung. Aus den erwähnten Dokumenten gehen auch Charakter und Zielsetzung der geplanten Aufrüstung hervor. Sie sollte rasch ein so starkes militärisches Machtinstrument schaffen, daß eine mögliche Intervention anderer Mächte für diese zu einem untragbaren Risiko würde: Das ›Risiko-Heer‹ – so nannten es daher die militärischen Planer – war das erste Rüstungsziel. Im übrigen sollte dieses 21-Divisionen-Heer nur ein vorläufiges Minimal-Programm für die nächsten vier Jahre darstellen.

Hier wird die außen- und sicherheitspolitische Dimension der deutschen Aufrüstung erkennbar. Wahrscheinlich hat die politische Führung diese Begrenzung aus Rücksicht auf die außenpolitische Lage durchgesetzt. Der Chef des Generalstabes kritisierte nämlich einige Monate später in einem Memorandum, daß man im Dezember nicht schon alle Konsequenzen dieses Konzeptes offengelegt hätte: nämlich die Einführung der allgemeinen Wehrpflicht – und damit eine viel größere Armee – und die Einbeziehung der entmilitarisierten Rheinlandzone. Diese beiden Maßnahmen wurden also schon eher von der militärischen Führung verlangt, als Hitler sie erhob und durchsetzte. Der grundsätzliche Gegensatz zwischen der vom Auswärtigen Amt geforderten behutsam zurückhaltenden Revisionspolitik und dieser dynamischen Militärpolitik des Generalstabes ist offenkundig. Ebenso offenkundig war, daß der Generalstab die Konsequenzen dieser militärischen Revisionspolitik offenbar für weniger bedenklich hielt als das Auswärtige Amt. Aus diesem Gegensatz entstand in der Folgezeit eine anhaltende und teilweise recht kontroverse Debatte zwischen Generalstab und Auswärtigem Amt[9].

Als Frankreich die autonome deutsche Aufrüstung mit der bekannten Note vom 17. April 1934, mit Barthous Eindämmungspolitik (Ostlocarno-Projekt und Ausbau des französischen Bündnissystems) und mit dem Entschluß zur Reorganisation seiner Armee beantwortete, da war klar, daß der Versuch Hitlers, mittels bilateraler Absprachen (Rüstungsgespräche mit den Briten) und Abkommen (deutsch-polnischer Vertrag) die Aufrüstung außenpolitisch abzusichern, gescheitert war. Wie reagierte die Reichswehrführung darauf? Sie beschleunigte die Aufrüstungsplanung! Hitler erließ im April eine Weisung, daß das für 1938 geplante 300 000-Mann-Risiko-Heer nunmehr schon bis Frühjahr 1935 aufzustellen sei. Diese Beschleunigung entsprach völlig den Vorstellungen des Generalstabes. Hatte doch der Chef des Generalstabes schon im Dezember 1933 als einen der Grundsätze der Aufrüstungspolitik formuliert: »Unsere militärpolitische Lage verlangt rasche Beseitigung des Zustandes völliger Wehrlosigkeit.«[10] Das war ein Prinzip, das zu den in der Bülow-Denkschrift niedergelegten Grundsätzen offenkundig in Widerspruch stand.

Diese Entwicklung der Dinge veranlaßten Staatssekretär v. Bülow, im Sommer 1934 die Initiative zu ergreifen, um das Auswärtige Amt wieder stärker in den außenpolitischen Entscheidungsprozeß einzuschalten mit dem Ziel, die Militärs von ihrem spannungsfördernden Aufrüstungskurs abzubringen. Am 23. Juli 1934 zog er in einem Brief an den Außenminister[11] eine außenpolitische Bilanz: Er stellte kurz und knapp fest, die vertragslose und einseitige deutsche Aufrüstungspolitik habe das Reich völlig isoliert. Die im April beschlossene Beschleunigung der Heeresvermehrung werde unvermeidlich auf den Widerstand Großbritanniens und Italiens stoßen. Der für den Winter 1934/35 von der militärischen Führung beabsichtigte Um- und Ausbau des Heeres würde Deutschland erneut in eine kritische Gefahrenzone bringen. Es sei eine Illusion zu glauben, Frankreich werde einer unkontrollierten und unbeschränkten deutschen Aufrüstung tatenlos zusehen.

Angesichts dieser Situation wollte Bülow versuchen, die Zügel der deutschen Außenpolitik wieder in die Hände zu bekommen, um eine kohärente und koordinierte Außenpolitik zu gewährleisten. Dazu bot ihm alsbald der mißglückte nationalsozialistische Putschversuch in Wien, bei dem Bundeskanzler Dollfuß ermordet wurde, eine Chance. Am 30. Juli 1934 führte er ein Gespräch mit dem Generalstabschef – dem Architekten der deutschen Aufrüstung – herbei. Äußerer Anlaß war, General Beck über die außenpolitische Lage nach den Ereignissen in Wien zu informieren. Er stellte dem General nachdrücklich vor Augen: »Unsere außenpolitische Situation ist trostlos. Es steht jetzt alles auf dem Spiel, insbesondere die gesamte Aufrüstungspolitik ... Alle Mächte, auf die es ankommt, sind gegen uns. Frankreich, das nach wie vor mit seiner Drohung im Hintergrund steht, braucht keinen Finger zu rühren, um eine für es günstige Situation zu schaffen ...« Das Dritte Reich sei »stark gefährdet«! Nach dieser in schwärzesten Farben gemalten Situationsanalyse kam Bülow dann zu seinem eigentlichen Anliegen: »Es ist notwendig, daß dieser ganze Ernst der Lage ... der maßgebenden Stelle klar gemacht wird.« Er regte daher einen gemeinsamen Vortrag des Außenministers, des Reichswehrministers und des Luftfahrtministers bei Hitler an[12].

Bülows Vorschlag zeigt einerseits, in welch schwacher Position sich das Auswärtige Amt befand, und andererseits, auf welche Weise der Staatssekretär eine Änderung herbeizuführen gedachte. Durch Heranziehung Görings und Blombergs wollte Bülow fraglos die innerpolitische Basis des Außenministeriums konsolidieren und den Einfluß auf den Gang der deutschen Außenpolitik wiedergewinnen. Durch eine Einbindung der über die außenpolitischen Abenteuer verantwortungsloser Parteiorgane ebenfalls bestürzten Militärs hoffte er, deren risikohafte Aufrüstungspolitik kontrollieren und nach Möglichkeit beeinflussen zu können.

Die Demarche Bülows hatte allerdings keinen Erfolg. Es kam – soweit wir wissen – nicht zu dem gemeinsamen Vortrag bei Hitler. Die militärische Führung setzte ihre forcierte Aufrüstung fort. Daher ging Bülow Mitte August zur Gegenoffensive gegen die Aufrüstungspolitik der Bendlerstraße über. In einem Schreiben an den Außenminister vom 16. August 1934 belegte der Staatssekretär mit einer eindrucksvollen Zusammenstellung von Material, wie sehr Heer und Luftwaffe die Rüstung ohne Rücksicht auf außenpolitische Folgen vorantrieben[13].

Darin beklagte er, daß die verantwortlichen militärischen Stellen sich nicht an das Programm hielten, das Hitler Mitte April den Briten als deutschen Rüstungsvorschlag unterbreitet habe. Die Aufrüstungspolitik des Militärs habe es jetzt geschafft, die

Briten wieder an die Seite Frankreichs zu treiben. Wegen der außenpolitischen Folgen dürften Auslegung und Ausfüllung des Aprilprogramms keineswegs nachgeordneten militärischen Stellen überlassen bleiben. Energisch plädierte er wiederum dafür, daß das Auswärtige Amt sich einschalte. Zu diesem Zweck unterbreitete er dem Außenminister ein eigenes rüstungspolitisches Programm. Es lief letztlich auf eine erhebliche Verlangsamung der Aufrüstung allgemein, bei der Luftrüstung und der Ausstattung mit schweren Waffen praktisch auf einen Rüstungsstopp hinaus. Würde weiterhin so ungehemmt und unkoordiniert aufgerüstet, schrieb Bülow, »so begeben wir uns der Möglichkeit der Gestaltung der Dinge und treiben in ernste Gefahren hinein«. Zum Schluß wiederholte er sein Ceterum Censeo vom April 1933: »Bei der Beurteilung der Lage dürfen wir nie außer acht lassen, daß keine mögliche Aufrüstung uns in den nächsten Jahren militärische Sicherheit geben kann.« Die anderen Großmächte seien dem Reich vielfach überlegen. Sie bräuchten gar nicht den von den Militärs so gefürchteten Präventivkrieg zu führen, sondern besäßen genug finanzielle und ökonomische Zwangsmittel, um die deutsche Rüstung, wenn nötig, zu verhindern. Wenn man in forcierter Weise weiter aufrüste, dann würden Großbritannien und Frankreich eingreifen, »weil sie eine unbegrenzte autonome deutsche Aufrüstung nicht zulassen können. Es ist eine Utopie zu glauben, daß sie warten würden, bis wir so stark sind, daß wir ihnen ernstlich gefährlich werden können.« Gegen Becks Diktum, daß »eine rasche Beseitigung des Zustandes völliger Wehrlosigkeit« nötig sei, stellte er seine Auffassung: »Unsere einzige Sicherheit liegt in einer geschickten Außenpolitik und der Vermeidung aller Provokationen!« Konkret hieß dies: Das Reich müsse eine Rüstungskonvention anstreben, um gravierenden Nachteilen für die nationale Sicherheit vorzubeugen. Damit wird klar: Erstens hatte das Auswärtige Amt die politisch bedenklichen Folgen der autonomen und einseitigen Aufrüstung genau erkannt (allerdings überschätzte es dabei die Interventionsbereitschaft der Westmächte); zweitens erwartete es die ›Provokation‹, von der die Rede war, mehr von Rüstungsmaßnahmen der Militärs als von einer ›revolutionären‹ Außenpolitik nationalsozialistischer Ultras im Stile des Wiener Putschversuches; und drittens wurde der fundamentale Dissens zwischen Diplomaten und Militärs in der Frage einer Politik der nationalen Sicherheit deutlich ausgesprochen: politisch-diplomatische Absicherung oder einseitige militärische Rüstungspolitik!

Diese grundlegenden Divergenzen waren es, die in den folgenden Monaten die Beziehungen zwischen Militär und Diplomatie beherrschten. Bülow bemühte sich in immer neuen Anläufen, die Heeresleitung vor militärisch-rüstungspolitischen Reaktionen auf Veränderungen der internationalen Großlage zu warnen. Seine Interventionen bei dem Generalstabschef hatten daher im Spätsommer und Herbst 1934 primär das Ziel, auf die Heeresleitung einzuwirken, um jeder Art möglicher Reaktionen von seiten der militärischen Führung, die den von ihm angestrebten Gang der deutschen Außenpolitik stören könnten, zuvorzukommen. Unablässig warnte er, eventuelle außenpolitische Spannungen dürften von der Heeresleitung nicht – wie einst im April anläßlich der Barthou-Note – mit weiteren spannungsfördernden Maßnahmen beantwortet werden. Im Oktober 1934 etwa reagierte die Heeresleitung sehr nervös, als Gerüchte und Meldungen auftauchten, daß die Franzosen für den Fall möglicher Unruhen während des Abstimmungswahlkampfes im Saargebiet eine militärische Intervention erwögen[14]. Für die Heeresleitung schien der strategisch wie industriewirtschaftlich für die Aufrüstung überaus wichtige Anschluß des Saargebietes gefährdet. Hier griff Bülow beruhigend ein. Er ließ durch Stülpnagel, den Leiter der Abteilung »Fremde Heere«, dem Generalstabschef berichten[15], daß trotz gegenteiligem Anschein nichts zu befürchten sei, falls das Reich die Franzosen nicht provoziere. Selbst wenn es der deutschen Diplomatie nicht gelänge, ein entspanntes, vertrauensvolles Verhältnis gegenüber Großbritannien, Polen und Italien zu entwikkeln, müsse »jede aggressive Maßnahme deutscherseits« unterbleiben. Schließlich führte Bülow wiederum eine Unterredung mit Beck herbei[16]. Einerseits beruhigte der Staatssekretär den Chef des Truppenamtes bezüglich der gemeldeten französischen Maßnahmen; andererseits bemühte er sich, die Heeresleitung auch für den Fall tatsächlich erfolgender französischer Interventionsmaßnahmen zum Stillhalten zu veranlassen, jedenfalls sie von Reaktionen nach dem Motto »aussichtsloser, aber ehrenvoller Verzweiflungskampf« abzuhalten. Wohl betonte er, man dürfte sich nichts gefallen lassen, aber als Gegenmaßnahmen schlug er außer diplomatischen Protestschritten nur eine polizeiliche Absperrung des Saargebietes und einige demonstrative Aufmärsche von SA und SS vor. Selbst ein Einrücken der Franzosen in das Ruhrgebiet sei kein casus belli, so schloß er. Seine Überlegungen basierten auf dem Kalkül, daß derartige Interventionen der Franzosen diplomatisch leichter zu parieren sein würden, als mit militärischen Gegenmaßnahmen, denn Großbritannien und Italien würden auf aggressive Schritte Frankreichs ganz gewiß mit massivem politischem Gegendruck auf Paris antworten.

An diesem Punkt der Ausführungen Bülows wird der unterschiedliche Ansatz der Politik des Staatssekretärs im Gegensatz zum Konzept der Militärs deutlich: Bülow wollte die deutsche Sicherheit auf politische Weise gewährleisten und nicht mit militärischen Mitteln, die sowieso unzureichend waren und es auf längere Zeit auch noch bleiben würden. Daher wollte er im Rahmen seines politischen Kalküls den Deutschen unter Umständen sogar noch ein Stillhalten bei einer erneuten französischen Ruhrbesetzung zumuten, während die Militärs schon mit dem Gedanken an einen Verzweiflungsschritt spielten.

Offen traten die Meinungsverschiedenheiten über die deutsche Sicherheitspolitik zwischen Heeresleitung und Auswärtigem Amt Anfang Dezember bei einer erneuten Unterredung zwischen Bülow und General Beck zutage[17]. Bülow war bislang mit seinem Plan einer Kombination von Rüstungsverlangsamung und partiellem Rüstungsstopp – wie er ihm in seinem Schreiben vom 16. August an den Außenminister umrissen hatte – nicht durchgedrungen. Die Heeresleitung hatte inzwischen die Planungen für den Aufbau gerade der Waffengattungen in besonderem Maße vorangetrieben, auf deren Aufstellung Bülow als politische Vorleistung hatte verzichten wollen: der motorisierten und gepanzerten Verbände. Im Sommer und Herbst des Jahres hatten sich Anzeichen einer Blockbildung gegen das Reich gemehrt. Britisch-französische, russisch-französische und italienisch-französische Annäherungstendenzen zeichneten sich ab. In der Sicht des Auswärtigen Amtes schien die beschleunigte deutsche Aufrüstung in zunehmendem Maße bedenkliche internationale Folgen hervorzurufen. So schrieb ein hoher Diplomat damals: »Wir sind in die Isolierung geraten, die wirtschaftlich blockadeartig und militärisch wie ein Waffenring gegen Deutschland wirkt.«[18] Besorgt über diese Entwicklung versuchte Bülow nunmehr, Gespräche über eine internationale Rüstungskonvention in die Wege zu leiten, um so zu einer die Sicherheit des Reiches fördernden Entspannung zu kommen. Er wußte, daß von seiten der führenden Militärs eine solche Konvention, welche die deutsche

Rüstung ganz oder teilweise in internationale Vereinbarungen eingebunden hätte, grundsätzlich abgelehnt wurde.

Das Auswärtige Amt aber hatte seit der Barthou-Note vom April voll Sorge über die sich abzeichnende Gefahr einer deutschen Isolierung eine solche Konvention immer angestrebt[19], damit durch eine international vereinbarte, begrenzte Aufrüstung für die nächsten Jahre eine für das Reich gefährliche Quelle internationaler Unruhe stillgelegt würde. Über eine Erörterung der besten Verhandlungsstrategie bei kommenden Rüstungsgesprächen mit den Westmächten kam Bülow daher rasch zum Kern seines Anliegens: Die Sicherheit des Reiches könne und dürfe eben nicht ausschließlich auf militärischer Rüstung beruhen. Er beschwor Beck daher nachdrücklich, »die Aufrüstung nicht zu übertreiben«. Ganz im Sinne seiner Warnung von 1933, daß Deutschland sich auf keinen Rüstungswettlauf einlassen dürfe – und gerade diese Gefahr zeichnete sich allmählich ab –, führte er aus, daß die ökonomisch-finanziellen Ressourcen des Reiches mit einer forcierten Aufrüstung nicht Schritt halten könnten, so daß »wir zum Schluß zwar gut bewaffnet, aber sonst verteidigungs- und angriffsunfähig dastehen würden«, womit er eine bemerkenswerte Voraussicht bewies[20]. Sodann hob er die Notwendigkeit hervor, Deutschlands Bündnisfähigkeit, also die Sicherung des Reiches auf diplomatischem Wege, nicht aus dem Auge zu verlieren. Eine übersteigerte Aufrüstung gefährde gerade die Bündnisfähigkeit und führe leicht zum Gegenteil, nämlich zur Bildung gegnerischer Allianzen. Bülow vertrat also ein in Methode und Mitteln mehrdimensionales Sicherheitskonzept, das keineswegs revisionistische Großmachtpolitik ausschloß, sie jedoch vorsichtiger anzugehen versuchte.

Der Generalstabschef dagegen vertrat in diesem Gespräch gerade jenes Konzept einseitiger, autonomer Aufrüstungspolitik, welches die Erreichung außenpolitischer Ziele vornehmlich auf militärische Macht gründen wollte und alle anderen Mittel lediglich als flankierende Maßnahmen für diese Politik verstand. Im Sinne einer solchen Politik forderte er die Beseitigung der entmilitarisierten Zone in den Rheinlanden, da dies »außerordentliche Bedeutung für die Reichswehr und ihre Aufgabe der Verteidigung Deutschlands hätte«. Demgegenüber bemühte Bülow sich, dem Generalstabschef den außen- und sicherheitspolitischen Wert der entmilitarisierten Zone und den damit gegebenen Schutz, wie ihn der Locarno-Vertrag darstellte, deutlich zu machen: Er wies darauf hin, daß »wir nicht nur des theoretischen Schutzes von Locarno verlustig gehen würden, sondern auch die Belgier rettungslos in die Arme Frankreichs treiben müßten«. Eine Kündigung des Locarno-Vertrages würde die schwersten Verwicklungen herbeiführen[21]. Aber der Staatssekretär bemühte sich vergebens. Seine Aufzeichnung über diese Unternehmung beendete er mit den resignierten Worten: »Der General verschloß sich nicht meinen Gedankengängen, ich hatte aber den Eindruck, *ihn nicht zu überzeugen.*« Der Generalstabschef betrachtete eben das Problem der nationalen Sicherheit ausschließlich unter rein militärischen Gesichtspunkten. Ohne politisches Gespür bezeichnete er »den Argwohn des Auslandes« hinsichtlich der Aufrüstung als übertrieben. Er war der Ansicht, die Verfügbarkeit des Rheinlandes sei aus militärischen Gründen notwendig, also müsse man seine Einbeziehung in das entstehende neue Militärsystem des Reiches betreiben. Aus seiner Sicht heraus hatte die Diplomatie lediglich die Aufgabe, solche strategisch-politischen Maßnahmen außenpolitisch vorzubereiten und abzuschirmen. Wie hieß es doch in einer Hitler vorgelegten Denkschrift der Heeresleitung: »Außenpolitik muß (die) Aufbauphase (der Aufrüstung) sicherstellen und entsprechende Bündnispolitik treiben.«[22] So einfach war das für die Militärs: Die Diplomatie sollte die Magd der Militärpolitik sein. Außenpolitik müsse sich den militärischen Planungsvorgaben anpassen – zweifellos eine extrem einseitige, rein militärische Optik.

In der Bendlerstraße schien man bewußt in Kauf nehmen zu wollen, daß es gerade die im Rahmen der autonomen Militärpolitik erfolgenden Maßnahmen waren, welche die Destabilisierung der internationalen Lage mitverursachten und damit die Sicherheitslage des Deutschen Reiches tangierten. Damit geriet man in einen gefährlichen Teufelskreis hinein: Die gefährdete deutsche Lage sollte durch Mittel stabilisiert werden, welche eine sicherheitspolitische Gefahrenlage überhaupt erst hervorriefen und sie dann fortlaufend verschärften. Beispielhaft kommt das Paradoxe dieser Militärpolitik in einer Aufzeichnung zum Ausdruck, die einer der engsten militärpolitischen Berater des Generalstabschefs, Oberst i. G. Karl-Heinrich v. Stülpnagel, damals verfaßte[23]. Er führt darin einerseits aus, daß die sicherheitspolitische Lage des Deutschen Reiches verbessert würde, wenn eine Entspannung im Verhältnis zu Großbritannien, Polen und Italien erreicht werden könne. Voraussetzung sei, daß deutscherseits alle aggressiven Maßnahmen unterblieben. Auf der anderen Seite stellte er jedoch fest: »Ein Verzicht auf jede weitere Luftrüstung kommt *naturgemäß* nicht in Frage.« Zuvor hatte er allerdings ausgeführt, daß es gerade die deutsche Luftrüstung war, die in Großbritannien die größte Besorgnis ausgelöst habe, und warnend hinzugefügt: »Geht ... die deutsche Luftrüstung in einem Tempo von statten, daß England glaubt, nicht mitkommen zu können – und im Augenblick herrscht diese Auffassung –, so ist England nicht abgeneigt, bei einer sich bietenden Gelegenheit den künftigen Rivalen rechtzeitig niederzuschlagen.« Hier wird also der spannungsfördernde Charakter der Aufrüstungspolitik zwar klar erkannt, zugleich aber wird es abgelehnt, diese Aufrüstung in ihren wesentlichen Elementen aus sicherheitspolitischen Überlegungen einzuschränken.

Bülows Warnungen aber zielten genau auf diese Art von militärischer Aufrüstungs- und Militärpolitik. Indessen war es nicht nur die unterschiedliche Auffassung über das, was als spannungsverursachendes Element deutscher Politik verstanden werden konnte, die dem Dissens zwischen Auswärtigem Amt und Heeresleitung zugrunde lag. Die Meinungsdifferenzen hatten tiefer reichende Wurzeln. Zunächst einmal war man in der Bendlerstraße im Vergleich zum Auswärtigen Amt schlichtweg risikofreudiger, vielleicht unter den gegebenen Umständen auch leichtsinniger. Bülow wollte durch Rüstungsübereinkommen mit den interessierten Mächten deren Besorgnis vor einer übermächtigen deutschen Aufrüstung dämpfen und dieser damit die notwendige außenpolitische Absicherung verschaffen. Ähnlich sah einer der einflußreichsten deutschen Spitzendiplomaten, Botschafter v. Hoesch in London, das Problem. Er schrieb Anfang 1935, Frankreich werde immer der Hauptgegner deutscher militärischer Gleichberechtigung bleiben, aber gerade deshalb müsse das Reich sich der Unterstützung der anderen Mächte versichern und sich an einer erneuten Diskussion über eine Rüstungsbegrenzungs-Konvention beteiligen[24].

Ganz anders sah man das Problem im Generalstab. Stülpnagel schrieb über die Reaktion des Auslandes auf die deutsche Aufrüstung[25], daß die Briten bereits an die Seite der Franzosen gedrängt worden seien, daß Frankreich nur auf der Lauer liege, um wegen eines provokatorischen Anlasses eine Gegenaktion zu starten; zudem habe es mit Erfolg die Einbeziehung der Sowjetunion in eine antideutsche Front betrieben.

Im Gegensatz zu Bülow und Hoesch aber zog Stülpnagel daraus den Schluß, man könne und dürfe durchaus auf das Ruhebedürfnis der Völker und auf die teilweise gegensätzlichen Interessen der Staaten vertrauen und daher mit der deutschen Aufrüstung fortfahren. Ein Verzicht käme nicht in Frage.

Vergleicht man die Bemühungen des Auwärtigen Amtes, die auf die Schaffung und Förderung entspannender Elemente in der europäischen Politik hinausliefen, mit dem Kalkül der Militärs, die ihre Politik lediglich auf die Annahme eines allgemeinen Ruhebedürfnisses der Völker und auf internationale Interessengegensätze abstellten, dann wird deutlich, welches Risiko die Militärpolitik der Bendlerstraße beinhaltete. Das wird noch offenkundiger, wenn man die mittelfristigen Zielvorstellungen betrachtet, die hinter dieser Politik standen. In einer Aufzeichnung vom November 1934 schrieb Stülpnagel, es komme im Augenblick »darauf an, gegenüber Polen die Entspannung zu erhalten« und gleichzeitig »im Südosten Europas eine neue Gruppierung herbeizuführen«, die auf einem Augleich zwischen Ungarn, Rumänien und Jugoslawien beruhen müsse. Das könnte dann schließlich zu einer gemeinsamen Politik dieser Mächte führen, die eine »Stoßrichtung« gegen die Tschechoslowakei hätte[26]. Hier wird also ein aggressives und expansives Kalkül hinter der Militärpolitik des Generalstabes erkennbar, das sich eindeutig gegen die Tschechoslowakei richtete, von der General Beck 1938 schrieb, daß ihre Existenz in ihrer jetzigen Gestalt »für Deutschland unerträglich ist und ein Weg, sie als Gefahrenherd für Deutschland auszuschalten, notfalls auch durch eine kriegerische Lösung, gefunden werden« müsse.

Das Auswärtige Amt strebte damals eine temporäre Entspannung durch Zusammenarbeit und Ausgleich mit den europäischen Großmächten an, um die deutsche Sicherheitslage zu stabilisieren und eine spätere deutsche Revisionspolitik nicht schon im Ansatz in Frage zu stellen. In der Bendlerstraße dagegen faßte man offensichtlich schon eine Politik ins Auge, die – an den Großmächten gleichsam vorbeistoßend – durch eine Kombination mittlerer und kleinerer Mächte die Voraussetzung für ein mittelfristiges Aggressionsvorhaben gegen die ČSR schaffen sollte. Für die militärische Führung reduzierte sich Außenpolitik offensichtlich auf eine Frage knapp kalkulierter Opportunität, deren einziger Bezugspunkt militärische Macht war. Wer ein solch konfliktbestimmtes Weltbild besaß und wer politische Macht nur in Kategorien militärischer Stärke erfaßte, konnte schwerlich bereit sein, die Aufrüstung zum Gegenstand politischer Absprachen zu machen. Das nationale Sicherheitsproblem und damit die Voraussetzung für jede spätere Revisionspolitik durch ein mehrdimensionales politisches Konzept zu lösen, dieser Gedanke paßte nicht in ein solches Weltbild.

Daß es nicht gelang, die grundsätzliche Divergenz der Konzepte von Wilhelmstraße und Bendlerstraße in Einklang zu bringen und zugunsten einer koordinierten Politik auszugleichen, war letztlich für alle Beteiligten verhängnisvoll. Denn das Konzept der Militärs gefährdete schließlich die den traditionellen Eliten in Militär und Diplomatie gemeinsame oberste Zielsetzung, die Erringung einer dominierenden Machtstellung des Reiches in Mittel- und Mittelosteuropa. Das sollte sich bald zeigen. Mitte April 1935 lagen der militärischen Führung beunruhigende Berichte über die militärpolitische Lage vor. Deutschland sei – so hieß es in einem Bericht Stülpnagels[27] – infolge der Aufrüstung der Nachbarn und der eigenen technologischen Schwäche in einer militärisch sehr ungünstigen Lage. Bei einem Konflikt könne das Reich »auf bewaffnete Hilfe ... nirgends zählen«. Die autonome, außenpolitisch nicht abgesicherte deutsche Aufrüstung hatte die internationale Lage destabilisiert und die sicherheitspolitische Lage des Reiches verschlechtert. Der Alptraum Bülows, die Entstehung einer antideutschen Konstellation in Europa und damit die Isolierung des Reiches, drohte Realität zu werden.

Die militärische Führung reagierte darauf mit weiterem Drehen der Rüstungsspirale. Kurze Zeit nach dem am 15. März 1935 verkündeten Wehrgesetz, das ein Heer von 36 Divisionen vorsah, begannen im Generalbstab die Planungen für eine rasante Beschleunigung und Ausweitung der Aufrüstung[28]: Es sollte ohne Rücksicht auf einen soliden ruhigen Aufbau zu einem »mobilmachungsmäßigen Aufbau des Friedensheeres« übergegangen werden, das bis zum Herbst 1939, spätestens bis April 1940 »als voll verwendungsfähig für den Krieg dastehen« sollte. Begründet wurde diese Planung vom Chef des Generalstabes mit dem Argument: »Die militärpolitische Lage ist... ernster geworden ... angesichts der ... offenbar gewordenen Labilität der politischen Verhältnisse in Europa.«[29] Finanzielle Grenzen werde es daher für die Aufrüstung nicht mehr geben können. Im Hochsommer 1935 entschied der Oberbefehlshaber des Heeres, eine weitere Phase der Aufrüstung einzuleiten, die durch eine bislang nicht gewohnte Dynamik gekennzeichnet war. Der Zeitraum von Herbst 1935 bis Herbst 1936 wurde, was Planung, Tempo, Ausmaß und Struktur der Aufrüstung anbetrifft, ein Jahr der »Gewalttour«. Das Resultat war, daß die personellen und materiellen Ressourcen am Ende völlig überspannt wurden. Das Deutsche Reich drohte in dem von ihm durch die Aufrüstung in Gang gesetzten allgemeinen Rüstungswettlauf in Europa langfristig auf der Strecke zu bleiben. Im August 1936 machte der Chef des Allgemeinen Heeresamtes im Oberkommando des Heeres auf das Dilemma aufmerksam, in das man zu geraten drohe: Ab 1940 würden die Kosten des geplanten Heeres eine derartige schwindelerregende Höhe erreicht haben, daß ein ständig einsatzbereites Heer in der vorgesehenen Größenordnung nicht mehr lange unterhalten werden könne. Man müsse entweder die dann erreichte Kriegsbereitschaft wieder abbauen – was die Sinnlosigkeit des ganzen Unternehmens offenkundig gemacht hätte –, oder es müsse »anschließend an die Aufrüstungsperiode bald der Einsatz der Wehrmacht erfolgen«[30]. Im Zusammenhang mit diesem intern in der Heeresführung deutlich aufgezeigten Dilemma einer sich verselbständigenden Aufrüstungs- und Militärpolitik ist auch Hitlers bekannte Denkschrift zum »Vierjahresplan«[31] zu sehen, in der er die Weisung erteilte, Wirtschaft und Streitkräfte müßten in vier Jahren für einen Krieg bereit sein. Die Konsequenzen zog Hitler schließlich in seiner berühmten Ansprache vom 5. November 1937, in der er seinen Entschluß zum Kriege damit begründete, daß angesichts der Überspannung der deutschen Ressourcen bald ein Zeitpunkt erreicht sein werde, nach welchem die militärische Lage infolge der Gegenmaßnahmen der anderen Mächte »nur noch eine Veränderung zu unseren Ungunsten ... erwarten« lasse[32]. Daß das Deutsche Reich in diese Zwangslage geraten konnte, war – ganz unabhängig von dem prinzipiellen Kriegswillen Hitlers – nicht zuletzt eine langfristige Folge einer einseitigen und den gesamtpolitischen Kontext nicht berücksichtigenden autonomen Aufrüstungspolitik der militärischen Führung. Hatte nicht Bülow schon im Dezember 1934 davor gewarnt, »die Aufrüstung nicht zu übertreiben, weil die wirtschaftliche Gesundung und die finanzielle Erstarkung Deutschlands damit unmöglich Schritt halten könnten ... und wir durch eine übertriebene Aufrüstung einen Ring von Gegnern um uns bilden würden«? Die ausschließlich an Kategorien rein militärischer Macht und Machtpolitik ausgerichtete Denkweise der obersten militärischen Führung versperrte jedoch den verantwortlichen Militärs den Zugang zu politischen Alternativen, wie sie Bülow ihnen vor Augen gestellt hatte. Das brachte sie schließlich in eine ausweglose Lage[33], als Hitler sie Ende 1937 mit seinem »unabänderlichen Entschluß« konfrontierte, einen Krieg eben wegen der geschilderten Zwangslage auch schon vor Abschluß der gesamten Aufrüstung beginnen zu wollen.

Anmerkungen

1 Ausführungen des Reichskanzlers Adolf Hitler vor den Befehlshabern des Heeres und der Marine anläßlich eines Besuches bei Gen. d. Inf. Frhr. von Hammerstein-Equord in dessen Wohnung am 3. Februar 1933, abgedr. bei: Thilo Vogelsang, Neue Dokumente zur Geschichte der Reichswehr 1930–1933, in: Vierteljahrshefte für Zeitgeschichte (künftig: VfZG), 2 (1954), S. 397–436, Dok. Nr. 8.

2 Günter Wollstein, Vom Weimarer Revisionismus zu Hitler. Das Deutsche Reich und die Großmächte in der Anfangsphase der nationalsozialistischen Herrschaft in Deutschland, Bonn 1973.

3 Michael Geyer, Aufrüstung oder Sicherheit. Die Reichswehr in der Krise der Machtpolitik 1924–1936, Wiesbaden 1980.

4 Zur Rolle Bülows bei dem Kurswechsel der deutschen Außenpolitik 1930–1932 vgl. Peter Krüger, Die Außenpolitik der Republik von Weimar, Darmstadt 1985, S. 516, 528–533 und 550. Vgl. auch Günter Wollstein, Eine Denkschrift des Staatssekretärs Bernhard von Bülow vom März 1933. Wilhelminische Konzeption der Außenpolitik zu Beginn der Nationalsozialistischen Herrschaft, in: Militärgeschichtliche Mitteilungen, 13 (1973), S. 77–94; ebenso: Peter Krüger/Erich C. Hahn, Der Loyalitätskonflikt des Staatssekretärs Bernhard von Bülow vom Frühjahr 1933, in: VfZG, 20 (1972), S. 376–340.

5 Akten zur Deutschen Auswärtigen Politik (künftig: ADAP), Serie C, Bd. I, Dok. Nr. 142 (Niederschrift über die Ministerbesprechung am 7. April 1933, nachmittags 4 Uhr 15 in der Reichskanzlei).

6 Klaus-Jürgen Müller, General Ludwig Beck. Studien und Dokumente zur politisch-militärischen Vorstellungswelt und Tätigkeit des Generalstabschefs des deutschen Heeres 1933–1938, Boppard 1980; Michael Geyer, Militär, Rüstung und Außenpolitik, in: Manfred Funke (Hrsg.), Hitler, Deutschland und die Mächte, Düsseldorf 1976, S. 239–268.

7 Wilhelm Deist, The Wehrmacht and German Rearmament, London 1981.

8 Vgl. K.-J. Müller (Anm. 6), Dok. Nr. 9 (Denkschrift des Truppenamtes in der Heeresleitung über den Aufbau des künftigen Friedensheeres, vom 14. 12. 1933).

9 Ausführlich dazu ebd., S. 175–200.

10 Belege dazu ebd., S. 168.

11 ADAP C, III/1, Dok. Nr. 109 (Schreiben Staatssekretär v. Bülows an Außenminister Frhr. v. Neurath vom 23. 7. 1934).

12 K.-J. Müller (Anm. 6), Dok. Nr. 12 (Aufzeichnung Becks über ein Gespräch mit Staatssekretär v. Bülow über die außenpolitische Lage vom 30. 7. 1934).

13 ADAP C, III/1, Dok. Nr. 162 (Schreiben des Staatssekretär v. Bülows an Außenminister Frhr. v. Neurath vom 16. 8. 1934).

14 Vgl. K.-J. Müller (Anm. 6), Dok. 14 (Ausführungen des Chefs T 3, Oberst i. G. v. Stülpnagel, über die militärpolitische Lage Deutschlands im Herbst 1934 vom September 1934).

15 Vgl. ebd., Dok. Nr. 15 (Außenpolitische Aufzeichnung des Chefs T 3, Oberst i. G. v. Stülp-

nagel, für den Chef der Heeresleitung und den Chef des Truppenamtes vom 7. 11. 1934, die offenbar inhaltlich auf einer Unterredung im Auswärtigen Amt beruht).

16 Vgl. ebd., Dok. Nr. 16 (Notizen Becks über ein Gespräch mit Staatssekretär v. Bülow über die Saarfrage vom November 1934).

17 Vgl. ebd., Dok. Nr. 17 (Aufzeichnung des Staatssekretärs v. Bülow über eine Unterredung mit dem Chef TA, Generalleutnant Beck, vom 1. 12. 1934).

18 Leonidas E. Hill (Hrsg.), Die Weizsäcker-Papiere 1933–1950, Berlin–Frankfurt a. M. 1974, S. 82 (Aufzeichnung vom Juni 1934).

19 ADAP C, III/1, Dok. Nr. 109 und 163 sowie ADAP C III/2, Dok. Nr. 436; vgl. auch K.-J. Müller (Anm. 6), S. 397, Anm. 8.

20 Vgl. die entsprechenden Darlegungen des AHA vom 1. August 1936, dargestellt bei ebd., S. 221.

21 Vgl. auch Bülow-Denkschrift (Anm. 4), S. 83, wo es heißt: »Mit Rücksicht auf unser Interesse an dem Locarno-Vertrag gegenüber Frankreich haben wir einstweilen die Revision der Entmilitarisierungsbestimmungen für das Rheinland zurückgestellt.«

22 Vgl. Bundesarchiv-Militärarchiv Wi I F 5/1638, Studie des Heereswaffenamtes vom Mai 1934, deren Inhalt Beck auch an Hitler und Röhm gelangen ließ.

23 Vgl. K.-J. Müller (Anm. 6), Dok. Nr. 14 (Ausführungen des Chefs T 3, Oberst i. G. v. Stülpnagel, über die militärpolitische Lage Deutschlands im Herbst 1934 vom September 1934).

24 Vgl. ADAP C, III/2, Dok. Nr. 434 (Schreiben Botschafter Hoeschs an das Auswärtige Amt vom 15. 1. 1934).

25 Vgl. Ausführungen des Chefs T 3, Oberst i. G. v. Stülpnagel, über die militärpolitische Lage Deutschlands im Herbst 1934 (Anm. 23).

26 Vgl. Außenpolitische Aufzeichnung des Chefs T 3, Oberst i. G. v. Stülpnagel, für den Chef der Heeresleitung über den Chef des Truppenamtes vom 7. 11. 1934 (Anm. 15).

27 Vgl. K.-J. Müller (Anm. 6), Dok. Nr. 27 (Aufzeichnung des Chefs T 3, Oberst i. G. v. Stülpnagel, über die gegenwärtige militärpolitische Lage vom 11. 4. 1935).

28 Dazu und zum folgenden ausführlicher Bericht Deist (Anm. 7) und K.-J. Müller (Anm. 6), S. 191 ff.

29 Vgl. K.-J. Müller (Anm. 6), Dok. Nr. 34 (Vortragsnotiz Becks über die 2. Phase des Heeresaufbaus, vom 9. 7. 1935).

30 BA-MA, RH 15/70 (Ausarbeitung des Allgemeinen Heeresamtes über den Aufbau des Friedens- und Kriegsheeres vom 1. 8. 1936). Allgemein dazu Deist (Anm. 7).

31 Wilhelm Treue, Hitlers Denkschrift zum Vierjahresplan, in: VfZG, 1 (1953), S. 184–210.

32 ADAP D I, Dok. Nr. 19 (Niederschrift über die Besprechung in der Reichskanzlei am 5. 11. 1937 von 16.15–20.30 Uhr).

33 Vgl. dazu K.-J. Müller (Anm. 6), S. 272–311.

Reinhard Meyers

Die Revision des Revisionismus: Eine Wende in der Appeasement-Historiographie?

I. Die Doppelstrategie

Es gibt wohl kaum einen Gegenstand in der Historiographie des 20. Jahrhunderts, auf den die von Goethe zur Charakterisierung der historischen Entwicklung[1] geprägte Kreislauf-Metapher so trefflich paßt wie auf die Forschung zur britischen Appeasement-Politik: »Will man ihr auch eine Spiralbewegung zuschreiben, so kehrt sie doch immer wieder in jene Gegend, wo sie schon einmal durchgegangen. Auf diesem Wege wiederholen sich alle wahren Ansichten und alle Irrtümer.« Oder – in Abwandlung des Titels einer kleinen Schrift von Andreas Hillgruber: »Endlich genug über Appeasement und Zweiten Weltkrieg?«[2]

Während eines Gutteils der achtziger Jahre mochte man den Eindruck gewinnen, diese Frage sei durch die Forschung im Sinne eines sich verfestigenden Grundkonsenses affirmativ entschieden worden. Kernstück dieses Konsenses ist ohne Zweifel die Deutung der Appeasement-Politik Großbritanniens als einer rational begründbaren Krisen-Doppelstrategie. Im Sinne eines freihändlerisch-liberalen Friedensmodells[3] zielte sie mittels einer Politik des diplomatischen wie ökonomischen Interessenausgleichs[4] und der Förderung des »peaceful change« auf Friedenswahrung als Voraussetzung der Aufrechterhaltung des funktionalen Zusammenhanges zwischen der Welt*handels*- und der Welt*macht*position Englands. Im Sinne einer eher traditionell antihegemonial-gleichgewichtsorientierten Deutung des britischen Nationalinteresses zielte sie auf die Verteidigung der *multipolaren* internationalen Ordnung nicht nur gegen die revisionistischen Mächte der dreißiger Jahre, sondern auch gegen die sich allmählich in Supermächte verwandelnden Flügelmächte des Jahres 1917[5], die allerdings in der Zwischenkriegszeit eher noch als »Offstage Superpowers«[6] agierten.

Beide Hälften dieser Doppelstrategie kennzeichnen den für eine alte Weltmacht schwierigen Weg der Anpassung an die durch den Ersten Weltkrieg geschaffenen neuen internationalen Machtverhältnisse – gleichsam den »Retreat from Power«[7] des »Troubled Giant«[8] –, einen Weg, der vor der Kulisse eines ganzen Komplexes ineinander verschachtelter Probleme (Strukturschwäche der Wirtschaft, hohe Arbeitslosigkeit, nachlassende Finanzkraft, strategische Überdehnung bei der Sicherung eines von Desintegrationstendenzen durchsetzten Empire[9]) zurückgelegt werden mußte. In diesem Kontext galt es auch, durch die Reintegration des Deutschen Reiches in das internationale System einen erneuten deutsch-britischen Antagonismus zu vermeiden: »appeasement and reconciliation«, Leitlinien der Politik Austen

Chamberlains schon in der Locarno-Ära[10], sollten nicht nur Handel, Geschäft und Beschäftigung wiederbeleben[11], sondern auch einen neuen Krieg vermeiden helfen, dessen Ausgang sonst Großbritannien unweigerlich in die Rolle einer zweit-, wenn nicht gar drittklassigen Macht verwiesen hätte.

Allerdings: Innerhalb welchen Zeitraumes nun die eben kursorisch umrissene Doppelstrategie verfolgt wurde – genauer: wann in etwa ihr *terminus post quem* anzusetzen sei – bleibt in der Literatur umstritten. Ist sie zu betrachten als Reaktion auf und Versuch zur Bewältigung der ökonomisch-politischen Doppelkrise der dreißiger Jahre, einer Krise, die entstand aus der zeitlichen Verknüpfung und Überlagerung der Verwerfungen des Weltwirtschaftssystems mit dem Scheitern der sicherheitspolitischen Ordnungssysteme in Europa (Versailles/Locarno) und im Fernen Osten (Washington)?[12] Oder ist sie die Antwort auf äußere *und* innere Zwangslagen Großbritanniens nach dem Ersten Weltkrieg, auf den Widerspruch von Weltmachtanspruch und fundamentaler Schmälerung der ökonomischen Ressourcenbasis? Ein Widerspruch, der sich im Blick auf die Verteidigung des Britischen Empire nicht nur in einer gefährlichen strategischen Überdehnung der Kräfte äußerte[13], sondern der durch ein der Nachkriegszeit spezifisches Moment noch verschärft wurde: den Aufbau und Ausbau des Daseinsvorsorge-, des Sozialstaates, dessen mit dem Kürzel »innere und soziale Sicherheit« zu legitimierender Finanzbedarf mit den Ansprüchen der (äußeren, militärischen) Sicherheitspolitik in eine nullsummenspielartige Konkurrenz um dieselben knappen öffentlichen Mittel trat?[14] Oder schließlich: Muß die Krisen-Doppelstrategie des Appeasement zumindest in ihren Wurzeln nicht über den Ersten Weltkrieg hinaus bis ins 19. Jahrhundert zurückverfolgt werden – als der schleichenden Erodierung des britischen ökonomischen Weltstatus gegensteuernde, die mähliche Anpassung an die schon in der Epoche des Hochimperialismus sich ausbildenden neuen Machtverhältnisse zwischen den miteinander konkurrierenden Industriehauptmächten nicht ohne innere Konflikte befördernde charakteristische Verhaltensweise einer »imperial power in decline«?[15]

Die Antwort auf diese Fragen dürfte, wie Keith Robbins unlängst aufgezeigt hat[16], nicht zuletzt von der jeweiligen Formulierung des wissenschaftlichen Erkenntnisinteresses abhängen. Autoren, die im Anschluß an Churchill und Reynaud von der These ausgehen, daß der Zweite Weltkrieg ein unnötiger Krieg war, ein Krieg, der durch eine entschieden tatkräftigere Politik der Westmächte hätte verhindert werden können[17], pflegen weitgehend eine eurozentrische Perspektive – eine Perspektive, die durch die amtliche Editionspolitik der Documents on British Foreign Policy in den sechziger und teilweise auch noch in den siebziger Jahren verstärkt wurde[18]. Die Beanspruchung Großbritanniens durch außereuropäische Konfliktlagen – von Palästina bis zum Fernen Osten – figurierte nicht innerhalb ihres Erkenntnishorizontes: einmal, weil das Empire in den frühen Bänden der Edition nicht vorkam, zum anderen, weil die politisch-moralisch wertende, Appeasement als Negativ-Phänomen im Sinne der Suche nach Schuldigen, auf einige wenige Verschwörer in Cliveden und anderswo reduzierende Betrachtung vielfältig schattierte Grautöne in ihren holzschnittartig angelegten Schwarz-Weiß-Skizzen nicht dulden mochte. Neville Chamberlain, Simon, Hoare und Inskip, Baldwin, Horace Wilson und Nevile Henderson waren als Missetäter ebenso eindeutig zu identifizieren wie die Appeasement-Periode vorzugsweise auf die Jahre 1937 bis 1939[19] oder bei etwas größerem Interesse an der Ermittlung historischer Kausalbezüge auf die Zeit seit der Machtergreifung Hitlers beschränkt werden durfte.

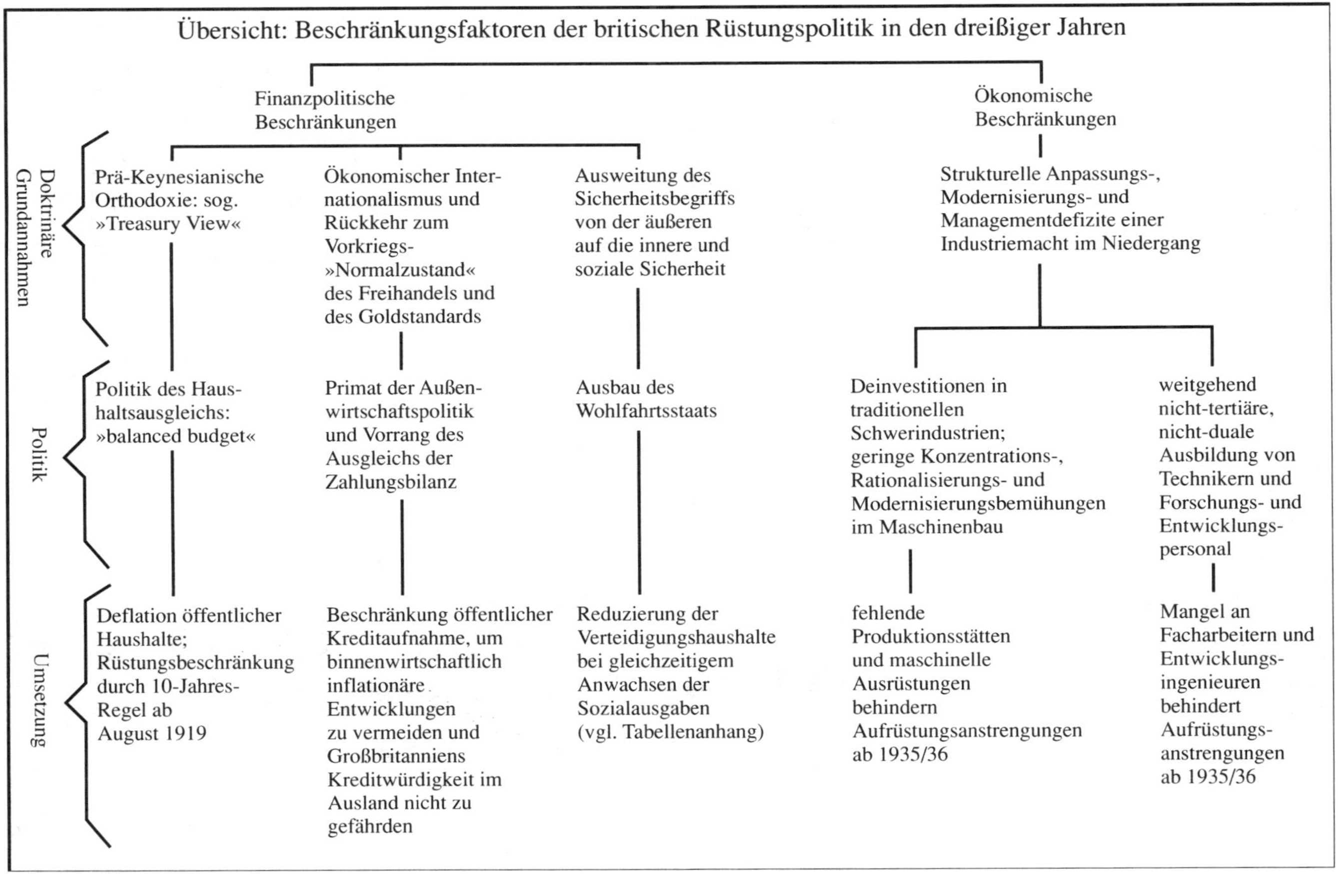
Übersicht: Beschränkungsfaktoren der britischen Rüstungspolitik in den dreißiger Jahren
Finanzpolitische Beschränkungen
Ökonomische Beschränkungen
Doktrinäre Grundannahmen
Prä-Keynesianische Orthodoxie: sog. »Treasury View«
Ökonomischer Internationalismus und Rückkehr zum Vorkriegs-»Normalzustand« des Freihandels und des Goldstandards
Ausweitung des Sicherheitsbegriffs von der äußeren auf die innere und soziale Sicherheit
Strukturelle Anpassungs-, Modernisierungs- und Managementdefizite einer Industriemacht im Niedergang
Politik
Politik des Haushaltsausgleichs: »balanced budget«
Primat der Außenwirtschaftspolitik und Vorrang des Ausgleichs der Zahlungsbilanz
Ausbau des Wohlfahrtsstaats
Deinvestitionen in traditionellen Schwerindustrien; geringe Konzentrations-, Rationalisierungs- und Modernisierungsbemühungen im Maschinenbau
weitgehend nicht-tertiäre, nicht-duale Ausbildung von Technikern und Forschungs- und Entwicklungspersonal
Umsetzung
Deflation öffentlicher Haushalte; Rüstungsbeschränkung durch 10-Jahres-Regel ab August 1919
Beschränkung öffentlicher Kreditaufnahme, um binnenwirtschaftlich inflationäre Entwicklungen zu vermeiden und Großbritanniens Kreditwürdigkeit im Ausland nicht zu gefährden
Reduzierung der Verteidigungshaushalte bei gleichzeitigem Anwachsen der Sozialausgaben (vgl. Tabellenanhang)
fehlende Produktionsstätten und maschinelle Ausrüstungen behindern Aufrüstungsanstrengungen ab 1935/36
Mangel an Facharbeitern und Entwicklungsingenieuren behindert Aufrüstungsanstrengungen ab 1935/36

Andererseits zeitigt der Versuch, sich mit der britischen Geschichte des 20. Jahrhunderts in ihrer Gesamtheit auseinanderzusetzen, ohne weiteres eine simple Erkenntnis: Die Sicherheit Großbritanniens konnte nur im Kontext globaler Problemlagen, nicht aber allein mit Blick auf das deutsch-britische Verhältnis definiert werden[20]. In dieser Perspektive erscheinen die dreißiger Jahre mehr als vielleicht bisher vermutet als die grundsätzliche Wasserscheide einer Epoche, die von den Abkommen Großbritanniens mit Japan, Frankreich und Rußland 1902 bis 1907 einerseits, der Auflösung des Empire und den tastenden Versuchen einer Annäherung an das Europa der Sechs in den sechziger Jahren andererseits begrenzt wird. »It might be possible at least to understand appeasement better if it were seen as a central episode in a protracted retreat from an untenable ›world power‹ status. Appeasement, on such an analysis, was neither stupid nor wicked: it was merely inevitable ...«[21] Und, so darf man mit einigem Recht hinzufügen (und damit den Begriff der Doppelstrategie noch etwas anders deuten): Es war zugleich der Versuch, unter der Prämisse einer Absicherung innerer Machtverhältnisse mit den von außen kommenden Herausforderungen des (Welt-)Machtverlustes und der internationalen Statuserosion fertig zu werden, traditionelle Grundmaximen britischer Außenpolitik des 19. Jahrhunderts kontinuierlich fortzuführen: »... Prudence, pragmatism, moderation, an unwillingness to be bound too closely to ideologies or rushed into actions ...«[22] –, durch eine Strategie der Konfliktvermeidung die Sozial- und Wirtschaftsordnung einer machtpolitisch saturierten Nation gegen übermäßige Belastungen und revolutionäre Erschütterungen zu immunisieren, den Prozeß der Modernisierung auch in einer Epoche weltweiter Umbrüche und schnellen Wandels in reformistisch-evolutionäre Bahnen zu lenken[23] – auch dieses sind der Politik des Appeasement genuine Ziele, über die in der Forschung hinreichender Konsens besteht.

Mit der eben vorgetragenen Einschätzung der Appeasement-Politik hätte nun eigentlich ein Punkt erreicht sein können, von dem aus – ungeachtet möglicher Kontroversen über Detailfragen – der größere Zusammenhang einer Erforschung der Bedingungen, Prozesse und Probleme des britischen (Welt-)Machtverlustes im 20. Jahrhundert in den Blick genommen werden sollte. Statt dessen scheint sich in manchen neueren Publikationen[24] eine Rückkehr zu den – längst überwunden geglaubten[25] – emotional bedingten Polemiken der fünfziger und sechziger Jahre abzuzeichnen, eine Wende insbesondere gegen die revisionistische Schule[26] der Appeasement-Forschung, deren Verständnis für die schiere Komplexität der Herausforderungen, denen sich britische Entscheidungsträger in der Zwischenkriegszeit gegenübersahen, als Apologetik identifiziert und dequalifiziert wird. Anknüpfungspunkt dieser Revisionismus-Revision ist jenes unter dem Pseudonym »Cato« 1940 von Michael Foot, Frank Owen und Peter Howard veröffentlichte Werk »Guilty Men«, das über zwei Jahrzehnte den Duktus der Appeasement-Debatte maßgeblich bestimmte: ein Musterbeispiel journalistischen Rufmordes, das allenfalls als Ergebnis des Traumas von Dünkirchen wenn schon keine Billigung, so doch einige Nachsicht einfordern darf.

Die von »Cato« verfolgte Angriffslinie war eindeutig: Die Regierungen MacDonald, Baldwin und Chamberlain hätten versagt bei der Erfüllung ihrer nationalen Pflicht – nämlich dabei, Großbritannien so rechtzeitig und so umfassend aufzurüsten, daß es in der Lage gewesen wäre, den aggressiven Bedrohungen seiner Position in Europa, im Mittelmeergebiet und im Fernen Osten entschieden entgegenzutreten.

Sie hätten ferner die Öffentlichkeit mit optimistischen Auskünften über den Stand der britischen Verteidigungsfähigkeit getäuscht. Sie seien weiter blind gewesen gegenüber den klar erkennbaren Eroberungs- und Herrschaftsplänen des Nationalsozialismus, dem gegenüber in einer eitlen und vergeblichen Hoffnung, den Frieden zu erhalten, weitreichende Konzessionen gemacht wurden. Die substantiellen parlamentarischen Mehrheiten, die sich die Konservativen während der Unterhauswahlen 1931 und 1935 verschafft hätten, hätten die Handhabe dazu geboten, Zustimmung zur Politik der Regierung zu erzwingen, und dies selbst dann, wenn diese Politik unpopulär gewesen wäre. Schließlich hätten die Regierungsverantwortlichen ganz bewußt den Ruf oppositioneller Kritiker in den Schmutz gezogen und politische Talente in den eigenen Reihen zugunsten inkompetenter Ja-Sager übergangen. Daß in dieser ganzen Götterdämmerungsszenerie der Unfähigkeit, der pazifistischen Grundorientierung, der rückgratlosen Kotaus vor den Diktatoren und der Gefährdung angestammter nationaler Machtpositionen und Besitzungen der Mann von München, der Adolf Hitler mit nichts anderem entgegentrat als seinem Regenschirm, die unbestrittene Hauptrolle spielte, ihm die Schuld an jener unheiligen Kette von Ereignissen zugemessen werden mußte, die mit der Remilitarisierung des Rheinlandes begann und mit der Evakuierung der britischen Expeditionsarmee von den Stränden von Dünkirchen endete, versteht sich beinahe schon von selbst.

Angesichts der Ergebnisse der neueren Forschung – Beschränkungen des außenpolitischen Handlungsspielraumes durch innere wie äußere Zwangslagen, die der Formulierung einer alternativen Strategie zur Appeasement-Politik entgegenstanden, globale Sicherheitsverpflichtungen versus begrenzte militärische Mittel, Kosten einer Aufrüstung versus Erhaltung finanzieller Stabilität, »continental commitment« versus Politik der beschränkten (militärischen) Haftung – könnte man über die von Sidney Aster und anderen in leicht modifizierter Form wieder erhobenen Vorwürfe aus den vierziger Jahren guten Gewissens zur Tagesordnung übergehen: Rezept und Zutaten hatten jenes Gericht schon seit langem schwer verdaulich werden lassen, und die Bekömmlichkeit einer Speise wird in aller Regel durch Aufwärmen nicht befördert. Allerdings: Es ist die von unserem Gewährsmann verfolgte Praxis der beiläufigen Insinuation – von der wir sogleich eine Kostprobe geben werden –, die nun doch nach einer klaren, entschiedenen Stellungnahme verlangt.

Betrachten wir zunächst die Konsequenzen, die nach Meinung Asters die Reduzierung der Akten-Sperrfrist von 50 auf 30 Jahre im Mai 1967 für die Forschung gehabt habe: die Öffnung der »floodgates of revisionism«, gefolgt von einer 20-Jahres-Periode »of frenetic research«, die nicht länger die Frage nach Verantwortung und Schuld stellte[27], sondern die Motive der Appeaser rationalisierte und die These von den »guilty men« als ». . . untenable, misleading and malicious . . .« verdammte, vor allem aber moralische Kategorien und Urteile beiseite schob[28]. Der Versuch, die strategischen, ökonomischen, imperialen und politischen Bedingungsfaktoren des Appeasements aufzudecken, führte in Asters Sicht zu folgenden Ergebnissen: »Military policy, apparently, had been dictated by inadequate resources and over-extended commitments. Public opinion, it was alleged, had been too pacifist to consider a policy of ›standing up to Hitler‹. There was a sound financial rationale, one was told, for the Treasury's arguments against unlimited rearmament. The Dominions, it appeared, played an active role in support of appeasement. More recently, we have been urged to accept the view that domestic-political factors *(Primat der Innenpolitik)* were as vital in determining the course of appeasement as external events *(Primat der Außenpolitik)*. Finally, it has been argued that appeasement was not unique to the interwar years, but had respectable antecedents in the nineteenth century. Every accusation laid down by ›Cato‹, the revisionist historian has dismissed on the basis of new evidence or mitigating circumstances.«[29] Fürwahr – ein klassisches Exemplum für die Kunst, mittels Beifügung einiger adverbialer Bestimmungen und Gebrauch der *oratio obliqua* die Resultate zweier Forschungsjahrzehnte auf den Kopf zu stellen!

II. Primat der Außenwirtschaftspolitik

Wenn wir recht sehen, sind es Kategorien der politischen Moral und der Gesinnungsethik, die die antirevisionistische Wende in der Appeasement-Historiographie motivieren. Wieder aufgegriffen werden Argumente und Überzeugungen, deren Schärfe und gegenseitige Ausschließlichkeit, wie Robert Shepherd jüngst gezeigt hat[30], der Debatte um die den Diktatoren gegenüber zu vertretende Politik schon in den dreißiger Jahren eine bittere, genuin emotionale, bis in das Verhältnis der Generationen zueinander Uneinigkeit und Unfrieden stiftende dauerhaft-konflikthafte Qualität verliehen hatte. Es konnte – und kann offensichtlich immer noch – keinen gemeinsamen Nenner geben zwischen denen, die wie Neville Chamberlain angesichts der schrecklichen Erfahrungen des Ersten Weltkrieges im Sinne eines »Never again!« die Ansicht vertraten, Krieg »... wins nothing, cures nothing, ends nothing ...«[31], die sich in den Tagen vor München fragten, ob es gerechtfertigt sei, nun einen sicheren Krieg zu führen, um einen in der Zukunft möglichen Krieg zu verhindern[32], und jenen, die wie Churchill den Kulminationspunkt der Appeasement-Politik als Niederlage ohne Krieg empfanden, als »... awful milestone in our history, when the whole equilibrium of Europe has been deranged ...«, als eine Situation, in der über den Demokratien des Westens nur noch der Stab gebrochen werden konnte: »Thou art weighed in the balance and found wanting ...«[33].

Gleichwohl – der auch in der Revisionismus-Revision mitschwingende Vorwurf, Appeasement sei die Politik einer myopischen, im Vertrauen auf die rationale Berechenbarkeit der Gegner sich selbstgefällig selbsttäuschenden[34] dekadenten Klasse gewesen, die »... wellnigh ruined their country and reduced it to a second-rate place in the world ...«[35], dieser Vorwurf wird sich mit einer Reihe harter ökonomischer Fakten konfrontieren lassen müssen, die auch die Betreiber der antirevisionistischen Wende nicht hinwegdisputieren können (wenn sie denn überhaupt geneigt sind, sie zur Kenntnis zu nehmen)[36]: Unter den Bedingungen der Zwischenkriegszeit »... Britain could either have a balanced economy and vulnerable defences, or adequate armed forces and national bankruptcy, but not both ...«[37]. Wir verweisen in aller Kürze auf folgende Grundzüge der *maladie anglaise:*

Im *weltwirtschaftlichen Kontext* hatte der Erste Weltkrieg zu einer Anzahl dauerhafter oder quasi-dauerhafter struktureller Störungen und Verwerfungen geführt:

- einer Verlangsamung des Bevölkerungswachstums in den Industriestaaten, bewirkt durch die Kriegsverluste, der ein überproportionales Wachstum der Geburtenrate nach Kriegsende folgte[38]; beides erzeugte eine Veränderung der Alterspyramiden der Industriestaaten und, in der Konsequenz, zunächst einen

Rückgang der Nachfrage nach Konsum- und Investitionsgütern mit einhergehendem Verlust an Arbeitsplätzen; mittelfristig mußte eine über das gewohnte Beschäftigungsniveau hinausgehende Steigerung der Zahl der Arbeitssuchenden verzeichnet werden[39];

- einer Überproduktion an Primär- und landwirtschaftlichen Produkten, die zu einem Sinken der Weltmarktpreise und damit zu einem Sinken der Gewinne der Primärgüterproduzenten führte, wodurch deren Kaufkraft für britische Industrieprodukte beeinträcht wurde[40];
- einer epizentrischen Schwerpunktverschiebung im Weltfinanzsystem, Resultat zunächst der neuen Gläubigerrolle, die die USA während des Weltkrieges gegenüber allen anderen Industrienationen hatten gewinnen können, ohne daß diese neue Rolle nach dem Kriege von der Bereitschaft begleitet gewesen wäre, Großbritannien als Garanten des Weltwährungssystems abzulösen[41].

Diese Verwerfungen verstärkten zwei längerfristige Trendentwicklungen:

- das Ausbleiben neuer Basisinnovationen, die – wie die Baumwolltextilrevolution im ersten, der Eisenbahnbau im zweiten und der Übergang zur Stahlkonstruktion im Schiffbau im letzten Drittel des 19. Jahrhunderts – einen substantiellen volkswirtschaftlichen Wachstumsschub hätten bewirken können[42];
- die Ausbildung internationaler Ungleichgewichte im industriellen Sektor, bedingt durch den weltwirtschaftlichen Aufstieg der neuen Industriemächte USA und Japan; Ungleichgewichte, die angesichts der Zusammensetzung und Struktur des britischen Exportgeschäfts mit seinem Schwerpunkt in der Ausfuhr von Stapelgütern nach vorwiegend primärproduzierenden Ländern verschärft wurden durch eine mangelhafte Kapazitätsanpassung der alten Stapelindustrien an die neuen Weltmarktgegebenheiten[43].

Im *binnenwirtschaftlichen Kontext* litt Großbritannien an einer »Anpassungs-, Modernisierungs- und Management-Krise«[44], die auf die Verkettung einer Reihe von Wirkfaktoren zurückgeführt werden mag. Neben den auch sonst in der Literatur vielfach genannten Konsequenzen der Rückkehr zum Goldstandard 1925, der Depression zu Beginn der dreißiger Jahre, der zyklischen und strukturellen Arbeitslosigkeit und der steigenden Kosten des Sozialstaats reflektiert diese Krise zunächst vier grundsätzliche Verschiebungen, die das sozioökonomische System Großbritanniens seit Beginn des 19. Jahrhunderts veränderten:

- den Übergang von der Herrschaft der »landed gentry« im 18. Jahrhundert und der Dominanz der Mittelklasse im Viktorianischen Zeitalter zu einer schwierigen und zeitweise konfliktreichen Ko-Herrschaft der Mittel- und Arbeiterklasse in den zwanziger und dreißiger Jahren;
- den Übergang von einer weitgehend staatsfreien, wirtschaftsliberalen Periode des Freihandels zur Akzeptanz eines ausgedehnten Systems makroökonomischer staatlicher Steuerung in den dreißiger Jahren;
- den Übergang von einem vornehmlich lokalen, Aspekte gemeindlicher und freiwilliger Wohlfahrtsleistungen betonenden sozialen Sicherungssystem zu einem voll ausgebauten Daseinsvorsorgestaat in der Zwischenkriegszeit;
- schließlich die Entwicklung eines in Ansätzen korporatistische Züge aufweisenden sozioökonomischen Lenkungs- und Kontrollsystems, in dem das Parlament und die Spitzen der Beamtenschaft entgegen der Normvorstellung der klassischen Gewaltenteilungslehre gemeinsam am Entscheidungsprozeß partizipierten[45].

Darüber hinaus aber scheinen uns drei sozioökonomische Grundtendenzen für die Krise verantwortlich:
1. Die beharrliche Fortdauer einer »gentrifizierten« bürgerlichen Kultur in den Kreisen der gebildeten oberen Mittelklasse, die nach der Verwirklichung aristokratischer oder pseudoaristokratischer Werte und Lebensformen strebte; ihr Festhalten an einer nostalgisch-ländlich-gentlemanliken konservativen Grundeinstellung produzierte gleichsam einen kulturellen *cordon sanitaire,* der die Kräfte des wirtschaftlichen Wandels – Technologie, Industrie, Kommerz – einschnürte und sich wachstumshemmend auswirken mochte[46].
2. Die ungewöhnlich erfolgreiche Einpassung Großbritanniens in die Grundmuster des liberalen Welt-Kapitalismus des 19. Jahrhunderts bewirkte das Entstehen einer archaistischen Grundtendenz in seiner Industrie. Zumindest im Sektor der alten Stapelindustrien (Textilien, Bergbau, Schiffbau, Eisen- und Stahlproduktion) waren die Probleme der zwanziger Jahre »... the product of a century of world pioneering followed by 50 years of makeshift modernization, the price paid for being the first industrial nation ...«[47].
3. Die Finanz- und Wirtschaftspolitik der Regierung, geprägt von einem nahezu Gladstoneschen Liberalismus, erwies sich nicht nur auf der Ebene der konzeptionellen, politikleitenden Grundsätze als außerordentlich widerstandsfähig gegen Neuerungen und Veränderungen, die auf eine Ausweitung des staatsinterventionistischen Instrumentariums zielten. Das Oberziel, das sie während eines Gutteils der Zwischenkriegszeit verfolgte, war das der Rückkehr zum Vorkriegs-»Normalzustand« eines freihändlerischen Liberalismus, dessen internationale Marktbeziehungen von der Automatik des Goldstandards reguliert werden und dessen binnenwirtschaftliche Organisations- und Normenstruktur sich in einem weitestgehend staatsfreien Spiel der Kräfte von Angebot und Nachfrage ausbilden sollte. Daß die Verfolgung dieses Zieles schon in den zwanziger Jahren mit den wirtschaftlichen und sozialen Realitäten in Konflikt geriet, muß nicht eigens belegt werden. Erstaunen mag allenfalls der Umstand hervorrufen, daß britische Entscheidungsträger trotz der klaren Konfrontation mit den im wesentlichen durch die Unterausnutzung der Produktionsfaktoren bedingten binnenwirtschaftlichen Instabilitäten der Epoche an altehrwürdigen ökonomischen Glaubensgrundsätzen festhielten, die diese Unterausnutzung eher noch vertieften. Wir nennen:
- die Doktrin des ökonomischen Internationalismus, die die britische Volkswirtschaft den Fährnissen und Erfordernissen der Weltwirtschaftsentwicklung unterordnete, insbesondere den Londoner Kapitalmarkt an der Verteidigung der Rolle des Pfundes als Weltreservewährung, nicht aber am Kreditbedürfnis der einheimischen Industrie ausrichtete und von der Annahme ausging, »... that the British economy could and should bear the burden of readjustment to unfavourable changes in the international environment ...«[48];
- das Beharren auf einer Politik des Haushaltsausgleichs als Grundkennzeichen öffentlicher Finanzpolitik;
- die Verteidigung einer orthodoxen »Treasury View«, derzufolge öffentliche Ausgaben generell unproduktiv waren und nur den für Investitionen in der Privatwirtschaft zur Verfügung stehenden Kapitalstock schmälerten.

In ihrer Gesamtheit prägten, stützten und legitimierten all diese Grundtendenzen und Grundsätze einen charakteristischen Zug der britischen Politik der Zwischenkriegs-

Tabelle: Sozialhaushalt und Verteidigungshaushalt in Großbritannien im Vergleich

Jahr	Gesamtsumme aller öffentlichen Ausgaben	Sozialausgaben	Verteidigungsausgaben	Prozentualer Anteil aller öffentlichen Ausgaben	
				Soziales	Verteidigung
1920	1932	211	605	10,9	31,3
1921	1538	287	292	18,7	19,0
1922	1444	293	189	20,3	13,1
1923	1159	268	110	23,1	9,5
1924	1132	251	107	22,2	9,5
1925	1151	258	115	22,4	10,0
1926	1199	266	119	22,2	9,9
1927	1244	281	118	22,6	9,5
1928	1242	277	117	22,3	9,4
1929	1233	285	113	23,1	9,2
1930	1253	293	113	23,4	8,6
1931	1314	318	111	24,2	8,4
1932	1286	328	108	25,5	8,4
1933	1289	361	103	28,0	8,0
1934	1211	357	108	29,5	8,9
1935	1252	364	115	29,0	9,2
1936	1313	376	138	28,6	10,5
1937	1387	378	186	27,3	13,4
1938	1485	379	257	25,5	17,3
1939	1566	389	397	22,9	25,4

Angaben in Millionen £, Dezimalbeträge auf- oder abgerundet; die Gesamtsumme aller öffentlichen Ausgaben umfaßt den Haushalt der Zentralregierung ebenso wie die Haushalte der (für Teile des sozialen Sicherungssystems zuständigen) Gemeinden.

Quelle: Finance Accounts of the United Kingdom, 1920–1939; B. R. Mitchell, Phyllis Deane, Abstract of British Historical Statistics, Cambridge 1971, S. 400, S. 416ff.

zeit: den nicht eines Primats der Außen-, sondern der Außenwirtschaftspolitik – eine Politik, die die binnenwirtschaftlichen Handlungsparameter mittels eines Dreiklangs von Deflation, Beschneidung öffentlicher Ausgaben und orthodoxer Haushaltsführung gestaltete. Dieser Primatgedanke durchzog auch die britische Sicherheits- und Rüstungspolitik in den dreißiger Jahren, wie nicht nur die vorzügliche Studie G. C. Pedens[49] schon vor einem Jahrzehnt zu zeigen vermochte, sondern neuere Einzeluntersuchungen[50] in größerer Detailliertheit immer wieder belegen. Vor den Erfordernissen und Zwängen einer ausgeglichenen Haushaltsführung, vor der Notwendigkeit, »business as usual«[51] zu garantieren, damit Großbritanniens finanzielle und industrielle Ressourcen ebenso wie sein Exporthandel nicht schon zur Unzeit durch den Übergang zu einer Kriegsökonomie empfindlich geschädigt wurden, vor den konfligierenden Anforderungen von Rüstung und sozialer Sicherheit[52], schließlich vor der internationalen Prädizierung der britischen Ökonomie[53] (Bemühen um eine ausgeglichene Zahlungsbilanz, Erhaltung der internationalen Kaufkraft, Wahrung des Vertrauens des Auslandes in die finanzielle und industrielle Leistungsfähigkeit) – vor all diesen harten Rahmenbedingungen sicherheitspolitischer Entscheidungen verschließen die Befürworter der antirevisionistischen Wende in der Appeasement-Historiographie die Augen. Eine solche Haltung des »wilful neglect« kann ihnen daher nur eine Variation des Churchillschen Urteils eintragen: »weighed in the balance and found wanting . . .«!

Anmerkungen

1 Alexander Demandt, Metaphern für Geschichte. Sprachbilder und Gleichnisse im historisch-politischen Denken, München 1978, S. 252.
2 Andreas Hillgruber, Endlich genug über Nationalsozialismus und Zweiten Weltkrieg? Forschungsstand und Literatur, Düsseldorf 1982.
3 Anstelle vieler Einzelbelege hierzu jetzt Gottfried Niedhart, Internationale Beziehungen 1917–1947, Paderborn 1989.
4 Diese wurde von Harold Nicolson, Diplomacy, 3. Aufl., London 1969, S. 25ff. treffend als »shopkeeper« oder »mercantile approach« der Außenpolitik bezeichnet und im Unterschied zum machtpolitisch-kriegerischen Ansatz kontinentaler Staaten geradezu zum Paradigma der britischen Diplomatie erhoben.
5 Paul Kennedy, The Realities Behind Diplomacy. Background influences on British External Policy, 1865–1980, London 1981, S. 224ff.
6 Paul Kennedy, The Rise and Fall of the Great Powers. Economic Change And Military Conflict from 1500 to 2000, London 1988, S. 320.
7 David Dilks (Hrsg.), Retreat from Power. Studies in Britain's Foreign Policy of the Twentieth Century, Bd. 1: 1906–1939, London 1981.
8 F. S. Northedge, The Troubled Giant. Britain among the Great Powers 1916–1939, London 1966.
9 Correlli Barnett, The Collapse of British Power, London 1972; ders., The Audit of War. The Illusion and Reality of Britain as a Great Nation, London 1986.
10 Martin Gilbert, Britain and Germany between the Wars, London 1964, S. 44.
11 Vgl. Lloyd George im House of Commons am 3. 4. 1922: »I do not believe that you are going to restore trade, business and employment until you appease the whole of Europe«, H. C. Deb., Bd. 152, Sp. 1897.
12 Hierzu Karl Rohe (Hrsg.), Die Westmächte und das Dritte Reich 1933–1939. Klassische Großmachtrivalität oder Kampf zwischen Demokratie und Diktatur?, Paderborn 1982.
13 Reinhard Meyers, British Imperial Interests and the Policy of Appeasement, in: Wolfgang J. Mommsen/Lothar Kettenacker (Hrsg.), The Fascist Challenge and the Policy of Appeasement, London 1983, S. 339–351.
14 Gustav Schmidt, England in der Krise. Grundzüge und Grundlagen der britischen Appeasement-Politik (1930–1937), Opladen 1981.
15 So am prononciertesten Bernard Porter, Britain, Europe and the World 1850–1982. Delusions of grandeur, London 1983. Die mit der »Weltmacht-im-Niedergang«-Formel argumentierende Literatur befindet sich hinsichtlich der Entscheidung über den *terminus post quem* im übrigen in einem ähnlichen Dilemma wie die Appeasement-Forschung. Teils wird der Beginn des Niedergangs auf die siebziger Jahre des 19. Jahrhunderts datiert (Andrew Gamble, Britain in Decline. Economic Policy, Political Strategy and the British State, London 1981), teils in der Jahrhundertwende angesetzt (Scott Newton/Dilwyn Porter, Modernization Frustrated. The Politics of Industrial Decline in Britain Since 1900, London 1988), teils mit dem Ersten Weltkrieg verbunden (Robert Blake, The Decline of Power 1915–1964, London 1986), teils der Weltwirtschaftskrise am Ausgang der zwanziger Jahre zugeschrieben (Roy Douglas, World Crisis and British Decline, 1929–56, London 1986).

16 Keith Robbins, Appeasement, Oxford 1988.
17 Martin Gilbert/Richard Gott, Der gescheiterte Frieden: Europa 1933–1939, Stuttgart 1964.
18 Hierzu K. Robbins, (Anm. 16), S. 4ff.
19 Ian Colvin, The Chamberlain Cabinet. How the meetings in 10 Downing Street, 1937–9, led to the Second World War. Told for the first time from Cabinet papers, London 1971.
20 So jetzt durchgängig auch Richard Overy/Andrew Wheatcroft, The Road to War, London 1989, S. 62ff.
21 K. Robbins, (Anm. 16), S. 6.
22 P. Kennedy, The Realities Behind Diplomacy, (Anm. 5), S. 254.
23 Bernd-Jürgen Wendt, Großbritannien – Demokratie auf dem Prüfstand: Appeasement als Strategie des Status Quo, in: Erhard Forndran/Frank Golczewski/Dieter Riesenberger (Hrsg.), Innen- und Außenpolitik unter nationalsozialistischer Bedrohung. Determinanten internationaler Beziehungen in historischen Fallstudien, Opladen 1977, S. 11–31.
24 So schon bei Williamson Murray, The Change in the European Balance of Power 1938–1939. The Path to Ruin, Princeton, N. J. 1984; besonders deutlich jetzt bei Sidney Aster, »Guilty Men«: The Case of Neville Chamberlain, in: Robert Boyce/Esmonde M. Robertson (Hrsg.), Paths to War. New Essays on the Origins of the Second World War, London 1989, S. 233–268.
25 Gottfried Niedhart, Strukturwandel, Reformfähigkeit und Friedenswahrung: Probleme der englischen Geschichte im 19. und 20. Jahrhundert, in: ders. (Hrsg.), Einführung in die englische Geschichte, München 1982, S. 138–185, hier S. 166.
26 Zuerst so apostrophiert von Donald Watt, Appeasement. The Rise of a Revisionist School?, in: Political Quarterly, 36 (1965), S. 191–213.
27 S. Aster, (Anm. 24), S. 236.
28 Ebd., S. 261.
29 Ebd., S. 236f.
30 Robert Shepherd, A Class Divided. Appeasement and the Road to Munich 1938, London 1988.
31 Keith Feiling, The Life of Neville Chamberlain, London 1970, S. 320.
32 Lord Halifax im Kabinett vom 30. 8. 1938, Cab. 23/94, S. 291ff.
33 H. C. Deb., 5. 10. 1938, Sp. 373.
34 So Larry William Fuchser, Neville Chamberlain and Appeasement. A Study in the Politics of History, New York 1982.
35 A. L. Rowse, All Souls and Appeasement. A Contribution to Contemporary History, London 1961, S. 117.
36 Zur Übersicht über die einschlägige Literatur der siebziger Jahre Reinhard Meyers, Die vierte Teilstreitkraft. Industrie, Handel und Finanz in der britischen Aufrüstung der dreißiger Jahre, in: Neue Politische Literatur, 26 (1981), S. 191–212.
37 Paul Kennedy, British Defence Policy Part II. An Historian's View, in: Journal of the Royal United Services Institute for Defence Studies, 122 (1977), S. 14–20, hier S. 17.
38 Wolfram Fischer, Weltwirtschaftliche Rahmenbedingungen für die ökonomische und politische Entwicklung Europas 1919–1939, Wiesbaden 1980, S. 14ff.; Philip S. Bagwell, G. E. Mingay, Britain and America. A Study of Economic Change 1850–1939, Neuaufl., London 1987, Kap. 1.
39 Stephen Constantine, Unemployment in Britain between the Wars, London 1980; S. Howson, Slump and unemployment, in: Roderick Floud/Donald McCloskey (Hrsg.), The Economic History of Britain since 1700, Bd. 2: 1860 to the 1970s, Cambridge 1981, S. 265–285.
40 Wolfram Fischer, Die Weltwirtschaft im 20. Jahrhundert Göttingen 1979, S. 24ff.; James Foreman-Peck, A History of the World Economy. International Economic Relations since 1850, Brighton 1983, Kap. 7.
41 Harold van B. Cleveland, The International Monetary System in the Interwar Period, in: Benjamin M. Rowland (Hrsg.), Balance of Power or Hegemony. The Interwar Monetary System, New York 1976, S. 1–60; Charles P. Kindleberger, A Financial History of Western Europe, London 1984, Kapitel IV.

42 Walt W. Rostow, The World Economy. History and Prospect, London 1978, S. 318ff.
43 Derek H. Aldcroft, The Inter-War Economy. Britain 1919–1939, London 1970, S. 120ff.; ders., The British Economy, Bd. 1: The Years of Turmoil 1920–1951, Brighton 1986; B. W. E. Alford, New industries for old? British Industry between the wars, in: R. Floud/D. McCloskey (Anm. 39), S. 308–331, insbes. S. 308ff.
44 Peter Mathias, The First Industrial Nation. An Economic History of Britain 1700–1914, Neuaufl., London 1978, S. 431ff.
45 S. G. Checkland, British public policy, 1776–1939, in: Peter Mathias/Sidney Pollard (Hrsg.), The Cambridge Economic History of Europe, Bd. VIII: The Industrial Economies. The Development of Economic and Social Policies, Cambridge 1989, S. 607–640.
46 Martin J. Wiener, English Culture and the Decline of the Industrial Spirit 1850–1980, Cambridge 1982; ein klassisches Beispiel bei John Colville, The Fringes of Power. Downing Street Diaries 1939–1955, London 1985.
47 K. Warren, Iron and steel, in: Neil K. Buxton/Derek H. Aldcroft (Hrsg.), British Industry between the Wars. Instability and industrial development 1919–1939, London 1978, S. 103–126, Zitat S. 103.
48 Robert Skidelski, The Reception of the Keynesian Revolution, in: Milo Keynes (Hrsg.), Essays on John Maynard Keynes, London 1975, S. 89–107, Zitat S. 97.
49 G. C. Peden, British Rearmament and the Treasury 1932–1939, Edinburgh 1979.
50 Neben der umfassenden Studie von N. H. Gibbs, Grand Strategy, Bd. I: Rearmament Policy, London 1976, vor allem Malcolm Smith, British Air Strategy Between The Wars, Oxford 1984; Neville Jones, The Beginnings of Strategic Air Power. A History of the British Bomber Force 1923–39, London 1987; G. A. H. Gordon, British Seapower and Procurement between the Wars. A Reappraisal of Rearmament, London 1988.
51 Vgl. Statement Relating to Defence, Cmd. 5107, 1936.
52 Ebd. Paragraph 49: Aufrüstungsmaßnahmen könnten nur eingeleitet werden »... without restrictions on the programme of social services ...«
53 *Locus classicus:* Interim Report on Defence Expenditure in Future Years, C. P. 316(37), Cab. 24/273.

Karol Jonca

Die Radikalisierung des Antisemitismus

Der Fall Herschel Grynszpan und die »Reichskristallnacht«

I. Wurzeln des Antisemitismus

Die Tragödie der deutschen Juden und die »Endlösung der Judenfrage« überhaupt hat in der Nachkriegszeit eine fast unermeßliche Literatur hervorgerufen, aus der man wohl die »humanistische« als wichtigste Strömung herauslösen kann. Franciszek Ryszka betont, daß als repräsentativstes Beispiel dieser Literatur Hannah Arendts Werk »Elemente und Ursprünge totaler Herrschaft« gelten dürfte, das gleichsam ein Standardwerk der Geschichte des Antisemitismus bildet[1]. In Hannah Arendts politischer Philosophie wird der Antisemitismus mit der Konstruktion eines »objektiven Feindes«, dem wichtigsten Element »totalitärer Herrschaft«, identifiziert. Die wesentlichen Symptome dieses Ungeistes dürften bereits in den mittelalterlichen Wurzeln europäischer Kultur zu finden sein, obwohl der Begriff »Antisemitismus« verhältnismäßig junger Provenienz ist und auf Wilhelm Marrs »Judenspiegel«, die »Antisemitischen Hefte« und Theodor Fritschs »Antisemitischen Kathechismus« zurückgeht[2]. Marr selbst gebrauchte in seiner Auseinandersetzung zwischen Judentum und Deutschtum/Germanentum nicht den Begriff »Antisemitismus«. Sein antijüdischer Verein nahm zwar die Bezeichnung »Antisemiten-Liga« (1879) an, jedoch dürfte dies noch nicht einen Wechsel von religiöser zu rassistischer Judenfeindschaft bedeutet haben.

Die Entstehung des Begriffs »Antisemitismus« zeugte vom Aufkommen neuer Motive einer Judenfeindschaft, die – über alte religiöse Antriebselemente weit hinausreichend – in der modernen Wirtschaft der »belle époque« des wilhelminischen Deutschland zu suchen sind. Diesen Motiven gab Hermann Ahlwardt im Reichstag (1895) den bezeichnenden Ausdruck: »Die Juden sind ausbeuterisch, parasitisch ... die Juden sind in der Tat Raubthiere«. Begriffe wie »ausrotten«, »Judenausbeutung«, »Judengesindel« fanden ihre Prägung[3].

Dennoch ist die »genetische« Herkunft des Antisemitismus durch die Interpretation der Motive kaum erklärbar. Werner Jochmann ist überzeugt, daß die »Judenfrage« gleichzeitig mit der »deutschen Frage« zu einem Politikum geworden ist. Im Zeitalter der raschen industriellen Entwicklung Deutschlands weckten demagogische Losungen viele antijüdische Emotionen. Eine bekannte These, die das »Judentum« mit dem »angewandten, bis zum extrem durchgeführten Manchestertum« identifizierte, schloß alle Gegner des Liberalismus zu einer Interessengemeinschaft zusammen. Jochmann sieht im Antisemitismus eine Protestbewegung gegen den Liberalismus der deutschen Industriegesellschaft[4]. Ernst Nolte entdeckte, daß viele deutsche

Ideenströme des 19. Jahrhunderts ihren eigenen Antisemitismus hatten und der spätere Antisemitismus Hitlers in der radikal-konservativen Gedankenwelt wurzelte. Walter Z. Bacharach hegt keine Zweifel daran, daß bis zum Ende des 19. Jahrhunderts der Konflikt zwischen Juden und deutschen Nationalisten hauptsächlich nur einen rein akademischen, theoretischen Charakter trug, der von der Streitfrage um die »deutsche Rasse« und ihren Platz in der Geschichte hervorgerufen wurde[5]. Die Wandlungen in der Wirtschafts- und Innenpolitik nach Otto von Bismarcks Rücktritt und die Aufhebung des Sozialistengesetzes im letzten Jahrzehnt vor der Jahrhundertwende lösten eine breite Welle des Antisemitismus aus[6].

Kurz vor dem Ersten Weltkrieg verband sich der deutsche Antisemitismus unlöslich mit dem Konservatismus, Nationalismus und dem Kulturpessimismus. Zwar scheiterten nach dem Kriege einige Versuche (Heinrich Claß), den deutschen Antisemitismus in einer straffen Organisation zusammenzufassen, jedoch gelang es mit Hilfe von Hitlers militanten Parolen und Methoden zum Kampf gegen die »Judenrepublik«, besonders Soldaten und die radikale Jugend zu mobilisieren. Den »zersetzenden undeutschen Geist« und die »Vorherrrschaft des Judentums« stärker zu bekämpfen beschloß auch im Herbst 1919 der Hauptverband der Deutschnationalen Volkspartei.

Eine entscheidende Rolle bei der Ausbreitung antisemitischer, rassistischer Tendenzen in den Volksmassen spielten weit mehr angesehene bürgerliche Fachzeitschriften, Tageszeitungen und Magazine als periphere völkische Blätter. Die sich in der Presse mehrenden Karikaturen des abstoßend wirkenden Juden verfehlten nicht ihre Wirkung, nicht nur in den Kreisen völkischer Antisemiten, sondern auch in den »besseren« bürgerlichen Milieus. Gehör fanden nationalistische Journalisten, die in Kunst, Musik, Literatur und Wissenschaft den »jüdischen« und »volksfeindlichen Geist« kritisierten. Der anschwellenden Sturmflut des Antisemitismus in Schlesien etwa entgingen nicht einmal Juden (unter ihnen Rechtsanwälte, Notare, Richter, Beamte), die sich offen im Plebiszit von 1921 für Deutschlands Interessen und gegen Gebietsteilungen zugunsten Polens einsetzten.

Die Unruhen der Jahre 1922/23 mit Attentaten und Synagogenschändungen lieferten Beweise ernstlicher Bedrohung der deutschen Juden seitens ihrer gewalttätigsten Feinde – der Nationalsozialisten, Deutschvölkischen, Alldeutschen und nicht zuletzt auch großer Teile der Bevölkerung, in der der Judenhaß anstieg. Den Forderungen der radikalen Völkischen entsprach in Bayern Gustav Kahrs Versuch (1922), alle »Ostjuden« auszuweisen[7]. Die willkürlichen Maßnahmen der preußischen Regierung vom November 1920 und Februar 1921, die die Einweisungen »unerwünschter Ostjuden« in die Konzentrationslager Cottbus und Stargard verfügten, konnten durchaus als Beispiel offizieller antijüdischer Politik gelten[8].

Für die Nationalsozialisten brachte schon die antisemitische Sturmflut in den Anfängen der Weimarer Republik weitgehende Erfahrungen. Die unter dem Druck der völkischen Radikalen stehenden demokratischen Parteien und Kabinette, die sich für mehr Zurückhaltung der Juden im politisch-gesellschaftlichen Leben aussprachen, erkannten wohl kaum, daß der Kampf der Radikalen der Zerstörung des Rechtsstaates galt. Die vom Jubiläums-Kongreß der Alldeutschen am 21. September 1930 angenomme »Hannoversche Erklärung« zeugte von aufwallender antisemitischer und antidemokratischer Politik. Die Rassenlehre Gobineaus, Ammons und Chamberlains wurde vom Alldeutschen Verband unterstützt und brauchte von den Nationalsozialisten nur noch übernommen zu werden[9]. Versuche der völkischen und nationalsozialistischen Propaganda, die schwere soziale Lage breiter Volksschichten in der Krisenzeit durch gewisse Erklärungsmuster zu »rationalisieren«, brachten besonders den Mittelstand dahin, Bürger »anderer Rassen« abzulehnen. Wandlungen innerhalb des Protestantismus und ein aufsteigendes Bekenntnis zu »bejahendem artgemäßen Christusglauben« der nationalistisch geprägten Glaubensbewegung stärkten die biologistische Distanz zwischen Deutschen und Menschen »anderer Rasse«[10].

Hitlers politischer Strategie, die seine marxistischen Gegner zum Instrument jüdischer Weltverschwörung abstempelte, gelang es vor der Auflösung der Weimarer Republik, alle antisemitischen Elemente zu konsolidieren, unter ihnen Bürger, die das Vertrauen zur demokratischen Ordnung des »Systems« verloren hatten. Soziale Not, politische Instabilität und Unentschlossenheit der Präsidialregierung Heinrich Brünings, trotz seiner Reformversuche, förderten die antijüdische Haßkampagne (1932) und den Verfall der Menschen- und Bürgerrechte deutscher Juden in der Endphase des demokratischen Parlamentarismus. Mit Recht behauptet Werner Jochmann, daß vor Hitlers Machtübernahme die großen staatstragenden Parteien und Gewerkschaften kaum in der Lage waren, sich öffentlich für die Juden einzusetzen, und nicht anders war es bei den christlichen Kirchen[11]. Hitler war sich bewußt, daß wohl kaum jemand allein des Antisemitismus wegen für ihn Partei nehmen würde, jedoch die Volksmassen dort bereit waren, sich für seine NS-Ideologie einzusetzen, wo seine Propaganda den Marxismus bekämpfte und diesen nicht mit der deutschen Arbeiterschaft identifizierte.

Nicht einmal politische Gegner der Nazis, auch nicht akademische Kreise, waren bereit, für das Existenzrecht der jüdischen Mitbürger zu streiten. Nach Hitlers Machtübernahme entwickelten sich weder Abwehrkräfte gegen den rassistischen Antisemitismus, noch gelang es, entschiedene christliche oder politische Gegenpositionen aufzubauen, um den Verfolgungsmaßnahmen der Nazis entgegenzutreten. Im Gegenteil entwickelte sich auf der Basis des Antisemitismus ein Grundkonsens zwischen Hitleranhängern und dem bürgerlichen Mittelstand, der später der radikalen Aussonderung der Juden aus der deutschen Volksgemeinschaft Vorschub leistete.

An Boden gewannen immer mehr die Losungen vom »objektiven Feind«, die die alten Begriffe »Gesetzestreue«, »Blutopfer« und »Vaterlandsliebe« wegwischten, wenn jemand jüdischer Herkunft war[12]. Nachdem die Nazis in den Septemberwahlen 1930 mit 107 Abgeordneten in den Reichstag eingezogen waren, erwog die Parteizentrale der NSDAP die Möglichkeit, auf dem Gesetzeswege gegen die Juden vorzugehen. Ministerialrat Dr. Arthur Gütt unterbreitete 1932 Vorschläge zur Einführung eines Fremdenrechts für Juden und deren sukzessive Ausschaltung aus der Volksgemeinschaft. Längst noch vor dem Untergang der Weimarer Republik und vor Hitlers Machtergreifung vertrat die NSDAP den Standpunkt einer völligen Ausschaltung jüdischer Einflüsse aus allen Bereichen des politischen, wirtschaftlichen und kulturellen Lebens im Deutschen Reich.

II. Antisemitismus als Programm

Schon in den ersten Wochen nach der Machtübernahme entlud sich in den Judenboykotten die im Nationalsozialismus programmatisch verankerte Judenfeindschaft. Manfred Funke betont, daß nach Hitlers Machtübernahme der Antisemitismus konkret als Programm der Nazi-Diktatur präsent wurde. Er verkörperte einen allgemeinen Willen, der sich seit dem wilhelminischen Zeitalter ausbreitete und auf sozialdarwinistische Konzeptionen sowie alte Traditionen des »Straßen-, Konkurrenz- und Neidantisemitismus« zurückgriff[13]. Die nach den Wahlen vom 5. März 1933 zunehmende Einschüchterung durch »Aktionen« und Angriffe gegen deutsche Juden bildete einen wesentlichen Bestandteil des Naziterrors und der Massenpropaganda als Methoden zur Systemstabilisierung.

Zur ersten öffentlich inszenierten antijüdischen »Aktion« wurde der 1. April 1933 als von den Nazis festgelegter Boykott-Tag mit Ausschreitungen gegen jüdische Geschäfte, Unternehmen sowie gegen jüdische Ärzte und Rechtsanwälte. Diese auf dem Notverordnungswege dekretierte Maßnahme zur Einschüchterung und brutalen Unterdrückung des politischen Gegners verlief parallel zu einer gewaltigen Propagandaaktion, die dazu bestimmt war, Emotionen hochzupeitschen und der neuen Nazi-Diktatur öffentliche Zustimmung zu verschaffen. Die den permanenten Ausnahmezustand begleitende Propaganda zielte darauf ab, durch eine gesteuerte »Regie des öffentlichen Lebens« der Nazi-Regierung eine gewisse Massenakklamation zu sichern[14]. Fast alle gegen die deutschen Juden in den folgenden Wochen und Jahren getroffenen Maßnahmen fanden ihren Niederschlag im Entwurf eines »Gesetzes zur Regelung der Stellung der Juden« vom 6. April 1933, welcher nicht nur die Entfernung aller Juden aus öffentlichen Ämtern, freien Berufen, Vereinen und Gesellschaften vorsah, sondern auch Ehen zwischen »Deutschen« und Juden verbot, außerehelichen Verkehr mit Strafen belegte, die Erfassung der Juden in polizeilichen Registern und die Kennzeichnung ihrer Personalpapiere mit einem »J« bestimmte. Obwohl dieser Entwurf vom Diensteifer innerhalb der NSDAP und deren Bereitschaft zur Ausschaltung der Juden aus der deutschen Volksgemeinschaft zeugte, mochte Hitler damals jedoch noch nicht dem Entwurf Gesetzescharakter geben. Offensichtlich geschah dies aus Sorge, daß solche radikalen Schritte zu viele Menschen, auf deren Botmäßigkeit Hitler noch angewiesen war, vor den Kopf stoßen könnten.

Diese Massen bildeten im geplanten schnellen Wirtschaftsaufbau und in Hitlers »programmatischen« Zielen einen wichtigen Faktor. Hitlers vorübergehende Rücksichtnahme auf wichtige wirtschaftliche Interessen schloß jedoch nicht die allmähliche Verdrängung und Ausschaltung der Juden aus dem öffentlichen Leben und ihre Entrechtung aus. An Stelle des offenen Boykotts wurde der gesetzliche Weg bevorzugt mit den alsbald erfolgenden gefürchteten Verwaltungsmaßnahmen, die stufenweise totale Ausschaltung der Juden aus der Volksgemeinschaft eingeleitet, wobei die Willkür keine Grenzen fand[15]. So schrieb z. B. das Gesetz zur Wiederherstellung des Berufsbeamtentums vom 7. April 1933 die Entlassung »nichtarischer« Beamter vor (eine Ausführungsverordnung präzisierte, wer als »nichtarisch« galt), und diesem Berufsbeamtengesetz folgte eine Welle von Gesetzen, die in der ersten Phase der repressiven Judenpolitik den Begriff des Juden definierten, »Nicht-Arier« von Deutschen absonderten, Auswanderungen beschleunigten und, generell genommen, den

Vernichtungsprozeß vorbereiteten[16]. Der im staatlichen Bereich begonnene Verdrängungs- und Aussonderungsprozeß fand seinen Widerhall auf gesellschaftlichem Gebiet aufgrund der systemkonformen Haltung der Bevölkerungsmassen. Ohne großen Protest konnte selbst ein Gesetz der Reichskirchenführung durchgesetzt werden, das den »Arierparagraphen« in den evangelischen Landeskirchen einführte (21. August 1934).

Mit den sogenannten Nürnberger Blutschutzgesetzen (1935), die Hitlers Strategie und den Forderungen des Rassenpolitischen Amtes der NSDAP entsprachen, wurden die Voraussetzungen für eine radikale Judenpolitik geschaffen. Die offizielle und formelle Abstempelung der Nichtarier zu Feinden eröffnete nach Rafal Lemkins Definition den Weg zum Völkermord[17]. Ministerialrat Löseners Denkschrift für Hitler und Frick vom 11. Oktober 1935 hinterließ keine Zweifel daran, daß Hitler einer radikalen Lösung der »Judenfrage« zustrebte, die neben der totalen Entfernung aller Volljuden aus der deutschen Volksgemeinschaft ebenfalls die allmähliche Beseitigung der »Mischrasse« (etwa 200000 »Halbjuden« usw.) umfaßte. Zwar wirkten sich die Folgen der brutalen Nürnberger Gesetzgebung in einer Massenemigration aus (etwa 25000 Personen), aber dies konnte das Gefühl der persönlichen Rechtssicherheit der deutschen Juden immer noch nicht gänzlich untergraben. Andererseits schien die Reaktion der deutschen Volksmassen auf diese Gesetze, besonders ihre Gleichgültigkeit gegenüber dem Schicksal des betroffenen jüdischen Mitbürgers, Hitler in der Einschätzung zu bestärken, die Bevölkerung auf weitere radikale Schritte und sogar die »Endlösung« einstimmen zu können[18].

Die ideologische Vorprägung durch den seit Jahrzehnten virulenten Antisemitismus spiegelte sich nicht nur in der Gleichgültigkeit wider, sondern auch in den heimlichen Wünschen, endlich die jüdischen Mitbürger »auf legale Weise« aus der Wirtschaft und dem kulturellen Leben Deutschlands zu verdrängen. Wirtschaftliche Verdrängung und sogar Entehrung und Entrechtung der deutschen Juden wurden zu dieser Zeit noch kaum mit der Möglichkeit von Großpogromen identifiziert.

Beachtung verdient Avraham Barkais These, daß das Jahr 1938 zum »Schicksalsjahr« der deutschen Juden wurde. Barkai stützt seine These auf einen Arbeitsbericht der Reichsvertretung der Juden in Deutschland, dessen Inhalt übrigens einer Beurteilung der Lage der »Judenfrage« des Auswärtigen Amtes ähnelt. Im Runderlaß an alle deutschen Missionen und Konsulate vom 25. Januar 1939 wies das Auswärtige Amt darauf hin, daß das Jahr 1938 in der Behandlung der »Judenfrage« einen wesentlichen Wendepunkt gebildet habe: »Aus Politik und Kultur war der Jude ausgeschaltet. Aber bis 1938 war seine wirtschaftliche Machtposition in Deutschland und damit sein zäher Wille, bis zum Anbruch ›besserer Zeiten‹ auszuhalten, ungebrochen. Der Jude hatte aber die Konsequenz und die Kraft des nationalsozialistischen Gedankens unterschätzt.«[19] Der im erwähnten Arbeitsbericht der Reichsvertretung der Juden gebrauchte Begriff des »historischen Wendepunktes« im Schicksal der Juden ist identisch mit der Feststellung des Auswärtigen Amtes: »Es ist wohl kein Zufall, daß das Schicksalsjahr 1938 zugleich mit der Verwirklichung des großdeutschen Gedankens die Judenfrage ihrer Lösung nahegebracht hat. Denn die Judenpolitik war sowohl Voraussetzung wie Konsequenz der Ereignisse des Jahres 1938.« Der Runderlaß des Auswärtigen Amtes spricht sogar von der Möglichkeit einer »radikalen Lösung der Judenfrage« und zwar »als Konsequenz der außenpolitischen Entwicklung, die zu den im Altreich lebenden 500000 Glaubensjuden weitere 200000 in

Österreich einbrachte«[20]. Zweifelsohne darf behauptet werden, daß die im Runderlaß erwähnte »radikale Lösung der Judenfrage« zu diesem Zeitpunkt noch nicht Völkermord, sondern vielmehr Enteignung jüdischen Besitzes und Förderung der Auswanderung aller Juden aus dem Reichsgebiet bedeutete. Die Auswanderung wird im Rundschreiben als »das letzte Ziel der deutschen Judenpolitik« bezeichnet, gewissermaßen als Konsequenz radikaler wirtschaftlicher Maßnahmen, die »den Auswanderungswillen fördern werden«.

Zumindest drei wichtige Faktoren bildeten den wesentlichen Wendepunkt in der »Judenfrage« noch vor dem Großpogrom der »Reichskristallnacht« vom 9. bis 10. November 1938: 1. die Verschärfung der antijüdischen Wirtschaftspolitik mit »legalen« Maßnahmen im Altreich; 2. die antijüdischen repressiven Maßnahmen in Österreich nach dem »Anschluß«, deren Legalisierung (20. Mai 1938) und »vorbildliche« Übertragung ins Altreich[21]; 3. die »Abschiebung« von etwa 15–17000 Juden polnischer Nationalität (27.–29. Oktober 1938) aus dem Reichsgebiet nach Polen gemäß Heydrichs Erlaß vom 26. Oktober 1938.

Ohne auf Einzelheiten eingehen zu können, ist darauf hinzuweisen, daß diese Verschärfung der antijüdischen Wirtschaftspolitik eine konsequente Fortsetzung der früheren Maßnahmen bedeutete, die bereits Ende 1937 die wirtschaftliche Existenz jüdischer Bürger zerstörten und vielen von ihnen den Lebensunterhalt nahmen. In den Anfängen des Jahres 1938 wurden weitere Voraussetzungen für die »Entjudung« der deutschen Volkswirtschaft geschaffen. Friedrich W. Rogge erblickt sogar in der Anmeldungspflicht jüdischen Vermögens (26. April 1938) eine Art »Pogromwegweiser« für die kommenden Novemberexzesse[22]. Die Erwerbstätigkeit der Juden konnte jederzeit liquidiert und die Erfassung jüdischen Vermögens eingeleitet werden. Im August 1938 wurden Juden zur Annahme erkennbarer jüdischer Vornamen (Sarah, Israel) verpflichtet und so öffentlich gekennzeichnet. Regierungs- und Parteiinstanzen beschleunigten diese »Arisierungen« und die »Ausschaltung« jüdischer Konkurrenz, indem alle jüdischen Geschäfte und Unternehmen in Karteien erfaßt wurden. Durchführungsverordnungen (etwa zur »Verordnung über die Anmeldung des Vermögens von Juden«, vom 26. August 1938) machten etwa Veräußerungen und Verpachtungen jüdischen Besitzes fast unmöglich. In diesem Zusammenhang bemerkte Reichsinnenminister Wilhelm Frick in einer geheimen Weisung vom 14. Juni 1938, daß »die Lösung der Judenfrage auf wirtschaftlichem Gebiet« eingeleitet worden sei. Für die Zukunft hielt Frick eine »zwangsweise Ausschaltung der Juden« für erforderlich. Die aufgrund der Dritten Verordnung zum Reichsbürgergesetz im Juli 1938 befohlene Erfassung aller jüdischen Unternehmen ließ keinen Zweifel daran, daß die vollständige Enteignung jüdischen Besitzes und damit die »Entjudung« der deutschen Wirtschaft nur noch eine Zeitfrage sei. Das Judenreferat im SD-Hauptamt schlug als »wirksamstes Mittel« zur Lösung der Judenfrage die Auslösung des »Volkszornes« in Pogromen vor[23].

In einer zum 14. Oktober 1938 ins Reichsluftfahrtsministerium einberufenen Sitzung verkündete Generalfeldmarschall Göring als Richtlinie für die künftige Politik, daß die Judenfrage mit allen Mitteln anzugehen sei. Die Juden »müßten aus der Wirtschaft raus«, heißt es im Protokoll der Besprechung, das dem Internationalen Militärgerichtshof im Nürnberger Prozeß gegen die Hauptkriegsverbrecher vorgelegt wurde[24]. Im Verlauf der Besprechung bei Göring wurden Maßnahmen gegen jüdische Bürger erwogen. Ein genauer Termin der endgültigen Ausschaltung der Juden aus dem deutschen Wirtschaftsleben wurde dabei wohl noch nicht bestimmt. Man darf annehmen, daß Göring und die für »Judenfragen« zuständigen Beamten auf einen günstigen Moment warteten, um nach einer propagandamäßig vorbereiteten »Aktion« die wirtschaftliche Ausschaltung der Juden durchzuführen. Auf diese Absicht verwiesen auch weitere Aktivitäten. Der Reichswirtschaftsminister drängte z. B. die zuständigen Behörden, die Vermögensanmeldung der Juden abzuschließen. »Sicherungsanordnungen«, die das jüdische Vermögen betrafen, wurden vom Devisenfahndungsamt vorbereitet, das Heydrich unterstellt war. Alle Anzeichen zeugten davon, daß man sich nicht mit einer »Sondersteuer« begnügen wollte, sondern eine generelle Vermögensbeschlagnahme plante. Nach Aussagen des einstigen Häftlings Fritz Wandel wurden Ende Oktober bis Anfang November 1938 im Konzentrationslager Dachau zusätzliche Baracken gebaut, um neue Häftlingstransporte aufzunehmen[25]. Ob dieser Lagerausbau mit der oben erwähnten »Abschiebung« polnischer Juden oder mit den geplanten Pogromen im Zusammenhang stand, ist bis heute ungeklärt.

Heydrichs Erlaß vom 26. Oktober 1938 setzte die erste Massendeportation von etwa 15–17 000 Juden polnischer Staatsangehörigkeit in Gang. Sie wurden von der Polizei verhaftet, an die deutsch-polnische Grenze befördert und dort zum größten Teil über die »grüne Grenze« bei Beuthen (Oberschlesien), Fraustadt, Neu-Bentschen, Konitz und Dworski Młyn gejagt. Die von den Massendeportationen nicht benachrichtigten polnischen Behörden ließen zwar die ersten fahrplanmäßigen Eisenbahntransporte in Zbąszyn durch, zum Teil jedoch wurden die zwischen Neu-Bentschen und Zbąszyn über die »grüne Grenze« verfrachteten und unter freiem Himmel lagernden Massen erst nach einigem Zögern in Flüchtlingslager aufgenommen und betreut. Da es laut Berichten des Gleiwitzer Polizeipräsidenten nicht gelang, etwa 1 700 polnische Juden bei Beuthen-Radzionków über die »grüne Grenze« nach Polen »abzuschieben«, erwog man ihre Einlieferung in Konzentrationslager[26]. Nachdem am 29. Oktober die »Aktion« von Heydrich gestoppt wurde, beförderte die Polizei die nichtabschiebbaren Juden ins innere Reichsgebiet[27]. Die brutale Durchführung der von Heydrich angeordneten »Aktion« war ein wichtiges Vorzeichen für zukünftige Massendeportationen deutscher Juden in der Schlußphase der »Endlösung«.

Hitlers diplomatischer Erfolg, der im Münchener Abkommen vom 29. September 1938 gipfelte, aber auch die Haltung seiner britischen und französischen Gesprächspartner und die Reaktion der deutschen Volksmassen schalteten alle Hemmungen der Nazis auf dem Wege zur Radikalisierung der Judenpolitik aus[28].

III. Der Fall Grynszpan als Vorwand für die »Reichskristallnacht«

Unter den über die »grüne Grenze« bei Neu-Bentschen abgeschobenen und im Flüchtlingslager Zbąszyn untergebrachten Juden befand sich die Familie des Schneiders Sendel Grynszpan aus Hannover. Ihr schon vorher nach Paris ausgewanderter 17jähriger Sohn Herschel Feibel Grynszpan erhielt am 3. November 1938 eine vom 31. Oktober in Zbąszyn datierte Postkarte seiner Schwester Bertha-Beile, die ihn ausführlich über die Vorgänge in Hannover und die Vertreibung seiner nächsten Familienangehörigen aus Deutschland unterrichtete[29]. Als Vergeltung für das seinen nächsten Angehörigen von den Nazis zugefügte Unrecht, gab Herschel Grynszpan am 7. November einige Revolverschüsse auf den deutschen Legationssekretär Ernst vom Rath in der Deutschen Botschaft in der Pariser Rue de Lille ab. Raths Tod in der Klinik L'Alma am 9. November wurde zum unmittelbaren Vorwand für den Pogrom der deutschen Juden, den Reichspropagandaleiter Joseph Goebbels während des Festessens im Münchener Alten Rathaus in einer mit Hitler vereinbarten Hetzrede an die versammelten »alten Kämpfer« auslöste.

Die Frage nach den unmittelbaren Urhebern des Pogroms und den ziemlich undurchsichtigen Motiven der Mordtat Herschel Grynszpans fand schon ihren Widerhall in der Literatur. Eindeutig stehen folgende Fakten fest: a. die Auslösung des Pogroms durch Goebbels im Einvernehmen mit Hitler; b. die Rolle der NSDAP-Instanzen, der SS, SA und der Staatsorgane (Polizei) bei der Ausführung des »modernsten« Pogroms im Reichsgebiet, im Sudetenland und sogar im Freistaat Danzig. Diese und auch andere Fakten lassen wir hier außer Betracht, da sie wohl nichts an der Feststellung ändern, daß der Pogrom der »Reichskristallnacht« vom 9. bis 10. November den Höhepunkt einer von höchsten Instanzen angeordneten, verschärften Judenpolitik bildete. Als Ziele verfolgte diese Politik, wie schon oben erwähnt, die beschleunigte Auswanderung der deutschen Juden, die Vermögenseinziehung zugunsten des Reiches und den völligen Ausschluß der Juden aus dem deutschen Wirtschaftsleben.

Das folgenschwere Pariser Attentat des jugendlichen Herschel Grynszpan lieferte den Nazis den ersehnten propagandistischen Vorwand für die Auslösung der Pogromwelle und die Durchführung der von Staats- und Parteibehörden vorbereiteten wirtschaftlichen Maßnahmen[30]. Im Verlauf des Pogroms fanden 91 Personen den Tod, 191 Synagogen wurden in Brand gesteckt, 76 demoliert[31]. Mehr als 7000 Geschäfte, darunter 29 Warenhäuser, jüdische Kulturstätten, Friedhöfe und Wohnungen jüdischer Bürger wurden zerstört. Etwa 30000 Juden kamen in Konzentrationslager[32]. Die entscheidenden Maßnahmen zur weiteren Entrechtung der Juden, die – wie bereits erwähnt – schon vor dem Pogrom geplant worden war, legte man am 12. November 1938 in einer Sitzung im Reichsluftfahrtsministerium unter Görings Vorsitz fest. Teilnehmer waren Frick, Gürtner, v. Krosigk, Goebbels, Kerrl, Stuckart, Heydrich, Daluege, Woermann, Buerckel u. a. Kaum acht Jahre später beurteilte der britische Hauptankläger Sir Hartley Shawcross im Nürnberger Prozeß gegen die Hauptkriegsverbrecher die Haltung jener Konferenzteilnehmer so: »Der Zynismus dieser Männer und der unbarmherzige Charakter ihrer Politik gegenüber den Juden kam bei Görings Besprechung am 12. November 1938 zum Vorschein, als sie miteinander mit Vorschlägen für Methoden zur Degradierung und Verfolgung ihrer hilflosen Opfer wetteiferten.«[33]

Das Ergebnis der »Besprechung über die Judenfrage« wurde in einer für Reichsaußenminister von Ribbentrop »streng vertraulichen« Aufzeichnung zusammengefaßt: 1. Arisierung der Wirtschaft soll beschleunigt werden; 2. sofortige Prüfung der Frage der Zwangsarbeit des jüdischen Proletariats durch innere Ressorts sowie Prüfung der Beschränkung der Freizügigkeit der Juden (Ghettos?); 3. Auferlegung einer einmaligen Kontribution von einer Milliarde Reichsmark; 4. Förderung der jüdischen Auswanderung. Die von Hitler schon früher gebilligte »Sondersteuer«

wurde in dieser Besprechung als »Sühneleistung« in Höhe von einer Milliarde Reichsmark den Juden auferlegt und im Oktober 1939 noch auf 25 Prozent ihres Vermögens erhöht. Ebenso zu Lasten deutscher Juden gingen die in den Pogromtagen entstandenen Schäden und die Aufforderung, das alte Straßenbild wiederherzustellen. Die den Juden für Zerstörung und Sachbeschädigungen zustehenden Versicherungsleistungen wurden ihnen vorenthalten – ein auf 225 Millionen Reichsmark geschätzter Betrag[34]. Die noch am 12. November erlassene »Erste Verordnung zur Ausschaltung der Juden aus dem deutschen Wirtschaftsleben« mit ihren späteren Durchführungsbestimmungen ließ klar das Ziel der existentiellen Vernichtung der deutschen Juden erkennen, enthielt doch schon die »Erste Verordnung« ein radikales Verbot aller noch bestehenden Erwerbsmöglichkeiten und die Entlassung sämtlicher jüdischer Angestellten ohne einen Versorgungs- oder Abfindungsanspruch[35]. Die »Verordnung über den Einsatz des jüdischen Vermögens« vom 3. Dezember 1938 mit ihrer Durchführungsverordnung vom 16. Januar 1939 und dem geheimen Erlaß Görings und Hess' vom 10. Dezember 1938 umfaßte grundlegende Bestimmungen für die »Arisierung« aller industrieller, landwirtschaftlicher und forstwirtschaftlicher Unternehmen. Zwar ermahnte der letztgenannte geheime Erlaß, daß die Übernahme der Unternehmen aus jüdischem Besitz nur auf streng gesetzlicher Grundlage erfolgen dürfe, doch beließ er keinen Zweifel mehr an der beabsichtigten völligen Ausschaltung der Juden aus der deutschen Wirtschaft[36]. In der »Zwangsarisierung« gipfelten verschärfte Maßnahmen, die schon 1937 eingesetzt hatten und nun nach dem Pogrom der »Reichskristallnacht« zur Austreibung und Entrechtung der deutschen Juden führten. Die fluchtartige Auswanderung aus dem Reichsgebiet umfaßte 1938/39 etwa 118 000 Juden. Etwa 30–31 000 Juden gelang es, noch nach Kriegsbeginn auszuwandern.

Ernst vom Raths Tod lieferte den unmittelbaren Vorwand für die Auslösung des Pogroms, dem übrigens seit der Nachricht vom Attentat lokale Ausschreitungen vorausgingen[37]. Die Motive der Mordtat Herschel Grynszpans lösten schon mit den ersten Nachrichten in der Presse mannigfaltige Spekulationen und Kontroversen aus, die weder von der Pariser Polizei, noch beim Untersuchungsverfahren in Frankreich, noch nach der widerrechtlichen Auslieferung Grynszpans im Juli 1940 an deutsche Behörden hinreichend geklärt wurden. Für die mit ungewöhnlichem Aufwand arbeitende Nazi-Propaganda war Parteigenosse Ernst vom Rath »ein neuer Blutzeuge des Nationalsozialismus«, ein »Held der Freiheit«, »ein neuer Wilhelm-Gustloff-Fall« und die Tat selbst ein »Meuchelmord« des internationalen Judentums[38]. Tatmotive verschleierte die Nazi-Propaganda mit dem Feindbild »Alljudas«. Beweise gegen die »Mischpoke Grünspan« sammelte für das Reichspropagandaministerium der unermüdliche Professor Friedrich Grimm – in Deutschland, sogar in Polen (Mai 1939), in Frankreich und nach Kriegsausbruch in der neutralen Schweiz, von wo aus Grimm Kontakte zu französischen Anwälten unterhielt. Weder dem mit der Goebbels-Propaganda Hand in Hand arbeitenden Grimm, noch der Gestapo (Hannover), noch den in Polen forschenden Agenten der Deutschen Botschaft in Warschau gelang es, Beweise gegen Grynszpans angebliche »Helfershelfer« beizubringen[39].

In der französischen Presse sprach die kommunistische »Humanité« am 8. November die Vermutung aus, daß die Tat des jungen Grynszpan nichts mehr als eine Provokation der Nazis wäre. Paul Elbel verwarf zwar in einem Aufsatz des »Œuvre« den Mordanschlag, betonte jedoch: »Ob man es eingesteht oder nicht, allein die

Judenverfolgung, der Antisemitismus, der in Deutschland entfesselt ist, haben aus diesem jungen Mann einen Mörder gemacht.«[40] Der Pariser Untersuchungsrichter Jean Tesnière teilte nicht die Ansicht, daß es sich bei Grynszpan um einen »agent provocateur« handelt. Die Motive des Attentats wurden kurz nach Grynszpans Festnahme in der Untersuchungshaft folgendermaßen zu Protokoll genommen: »Feibel (d. i. Grünspan) hat mir gesagt, daß er fünf Revolverschüsse auf den Mann abgegeben habe, der sich allein in einem Büro befand und daß er das getan habe, um sich an den Deutschen zu rächen.« Polizeikommissar Monneret gab im Protokoll des Verhörs folgende Aussage Grynszpans wieder: »Er beging die Tat, um die Juden in Deutschland zu rächen«[41]. Das ausführliche Protokoll der ersten Untersuchungen »L'affaire Grynszpan. La question des complices« hinterließ keine Zweifel daran, daß der jugendliche Täter allein und ohne Hintermänner den Anschlag auf Ernst vom Rath ausgeführt hat[42]. Sogar die Aussagen deutscher Zeugen (Botschaftsbeamter) vor dem Untersuchungsrichter Tesnière bestätigen die oben erwähnten Motive. So erklärte z. B. der befragte Zeuge Botschaftsrat Kurt Bräuer (1. Dezember 1938), daß Grynszpan »voulait venger ses coréligionnaires et surtout ceux d'entre eux qui avaient été réfoulés en Pologne«. Der Zeuge Ernst Achenbach: »il voulait venger les juifs. C'est exactement tout ce que Monsieur vom Rath m'a dit sur l'attentat dont il avait été victime.« Identisch damit ist die Aussage des Täters, als er mit dem Zeugen Nagorka aus der Deutschen Botschaft in Gegenwart seiner Anwälte Moro-Giafferi, Torrés und Weil-Goudehaux konfrontiert wurde[43].

In einem »Zwischenbericht« der Deutschen Botschaft vom 28. November 1938 wird erwähnt, »daß der Mörder erklärt habe, er bereue seine Tat in keiner Weise«[44]. Obwohl laut Mitteilung des Propagandaministeriums Professor Grimm sich »in methodischer Art mit dem gesamten antijüdischen Material vertraut« gemacht hatte, gelang es ihm nicht, andere Tatmotive oder »Hintermänner« aufzuspüren[45]. Das 98 Schreibmaschinenseiten umfassende ärztliche Gutachten, mit dessen Anfertigung der Untersuchungsrichter die Pariser Ärzte Genil-Perrin, Ceillier und Henyer beauftragt hatte, enthielt die psychopathologische Beurteilung, daß es sich bei der Person des Attentäters keineswegs um einen »fou« oder »unzurechnungsfähigen« Mann handele, sondern im Gegenteil um einen intelligenten, ruhigen, im Vollbesitz seiner Geisteskräfte befindlichen Jüngling. Keine Geistes- oder Geschlechtskrankheit wird bei Grynszpan festgestellt[46]. Die im ärztlichen Gutachten enthaltene Feststellung, Grynszpan sei »intelligent, ja er verrät einen gewissen Scharfsinn (finesse)« fanden wohl ihre Bestätigung in Grynszpans Aussagen nach seiner Auslieferung am 15. Juli 1940 an die deutsche Sicherheitspolizei. Grynszpan nannte in seinen Aussagen vom 20. und 23. Juli 1940 andere Motive seiner Tat. In der ersten staatspolizeilichen Vernehmung (20. Juli) behauptete er, »niemals die Absicht gehabt zu haben, einen Beamten der deutschen Botschaft zu töten«, und erklärte, »sich lediglich mit Selbstmordgedanken getragen zu haben«. Dieses Motiv wiederholte die am 16. Oktober 1941 vom Oberreichsanwalt beim Volksgerichtshof in Berlin angefertigte Anklageschrift. Sie enthielt auch Grynszpans Aussage, »den Gesandschaftsrat vom Rath bereits längere Zeit vorher kennengelernt zu haben und von ihm mehrmals homosexuell mißbraucht worden zu sein«[47] – also ein entpolitisierendes Motiv, das damals nicht nachgeprüft wurde[48], jedoch völlig ausreichte, um Bedenken zu erwecken und die weiteren Prozeßvorbereitungen auf Hitlers Befehl einzustellen. Die in einer Sitzung vom 7. April 1942 unter Georg Thieracks Leitung festgelegten Einzelheiten der geplanten Hauptverhandlung (11. Mai 1942) gegen Grynszpan wurden gestoppt. Zwar gab Grynszpan in einer entschlüsselten Niederschrift zu, daß seine Behauptung geschlechtlicher Beziehungen zu vom Rath unrichtig waren, gleichwohl wies der Reichsminister der Justiz in einer »Führerinformation« darauf hin (3. Juli 1942), daß der Bruder des Ermordeten wegen Unzucht mit Männern zu Gefängnisstrafe und Rangverlust verurteilt worden sei[49]. Im Oktober 1942 informierte Roland Freisler den Chef der Reichskanzlei Lammers, daß der Grynszpan-Prozeß auf Befehl des Führers »bis auf weiteres nicht bearbeitet« wird[50]. Bis in die Septemberhälfte des Jahres 1944 verblieben die die »Strafverfolgung des Mörders Grynszpan« betreffenden Aktenbände im Blickfeld der Sachbearbeiter des Auswärtigen Amtes, die inzwischen ins Riesengebirge (Krummhübel-Brückenberg) evakuiert worden waren. Die in der Nachkriegszeit geführten Prozesse (Fall Diewerge, Fall Graf Soltikow) klärten die Motive des Pariser Attentats nicht auf[51].

Zweifelsohne lieferte Herschel Grynszpans Attentat vom 7. November 1938 in der Deutschen Botschaft in Paris und der ihm folgende Tod vom Raths am 9. November den wichtigsten Vorwand zur Auslösung der Pogrome in der »Reichskristallnacht«. Inwieweit die Vorbereitungen zum Hauptprozeß vor dem Berliner Volksgerichtshof und die geplante Gerichtsverhandlung einen Faktor in Hitlers befohlener »Endlösung« der »Judenfrage« in den Jahren 1941 bis 1943 bildeten, kann hier leider nicht mehr beantwortet werden.

Anmerkungen

1 Franciszek Ryszka, Von der Idee zum Völkermord. Gedanken über den Antisemitismus, in: Das Unrechtsregime. Internationale Forschung über den Nationalsozialismus, Bd. 1: Ideologie-Herrschaftssystem-Wirkung in Europa, hrsg. von Ursula Büttner, Hamburg 1986, S. 81.

2 Mosche Zimmermann, Aufkommen und Diskreditierung des Begriffs Antisemitismus, in: Das Unrechtsregime, (Anm. 1), Bd. 1, S. 60–61. Vgl. auch Heinrich von Treitschke, »Ein Wort über unser Judentum«, Berlin 1880.

3 Stenographische Berichte über die Verhandlungen des Reichstags, IX. Legislaturperiode, III. Session 1894/95, S. 1297–1299. Vgl. auch Henryk Olszewski, Nauka historii w upadku. Studium o historiografii i ideologii historycznej w imperialistycznych Niemczech (Geschichtslehre im Untergang. Studie über Historiographie und historische Ideologie im imperialistischen Deutschland), Warszawa-Poznań 1982, S. 52–54.

4 Werner Jochmann, Gesellschaftskrise und Judenfeindschaft in Deutschland 1870–1945, Hamburg 1988, S. 35, 41, 65, 99.

5 Ernst Nolte, Der Faschismus in seiner Epoche. Die Action Française. Der italienische Faschismus. Der Nationalsozialismus, München 1963, S. 408. Vgl. auch Walter Z. Bacharach, Jews in Confrontation with Racist Antisemitism 1879–1933, in: Year Book Leo Baeck Institute, 25 (1980), S. 207.

6 W. Jochmann, (Anm. 4), S. 166.

7 Reiner Pommerin, Die Ausweisung von »Ostjuden« aus Bayern, in: Vierteljahrshefte für Zeitgeschichte, 34 (1986), S. 321.

8 W. Jochmann, (Anm. 4), S. 166.

9 Friedrich W. Rogge, Antisemitismus 1918 bis 1935, in: »Reichskristallnacht« in Hannover. Eine Ausstellung zur Wiederkehr des 9. November 1938. Beiträge zur Austellung von Marlis Buchholz u. a., Hannover 1978, S. 32.

10 Vgl. Günter Brakelmann/Martin Greschat/Werner Jochmann, Protestantismus und Politik. Werk und Wirkung Adolf Stoeckers, Hamburg 1982, S. 78.

11 W. Jochmann, (Anm. 4), S. 193. Vgl. Manfred Funke, Republik im Untergang. Die Zerstörung des Parlamentarismus als Vorbereitung der Diktatur, in: Die Weimarer Republik 1918–1933. Politik – Wirtschaft – Gesellschaft, hrsg. von Karl Dietrich Bracher/Manfred Funke/Hans-Adolf Jacobsen, Düsseldorf 1987, S. 511.

12 F. Ryszka, (Anm. 1), S. 91.

13 Manfred Funke, Starker oder schwacher Diktator? Hitlers Herrschaft und die Deutschen. Ein Essay, Düsseldorf 1989, S. 147–148.

14 Eberhard Kolb, Die Maschinerie des Terrors, in: Nationalsozialistische Diktatur 1933–1945. Eine Bilanz, hrsg. von Karl Dietrich Bracher/Manfred Funke/Hans-Adolf Jacobsen, Bonn 1986, S. 273.

15 W. Jochmann (Anm. 4), S. 239, 242. Vgl. auch Kurt Meyer, Kirche und Judentum. Die Haltung der evangelischen Kirche zur Judenpolitik des Dritten Reiches, Halle 1968, S. 7 u. 18.

16 Raul Hilberg, Die Vernichtung der europäischen Juden, Berlin 1982, S. 29 u. 41–42. Vgl. Heinz Lauber, Judenpogrom »Reichskristallnacht« November 1938 in Großdeutschland, Stuttgart 1981. Mosche Zimmermann weist darauf hin, daß noch vor den Nürnberger Gesetzen auf J. Goebbels Weisung an die Presse der Begriff »Antisemitismus« gemieden werden sollte. Vgl. M. Zimmermann (Anm. 2), S. 73.

17 Rafal Lemkin, Axis Rule in Occupied Europe, Washington 1944. Vgl. auch ders., Le crime de genocide, in: Revue de Droit International et des Sciences Diplomatiques, (1946) 4.

18 W. Jochmann (Anm. 4), S. 250–253. Vgl. auch Herbert Strauss, Jewish Emigration from Germany. Nazi Policies and Jewish Responses, in: Year Book Leo Baeck Institute, 25 (1980), S. 326.

19 Avraham Barkai, »Schicksalsjahr 1938«. Kontinuität und Verschärfung der wirtschaftlichen Ausplünderung der deutschen Juden, in: Das Unrechts-Regime (Anm. 1), Bd. 2, S. 45. Vgl. Akten zur Deutschen Auswärtigen Politik, Serie D (1937–1945), Bd. V, S. 780.

20 Die im Runderlaß zitierte Zahl von 500 000 Juden im Jahre 1938 in Deutschland kann als übertrieben angesehen werden. Barkai schätzt die Zahl auf etwa 350–365 000 Juden.

21 Gerhard Botz, Wien vom »Anschluß« zum Krieg, Wien-München 1978, S. 330. Vgl. auch Karol Jonca, Pogrom niemieckich Żydów w »nocy kryształowej« z 9–10 XI 1938 r., (Pogrom an den deutschen Juden in der »Kristallnacht« vom 9.–10. 11. 1938), in: Sobótka, 1 (1989), S. 123.

22 F. W. Rogge (Anm. 9), S. 53.

23 A. Barkai (Anm. 19), S. 52–55.

24 Der Prozeß gegen die Hauptkriegsverbrecher vor dem Internatiolen Militärgerichtshof Nürnberg, 14. 11. 1945 bis 1. 10. 1946, Bd. 27, Nürnberg 1948, S. 163.

25 Hartmut Metzger, Kristallnacht, Stuttgart 1978, S. 32. Vgl. auch A. Barkai (Anm. 19), S. 62.

26 Die deutsch-polnische Vereinbarung vom 24. 1. 1939 gewährte polnischen ausgesiedelten Juden eine zeitweise Rückkehr ins Reichsgebiet, um Vermögensverhältnisse zu klären. Gleich nach Kriegsausbruch wurden alle über 16 Jahre alten männlichen Juden polnischer Staatsangehörigkeit im Reichsgebiet festgenommen (7. 9. 1939). – Politisches Archiv des Auswärtigen Amtes (weiter PAAA) Bonn, Pol. V, Politik Polen 36, Judenfragen in Polen, Bd. 1. Schreiben: Der Reichsführer SS und Chef d. Dt. Polizei, Berlin 21. 9. 1939, an das Auswärtige Amt in Berlin.

27 Sybil Milton, The Expulsion of Polish Jews from Germany October 1938 to July 1939, in: Year Book Leo Baeck Institute, 29 (1984), S. 170. Vgl. auch Karol Jonca, »Noc kryszta-lowa« na Slasku Opolskim na tle polityki antyżydowskiej Trzeciej Rzeszy (»Kristallnacht« im Oppelner Schlesien und die antijüdische Politik im Dritten Reich), in: Studia Slskie (Schlesische Studien), 37 (1980), S. 113–117.

28 Lionel Kochan, Pogrom 10. November 1938, London 1957, S. 15. Vgl. Peter Loewenberg, The Kristallnacht as a Public Degradation Ritual, in: Year Book Leo Baeck Institute, 32 (1987), S. 311.

29 Hans Jürgen Döscher, »Reichskristallnacht«. Die November-Pogrome 1938, Frankfurt

a. M.–Berlin 1988, S. 55. Vgl. auch Friedrich K. Kaul, Der Fall des Herschel Grynszpan, Berlin 1965, S. 9.
30 A. Barkai (Anm. 19), S. 61–62.
31 Walter Hofer, Der Nationalsozialismus, Dokumente 1933–1945, Frankfurt a. M. 1967, S. 292–293.
32 R. Hilberg (Anm. 16), S. 38–39; vgl. H.-J. Döscher (Anm. 29), S. 110.
33 Der Prozeß gegen die Hauptkriegsverbrecher (Anm. 24), Bd. 19, S. 495. Über den Verlauf der Besprechung siehe auch Rita Thalmann/Emman el Feinermann, Die Kristallnacht, Frankfurt a. M. 1988, S. 127.
34 H.-J. Döscher (Anm. 29), S. 114.
35 Avraham Barkai, Vom Boykott zur »Entjudung«. Der wirtschaftliche Existenzkampf der Juden im Dritten Reich 1933–1945, Frankfurt a. M. 1988, S. 151.
36 Franciszek Ryszka, Panstwo stanu wyjtkowego. Rzecz o systemie państwa i prawa Trzeciej Rzeszy (Der Staat des Ausnahmezustandes. Über das Staats- und Rechtssystem des Dritten Reiches), Wroclaw-Warszawa 1985, S. 454–455. Vgl. auch Franciszek Polomski, u stawodawstwo rasistowskie III Rzeszy i jego stosowanie na Górnym Slasku (Die Rassengesetzgebung des III. Reiches und ihre Anwendung in Oberschlesien), Katowice 1970, S. 227.
37 Wolfgang Prinz, Die Judenverfolgung in Kassel, in: Volksgemeinschaft – Volksfeinde, Kassel 1933–1945, hrsg. von Wilhelm Franz u. a., Bd. 2, Fuldabrück 1987, 92–195.
38 Vgl. Wolfgang Diewerge, Anschlag gegen den Frieden. Ein Gelbbuch über Grünspan und seine Helfershelfer, München 1939. Vgl. auch Friedrich Grimm, Der Grünspan Prozess, Nürnberg 1942. Nach dem Kriege versuchte sich F. Grimm zu rechtfertigen. Vgl. »40 Jahre Dienst am Recht. Politische Justiz die Krankheit unserer Zeit«, Bonn 1953.
39 Vgl. Einzelheiten bei Karol Jonca, Casus Herschela Grynszpana. Uwagi o przesłankach i skutkach »nocy krysztalowej« w Trzeciej Rzeszy (Der Fall des Herschel Grynszpan. Anmerkungen zu den Motiven und Folgen der »Kristallnacht« im Dritten Reich), in: Studia nad Faszyzmem i Zbrodniami Hitlerowskimi, 10 (1986).
40 Helmut Heiber, Der Fall Grünspan, in: Vierteljahrshefte für Zeitgeschichte, 5 (1957), S. 135–136. Vgl. R. Thalmann/E. el Feinermann (Anm. 33), S. 55.
41 PAAA Bonn, Rechtsabteilung, Strafrecht, Strafverfolgung, Nr. 21, Bd. 3 fol. 169. Vgl. auch die Vernehmung durch den Untersuchungsrichter Jéan Tesnière, fol. 174.
42 Zentrales Staatsarchiv Potsdam, Bestände des »Promi«. 50.01. Sign. 979, fol. 170.
43 PAAA Bonn, RA Strafrecht, Nr. 21, Bd. 2. fol. 101, 102–102 a, 105–106 a.
44 PAAA Bonn, RA Strafrecht, Nr. 21, Bd. 1, fol. 193. Vgl. auch Bd. 4, fol. 3.
45 PAAA Bonn, RA Strafrecht, Nr. 21, Bd. 2, fol. 154–155.
46 F.K. Kaul (Anm. 29), S. 95–99.
47 Institut für Zeitgeschichte, Fa 178, Anklageschrift.
48 Friedrich Grimm, Ein Dokument zur Zeitgeschichte, in: Deutsche Hochschullehrer-Zeitung, Nr. 2–3, Tübingen 1957, S. 7. Vgl. auch H. Heiber (Anm. 40), S. 149. Hannah Arendt schloß nicht aus, daß das homosexuelle Motiv von der Gestapo erfunden wurde. Vgl. Hannah Arendt, Eichmann w Jerozolimie (Eichmann in Jerusalem), zitiert nach der polnischen Ausgabe, Kraków 1987, S. 292.
49 Bundesarchiv Koblenz, R 22/4089, fol. 78. »Führerinformation« 1942, Nr. 60. Vgl. auch Döschers Ausführungen über vom Raths Krankheit, die jedoch keineswegs Beweise für homosexuelle Beziehungen zwischen vom Rath und Herschel Grynszpan liefern (H.-J. Döscher [Anm. 29], S. 60–61).
50 Institut für Zeitgeschichte München, Nürnberger Dokumente NG 176. Schreiben Freislers vom 16. 10. 1942.
51 Vgl. Artikel von Wolfgang Kuballa, Herschel Grünspans Motiv bleibt ungeklärt. Der Mord an dem Diplomaten vom Rath wird im Prozeß gegen den NS-Beamten Diewerge neu aufgerollt, in: Süddeutsche Zeitung, Nr. 22 vom 26. 1. 1966. Vgl. auch Dr. Bräuers Aufzeichnung zum Prozeß gegen Herschel Grünspan wegen Ermordung des Gesandtschaftsrats Ernst vom Rath, Frankfurt a. M., 11. 2. 1956. Institut für Zeitgeschichte München, ZS-601.

Franciszek Ryszka

Deutsche und Polen

Grundlage und Struktur ihrer Feindbilder am Vorabend und zu Beginn des Zweiten Weltkrieges

I. Stereotypen und Distanz

Die moderne Kriegsursachenforschung der sechziger und siebziger Jahre hat mit ihren komplexen Analyseverfahren die multidimensionale Kausalität großer Konflikte besonders erhellt und allgemein bewußt gemacht. Angefangen mit der sog. »Politikometrie« von Lewis Fry Richardson und Quincy Wright bis zu den »Dimension of Nations«-Studien David J. Singers oder Rudolph J. Rummels u. a. vermittelten diese Untersuchungen der Kriegs- und Friedensforschung besondere Impulse und neue Einsichten, obwohl manche Resultate nicht immer den ursprünglich hohen Erwartungen entsprachen. Manchmal lieferten sie sogar Beispiele für das, was Leon Petrazycki, der bekannte polnisch-russische Rechtsphilosoph, als »springende Theorie« bezeichnete, nämlich Beweisführungen, die in keinem berechenbaren Verhältnis zu den Schlußfolgerungen stehen[1]. Jedes Theoriegefüge überprüft man deshalb am besten in der Konfrontation mit historischen Realitäten mittels möglichst sorgfältig erarbeiteter Begriffe[2]. Mit ihrer Anwendung lassen sich zahlreiche »Distanz«-Verhältnisse, d. h. unterschiedliche Intensitätsstufen der Konfliktanfälligkeit bei den jeweiligen Kontrahenten sehr deutlich ausmachen. Damit werden Einsichten in den qualitativen Charakter eines potentiellen Krieges möglich und nicht nur über das Maß seiner Wahrscheinlichkeit[3].

Innerhalb von acht Distanzen versuchte Wright Zusammenhänge zwischen einzelnen »items« herzustellen. Dabei betonte er von vornherein, daß die »psychologische Distanz«, welche stufenweise von Sympathie bis zur Abneigung führt, alle übrigen Distanzen beeinflußt. Psychischer Reflex sei überall präsent, wenn ein kriegerischer Konflikt droht, und gehöre deshalb bei jeder Operationalisierung mutmaßlicher Kriege zum zentralen Forschungsfeld. Mag es auch banal klingen, so ist daraus für jeden Historiker ein nicht ganz so banaler Merksatz abzuleiten: Ob ein Krieg »vorbereitet« oder »unvorbereitet« kommt, entscheidet die Variable der »psychologischen Distanz«. Sie wird an der Zeitspanne und dem Umfang der Rezeption gemessen.

Über den Zweiten Weltkrieg sagt man, er sei »ungewollt« gekommen, nicht zuletzt für die Deutschen selbst. Ihre psychische Vorbereitung wäre unzulänglich gewesen, es hätten Widerstände überwunden werden müssen. So seien die schlechten Erfahrungen des Ersten Weltkrieges noch unvergessen gewesen. Spektakuläre

Erfolge Hitlers ohne Blutvergießen hätten die Hoffnungen auf friedliche Lösungen erhöht, d. h. ohne selbst etwas opfern zu müssen. Es habe also kein Grund bestanden, eine erbitterte Feindschaft nach außen zu tragen.

Die Eingliederung des Saarlandes, dann die Remilitarisierung des westlichen Rheinufers wurden als Wiederherstellung der alten territorialen Ordnung beurteilt, also – mit anderen Worten – als Akt der historischen Wiedergutmachung bzw. nationalen Gerechtigkeit. Der Anschluß von Österreich entsprach den alten großdeutschen Sehnsüchten. Die Annexion des Sudetenlandes war eine weitere Befriedigung derselben Wünsche – und dies um so inniger, als die territoriale Neuregelung mit friedlichen Mitteln erreicht wurde und damit den Anschein einer eindeutigen völkerrechtlichen Lösung hatte. Die wirklich gefährlichen Gegner Deutschlands, der »Erzfeind« Frankreich und das unbesiegbare England, hatten sich bis dahin zurückgehalten, und man hoffte irgendwie, dies würde so weitergehen. Sicherlich, so meinte man in Deutschland, gelte es auf den »Juden im Hintergrund« zu achten, aber es fiel der NS-Propaganda nicht so leicht, ihm eine spürbar gefährliche Rolle anzudichten. Gewiß traten auch feindliche Attitüden gegenüber den Tschechen während der Sudetenkrise zutage, aber dies doch eher im Rahmen eines gewöhnlichen diffusen Antislawismus. Slawen waren in der traditionellen großdeutschen Mentalität keine »Erzfeinde«. Man hielt sie einfach für zu schwach, um sie als seriöse Gegner anzuerkennen. Deren okkasionelle Abhängigkeit von »Juden, Freimaurern und Marxisten« wurde nicht übertrieben betont. Schließlich handelte es sich in dieser Periode um die Überwindung von »Versailles« und nicht um die Verabsolutierung von Feindbildern, welche ohne die Einbeziehung von Juden und Kommunisten ohnehin schwer durchsetzbar waren.

Polen stellte immerhin so etwas wie einen potentiellen Verbündeten gegen die Sowjetunion dar – als Satellitenstaat aus deutscher Sicht natürlich –, aber durchaus nicht ohne machtpolitische Bedeutung. Zwar gab es ständig Spannungen in den Grenzgebieten, vor allem in Danzig, dann in Ostpreußen und Oberschlesien, doch überschritten sie selten das Niveau lokaler Zwischenfälle, woraus nicht unbedingt eine dramatische Steigerung der Feindschaft folgen mußte. Die Mehrheit der Deutschen kultivierte die Meinung, Polen sei ein armes und rückständiges Land. Dessen Einwohner samt dem großen Anteil nationaler Minderheiten (unter denen Juden besonders exponiert waren) würden tief in der »polnischen Wirtschaft« stecken, wobei dieser Begriff sowohl ökonomische Schwäche wie soziale Übel als auch politische Unzuverlässigkeit umfaßte. Grenzregelungen der Nachkriegsjahre hatten natürlich die Rezeption des Polenbildes verschlechtert, dennoch war es ursprünglich »Versailles«, dem man die Schuld gab. Die Polen – ein solches Urteil hätte man aus der allgemeinen Meinung filtern können – wären allein nicht mächtig genug, um den Deutschen so große Opfer aufzuzwingen. Denn der Pole mit dem Stigma der »polnischen Wirtschaft« galt als faul, chaotisch, verantwortungsscheu. Ihm fehlten vor allem Tugenden, die bei den Deutschen hoch im Kurs standen, wie z. B. »Dienst«, »Gehorsam« und »Pflicht« als wichtigste Gestaltungselemente menschlicher Existenz. Gleichwohl machte der Pole dem Deutschen besonderen Eindruck. Vor allem der Tapferkeit der polnischen Soldaten bezeugte man in Preußen großen Respekt. Man war auch angetan von dem gewissen melancholischen Charme, besonders von dem savoir vivre des polnischen Adels. Das Stereotyp der »schönen Polin« – in der bekannten Statue im Naumburger Dom symbolisiert – war höchst populär.

Deutsche Landser, die im September 1939 in Polen einmarschierten, sangen das Lied vom »schönen Polen-Mädchen« so oft und gern, daß man es verboten haben soll aus Angst um das stabile Feindbild.

Stereotypen allein sind noch kein Ausdruck der Feindschaft. Eher weisen sie auf Distanzen hin, die das Fremde in groben Konturen skizzieren. Andererseits aber ermöglicht eine Überzeichnung der Figur, daß man sie besser fassen kann. Steigt indes die Feindschaft so hoch, daß die Bewertung des Fremden ausschließlich negativ ist, dann wird auch aus der Stereotypie eine »Verkörperung des Bösen« ableitbar.

Während des Krieges wurden die Polen zum »Volk der Banditen« abgestempelt, und man warf ihnen vor, Abertausende von »Volksdeutschen« ermordet zu haben, was wiederum eigene Grausamkeit gegenüber Polen »legitimierte« – ein immer wieder erörtertes Thema (erst in der polnischen, dann auch in der deutschen Geschichtsschreibung), das heute nicht mehr zur psychischen Vorbereitung für einen Krieg gehört. Gleichwohl aber »verlängerte« es die Linie der Distanzen und belastete das deutsch-polnische Verhältnis über lange Zeit.

Doch kommen wir zurück: Am Vorabend des Krieges, einem zu erwartenden großen Sterben also, schien das geistige Klima in Deutschland gar nicht so eindeutig fixiert. Zwar zeigten sich alte Stereotypen wirksam, doch belegten sie nicht die Existenz einer absoluten Todfeindschaft. In der Sprache der modernen Psychosoziologie könnte man das Verhältnis mit einem »Syndrom der Abneigung gegenüber Minderwertigem« markieren. Rassistische Elemente waren spürbar, aber noch nicht dominant. Sie traten erst mit den offenen militärischen Feindseligkeiten auf und wurden sehr rasch beherrschend – wie die Tagebuchnotizen von Goebbels dokumentieren[5].

Was die politische Einstellung der Polen selbst betraf, so nahm man in Deutschland von ihnen an, daß sie in der Mehrzahl extreme Nationalisten, überwiegend judenfeindlich und antikommunistisch seien. Eine solche Charakterisierung, mochte sie nun rational begründbar sein oder nicht, hätte die Polen damit eher als potentielle Verbündete erscheinen lassen müssen denn als zweitrangige Satelliten. Da sich indes die Polen nicht zum Preis gewisser territorialer Konzessionen dazu bewegen ließen, gemeinsam mit Hitler gen Osten zu marschieren, hatten sie nach deutscher Auffassung ihre Chance verspielt – und dies wohl nicht zuletzt aufgrund ihrer eigentümlichen Neigung zu irrationalem Denken und Handeln. Unterstellte private Verhaltensweisen wurden zur Kategorie des Verstockten und Bösen erhoben und auf eine ganze Nation projiziert. So kam der Prozeß der psychologischen Vorbereitung zum Krieg in Gang und erhielt rasch seine eigene Dynamik. Feindschaft wurde zur Voraussetzung und obersten Richtlinie aller Politik gegenüber dem besetzten Polen.

II. Minderheiten in Polen

In der umfangreichen polnischen Literatur über den deutsch-polnischen Krieg vom September 1939 ist der psychologische Faktor eher schwach beleuchtet. Dies gilt besonders hinsichtlich der geistigen Vorbereitung der Polen auf den Krieg. Forschungsergebnisse, die sich auf die Auswertung von Pressestimmen, Tagebüchern und Memoiren stützen, liegen im Grunde nicht vor. Nur Bruchteile dessen, was an

Unterlagen vorhanden ist, wurden in Publikationen der Öffentlichkeit zugänglich gemacht. Relativ viel Material präsentiert die Belletristik. Doch insgesamt leidet auch hier selbst das Beste, was in den ersten Nachkriegsjahren veröffentlicht wurde, unter Objektivitätsmängeln, um nicht von »Ideologisierung« (zuweilen in einem unerträglichen Maße) zu sprechen.

Dabei war eine scharfe Kritik an der Situation im Vorkriegs-Polen sowie an den Hauptakteuren in Politik und Militär nur zu verständlich. Schließlich ging es um die Frage der Schuld an der katastrophalen Niederlage. Hinzu traten Symptome der Enttäuschung über die westlichen Alliierten, besonders über das so schnell besiegte Frankreich.

Dessen Niederlage als Großmacht entlastete die eigene Schwäche Polens, ohne jedoch die Frustrationen besänftigen zu können. Die Verzweiflung fraß sich um so tiefer, als man letztlich von der Überzeugung durchdrungen war, der Sieg »wird unser«, auch wenn anfängliche Mißerfolge hingenommen werden mußten. Traditioneller romantischer Glaube der Polen, daß »der liebe Gott uns nicht verlassen könne«, verband sich mit der Hoffnung auf englische und dann später auf amerikanische Hilfe, nachdem Frankreich ausgefallen war. Doch solche Überzeugungen und Meinungen zeigten sich in höchst unterschiedlicher Vielfalt; je nach sozialer Zugehörigkeit, nach dem Grade der allgemeinen Bildung, des politischen Engagements und natürlicherweise nach dem Standpunkt gegenüber dem herrschenden Regime. Anhänger der Regierung waren höchstwahrscheinlich optimistisch und sei es nur im Sinne eines bewußten Zweckoptimismus. Sympathisanten der entmachteten Opposition, die sich dem politischen System demonstrativ fernhielten, distanzierten sich ebenso eindeutig von der hochmütigen und vollmundigen Propaganda der Regierung. Die Reaktion der Kritiker auf die katastrophale Niederlage war entsprechend scharf. In ihren Augen trug die »Sanacja«-Regierung die Hauptschuld an der Katastrophe.

Nicht zu vergessen ist, daß etwa ein Drittel der Einwohner Polens aus nationalen Minderheiten bestand. Ukrainer und Weißrussen, die ständig bis zur Grenze der Entrechtung schikaniert worden waren, verbanden sich entweder kommunistischen Parteien[6] oder erzeugten ihren eigenen Nationalismus, der etwa bei den Ukrainern stark hervortrat.

Ein besonderes Problem stellten die Deutschen dar. Sie waren nicht nur in den Grenzgebieten ansässig, sondern auch in Mittel- und Ostpolen, vor allem im größten Textilindustriebezirk bei Lodz, aber auch in Bialystok sowie in Süd- und Ostpolen. Linksorientierte Lodzer Sozialdemokraten waren selbstverständlich entschieden gegen die Nazis. Christdemokraten in Oberschlesien zeigten sich eher zurückhaltend. Daneben ist auch belegt, daß Soldaten und (Reserve-)Offiziere deutscher Herkunft in den polnischen Streitkräften ihre »soldatischen Pflichten erfüllten«, wie dies im militärischen Idiom üblicherweise bezeichnet wird.

Nicht alle Deutschen dürften also zur »fünften Kolonne« Hitlers in Polen gerechnet werden, und es war keineswegs berechtigt, sie insgesamt als Inbegriff eines nationalen »Sicherheitsrisikos« zu verurteilen und zu verfolgen, was leider tatsächlich passierte. Gleichwohl ist vielfach bezeugt, daß Vertreter der deutschen Minderheit mit voller Überzeugung gegen den polnischen Staat gekämpft haben. Dies begann mit Sabotageakten noch vor Kriegsausbruch und steigerte sich später – während der Feindseligkeiten – zu verschiedenen heimtückischen Gewaltaktionen gegen polnische Armee-Einheiten sowie gegen Zivilisten. Darauf reagierten die Polen ebenso mit einer Härte, die kriegsrechtliche Bestimmungen außer acht ließ. Die deutsche Rache wiederum war besonders grausam; sie wollte gleichsam das propagierte Image vom »Banditen-Volk« exemplarisch statuieren[7].

Seitdem drehte sich die Haßspirale unentwegt, bis hin zu der Aussiedlung oder Vertreibung der Deutschen aus Polen nach dem Kriege. Abertausende kamen ums Leben, darunter sehr viele unschuldige Menschen. Dennoch ist die Höhe der Anzahl polnischer Opfer mit jener auf deutscher Seite schwerlich zu vergleichen.

In Polen gab es bei Kriegsausbruch 1939 etwa drei Millionen Juden[8]. Die Mehrzahl von ihnen lebte in den ehemaligen russischen und österreichischen Teilungsgebieten, auf preußischem Territorium waren es lediglich 4,6 Prozent, darunter 3,9 Prozent in Oberschlesien[9]. Ihre soziale Gliederung wies zwei Besonderheiten auf. Erstens wohnten Juden überwiegend in Städten, zweitens gehörten sie dort sehr häufig zur niedrigsten sozialen Schicht[10]. Gerüchte von der finanziellen Macht der polnischen Juden waren aus der Luft gegriffen. Die politischen Einstellungen der jüdischen Bevölkerung zeigten eine beachtliche Vielfalt zwischen Konservatismus religöser Prägung einerseits und radikalem Marxismus andererseits. Auffällig war die hohe Anzahl jüdischer Mitglieder in der Kommunistischen Partei. Die Gründe dafür – endemische Armut war bestimmt nicht der einzige – darzulegen, bedürfte einer umsichtigen psychologisch-soziologischen Untersuchung, welche den Rahmen des Aufsatzes sprengen würde. Indessen sollte nicht unerwähnt bleiben, daß ein latenter gesellschaftlicher wie auch publizistisch aggressiver Antisemitismus nicht zuletzt auch deswegen Auftrieb bekam, weil viele von ihnen in enger Verbindung zum Kommunismus standen. Der Begriff »Judeo-Kommune« (zydo-komuna) war nicht nur die Parole der extremen faschistoiden Rechten, sondern auch prägendes Element des allgemeinen öffentlichen Bewußtseins. Dies zeigte sich besonders im Herbst 1938, als die Regierung in Warschau denjenigen Staatsbürgern, die seither mehr als fünf Jahre ohne Paß-Verlängerung im Ausland lebten, die polnische Staatsbürgerschaft entzog[11]. Dies traf vor allem polnische Juden in Deutschland. Unter Mißachtung völkerrechtlicher Schutznormen nahm Berlin dies zum Anlaß, polnische Juden zwangsweise aus Deutschland auszuweisen, während sich auf polnischer Seite die Behörden zunächst weigerten, diese jüdischen Bürger wieder ins Land zu lassen. Tausende Menschen, darunter Kranke, Greise und kleine Kinder mußten unter unmenschlichen Umständen tagelang im Niemandsland kampieren – ein Vorspiel zur späteren barbarischen Verfolgung. Indirekt hat diese Aktion zur furchtbaren »Kristallnacht« geführt; ausgelöst durch den verzweifelten Racheakt H. Grynszpans, der als Sohn einer durch diese Maßnahme getroffenen Familie den deutschen Diplomaten E. vom Rath in Paris tödlich verletzte. Wut und Empörung über die polnischen Restriktionen, aber vor allem über die Vergeltungsakte der Nazis heizten die antideutsche Stimmung unter der jüdischen Bevölkerung Polens auf. Dennoch hat dies nicht die jüdische Emigration aus Polen beschleunigt – wohl auch ein Beweis dafür, daß selbst die Juden in ihrer Mehrzahl nicht an einen Krieg mit Deutschland glauben mochten und nichts ahnten von den ihnen bevorstehenden unsäglichen Leiden.

III. Unterschätzter Feind

Polens Deutschlandbild ab 1933 leitete sich aus zwei miteinander verschränkten territorialen wie politischen Faktoren ab. Maßgeblich für den letzteren erwies sich, daß im Spiegel der Wahlergebnisse eine wenngleich variantenreiche »Rechte« stets vorherrschend blieb. Die »Linke« mit der moderaten Sozialistischen Partei an der Spitze mußte sich mit etwa 20 Prozent der Stimmen begnügen und schnitt lediglich bei den Kommunalwahlen besser ab. Die stärkste unter den rechtsorientierten Parteien bildete die der Nationaldemokraten (»Endecja«). Unter wechselndem Namen und in verschiedenen Bündnissen konnte sie zwar niemals eine absolute Mehrheit gewinnen, bewahrte aber stets ihren hohen Einfluß auf die Politik. Sie wurde die bedeutendste oppositionelle Kraft gegen Pilsudskis »Sanacja«-Herrschaft mit ihrem beinahe Einparteisystem seit 1935. Wie oft bei polnischen Parteien, so spalteten sich auch die Nationaldemokraten mehrfach, doch profilierte sich Anfang der dreißiger Jahre ein radikal nationalistischer Flügel. Seine Zielgruppe bildete die Jugend bürgerlicher Schichten mit Affinitäten zum Faschismus und einer antisemitischen sowie deutschfeindlichen Einstellung. Diese Rechte rezipierte Ideologie und Auftreten in der Öffentlichkeit nach italienischen und spanischen Mustern, versuchte überall Fuß zu fassen, blieb aber letztlich ohne Massenerfolge. Ihre traditionell antigermanisch eingestellten Wortführer behielten indes ihren Einfluß auf die in sich zerstrittene Bewegung. Auch blieben in ihr die alten und starken Bindungen an die katholische Kirche besonders wirksam.

Zwar fand man die jungen Nationaldemokraten vornehmlich in den Universitätszentren, doch hatte die traditionelle »Endecja« nach wie vor ihre Hauptbasis in den westlichen, früher zu Preußen gehörenden Provinzen. Alte antipreußische Ressentiments, vor allem aus der Zeit des Kulturkampfes und der Bismarckschen Agrarpolitik, die man in Polen als Kolonisation empfand, spielten dabei eine wesentliche Rolle. Territoriale Ansprüche deutscherseits während der Weimarer Republik hatten die Abneigung noch vertieft. Dennoch gehörte auch zu den Traditionen des deutsch-polnischen Konfliktes die Vorstellung, daß »Preußen-Deutschland« ein Rechtsstaat sei und sich folglich ein potentieller Konflikt mit dem Reich unter rechtlichen, insbesondere völkerrechtlichen Rahmenbedingungen verhandeln ließe. Hitlers Machtübernahme und seine brutalen Maßnahmen, die ihr folgten, veränderten diese Auffassung nicht wesentlich. Im Gegenteil – es wurden Stimmen laut, wonach man von Hitler als »Österreicher« einen günstigeren Einfluß auf die Ausgestaltung der deutschen Beziehungen zu Polen erwarten dürfe. Die deutsch-polnische Erklärung vom 26. Januar 1934, nicht ganz korrekt als Nichtangriffsabkommen bezeichnet, schien solche Erwartungen zu bestätigen.

Nationaldemokraten und ihre jüngeren radikalen Zöglinge waren überall in Polen präsent. Für sie blieb in Ost- und Mittelpolen, zumal im ehemals zarischen Herrschaftsgebiet, der Russe Polens Feind Nr. 1 und seit der kommunistischen Revolution dazu ein doppelt verhaßter: nicht nur als ehemaliger Unterdrücker, sondern zugleich als Bolschewist und damit geistiger Gegner schlechthin. Der für Polen gegen die UdSSR siegreiche Krieg von 1919–20 war stolze Zier des nationalen Bewußtseins und hatte seinen entsprechenden Stellenwert in der politischen Pädagogik Polens.

Die jungen Helden von 1920 befanden sich am Vorabend des Zweiten Weltkrieges im besten Mannesalter. Die Offiziere in den Kommandostellen vom Batallionskommandeur aufwärts hatten einst fast alle gegen die Bolschewisten gekämpft und blieben durch ihre früheren Kriegserfahrungen stark geprägt. Für sie bildete Sowjetrußland stets die größere Gefahr, wobei man zugleich wähnte, daß dieser Feind erneut besiegbar sei. Dementsprechend wurde die Vorbereitung auf eine mögliche Konfrontation mit den Deutschen psychologisch vernachlässigt, obgleich die Spezialisten in den militärischen Planungsstäben die Überlegenheit der deutschen Armee, was Ausrüstung, Feuerkraft und Organisation betraf, durchaus kannten – wie aus den späteren Memoirenwerken belegbar ist. Doch den polnischen Zeitgenossen wurden diese Wahrheiten vorenthalten, weil dies im Interesse der »Sanacja«-Gruppe lag, die die öffentliche Meinung beherrschte.

Vor allem war in Polen die Überzeugung verbreitet, daß Hitler angesichts der bestehenden Bündnisse keinen militärischen Angriff wagen würde. Polen setzte auf Frankreich, mit dem man seit 1921 verbunden war, wenngleich sich auch die Beziehungen Paris–Warschau in der Phase besonders intensiver deutsch-polnischer Kontakte zwischen 1934 und Herbst 1938 abgekühlt hatten. Hinzu kam eine sehr selbstbewußte Einschätzung der strategischen Lage. Man glaubte z. B., daß die eigenen Streitkräfte Polens ausreichen würden, um den ersten Stoß aufzufangen, während die Hilfe aus dem Westen anlief.

Polen besaß die viertstärkste Armee in Europa, mit dreißig Infanterie-Divisionen und zwölf Kavallerie-Brigaden in Friedenszeiten, dazu Artillerie, Panzer und Flugzeuge, wenngleich letztere nicht besonders ins Gewicht fielen. Aber Frankreichs Macht schien unangefochten, und die englischen Garantien vom Frühjahr 1939 beförderten geradezu optimistische Prognosen. »Silni – zwarci – gotowi« (stark – geschlossen – bereit) lautete die Parole, als die Frage »Krieg oder Frieden« sich immer stärker in den Vordergrund schob.

Die Armee war das Lieblingskind der Nation und Inbegriff des nationalen Stolzes. Die »Sanacja«, die übrigens keine profilierte Partei, sondern eine Art autoritäre Massenbewegung war und von aktiven wie ehemaligen Offizieren aus dem engsten Umkreis des 1935 verstorbenen Marschalls Pilsudski gesteuert wurde, hielt sich an die von ihm vorgegebene Linie: radikal antisowjetisch, weniger antideutsch, vor allem aber möglichst unabhängig. Gegenüber den oben genannten Absichten deutscherseits, Polen als Verbündeten gegen die Sowjetunion zu aktivieren, verhielt sich der Marschall bis zu seinem Tode äußerst skeptisch. Seine Maximen galten grundsätzlich fort, wobei allerdings die deutsche Gefahr im Regierungslager weiterhin unterschätzt wurde.

Erst die unmittelbar konkrete Bedrohung führte zu einem dramatischen Einstellungswechsel. Hatte zunächst lediglich die oppositionelle Presse auf die Gefährdung durch Deutschland hingewiesen, so wurde der Strom der antideutschen Kritik breiter und tiefer nach der Zerstückelung der Tschechoslowakei. Die ersten offiziellen Vorschläge Hitlers zur Frage der Grenzregelung lösten heftige Protestaktionen in den allermeisten polnischen Medien aus[13]. Man beließ es nicht bei Kommentaren zu Grenzzwischenfällen oder Mißhandlungen polnischer Bürger, sondern machte direkt Front gegen Deutschlands Eroberungswillen (Drang nach Osten) und seine Slawenverachtung. Man brandmarkte alles, was irgendwie auf deutsche Aggressivität und Kriegslust hindeuten mochte. Der nationalsozialistische Faktor selbst wurde dabei recht unterschiedlich eingeschätzt. Die linksorientierte Presse – vor allem der »Robotnik« (Der Arbeiter), das Zentralorgan der sozialistischen Partei – unterstrich die perversen Charakterzüge des Nationalsozialismus weit stärker als die rechtsorientierten Blätter, zumal jene nationaldemokratischer Couleur. Doch im Grunde besaßen beide politischen Lager doch eher nur lokale Einflußmöglichkeiten, wie z. B. die Kattowitzer Tageszeitung »Polonia«, jahrelang das antideutsche Parteiorgan von Wojciech Korfanty.

Überall wuchs indessen eine antideutsche Stimmung, gemischt mit stark ausgeprägtem Widerstandswillen und nationaler Opferbereitschaft. Demonstriert und gepredigt wurden Entschlossenheit, Selbstsicherheit und Zuversicht, hinter der sich hier und da Gefühle der Angst verbargen.

Zu wirklich nervösen Reaktionen und Überreaktionen kam es erst in den letzten Stunden des Friedens. Zuvor gab es weder Hamsterkäufe noch eine Abräumung der Sparkonten, was als Kriegspanik hätte ausgelegt werden können. Selbst als die ersten Bomben fielen, obsiegte noch nicht das Gefühl der nahenden Katastrophe. Es setzte indes um so vehementer ein, als Tausende von Dörfern in Brand gesetzt wurden und ganze Stadtviertel (wie etwa in Warschau) in Schutt und Asche fielen.

Ein nicht unmittelbar augenfälliges Moment sorgte indirekt mit für die falsche Einschätzung der Lage, die besonders in den gehobenen sozialen Schichten oft gelassen bis optimistisch beurteilt wurde. Dies war nicht das Ergebnis einer offiziellen Propaganda, sondern beruhte eher auf der Neigung zahlreicher Repräsentanten polnischer Kunst und Kultur, die Realität der deutschen Übermacht in möglichst diminutive Vorstellungen von ihr zu verbannen. Verbreitet durch satirische Schriften, Kabaretts und Bühnen kursierten phantastische Meldungen über die innere Lage in Deutschland. So war von einer angeblichen Versorgungskrise, von Mangel an Lebensmitteln, bis hin zu starken Widerständen gegen Hitler die Rede. Oft wurden Meinungen kolportiert, wonach die deutsche militärische Rüstung vor allem aus Attrappen (»Panzer aus Pappe«!) bestehen würde.

Ein Gegner, den man zur komischen Figur stilisiert, z. B. nach dem Muster von Chaplins »Diktator«, ist niemals so ganz gefährlich, nicht mal dann, wenn ihm unerwartete und hektische Reaktionen unterstellt werde müssen. Chaplins »Diktator« wurde übrigens erst später gedreht, war also den Warschauern nicht bekannt. Doch zu Kriegsbeginn spielte ein Warschauer Theater eine Komödie von G. B. Shaw unter dem Titel »Genf«, eine Parodie auf den Völkerbund, in welcher Hitler und Mussolini in recht bösartigen Rollen auftraten. Die Figur Adolf Hitler wurde absichtlich von ihrem Darsteller in chaplinesquer Manier unter dem stürmischen Beispiel des Publikums präsentiert.

Wahrscheinlich wäre so etwas in Posen oder Kattowitz nicht möglich gewesen, wo man die Deutschen ernst nahm. Warschau dagegen bildete ein Zentrum für alles, was gerade modisch war und fast überall kopiert wurde. Vielleicht war dieser Witz eine Art Kompensation für verborgene Ängste oder Galgenhumor schlechthin. Vielleicht resultierte die Leichtfertigkeit »à la polonaise« auch aus der Überzeugung, daß Hitler Polen erschrecken wolle, aber einen wirklichen Krieg nie wagen würde. Jedenfalls ließ die Stimmung in der Hauptstadt und darüber hinaus nicht auf das Lebensgefühl einer »belagerten Festung« schließen. Panikartiges Verhalten zeigte sich, wie gesagt, erst in den letzten Stunden vor Kriegsbeginn und beschränkte sich vornehmlich auf die Bevorratung der Haushalte. Reservisten, die einer verspäteten Mobilmachung folgten, verhielten sich ruhig und selbstsicher. Im schlimmsten Falle, so dachte man, ist der Krieg zwar eine grausame Sache, aber man werde es mit einem zivilisierten

Gegner zu tun haben, nicht aber mit einem Feinde, der auf die totale Vernichtung aus war. Die Erkenntnis dieser brutalen Absicht führte zu einem psychischen Schock. Denn auf Hitlers Angriff war nicht einmal die kämpfende Truppe vorbereitet gewesen und in ihr selbst nicht jene Einheiten, welche in massivster propagandistischer Weise auf die Ausschaltung des angreifenden Feindes gedrillt waren.

Anmerkungen

1 Ein krasses Zeugnis dafür bildet m. E. das Werk von Michael Haas über Zusammenhänge zwischen sozialen Wandlungsprozessen und »nationaler Aggressivität«. Trotz hoher Korrelationswerte zwischen entsprechenden Variablen scheint die These von der höheren Konfliktanfälligkeit agrarischer Völker im Vergleich zu industriellen historisch kaum beweisbar. Vgl. Michael Haas, Social Change and National Aggressiveness 1900–1960, in: Quantitative International Politics: Insights and Evidence, New York, London 1968, S. 215ff.

2 So z. B. Richardsons operationeller Begriff des Krieges nach seinen quantitativen Merkmalen und Abfolgen der Gewaltanwendung bzw. der Dauer kriegerischer Handlungen und Zahl der angewandten Kräfte sowie Zahl der Opfer usw. Das entscheidende Maß ist die Zahl der Toten – nach den dezimalen Logarithmen gemessen von 3 bis 7, wobei der Stand über $\log_{10} 7$ schon eine atomare Katastrophe genannt werden müßte. Vgl. F. L. Richardson, Arms and Insecurity. A Mathematical Study of Causes and Origins of War, ed. by Nicolas Rashevksy/Ernesto Trucco, Pittsburgh-Chicago 1960; ders., Statistics of Deadly Quarrels, ed. by Quincy Wright/Carl C. Lienau, Pittsburgh-Chicago 1960.

3 Vgl. dazu Quincy Wright, A Study of War, Bd. 2, Chicago 1942, S. 1466, 1484ff.

4 Das Problem in seiner historischen Entwicklung bearbeitet erfolgreich Tomasz Szarota, hervorragender Sachkenner dieser Thematik; vgl. seine Studie Niemiecki Michel. Dzieje narodowego symbolu i autostereotypu (Der deutsche Michel, Geschichte eines nationalen Symbols und Stereotyps), Warschau 1988.

5 Tagebücher von Joseph Goebbels. Sämtliche Fragmente, hrsg. von Elke Fröhlich, Bd. 3, Notizen v. 4. bis 17. 9. 1939, München u. a. 1987.

6 Außer der Kommunistischen Partei Polens (KPP), die übrigens von der Komintern 1938 aufgelöst wurde, existierten auf dem Territorium Polens noch zwei weitere autonome kommunistische Parteien: die Kommunistische Partei der West-Ukraine (KPZU) und die Kommunistische Partei West-Weißrußlands (KPZB).

7 Vgl. K. M. Pospieszalski, Sprawa 58 000 »Volsdeutschów«, Documenta Occupationis, (Die Frage von 50 000 »Volksdeutschen«) Bd. 7, Posen 1959.

8 Die letzte amtliche Volkszählung fand im Jahre 1931 statt. Gefragt wurde nicht nach der »Nationalität«, sondern nach der »Muttersprache« und – zusätzlich (bei Zweifeln) – nach der »Konfession«. Nach dem zweiten Kriterium berechnete man etwa 3,1 Mio., nach dem ersten allein ca. 2,7 Mio. Anzunehmen ist, daß die völlig assimilierten Juden (polnischsprachig und nicht der jüdischen Konfessionsgemeinschaft angehörig, doch nach den »Nürnberger Gesetzen« als solche qualifiziert) die Gesamtzahl vergrößerten.

9 Vgl. J. Tomaszewski, Rzeczpospolita wielu narodów (Die Republik der mehreren Nationen), Warschau 1985, S. 151ff.

10 J. Tomaszewski (Anm. 9), S. 171f.

11 Präzise Zahlen gibt es nicht. Bekannt ist, daß die Gesamtzahl der Personen, denen die polnischen Behörden die Staatsbürgerschaft entziehen wollten, bis April 1939 etwa 75 000 betrug (30 133 amtliche Vorschläge), darunter 88,1 Prozent Juden. Vgl. J. Tomaszewski, Ustawa o pozbawieniu obywatelstwa z 31 marca 1938 (Gesetz über die Entziehung der

Staatsbürgerschaft vom 31. März 1938), in: Historia – prawo – polityka (Geschichte – Recht – Politik), hrsg. v. J. Baszkiewicz/A. Bodnar/S. Gebethner, Warschau 1989, S. 114ff.

12 In Nr. 11 vom 11. 1. 1939 veröffentlichte das Blatt einen Text der Redaktion unter dem Titel: »Versuch der Veränderung des status quo an der Ostsee soll für Polen ein casus belli bedeuten«. In Nr. 26 vom 26. 1. hieß es anläßlich Ribbentrops Besuch: Unaufhaltsame Steigerung der Macht Deutschlands führt zur »Einkreisung« (im Original-Deutsch) von Polen, Nr. 106 vom 17. 3. 1939.

13 Der staatlich verwaltete Rundfunk engagierte sich besonders stark gegen propagandistische Sendungen in polnischer Sprache aus Breslau und Gleiwitz.

Wjatscheslaw Daschitschew

Planungen und Fehlschläge Stalins am Vorabend des Zweiten Weltkrieges

Der XVIII. Parteitag der KPdSU (B) und der sowjetisch-deutsche Nichtangriffspakt

In der Nacht vom 23. zum 24. August 1939, gleich nach der Unterzeichnung des sowjetisch-deutschen Nichtangriffspakts, fand im Kreml eine Unterredung Stalins und Molotows mit Ribbentrop statt. In der offiziellen deutschen Aufzeichnung dieses Gesprächs heißt es unter anderem: »Ferner erhob Herr Molotow sein Glas auf Herrn Stalin, wobei er bemerkte, daß es Stalin gewesen sei, der durch seine Rede vom März d. J., die in Deutschland gut verstanden worden sei, den Umschwung der politischen Beziehungen eingeleitet habe.«[1] Molotow meinte damit den Rechenschaftsbericht Stalins auf dem XVIII. Parteitag der KPdSU (B), der vom 10. bis 21. März 1939 stattgefunden hatte. Das war der letzte Parteitag vor dem Kriege; ganze fünf Monate blieben noch bis zu dessen Entfesselung. Die Beschlüsse dieses Parteitages bestimmten die Ziele und Aufgaben der sowjetischen Außenpolitik in einer der entscheidendsten Phasen der europäischen Geschichte.

War dieser Parteitag wirklich, wie Molotow sagte, »der Beginn einer Wende« in den Beziehungen zwischen der Sowjetunion und dem faschistischen Deutschland? Diese Frage ist von großer Bedeutung für die Erklärung der wahren Absichten und Umstände, die zum Abschluß des sowjetisch-deutschen Nichtangriffspaktes von 1939 geführt haben, über den in der sowjetischen Öffentlichkeit jetzt so heftige Diskussionen stattfinden. Wenn Molotow recht hatte, dann zerbröckeln die von vielen sowjetischen Historikern aus der Stalinzeit übernommenen Beteuerungen, daß der Pakt ein der sowjetischen Führung aufgezwungener Schritt war, daß die Sowjetunion keine andere Wahl hatte und daß das Abkommen Stalins mit Hitler aus dem Scheitern der Gespräche mit Großbritannien und Frankreich in Moskau im August 1939 resultierte.

Die Analyse des Stalinschen Vortrages und der Reden der übrigen Parteitagsdelegierten, die im stenographischen Rechenschaftsbericht veröffentlicht sind, läßt keinen Zweifel daran, daß Molotow allen Grund hatte, die erwähnte Erklärung abzugeben. Es muß nur eine Korrektur an seinen Ausführungen gemacht werden. Der Beschluß zur Einberufung des XVIII. Parteitages wurde auf dem Plenum des Zentralkomitees der Partei im Januar 1939 gefaßt. Schon damals wurde die politische Richtlinie bestimmt. Folglich muß man die Wende in der Stalinschen Deutschlandpolitik noch wesentlich früher als im März 1939 ansetzen.

Bei der Durchsicht des Parteitagsstenogramms fällt sofort auf, daß unter den Rednern der Außenminister Maxim Litwinow fehlte, der geistige Vater und konsequente Verfechter einer Politik der kollektiven Sicherheit und überzeugter Anhänger des Gedankens einer Annäherung an Großbritannien und Frankreich angesichts einer drohenden faschistischen Aggression. Schon die Tatsache, daß Litwinow von der Rednerliste ausgeschlossen war, zeigt, daß Stalin die Politik der kollektiven Sicherheit ad acta gelegt und die Idee eines Bündnisses mit Großbritannien und Frankreich aufgegeben hatte. Das geht aus seinem Vortrag ebenso deutlich hervor.

Es ist verständlich, daß die starken antifaschistischen Tendenzen in der sowjetischen Öffentlichkeit und in den bürgerlich-demokratischen Staaten Europas es Stalin damals nicht erlaubten, die Umorientierung der sowjetischen Politik hin zu einer Übereinkunft mit Hitler-Deutschland offen darzulegen. Deshalb richtete er seine Kritik in erster Linie gegen Großbritannien und Frankreich. Grundtenor seiner Ausführungen auf dem Parteitag war, diese beiden Länder als »Kriegsbrandstifter« anzuklagen[2]. In seinem Vortrag verlor er kein Wort darüber, daß die Schaffung einer britisch-französisch-sowjetischen Koalition die einzige Rettung vor der faschistischen Aggression hätte sein können. Ebenso ignorierte er völlig die komplizierte geostrategische und politische Situation in Europa, die unheilvollen Pläne Hitlers sowie die nationalen Interessen Großbritanniens und Frankreichs, die einen kriegerischen Angriff Deutschlands befürchteten. Dies beweist Stalins Unvermögen, die richtigen Verbündeten auszuwählen, um die nationalen Interessen der Sowjetunion zu schützen.

Mit aller Schärfe prangerte Stalin die Nichteinmischungspolitik an und stellte Großbritanniens und Frankreichs Haltung als die entscheidende Bedrohung der sowjetischen Interessen dar. Dadurch bereitete er psychologisch die Grundlage für das Abkommen mit Hitler vor. »Formal«, sagte er, »kann man die Nichteinmischungspolitik so charakterisieren: Jedes Land soll sich nach besten Kräften gegen seine Aggressoren verteidigen, das berührt uns nicht, wir werden sowohl mit den Angreifern als auch ihren Opfern Handel treiben. Tatsächlich jedoch bedeutet Nichteinmischungspolitik die Duldung von Aggressionen, die Entfesselung eines Krieges, der sich zu einem Weltkrieg ausweiten kann. Hinter der Nichteinmischungspolitik verbirgt sich das Bestreben, einen Aggressor nicht bei seinen schmutzigen Machenschaften zu stören, sagen wir beispielsweise, Japan nicht davon abzuhalten, einen Krieg mit China anzufangen, oder – besser noch, was die Sowjetunion angeht – Deutschland nicht bei seinen Bemühungen in Europa zu stören, einen Krieg mit der Sowjetunion anzuzetteln; dann kann man alle Teilnehmer dieses Krieges so tief wie möglich in den Schlamm des Krieges hineinziehen, damit sie sich gegenseitig schwächen und aufzehren, um dann, wenn sie erschöpft sind, mit den eigenen Kräften auf der Szene zu erscheinen und – natürlich im Interesse des Friedens – den geschwächten Kriegsgegnern seine eigenen Bedingungen zu diktieren.«[3]

Ausschlaggebend für diese Einschätzung der britisch-französischen Politik war für Stalin das Münchner Abkommen der Westmächte mit Hitler auf Kosten der Tschechoslowakei. Dies war unzweifelhaft ein harter Schlag gegen die Idee der kollektiven Sicherheit und hinterließ tiefe Spuren in der rachsüchtigen Natur Stalins. Er legte es als eine rein antisowjetische Verschwörung der führenden europäischen Mächte aus. Gleichzeitig sah er jedoch auch andere Gründe für dieses Abkommen, insbesondere den Umstand, daß Frankreich und Großbritannien seit dem Höhepunkt der Stalinschen Repressionen die Sowjetunion nicht mehr als zuverlässigen und militärisch starken Bündnispartner für den Fall eines Krieges betrachteten. Diese Einschätzung Stalins kann durch Dokumente belegt werden.

Unter derartigen Bedingungen die Möglichkeit eines militärischen Konflikts mit Deutschland wegen des Sudetengebiets zu riskieren, hielten Chamberlain und Daladier für zu gefährlich. Für einen solchen Krieg fehlte den Westmächten der dritte geostrategische Partner – die Sowjetunion. Außerdem war Stalin selbst für sie als Partner inakzeptabel. Sie konnten ihm nicht mehr vertrauen, nachdem sie Zeuge geworden waren, wie er mit tückischer und unberechenbarer Grausamkeit einen in der Geschichte beispiellosen Genozid gegen das eigene Volk entfesselt, die führenden Kader ausgerottet und dadurch die Kampffähigkeit der eigenen Streitkräfte untergraben hatte. Aber auch die ultralinke Orientierung Stalins und seiner engsten Vertrauten zum »revolutionären Expansionismus« schreckte London und Paris ab.

Man darf also nicht übersehen, daß sich hinter dem Münchner Abkommen ebenso antisowjetische Tendenzen und Antipathien konservativer Kreise Großbritanniens und Frankreichs verbargen. Deshalb die zweite Frage: Hatten diese Abneigungen entscheidenden Einfluß auf den Vertrag der westlichen Demokratien mit Hitler?

Stalin versuchte, in seinem Parteitagsbericht die westlichen Behauptungen zu widerlegen, daß Großbritannien und Frankreich durch die Entwicklung der innenpolitischen Ereignisse in der Sowjetunion zum Münchner Abkommen veranlaßt wurden. Statt dessen behauptete er, britische und französische Politiker hätten »die Tschechoslowakei der Willkür des Schicksals ausgeliefert und dann angefangen, in der Presse himmelschreiende Lügen zu verbreiten über die ›Schwäche der russischen Armee‹, über den ›Verfall der russischen Luftstreitkräfte‹, über ›Unruhen in der Sowjetunion‹, wodurch sie die Deutschen weiter gen Osten getrieben, ihnen leichte Beute versprochen und zu verstehen gegeben hätten: ›Beginnt nur einen Krieg gegen die Bolschewiken, dann wird alles gut laufen.‹«[4]

Das war eine falsche Darstellung der Pläne, Handlungen und nationalen Interessen Großbritanniens und Frankreichs, die in Opposition zur Expansionspolitik Hitlers eng mit den nationalen Interessen der Sowjetunion übereinstimmten. Außerdem machte sich nach dem Überfall Deutschlands auf die Tschechoslowakei am 15. März 1939 Ernüchterung über die Politik von München in Großbritannien breit. Der Gedanke, daß man, wie Churchill es ausdrückte, nun selbst mit dem Satan ein Bündnis schließen müsse, um die deutsche Aggression einzudämmen, erlangte immer mehr Gewicht.

Auch die Absichten der Hitler-Führung interpretierte Stalin falsch. Er wußte sehr wohl, daß man es im deutschen Oberkommando ausschloß, gleichzeitig den Westen und die Sowjetunion angreifen zu können. Die traditionelle strategische Konzeption des deutschen Generalstabs ging davon aus, daß ein Sieg Deutschlands nur durch einen entscheidenden Erstschlag gegen Frankreich im Westen errungen werden könne und damit möglich würde, alle Kräfte nach Osten zu richten, um die Sowjetunion zu vernichten. Dieser Konzeption folgte Hitler uneingeschränkt. In seinem programmatischen Buch »Mein Kampf« schrieb er: »Nicht West- und nicht Ostorientierung darf das künftige Ziel unserer Außenpolitik sein, sondern Ostpolitik im Sinne der Erwerbung der notwendigen Scholle für unser deutsches Volk. Da man dazu Kraft benötigt, der Todfeind unseres Volkes aber, Frankreich, uns unerbittlich würgt und die Kraft raubt, haben wir jedes Opfer auf uns zu nehmen, das in seinen Folgen geeignet ist, zu einer Vernichtung der französischen Hegemoniebestrebung in Europa beizutragen.«[5] Noch deutlicher wurde diese militärische Konzeption Hitlers in seinen Gesprächen mit dem Präsidenten des Senats der Freien Stadt Danzig, Hermann

Rauschning, die in den Jahren 1938 und 1939 veröffentlicht wurden[6]. In einer Unterredung führte Hitler aus: »Vielleicht werde ich das Bündnis mit Rußland nicht vermeiden können. Ich behalte es als letzten Trumpf in der Hand. Vielleicht wird dies das entscheidende Spiel meines Lebens werden. Aber ... es darf nicht zu früh ausgespielt werden. Und es wird mich nie davon abhalten, ebenso entschlossen die Wendung zurückzumachen und Rußland anzugreifen, nachdem ich meine Ziele im Westen erreicht habe.«[7]

Wie die Dokumente und der Gang der Ereignisse in Europa von 1939 bis 1941 beweisen, lag genau diese Konzeption den Planungen des deutschen Oberkommandos für den Zweiten Weltkrieg zugrunde. Stalin hat mit seiner ignoranten und verbrecherischen Politik Hitler geholfen, diese Konzeption zu verwirklichen.

Der sowjetische Generalstab hingegen hatte Mitte der dreißiger Jahre die Pläne der faschistischen deutschen Führung durchaus richtig eingeschätzt. Marschall Tuchatschewski schrieb in der »Prawda« vom 31. März 1935, daß Hitler ungeachtet seiner Proklamation, daß die Sowjetunion das Hauptziel der Expansion des deutschen Faschismus sei, zuerst versuchen werde, mit Frankreich und den übrigen westlichen Staaten abzurechnen. Entgegen dieser richtigen Bewertung der deutschen Pläne erklärte der Volkskommissar für Verteidigung, Woroschilow, auf dem Parteitag: »Es ist schwer vorherzusehen, wie sich dieser zweite imperialistische Krieg entwickeln wird, wann welche Länder in seinen blutigen Sog gerissen werden.«[8]

Höchstwahrscheinlich machte Woroschilow diese Äußerung Stalin und dessen Ziel zuliebe, die Appeasement-Politik und die Kanalisierung der faschistischen Aggression nach Osten als Hauptgefahr für die Sowjetunion darzustellen. Stalins pathologisches Mißtrauen, seine krankhafte Phantasie und grenzenlose Verschlagenheit unterstellten der Politik Großbritanniens und Frankreichs jene Absichten, die er selbst gegen diese Mächte hatte. Eine versteckte Drohung an ihre Adresse – den Versuch, die deutsche Aggression nach Westen zu lenken – kann man seinen folgenden Worten entnehmen: »Ich bin weit entfernt davon, über die Politik der Nichteinmischung zu moralisieren, über Verrat zu reden, über Treuebruch usw. Es ist naiv, Menschen Moral beibringen zu wollen, die keine Moralprinzipien anerkennen. Politik ist Politik, wie die alten, durchtriebenen, bürgerlichen Diplomaten sagen. Jedoch muß man unbedingt darauf hinweisen, daß das gefährliche politische Spiel, das die Anhänger der Nichteinmischungspolitik begonnen haben, mit einer großen Enttäuschung für sie enden kann.«[9]

Abgesehen davon, daß diese Worte von einem Menschen gesprochen wurden, der bis dahin in seiner Innenpolitik alle Normen der menschlichen Moral verletzt hatte, haben seine Drohungen gegen Großbritannien und Frankreich hier konkrete Formen angenommen.

Als er die Aufgaben der Partei in der internationalen Politik formulierte, richtete Stalin sein Augenmerk in erster Linie darauf, wie er es ausdrückte,

- eine Politik des Friedens und der Festigung der geschäftlichen Beziehungen zu allen (!) Staaten zu verfolgen,
- wachsam zu sein und die Sowjetunion nicht von »Kriegsbrandstiftern, die es gewohnt sind, andere für sich die Kastanien aus dem Feuer holen zu lassen«, in einen Konflikt verwickeln zu lassen[10].

Damit stellte Stalin Großbritannien, Frankreich und andere europäische Länder auf eine Stufe mit dem faschistischen Deutschland, und er machte keinen Unterschied zwischen der terroristischen, aggressiven Diktatur Hitlers und den bürgerlichen, westlichen Demokratien, zwischen dem Aggressor und seinen potentiellen Opfern. Das bedeutete eine entscheidende Wende in Stalins Politik.

Zweitens distanzierte er sich von den Prinzipien der kollektiven Sicherheit, als er zu verstehen gab, daß seine Politik nicht mehr dieselben Ziele verfolge wie diejenige Großbritanniens und Frankreichs. Damit isolierte er die Sowjetunion von den internationalen Kräften, die gemeinsam mit ihr in der Lage gewesen wären, dem Faschismus Widerstand zu leisten. Woroschilow bekräftigte das mit den Worten: »Wir dürfen uns, wie schon früher, nur auf uns selbst verlassen.«[11] Aber gab es wirklich ernsthafte Anzeichen für das Ende der Politik der »kollektiven Sicherheit«? Die Fakten beweisen das Gegenteil. Stalin, sich selbst widersprechend, erklärte auf dem Parteitag: »Es ist bezeichnend, daß einige Politiker und Journalisten aus Europa und den USA, die ungeduldig den ›Feldzug gegen die Sowjet-Ukraine‹ [gemeint ist der Feldzug der Wehrmacht – d. Verf.] erwarten, selbst damit beginnen, die versteckten Motive der Nichteinmischungspolitik zu enthüllen. Sie reden und schreiben direkt schwarz auf weiß, wie grausam sie von den Deutschen dadurch enttäuscht werden, daß diese, anstatt ihre Schritte weiter nach Osten, gegen die Sowjetunion, zu richten, sich nach Westen wenden und die Neuverteilung der Kolonien fordern.«[12]

Welche objektiven Möglichkeiten einer Annäherung zwischen der Sowjetunion und den westlichen Demokratien es auf einer antifaschistischen Basis in dieser Krisenzeit gab, zeigt die folgende Passage aus der Rede des Generalsekretärs des Exekutivkomitees der Komintern (EKKI), Manuilskij, auf dem Parteitag: »Die anmaßenden imperialistischen Forderungen der faschistischen Räuber stoßen unerwartet auf den Widerstand einiger kapitalistischer Staaten, eines bedeutenden Teils der herrschenden Klassen jener Länder, deren Regierungen vor den faschistischen Aggressoren kapitulieren. Der mächtigste kapitalistische Staat der Welt – die USA – verteidigt seine Interessen in den Ländern Lateinamerikas gegen Deutschland, Italien und Japan, die dort Einfluß gewinnen wollen, und sichert seine Positionen auf den Philippinen, in China und im Pazifik gegen Japan durch die Schaffung eines Widerstandsblocks mit den südamerikanischen Staaten gegen die faschistische Expansion; zugleich aktivieren die USA den Widerstand gegen die faschistischen Aggressionspläne an anderen Enden der Welt, so auch in Europa. In Großbritannien werden von der Furcht um die Geschlossenheit des Empires, das der deutsche Faschismus bedroht, sogar Teile der imperialistischen Kreise ergriffen. Leute wie Duff Cooper, Eden und Churchill, die zur Opposition gegen die jetzige konservative Regierung gehören. Die aggressiven Forderungen des deutschen Faschismus flößen der französischen Bourgeoisie Schrecken ein und stärken die Stellung ihrer Gegner. In Polen wächst die Angst vor der drohenden Zerstückelung durch Deutschland.«[13]

Diese richtigen Feststellungen standen in scharfem Kontrast zur übersteigerten antibritischen und antifranzösischen Tonart des Rechenschaftsberichtes. Weil aber Manuilskij offensichtlich Konsequenzen oder sogar Repressalien von seiten Stalins wegen seiner persönlichen Einschätzung der Anti-Hitler-Tendenzen im Westen fürchtete, relativierte er diese durch eine äußerst negative Kritik an Großbritannien in der originellen Form eines Zitats. »Schon 1927«, sagte er, »hat Genosse Stalin in seinem Artikel ›Bemerkungen zur gegenwärtigen Lage‹ ausgeführt: ›Der englische Kapitalismus war immer, ist und wird der bösartigste Unterdrücker von Volksrevolutionen sein ... Aber die englische Bourgeoisie mag sich nicht die Hände bei kriegerischen Aktionen schmutzig machen. Sie bevorzugte es immer, andere für sich kämpfen zu lassen.«[14]

Die Kette der Ereignisse im Jahre 1939 in Europa, das Anwachsen der unversöhnlichen Widersprüche zwischen Großbritannien und Frankreich auf der einen sowie den faschistischen Mächten Deutschland und Italien auf der anderen Seite widerlegten Stalins negative Einschätzung der westlichen Nichteinmischungspolitik und angeblichen antisowjetischen Intrigen. Einige dieser Ereignisse seien hier angeführt:

- Am 15. März 1939, auf dem Höhepunkt des Parteitages, überfiel Hitler die Tschechoslowakei und brach damit das Münchner Abkommen; in Europa begann die politische Krise, die zum Zweiten Weltkrieg führen sollte. Hitler hatte zu verstehen gegeben, daß er fest zu einem europäischen Krieg entschlossen war.
- Einige Tage vor der Besetzung der Tschechoslowakei unternahm die britische Regierung einen in der Diplomatiegeschichte beispiellosen Schritt: Premierminister Chamberlain erschien persönlich in der sowjetischen Botschaft in London, um Sondierungsgespräche über den Abschluß eines Bündnisses mit der Sowjetunion zu führen.
- Am 21. März, dem Schlußtag des Parteitages, schlug die britische Regierung der sowjetischen Führung vor, eine Deklaration der UdSSR, Großbritanniens, Frankreichs und Polens über einen gemeinsamen Widerstand gegen die Expansionspläne Hitlers in Europa zu beschließen.
- Am 31. März erteilten Großbritannien und Frankreich Polen Garantien für seine Sicherheit und nationale Integrität. Die sowjetische Regierung hätte sich diesen Garantien ohne jede Bedingungen anschließen können, tat das aber nicht. Daraus kann man folgern, daß Stalin andere Pläne hatte, die von einer Annäherung an das faschistische Deutschland ausgingen.
- Als Antwort auf die Garantien der Westmächte für Polen kündigte Deutschland das deutsch-britische Flottenabkommen von 1935 sowie den deutsch-polnischen Nichtangriffspakt von 1934 und forderte von Großbritannien die Rückgabe der ehemals deutschen Kolonien.
- Am 6. April wurden die einseitigen britischen Garantien für Polen in einen vorläufigen polnisch-britischen Beistandspakt für den Fall einer deutschen Aggression umgewandelt.
- Am 7. April besetzte Italien Albanien und verstärkte dadurch die Bedrohung der britischen und französischen Positionen im östlichen Mittelmeer und auf dem Balkan.
- Am 13. April gewährten Großbritannien und Frankreich Sicherheitsgarantien für Griechenland und Rumänien.
- In der zweiten Aprilhälfte machten unabhängig voneinander Großbritannien und Frankreich der sowjetischen Führung Angebote über einen gegenseitigen Beistandspakt für den Fall, daß die Westmächte durch ihre Garantien für Polen und Rumänien in einen Krieg mit Deutschland verwickelt würden.
- Am 12. Mai gab Großbritannien für die Türkei eine Beistandserklärung für den Fall einer deutschen Aggression ab; Frankreich trat ihr am 23. Juni bei.
- Am 22. Mai schlossen Deutschland und Italien den »Stahlpakt«, ein Militärbündnis, das gegen Großbritannien und Frankreich gerichtet war.
- Im Mai arbeiteten der französische und der britische Generalstab als Antwort auf die deutschen Expansionsabsichten einen Plan zur militärischen Zusammenarbeit

aus, der unter anderem »die Schaffung eines ausgedehnten, starken und dauerhaften Sicherheitsgürtels in Osteuropa« mit den Kräften Polens, Rumäniens und der anderen Balkanstaaten vorsah. Aber dazu war, so der Plan, russische Hilfe für Polen und Rumänien unabdingbar, obwohl die Kampfkraft der Roten Armee aufgrund ihrer mangelhaften Ausrüstung mit Waffen, Munition und Panzern fragwürdig erschien und Polen und Rumänien den sowjetischen Truppen die Durchmarschrechte durch ihr Territorium verweigerten.«[15]

Es war eine paradoxe Situation entstanden: Großbritannien und Frankreich entfalteten bedeutende Aktivitäten zur Errichtung eines Schutzwalls im Osten gegen eine Aggression Hitler-Deutschlands, die Stalinsche Führung aber verharrte im Zustand der Teilnahmslosigkeit und Passivität oder vereitelte alle Projekte und Angebote der Westmächte durch kleinliche Gegenforderungen unter beliebigen Vorwänden. Hier zeigte sich klar der Entschluß Stalins, in der sowjetischen Europapolitik eine Wendung um 180 Grad zu vollziehen.

So konnte oder wollte Stalin, ähnlich wie in den Jahren von 1930 bis 1932, als in Deutschland die Gefahr der nationalsozialistischen Machtergreifung drohte und er in der Sozialdemokratie den Hauptfeind der Arbeiterbewegung sah, auch 1939 nicht erkennen, von wo die existentielle Bedrohung für die lebenswichtigen Interessen der Sowjetunion und der europäischen Völker ausging, und es gelang ihm deshalb nicht, Bündnispartner zu finden und auf seine Seite zu ziehen, um dieser Gefahr wirkungsvoll zu begegnen. In beiden Fällen profitierte der deutsche Faschismus davon.

Was aber verbarg sich hinter dieser Position Stalins – eine falsche Einschätzung der Lage oder bewußt böswilliges Handeln? Allem Anschein nach war sowohl das eine wie das andere der Fall. Verfolgen wir im einzelnen seine Überlegungen zu dieser Frage:

Die Nichteinmischungspolitik Großbritanniens und Frankreichs begründete er »mit ihrer Furcht vor einer Revolution, die ausbrechen könnte, wenn friedliche Staaten gezwungen werden, in einen Krieg einzutreten und dieser sich zum Weltkrieg ausweitet.« »Die bürgerlichen Politiker«, so Stalin weiter, »wissen natürlich, daß der Erste Weltkrieg der Revolution in einem der größten Länder der Erde zum Sieg verholfen hat. Sie fürchten, daß ein zweiter Weltkrieg in einem oder mehreren Staaten wieder zum Sieg einer Revolution führen kann.«[16]

Wenn das geschehen könnte, warum hätte man dann nicht zur Entfesselung eines Krieges beitragen sollen? Das war ganz im Sinne Stalins, der überzeugt war, daß der Zweck die Mittel heiligt. Die Opfer und Leiden der Völker zählten niemals für ihn.

Es ist charakteristisch, daß, wenn nicht Stalin selbst, so doch seine Gesinnungsgenossen in ihren Reden auf dem Parteitag die Dinge beim Namen nannten. So erklärte der Stellvertretende Volkskommissar für Verteidigung, gleichzeitig Chef der politischen Hauptverwaltung der Roten Armee, Lew Mechlis, unter dem Beifall der Delegierten unverblümt, wie er die von Stalin gestellte Aufgabe verstand: »Sollte ein zweiter imperialistischer Krieg seine Schwertspitze gegen den ersten sozialistischen Staat der Welt richten, dann müssen wir die Kriegshandlungen auf das Territorium des Gegners verlagern, unsere internationalistischen Verpflichtungen erfüllen und die Anzahl der Sowjetrepubliken vermehren.«[17]

Stalins Sekretär Poskrebyschew äußerte dazu: »Es gibt keinen Zweifel daran, daß das Proletariat der kapitalistischen Länder angesichts der Erfolge des sozialistischen Aufbaus in der UdSSR unserem Beispiel folgen wird.«[18]

In einer tragischen Epoche der europäischen Geschichte, in der es darauf hätte ankommen müssen, alle Anstrengungen und die ganze Aufmerksamkeit auf die Schaffung und Konsolidierung einer internationalen antifaschistischen Front zu konzentrieren, alle Möglichkeiten dafür auszuschöpfen und alle Hindernisse zu beseitigen, meditierten Stalin und seine Anhänger darüber, wie man das revolutionäre Feuer in Europa entfachen könnte. Diese Haltung verhinderte die Vereinigung breiter politischer und gesellschaftlicher Kräfte gegen die faschistische Aggression. Unter solchen Bedingungen ist es verständlich, daß die polnische Regierung den sowjetischen Truppen das Durchmarschrecht verweigerte. Das war eine direkte Folge der realitätsfernen, nur dem Schein nach klassenideologischen Politik Stalins.

Die Überlegungen und Handlungsweisen Stalins und der anderen Mitglieder der sowjetischen Führung, die zum Abschluß des Nichtangriffspaktes zwischen dem faschistischen Deutschland und der Sowjetunion führten, hat Chruschtschow sehr anschaulich in seinen Memoiren zum Ausdruck gebracht, wonach sich die Situation 1939 aus Moskauer Perspektive wie folgt darstellte: »Es wird unweigerlich ein Krieg ausbrechen, in den Hitler vom Westen gegen uns ganz allein geschickt wird. Durch diesen Vertrag aber fügte es sich so, daß Hitler den Krieg anfing. Das war für uns vorteilhaft sowohl vom militärischen als auch vom moralischen Standpunkt aus. Mit dieser Handlungsweise forderte er, unmittelbar nachdem er die Grenze zu Polen überschritten hatte, den Kriegseintritt Frankreichs und Großbritanniens heraus. Wir aber blieben neutral.«[19]

Aus diesen schon im Ansatz falschen Vorstellungen davon, was gut oder schlecht für die nationalen Interessen der Sowjetunion und den Frieden in Europa sei, wird offensichtlich, wie genau Stalin wußte und verstand, daß er es durch den Pakt vom 23. August 1939 Hitler ermöglichte, einen Krieg unter den günstigsten Voraussetzungen zu entfesseln.

Anmerkungen

1 Dokumenty nemeckoj vnešnej politiki. Serija D, t. VII, dok. Nr. 213, S. 191 (na nem. jazyke), dt. Ausgabe: »Akten zur deutschen auswärtigen Politik 1918–1945«, Serie D, Bd. 7, Dok. Nr. 213, Göttingen 1956, S. 191.
2 XVIII s-ezd Vsesojuznoj Kommunističeskoj partii (b) 10–21 marta 1939 g. Stenografičeskij otčet (XVIII. Parteitag der VKP [b], 10.–21. März 1939. Stenographischer Bericht, 1939, S. 15).
3 Ebd.
4 Ebd.
5 Adolf Hitler, Mein Kampf, München 1941, S. 757.
6 Hermann Rauschning, Revolution des Nihilismus, Zürich 1938; ders., Gespräche mit Hitler, Zürich 1939.
7 Hermann Rauschning, Gespräche mit Hitler, Zürich 1938, S. 126.
8 Vgl. Anm. 2, S. 190.
9 Ebd., S. 14.
10 Ebd., S. 15.
11 Ebd., S. 188.
12 Ebd., S. 14.

13 Ebd., S. 50.

14 Ebd., S. 49.

15 Butler, Bol'saja strategija, t. 1, Moskva 1959, S. 32–33; engl. Ausgabe: J. R. M. Butler, Grand Strategy, Volume II, September 1939–June 1941, London 1957, S. 11: »... the constitution of a ›long, solid and durable front‹ in the east, and this would imply help from Russia to Poland and Roumania, at least in the form of guns, ammunitions and tanks. As regards the Russian armed forces, it was uncertain wether Russia's two neighbours would grant them passage, and the effectiveness of the Russian army, at any rate for offensive action, after the ›purge‹ of 1937, was considered doubtful.«

16 Vgl. Anm. 2, S. 13.

17 Ebd., S. 273.

18 Ebd., S. 183.

19 Ogonëk, Nr. 30 vom Juli 1981, S. 10.

Manfred Funke

Italiens Außenpolitik in der Epoche des Zweiten Weltkrieges

Daß Paradoxien das eigentliche Wesensmerkmal totalitärer Lebenswirklichkeit sind, verdeutlichte sich nirgendwo so intensiv wie in der italienischen Politik der Zwischenkriegszeit. Denn einerseits standen die imperialen faschistischen Zielsetzungen gänzlich quer zu den praktischen Machtmitteln dieses rohstoffarmen Landes mit seinen langen ungeschützten Küsten und andererseits mußte das Herrschaftssystem Mussolinis dennoch eine Politik aus visionärer Verheißung im Verbund mit höchster taktischer Elastizität betreiben, um die Diktatur auf Dauer erhalten zu können. Oder noch pointierter: Rom konnte die erstrebte Großmachtstellung nur erreichen, indem es im Konzert der Mächte das jeweilige Eigeninteresse Englands, Frankreichs, Deutschlands und Italiens so manipulierte, daß die genannten ersten drei ihre eigenen außenpolitischen Instrumente zumindest zeitweise mit einem italienischen Bogen spielten, ohne dies voreinander preiszugeben[1]. Diese These gilt es im einzelnen zu entfalten.

I. Der innenpolitische Druckkessel

Im Gegensatz zur Diktatur Hitlers blieb das Regime Mussolinis im Grunde instabil. Brauchte Hitler nur wenige Monate zur Etablierung seiner absoluten Herrschaft, so geriet Mussolinis Aufstieg zögerlicher, um am Ende bei allem Machtzuwachs im Maßstab eines verdeckten Machtduopols zu verbleiben. Die konstitutionelle Monarchie und die faschistische Revolution verbanden und banden sich verfassungsmäßig in engster Vernetzung von Staat und Partei, von Regierung, katholischer Kirche, Königshaus und Faschistischem Großrat. Als ein Beispiel mag hier genügen, daß zwar der Duce des Faschismus den Generalsekretär des PNF vorschlagen konnte, aber dessen Ernennung nur mit Zustimmung des Königs möglich war[2].

Die Abneigung monarchischer, großenteils frankophiler Kreise gegen die faschistischen homines novi, ihre Pathetik der Gewalt, ihre bloß taktischen Arrangements mit der katholischen Kirche, die Aushäusigkeit der Söhne infolge jahrelanger kolonialer Aktivitäten und aufgrund der Intervention im Spanischen Bürgerkrieg sowie allgemein die aus dem Widerspruch von propagierter imperialer Größe und lastender Alltagserfahrung hervorquellende, ewig Befriedung heischende Sensationsbedürftigkeit des Gesamtsystems stellten die Herrschaft des Duce unter die spezifische Gültigkeit jener autoritären Regime-Weisheit, wonach vor allem durch große auswärtige Erfolge eine Ruhigstellung der inneren Verhältnisse und damit die Legitimation der Opfer heischenden Diktatur gelingen könnte. Die »Verpreußung der Nation«[3], die Faschisierung der inneren Ordnung und die Erziehung des Italieners zum *Herrenmenschen* waren deshalb für Mussolini ebenso Voraussetzung wie Konsequenz einer erfolgreichen, wechselseitig aufeinander bezogenen Innen- und Außenpolitik.

II. Anspruch und Bedingungsgefüge italienischer Politik

Die Erfahrungen des »verstümmelten Sieges« von 1918/19, der Verfall der kollektiven Sicherheitsprinzipien im Ansehensverlust des Völkerbundes und das zunehmend nationalistische Fieber in den auf den Pariser Friedenskonferenzen mit wenig Bedachtsamkeit gegründeten neuen Staaten in Ostmitteleuropa und im Donauraum steigerten in Rom das Prinzip des Sacro Egoismo zur außenpolitischen Handlungsmaxime. Dies um so mehr, als die geostrategische Lage Italiens eine geschickte Pendelpolitik zwischen Deutschland, Frankreich und England nahelegte, um über den deklamatorischen Anspruch Mussolinis auf das Mittelmeer als Mare Nostro realpolitisch hinauszugelangen[4]. Immer wieder beschwor der Duce, daß Italiens Zukunft, durch Geschichte und Geographie bestimmt, im Süden läge und das Mittelmeer für die Briten nur eine Straße, für Italien aber das Leben sei[5].

Indessen hielt Frankreich an der nordafrikanischen Gegenküste eine für den Duce machtvolle Position inne, und *noch gefährlicher* war Großbritannien, das mit Malta, Suez und Gibraltar die Blutpumpen des mediterranen Lebensraumes kontrollierte und im Bedarfsfall die Türkei und Griechenland gegen Italiens Ausgriff ins östliche Mittelmeer mobilisieren konnte[6]. Italiens Generalziel, von einer belächelten und formalen zu einer realen und respektierten Großmacht aufzusteigen, verlangte deshalb, mit chamäleonhafter Raffinesse das deutsche Problem den Briten und Franzosen so in die Hände zu spielen, daß Italien davon eine Entlastung im Mittelmeer erhoffen konnte, ja die Chance erhielt, beim Einwerben in eine antideutsche Riegelpolitik die gewinnbringende Rolle eines Züngleins an der Waage zu spielen.

Das Gefährliche dieses Maskenspiels bestand jedoch umgekehrt darin, daß Hitlers in Rom sattsam bekannte liebedienerische Drohgebärden gegenüber London über das Flottenabkommen von 1935 hinaus erfolgreich sein könnten und die Briten den Preis für die anti-italienische deutsche Korsettstange mit der Hinnahme des Anschlusses Österreichs bezahlen sowie den Brenner zur deutsch-italienischen Grenze machen würden. Umgekehrt war Italien als Flankenhelfer gegen Hitlers Expansionismus für die Westmächte wertvoll genug, um von ihnen für Rom kolonialpolitische Zugeständnisse zu erzwingen, die zugleich die Machtverhältnisse im Kerngebiet Europas nicht zum Nachteil Italiens entscheidend berühren sollten. Entsprechend pokerte Mussolini mit der Eroberung Abessiniens und der damit endlich erzielten kolonialen Saturiertheit Italiens erfolgreich. Dies freilich nur scheinbar, wie die Entwicklung bald zeigen sollte.

Das bis dahin größte Kolonialunternehmen der Geschichte war im Mai 1936 zwar militärisch in Afrika, nicht jedoch politisch in Europa abgeschlossen. Die neurotische Sanktionspolitik des Völkerbundes gegen Rom während des Abessinienkonflikts, der durch Englands militärische Zurückhaltung im Mittelmeer gesteigerte italienische Appetit, der losbrandende Spanische Bürgerkrieg als Schicksalsprüfung für die gestandenen Demokratien einerseits und die faschistischen wie bolschewistischen »jungen« Interventionsmächte andererseits heizten das Mittelmeer so stark zur Konfliktregion auf, daß der Duce zunehmend Anlehnung an Deutschland suchen mußte. Dies gewiß nicht aus Neigung aufgrund einer ähnlichen Herrschaftsstruktur, sondern weil Italiens und Deutschlands Großziele mit Ausnahme des Südtirol- und Österreichproblems keine ähnlichen substanziellen Reibungszonen hatten, wie sie die Primatfrage im Mittelmeer verkörperte, wo Frankreich und Großbritannien die völkerrechtliche Anerkennung des neuen »Impero« zunächst verweigerten.

Um für den Schutz Österreichs die einstige Stresafront vom April 1935 notfalls reaktivieren zu können, wollte sich der Duce in seiner Deutschlandpolitik der englisch-französischen Trumpfkarte zwar nicht begeben, aber dennoch gleichwohl für seine Mittelmeerpolitik das Erstarken Deutschlands gegen die Konkurrenten Frankreich und England ins Spiel bringen. Als eine konstruktive Verknüpfung dieser widerstreitenden Interessenfelder nicht gelingen wollte, versuchte Mussolini dieses Unvermögen wiederum einerseits durch spektakuläre Demonstrationen italienischer Stärke und Entschlossenheit zu überblenden und andererseits für das ungelöste Problem einen größeren Bewegungsspielraum zu schaffen, indem er taktisch auf lukrative *Verbindungen ohne tatsächliche Verpflichtungen* lossteuerte. Oder anders: Mit der Deklaration der deutsch-italienischen »Achse« im November 1936 hatte sich die Außenpolitik Roms nicht unter ein klares Bekenntnis gestellt. Trotz allen rhetorischen Aufwandes der Achsenpropaganda bestand das Ergebnis des Abessinienkrieges substantiell weit weniger in einem deutsch-italienischen Bündnis als im Zerwürfnis Roms mit den Westmächten. Daß ihnen gegenüber gleichwohl die Politik des Lockens und Drohens fortgesetzt werden mußte, ergab sich für den Duce aus der nüchternen Analyse der Machtverhältnisse: Ohne Rückenstärkung durch Hitler konnte Mussolini nicht gegen den Westen offensiv werden, ohne Rückendekkung durch den Westen konnte Italien die Deutschen nicht zum Stillhalten zwingen und im Falle einer deutsch-englischen Verständigung wäre Italien gar von Norden und Süden her zugleich erpreßbar geworden. Ohne es sich eingestehen zu wollen, konnte Italien ab 1937 nur noch Aktivitäten innerhalb einer Sackgasse entwickeln, aus der Entkommen nur möglich schien, wenn man sich in das Schlepptau von einer der miteinander konkurrierenden Mächte Deutschland oder England begab und auf Chancen hoffte, die im dunklen Schoß der Zukunft vielleicht verborgen sein mochten.

Diese in der Tat magere Perspektive zu akzeptieren, ließen weder Stolz noch Ehrgeiz der faschistischen Führung zu. Sie spekulierte auf Zeit, indem sie Berlin und London heimlich gegeneinander hetzte und zugleich die Vormächte großspurig zu politischen joint ventures einlud. So rief Außenminister Graf Ciano am 13. Mai 1937 vor der Abgeordnetenkammer aus, daß die Achse »kein Block« und »kein Trennungsstrich« sei. Am »Parallelismus der Politik« zwischen Italien und Deutschland könnten sich auch andere beteiligen. Das Gentlemen's Agreement vom Januar 1937 mit London über die paritätische Stellung im Mittelmeer erwähnte Ciano positiv, die dennoch erfolgte Abkühlung der Beziehungen infolge der Entwicklungen in Spanien und wohl auch der britischen Aufrüstung wurde nur recht vorsichtig angesprochen. Frankreich traf heftige Kritik, weil es den italienischen König nicht als Kaiser des »Impero« anerkenne, aber zugleich wurden die scharfen Worte mit dem Vorschlag der Wiedereinsetzung des Locarno-Paktes verzuckert. Tändelnd in imperialer Gebärde, kamen Cianos Deklamationen wie in prachtvoller Robe daher, darunter die dürre Tatsache höchst bescheidener Machtfülle verbergend[7].

Sie zeigte sich erneut – und nun noch offensichtlicher – in den das Jahr 1938 beherrschenden »Anschluß«- und »Sudeten«-Krisen. Das Mittelmeer als neues imperiales Gravitationszentrum des faschistischen Italien, die Sicherung des keineswegs befriedeten Äthiopien, die zunehmend auf englische Initiative folgende handelspolitische Boykottierung im Mittelmeer (»der weiße Krieg«, Mussolini), dazu Londons Forderung nach Abzug der italienischen Interventionstruppen aus Spanien führten bei Mussolini zu einer antidemokratischen Verhärtung[8]. Zugleich mußte er erkennen, daß er allein den Anschluß Österreichs nicht verhindern konnte und auch sein Versuch, mit einer engeren Verbindung Italiens mit Jugoslawien, Ungarn und Rumänien einen antideutschen Gegendruck zu erzeugen, letztlich nichts einbrachte. Einen Tag nach Hitlers triumphalem Einzug in Wien notierte Ciano in seinem Tagebuch, daß die Freundschaft zu Deutschland eine »vielleicht drückende, aber reelle schicksalhafte Notwendigkeit« sei[9]. Doch solche Einsicht verband sich zugleich mit trotziger Selbstbehauptung. Sollten nämlich die Südtiroler, angestachelt durch den Anschluß, weiterhin aufmüpfiger werden, könne die Achse von einem Augenblick zum anderen auffliegen, hielt Ciano wütend im Tagebuch fest[10].

Der Druck auf den Brenner mußte für Italien zu einer Politik führen, die, so sorgte sich Mussolini, in den Augen der Welt einem Canossagang nach London gleichkäme, was aber aus Prestigegründen unannehmbar war. Folglich machte man in Rom gute Miene zu Hitlers Überrumpelungs-Coup und sanktionierte die Ohrfeige aus Berlin mit großem Verständnis in der Presse, obgleich intern Ciano die Deutschen »als hartnäckige Lügner« ohne Loyalität bezeichnete.

Die offiziöse prodeutsche Einstellung der italienischen Medien brachte wiederum den Westen aus Furcht vor einer weiteren deutsch-italienischen Zusammenarbeit in Zugzwang: Am 16. April erkannte London deshalb feierlich das »Impero« an und zugleich die Gleichberechtigung Italiens im Mittelmeer – was sich indes bald nicht als Konfliktbeilegung, sondern lediglich als retardierendes Moment im Pathos eines bellizistischen Vernunftverfalls erweisen sollte.

Durch eine von London inszenierte, verdeckte anti-italienische Politik der ans Mittelmeer angrenzenden Balkanländer, durch britische Überwachung und Kontrolle des Seeverkehrs wurde das Mare Nostro für Italien zunehmend zum Käfig mit den verhaßten Wachposten namens Gibraltar und Suez, wo der Kanal die Zentralverbindung Italiens zur Kolonie Abessinien darstellte, gegen die im Extremfall Frankreich via Dschibuti operieren konnte. Auf Italien selbst drückte vom Norden her Deutschland nach der Zerschlagung der Tschechoslowakei noch stärker, so daß sich die italienische Kompensationsbegier fast automatisch auf Albanien richtete, welches der Duce einkassieren wollte und zugleich wieder ein Unternehmen bedeutete, das des diplomatischen Flankenschutzes bedurfte[11].

Ihn erwartete Mussolini inzwischen nicht mehr von den alten, nur zu Mißtrauen veranlassenden Demokratien. Nach Roosevelts Quarantäne-Rede am 5. Oktober 1937, nach Italiens Beitritt zum deutsch-japanischen Antikominternpakt (6. November 1937) und seinem Austritt aus dem Völkerbund fünf Tage später, schien die Begegnung im Mai 1938 zwischen Duce und Führer, zumal letzterer zur Jahreswende 1937/38 seine Englandpolitik als gescheitert hatte ansehen müssen, eine neue, eindeutige Epoche einzuleiten gemäß dem Wort Mussolinis vom 9. Mai: »Nun kann uns keine Macht mehr trennen.«[12]

Unterpfand dieser perspektivischen Kehre schien vor allem die Rassimuskampagne zu werden, die der Duce im Sommer 1938 losbrechen ließ. Bis dahin hatte sich Mussolini gegenüber dem »teutonisch-atlantischen Rassenkult« verächtlich gezeigt[13], nun freute man sich in Berlin voller Genugtuung über den Kurswechsel. Indessen war dem Duce nicht an einer Liquidierung der italienischen Juden gelegen, sondern an der Heranzüchtung einer rassebewußten Elite. Die Diskriminierung richtete sich gegen den »Bastardismus« vor allem in den Kolonien; dies in Verschärfung des Konkubinatverbotes gegenüber Farbigen (9. Januar 1937). Die antijüdischen Gesetze zielten auf *divorce* (Trennung). Bis zum 8. September 1943 wurde, auch bei aller Härte lokaler antijüdischer Maßnahmen, kein einziger Jude getötet[14].

Gleichwohl bedeutete die Rassismuskampagne eine Warnung an den Westen, daß sich Italien noch stärker den Deutschen zuwenden könne, wenn man Italiens Position einfrieren oder gar beschneiden wollte.

III. Chancen ohne Alternativen

Die internationale Entwicklung im Herbst 1938 machte der italienischen Führung indessen klar, daß man langfristig von einem Zusammengehen mit dem Westen oder von einer Allianz mit Hitler nichts als Unsicherheit und große Fragezeichen ableiten durfte, kurzfristig hingegen die Gesamtentwicklung empfahl, auf die deutsche Karte zu setzen. In der Sudetenfrage hatte sich 1938 für Italiens Führung zweifelsfrei die Entschlossenheit Hitlers zum Krieg gegen die ČSR gezeigt. Zugleich war offenbar geworden, daß aufgrund der jeweiligen nationalen Eigeninteressen die Westmächte wegen der Sudeten nicht in einen Krieg gegen Hitler eintreten würden. Dies mußte auch die Appetitsperre Roms lockern, zumal Mussolini seit dem Abessinienabenteuer im Oktober 1935 die großen Demokratien auf dem Rückzug sah, während inzwischen Deutschland die größte Militärmacht auf dem Kontinent darstellte und entsprechend in einer *Parallelpolitik* zu Hitler Italiens Beutechancen größer sein mochten als an der Seite der Westmächte, den ewigen Konkurrenten im Mittelmeer. Von daher war es verstehbar, daß Mussolini noch vier Tage vor der Münchner Konferenz an der Seite Hitlers in den Krieg eintreten wollte. Doch in dieser Phase widerstand die politische Rationalität des Staatsmannes noch der Droge aktionistischer Selbstultimaten als Ersatz für Strategieverlust, d. h. Mussolini ließ sich, um für Italien die Position vorbehaltener Stellungnahmen zurückzugewinnen, für das Arrangement von München einspannen. Geschmeichelt von Englands und Amerikas Bitte um Vermittlung war der Duce in die bayrische Hauptstadt gereist, hatte sich anschließend am 30. September auf dem Balkon des Palazzo Venezia als Friedensretter feiern lassen, um dann ernüchtert festzustellen, daß der Unruhestifter im Norden mit seinem brutalen Vorgehen den Westen abermals düpiert hatte und es sich somit für Italiens Außenpolitik empfahl, im Windschatten deutscher Politik den eigenen Prestigehunger zu stillen, zumal Roms Ziele nicht mit den deutschen, die auf Osteuropa ausgerichtet blieben, kollidierten. Mag es auch paradox klingen, so war Mussolini doch bestrebt, durch eine engere Anlehnung an Berlin eine größere Unabhängigkeit für Italien zu erwirken.

Diese Maxime wurde auch nicht verspielt durch den Stahlpakt vom 22. Mai 1939, obgleich im Artikel III die höchst ungewöhnliche Verpflichtung der beiden Vertragspartner zum Ausdruck gebracht wurde, daß, falls einer von ihnen in kriegerische Verwicklungen mit einer anderen Macht gerate, der Bundesgenosse »mit allen seinen militärischen Kräften« zu Hilfe kommen müsse. Hatte sich damit Italien »endgültig Deutschland verschrieben«, wie Hitlers Chefdolmetscher Schmidt meinte?[15] Zunächst einmal war dieser Pakt für Italien ein akzeptables Drohinstrument gegenüber dem Westen, d. h. ein Abwehrschirm, hinter dem die Aufrüstung fortgeführt, die inzwischen erfolgte Penetration Albaniens verstärkt und die materiellen Verluste des Abessinien- und Spanienunternehmens ausgeglichen werden konnten.

Nachdem Franco am 27. März 1939 dem Antikomintern-Pakt beigetreten war, schien großer Profit in Aussicht gestellt. Jedenfalls wurde der Welt gezeigt, »daß das Gesetz des Handelns in Europa offensichtlich bei den »Achsenmächten« lag«[16]. Mit dem Stahlpakt setzte man in Rom auf Zeitgewinn und eine Erholungsphase, war doch der Vertrag »als erste Periode seiner Gültigkeit auf zehn Jahre festgesetzt« (Art. VII) worden, und Ribbentrop hatte bei der Vertragsunterzeichnung, wie Ciano im Tagebuch am 21. Mai festhielt, vertraulich Deutschlands Interesse an »der Sicherung einer langen – wenigstens dreijährigen – Friedenszeit«[17] formuliert.

Doch Roms Hoffnung auf eine Ruhe- und Konsolidierungspause wurde von Hitler rasch zerstört. Am 12./13. August informierte er Außenminister Ciano in Berchtesgaden von seinem bevorstehenden Angriff auf Polen[18]. Ciano kehrte, wie er seinem Tagebuch anvertraute, »angeekelt von Deutschland, von seinen Führern, von seiner Handlungsweise« zurück. »Sie haben uns betrogen und belogen. Und heute sind sie im Begriff, uns in ein Abenteuer hineinzureißen, das wir nicht gewollt haben und das das Regime und das Land gefährdet.« Aufgrund der deutschen Täuschung habe Italien »die Hände frei« und das Recht, die Kriegsteilnahme zu verweigern.

Mussolini beurteilt zwei Tage später, am 15. August 1939, die Lage bereits differenzierter: Falls die westlichen Demokratien aufgrund des ultimativen Drucks von seiten Hitlers doch noch einlenkten, »wäre es für uns nicht vorteilhaft, uns mit Deutschland zu überwerfen, da auch wir unseren Teil an der Beute bekommen müssen. Wir müssen also eine Lösung finden, die erlaubt:

a) wenn die Demokratien angreifen, uns ›ehrenvoll‹ von den Deutschen zu lösen,
b) wenn die Demokratien einlenken, die Gelegenheit zu benützen, um ein für allemal die Rechnung mit Belgrad zu begleichen«[19].

Doch bevor man die Lösung in Richtung b) anstreben konnte, hatte Rom den nächsten Überraschungsschlag Hitlers, nämlich den deutsch-sowjetischen Pakt vom 23. August zu verdauen, dessen Konsequenz eines unmittelbaren deutschen Angriffs auf Polen und einer kriegerischen Reaktion des Westens darauf Italien in eine »sehr ernste Lage« (Ciano) brächte, da es erst »in drei Jahren« kriegsbereit sein könne[20].

Versicherungen aus Berlin, daß der Konflikt um Danzig/Polen lokalisiert bliebe, beruhigten Rom ebensowenig wie Deutschlands Ersuchen, Italien möge seine Absicht, zunächst neutral zu bleiben, wenigstens nicht nach London durchsickern lassen. Da parallel zu seinem Paktieren mit Stalin Hitler den Engländern weiterhin Avancen machte[21], was in Rom nicht verborgen blieb, versuchte Ciano mit Mussolinis Einverständnis gleichsam in letzter Minute einen Friedensanker zu werfen, um nicht vor den deutschen Taifun getrieben zu werden. Am 27. August verdeckt, am 31. August ganz offen versuchte Ciano gegenüber dem britischen Botschafter in Rom,

Percy Loraine, Italien am Massiv des Status quo festzuschmieden, aus dem die Lava brach: »Habt Ihr denn noch nicht begriffen, daß wir niemals einen Krieg gegen Euch und gegen Frankreich auslösen werden?«, eiferte Ciano gegenüber Loraine. Doch auch er konnte nicht mehr verhindern, daß die Sturmglocke des Krieges für Italien läutete[22].

Es galt, die Ausweglosigkeit möglichst profitabel zu gestalten, und in Rom wurde für Berlin eine Wunschliste von Hilfsgütern gefertigt, deren Ausmaß laut Ciano einen Stier töten würde, wenn der lesen könnte[23].

Hitlers Reaktion beruhigte und bewirkte zugleich höchste Erregung. Denn Berlin teilte mit, mit einer neutralen, freundschaftlichen Haltung des Duce zufrieden zu sein. Hitler könne nicht nur Polen, sondern anschließend auch Frankreich und England allein schlagen – eine freilich düstere Konsequenz für Rom, das sich im Falle des deutschen Erfolgs dem Wohlwollen Hitlers ausgeliefert sehen mußte.

Anfang Juni 1940 schien Hitler seine Ankündigung zumindest Frankreich betreffend wahrmachen zu können. Der Alptraum einer deutschen Herrschaft von Paris bis Warschau verlangte das Ende der non belligeranza-Theatralik und zur notwendigen innenpolitischen Selbstbestätigung die Demonstration der faschistischen Offensivkraft. Im Grunde erfolgte der Kriegseintritt Italiens am 10. Juni lediglich, um aus der von Hitler erlegten Beute ein Stück herauszuschneiden – ein »Wagnis« im übrigen, das sich mit der Hoffnung verband, England würde nach Frankreichs Niederlage zur Verständigung bereit sein und die italienische Faustpfandpolitik hoch verzinsen, auf die sich unter der außenpolitischen Dynamik Deutschlands das imperiale Streben Roms praktisch verkürzt hatte.

Künftige Alleingänge Roms sollten die Tatsache des italienischen Satellitenstatus im Achsenbündnis verschleiern, aber das Scheitern dieser Alleingänge profilierte den Satellitenstatus geradezu mehr und mehr. Am Ende bestätigte sich das hellsichtige Wort des polnischen Botschafters in Berlin, Lipski, zu Carl. J. Burckhardt: »Im Kriegsfall ist Italien auf jeden Fall verloren, sowohl wenn Deutschland den Krieg gewinnt, als wenn die anderen Sieger sind.«[24]

Daß ein starkes subjektives Moment Mussolinis eine fintenreiche Neutralitätspolitik Italiens neben anderen, gleich zu erläuternden Gründen mit verhinderte, ist an dieser Stelle zu betonen. Mussolinis staatsmännische Klugheit und Vorsicht wurden zusehends überformt durch faschistisches Kämpferpathos. Die Angst, von der Welt belächelt zu werden, nur Zweiter neben Hitler zu sein, trieb ihn um. Immer wieder stellte Ciano fest, wie der Begriff der militärischen Ehre, wie das Zerrbild von Italien als schlapper Verräternation und die ganze Virilitätsästhetik der Diktatoren-Kumpanei den kalten Opportunismus des Duce blockierten, ihn vom Treiber zum Getriebenen machten[25]. Dies möglicherweise im trotzigen Bewußtsein, daß eine traditionelle italienische Außenpolitik die faschistische Originalität denunziert hätte und somit die Ausweglosigkeit zumindest heldisch zu gestalten war. Denn: Was wären die Konsequenzen gewesen, wenn der Duce auf seinem Platz am Fenster der Weltpolitik verblieben wäre?

1. Ein Zusammengehen mit dem Westen hätte die Bejahung der deutschen Niederlage bedeutet – und damit für Rom im Prinzip die Neuauflage der Situation von 1919/20: die Auslieferung des italienischen Großmachtanspruchs an den guten Willen Englands und Frankreichs. Beide hatten aber schon einmal Rom um die Beute deutscher Kolonien betrogen, mit deren Zusprechung man 1915 Italien in den Krieg gelockt hatte.
2. Eine Neutralität, wie sie dann Franco oder Salazar betrieben, wäre zumindest Verrat am Geist der »Achse« gewesen, hätte Hitlers strategische Position nicht geschwächt und

im Falle seines Sieges über den Westen Italiens Unabhängigkeit zur Disposition gestellt. Bei einer deutschen Niederlage wäre die erste Alternative vielleicht wirksam geworden, zumindest hätte Italien seine Mittelmeerposition zurückstutzen lassen müssen, was wohl den Kern des faschistischen Herrschaftssystems zersprengt hätte.
3. *Mit* Hitler zu gehen, bot vielleicht mittelfristig, d. h. zu Lebzeiten der »befreundeten« Diktatoren, die größte Chance zur Beeinflussung Hitlers im Sinne eines für Italien abzusichernden Aktionsraumes. Durch Flächen- und Ressourcenzugewinn ließ sich für den Eventualfall eines Konflikts mit dem Reich zwischenzeitlich die eigene Position ausbauen und damit ein Angriff für die deutsche Führung nicht ganz risikolos gestalten, wenn man auch *grundsätzlich* Hitlers Gunst ausgeliefert blieb. Der Duce versuchte offensichtlich, sich zwischen diesen drei Möglichkeiten hindurchzulavieren, ohne dabei sein innenpolitisches Prestige aufs Spiel zu setzen. Die Weigerung, sich mit *einer* Entscheidung unter die Vergesetzlichung seiner Außenpolitik zu begeben, zerstörte sein Herrschaftssystem wohl mit größerer Zwangsläufigkeit als jede andere Option.

Das letzte Mal vor seiner Verhaftung traf der Duce Hitler am 19. Juli 1943 in Treviso und mußte sich einen langen Vortrag über Kriegsführung und Kampfmoral anhören. Feldmarschall von Richthofen notierte dazu: »Außer dem Duce versteht keiner ein Wort. Ambrosio (ital. Generalstabchef – d. Verf.) stellt hinterher grinsend fest, es wäre kein ›Colloquio‹ gewesen, sondern ein ›Disloquio‹.«[26]

IV. Fazit und Rückblick

»Disloquio« war das Wesensmerkmal der »Achse«. Das Ringen Mussolinis um eine Synthese aus Kalkül und Dogma, aus Interessen und Passionen geriet so stark unter die faszinierende Dynamik des Dritten Reiches, daß nur durch ein Zusammengehen mit Hitler die Selbständigkeit des faschistischen Italiens erhaltbar schien. Von dieser Paradoxie befreite sich das Land 1943, um zum Kriegsschauplatz zwischen westlicher Demokratie und deutscher Diktatur zu werden. Die Vorbedingung dafür hatte der Duce selber geschaffen, indem er mit seinem Angriff auf Abessinien im Herbst 1935 Hitler aus der Isolation der Stresafront befreite, die Rheinlandbesetzung ermöglichte und durch eine Pendelpolitik, die sich unterschiedlich schwingend im Appeasement der Westmächte fortsetzte, die NS-Diktatur erfolgreich aus der Risikozone der Jahre 1933 bis 1937 erlöste. Bald geblendet durch die Erfolge seines vermeintlichen Meisterschülers wurde Hitler dem Duce zum Schicksal – und dies auch umgekehrt, denn Mussolinis eigensüchtiges Aufreißen der Balkanfront verlängerte nicht nur Hitlers Weg zum Sieg, sondern ließ aufgrund der aufgezwungenen Umwegstrategie deutsche Stoßkraft in Regionen verrinnen, die in Hitlers Blitzkriegskonzept so gar nicht vorgesehen waren[27].

Einerseits zerstörte Hitlers Erfolgsdruck Mussolinis politisches Kalkül, trieb ihn in selbstzerstörende Ruhelosigkeit und dann in einen Parallelkrieg, obgleich ihm seine oberste Militärführung Italiens Unfähigkeit zum gleichzeitigen Kampf gegen England und Frankreich ungeschminkt verdeutlicht hatte. Andererseits zwangen die nachteiligen Folgen des italienischen Alleinganges Hitler dazu, im Süden die Einbruchstellen abzudichten. Konkret bedeutete dies eine Zersplitterung der ohnehin schwachen deutschen U-Bootwaffe bei ihrer Geleitzugbekämpfung im Atlantik, um im Mittelmeer Italiens ramponierte Position zu stärken. Dies geschah im übrigen mit solcher, die italienische Marine beschämenden Erfolgswucht, daß, wie der Oberbefehlshaber der feindlichen Seestreitkräfte Mittelmeer, Admiral Cunnigham, für 1941 eingestand, »wir Rückschläge auf Rückschläge erlitten«. Erst der geknackte Code von »Ultra« brachte hier die Wende. Was aber noch entscheidender war: Die gefährliche Instabilität im Süden zu beheben bedeutete, daß Hitler erst fünf Wochen später als vorgesehen die Feuerwalze gegen die UdSSR losbrechen lassen konnte und seine Armeen nach der Zurückdrängung der Truppen Stalins an ihren eigentlichen Hauptfeind gerieten: Herbstschlamm und Winterkälte[28]. Auch beklagte Hitler später, daß er Mussolinis wegen, d. h. aus Rücksicht auf die Festigkeit der italienischen Kolonialherrschaft, auf den Kriegsschauplätzen in Afrika und Nahost nicht »eine unserer besten Karten« hätte ausspielen können: alle unter französischem Protektorat stehenden Völker für unabhängig zu erklären und einen Aufstand in den von den Briten unterdrückten Gebieten herbeizuführen[29].

Was die Bewertung der Folgen betraf, zeigte sich auch diese vornehmlich geprägt durch ein wechselseitiges Unverständnis der beiden Diktatoren: Mussolini riet dringlichst nach dem gescheiterten Blitzkrieg zu einem Kompromißfrieden mit Stalin, um alle Kraft gemeinsam gegen England zu richten. Der Duce verstand nicht das rassische Antriebsmotiv im Hitlerschen Expansionismus sowie dessen Dimension und noch weniger den damit verbundenen Qualitätssprung vom europäischen »Normalkrieg« zum ideologischen Vernichtungskampf[30].

Umgekehrt wiederum wirkte der staatskluge Ausstieg Italiens aus dem Krieg im Sommer 1943 in höchst ambivalenter Weise auf Deutschland zurück: Die Gefangennahme des Duce, das praktische Ende des Großmachtfaschismus lähmten die Deutschen tagelang vor Entsetzen. Doch dann erneuerte sich rasch das Bild von Italien als der Nation der Feigheit und des Verrats. Die endliche Aussonderung des germanischem Treuegeist so widernatürlichen Bündnispartners führte zu einer innersten deutschen Geschlossenheit, wie man sie nur noch einmal nach dem Attentat vom 20. Juli 1944 erlebte[31].

Ein trotziger heroischer Offensivgeist glomm hervor aus dem triumphalen Stolz, innerhalb von nur vier Tagen (8. bis 12. September) Italiens Schlüsselstellungen handstreichartig besetzt und unter deutsche Kontrolle gebracht zu haben. Voll berstender Genugtuung konnte Berlin die Befreiung Mussolinis durch deutsche Treppen am 12. September als Antwort auf das Waffenstillstandsdiktat der Alliierten vermelden. Bis in den September hinein hatten die Alliierten und Badoglio, zuletzt zur Abschirmung der Verhandlungskontakte[32], den harten Krieg fortgeführt und die Casablanca-Formel der bedingungslosen Kapitulation nicht außer Kraft gesetzt, was nach Meinung Berlins auf einen Haßfrieden hindeutete. Erklärtes Ziel der Alliierten sei, schrieb etwa das »Schwarze Korps«, die Auslöschung der italienischen Nation als eines machtvollen Organismus, aus dem wohl wieder ein Italien »der Hoteldiener und Straßenbettler« werden solle. »Wehe den Besiegten!« hieß dies an die italienische, vor allem aber an die eigene deutsche Adresse gerichtet[33].

Als dann gar der einstige Achsenpartner am 13. Oktober 1943 Deutschland den Krieg erklärte, kannte die deutsche Propaganda bei der Verhöhnung der italienischen Truppen als amerikanische Söldlinge keine Schamgrenze mehr, während es dem einsamen Mussolini am Gardasee nur noch verblieb, für seine »Republik« die modernste Sozialgesetzgebung der damaligen Zeit einzuführen[34].

Auch in dieser Phase bewies sich die fortdauernde Identitätssperre in einem deutsch-italienischen Kräfteparallelogramm, dessen Diagonale von Anbeginn aus Eigensucht, materieller Vorteilssuche und Propagandabombast bestand, wie abschließend ein kurzer Blick zurück auf die Vorgeschichte des Bündnisses aus italienischer Perspektive verdeutlicht: Vom Oktober 1922 bis 1929 speiste sich der Erfolg des Faschismus aus der scheinbaren bzw. tatsächlichen Überwindung der ökonomischen Krisen und der öffentlichen Unordnung sowie aus der zumindest offiziösen Versöhnung mit Monarchie und katholischer Kirche[35]. Getreideschlachten, Bodenmeliorationen (Pontinische Sümpfe), neue Industrien und Bauten, dazu die gloriose Brot- und Spiele-Theatralik begründeten Mussolinis Popularität, die aber Anfang der dreißiger Jahre infolge einer allzu harten faschistischen Zugriffsgewalt auf die staatsferne bürgerliche Privatheit und infolge neuer Konflikte mit der Kirche in Fragen des Erziehungswesens schon wieder zu zerbröckeln schien und nun nach leidlicher innerer Pazifizierung und zur Flankierung einer weiteren Faschisierung der Nation in Zukunft zur Triumphsuche auf außenpolitischem Gebiet angetrieben wurde. Nur eine narkotisierende Aufbruchstimmung in Permanenz, nur immer neue Sensationen schienen die mediterrane Nation mit ihren individualistischen Neigungen und multivalenten Strömungen im Klammergriff des Faschismus festhalten zu können. Im Gegensatz zur deutschen Verächtlichkeit für Staatsräson und Kosten-Nutzen-Analysen kam es bezeichnenderweise bereits im März 1943 zu einer Streikbewegung in Norditalien, die bis zu 300 000 Arbeiter umfaßte[36].

Und da das für die Erreichung solcher Ziele Mussolinis seit 1918 zu schwache Deutschland nichts beitragen konnte, ließen die tausendfachen Avancen der deutschen Rechten während der Weimarer Ära den Duce fast völlig kalt – kalt auch weit über den 30. Januar 1933 hinaus[37]. Noch im April 1935 trat der Diktator in Stresa als Wortführer einer antideutschen Containment-Politik auf[38]. Erst die Not des abessinischen Abenteuers drängte ihn an Hitlers Seite und dies dann stärker und stärker aufgrund außenpolitischer Sachzwänge und einer steigenden Verachtung für die Gravitationsgesetze politischer Realität. Einem pomphaften Cäsarismus in vibrierender Fatalität zugetan, wollte der Duce, den Strategieverlust durch martialische Tugenden ersetzend, im Inferno des Untergangs mannhaft groß sein. Und all dies bei sehr frühzeitig aufgenommener Witterung gegen Hitler, den Weltbrandstifter[39].

Als der Duce stürzte, konnte Hitler diesen Sturz als abschreckendes Beispiel noch eine Zeitlang zur Konditionierung der deutschen Diktatur benutzen und als Blendmaterial gegen die Tatsache gebrauchen, daß die wechselseitige Deckung von militärischer Aktion und politischer Sinngebung auch im Reich längst verloren war. Sie war verloren seit Anfang November 1941, als Hitlers Armeen in Rußland gestoppt wurden. Was beide Diktatoren danach verband, verband wie durch die Gitterstäbe zweier benachbarter und doch hermetisch separierter Käfige aus visionärem Autismus hindurch, läßt sich vielleicht aus jenem Monolog von Macbeth deuten, der da lautet:

Ich bin einmal so tief in Blut gestiegen,
Daß, wollt ich nun im Waten stille stehn,
Rückkehr so schwierig wär, als durchzugehn.

Seltsames glüht im Kopf, es will zur Hand
Und muß getan sein, eh noch recht erkannt[40].

Praxis als Prämisse, erst die Tat, dann ihre Begründung, Verachtung für politischen Krämergeist und Ziel-Mittel-Disziplin bildeten ursprünglich die faschistische Doktrin. Sie versagte am Ende vor der Staatsräson, welche dem Politiker abverlangt, »daß er Staat und Gott zugleich im Herzen tragen müsse, um den Dämon, den er doch nicht ganz abschütteln kann, nicht übermächtig werden zu lassen«[41].

Anmerkungen

1 Eine nähere Darstellung der hier in Grundzügen beschriebenen außenpolitischen Bestimmungsfaktoren wurde vom Verf. versucht in: Hitler, Mussolini und die Substanz der ›Achse‹, in: K.D. Bracher/M. Funke/H.A. Jacobsen (Hrsg.), Nationalsozialistische Diktatur 1933–1945. Eine Bilanz (Schriftenreihe der Bundeszentrale für politische Bildung Bd. 192), Bonn 1986; zur totalitären Qualität der Diktatur Mussolinis vgl. den Beitrag des Verf. »Erfahrung und Aktualität des Totalitarismus – Zur definitorischen Sicherung eines umstrittenen Begriffs moderner Herrschaftslehre«, in: Konrad Löw (Hrsg.), Totalitarismus (Schriftenreihe der Gesellschaft für Deutschlandforschung Bd. 23) Berlin 1988, sowie das Kapitel »Hitlers Diktatur als deutsche Version des internationalen Faschismus?« in: Manfred Funke, Starker oder schwacher Diktator? Hitlers Herrschaft und die Deutschen. Ein Essay, Düsseldorf 1989. Die umfänglichste Literatur versammelt die grundlegende Studie von Gerhard Schreiber, Die politische und militärische Entwicklung im Mittelmeerraum 1939/40, in: Gerhard Schreiber/Bernd Stegemann/Detlef Vogel, Der Mittelmeerraum und Südosteuropa. Von der »non belligeranza« Italiens bis zum Kriegseintritt der Vereinigten Staaten (Das Deutsche Reich und der Zweite Weltkrieg Bd. 3), Stuttgart 1984. Weiter von Gerhard Schreiber wichtig: Revisionismus und Weltmachtstreben. Marineführung und deutsch-italienische Beziehungen 1919 bis 1944, Stuttgart 1978. Vgl. als Überblick Rudolf Lill, Geschichte Italiens in der Neuzeit, Darmstadt 1986[3] (vor allem Kap. VII) mit Literaturangaben bis 1986. Unverzichtbar weiterhin: Josef Schröder, Italien im Zweiten Weltkrieg. Eine Bibliographie, München 1978.

2 »Hitler war Staatsoberhaupt, Mussolini nur Regierungschef« (Filippo Anfuso, Die beiden Gefreiten. Ihr Spiel um Deutschland und Italien, München 1952, S. 41). Vgl. M. Funke, Starker oder schwacher Diktator (Anm. 1), S. 165f. Grundlegend als Problemaufriß Klaus Hildebrand, Das Dritte Reich (Oldenbourg Grundriß der Geschichte 17), München 1987[3], S. 144ff. Bes. scharfsichtig Hermann Heller, Europa und der Faschismus, in: Gesammelte Schriften. Zweiter Band, Leiden 1971, S. 463ff.

3 Der Duce zu Außenminister Graf Ciano: »Italien kann gar nicht genug verpreußt werden«, in: Galeazzo Ciano, Tagebücher 1937/1938, Hamburg 1949, Aufzeichnung v. 18. 6. 1938; unter Datum v. 10. 7. 1938: »Die Revolution muß sich nunmehr auch in dem Lebensstil der Italiener durchsetzen. Es ist Zeit, daß sie lernen, weniger ›sympathisch‹ zu sein, um hart, unnachsichtig und hassenswert zu werden. Mit anderen Worten: Herren.« – Zur Organisation der Verstaatlichung des Individuums vgl. den guten allgemeinen Überblick bei Chiellino/Marchio/Rongoni, Italien (Becksche Reihe: Aktuelle Länderkunden 821), München 1989[2], S. 103ff.

4 Vgl. Ferdinand Siebert, Italiens Weg in den Zweiten Weltkrieg, Bonn 1962, S. 288ff.; Gianluca André, Die faschistische Außenpolitik während des Zweiten Weltkrieges, in: Oswald Hauser (Hrsg.), Weltpolitik II 1939–1945. 14 Vorträge. Göttingen 1975. Besonders

gedankenreich jüngst Jens Petersen, Deutschland und Italien 1939 bis 1945, in: Wolfgang Michalka (Hrsg.), Der Zweite Weltkrieg. Analysen, Grundzüge, Forschungsbilanz. München 1989.

5 Vgl. Manfred Funke, Sanktionen und Kanonen. Hitler, Mussolini und der internationale Abessinienkonflikt, Düsseldorf 1971[2], S. 161f.

6 Vgl. Anm. 5, S. 162.

7 Vgl. den Text der Ansprache in: Die Außenpolitik Italiens. Die Rede S. E. Galeazzo Ciano vor der Abgeordnetenkammer am 13. Mai 1937, Rom 1937, S. 16ff.

8 Die wenngleich halbherzigen Sanktionen des Völkerbundes auf Druck Englands und Frankreichs hatten den Duce verbittert. Am 24. 6. 1938 kontert er die inzwischen eingetretene Vereisung gegenüber dem Westen mit der Bemerkung, daß Demokratien feige, häßlich und unbedeutend seien; »ein starkes und heldisches Volk strebt nach der Aristokratie« (24. 6. 1938, G. Ciano Tagebücher [Anm. 3]). Am 11. 7. 38 äußert der Duce Haß auf England, das die Räumung Spaniens von italienischen Truppen verlangt (ebd., S. 193).

9 Ebd., Eintragung v. 13. 3. 1938.

10 Ebd., Eintragung v. 3. 4. 1938, S. 137/138.

11 Paul Schmidt, Statist auf diplomatischer Bühne 1923–1945, Erlebnisse des Chefdolmetschers im Auswärtigen Amt mit den Staatsmännern Europas, Bonn 1952, S. 434; Ciano Tagebücher (Anm. 3), Eintragung v. 28. 4. und v. 30. 4. 1938.

12 Ebd., S. 159. Zum deutsch-italienischen Annäherungsprozeß vgl. Hans-Adolf Jacobsen, Nationalsozialistische Außenpolitik 1933–1938, Frankfurt a. M.–Berlin 1968, S. 427f.

13 Vgl. die antinazistischen Äußerungen des Duce in der Zeit 1934/35 in: Manfred Funke, Sanktionen (Anm. 5), S. 26ff. Vgl. besonders zum Primat des faschistischen Staates gegenüber der NS-Rassenlehre die Dokumentation in: Alfons Fitzek (Hrsg.), Pius XI. und Mussolini, Hitler, Italien. Seine Weltrundschreiben gegen Faschismus, Nationalsozialismus, Kommunismus, Eichstätt 1987, S. 26.

14 Dies nach den Ermittlungen von Mario Toscano, L'emigrazione ebraica italiana dopo il 1938 (unveröffentlichtes Vortragsmanuskript (Juni 1987), Istituto Storico Germanico, Roma, dessen Stellvertr. Direktor Dr. Jens Petersen dem Verf. den Hinweis gab. Vgl. Anti-Semitism, in: Philip V. Cannistraro (Ed.), Historical Dictionary of Fascist Italy, Westport, Conn. 1982, S. 28ff.; vgl. ferner zum Rassenseparatismus die Verbote für Eingeborene in den Kolonien, das italienische Bürgerrecht zu erwerben (»cittadinanza metropolitana«), in: Heinrich Engeli, Die Grundsätze des italienischen Kolonialrechts, Breslau 1941, S. 76ff.

15 Paul Schmidt (Anm. 11), S. 437.

16 Vgl. Klaus Hildebrand, Das Dritte Reich, München 1987[3], S. 41.

17 Galeazzo Ciano, Tagebücher 1939/1940, Hamburg 1949, S. 92 (Eintragung v. 21. 5. 39).

18 Die Eröffnung Hitlers war für Ciano eine »große Überraschung«, die ihn zu Vorwürfen gegenüber Hitler veranlaßte (vgl. Akten zur deutschen auswärtigen Politik, Serie D, Bd. VII, S. 35f.; zit. ADAP).

19 Vgl. Anm. 17 (Eintragung v. 13. und 15. 8. 1939).

20 Ciano zum deutschen Botschafter in Rom, von Mackensen, laut dessen Mitteilung vom 23. 8. an Außenminister Ribbentrop (ADAP, Serie D, Bd. VII, Nr. 227, S. 205).

21 Adolf Hitler am 23. 8. 1939 an den britischen Premier: »Ich habe Zeit meines Lebens für eine deutsch-englische Freundschaft gekämpft, bin aber durch das Verhalten der britischen Diplomatie – wenigstens bisher – von der Zwecklosigkeit eines solchen Versuches überzeugt worden. Wenn sich dies in der Zukunft ändern würde, könnte niemand glücklicher sein als ich.« (ADAP, Serie D, Bd. VII, S. 183).

22 G. Ciano, Tagebücher 1939/40 (Anm. 17), S. 132, 137.

23 Ebd., S. 131.

24 Carl Jacob Burckhardt, Meine Danziger Mission 1937–1939 (Gesammelte Werke, Bd. 3), Bern o. J. S. 315.

25 Vgl. z. B. Cianos Eintragung v. 26. 8. 1939 (Anm. 17), S. 132; vgl. die puerile Großsprecherei im Notentausch der beiden Diktatoren anläßlich des Norwegen-Unternehmens und des Westfeldzuges in ADAP, Serie D, Bd. IX.

26 Zit. nach David Irving, Hitler und seine Feldherren, Frankfurt/M. 1975, S. 498; zur

Erörterung der vorgestellten Alternativen vgl. im Kontext den früheren Aufsatz des Verfassers »Die deutsch-italienischen Beziehungen«, in: Manfred Funke (Hrsg.), Hitler, Deutschland und die Mächte. Materialien zur Außenpolitik des Dritten Reiches, Düsseldorf–Kronberg 1978.

27 Vgl. z. B. Hitlers Äußerungen zum italienischen »Sprung auf den Balkan«, in: Hildegard von Kotze (Hrsg.), Heeresadjutant bei Hitler 1938–1943. Aufzeichnungen des Majors Engel, Stuttgart 1974, S. 45; vgl. insbesondere die Aufzeichnung vom 28. 10. 1940: »Führer tobt, als er vom Angriff Italiens auf Griechenland hört« (S. 88).

28 Vgl. zum Vorstehenden Alberto Santoni, Die Planungen der Achsenmächte im Mittelmeer 1941 und der Einfluß von »Ultra« auf die Operationen, in: Jürgen Rohwer/Eberhard Jäckel (Hrsg.), Kriegswende Dezember 1941. Referate und Diskussionsbeiträge des internationalen historischen Symposiums in Stuttgart vom 17. bis 19. September 1981, Koblenz 1984, S. 149ff. »Die Verschiebung auf den 22. Juni 1941 war die Folge des Balkan-Feldzuges, sie bedeutete den Verlust von fünf Wochen, der sich dann bitter rächen sollte.« (Günther Nitz, Die 292. Infanterie-Division, Berlin 1957, S. 30).

29 Rainer Zitelmann, Hitler. Selbstverständnis eines Revolutionärs, Hamburg 1987, S. 450.

30 Vgl. Josef Schröder, Bestrebungen zur Eliminierung der Ostfront 1941–1943, Göttingen 1985, S. 20ff.; bezeichnend etwa Hitlers Bemerkung v. 28. 11. 1941, »über die Judenfrage sei er mit Mussolini noch nicht viel ins Gespräch gekommen« (Aufzeichnungen des Majors Engel (Anm. 27), S. 116); vgl. bes. Andreas Hillgruber, Hitlers Strategie. Politik und Kriegsführung 1940–1941, München 1982, S. 573ff.; vgl. auch zur Alternative ›Sieg oder Untergang‹ die Aufzeichnung des als Botschafter beim Vatikan bestellten AA-Staatssekretärs vom 2. 5. 1943 (»jeden Hauch eines Friedensgedankens vermeiden«), in: Leonidas E. Hill (Hrsg.), Die Weizsäcker-Papiere 1933–1950, Berlin 1974, S. 377.

31 Belege bei Jens Petersen, Deutschland und der Zusammenbruch des Faschismus in Italien im Sommer 1943, in: Militärgeschichtliche Mitteilungen, (1985) 1, S. 51ff. Weiterhin als Standardwerk gültig: Josef Schröder, Italiens Kriegsaustritt 1943. Die deutschen Gegenmaßnahmen im italienischen Raum: Fall »Alarich« und »Achse«, Göttingen 1969.

32 Vgl. Hellmuth G. Dahms, Die Geschichte des Zweiten Weltkriegs, München 1983, S. 462f. Vgl. bes. Jens Petersen, Sommer 1943, in: Hans Woller (Hrsg.), Italien und die Großmächte 1943–1949, München 1988, S. 29f.

33 Daß man deutscherseits die »Achse« vielfach als widernatürliches Bündnis mit dem »Verräter von 1915« empfunden hatte, bewies vor allem die überaus harte Behandlung der über 600 000 italienischen ›Militärinternierten‹, die nach Badoglios Kapitulation als Gefangene und Zwangsarbeiter in deutschen Gewahrsam genommen wurden, vgl. Gerhard Schreiber, Die italienischen Militärinternierten im deutschen Machtbereich 1943–1945, München 1990; weiterhin Belege bei Jens Petersen (Anm. 31).

34 Vgl. Rudolf Rahn, Ruheloses Leben. Aufzeichnungen und Erinnerungen, Düsseldorf 1949, S. 278f. Vgl. zum Gesamtkomplex Giorgio Bocca, La repubblica di Mussolini, Roma–Bari 1977.

35 Vgl. Renzo de Felice, Die Deutungen des Faschismus, Göttingen 1980, S. 235ff.; vgl. zur integrativen Kraft Mussolinis Michael Funk, Das faschistische Italien im Urteil der »Frankfurter Zeitung« (1920–1933), in: Quellen und Forschungen aus italienischen Archiven und Bibliotheken, 69, 1989, S. 267f.

36 Vgl. Gerhard Schreiber (Anm. 33) S. 574; im Gegensatz dazu der Zwang zum Krieg »in der Ordnung der historischen Dynamik« (Mussolini) und zur zerstörerischen Wirkung der fortgesetzten Neutralität auf das faschistische Herrschaftsgefüge Jens Petersen, Die Stunde der Entscheidung. Das faschistische Italien zwischen Mittelmeerimperium und neutralistischem Niedergang, in: Helmut Altrichter/Josef Becker (Hrsg.), Kriegsausbruch 1939. Beteiligte, Betroffene, Neutrale, München 1989, S. 151/152.

37 Vgl. die substantielle Armut in der Kontaktvielfalt bei Renzo de Felice, Mussolini e Hitler. I rapporti segreti 1922–1933 con documenti inediti, Firenze 1975 (z. B. Hitlers Devotion gegenüber Mussolini, (8. Juni 1931), S. 229.

38 Vgl. Karl Dietrich Bracher, Die deutsche Diktatur. Entstehung, Struktur, Folgen des Nationalsozialismus, Köln 1969, S. 321ff.

39 Bezeichnenderweise suchte Mussolini auf dem Höhepunkt der Abessinienkrise wie auch später einen Bruch mit Großbritannien zu vermeiden (»crisi si, rottura no«) in Renzo de Felice, Mussolini il duce, Bd. III, 1: Gli anni del consenso 1929–1936, Torino 1974, S. 689. Als Gegenkraft jedoch wirksam Mussolinis Eitelkeit und »faschistische Ehrsucht«; vgl. Hermann Graml, Europas Weg in den Krieg, Hitler und die Mächte 1939, München 1990, S. 236f.

40 Zitiert nach Urs Schwarz, Die Angst in der Politik, Düsseldorf 1967, S. 79.

41 Friedrich Meinecke, Die Idee der Staatsräson in der neueren Geschichte, München 1963³, S. 510.

Gerhard L. Weinberg

Globaler Krieg

Die Beziehungen zwischen dem europäischen und pazifischen Kampfraum während des Zweiten Weltkrieges*

I. Japans Verstrickungen

Daß die Erde rund und nicht flach ist, wird allgemein anerkannt. Doch was für die Navigation selbstverständlich ist, wird allzu oft in der Geschichtsschreibung übersehen. Sie betrachtet nacheinander und behandelt entsprechend fälschlich die globalen interdependenten Prozesse wie die Flächen eines Würfels, was zu einer unzulässigen Separierung der politisch-militärischen Wechselbeziehungen zwischen den pazifischen und europäischen Kampfräumen verleitet. Betrachtet man nämlich nur in mechanischer Abfolge den einen Teil der Welt als bloßen Annex des anderen, dann verlieren wir die Fähigkeit zur Gesamtschau – und damit das Verständnis für die globale Dynamik der kriegsentscheidenden Ereignisse.

Gegen solche historiographischen Einseitigkeiten der Urteilsbildung richtet sich die nachfolgende Betrachtung, in welcher mittels ausgewählter Beispiele die strukturellen Zusammenhänge zwischen dem pazifischen und europäischen Aktionsraum an kritischen Punkten aufgezeigt werden. Diese sind

- die Auslösung des großen Krieges im Pazifik mit den gewaltigen Siegen Japans;
- die Möglichkeit eines deutsch-japanischen Treffens im Indischen Ozean;
- die Verhinderung dieses Zusammenwirkens durch die Alliierten;
- das Fehlen einer wirksamen politischen wie militärischen Zusammenarbeit zwischen den »Achsen«-Mächten;
- die europäischen Entwicklungen, die den Kriegsausgang im Pazifik bestimmten und vice versa dessen Einflußnahme auf die Endphase des Kampfes in Europa sowie die Herausbildung der entsprechenden Bestimmungsfaktoren der Nachkriegszeit.

Der Entschluß Japans, seinen Lokalkrieg gegen China zu einem Teil des zwischenzeitlich von Deutschland entfesselten Krieges auszuweiten, erhielt durch die Geschehnisse in Europa seinen entscheidenden Impuls.

In anderen Worten: Ohne die Entwicklung des europäischen Krieges hätte es den großen pazifischen Krieg gar nicht gegeben! Und noch mehr: Die Entwicklung des europäischen Kriegs im einzelnen bestimmte nicht nur den Entschluß Japans zum Angriff, sondern entschied auch über dessen Stoßrichtung, denn der deutsche Sieg über Holland und Frankreich entzog ihren von Japan begehrten südostasiatischen Kolonien den notwendigen Schutz. Zudem bedeutete Englands Wille, den Krieg gegen die auf dem Kontinent siegreichen Deutschen fortzuführen, die Konzentration der militärischen Kräfte auf den Schutz der Britischen Insel selbst sowie der Sicherung der Empireposition im Nahen Osten. Folglich bedeutete dies wiederum eine Japans Appetit reizende machtpolitische Schwächung der bis dahin von den Briten kontrollierten Gebiete in Südostasien bzw. im Südpazifik. Der deutsche Angriff auf die UdSSR gab dazu Moskau den besten Vorwand, am sowjetisch-japanischen Neutralitätspakt vom April 1941 fürs erste festzuhalten; ein Punkt, in dem sich die Japaner von Moskau absichern ließen, bevor sie im Süden losschlugen. Parallel dazu hatte Tokio von Rom und Berlin das Versprechen erhalten, gemeinsam in einen Krieg gegen die Vereinigten Staaten von Amerika einzutreten. Der Ausbruch des großen Krieges im Pazifik war also ein Teil des europäischen Krieges. Der Entschluß zum Kampf fiel in Tokio, weil man eine von Deutschland geschaffene Chance geboten bekam.

Wechselseitige Einflüsse gab es selbst im taktischen Bereich. So wurde der japanische Admiral Yamamoto Isoroku zu seinem Konzept gegen Pearl Harbor durch den britischen Angriff auf die italienische Kriegsflotte im Hafen von Tarent im November 1940 inspiriert[1].

Freilich verloren die Japaner, berauscht von den gewaltigen Anfangssiegen deren Vorbedingung, nämlich die Schwächung des Gegners durch vorausgegangene deutsche Triumphe, zu sehr aus den Augen. Man vertraute der eigenen Kraft und Risikofreudigkeit, sah auf die Europäer herab und überhörte den deutschen Rat, das Hauptziel der »Achse« Berlin-Rom-Tokio im Frühling bzw. Sommer 1942 müsse ein Zusammenwirken der drei Achsenmächte im Indischen Ozean sein.

Die politische Kurzsichtigkeit der Japaner wurde zu dieser Zeit durch drei Faktoren bestimmt. Einmal gab der Ruhm Yamamotos seiner Befürwortung einer Offensive im mittleren Pazifik großes Gewicht. Zum anderen stellte man die beim japanischen Südstoß auftretenden Schwierigkeiten – die Schlacht im Korallenmeer im Mai gehört in diesen Zusammenhang – den noch fortdauernden Siegen in Birma gegenüber. Statt hier jedoch den Angriffsschwung beizubehalten, ließ man sich zum Abzug von Kräften verleiten, die die in anderen Regionen aufgetretenen Verzögerungen des Vormarsches beheben sollten.

Erst Doolittles Luftangriff auf Tokio im April erschütterte das Selbstvertrauen der japanischen Führung. Sie hatte sich vor solchen Aktionen sicher gewähnt, da Moskau versprochen hatte, keinen amerikanischen Flugzeugen Startmöglichkeiten von sibirischen Flughäfen aus zu gewähren. Nun kam der Angriff der Amerikaner zwar mit Landflugzeugen, die aber von einem Flugzeugträger aus gestartet waren. Damit mußte der Inselstützpunkt Midway stärker ins Zentrum der Operationsplanung treten. Anstatt zunächst nach ihrem Sieg im April nahe Ceylon in westliche Richtung weiter vorzustoßen, orientierten sich die Japaner entsprechend stärker in die entgegengesetzte Richtung. Dies führte in der ersten Juni-Woche 1942 zu ihrer ersten großen Niederlage. Sie war das Ergebnis einer folgenreichen strategischen Zielverlagerung.

Die Schwierigkeiten im Sommer 1942, die Japan an den Peripherien seines früh eroberten Reiches bekam, rückten naturgemäß die Rolle der europäischen Verbündeten wieder in den Vordergrund der Überlegungen Tokios. Es ging um den Plan einer »Achsen«-Verbindung durch den Indischen Ozean hindurch, womit das gesamte Nachschubwesen der Westalliierten empfindlich getroffen werden sollte.

Eine solche Kooperation Japans mit Hitler und Mussolini eröffnete eine verheißungsvolle Aussicht auf die Erdölgebiete des Nahen Ostens und auf die Möglichkeit, die südliche Versorgungsstraße zur Sowjetunion abzuschneiden bei gleichzeitiger Sicherstellung der deutsch-japanischen Austauschlieferungen kriegswichtiger Rohstoffe. Bislang war man auf das Glück einzelner Blockadebrecher angewiesen.

Neue Aktualität gewannen damit Überlegungen, die Rom und Berlin in der Vorkriegszeit angestellt hatten bezüglich eines Vorstoßes in den Indischen Ozean von Italienisch-Somalia aus. Solche Träume hatten die Briten mit der Eroberung des ostafrikanischen Kolonialreiches Anfang 1941 zuvor zunichte gemacht, aber im Sommer 1942 bewegte sich Rommels Afrikakorps auf den Suez-Kanal zu. Gleichzeitig eröffnete der neue deutsche Angriff im Südabschnitt der Ostfront die Möglichkeit einer deutschen Expedition über den Kaukasus in den Nahen Osten hinein und dazu noch eines deutschen Vorstoßes durch die Türkei. Hieran knüpften sich Visionen dramatischer weiterer Siege der Achsenmächte und noch größerer Niederlagen der Alliierten.

Wenn wir die Frage stellen, warum die Japaner die im April 1942 so erfolgreich angefangene Offensive im Indischen Ozean nicht wieder aufnahmen, nachdem sie diese Region kurze Zeit zugunsten anderer Frontabschnitte vernachlässigt hatten, können wir den Grund hierfür nicht in den Schwierigkeiten beim Vordringen auf Neu-Guinea finden, denn die dort eingesetzten Kräfte waren sehr klein. Wir können auch nicht einfach die schon erwähnte japanische Niederlage bei Midway zitieren, denn kurz nach dem Verlust von vier Trägern in dieser Schlacht waren der in der Korallenmeer-Schlacht beschädigte Träger und ein weiterer wieder klar zum Gefecht. Das Gros der japanischen Flotte war in den Kämpfen bis zum Sommer 1942 fast überhaupt nicht angeschlagen worden[2]. Man muß deshalb die Augen auf den Feldzug bei den Salomonen-Inseln richten, um den Zusammenhang zu verstehen.

Den lang andauernden blutigen Kampf um Guadalcanal hat man meistens entweder isoliert betrachtet oder höchstens im Zusammenhang mit der amerikanischen Strategie im Pazifik gesehen, d.h. als Japans Antwort auf die erste wirkliche amerikanische Gegenoffensive bewertet. Ich möchte deshalb hier den Versuch machen, diesen Feldzug in den großen Rahmen des Zweiten Weltkrieges anders einzufügen.

Die japanische Reaktion auf die amerikanische Landung auf den Salomonen am 7. August 1942 – eine Landung parallel zu einer japanischen Offensive im Südpazifik – löste eine viermonatige Krise aus, während deren Dauer beide Seiten immer mehr Einheiten in den Kampf warfen, in der Hoffnung, das wankende Kriegsglück endgültig für sich zu wenden. Die Amerikaner wollten nicht ihre erste große Gegenoffensive aufgeben, insbesondere nicht unter Umständen, welche weitere japanische Siege ermöglichen würden. Das kaiserliche Hauptquartier in Tokio hingegen glaubte, alles spreche dafür, die Strategie des eisernen Kampfes an der Peripherie des neuerworbenen Reiches weiter verfolgen zu müssen. Der große Sieg der Japaner ganz am Anfang, in der Seeschlacht bei der Savo Insel in der Nacht vom 8. zum 9. August, nagelte beide Seiten auf ihre Konzepte fest.

Der darauf folgende verzweifelte Kampf zu Lande, auf dem Meer und in der Luft, welcher bis Ende 1942 andauerte, ist zu oft isoliert betrachtet worden. Wenn man an die weiteren Rückwirkungen überhaupt gedacht hat, dann wohl nur insofern, als man darin einen Grund für eine größere Verschiebung amerikanischer Potentiale vom atlantischen zum pazifischen Kriegsschauplatz sah und dies zu Lasten der »Europe first«-Strategie ging. Der Hauptpunkt, um den es sich aber hier handelt, ist, daß Japan durch den Kräfteverbrauch bei Guadalcanal und dann bei den nördlichen Salomonen letztlich entgegen der eigenen Absicht von der Wiederaufnahme einer Offensive im Indischen Ozean abgehalten wurde. Die entsprechende Zusage an die beiden Achsenpartner konnte nicht eingelöst werden, da Japans Flugzeuge und Schiffe langsam aber stetig auf den Grund der zu recht so genannten »Iron Bottom Bay« vor der Küste von Guadalcanal versanken. Die Vernichtung dieser Kräfte unterband einen weiteren Aufmarsch Japans im Indischen Ozean. Er blieb für die Alliierten nutzbar; auf dem Seeweg vom Indischen Ozean via Rotes Meer nach Ägypten konnte der notwendige Ersatz und Ausgleich für die schweren Verluste herangeschafft werden, die im Sommer 1942 das nur einige Fahrtstunden von Kairo entfernte deutsche Afrikakorps der 8. englischen Armee zugefügt hatte.

Zuvor aber hatten bereits Anfang Mai – während auf der anderen Erdhälfte die Schlacht im Korallenmeer tobte – die Engländer auf Madagaskar landen können, was einen Angriff auf den wichtigsten Marine-Stützpunkt bei Diego Suarez für die Seestreitkräfte der »Achse« so gut wie aussichtslos erscheinen lassen mußte. Auch Tokio konnte aufgrund der oben geschilderten Kräftebindung durch Amerika nicht mehr wirksam dem englischen Gegenstoß nach Japans Angriff auf Ceylon begegnen.

Der Nahe Osten blieb in den Händen der Alliierten, und Anfang 1943, als die Japaner ihre Verteidigungslinie von Guadalcanal zu den nördlichen Salomonen zurückverlegten, war die Schlacht um Nordafrika entschieden, wenngleich noch nicht gänzlich beendet. Zur gleichen Zeit, da die Kämpfe um die Salomonen tobten, gelang es den Sowjetarmeen, das weitere deutsche Vordringen zu stoppen. In Stalingrad und im Kaukasus hielt die Widerstandsfront, während die amerikanische Versorgungsroute über den Iran zur UdSSR hin ausgebaut wurde. Vor allem im Oktober und November 1942 war dieser Weg der wichtigste für die amerikanischen Rüstungslieferungen an die Sowjetunion. Diese brauchte nicht noch eine weitere Front zu verteidigen, sondern erhielt statt dessen etwa ein Viertel der US-Hilfsgüter über den Iran und den Indischen Ozean.

Dies waren aber nicht die einzigen Resultate der Fesselung Japans im Südpazifik. Auch die Hoffnung der Achsenmächte, Englands Herrschaft in Indien zu stürzen, konnte ohne einen Vorstoß Japans nach Westen keine Verwirklichung finden, was wiederum zur Folge hatte, daß den Nationalchinesen nicht ihre Hauptnachschubwege abgeschnitten werden konnten: der sogenannte Hump als Luftbrücke und die Ledo Road als Transportweg. Ihre Benutzung war solange möglich, wie sich Japan von Nordost-Indien, also von der Provinz Assam, nach Süden hin hatte ablenken lassen. Als Tokio 1944 das Versäumnis wettmachen wollte, war es zu spät. Das japanische Heer holte sich eine seiner größten Niederlagen bei Kohima und Imphal.

II. U-Boot-Krieg

Auch in einer gänzlich anderen Perspektive wird die Verzahnung der Aktionsräume zwischen Europa und der Pazifikregion evident: Während z. B. im Jahre 1943 die größte territoriale Frontlinie zwischen den sowjetischen und deutschen Truppen verlief, wurde die Entwicklung auf dem atlantischen Kriegsschauplatz zum bestimmenden Element für die Militärstrategie der Alliierten. Deutsche U-Boot-Erfolge mit ihren steigenden Versenkungsziffern drohten die Beziehungen zwischen Amerika und England zu paralysieren.

Es schien keine Möglichkeit zu geben, den Krieg gegen die Deutschen wirkungsvoll zu führen, wenngleich man auch glaubte, mit ausreichenden Lieferungen die englische Bevölkerung am Leben erhalten zu können. Doch der U-Boot-Krieg wirkte sich auch auf den Kampf an der Ostfront insofern aus, als man dort amerikanische Transportfahrzeuge für die Versorgung mit Lebensmitteln benötigte – alles Dinge, die den Gefahren des deutschen Tonnagekriegs ausgesetzt waren.

Es sollte unter diesen Umständen nicht sonderlich erstaunen, daß die Deutschen alles daran setzten, die Japaner mit ihrer großen U-Boot-Flotte für den Kampf gegen den amerikanischen Nachschub zu gewinnen und zumindest die Transportwege der Alliierten empfindlich zu stören. Warum kam es nicht dazu?

Japan hatte seine U-Boote als Ergänzungswaffe zur Überseeflotte entwickelt. Bevor Yamamoto seinen Pearl-Harbor-Plan bei der japanischen Marineführung hatte durchsetzen können, war es deren Absicht gewesen, die U-Boote gegen eine anmarschierende US-Armada einzusetzen, diese durch Torpedierungen zu schwächen und dann durch die japanische Hauptflotte vernichtend zu schlagen. Nachdem man sich jedoch für Yamamotos Konzeption entschieden hatte, entwickelte man keine neue U-Boot-Strategie, zumal den Japanern auch kaum Zeit dafür verblieb.

Die japanischen U-Boote führten folglich ihren Kampf gegen Kriegsschiffe. Deutsche Ermahnungen, die U-Boote besser für den Handelskrieg einzusetzen, fanden zunächst taube Ohren in Tokio. Doch langsam überzeugte man sich dort von der Zweckmäßigkeit des deutschen Standpunktes. Zuvor hatte Japan schon im April 1942 große Erfolge gegen die alliierte Schiffahrt im Indischen Ozean gehabt, aber trotzdem in diesen Einsätzen im Grunde lediglich eine Fehlverwendung der U-Boot-Waffe gesehen. Als man jetzt jedoch gemeinsam mit den anderen Achsenmächten die Hoffnung auf ein Mattsetzen des Gegners durch den Tonnagekrieg hegte, traten speziell für Japan mächtige Probleme auf. Sie wurden massiv verursacht durch gemeinsame Operationen der amerikanischen Über- und Unterwassereinheiten sowie durch MacArthurs Strategie, die japanischen Garnisonen im Südpazifik gleichsam zu überspringen.

Die somit durch das Vorrücken der Amerikaner und Australier isolierten japanischen Stützpunkte stellte die U-Boot-Führung in Tokio vor ganz neue Aufgaben. Hatten zuvor die japanischen U-Boot-Kommandanten den maritimen Wirtschaftskrieg als unheroisch abgelehnt, so wuchs ihnen nun die gefahrvolle Aufgabe zu, unentdeckt die abgeschnittenen Garnisonen anzulaufen und sie mit Lebensmitteln und Munition zu versorgen.

Um die entsprechende Diversion ihrer U-Boote auszugleichen, erhielten die Japaner ein deutsches U-Boot als Modell für eine neue Baureihe, und im Gegenzug stellte Tokio Stützpunkte für eine kleine deutsche U-Boot-Flottille an der malayischen Küste zur Verfügung. Doch was auch dabei herauskam – es kam zu wenig und zu spät. Der Kampf um die Nachschubrouten im pazifischen wie atlantischen Raum wurde 1943 von den Alliierten gewonnen, und sowohl die Versuche Japans wie auch Deutschlands schlugen fehl, das Blatt nochmals entscheidend zu wenden. Nicht nur die geringeren Machtmittel, sondern auch die unterschiedlichen nationalen Interessen Roms, Berlins und Tokios innerhalb der Dreimächte-Strategie trugen zur Niederlage der »Achse« bei. Denn während z. B. Deutschland im Krieg mit Rußland lag, tat Japan alles, um mit Moskau Frieden zu halten. Höchst verärgert reagierten die Deutschen auf die Tatsache, daß somit der Zufluß amerikanischer Lieferungen nach Rußland via Wladiwostok und andere asiatische wie arktische Häfen überhaupt nicht unterbunden wurde. Ungefähr die Hälfte der für die UdSSR bestimmten Hilfsgüter fuhr an den Geschützrohren der Japaner unangetastet vorbei; und dies in den Jahren, in welchen das deutsche Heer an der Ostfront ausblutete[3]. Immer wieder forderten die Deutschen ihren ostasiatischen Verbündeten auf, diesen Lieferungsstrom zu unterbinden oder wenigstens zu beeinträchtigen, aber die Antwort hieß immer ›nein‹. Die Gegenleistung für das russische Versprechen, daß amerikanische Flugzeuge keine Sowjetflughäfen für die Bombardierung der japanischen Heimatinseln benutzen dürften, war, daß Japan nichts tat, um die Hilfe, die Rußland aus der westlichen Hemisphäre bezog, zu stoppen. Japan hatte das größte Interesse an der sowjetischen Neutralität im pazifischen Krieg und suchte sorgfältig alles zu vermeiden, was den gefährlichen Nachbarn provozieren mochte.

Hingegen wurde den Deutschen aus Tokio mehr oder minder deutlich der Rat erteilt, mit Stalin Frieden zu schließen, um dann mit allen Kräften der »Achse« die wahren Hauptfeinde, nämlich England und die Vereinigten Staaten, niederzuwerfen. Vom Herbst 1941 bis zum Herbst 1944 versuchte Japan deshalb, Hitler zu einem Separatfrieden in Osteuropa zu bewegen. Wobei man auf japanischer Seite mißtrauisch alles belauerte, was auf einen deutschen Separatfrieden mit den Westmächten hindeuten konnte.

Keiner der japanischen Vorschläge an die deutsche Adresse hatte Erfolg. Hitlers Bestehen auf riesigen Gebietsabtretungen Rußlands, die weit über die agrarwirtschaftlich reiche Ukraine hinausgingen, beließ keine ernstliche Möglichkeit zu einem deutsch-sowjetischen Verhandlungsfrieden – trotz mancherlei Anzeichen sowjetischen Interesses an einer solchen Lösung.

III. Verlagerung des Schauplatzes

Auch in der Schlußphase des Krieges gab es wie in den einzelnen Abschnitten zuvor wichtige Wechselwirkungen zwischen dem europäischen und pazifischen Kampfraum. Darauf ist nachfolgend um so stärker unser Augenmerk zu richten, als bislang die »Europe-first«-Strategie der Alliierten zu sehr die gebotene Gesamtbetrachtung der globalen Zusammenhänge dominierte. Folglich wurde z. B. nur unzureichend klar, in welch entscheidender Weise die Schwere des direkten Kampfes gegen Deutschland dazu zwang, auf der pazifischen Prioritätenliste die Öffnung des Landwegs für Lieferungen nach China immer wieder an die letzte Stelle zu rücken. Wenig bekannt ist etwa auch, daß die Invasion an der südfranzösischen Küste im August 1944 praktisch zum Verzicht auf eine geplante Landung an der Küste Birmas zwang. Auch der Zusammenbruch der chinesischen Nationalarmee im Feuer japanischer Offensiven 1943/44 sollte für den weiteren Kampfverlauf, vor allem aber für die Nachkriegszeit, erhebliche Auswirkungen haben.

Es kann nicht oft genug betont werden, daß, während der Krieg in Europa ausglühte, er im Pazifik um so heftiger entbrannte. Eine vergleichende Chronik für das erste Halbjahr 1945 macht dies besonders einsichtig:

Im Januar durchbrach die Rote Armee die deutsche Ostfront und flutete in das Reichsgebiet ein. Im Februar tobte die große Schlacht auf Jro Jima. Im März wurde die Rheinbrücke bei Remagen genommen. Von April bis Juni wurde auf und um Okinawa erbittert gekämpft – die blutigste Schlacht des ganzen pazifischen Krieges. Diese unterschiedliche Entwicklung der Kämpfe in Europa und Ostasien hatte höchst wichtige Folgen für die Zukunft Europas und die dortige amerikanische Politik.

In der Zeit nach 1945 hat es in zwei einander widerstreitenden Schulen sogenannter Revisionisten sehr unterschiedliche Beurteilungen der Schlußphase des Zweiten Weltkriegs gegeben. So behauptete die eine Richtung, daß führende Persönlichkeiten der USA es damals nicht unterlassen hätten, die Interessen Amerikas und die Zukunft Europas an die Russen zu verschenken. Die Gegenrichtung sagte indes von eben diesen Persönlichkeiten, sie seien bemüht gewesen, den Machtzuwachs der Russen einzudämmen, sie einzuschüchtern und ihnen sogar mit Krieg zu drohen. Was auch immer in diesen polemischen Schriften der späten vierziger bzw. fünfziger Jahre hier und der sechziger und siebziger Jahre dort über die politische Geisteshaltung der USA während der Endphase des Krieges zu lesen ist, so sagen sie über die wirklichen Ereignisse der Jahre 1944/45 fast nichts. Denn in dieser Zeit ging es der politischen und militärischen Führung nicht um den einen oder anderen der später angedichteten Kurse, sondern vielmehr um eine ganze Reihe von praktischen Fragen[4]. Man kann dies am ehesten mit dem Begriff des »redeployment« (Umdisposition) verdeutlichen, also mit der unmittelbaren Notwendigkeit, amerikanische Kräfte so schnell als möglich von Europa in den Pazifik zu verlegen.

Die Operation »Olympic«, die Landung auf der zum japanischen Mutterland gehörenden Insel Kiuschu, wurde von Präsident Truman für Juni anberaumt. Nach vorausgegangenen Teiloperationen und der Truppenlandung am 1. November konnte das Unternehmen mit den im Pazifik zuvor bereitgestellten Kräften erfolgreich abgeschlossen werden. Die Hauptoperation »Coronet« hingegen, d. h. die für März 1946 geplante Invasion der japanischen Heimatinsel Honschu, erforderte die Unterstützung durch die noch in Europa gebundenen Einheiten. Entsprechend wurde die amerikanische Erste Armee, die am 6. Juni 1944 in der Normandie gelandet war, am 1. Mai 1945 noch vor der deutschen Kapitulation aus der Hauptkampflinie herausgezogen. Das Armeeoberkommando wurde nach dem Fernen Osten entsandt und am 1. August 1945 in Manila wieder aktiviert: Es sollte eine der an der »Coronet«-Operation beteiligten Armeen führen[5]. Eine Heeresgruppe hatte es auf amerikanischer Seite im pazifischen Krieg bis dahin überhaupt noch nicht gegeben; zum ersten Mal sollten jetzt drei Armeen (inklusive einer British Commonwealth-Abteilung) an einem Feldzug teilnehmen.

Der schnelle Abfluß amerikanischer Militärpotentiale aus Europa im Frühjahr 1945 hatte also zum wenigsten seinen Grund in irgendwelcher Kriegsmüdigkeit. Es ging vielmehr um die angemessene Vorbereitung auf zu erwartende schwerste Kämpfe in Ostasien, auf die die schreckliche Schlacht um Okinawa bereits einen Vorgeschmack gegeben hatte. Folglich war auch die Hilfe der Sowjetunion für den Krieg gegen Japan von allergrößter Wichtigkeit, was vor allem von General MacArthur immer wieder in Washington angemahnt wurde.

Wenn man also die für die amerikanisch-sowjetischen Beziehungen so folgenreiche Entscheidung von Präsident Truman, amerikanische Truppen aus einem sehr großen Gebiet der späteren sowjetischen Besatzungszone (SBZ/DDR) abzuziehen, verstehen will, dann gelingt dies nur unter Würdigung zweier Aspekte:

- die Amerikaner mußten mit Blick auf die bevorstehenden großen Schlußoffensiven Truppen aus Europa in den Pazifik verlegen;
- die Rote Armee sollte japanische Streitkräfte in der Mandschurei einschnüren, während amerikanische Soldaten die japanischen Heimatinseln stürmten.

In dieser Hinsicht ähnelte die Lage Europas 1945 sehr der Situation der Philippinen im Winter 1941/42; der Krieg in Europa hatte den Anlaß zum Krieg im Pazifik gegeben; der Krieg im Pazifik bestimmte in mancher Beziehung die letzten Entwicklungen des Krieges in Europa.

Es sollte aber noch ein weiteres Beispiel für den Einfluß europäischer Ereignisse auf den Fernen Osten geben, denn man stellte sich eine Beendigung des pazifischen Krieges wie eine Wiederholung der Ereignisabläufe nach europäischem Muster vor: Während also die Rote Armee wichtige Teile der japanischen Kräfte an anderer Stelle binden sollte – genau so wie sie dies aus amerikanischer Sicht mit dem deutschen Heer in Europa geschafft hatte –, sollten amerikanische Einheiten zusammen mit Commonwealth-Verbänden in der Bucht von Tokio landen. An dieser gewaltigen Operation sollte dieselbe Armee teilnehmen, die am D-Day (6. Juni 1944) in der Normandie an Land gegangen war. Da keine Aussicht auf eine Einnahme eines unversehrten Hafenbeckens bestand, sollte die Anlandung mittels eines riesigen Mulberrys (ein großer künstlicher Hafen) erfolgen, den man in die Bucht von Tokio ebenso schleppen wollte wie man zuvor zwei dieser Ungetüme über den Ärmel-Kanal gezogen hatte. Doch eine ganz neue Waffe bestimmte schon bald das Zentrum aller Überlegungen.

Deutschlands Initiative hatte es Japan ermöglicht, den pazifischen Krieg zu eröffnen. Nun sollte das Resultat der Sorge vor einer anderen deutschen Initiative die japanische Führung zur Beendigung des Krieges zwingen:

Die Furcht des Westens, Deutschland könne aufgrund seiner wissenschaftlichen und industriellen Kapazität zuerst den Bau einer Atomwaffe schaffen, trieb auf diesem Sektor zum Wettrennen mit Hitler. Auch in der UdSSR und in Japan wurde, wie wir heute wissen, an diesem Problem gearbeitet, doch steckte man dort noch tiefer in den Anfängen. Als Washington im Herbst 1944 sicher sein konnte, daß Deutschland seine Hoffnungen auf andere Waffen setzte, d. h. seine Rohstoffe und technologische Innovation auf die Produktion von Düsenflugzeugen, Langstreckenraketen, selbststeuernden Flugkörpern und neuen U-Booten konzentrierte, zeichnete sich im gleichen Zeitraum für die Amerikaner die Möglichkeit ab, in absehbarer Zeit über einige Atombomben zu verfügen. Im Dezember 1944 konnte man die erste Fertigstellung der Superwaffe für den Sommer 1945 avisieren.

Unterdessen erfolgte zwar die deutsche Kapitulation, aber man wußte in Washington von der eifrigen sowjetischen Spionage und auch davon, daß Japan den deutschen Verbündeten um radioaktive Materialien für eigene Experimente gebeten hatte. Aber während dieser entscheidenden kurzen Zeitspanne hatten faktisch nur die Amerikaner genügend Material zum Bau von Bomben. So ergab sich die Chance, Japan ohne die sonst notwendigen Landungsunternehmen und schweren verlustreichen Kämpfe zum Ausscheiden aus dem Krieg zu zwingen.

Nach Erprobung einer Atombombe warf man die beiden anderen, die man zur Verfügung hatte, über Japan ab. Damit verband sich ein Riesenbluff, der in Tokio die Annahme nähren sollte, der Gegner würde eine beliebig große Stückzahl dieser furchtbaren neuen Waffe bereithalten. Die Schockwirkung sollte Japans Entschluß zum totalen Widerstandskampf hin zur Kapitulationsbereitschaft wandeln. Die Reaktion auf die nukleare Verwüstung spaltete Japans höchste Führung, und erstmals seit 1895 griff der Kaiser persönlich in die Regierungsgeschäfte ein, indem er sich auf die Seite jener stellte, die für die Aufgabe des Kampfes waren.

Als der Krieg in Ostasien endete, sollte auch dieser Sieg der Alliierten, der durch eine eigentlich zum Einsatz gegen Deutschland vorgesehene Waffe herbeigeführt worden war, die großen politischen Entwicklungslinien zwischen der europäischen und pazifischen Hemisphäre über die Nachkriegszeit hinaus wesentlich prägen.

Japans Kapitulation erfolgte *nach* der Rückeroberung der Philippinen und Guams, aber *bevor* die alliierten Truppen nach Französisch-Indochina zurückkehrten. Dort gehörte Ho Chi Minh zu den Gegnern Japans und zu den Verbündeten der USA; er wurde folglich vom Office of Strategic Services (Vorgänger der CIA) unterstützt. Doch hier fängt bereits die Geschichte einer neuen Epoche an, die indes nicht vergessen machen sollte, in welch hohem Maße die Geschehnisse in Europa und Ostasien als Teile eines globalen historischen Prozesses und Gesamtzusammenhangs gesehen werden müssen.

Anmerkungen

* Eine Version dieses Textes wurde zuerst einer Konferenz der German Studies Association vorgetragen. Ich danke der National Endowment for the Humanities und dem William Rand Kenan, Jr., Trust Research Fund der Universität von North Carolina für ihre Unterstützung. Der Beitrag erbringt einige Erkenntnisse aus den Vorarbeiten an einer neuen Geschichte des Zweiten Weltkrieges. Andere sind in meinem Buch »World in the Balance: Behind the Scenes of World War II, Hanover, N. H. 1981« zu finden. Eine umfassende Dokumentation wird in der projektierten Gesamtgeschichte des Krieges zu finden sein.

1 Der Artikel von Hans Lengerer und Sumie Kobler-Edamatsu, Die Entstehung des Operationsplanes für den Angriff auf Pearl Harbor, in: Marine-Rundschau, 78, Nr. 12 vom Dezember 1981, S. 645–55, bringt einige interessante neue Einzelheiten aus japanischen Quellen, ist aber sehr apologetisch und enthält viele Fehler.

2 Der chronologisch angeordneten tabellarischen Liste der japanischen Marineverluste (Japanese Naval and Merchant Shipping Losses during World War II by All Causes), veröffentlicht vom Joint Army-Navy Assessment Committee, Washington, D. C. 1947, zufolge, hatte die japanische Marine bis zur amerikanischen Landung auf den Salomonen außer den vier in der Midway-Schlacht versenkten Flugzeugträgern nur einen schweren Kreuzer, einen kleinen Flugzeugträger, vier Zerstörer, drei alte Zerstörer, eine Fregatte und verschiedene kleinere Kampfschiffe verloren. Auch einige andere Kriegsschiffe waren in den ersten japanischen Operationen beschädigt worden.

3 Das sonst sehr brauchbare Buch von George Alexander Lensen, The Strange Neutrality: Soviet-Japanese Relations during the Second World War, 1941–1945, Tallahassee, Fla. 1972, behandelt dieses Thema kaum.

4 Diese Beurteilung der Ereignisse während der letzten Kriegsmonate in Europa wird langsam in der Literatur anerkannt. Ein Beispiel, welches eine sehr umstrittene Episode behandelt,

ist das Buch von Bradley F. Smith und Elena Agarossi, Operation Sunrise: The Secret Surrender, New York 1979, S. 6f.

5 D. Clayton James in seiner hervorragenden Studie The Years of MacArthur, 1941–1945, Boston 1975, S. 770f. und Anm. 35, zitiert die zweite Version der Weisung für »Coronet« als die endgültige. Ob richtig oder unzutreffend, die in dieser Version vorgesehene Verkleinerung der für »Coronet« bestimmten Heeresgruppe von drei auf zwei Armeen bezog sich auf die Möglichkeit, die in der Okinawa-Schlacht eingesetzte Zehnte Armee nicht an der Landung zu beteiligen. Die von Europa kommende Erste Armee sollte auf jeden Fall zusammen mit der seit Jahren im Pazifik kämpfenden Achten Armee die Landungsoperation durchführen.

CHARLES BURDICK

Deutschland und die Entwicklung der amtlichen amerikanischen Militärgeschichtsforschung (1920–1960)*

Die amtliche Militärgeschichtsforschung in Deutschland geht zeitlich viel weiter zurück als in anderen Ländern. Schon 1817 schuf Preußen eine »Sektion für Kriegsgeschichte« mit einer bald hochangesehenen Publikationsreihe. Andere deutsche Staaten folgten diesem Beispiel und machten die Militärgeschichtsforschung zu einer respektierten Disziplin. Diese Bemühungen beeinflußten militärische »establishments« in der ganzen Welt in bezug auf Ansatz, Zweck und Organisation.

Die Vereinigten Staaten, die erst spät die Bühne der internationalen Politik betraten, zeigten zunächst wenig Interesse für diesen Forschungsbereich. Traditionell hatten die Amerikaner schon immer wenig übrig für offiziöse Darstellungen und Kommentare. Der Bürgerkrieg brachte jedoch einen vorübergehenden Sinneswandel, vor allem auf Seiten der siegreichen Nordstaaten. So beschlossen 1864 die politischen und militärischen Behörden, die »Union Army Records« zu veröffentlichen. Unzulängliche Bearbeitung, steigende Druckkosten und politische Interventionen von interessierter Seite verzögerten jedoch das Projekt erheblich. Gleichwohl wurden zwischen 1880 und 1901 insgesamt 128 Dokumentenbände über den Bürgerkrieg herausgegeben. Wie jedes Werk, das dem Zugriff der verschiedensten Instanzen ausgesetzt ist, war auch dieses Unternehmen nicht frei von Nachlässigkeiten und editorischen Mängeln.

Dennoch erhöhten diese Publikationen das amtliche und öffentliche Interesse an Militärgeschichte. Neben eher sporadischen Aktivitäten des Regierungsapparates waren es jedoch vor allem einzelne Persönlichkeiten, welche für die militärgeschichtliche Forschung richtungsweisend wurden. Hervorzuheben sind besonders Professor Robert Johnson von der Harvard University und Hauptmann Arthur Conger. Sie lieferten die entscheidenden Impulse für den Ausbau der militärgeschichtlichen Forschung in den USA. Ihre neue, ab 1916 erscheinende Zeitschrift »Military Historian und Economist« erweiterte den Interessentenkreis und prägte das akademische Niveau des neuen Fachs. Conger wurde besonders einflußreich, indem er die militärgeschichtliche Forschung als neue Disziplin in die Offiziersausbildung eingliederte[1]. Er stieg zur historiographischen Autorität in den Vereinigten Staaten auf, zugleich aber auch zum wohl umstrittensten Interpreten der deutsch-amerikanischen Beziehungen.

Als die Vereinigten Staaten im April 1917 in den Ersten Weltkrieg eintraten, erschien die wissenschaftliche Erfassung aller militärischen Operationen zweckdienlich. So forderte General John Pershing im September 1917, seinem Stab einen militärgeschichtlich versierten Offizier zuzuteilen. Aufgrund dieser Anregung und verstärkt durch den Druck von Professor Johnson in Washington, D.C., beschloß das War Department im Januar 1918 die Einrichtung einer militärgeschichtlichen Forschungsabteilung. Das Ergebnis war schließlich die Gründung von zwei unabhängigen Forschungsstellen im März 1918. Die eine wurde in Washington, D.C., eingerichtet, während die andere ihren Sitz in Chaumont, Frankreich, erhielt. Die Aufgabenbeschreibung blieb indes vage, mutmaßlich unter dem Druck der kriegerischen Ereignisse und infolge von Neugliederungen innerhalb der Armee. In der Praxis verbrachten die Mitarbeiter der beiden Forschungsstellen den Großteil ihrer Zeit damit, Daten zu sammeln und zu archivieren. Conger, mittlerweile Oberst und für die Arbeit in Chaumont verantwortlich, war jedoch mehr an nachrichtendienstlichen Tätigkeiten interessiert[2].

Da der Forschungsstelle in Frankreich der Rang von »command activities« fehlte, wurde Professor Johnson in den USA zur führenden Figur. Trotz seiner Aversion gegen das Militär half Johnson beim Aufbau eines Archivsystems für die amerikanischen Expeditionsstreitkräfte. Johnson bewirkte, daß Conger die Aufsicht über den Forschungsbereich an Brigadegeneral Oliver Spaulding abtreten mußte. Dieser übernahm das Kommando über die Historische Abteilung am 4. Februar 1919.

Der Wechsel war folgenreich. Spaulding wurde zum maßgeblichen Kopf in der amerikanischen Militärgeschichte für die nächsten drei Jahrzehnte. Seine wichtigste Aufgabe sah er im systematischen Sammeln und Erfassen von Dokumenten. Hingegen war für ihn die Unterweisung der angehenden Offiziere in Kriegsgeschichte zweitrangig.

Im Mai 1919 löste Spaulding die Forschungsstelle in Frankreich auf und kehrte nach Washington zurück. Dort wurde im Zuge der Demobilisierung auch sein Mitarbeiterstab verkleinert[3]. Persönliche Nachteile auf sich nehmend, erarbeitete Spaulding gleichwohl ein ehrgeiziges Programm, dessen Monumentalität an die Edition der Dokumente zum Bürgerkrieg erinnerte.

Parallel dazu versuchte Spaulding, seine Forschungsstelle an möglichst vielen Unternehmen zu beteiligen. So bemühte er sich u. a. darum, einen Verbindungsoffizier mit Fremdsprachenkenntnissen in die französischen und englischen Militärarchive zu entsenden. Dieser sollte dort jene Dokumente ermitteln, welche über die alliierte Kriegsführung größeren Aufschluß geben mochten. Fast gleichzeitig wurde ein Offizier namens Henry Du R. Phelan im War Department vorstellig, der nach sinnvoller Beschäftigung suchte. Er wurde zu Spaulding gebracht, der ihn positiv beurteilte. Außerdem sprach Phelan fließend Französisch. Noch 1919 schickte Spaulding Phelan nach Frankreich[4].

Natürlich mußten auch die Akten der deutschen Seite herangezogen werden, um Verlauf und Ausgang des Krieges zu dokumentieren. Im Oktober 1920 bat Spaulding deshalb den amerikanischen Militärbeobachter in Berlin, Oberstleutnant Edward Davis, um entsprechende Materialbeschaffung. Davis schlug einen Dokumentenaustausch als bessere und sinnvollere Lösung vor. Wenn zum Beispiel »War Plans Division« Kopien der amerikanischen Operationspläne für die St. Mihiel-Offensive zur Verfügung stelle, könnte er die deutschen Stellen um Kopien ihrer Operationsbefehle für die gleiche Offensive bitten. Zwei Monate später schickten die Amerikaner Davis die gewünschten Kopien, und er kam mit deutschen Archivstellen ins Geschäft. Dies inspirierte im Juli 1921 das War Department zur Projektierung einer Gesamtdokumentation des Kriegsgeschehens.

Mit Unterstützung von Spaulding erbat Davis die sofortige Kommandierung eines der deutschen Sprache mächtigen Offiziers nach Berlin. Gleichzeitig ergab sich aus der Größe des ganzen Vorhabens für Spaulding eine bessere materielle und personelle Ausstattung seines Amtsbereichs[5].

Infolge der Bemühungen Spauldings erhielt Oberst Walter Krueger (ein geborener Deutscher, der sich von der Pike hochdiente und später eine Armee im Zweiten Weltkrieg kommandierte) seine Abordnung nach Berlin. Spaulding wies Krueger an, ein Austauschprogramm zu erstellen. Des weiteren sollte er Schreibkräfte anwerben und für das logistisch Notwendige sorgen. Krueger organisierte in Berlin die Arbeitsstelle und stellte ausgezeichntete Verbindungen zu Mertz von Quirnheim, dem Leiter des Reichsarchivs, her.

Im Juni 1922 trat Krueger seinen Posten an Oberst Lewis Sorley ab und verließ Berlin. Letzterer nahm Kruegers Arbeit mit Eifer auf. Er erhielt einen Arbeitsplatz im Reichsarchiv zu Potsdam und etablierte dort sein Programm. Nach einigen Auseinandersetzungen mit den Archivaren vor Ort (unter ihnen waren einige, gegen die Sorley im Krieg gekämpft hatte) erhielt er ein größeres Büro mit zwei Sekretärinnen. Er erstellte einen Arbeitsplan für die Sichtung und Auswahl der Dokumente, richtete einen Kopierdienst ein und beschäftigte für das Abpausen der Landkarten einen Kartographen. Sorley befürchtete, daß seine Tätigkeit zu politischen Zwistigkeiten führen könne, und arbeitete deshalb so schnell als möglich. Einmal pro Woche besuchte er den amerikanischen Militärattaché in Berlin und versorgte ihn mit den angefertigten Kopien zur Übersendung nach Washington[6].

Sorleys Einsatz blieb so erfolgreich, daß das Austauschprogramm auch unter den verschiedenen Nachfolgern des tüchtigen Offiziers fortgesetzt werden konnte. Sie lieferten ca. 2800 Textseiten und 150 kopierte Landkarten nach Washington. Bis 1935 lief alles gut, doch dann bauten die Nationalsozialisten die Archivorganisation um und erschwerten die Kopierarbeit.

Der letzte offizielle U.S.-Vertreter, Major John Ratay, verließ Berlin im April 1938. Doch erst im März 1940 lief ein informelles Arrangement über die Fortsetzung der gemeinsamen Arbeit endgültig aus.

Wie sich herausstellte, war zwischenzeitlich dieses deutsch-amerikanische Programm für die Entwicklung der amtlichen Militärgeschichtsschreibung in den Vereinigten Staaten bedeutsam geworden.

1935 eröffneten die USA ihre »National Archives«. Das War Department erhob Spauldings Büro zur zentralen Verbindungsstelle für die Archive. Gleichzeitig wurde Spaulding zum Vertreter des War Department im »Archives Publication Committee« und zum zuständigen Direktor für sämtliche Übersetzungen im militärischen Bereich ernannt. Dank Spauldings Bemühungen und des Erfolges seines ausländischen Programms überlebte die »Historische Abteilung« die Zeit der politischen und wirtschaftlichen Wirren der dreißiger Jahre[7].

Der Ausbruch des Zweiten Weltkrieges brachte neue Aufgaben mit sich, was auch für Spauldings Arbeitsbereich galt. Zunächst erstellte die Historische Abteilung Chroniken der militärischen Ereignisse und beantwortete Anfragen. Diese Arbeit brachte wenig Anerkennung. Dann kam die Order von Präsident Franklin Roosevelt vom 4. März 1942, der die Vorbereitung einer »genauen und objektiven Darstellung unserer jetzigen Kriegserfahrungen« verlangte. Demgemäß erstellte die

Armee im Juli 1942 ein Programm, wonach jeder größeren militärischen Befehlsstelle ein Team von geschichtskundigen Offizieren zugeteilt werden sollte.

Doch die kleinen Teams hatten in der Praxis wenig Autorität. Die Strapazen des Kampfes und der Vorrang nachrichtendienstlicher Aufklärung machte die Historiker in Uniform oft zu ungeliebten Gästen bei den kämpfenden Einheiten. Obwohl deren Kommandeure die Notwendigkeit dieser Arbeit einsahen, erhielten die Wissenschaftler von den Stäben nur selten Unterstützung. Es fehlte an Durchsetzungsfähigkeit und Akzeptanz[8].

Dies sollte sich ab Mai 1945 gänzlich ändern! Das Ende des Zweiten Weltkrieges führte zur intensiven Suche nach Dokumenten in fast jeder zivilen und militärischen Behörde. Besonders gefragt waren diejenigen Dokumente, die Aufschluß über die deutsche Kriegspolitik und ihre Ziele geben konnten. Die Suche konzentrierte sich jedoch auf mehr nachrichtendienstlich verwertbares Material als auf historische Quellen, was sich für die »historischen Teams« sehr nachteilig erwies, deren Personaldecke ohnehin knapp war. Außerdem wollten viele lieber in die Heimat zurückkehren als nach deutschen Unterlagen fahnden. Weiterhin fehlte es auch an den erforderlichen Qualifikationen. Nur ein einziger der als Militärhistoriker eingesetzten Offiziere besaß den Doktortitel. Einige Abenteurer suchten informationshungrig bekannte Persönlichkeiten auf, doch blieb dies die Ausnahme[9]. In den meisten Fällen waren diese Befragungen wenig ergiebig. Die Niederlage und das daraufhin einsetzende Chaos hatten zur Folge, daß vor allem die deutschen Offiziere ihre »Interviewer« mit besonderem Argwohn und großer Skepsis betrachteten.

Obwohl die Amerikaner 1945 eine Historische Abteilung für Europa besaßen, fehlte es an Führungskräften und Zielvorgaben. Mit dem Ende der Feindseligkeiten wechselte das Personal häufig, da viele Offiziere in die Heimat zurückkehrten. Man kümmerte sich um »Geschichte« recht wenig. Die Chroniken der verschiedenen Einheiten waren zwar mit vielen Photographien und Namenslisten versehen, aber ansonsten von geringfügigem historischen Aussagewert für die übergeordneten Fragestellungen der Kriegsstrategie und -taktik.

Von großer Tragweite sollte hingegen der Versuch des War Department werden, ehemalige führende Persönlichkeiten des Dritten Reiches zu befragen und sie mit den erbeuteten Dokumenten sowie allen bis dahin erlangten Informationen über das Kriegsgeschehen und seine Hintergründe zu konfrontieren. Der Undersecretary of War, Robert Patterson, veranlaßte die Entsendung einer kleinen Expertengruppe nach Deutschland. Nach einigem Zögern übernahm George Shuster, Rektor des Hunter College, die Leitung der Gruppe, die die USA am 1. Juli 1945 verließ. In Paris besuchte Shuster zunächst den zuständigen amerikanischen Historiker für Europa, Oberst S. L. A. Marshall. Dieser stellte Major Kenneth Hechler für die Gruppe ab. Marshalls Absicht war, Hechler die Vernehmung der deutschen Militärs durchführen zu lassen. Obwohl Hechler unerfahren und zunächst umstritten war, bekam seine Ernennung herausragende Bedeutung für das amerikanische Programm.

Am 17. Juli 1945 verließ die Shuster-Kommission Paris und reiste nach Mondorf, Luxemburg. Dort hatten die Amerikaner diejenigen Deutschen interniert, die mit einer Anklage wegen Kriegsverbrechen zu rechnen hatten. Die Gruppe verbrachte zwei Wochen damit, eine große Anzahl von Prominenten zu verhören. Von den einstigen deutschen Befehlshabern wurden Jodl, Keitel, Warlimont, Dönitz, Wagner und Göring vernommen. Trotz schlechter Leitung bot das Internierungslager einen angemessenen Komfort, was insgesamt die Arbeit der Gruppe atmosphärisch erleichterte.

Hechler, von Beruf Journalist, vernahm zuerst General Walter Warlimont. Dieser erwies sich als liebenswürdig, intelligent und offen. Er beeindruckte den jungen Major mit seiner intimen Kenntnis der politisch-militärischen Gesamtzusammenhänge. Während eines dieser Gespräche (am 20. Juli 1945) gab Warlimont seinem Wunsch nach Zusammenarbeit mit den Alliierten Ausdruck. Hechler konnte keine konkrete Zusagen geben. Er deutete indes gegenüber Warlimont die Möglichkeit an, für die Historische Abteilung zu arbeiten.

Warlimonts Vorschlag und seine Anregungen zur Durchführung des Projektes führten bald zu einem weiteren außergewöhnlichen Unternehmen, bei dem es um die Nutzung des deutschen Kooperationsangebotes ging[10]. Zunächst sprach in den folgenden Wochen die Shuster-Gruppe mit einer großen Anzahl von ehemaligen deutschen Führungskräften aus Politik, Wirtschaft und Wehrmacht. Die leicht beeindruckbaren Amerikaner, die mit dem Stoff und professionellen Befragungsmethoden wenig vertraut waren, nahmen zunächst alles für bare Münze. Doch während ihres dreimonatigen Aufenthaltes lernte die Gruppe, die Informationen angemessen zu gewichten, stöberte Karten und Dokumente auf[11] und vermochte vor allem mit ihrer Arbeit bei den politischen Behörden ein besonderes Interesse für zeitgeschichtliche Probleme zu wecken.

Die Anregungen von Warlimont und Hechler fanden bei Oberst Marshall besondere Aufmerksamkeit. Dieser sah in den »lebenden Quellen«, d. h. den Kriegsgefangenen, eine hervorragende Ergänzung zu den weit verstreuten deutschen Archivalien. Zudem lieferten die Vernehmungen der prominenten Gefangenen verwertbares Beweismaterial für den Nürnberger Prozeß. So brachte z. B. Hechler Major Herbert Buechs, den Adjutanten von Generaloberst Jodl, zu Gesprächen nach Paris. Trotz Kritik an diesen Praktiken konnte es Marshall letztlich durchsetzen, daß die deutsche Mitarbeit bei der Rekonstruierung der Ereignisse allgemein akzeptiert wurde, zumal andere Offiziere dem Beispiel von Buechs folgten und sich so der Austausch für beide Seiten recht verheißungsvoll gestaltete. Entsprechend ermuntert, schlug Marshall am 3. Oktober 1945 vor, ein offizielles Vernehmungsprogramm mit deutscher Hilfe aufzubauen[12].

Die Frage der Zusammenarbeit mit den Amerikanern löste bei den Deutschen Gewissenskonflikte aus. Viele von ihnen hatten ernste Bedenken gegen eine Kollaboration mit dem ehemaligen Feind. Zudem drängten der anstehende Nürnberger Prozeß und der Kalte Krieg viele deutsche Offiziere in eine schwierige Situation. Auf der einen Seite fühlten sie sich noch ihrem militärischen Treueid und dem Vaterland verpflichtet, auf der anderen Seite aber versprachen sie sich von der Zusammenarbeit mit den Amerikanern bessere Haftbedingungen und neue Chancen. Die unterschiedlichen Reaktionen auf diese Zwangslage führte bei den Deutschen zur Bildung von drei Splittergruppen. In der ersten befanden sich diejenigen, die den Amerikanern volle Unterstützung zukommen ließen. Die zweite Gruppierung bestand aus Leuten, die nur bedingt kooperierten, und die dritte setzte sich aus denen zusammen, die dem Sieger jede Unterstützung verweigerten. Für die ersten zwei Gruppierungen verlangte Hechler bessere Unterkünfte als für die übrigen Kriegsgefangenen. In den letzten Monaten des Jahres 1945 befanden sich viele Deutsche, die dem Programm von Nutzen waren, in Neustadt (Kreis Marburg), wo allerdings die Lebensbedingungen schlichtweg miserabel waren[13].

Im Dezember des Jahres gelang Marshall die Überführung der deutschen »Freiwilligen« in ein Sonderlager namens »Florida House« in Oberursel. Danach übergab er die Leitung des Projektes mit dem neuen Namen »Operational History« (German Section) an Oberst H. E. Potter. Dieser, energisch und einsatzfreudig, erwies sich als der richtige Mann am richtigen Ort. Potter verwirklichte Marshalls Träume. Er stellte sich mit der Bürokratie auf guten Fuß, um das Projekt in Oberursel zu fördern und vermied Konflikte. Des weiteren zeichnete sich Potter durch Geduld und Beharrlichkeit aus. In der Zwischenzeit war die Zahl der Teilnehmer enorm gewachsen – wohl Ausdruck der steigenden Akzeptanz des Projekts bei den Deutschen sowie den amerikanischen Behörden. Im Juni 1946 wurde Potter die Befehlsgewalt über ein Lager in Allendorf übertragen. Dorthin brachte er dann seine deutschen Mitarbeiter. Mittlerweile waren bei dem Projekt über 500 Personen tätig. Die Mehrheit der Teilnehmer lieferte hauptsächlich Informationen in den Vernehmungen. Rechenschaftsberichte wurden nur von wenigen verfaßt.

Das rasche Fortschreiten des Projekts war vor allem ein Ergebnis der guten Zusammenarbeit zwischen Oberst Potter und Generaloberst Karl Hollidt. Hollidts Beitrag war insofern von Bedeutung, als er über sehr gute Kenntnisse des Nürnberger Prozeßmaterials verfügte und sich kompetent zeigte auf dem Sektor der amerikanisch-sowjetischen Beziehungen.

Zwei wichtige Ereignisse kennzeichneten den Sommer des Jahres 1947. Zum einen wurde Generaloberst Franz Halder zum Leiter des Projekts ernannt. Halders Ernennung sollte sich positiv auf das gesamte Unternehmen auswirken. Als ehemaliger, von Hitler entlassener Chef des Oberkommandos der Wehrmacht genoß er bei seinen deutschen Kameraden hohes Ansehen. Er vermochte es, sie davon zu überzeugen, daß die Dokumentation ihrer Kriegserfahrungen von großer historischer Bedeutung sei, gleichzeitig aber auch eine Würdigung ihrer eigenen Leistungen ermögliche. Ferner könnten sie mit ihrer Unterstützung der westlichen Interessen zum Abwehrkampf der Demokratie gegen den vordrängenden Kommunismus beitragen. Die Arbeit dieser Leute sollte die Zukunft Deutschlands entscheidend beeinflussen[14].

Recht bald sollte sich die Lage der Kriegsgefangenen ändern. Unter der Direktive der Amerikaner sollten alle Kriegsgefangenen bis zum 30. Juni 1947 freigelassen werden. Die Historische Abteilung konnte sich dieser Order nicht widersetzen und entließ 767 Beschäftigte. Die Abteilung behielt jedoch 401 Internierte, um Bürodienste zu erledigen. Die Aufhebung des Kriegsgefangenenstatus wirkte sich in besonderer Weise auf die Deutschen aus. Während sie bislang nur Fragen zu beantworten hatten, konnten sie jetzt nach eigenen Vorstellungen Berichte und Darstellungen verfassen. Generaloberst Halder förderte diese Tätigkeit, indem er einen Stab von 50 deutschen Internierten aufbaute, der von einer etwa 100 Mann starken Gruppe beratend unterstützt wurde.

Diese neue Organisation ermöglichte die Fortführung des Projekts. Der Stab verteilte die Aufgaben an die einzelnen Mitarbeiter gemäß ihren jeweiligen Fähigkeiten. Soweit sie mit der Materie vertraut waren, stellten diese Mitarbeiter Kopien von Kriegstagebüchern und darauf zurückgreifenden Dokumenten her. Die Bearbeiter erhielten ein Salär. Ihre Familien wurden mit Nahrungsmitteln und Unterkünften versorgt, mancher profitierte von seiner Tätigkeit für die Amerikaner bei seiner Entnazifizierung. Des weiteren richtete die »Historical Division« in der Nähe von

Neustadt eine Spruchkammer für ihre Mitarbeiter ein. Obwohl einige Teilnehmer ihre Arbeit in der Haftanstalt Landsberg verrichten mußten, waren die amerikanischen Behörden bemüht, den meisten Schreibern und Chronisten diese Erfahrung zu ersparen.

Im Zuge der Demobilisierung ließ das Interesse an dem Projekt nach, doch gelang es schließlich, die Unterstützung von General Dwight D. Eisenhower zu gewinnen. Eisenhower telegrafierte dem Oberbefehlshaber der amerikanischen Truppen in Europa, General Lucius Clay, daß die Angaben und Berichte der deutschen Kommandeure oft unzuverlässig seien, aber aufgrund des weitgehenden Fehlens deutscher Unterlagen dennoch von Bedeutung wären, um sich über die Absichten und Geschehnisse auf deutscher Seite zu informieren. »This is our one opportunity to prevent our own military history from being one-sided.«[15] Die Intervention Eisenhowers rettete das Programm. Halder, von besonderem organisatorischem Talent, baute den Apparat um, gestaltete das Programm effizienter und verlegte seine Gruppe nach Karlsruhe. Sie engagierte sich in Pojekten, die weit über die ursprüngliche Zielsetzung hinausgingen. So stellte Halder etwa sicher, daß jede Anfrage von einer Dienststelle, von einstigen Offizieren oder prominenten Persönlichkeiten sofort und genauestens beantwortet wurde. In Eigenregie führte Halder auch Sonderprogramme durch. Diese beschäftigten sich mit Studien über die deutsche Militärstruktur, über das Nachschubwesen, über Propaganda, Partisanenkriegsführung usw.

Als die Vereinigten Staaten in den Koreakrieg verwickelt und Informationen über russische Militärstrategie wichtig wurden, verfaßten Halder und seine Mitarbeiter Berichte über ihre persönlichen Erfahrungen im Rußlandfeldzug. Nebenher stellte die Historische Abteilung auch weiterhin Dokumente für amerikanische Truppendienstschulen zur Verfügung und gab Erläuterungen zur offiziellen amerikanischen Geschichte des Zweiten Weltkrieges »The United States Army in World War II«. Halder erhielt das Programm bis 1961 am Leben; mit seiner Pensionierung wurde es eingestellt. Für seine Verdienste erhielt Halder die höchste nichtmilitärische Auszeichnung für Ausländer, den »Civilian Service Award«, und eine Pension.

Im Rahmen des Programms wurden 200 000 Manuskriptseiten erstellt[16]. Insgesamt wirkten 5 000 deutsche Offziere mit, was ihnen das Überleben wohl erleichterte und unsere Geschichtskenntnisse erweiterte. Die gewaltige Menge an gesammelten Dokumenten und Aufzeichnungen bietet sich heute dem Historiker als reiches Quellenmaterial dar.

Durch die Vernichtung von Akten in den letzten Kriegsmonaten 1945 und infolge von Diebstahl und Verlusten vieler Unterlagen schien zunächst eine genaue Darstellung der Ereignisse schwer möglich. So kam dem deutschen Geschichtsprojekt ein besonderes Verdienst dabei zu, das Kriegsgeschehen zu rekonstruieren und zu dokumentieren. Das Haldersche Programm schuf aber auch eine »bridge of understanding« zwischen Deutschen und Amerikanern in dieser schwierigen und turbulenten Zeit. Die Berichte und Veröffentlichungen der Gruppe fanden große Leserkreise und förderten das Interesse für Militärgeschichte in den »official offices«[17]. Die Genauigkeit und Ausgewogenheit der Darstellung sowie die Erklärung der militärischen Ereignisse aus ihren politisch-strategischen Rahmenbedingungen beeinflußte nicht zuletzt Qualität und Kontinuität der offiziellen amerikanischen Geschichtsschreibung. Davon profitierte ein nach Millionen zählendes Publikum, für das der Zweite Weltkrieg zur zentralen Erfahrung seines Lebens wurde. Fußend auf den früheren Dokumentensammlungen nach dem Ersten Weltkrieg und dank der Umsicht Spauldings sowie seiner Mitarbeiter konnte letztendlich unter Einbeziehung der historiographischen Hilfeleistungen der besiegten Deutschen der Standard der offiziellen amerikanischen Geschichtsschreibung entscheidend verbessert und neuen verpflichtenden Maßstäben zugeführt werden.

Anmerkungen

* Der Autor ist für ihre Unterstützung Frau Kerstin Cramer und Herrn Dr. Jürgen Förster zu besonderem Dank verpflichtet.

1 Carol Ann Reardon, The Study of Military History and the Growth of Professionalism in the US Army before World War I, Diss. University of Kentucky, 1987. Eine lohnenswerte Studie ist die von Stetson Conn, Historical Work in The United States Army 1862–1954, Washington, D. C. 1980.

2 Fritz Epstein, Zwischen Compiègne und Versailles, in: Vierteljahrshefte für Zeitgeschichte, 3 (1955) 4, S. 421–445. Zu Conger siehe Lloyd E. Ambrosius, Secret German American Negotiations during the Paris Peace Conference, in: Amerika-Studien, 24 (1979) 3, S. 288–309.

3 Elizabeth B. Drewry, Historical Units of Agencies of the First World War, in: Bulletin of the National Archives, 4 (July 1942), S. 11.

4 Charles Burdick, Foreign Military Records of World War I in the National Archives, Prologue, in: The Journal of the National Archives, 7 (Winter 1975), S. 215–216.

5 Ebd., S. 217, M.I.D. 732, Oct. 14, 1920; M.I.D. 2553 - 38, Nov. 15, 1920. Records of the War Department General and Special Staffs, RG 165, United States National Archives.

6 Krueger to Mertz von Quirnheim, no date, in: Walter Krueger papers, U. S. Military Academy; letters from Lewis Sorley, 25 Feb. 1964. Krueger schrieb seine Erinnerungen über den Zweiten Weltkrieg, erwähnte aber nichts, was seine früher gemachten Erfahrungen betraf. Walter Krueger, From Down Under to Nippon. The Story of Sixth Army in World War II, Washington 1972.

7 File 1096, Hist. Section Army War College correspondence file, Center for Military History, Dept. of the Army, Washington, D. C.; Gerhard Weinberg, Abschriften deutscher Heeresakten aus dem Ersten Weltkrieg im National-Archiv in Washington, in: Jahresbibliographie der Bibliothek für Zeitgeschichte 1963, Frankfurt a.M. 1965, S. 504–509; Brief von Tim Mulligan, 27. 12. 1989; S. Conn, Historical Work (Anm. 1), S. 72.

8 S. Conn (Anm. 1), S. 77–80.

9 Als Beispiel dafür Roland G. Foerster u. a., Anfänge westdeutscher Sicherheitspolitik, Bd. I: Von der Kapitulation bis zum Pleven-Plan, München 1982, S. 676–677.

10 Kenneth Hechler, The Enemy Side of the Hill, in: Donald S. Detwiler (Hrsg.), World War II German Military Studies, Bd. I., New York, 1979, S. 37–38.

11 Ebd., S. 90; George Shuster, In Amerika und Deutschland, Frankfurt a.M. 1965.

12 Hechler (Anm. 10), S. 156–158. Ein ergänzendes Programm war das »Hillbilly Project« vom September 1945. Im September verlegten die Amerikaner eine kleine Zahl von Deutschen zu Vernehmungszwecken nach Camp Ritchie (R.G. Foerster [Anm. 9], S. 679).

13 Charles Burdick, Vom Schwert zur Feder, in: Militärgeschichtliche Mitteilungen, (1971) 2, S. 72–73.

14 The Army Historical Program in the European Theater and Command 8 May 1945–31 December 1950, in: D.S. Detwiler (Anm. 10), S. 63. Eine ausgezeichnete Darstellung dieser Bemühungen findet man bei Christian Greiner, »Operational History (German) Section« und »Naval Historical Team«, in: Manfred Messerschmidt u. a. (Hrsg.), Militärgeschichte. Probleme - Thesen - Wege, Stuttgart 1982, S. 409–435. Siehe auch Heinz-Ludger Borgert u. a., Dienstgruppen und westdeutscher Verteidigungsbeitrag, Boppard 1982, S. 110–112.

15 Vgl. dazu C. Greiner (Anm. 14).

16 Eine Beschreibung der Umstände und eine Analyse bietet Detmar Finke, The Use of Captured German and Related Records in Official Military History, in: Robert Wolfe, Captured German and Related Records, Athens, Ohio 1974, S. 65–72. Siehe auch Kent R. Greenfield, The Historian and the Army, New Brunswick, N. J. 1954, S. 3–12.

17 Die US-Luftwaffe hatte ein eigenständiges Programm. Nachdem er sich den Amerikanern ergeben hatte, brachte Generalmajor Herhudt von Rohden, Leiter der Kriegswissenschaftlichen Abteilung der deutschen Luftwaffe, eine große Zahl von gesammelten Dokumenten mit. Er überzeugte die Amerikaner, die Dokumente für das Projekt R zu verwenden, welches im Juli 1945 begann. Das Unternehmen war in großem Maße von Rohden abhängig. Dieser starb 1947. 1953 wurde das Projekt von Oberst Wendel Hammer, General der Flieger Paul Deichmann und Generalleutnant Hermann Plocher wieder aufgenommen und machte Fortschritte. Eine ausgezeichnete Analyse befindet sich in den Aufzeichnungen von Harry R. Fletcher, The Use of Captured German and Related Records by the United States Air Force, in: R. Wolfe (Anm. 16), S. 81–87. Während Aufzeichnungen des Projekts von Rohden noch vorhanden sind, sind die der Projektgruppe Hammer, Deichmann und Plocher verschwunden (Brief von Oberst Elliot V. Converse, III, 4. Januar 1990. Paul Deichmann, Der Chef im Hintergrund. Ein Leben als Soldat von der preußischen Armee bis zur Bundeswehr, Oldenburg 1979). Auch die US Navy betrieb ein Forschungsprogramm, jedoch ohne zentrale Koordination. Zwar kamen die Alliierten in den Besitz der Marine-Akten (das sogenannte Tambach-Archiv, die wohl bedeutendste Erwerbung deutscher Militärdokumente), aber man erkannte nirgends so recht den hohen Wert der Beute. Die Briten nahmen einen großen Anteil dieser Akten auf Mikrofilm auf, die Amerikaner jedoch zeigten dafür kein besonders großes Interesse. Eher unkoordiniert gab es gleichwohl verschiedene Aktivitäten bei der Marine: so etwa ein kleines Forschungsunternehmen unter Einbeziehung von Vizeadmiral Eberhard Weichhold, Fregattenkapitän Günter Kessler und Oberst Walter Gaul. Umfangreichere Arbeiten leistete eine andere Gruppe unter Einbeziehung von Admiral Conrad Patzig und Generaladmiral Otto Schniewind. Dies geschah in Verbindung mit einem Forschungsprojekt zum deutsch-russischen Seekrieg. Vizeadmiral Friedrich Ruge war der eigentliche Motor des Unternehmens (vgl. C. Greiner [Anm. 14], S. 425–428; Friedrich Ruge, In vier Marinen. Lebenserinnerungen als Beitrag zur Zeitgeschichte, München 1982, S. 278–282).

Arthur L. Smith Jr.

Der geplante Tod?

James Bacques These vom Massensterben deutscher Soldaten in amerikanischer Kriegsgefangenschaft – Eine Kritik

Es ist für jeden Historiker schon ein frustrierendes Erlebnis, wenn er mit Sensationsmeldungen konfrontiert wird, die vergangene Ereignisse ungenau darstellen. Die Verfasser dieser Werke berufen sich dabei meist auf irgendwelche zufällig entdeckten und einseitig interpretierten Quellen, um ihren Behauptungen Glaubwürdigkeit zu verleihen. Sollten diese »Dokumente« dann auch noch bestätigen, daß ein Land fast ein halbes Jahrhundert lang bewußt Beweismittel zurückgehalten hat, die auf Verwicklung in kriminelle Machenschaften hinweisen, so werden solche Reportagen leider allzu oft dort zu Bestsellern, wo man auf Ressentiments spekuliert.

Eine kritische Überprüfung unsauber recherchierter Befunde anhand aller erreichbaren Materialien ist dann besonders angebracht, wenn der Allgemeinheit ein falsches Bild vermittelt wird. Aus diesem Grunde ist die nachfolgende Kritik an dem große Aufmerksamkeit erregenden Buch von James Bacque geboten. Dieser kanadische Schriftsteller bezichtigt in seinem 1989 erschienenen Werk »Der geplante Tod« die USA, brutale Verbrechen an ihren deutschen Kriegsgefangenen nach 1945 begangen zu haben. Bacques Hauptthese ist, daß amerikanische Dienststellen aufgrund eines persönlichen Befehls von General Eisenhower Millionen deutscher Kriegsgefangener 1945 in Zeltlagern ohne Nahrung und ärztliche Versorgung gelassen hätten. Die Folge sei der Tod von 793 239 hilflosen Menschen gewesen.

Bacques Vorwurf erregte gleich nach Erscheinen seines Buches, das den Originaltitel »Other Losses« trägt, weltweit großes Aufsehen[1]. So lautete z. B. die Schlagzeile der Rhein-Neckar-Zeitung am 30. August 1989: »Eine Million Deutsche bewußt in den Tod getrieben«. Das Nachrichtenmagazin »Der Spiegel« widmete dem Buch drei volle Seiten mit dem anklagenden Titel: »Eine lange Nacht der Lügen«. Ähnliche Anschuldigungen und Vorwürfe wurden in der nationalen und internationalen Ausgabe von »Time« (2. Oktober 1989) erhoben, deren Artikel die Überschriften »Ike's revenge« und »Shameful secret« trugen. Auch Rundfunk und Fernsehen verbreiteten Bacques Thesen – ohne sie wirklich kritisch geprüft zu haben.

Das Kernstück des Vorwurfs von Bacque bildet ein angeblicher Nachweis, daß fast eine Million deutscher Kriegsgefangener in allierten (d. h. amerikanischen und französischen) Internierungslagern im ersten Nachkriegsjahr verstorben seien. Diese Zahl beruhe angeblich auf Angaben in den »U.S. Army Medical Corps records«, die über deutsche Kriegsgefangene für den Zeitraum Mai bis Juni 1945 angelegt worden waren. Anhand dieser Aufzeichnungen über einen Zeitraum von rund sechs Wochen extrapolierte Bacque seine Todesrate für das ganze Jahr 1945 und bis in das Jahr 1946 hinein.

Bacque ging jedoch fälschlicherweise davon aus, daß jeder deutsche Kriegsgefangene, der in den Aufzeichnungen des »U.S. Army Medical Corps« in der Rubrik »Andere Verluste« aufgeführt wurde, auch gestorben sei. Aufgrund dieser Annahme kam Bacque dann zu dem Ergebnis, daß Hunderttausende deutscher Kriegsgefangener durch Hunger und Krankheit umgekommen seien.

Tatsächlich hatte aber der jeweilige Vermerk in der Rubrik »Andere Verluste« eine andere, umfassendere Bedeutung. Eintragungen in dieser Spalte hielten lediglich allgemein fest, daß der jeweilige Kriegsgefangene nicht mehr im Lager war. Sicherlich sind einige der internierten Soldaten im Lager gestorben. Viele der nicht mehr anwesenden Kriegsgefangenen waren jedoch nicht, wie Bacque vermutet, umgekommen, sondern aus den nur leicht bewachten Lagern entflohen und vermutlich in ihre Heimat zurückgekehrt.

Zum damaligen Zeitpunkt führten die amerikanischen Behörden selbst keine Zählungen der Kriegsgefangenen durch. Ihre Erfassung erfolgte vielmehr durch die deutschen Gefangenen selbst, d. h. durch deren Vorgesetzte im jeweiligen Lager. Dann ging die entsprechende Datenmeldung an die amerikanischen Behörden.

Im Frühjahr des Jahres 1945 wurden viele amerikanische Soldaten in Europa durch neue Kräfte ersetzt. Die meisten von ihnen waren mit »record-keeping« wenig vertraut, abgesehen davon war es ihnen im Grunde genommen auch egal. Der Krieg war vorbei und die Disziplin der Truppe nicht mehr sonderlich straff. Welcher einfache Soldat wollte sich da noch der extrem langweiligen Aufgabe widmen, Millionen entwaffneter Kriegsgefangener zu zählen? Auch die Vorgesetzten hatten wenig Interesse daran, die genaue Zahl ihrer Kriegsgefangenen festzustellen. Wenn schon die Vorgesetzten so demotiviert waren, wieso sollten sich dann ausgerechnet die einfachen Soldaten um die genaue Erfassung und Registrierung der Kriegsgefangenen bemühen?[2]

Damit sei hinreichend das Gebot verdeutlicht, die Auswertung von Statistiken unter sorgfältiger Berücksichtigung der Umstände ihrer Entstehungsbedingungen und Anlage im Zeithorizont des Jahres 1945 vorzunehmen. Bacque scheint dies nicht getan zu haben. Weiterhin hat er es unterlassen, wichtige Quellensammlungen zu Rate zu ziehen. So erweist sich die Nichtbeachtung des 22 Bände umfassenden Werkes von Erich Maschke »Zur Geschichte der deutschen Kriegsgefangenen im 2. Weltkrieg«[3] als folgenschweres Versäumnis. Auch die aufschlußreiche »Sammlung zur Geschichte deutscher Kriegsgefangener aus dem Zweiten Weltkrieg«, die sich im Bundesarchiv – Militärarchiv in Freiburg i. Br. – befindet, wurde von Bacque nicht berücksichtigt. Gerade diese umfängliche Sammlung von Erlebnisberichten deutscher Kriegsgefangener enthält zahlreiche Hinweise auf die Lager am Rhein. Möglicherweise hat James Bacque diese grundlegende, aus jahrelanger Erforschung der Gefangenenschicksale hervorgegangene Quellensammlung nicht beachtet, weil er deutschsprachige Werke nicht lesen kann.

Auch das Ergebnis der Studien von Kurt Böhme »Die deutschen Kriegsgefangenen in amerikanischer Hand – Europa« findet keine angemessene Würdigung[4]. Böhmes Recherchen ergaben nämlich, daß nur wenige deutsche Kriegsgefangene in den Camps entlang des Rheins gestorben sind. Böhme, so Bacque, hätte sich lediglich auf Statistiken der U.S. Army verlassen und sich deshalb über die tatsächlichen Verhältnisse kein Bild machen können[5].

Ferner benutzte Bacque nicht die einschlägigen Dokumente in den Sammlungen des Bundesarchivs Koblenz: »Länderrat (U.S. Zone)«, »Zonenbeirat – Britische Zone«, »Deutsches Büro für Friedensfragen«, »Bundesministerium des Innern« und »Bundesministerium für Vertriebene, Flüchtlinge und Kriegsgeschädigte«. Diese Archivalien hätten Bacque eröffnet, daß von amtlichen Stellen in Deutschland aufschlußreiche Statistiken über die Todesrate deutscher Kriegsgefangener in amerikanischen Internierungslagern erstellt worden sind und im Ergebnis erheblich vom Lagebild in den Akten der U.S. Army abweichen.

Ende 1946 und Anfang 1947 führte die Stadt Bremen die erste großangelegte Erfassung heimgekehrter deutscher Kriegsgefangener durch. In diesem Zusammenhang wurden Schicksal und Verbleib Zehntausender vermißter deutscher Gefangener, die in mehr als dreitausend Lagern untergebracht waren, ermittelt. Ähnliche Anstrengungen wurden auch von dem Ausschuß für Kriegsgefangenenfragen in Stuttgart für die drei Länder der amerikanischen Besatzungszone unternommen. Im Juni und Juli 1947 wurde eine umfangreiche Registrierung aller ehemaligen deutschen Gefangenen anhand von Fragebögen durchgeführt. Diese vermochten Aufschluß über diejenigen Soldaten zu liefern, die in Gefangenschaft oder tot waren bzw. als vermißt galten, und über jene, die zwischenzeitlich entlassen worden waren. Ein detailliertes Tabellensystem belegt deutlich, daß in dieser Zeit noch 1504000 Deutsche in Gefangenschaft waren. 1603000 wurden vermißt, wobei 90 Prozent dieser Männer zuletzt an der Ostfront gestanden hatten.

Eine zweite Erhebung wurde im Sommer 1948 durchgeführt. Diese ergab, daß 44000 vermißte deutsche Kriegsgefangene zwischenzeitlich nach Hause zurückgekehrt waren. Das Schicksal von 1500000 deutschen Soldaten, die an der Ostfront gekämpft hatten, blieb weiter ungeklärt[6]. Das erarbeitete Material gibt keine Anhaltspunkte für die These vom Abgang durch Tod von einer Million deutscher Kriegsgefangener in den Lagern am Rhein. Zu diesem Ergebnis kam der Ausschuß unter der kompetenten Leitung von Frau Dr. Margarete Bitter. Die Recherchen wurden ohne jegliche Einflußnahme seitens der amerikanischen Militärregierung durchgeführt.

In diesem Zusammenhang ist die Tatsache bedeutsam, daß der Befehlshaber der amerikanischen Besatzungsmacht, General Lucius Clay, strikt die Anordnung der amerikanischen Regierung befolgte, die Regelung der deutschen Kriegsgefangenenfrage den Deutschen selbst zu überlassen. Anfangs wollte Clay dieses Problem nicht einmal als Angelegenheit der deutschen Länder gelten lassen und erwartete eine Behandlung dieses ganzen Komplexes durch die deutschen Lokalbehörden. Erst nach mehreren Beratungen erlaubte der amerikanische General die Gründung eines Ausschusses für Kriegsgefangenenfragen. Dieser tagte erstmals im April 1947. Eine seiner Hauptaufgaben bestand darin, vermißte deutsche Kriegsgefangene ausfindig zu machen[7]. Der Ausschuß unter der Leitung von Frau Dr. Bitter arbeitete selbständig und war eigenverantwortlich für alle Ermittlungen und Ergebnisse. Diese bildeten über Jahre hinweg die maßgeblichen Unterlagen für alle staatlichen Maßnahmen zugunsten der Kriegsgefangenen.

Obwohl keine eigentliche Zentralstelle für die Erfassung und die Aufklärung des Schicksals vermißter Soldaten existierte, gab es doch eine Reihe von Einrichtungen, die Vermißtenanzeigen nachgingen. Eine dieser Einrichtungen war die Wehrmachtsauskunftsstelle für Kriegsverluste und Kriegsgefangene (WAST). Diese konnte allerdings im ersten Nachkriegsjahr nur sehr beschränkt innerhalb der amerikanischen Besatzungszone tätig werden. Doch mit der Rückverlegung nach Berlin nur ein Jahr später konnte sie ihre Arbeit unter dem neuen Namen »Deutsche Dienststelle für die Benachrichtigung der nächsten Angehörigen von Gefallenen der ehemaligen deutschen Wehrmacht« frei und ungehindert aufnehmen. Die »Deutsche Dienststelle« verfügte über umfangreiches Aktenmaterial, mit dessen Hilfe Tote und Vermißte identifiziert bzw. ausfindig gemacht werden konnten. Sie war wohl die wichtigste Anlaufstelle für diejenigen Familien, deren Mitglieder noch nicht von der Front zurückgekehrt waren.

Eine weitere Einrichtung war das Internationale Rote Kreuz (IRK), welches vor allem dabei half, das Schicksal vermißter Soldaten aufzuklären. Im Genfer Hauptquartier der Organisation wurde schon zu Beginn des Krieges eine deutsche Abteilung eingerichtet, die eine sehr umfangreiche Datei über deutsche Kriegsgefangene aufbaute. Das IRK war die erste Organisation, die 1945 Fragebögen in ganz Deutschland austeilen ließ und mit denen die Angehörigen vermißter Soldaten gebeten wurden, dem IRK alle notwendigen Informationen zukommen zu lassen. Im Sommer 1946 zählte die deutsche Abteilung mittlerweile eine Million »Vermißtenkarten« in ihren Archiven, und sie begann damit, mittels gezielter Suchmeldungen über Zeitungen und den deutschen Rundfunk vermißte Personen ausfindig zu machen und Angehörige wieder zusammenzuführen. Weitere Einrichtungen zur Aufklärung von Soldatenschicksalen waren der »Suchdienst für vermißte Deutsche in der sowjetischen Okkupationszone«, das »Bureau de Recherches« in der französischen Zone, die »Suchdienst-Arbeitsgemeinschaft« in München und Hamburg sowie schließlich der »Hilfsdienst für Kriegsgefangene und Vermißte in Deutschland«. Es gab einen effizienten Informationsaustausch zwischen den einzelnen Institutionen, die besonders von der Arbeit des Ausschusses für Kriegsgefangenenfragen profitierten.

An dieser Stelle muß daran erinnert werden, daß es aufgrund der Nachkriegswirren für die Familien sehr schwer war, auf eigene Faust Recherchen anzustellen, um vermißte Angehörige wiederzufinden.

Selbst als die sehr häufigen Lagerverlegungen deutscher Kriegsgefangener aufgehört hatten, gab es keine Einrichtungen auf alliierter Seite, die Auskunft über einzelne vermißte Kriegsgefangene erteilen konnten. Aufgrund des miserablen Zustandes im deutschen Postdienst war es zudem nicht ungewöhnlich, daß die Familien einfach keinerlei Benachrichtigung bezüglich des Aufenthaltsortes ihres Angehörigen erhielten, auch dann nicht, wenn dieser außerhalb Deutschlands interniert war.

Doch ab 1947, also nach der ersten Erfassung durch den Ausschuß für Kriegsgefangenenfragen, zeitigten die Maßnahmen und Arbeiten der einzelnen Suchdienste Erfolg. Dabei ist es undenkbar, daß diese Einrichtungen einfach 793 239 deutsche Kriegsgefangene (plus 167 000, die angeblich in französischer Gefangenschaft umkamen) übersehen hätten. Zu groß war der Nachdruck, mit dem Ehefrauen, Mütter und Väter nach dem Schicksal ihrer Männer und Söhne forschten und fragten. Gerade mit Blick auf die Bedeutung entsprechender amtlicher Bescheide war z. B. eine offizielle Todeserklärung von besonderen Voraussetzungen abhängig. Dazu zählte eine unter Eid geleistete Aussage eines Augenzeugen, eines Kameraden, eines Feldarztes, eines

Vorgesetzten, eines Priesters (der dem Sterbenden die Absolution erteilt hatte) oder aber des Sprechers eines Internierungslagers, welche Zeuge beim Tode des Kameraden gewesen waren. Angesichts dieser Tatsache stellen sich folgende Fragen: Wurden die 793 239 Todesfälle, von denen Bacque ausgeht, durch entsprechende Totenscheine den Angehörigen gegenüber bestätigt, und wer stellte diese Scheine nach entsprechender Prüfung der Voraussetzungen aus? Wer führte die Untersuchungen durch und in welcher Form?

In dieser ganzen Verschwörungsgeschichte ist allerdings jener Punkt besonders interessant, daß auch Amerikaner eine beachtliche Zahl von deutschen Gefangenen nicht ordnungsgemäß als solche behandelten, sondern ihnen den Status von Disarmed Enemy Forces (DEF) gaben. Damit umgingen sie die sich aus der Genfer Konvention ergebenden Verpflichtungen, den Kriegsgefangenen Nahrung und ärztliche Betreuung in gleicher Weise wie den eigenen amerikanischen Truppen zuteil werden zu lassen. Dies war unleugbar eine Mißachtung internationalen Rechts, zumal die USA 1929 die Genfer Konvention unterzeichnet und stets andere Nationen zur Respektierung dieser Übereinkunft angehalten hatten. Freilich muß im gleichen Atemzug erwähnt werden, daß die Amerikaner nicht die einzigen waren, die ihren rechtlichen Verpflichtungen nicht nachkamen. Auch die Engländer machten sich des Vertragsbruches schuldig. Von ihnen kam im Grunde zuerst der Vorschlag, die deutschen Kriegsgefangenen als entwaffnete feindliche Kräfte anstatt als Gefangene im Sinne der Genfer Konvention zu klassifizieren. Dies beruhte auf britischen Überlegungen bei Kriegsende, die nicht mit den Amerikanern abgestimmt waren[8].

Schon 1944 erkannten mit der Nachkriegsplanung befaßte britische Behörden, daß ein erheblicher Bedarf an Zwangsarbeitern (im Klartext: deutschen Kriegsgefangenen) nach Einstellung der Kampfhandlungen herrschen würde. Entsprechend erstellte Pläne sahen deshalb den Arbeitseinsatz von Kriegsgefangenen für einen gewissen Zeitraum vor, ohne damit zugleich offen gegen bindendes Recht zu verstoßen. Die Umsetzung dieser Pläne war jedoch vom Einverständnis der Amerikaner abhängig, welche den größten Teil der deutschen Kriegsgefangenen in ihrer Obhut hatten. Bekannt war aber auch, daß die Amerikaner nicht nur eine strikte Anwendung der Genfer Konvention favorisierten, sondern auch eine möglichst frühzeitige Entlassung der deutschen Gefangenen beabsichtigten.

Bei einem Treffen der Vertreter beider Staaten im Spätsommer 1944 machte das amerikanische Kriegsministerium den Vorschlag, den deutschen Kriegsgefangenen auch nach Ende der Feindseligkeiten alle Rechte der Genfer Konvention zuzugestehen. Der englische Botschafter in Washington, Earl of Halifax, berichtete dies streng geheim nach London und erläuterte den amerikanischen Vorschlag, welchen General Bryan vom U.S. War Department gemacht hatte in Erwägung der besonderen psychologischen Nützlichkeit, wenn die deutschen Gefangenen von dieser für sie so vorteilhaften Maßnahme erfahren würden. London teilte jedoch daraufhin seinem Botschafter in Washington mit, ».. . it would be dangerous to inform German prisoners that the terms of the Geneva Convention will continue to apply to them in view of the approved armistic terms and in any event an announcement on the lines suggested might subsequently lead to charges of breach of faith«[9].

Der amerikanische Vorschlag war auf der Grundlage einer raschen und frühzeitigen Entlassung der deutschen Kriegsgefangenen gemacht worden und gewann mit dem nahenden Kriegsende um so größere Aktualität. Ursprünglich war man bei der

Planung auf amerikanischer Seite nach 1944 von lediglich 900 000 deutschen gefangenen Soldaten ausgegangen. Im April 1945 aber befanden sich 1 300 000 deutsche Gefangene in amerikanischem Gewahrsam und zwei Millionen sollten noch hinzukommen. Zu diesem Zeitpunkt hatte der European Advisory Council, der die Kapitulationsbedingungen für Deutschland formulierte, schon entsprechende Klauseln darin eingebaut, die die jeweiligen alliierten Kommandeure ermächtigten, in eigener Regie in ihrem Operationsbereich über den offiziellen Status deutscher Truppen als Kriegsgefangene oder Disarmed Enemy Forces zu entscheiden[10].

Angesichts der Tatsache, daß zwölf Millionen Vertriebene untergebracht und versorgt werden mußten, war es klar, daß SHAEF (Supreme Headquarters, Allied Expeditionary Forces) sich dieses Ermessensspielraums bediente. Die deutschen Soldaten wurden umgehend als entwaffnete feindliche Kräfte eingestuft. Die Engländer verfuhren genauso und klassifizierten ihre deutschen Gefangenen als Surrendered Enemy Personnel (SEP). Die Bezeichnung ›Prisoners of War (POW)‹, ›Disarmed Enemy Forces (DEF)‹ und ›Surrendered Enemy Personnel (SEP)‹ seien in jeder Hinsicht (for all intent and purpose) synonym[11].

Dem IRK wurde anfangs der Zutritt zu den Internierungslagern entlang des Rheins nicht gestattet. Es war offensichtlich, daß sich die Lagerbehörden Kritik und Empörung ersparen wollten, die unweigerlich nach Inspektionen vor Ort laut geworden wären. Die deutschen Gefangenen erhielten längst nicht die Versorgung und ärztliche Betreuung, welche ihnen eigentlich nach der Genfer Konvention zustanden. Es ist auch wahr, daß dieser Sachverhalt geheim bleiben mußte gemäß einem Befehl von General Eisenhower. Die Größe der Lager verhinderte jedoch eine absolute Geheimhaltung. Hinzu kam, daß das IRK damit drohte, an die Öffentlichkeit zu gehen, sollte man seinen Vertretern den Zutritt zu den Kriegsgefangenenlagern auch weiterhin verweigern.

Eisenhower gab schließlich nach. Die deutschen Gefangenen durften endlich von Vertretern des IRK besucht werden. Dies änderte jedoch noch immer nichts am Status ihrer Gefangenschaft. Über dieser Tatsache sollte indessen nicht vergessen werden, daß die USA schon recht früh die Entlassung der Kriegsgefangenen anordneten. Erste Entlassungsscheine wurden schon Anfang Mai 1945 ausgestellt. SHAEF hatte bis Juni 1945 fünf »Entlassungsdirektiven« erteilt. Darunter befand sich auch eine allgemeine Anweisung, die die Entlassung aller deutschen Kriegsgefangenen vorsah. Ausgenommen waren lediglich diejenigen, die unter die Kategorie »automatic arrest« fielen. Bis 1947 hatten die Amerikaner alle eigenen deutschen Kriegsgefangenen entlassen und drängten England und Frankreich, diesem Beispiel zu folgen. Die meisten Todesfälle unter deutschen Kriegsgefangenen ereigneten sich in der Tat im Zeitraum 1945 bis 1946 in amerikanischen Camps entlang des Rheins. Diese Lager bildeten eine Kette, die sich nördlich von Düsseldorf bis nach Mannheim erstreckte. Die meisten Internierungslager befanden sich jedoch in der Gegend um Koblenz und Mainz.

Kurt Böhme hat die Todesraten in diesen Lagern sorgfältig untersucht. Dabei verwendete er die Unterlagen der Gemeindeämter sowie Augenzeugenberichte ehemaliger deutscher Kriegsgefangener, was zunächst einmal den Vorwurf entkräftet, nur amerikanisches Zahlenmaterial verwendet zu haben. Eingehend legt Böhme dar, wo die amerikanischen Statistiken von deutschem Zahlenmaterial erheblich abweichen. Die Zahlen »... reichen von einer Aussage eines Heimkehrers, er habe nach

Jahren die Zahl von 32 000 Verstorbenen gehört, bis zu der Feststellung eines anderen, von den ›Todeslagern Kreuznach und Bingen‹ zu sprechen, halte er aus eigener Erfahrung heraus ›für unangebracht und tendenziös‹«[12].

Für seine Untersuchung wählte Böhme sechs Internierungslager entlang des Rheins aus, die im Mai 1945 mit insgesamt 557 000 deutschen Kriegsgefangenen belegt waren. Das erste Lager war Bad Kreuznach-Bretzenheim, dem Gerücht nach das mit den höchsten Sterbequoten. Nach den Unterlagen der U.S. Army gab es bei einer Belegung mit 56 000 Gefangenen bis zum 25. Juni 1945 insgesamt 1 098 Sterbefälle. Deutsche Quellen setzten allerdings die Zahl mit 1 953 Toten für den gleichen Zeitraum wesentlich höher an. Auf dem städtischen Friedhof fand man 1 798 Gräber identifizierter deutscher Kriegsgefangener und 106 Gräber unbekannter deutscher Soldaten. Einwohner des Ortes berichteten, daß sie gesehen hätten, wie von amerikanischen Fahrzeugen die Leichen deutscher Soldaten aus dem Lager abtransportiert worden wären. Man schätzte die Zahl auf über 3 000. Böhme betrachtete diese Zahlen jedoch mit Skepsis, da einer der Hauptzeugen, ein Priester, der sich im Lager auskannte, erst dort eintraf, nachdem sich wohl die meisten Todesfälle ereignet hatten. Im Juli wurde das Lager dann von den Franzosen übernommen[13].

Im Lager Remagen-Sinzig registrierten die Amerikaner 1 022 Tote bei einer Belegung mit 253 000 Gefangenen. Das Friedhofsverzeichnis von Sinzig-Bodendorff weist eine Bestattungszahl von 1 247 aus, doch wurden verstorbene Gefangene und Einwohner nicht in getrennten Arealen beerdigt, was Böhme zu dem Schluß veranlaßt: »Die genaue Todesziffer für die Lager Remagen-Bodendorff läßt sich demnach nicht ermitteln.«[14] Im Lager Rheinberg starben nach amerikanischen Aufzeichnungen 438 Gefangene. Böhme beziffert aufgrund der Gemeindeverzeichnisse die Zahl auf 610. In einem Heimkehrerbericht ist von vielen Toten tagtäglich die Rede und von der Gleichgültigkeit der Bewacher, die lediglich nach der Zahl der benötigten Schaufeln gefragt hätten, um die Toten bestatten zu können. Einige Lagerinsassen starben, nachdem sie ihre Kaffeerationen geraucht hatten. Im Mai 1945 zählte das Lager Rheinberg 90 000 Kriegsgefangene.

Im Lager Heidesheim (65 000 Kriegsgefangene) gab es nach amerikanischen Angaben 284 Tote, nach deutschen Quellen 397. In dem kleinsten der untersuchten Lager, dem Lager Wickrathberg, starben nach amerikanischen Unterlagen 106 Deutsche, hingegen 210 nach deutschen Berechnungen. Im Lager Buderich (77 000 Kriegsgefangene) verloren nach amerikanischen Angaben 105 Deutsche ihr Leben, während deutscherseits 120 Tote festgestellt wurden[15].

Insgesamt sind in den sechs Lagern nach amerikanischen Angaben 3 053 von insgesamt 557 000 internierten deutschen Kriegsgefangenen gestorben. Böhmes Recherchen ergaben 4 537 Tote. Selbst bei Berücksichtigung der umstrittenen Zahl von 3 000 Toten im Lager Kreuznach-Bretzenheim ergäbe sich somit nur eine Quote von 1 : 100; demnach kam auf jeweils 100 deutsche Kriegsgefangene ein Sterbefall. Selbst bei einer Verzehnfachung dieser Zahl würde man niemals auf die von Bacque behauptete Zahl von 793 239 toten deutschen Kriegsgefangenen kommen. Von der Unmenschlichkeit abgesehen, ca. 800 000 Deutsche qualvoll sterben zu lassen, stellt sich auch die grundsätzliche Frage nach der technischen Möglichkeit, sich einer solchen Anzahl von Leichen zu entledigen[16]. Dem Stromverlauf entsprechend waren die Lager am Rhein über eine Entfernung von 200 km verteilt. Wenn man die Sterbefälle dort, die sich laut Böhme auf 4 537 Tote beziffern, von der von Bacque aufgestellten Zahl von 793 239 abzieht, kommt man immer noch auf einen »Restbetrag« von 788 702 Toten. Diese müßten ja wohl irgendwo begraben worden sein. Wenn die U.S. Army sie nicht auf Gemeindefriedhöfen entlang des Rheins bestattet hat (man wäre dann auf 3 943 Gräber pro Kilometer gekommen, vorausgesetzt die Toten wären nicht in einem Massengrab beigesetzt worden), so stellt sich die Kernfrage, was man mit dieser Riesenzahl an Toten gemacht hat. Diese Frage ist von erheblicher Bedeutung. Sie muß beantwortet werden, wenn man die Behauptung aufstellt, daß 793 239 deutsche Internierte am Rhein gestorben seien. Dies muß gefragt und dies muß beantwortet werden. Wieso gab es keine Knochenfunde, die Aufschluß hätten geben können? Angesichts der umfangreichen Bauarbeiten entlang des Rheins hätten diese im Laufe der Jahre irgendwie entdeckt werden müssen. Wieviele Fahrzeuge hätte man gebraucht, um so eine enorme Zahl an Toten zu transportieren? Wieviele amerikanische Soldaten hätte man wohl für ein solches Unternehmen abkommandieren müssen? Und wieviele deutsche Zivilisten? Für ein solch schauriges Unternehmen wären mit Sicherheit Hunderte, wenn nicht Tausende benötigt worden. Weiterhin stellt sich die Frage, wie all dies der Bevölkerung hätte entgehen können? Wieso gab es keine Geständnisse gewissensgeplagter ehemaliger amerikanischer Soldaten? Diese Fragen hätten von Bacque im Verlauf seiner Darstellung beantwortet werden müssen.

Lächerlich ist weiterhin in der kontroversen Diskussion über die Behandlung der Kriegsgefangenen die Behauptung, seine deutsche Abstammung habe General Eisenhower dazu veranlaßt, alle Deutschen grausam zu behandeln. Hierbei wurde der Versuch unternommen, den General deshalb als Deutschenhasser darzustellen, weil sein Vater ihn als Kind regelmäßig mit der Peitsche bestraft hatte. Dies, so die Behauptung, hätte Eisenhower nicht nur mit Haß erfüllt, sondern auch seine Neigung zu harter Bestrafung geweckt. Jedenfalls aufgrund so dürftigen Materials ein Psychogramm von einem Menschen erstellen zu wollen, zeugt weit mehr von billigem Journalismus als von solider Historiographie. Eisenhower machte keinen Hehl aus seiner Abneigung gegen das deutsche Offizierkorps. Das nationalsozialistische Deutschland erfüllte ihn mit Abscheu, und daran ließen seine Bemerkungen auch keinen Zweifel. Doch Äußerungen dieser Art auf dem Siedepunkt des Krieges milderten sich später nach dessen siegreicher Beendigung.

Die vielen Fehler, die Bacque unterliefen (z. B. erschien Maschkes Werk ab 1962 und nicht in den Siebzigern; McNarney und nicht Clay trat Eisenhowers Nachfolge an), sind längst nicht so gravierend wie die Anwendung journalistischer Tricks, um den Leser zu fesseln. Die Behauptung etwa, daß amerikanische Offiziere sich weigerten, Internierungslager zu betreten, weil sie fürchteten, ihre blankpolierten Stiefel zu beschmutzen, zeugt von Dummheit und Ignoranz. Die wenigsten amerikanischen Soldaten konnten ihre Stiefel auf Hochglanz polieren, da das Schuhwerk allgemein aus rauhem und unbehandeltem Leder bestand und von Offizieren als auch Mannschaftsdienstgraden getragen wurde. Es trifft zu, daß deutsche Kriegsgefangene in amerikanischen Internierungslagern aufgrund fehlender Ernährung und fehlender ärztlicher Betreuung gestorben sind. Es gibt keine Entschuldigung dafür, und es bleibt ein beschämendes Kapitel in der amerikanischen Geschichte. Diese schwerwiegenden Unterlassungen waren jedoch nicht Teil irgendeines Komplotts. Autoren, die diese Unterlassungen trotzdem als Kriegsverbrechen darstellen, um die Verkaufszahlen ihrer Bücher zu steigern, müssen mit dem Vorwurf der Geschichtsfälschung leben.

Anmerkungen

1 »Other Losses«, Toronto 1989; dt. Ausgabe »Der geplante Tod«, Berlin 1989.

2 Als einer von vielen neuen Rekruten in Deutschland 1945 wurde der Verfasser einer Gruppe von Soldaten zugeteilt, die die Aufgabe hatten, eine monatliche Inventur sämtlicher Ausrüstungsgegenstände auf U.S. Army Air Corps Stützpunkten zusammenzustellen. Der Umfang dieser monatlichen Berichte war schlicht umwerfend und die darin aufgeführten Zahlen nicht minder. Das Resultat: Die Arbeitsgruppe schrieb schließlich nur noch die Zahlen von vorausgegangenen Berichten ab.

3 Erich Maschke, Zur Geschichte der deutschen Kriegsgefangenen im Zweiten Weltkrieg, Bielefeld 1962–1974.

4 Kurt W. Böhme, Die deutschen Kriegsgefangenen in amerikanischer Hand – Europa. Zur Geschichte der deutschen Kriegsgefangenen des 2. Weltkrieges. Dokumentation der Wissenschaftlichen Kommission für deutsche Kriegsgefangenengeschichte, hrsg. von Erich Maschke/E. W. Gieseking, Bielefeld 1973.

5 J. Bacque (Anm. 1), S. 183ff.

6 Arthur L. Smith, Jr., Heimkehr aus dem Zweiten Weltkrieg: Die Entlassung der deutschen Kriegsgefangenen, Stuttgart 1985, S. 68ff.

7 Ebd.

8 England. War Office Akte 32/1121, Halifax-War Office Schriftwechsel, September 1945.

9 Ebd. Halifax an das War Office, 10. 9. 1944; Foreign Office an Halifax, 25. 9. 1944.

10 Vereinigte Staaten von Amerika. Foreign Relations of the United States, 1944. Band 1, Washington, D.C. 1966, S. 233.

11 K.W. Böhme (Anm. 4), S. 70. Bacque führte keine Beweise auf und schrieb lediglich, daß sie Einwände gegen das amerikanische Unternehmen äußerten.

12 K.W. Böhme (Anm. 4), S. 194–195.

13 Ebd., S. 195–196.

14 Ebd., S. 199.

15 Ebd., S. 200–203.

16 Als der Verfasser diese Frage an Bacque richtete, sagte dieser, daß er nicht wisse, wie man sich der Leichen entledigt hätte. Man könne sie wohl in stillgelegte Stollen entlang des Rheins geworfen haben.

Karl Dietrich Bracher

Zur Widerstandsproblematik in »Rechtsdiktaturen« – Die deutsche Erfahrung*

I. Tradition des Widerstandsgedankens

Wann immer wir der Ereignisse gedenken, die zum Ende der ersten deutschen Demokratie und zur Errichtung der furchtbarsten »Rechtsdiktatur« der Geschichte geführt haben, so stellt sich in aller Schärfe besonders auch die Frage nach den Möglichkeiten eines Widerstandes gegen eine solch verhängnisvolle Entwicklung. Denn der Einbruch der NS-Diktatur 1933 geschah auch deshalb so bestürzend schnell und scheinbar unwiderstehlich, weil ihm nicht rechtzeitig klar und wirkungsvoll genug begegnet werden konnte.

Die Frage ist unverändert brennend. Kritiker unserer heutigen Demokratie leiteten daraus mit immer neuer Heftigkeit ein Recht, ja eine Pflicht zum Widerstand überhaupt ab, indem sie den Anspruch auf zivilen Ungehorsam mit spektakulären Verstößen gegen die Rechtsordnung verbanden. Um so wichtiger ist die Besinnung auf jene schmerzhaften Erfahrungen, die aus der Widerstandsbewegung gegen die nationalsozialistische Herrschaft in Deutschland und Europa stammen. Die erste Erfahrung lautet: Widerstand ist schwer, aber geboten in einer Diktatur, die gegen die Menschenrechte verstößt; er ist einfach, doch verderblich hingegen in einer rechtsstaatlichen Demokratie, die legale Opposition ermöglicht und anerkennt. Seit alters wird das Widerstandsrecht des Volkes gegen angemaßte oder willkürliche, ungerechte Staatsgewalt als vor- und überstaatliches Menschen- und Freiheitsrecht, verankert in unveräußerlichen sittlichen und naturrechtlichen Grundprinzipien, postuliert: von den Tyrannenmördern der Antike über mittelalterliche Widerstandslehren bis zu den großen Revolutionen der Neuzeit – der englischen, amerikanischen, französischen – und zu den totalitären Diktaturen des 20. Jahrhunderts. Das Widerstandsproblem ist eine der Grundfragen politischen Denkens und Handelns, politischer Moral und staatsbürgerlichen Verhaltens.

Mit dem Aufstieg der modernen Demokratie stellte sich freilich das Problem anders als früher, denn in ihr war ja ausdrücklich die wichtige Existenz und Funktion einer politischen Opposition anerkannt. Diese hohe Errungenschaft einer freiheitlichen Verfassungsentwicklung sicherte die Verwirklichung der Menschen- und Bürgerrechte, ohne daß es noch der Berufung auf antistaatlichen Widerstand bedurfte.

Aber gleichzeitig wirft der Einbruch der modernen Diktaturen neue Probleme auf. Er zwingt sowohl zur Unterscheidung wie zum Vergleich der Widerstandsproblematik in kommunistischen oder antikommunistischen Diktaturen, in autoritären oder totalitären Systemen links wie rechts, in Militärdiktaturen, Dritte-Welt- und Entwicklungsländerdiktaturen. Für alle diese Formen von diktatorischen Links- wie Rechtsregimen gilt jedenfalls, daß die Widerstandsfrage sich prinzipiell von einem Widerstandsanspruch in Demokratien mit gesicherten Oppositionsrechten unterscheidet.

Auch die einfache Trennung in Links- und Rechtsdiktaturen ist freilich fragwürdig, wenn wir an die Mischung von konservativen und revolutionären Zügen im Faschismus und Nationalsozialismus einerseits, aber auch an die bürokratisch-obrigkeitlichen Tendenzen im nachrevolutionären Kommunismus seit Stalin denken. Ohne diese Grundfrage der Totalitarismusforschung hier vertiefen zu können, soll im folgenden das Thema am weltgeschichtlichen Hauptfall und wichtigsten Prototyp einer radikalen Rechtsdiktatur mit linken Komponenten, am Widerstand gegen die totalitäre Herrschaft des Nationalsozialismus in Deutschland und im besetzten Europa behandelt werden.

II. Oppositionsgruppen im NS-Staat

Das entscheidende Datum ist und bleibt 1933, sobald wir über die deutsche Problematik des Widerstands nachdenken. Es war der pseudolegale Übergang von der Demokratie zur Diktatur, der die alte Frage des Widerstands gegen tyrannische Herrschaft damals in ein neues Licht gerückt hat. Opposition gegen einen Staat, der über Notverordnungen, Ermächtigungsgesetz und Plebiszite scheinbar legal, ja pseudodemokratisch in die Hände einer Diktaturpartei gelangt war, hatte unvergleichbar größere Schwierigkeiten zu überwinden als der gleichsam klassische Widerstand gegen einen gewaltsamen Staatsstreich und offene Usurpation oder den Zwang eines totalitären Besatzungsregimes wie nach 1945 in Osteuropa und Ostdeutschland. Der Sinn der nationalsozialistischen These von der angeblich »legalen« und zugleich nationalen, vom Volk getragenen Revolution war es gerade, die Geister zu verwirren und alle Gegenkräfte zu schwächen. Dies beeinflußte den Charakter und beeinträchtigte die Chancen jeder Opposition gegen ein Regime, das in kürzester Frist über scheindemokratische Manipulationen zur umfassenden Herrschaft über Staat und Gesellschaft gelangt war. Es fehlten weithin die geistigen und sozialen Voraussetzungen, die eine klare Meinungsbildung und entschiedene Maßstäbe gegenüber der nationalsozialistischen Machtergreifung hätten tragen können. Die alte Tradition des Widerstandsrechts gegen willkürliche Gewalt war – anders als im Westen – bei der Ausbildung der neueren deutschen Staatsidee nach 1848 zurückgedrängt und von der bürokratischen Struktur des Obrigkeitsstaates überdeckt worden. Im Problem des Diensteides aller Militärs und Beamten auf Hitler statt auf die Verfassung ist dies 1933/34 besonders deutlich hervorgetreten.

Aus der Tradition des Obrigkeitsstaates erklären sich auch die Fehleinschätzungen, die einen allgemeineren Widerstand gegen die nationalsozialistische Machtergreifung gelähmt haben. Es war das Grundproblem von 1933 für die Weimarer Politiker und Parteien, die in der Beurteilung der NS-Bewegung schwankten, wie weit sie die Nationalsozialisten durch Kollaboration beeinflussen oder gar steuern könnten und wann Widerstand unausweichlich war – wobei allzu wenig daran gedacht wurde, ob und in welcher Form er dann überhaupt noch möglich sei. Die Illusionen der Gewerkschaften, der Attentismus der SPD-Führung, die vergebliche Anpassung der bürgerlichen Parteien, die Isolierung der KPD: Sie spiegeln je auf ihre Weise diese Problematik wider. Aber damit wurde der Augenblick verpaßt, da noch von den alten Machtpositionen aus hätte operiert werden können.

Erst im Verlauf der Auflösung der Parteien und des raschen Verlustes der demokratischen Positionen und Rechte bildeten sich verstreute Zentren des Widerstands, auch sie noch gehemmt durch den Glauben, Hitler werde rasch abwirtschaften und es gelte nur eine kurze Periode der Unterdrückung zu überstehen. Doch zeugten die Zehntausende politisch Verfolgter und Gefangener in den KZ, die sogleich errichtet wurden, von der potentiellen Stärke und Opferbereitschaft derjenigen Deutschen, die sogleich gegen den Nationalsozialismus standen.

Dabei sind sehr unterschiedliche Gruppen der Opposition gegen den Nationalsozialismus oder bestimmte Aspekte seines Regimes zu unterscheiden; sie treten zu verschiedenen Zeiten mit verschiedenen Methoden und Zielen hervor. Einerseits waren es die alten politischen Gegner der Linken und der Mitte, bald auch enttäuschte Konservative; dann verstärkte sich Opposition aus dem Raum der Kirchen; hinzu kamen Einzelgänger aus dem Staatsapparat und der Wirtschaft; schließlich rückten 1938 und wieder seit 1942/43 Militärs in den Mittelpunkt oppositioneller Planungen und Aktionen. Die Bewertung ist deshalb so schwierig und umstritten, weil sie nach höchst verschiedenen Maßstäben erfolgen kann: Sind es die Motive, die Erfolgsaussichten oder die politischen Ziele, denen das Hauptgewicht zukommt? Davon hängt es ab, wie die linken und die bürgerlichen, die kirchlichen, konservativen und militärischen Oppositionellen beurteilt werden, wie ihr Verhältnis zueinander und ihre Taktik gegenüber dem Regime gesehen wird.

Schon hier zeigt sich jedenfalls der große, diametrale Unterschied zwischen der Widerstandssituation inmitten diktatorischer Unterdrückung damals und einem angemaßten Proklamieren von Widerstand heute: also inmitten einer rechtsstaatlich-freiheitlichen Demokratie, von der man nur hoffen muß, daß sie sich nicht ähnlich wehrlos oder illusionär ihren Feinden ausliefert, nachdem sie ihnen die Freiheiten zum Aufmarsch gegen die Demokratie gewährt hat. Das Problem von 1933, die allzu leichte Unterwanderung und Überwältigung der Demokratie durch die Diktatur lag ja gerade darin begründet, daß es in Deutschland wie in anderen Ländern Europas eine große und destruktive Fundamentalopposition gegen die *Demokratie* gab. Und zwar durch die ganze Geschichte der Weimarer Republik hindurch, von den Putschbewegungen von 1919 und 1923 bis zu den Straßenkämpfen von 1930 bis 1933. Hingegen war die Resistenzkraft gegen *diktatorische* Bewegungen und Regime sehr viel geringer: vor 1933 wie dann danach.

Es geht hier sowohl um die Grundfrage nach dem Verhältnis des Widerstands in Demokratie und Diktatur wie um die Reichweite der verschiedenen politischen Lebensbereiche, die große soziale Spanne des tatsächlichen Widerstands gegen Hitler. Die nachträgliche Diskussion leidet unter den Beschränkungen, die politisch, sozial und ideologisch gebundene Betrachtungsweisen der Geschichte des Widerstands auferlegt haben. Bis heute bestimmen vier Hauptrichtungen die Interpretation. Da sind einmal die beiden rigorosen Ansichten, nach denen entweder (1) der kommunistische Widerstand (als »Landesverrat«) oder aber (2) die konservative und militärische Fronde (als bloße Abweichung vom Regime) von vornherein auszuscheiden seien. Eine solche anti- oder prokommunistische Einschränkung des Widerstandsbegriffs ist unhistorisch. Für die nationalsozialistische Führung und ihren totalitären Herrschaftsanspruch stellten beide Ansätze gleichermaßen eine Bedrohung dar. Man verkennt übrigens auch die politisch-moralische Dimension, wenn man den Widerstand nur als »anti-faschistischen« und nicht vor allem als einen antitotalitären versteht, der gegen rechts- wie linksdiktatorisches Unrecht gerichtet ist: man denke an das selbstkritische Wort von George Orwell (1944), linke Intellektuelle machten zu leicht den Fehler oder erlägen dem Irrtum, daß sie »antifaschistisch sein wollten, ohne antitotalitär zu sein«. Vielmehr gilt gerade für unser Problem »Widerstand in Rechts- oder Linksdiktaturen«: Wer vom Faschismus redet, soll vom Totalitarismus nicht schweigen.

Daß nach der endgültigen Institutionalisierung das NS-Regime ohne Beteiligung der bewaffneten Macht nicht mehr zu stürzen war, rechtfertigt aber (3) gewiß auch nicht eine Beschränkung auf den militärischen Widerstand, der in der ersten Hälfte des »Dritten Reiches« überhaupt fehlte und auch seit 1938 nur im Zusammenhang mit den politischen Kräften der Opposition gesehen werden kann. Die Auffassung endlich (4), daß nur aus den Kirchen eine Volksbewegung gegen den Nationalsozialismus hervorgegangen und zumal die katholische Kirche fast geschlossen in Opposition gestanden sei, ist ebenso problematisch wie die Gegenthese von der kommunistischen Massenbewegung gegen Hitler. Kirchliche Opposition – höchst bedeutsam, doch zugleich vielfach schillernd – war gewiß auch ein Politikum; sie stieß aber nur in wenigen Vertretern über die Verteidigung eigener Positionen und Interessen zum politischen Widerstand vor. Andererseits übersieht die teilweise gerechtfertigte Kritik an den Illusionen der Konservativen bis hin zu den Staatsentwürfen etwa des Kreisauer Kreises, daß ein Volksaufstand in keiner Phase des »Dritten Reiches« möglich erschien, ein Umsturz von oben jedoch, wie er besonders am 20. Juli 1944 schließlich versucht wurde, Kontakte mit dem Staatsapparat und Teilen des Establishments voraussetzte. Damit sind freilich weder die moralischen Aspekte noch die geistigen und sozialen Probleme solcher Versuche geleugnet.

Von einer einheitlichen Widerstandsbewegung kann zu keinem Zeitpunkt des »Dritten Reiches« gesprochen werden. Die Vielfalt der politischen und geistigen Kräfte, die sich früher oder später der Gleichschaltung entzogen oder gar widersetzt haben, fand wohl an bestimmten Wendepunkten zu engeren Kontakten; aber im Verhalten und Planen sind die Unterschiede groß geblieben, und nach dem Ende des Regimes traten sie auch sehr konkret wieder hervor. Immerhin war das Ausmaß der innerdeutschen Opposition in der Vorkriegsperiode sehr viel größer als die gelenkten Einheitsbekundungen nach außen erkennen ließen. Angesichts der Massenverhaftung von politischen Gegnern, der Ermordung von Tausenden wegen aktiver Opposition wie der grausamen Kollektivverfolgungen außerhalb der Justiz mittels der KZ wird man die Widerstandstätigkeit auch zahlenmäßig nicht so gering veranschlagen dürfen, wie es natürlich die NS-Propaganda getan hat; aus den geheimen Überwachungsberichten der Gestapo ergibt sich ein durchaus anderes Bild.

Es war allerdings ein großer Schritt vom Nonkonformismus vieler, der unter totalitären Bedingungen schon ein Politikum darstellt, über das Nichtgehorchen bis zum aktiven Widerstehen. Tatsache bleibt, daß vor allen späteren Formen der Opposition kirchlicher, militärischer, bürgerlicher und konservativer Prägung der erste Widerstand von denen geleistet wurde, die den Terror des NS-Regimes »am frühesten und stärksten zu spüren bekamen und von ihm zugleich als gefährlichste

Gegner betrachtet wurden, nämlich von den Organisationen der Arbeiterbewegung« (Reichhardt). Er ist freilich besonders schwer zu fassen; oft wird nur pauschal auf die Verfolgung der Linken und die Tätigkeit der Emigration verwiesen, während eine umfassendere Darstellung dieser weitverstreuten, namenlosen Opposition durch die Quellenlage beeinträchtigt wird. Unter den Verhältnissen totalitärer Herrschaft mußte die konspirative Aktivität linker Widerstandsgruppen im Dunkel der Illegalität und Anonymität bleiben; ihre Zeugnisse sind daher spärlicher und oft weniger aufschlußreich als die Dokumente und Planungen bürgerlicher und konservativer Opposition. Zahllose Prozesse zumal der Anfangsjahre spiegeln zwar die Breite und Kontinuität dieses »lautlosen Aufstands« (Weisenborn) wider, aber auch sie geben oft nur ein verzerrtes Bild dessen, was nationalsozialistisch gelenkte »Rechtspflege« als Feindvorstellung haben wollte, und in vielen Fällen verlief die Verfolgung ohnehin jenseits der Justiz im Bereich des SS- und KZ-Staates.

War schon die in Kommunisten und Sozialdemokraten zerspaltene Linksopposition zu schwach, um eine aktive Volksbewegung gegen den Nationalsozialismus in Gang zu bringen, so galt dies noch eindeutiger für alle anderen politischen und sozialen Gruppen. Hier fehlten die Voraussetzungen für illegale Zellenbildung und organisierten Widerstand, die immerhin in der Tradition der Linksparteien und zumal der KPD lagen. Aber während dort im Lauf der Jahre steigende Resignation um sich griff, als so offenbar jede Erweiterung der illegalen Gruppen zu einer linken Massenbewegung mißlang und nur die oppositionelle Einzelarbeit im Kontakt mit wenigen Gesinnungsfreunden blieb, nahmen zugleich auf bürgerlicher Seite die Versuche zu, von staatlichen oder gesellschaftlichen eigenen Machtpositionen aus Ansatzpunkte zu Opposition und zur Änderung des Regimes zu gewinnen. Solche Ansätze wurden zunächst an drei Stellen greifbar: im partiellen Widerstand der Kirchen gegen die Gleichschaltung, in wachsenden Bedenken liberaler und konservativer Kreise gegen die Wirklichkeit der NS-Herrschaft und schließlich in jener Kritik desillusionierter Militärs am Risiko- und Kriegskurs Hitlers, die in der Krisensituation des Sommers 1938 zum ersten Mal wirksam wurde.

III. Motive und Organisierung von Opposition

Die vielfältigen Motive und Formen dieser Oppositionsbewegungen sind kaum in eine Formel zu fassen. Sie gingen von liberalen oder konservativen Traditionen, von religiösen oder humanistischen Anschauungen aus. Aber den entscheidenden Antrieb zur Durchbrechung des lähmenden und berauschenden Bannes, der sich über das gesamte Leben Deutschlands gelegt hatte, bildete das verstörte Gewissen, das durch die Anschauung des gequälten Mitmenschen, der Verfolgung und des Terrors wach wurde. Es war die individuelle moralische Entscheidung, die über die Grenzen kollektiver Befangenheit Menschen verschiedenster Herkunft vom Mitmachen zum Widerstehen führte. Die Wendung mochte zuerst im persönlichen Bereich geschehen, angesichts der unmittelbar drängenden Aufgabe einer Hilfe für Entrechtete und Verfolgte. Ein nächster Schritt war der Kontakt mit Gleichgesinnten und die Aufklärung über das wirkliche Geschehen hinter den Propagandaklischees einer gleichgeschalteten Publizistik. Noch riskanter und nur von wenigen gewagt war endlich der

Schritt zur politischen Konspiration, zur Organisation und Planung aktiver Opposition, zur Verbindung mit anderen Personen und Gruppen des Widerstands.

Zur äußeren Gefährdung kamen die inneren Hemmnisse obrigkeitsstaatlicher Gesinnung im deutschen Bürgertum. Die Entscheidung zum Widerstand mußte in furchtbarer Einsamkeit inmitten der Massensuggestion des Regimes getroffen werden. Sie bedeutete die ständige Belastung durch Mißtrauen und Schweigen, die Gefährdung von Familie und Freunden und die Isolierung von der großen Mehrheit des eigenen Volkes; sie konnte sich nicht wie später die außerdeutschen Widerstandsbewegungen im besetzten Europa vom stolzen Bewußtsein nationaler Verpflichtung tragen lassen, stand vielmehr gegen den allgemeinen Patriotismus im eigenen Land. Am ehesten boten noch die Kirchen, sofern sie sich der völligen Gleichschaltung zu entziehen vermochten, einen gewissen Rückhalt. Das war freilich nicht überall der Fall. Und auch im weiteren bedeutete kirchliche Opposition nicht schon *politischen Widerstand* im strengen Wortsinn, sofern sie nicht gegen die nationalsozialistische »Obrigkeit«, sondern auf Wahrung von Autonomie und Lehrfreiheit gerichtet war. Auch sind die Fronten in den folgenden Jahren vielfach verwischt, sind mannigfache Kompromisse und Konzessionen gemacht worden, die selbst im Raum der Bekennenden Kirche (BK) die aktive Opposition eingeschränkt haben. Das Ergebnis war eher eine Art Waffenstillstand; den vollen Weg in die politische Widerstandsbewegung haben nur wenige konsequent beschritten.

Das zeigte sich an der weithin zwiespältigen Haltung in der Judenfrage. Die Kritik am Arierparagraphen hinderte nicht die Fortdauer eines traditionellen Antisemitismus, dem protestantischen und katholischen Widerspruch gegen die Euthanasie (1939/40) trat kein entsprechender Protest gegen die Judenpolitik zur Seite; die Gegenwirkung blieb auf Einzelaktionen oder Hilfsmaßnahmen beschränkt. Kirchliche Erklärungen von allgemeinem Gewicht sind selten gewagt worden. Große Ausnahmen waren die »Widerstandssynode« von Barmen 1934 sowie die Denkschriften, Kanzelabkündigungen und Hirtenbriefe in den folgenden Jahren. Und im Oktober 1943 bestritt die Preußische Bekenntnissynode (Breslau) dem NS-Staat offen das Recht zu seiner Vernichtungspolitik und erklärte: »Begriffe wie ›Ausmerzen‹, ›Liquidieren‹ und ›unwertes Leben‹ kennt die göttliche Ordnung nicht. Vernichtung von Menschen, lediglich weil sie Angehörige eines Verbrechers, alt oder geisteskrank sind oder einer fremden Rasse angehören, ist keine ›Führung des Schwertes, das der Obrigkeit gegeben ist‹ ...«. Das gelte auch für »das Leben des Volkes Israel« und für die Berufung auf einen Befehl: »Wir können uns nicht von Vorgesetzten die Verantwortung vor Gott abnehmen lassen.«

Auch die dem kirchlichen Widerstand Nahestehenden sind in ihrer Mehrheit vor allem mit drei Problemen nicht fertig geworden: (1) In der Diskussion der Eidesfrage vermochten nur wenige über die traditionelle Staatsbindung hinauszustoßen. (2) Gegenüber dem Krieg fielen die Kirchen weitgehend in die Haltung von 1914 bis 1918 zurück und stellten die patriotische Pflicht und das Gebet um den Sieg vor viele bisherige Bedenken: Schon bei der Sudetenkrise 1938 kam es dabei zur Distanzierung der lutherischen Bischöfe von der BK. (3) Der »Kampf gegen den Bolschewismus« erwies sich als ein Argument, das auch in kritisch eingestellten Kreisen eine überwältigende Wirkung besaß; Nationalismus, Antikommunismus und eine pseudoreligiöse Tarnung des Nationalsozialismus neutralisierten im protestantischen und katholischen Denken gleichermaßen vieles von der möglichen Opposition gegen das

Regime. Nur einzelne sind zu der Konsequenz einer Ächtung des Krieges durchgestoßen oder haben wie Dietrich Bonhoeffer die Lage der Deutschen in die Alternative gefaßt: »Entweder in die Niederlage ihrer Nation einzuwilligen, damit die christliche Zivilisation weiterleben könne, oder in den Sieg, und dabei unsere Zivilisation zu zerstören«.

Theologen wie Bonhoeffer und der Jesuitenpater Alfred Delp gelangten auch in die vorderste Front der politischen Widerstandsbewegung und waren an den Planungen zum Umsturz und zur politischen Neuordnung aktiv beteiligt. Zur ausgesprochenen Billigung solcher Bestrebungen konnten sich die Kirchen als solche freilich nicht durchringen; Revolution und Tyrannenmord standen zu den christlich-kirchlichen Grundpositionen in Spannung, das Dilemma von Gewalt und Schuld blieb selbst im Widerstand gegen die Diktatur ungelöst. Aber unter den Verschwörern des 20. Juli 1944 haben die christlichen Motive neben den moralisch-humanistischen, dem liberalen und dem sozialistischen Demokratiegedanken eine wesentliche Rolle gespielt. Bis zuletzt haben die Machthaber in der tatsächlichen oder potentiellen Resistenz der Kirchen, zu denen sich formal noch 1940 bei der Volkszählung 95 Prozent der Bevölkerung bekannten, ein besonders gravierendes Hindernis erblickt. Es nach einem siegreichen Kriegsende zu beseitigen, gehörte zu den wichtigsten Zielen des Regimes.

Es bleibt bestehen, daß in den Kirchen Vorbehalte gegen das Regime eine breitere Ausstrahlungskraft besaßen als anderwärts. Der ideologischen Gleichschaltungspolitik waren seit dem »Kirchenkampf« der Anfangsjahre hier Grenzen gesetzt, trotz organisatorischer Beschränkungen und Presseverbote, der Inhaftierung profilierter Führer wie Niemöller (seit 1937), einem Abbau theologischer Fakultäten und der Bedrohung aller Pfarrer, die oppositionelle Erklärungen der Bekenntniskirche oder katholische Hirtenbriefe von der Kanzel verlasen. Illegale Aktivitäten und Organisation war die Antwort, zumal in den zerspaltenen evangelischen Kirchen.

Aber die weitere Konsolidierung des NS-Regimes beschränkte sowohl den sozialistischen wie den kirchlichen Widerstand auf engen Raum. Eine Volkserhebung oder eine Änderung aus eigener Kraft war nicht zu erhoffen, nur die Verbindung mit Trägern gesellschaftlicher, staatlicher und militärischer Machtpositionen schuf Ansatzpunkte für eine Beeinflussung der politischen und militärischen Entscheidungen des Regimes. Es erwies sich, wie gering die Möglichkeiten sind, unter einer totalitären Diktatur eine oppositionelle Volksbewegung in Gang und zur Wirkung zu bringen, und wie wenig Illegalität und Widerstand eine Sache der Massen war. So gewannen jene antitotalitären Impulse Bedeutung, die dem ursprünglich keineswegs demokratisch geprägten Umkreis des Beamtentums und Militärs entstammen. Bezeichnend dafür war die rastlose Aktivität, die der bis 1931 noch deutschnationale dann betont unabhängige Leipziger Oberbürgermeister Carl Goerdeler in den Jahren nach seinem demonstrativen Rücktritt (1937) aus Protest gegen die Beseitigung des Leipziger Mendelssohn-Denkmals entfaltete. Sie ging vor allem in drei Richtungen: Versuche, mittels Denkschriften auf die Staatsführung einzuwirken; Kontakttätigkeit zwischen den verschiedenen Kreisen einer beginnenden bürgerlichen und konservativen Opposition; Beeinflussung der Bürokratie. Je mehr schließlich die Einsicht wuchs, daß an einen Umsturz von unten nicht zu denken war und nur ein Staatsstreich von oben in Betracht kam, begann sich der Widerstand auf die Armee hin zu orientieren. Die Wehrmacht war dafür alles andere als vorbereitet. Entgegen den Hoffnungen auch vieler Konservativer hatte sie die Machtergreifung, die Ermordung der Generale v. Schleicher und v. Bredow, die Vereidigung auf Hitler 1934 ohne Protest hingenommen: Mit der anfänglichen Zusicherung der militärischen Autonomie hat Hitler das Offizierkorps alten Schlages zu befriedigen vermocht. Hinzu kam die vermeintliche Gemeinsamkeit der militärischen und nationalsozialistischen Interessen: Rüstungspolitik, Beseitigung der Versailler Beschränkungen waren Ziele, um derentwillen man bereit war, die Praktiken nationalsozialistischer Herrschaft als bloße Entgleisungen hinzunehmen. Als eine eigene Machtgruppe zu handeln, war der Wehrmacht schon nach dem Versagen von 1934 kaum mehr möglich. Militärischer Widerstand konnte höchstens eine Teilbewegung, Anstrengung einer Minderheit sein, die zwar zeitweilig wichtige Positionen und Verbindungen erreichen konnte, aber nie zu ausreichendem Einfluß in der militärischen Spitze gelangte. Das hat seine Form und seine begrenzten Möglichkeiten bestimmt.

Es zeigte sich, daß die deutsche Militärtradition im Grunde kein tragfähiges Fundament für einen politischen Widerstand bot: Er blieb auf die Einzelinitiative geistig und moralisch selbständiger Militärs angewiesen. Ihr Ansatzpunkt lag nicht in der Reichswehrtradition, sondern in der Gewissensentscheidung von einzelnen. Aber für allzu viele ist das Anlaß oder Vorwand gewesen, dem Gewissenskonflikt in den bloßen Gehorsam auszuweichen und sich bis zuletzt wider besseres Wissen jeder Beteiligung zu versagen. Immerhin: Im Sommer 1938 stand eine erste Militäropposition um Generalstabschef Beck mit Widerstandsplänen in Verbindung, an denen erstmals fast alle politischen Lager beteiligt waren. Von SPD- und Gewerkschaftsführern bis in die hohe Beamtenschaft und in die halbzivilen Geheimdienste der Wehrmacht reichten die Kontakte der Verschwörer, die im Augenblick der erwarteten militärpolitischen Krise die Änderung des Regimes planten.

Ihr Zentrum gewann die aktive Konspiration seit diesen Wochen in einem Kreis, der sich in der Abteilung ›Abwehr‹ im OKW bildete. Hier war die Einsicht in die wirkliche Lage am schärfsten und hier wirkten als treibende Kräfte der damalige Oberst Hans Oster und im weiteren dann der Reichsgerichtsrat Hans v. Dohnanyi. Kern der Planungen war die Verhaftung Hitlers, und zwar im Augenblick seines Befehls zum Kriegsbeginn und der erwarteten Kriegserklärung der Westmächte: Man rechnete damit, daß dies die deutsche Bevölkerung in Schrecken versetzen und dem Unternehmen einen breiteren Rückhalt geben, das Risiko eines Bürgerkriegs verhindern würde. Wenn der verbrecherische Katastrophenkurs Hitlers so offenbar war, konnte der Widerstand auch im obrigkeitlich gesinnten Bürgertum und Militär auf Unterstützung hoffen, würde Gehorsamsverweigerung nicht als Sabotage und Verrat erscheinen. Die Erfahrung vom November 1918 stand als Warnung hinter diesen Erwägungen.

Zwei Gefahren suchten die Verschwörer zu vermeiden: einen Bürgerkrieg, dessen Ausgang im Blick auf die nationalsozialistische Parteimacht ungewiß war, und eine Dolchstoßlegende umgekehrter Art, die eine künftige Neuordnung mit der Behauptung vergiften konnte, daß Armee und Opposition Hitler angesichts des Erfolgs in den Rücken gefallen seien. Wie begründet diese Überlegungen waren, hat später die Diffamierung der Aktion vom 20. Juli 1944 bewiesen, deren Gelingen doch nur einem längst verlorenen Krieg ein Ende gesetzt und Millionen Menschen gerettet hätte. Hitlers Triumph auf der Münchener Konferenz von 1938 hat damals allen Plänen den

Boden entzogen. In den nächsten drei Jahren eilte das Regime von Erfolg zu Erfolg; sein Prestige schwächte nicht nur die Reihen der Opposition und machte eine Gegenaktion fast aussichtslos, sondern hätte einen Putsch auch unweigerlich mit den gefürchteten Konsequenzen belastet: Bürgerkrieg und Dolchstoßlegende. Die ohnehin problematische, ewig zögernde Beteiligung von Militärs, auf die alle künftigen Aktionen angewiesen waren, ist dadurch entscheidend kompliziert worden. Hinzu kam die immer schärfere Abschirmung Hitlers im Kriege.

IV. Opposition im Krieg

Hier tat sich nun das politisch-moralische Problem auf, wann und wie die Opposition zum Mittel der Gewalt greifen solle und könne. Nicht nur die Kirchen verharrten bei ihren prinzipiellen Bedenken und lehnten mit geringen Ausnahmen die Rechtfertigung von Gewaltakten einschließlich der Tötung Hitlers ab. Auch viele bürgerliche und konservative Oppositionelle von Goerdeler bis zum Kreisauer Kreis standen diesem Problem unentschieden gegenüber und überließen das Attentat den Militärs, die ihrerseits in der Mehrzahl an Eid und Gehorsam festhielten. Das hat nicht nur die praktische Vorbereitung eines Staatsstreichs, sondern schon die Verständigung der verschiedenen Oppositionsgruppen schwer behindert, es hat schließlich auch den Putschversuch selbst entscheidend beeinträchtigt. Bis zuletzt vertraute man allzu stark der List und Überraschung. Der Putschplan vom September 1938 blieb das Grundmodell; zuerst Sicherung der militärischen Unterstützung für eine möglichst unblutige Aktion, dann Gewinnung der Bevölkerung durch Proklamation und Information über den verbrecherischen Charakter und den Katastrophenkurs des Hitler-Regimes.

Der Krieg hat die Opposition gleichermaßen kompliziert und begünstigt. Einerseits wurde es immer schwerer, Nationalsozialismus und Deutschland voneinander zu trennen. Der Appell an den Patriotismus wirkte stärker als die Bedenken gegen das Regime; dazu kamen die im Krieg gesteigerte Reglementierung, Überkontrolle und eine allseitige Überanstrengung des Lebens. Andererseits verlangte der Krieg aber ein größeres Maß an Improvisation und Pragmatismus, enthielt Tendenzen zur Lockerung und Öffnung der Herrschaftsstruktur im zivilen wie im militärischen Bereich, die der Organisation und Ausbreitung des Widerstands günstig waren. Vor allem aber verstärkte sich nun schlagartig das Gewicht der Wehrmacht, die sich trotz ihres bisherigen Versagens doch eine gewisse Distanz gegenüber Partei und SS bewahrt hatte. Hinzu kam, daß jetzt auch viele zivile Gegner des Regimes in militärischen Stellungen Verwendung fanden. Unter dem Schirm des Admirals Canaris hatte Oster seit Kriegsbeginn Männer wie Dohnanyi, dann auch Dietrich Bonhoeffer in die Abwehr aufgenommen.

In der Situation von 1939/40, vor der Ausweitung des Krieges, hatten sie die Kontakte mit den Westmächten zu stützen, hatte Oster auch einen letzten Beweis für die Ehrlichkeit der Opposition zu erbringen gesucht, indem er die deutschen Termine für den Angriff sowohl auf Skandinavien wie auf Frankreich nach Holland gelangen ließ. Dieser Versuch, der wie alle ausländischen Kontakte bis heute von Kritikern der Opposition als »Landesverrat« diffamiert und sogar zum Vorwand einer neuen

Dolchstoßlegende gemacht worden ist, war Ausdruck der unbedingten Gegnerschaft Osters gegen das Regime und seines entschlossenen Willens, alles für die Beendigung des Krieges und den Umsturz einzusetzen. Die Überschreitung der Grenze vom Hochverrat zum Landesverrat, unter der Diktatur ohnehin verwischt, rechtfertigte sich auch aus der Einsicht, daß Hitler im Begriff war, fünf neutrale Länder zu überfallen, denen er ausdrücklich ihre Unversehrtheit garantiert hatte.

Die Tat war politisch wie moralisch begründet; nur zu gut war Oster über die bedenkenlosen Vorbereitungen der nationalsozialistischen Aggression unterrichtet. Wenn Landesverrat die Absicht voraussetzt, dem eigenen Lande zu schaden, dann war das Recht auch bei diesem außergewöhnlichen Schritt auf der Seite dessen, der mit allen verfügbaren Mitteln den Vertragsbruch und die Zerstörung des Rechts bekämpfte. Landesverrat und Eidbruch können in einem Unrechtsstaat, der selbst alle Verpflichtungen gegen die eigenen Bürger wie gegen die Nachbarstaaten bricht, nicht mehr gelten. Osters Tat war aber zugleich auch der ganz konkrete und verzweifelte Versuch, das seit Kriegsbeginn erschütterte Vertrauen des Auslands in die deutsche Opposition zu retten. Er ist gescheitert, weil dort die Warnungen nicht ernstgenommen wurden und die militärische Effizienz der deutschen Operationen in unerwartet kurzer Zeit zum völligen Sieg im Westen führten.

Dieser erneute Triumph Hitlers wandelte die Lage grundlegend. Der Sieg über Frankreich bezeichnete zugleich die tiefe Niederlage der Opposition. Nun begann die schwerste Prüfungszeit für einen Widerstand, der sich im Rausch der siegreichen Diktatur zu behaupten hatte. Die bisherigen Kontakte mit dem Westen und die Hoffnungen auf ein rasches Kriegsende und inneren Umsturz waren zerstört. Isoliert und ohne Aussicht, die Bevölkerung zu gewinnen, war der Opposition fast nur noch die moralische Position geblieben, war äußeren Erfolgserwägungen der Boden entzogen. Um so bemerkenswerter erscheint das Maß an Kontinuität, mit dem die Opposition über die nächsten Jahre organisiert und ausgebaut wurde. Diese Tatsache steht den späteren Behauptungen entgegen, nur die Angst vor der Niederlage, eine Art Torschlußpanik habe den deutschen Widerstand angetrieben. Das mag für einige der militärischen Exponenten gelten. Aber es traf gewiß nicht für jene zu, die in der Zeit der größten Erfolge des »Dritten Reiches« die Last des lebensgefährlichen Kampfes gegen Hitler und sein scheinbar unüberwindliches Regime trugen.

Vor allem zwei Probleme bestimmten die weitere Entwicklung. Da war einmal die Tatsache, daß jeder Sieg der deutschen Waffen die innenpolitischen Aussichten der Opposition ebenso verminderte, wie er die außenpolitischen Ansprüche ihres nationalkonservativen Flügels bis ins Auswärtige Amt vergrößerte. Das andere Problem war verknüpft mit der Diskussion über die politischen und moralischen Implikationen einer Ermordung Hitlers, ohne die eine Verwirklichung des vordringlichen Zieles unmöglich erschien: Beseitigung des Regimes, Beendigung des Krieges, Wiederherstellung von Recht und Freiheit. Das war auch die konsequente Position eines Dietrich Bonhoeffer, der schon 1942 im Unterschied zu den Zweiflern erklärt hatte, die Schuld des nationalsozialistischen Deutschlands lasse »außenpolitische Auswege« nicht mehr zu. Das Handeln des Widerstands sei vielmehr ein »Akt der Buße« und müsse als solcher deutlich werden. Für Bonhoeffer wie für Leber und Moltke war die bedingungslose Kapitulation unvermeidlich.

In diesem Sinne hielt auch Moltke über die Vorstellungen anderer Kreisauer hinaus Ende 1943 »eine unbezweifelbare militärische Niederlage und Besetzung Deutschlands aus moralischen und politischen Gründen für absolut notwendig«.

Diese Einsicht bestimmte auch den Versuch, mit dem sich 1942/43 die Studenten der »Weißen Rose« gegen das politische Versagen der deutschen Bildungsschicht aufbäumten. Aber solcher Widerstand blieb einsam und verfemt, auch an den meisten Stätten der Wissenschaft. Vor dem Hintergrund der deutschen Tradition waren Gelehrte so wenig wie Generale gerüstet für den Konflikt mit konventionellem Patriotismus und Staatsgehorsam. Furcht vor Verfolgung und vor dem Odium des Hoch- und Landesverrats schreckte die, die es besser wissen mußten, weil sie täglich Umgang mit der politisch-militärischen Realität oder mit der geistig-moralischen Welt hatten.

V. Das Recht auf Widerstand

Wir stehen zum Schluß wiederum vor der Frage, ob Widerstand im diktatorischen Unrechtsstaat, der notwendig das Odium der Illegalität und der Gewalt auf sich nehmen muß, überhaupt in irgendeiner Weise mit den Ansprüchen einer Antisystemopposition im demokratischen Verfassungsstaat in Beziehung gesetzt werden kann. In den Protestbewegungen der Gegenwart wird das Problem ja gerne auf das antistaatliche Argument verkürzt, daß politische Herrschaft als angeblich »strukturelle Gewalt« Gegengewalt rechtfertige. Dabei vernachlässigt man das entscheidende Bezugssystem, unter dem Widerstand gegen Diktatur legitimiert ist: die Forderung auf Wiederherstellung verfassungs- und menschenrechtlicher Verhältnisse.

Betrachten wir den Aufstieg einer Überzahl von Diktaturen in unserem Jahrhundert bis heute, so gehört der Gebrauch und Mißbrauch von Ideologie und Religion zu den wichtigsten Elementen im Konflikt der politischen Systeme – zumal bei allen Versuchen zur Unterdrückung von Freiheit und Recht im Namen einer perfekten Gesellschaft, die nach den Verheißungen totalitärer Heilslehren den Himmel auf Erden bringt. Diese totalitäre Versuchung durch politische Religion und Radikalismus, durch pseudoreligiöse Ideologien und pseudopolitische Glaubensmanipulation bleibt eine Gefahr auch unter den so veränderten Verhältnissen unserer Zeit. 1933 bis 1945 war eine nominell christliche Nation unfähig, den drei großen Übeln des Nationalsozialismus zu begegnen: der gnadenlosen Verfolgung alles Mißliebigen und besonders der Juden, dem militanten Kriegsimperialismus und dem politisch-rassistischen Massenmord.

Bei aller Sensibilität für das politische und soziale Elend in den meisten Entwicklungsländern ist nicht nur aus historischen, sondern auch aus politischen und moralischen Gründen vor jeder vorschnellen Gleichsetzung der Situation von Widerstand in der NS-Zeit auch mit den Machtkonflikten und mit den »Befreiungsbewegungen« in der Dritten Welt zu warnen. Allzu leicht lassen sich christliche Motive der Nächstenliebe, der Mitmenschlichkeit und der sozialen Gerechtigkeit einspannen und mißbrauchen von solchen Bewegungen, die selbst diktatorische Methoden und Ziele haben. Und allzu leicht, so scheint mir, neigen Aktivisten dazu, unter Berufung auf ein Versagen vor und nach 1933 im Ringen um heißumkämpfte tagespolitische Entscheidungen einseitige Auffassungen mit chiliastischem Pathos zu endgültigen

Wahrheiten zu erheben. Die deutsche Erfahrung mit der Hinnahme von »Bewegungen«, die Gewalt oder Diktatur mit hohen Zielen rechtfertigen, ist auch eine Warnung vor der Unterschätzung politischer Religionen, die unter christlicher oder nichtchristlicher Flagge einseitige Herrschaft erstreben: und zwar sowohl über die Macht des Staates wie über das Denken und die Seele des Menschen. Man sollte sich den Begriff des Widerstandes aufbewahren für jenen Fall der totalitären Bedrohung und Entrechtung, dem ein mutiger Teil deutscher Bürger damals zu widerstehen suchte.

Der grundlegende Unterschied bleibt: Widerstand im Namen eines schwer verletzten Rechtsstaats und zum Schutz der gnadenlos verfolgten Menschen oder revolutionäre Umsturzbestrebung im Namen perfektionistischer Zukunftsutopien und ohne Rücksicht auf Opfer. Gewiß gibt es fließende Übergänge: Auch im Widerstand gegen Hitler konnte es weder um die bloße Rückkehr zu früheren Verhältnissen noch um sozialistische Zukunftsträume gehen, und hier lag denn auch das Fragwürdige in den Entwürfen der staats- und gesellschaftskonservativen Oppositionsgruppen wie andererseits der diktatorischen Gegenvorstellungen der Kommunisten. Es ging um die Wiederherstellung des liberalen und sozialen Rechtsstaats, die Befreiung des Rechtes aus dem willkürlichen Mißbrauch im Dienste übermenschlicher und unmenschlicher Zielsetzungen von rechts wie von links. Man mag mit guten Argumenten auch ein Recht auf Revolution diskutieren und sich darauf berufen, daß ihm wesentlich der Durchbruch der modernen Demokratie zu danken ist. Deutschland, das Land der mißglückten oder versäumten Revolutionen, hat in dieser Diskussion gewiß manches nachzuholen; der »Aufstand gegen Zwang und Lüge« (Helmut Schmidt) in der DDR von 1989 stimmt hoffnungsvoll.

Aber das Versagen von 1933 und das Scheitern des Widerstands im »Dritten Reich« enthalten vor allem die Erfahrung und Lehre, daß die politische Kultur eines modernen Staates auf die moralische und auch verfassungsmäßige Fixierung des Oppositionsrechts angewiesen ist. In Deutschland war anders als in den westlichen Demokratien eine selbstverständliche Tradition des Widerstandsrechts abgebrochen worden, als nach 1848 der nationale Obrigkeitsstaat in einer Revolution von oben etabliert wurde. An ein sicheres, selbstverständliches Staats- und Bürgerverständnis konnten weder die Weimarer Republik noch die Bundesrepublik Deutschland anknüpfen. Aus der Erfahrung der totalitären Diktatur gilt es beidem entgegenzutreten: dem Rückfall in die schützenden Bereiche des Obrigkeitsstaates ebenso wie dem Ausbruch in radikale Antisystembewegungen, in denen die extremen Polarisierungen der Weimarer Republik wiederkehren.

Beide Verhaltensweisen widersprechen der schmerzlichen Erfahrung, die uns das Scheitern der ersten Demokratie und die Leidensgeschichte des Widerstands hinterlassen hat. Das Opfer derer, die sich damals dem Sog der Verführung, des Opportunismus, der unkritischen Begeisterung für Macht und Erfolg mutig entzogen haben, die angefochten und einsam Verfolgung und Tod auf sich genommen haben, kann auch nicht an den gängigen Alternativen ›kapitalistisch-sozialistisch‹ oder ›reaktionär-fortschrittlich‹ gemessen werden. Der entscheidende Gesichtspunkt, unter dem Vergangenheit und Gegenwart des Widerstands zu sehen sind, scheint mir vielmehr die Demonstration der alten Einsicht, die in Deutschland lange verschüttet war, daß Politik beides zugleich ermöglichen soll: Aufbau und Ordnung einer rechtsstaatlichen Demokratie, aber auch Kritik an jeder einseitigen und ungerechten Machtausübung. Eine Herrschaft, die solche Kritik unterdrückt, sei es im Namen einer angeblich konfliktlosen Gesellschaft, sei es im Zeichen eines autoritären Obrigkeitsstaates, sei es als militant ideologische Bewegung, die im Besitz der alleinigen Wahrheit zu sein glaubt oder (etwa bei militärischen oder ökologischen Fragen) im vorgeblichen Volksinteresse sich auf Ausnahmerechte des Widerstands auch gegen Parlament und Rechtsstaat beruft, verletzt dieses Grundgesetz einer menschenwürdigen Politik.

Die Toten des antidiktatorischen Widerstands sind Zeugen des Gedankens des gemäßigten, durch Gewaltenteilung freiheitlich begründeten Staates, dem abendländische Politik seit den Zeiten der griechischen Demokratie und des Aufstands gegen Tyrannenmacht nachstrebt. Sie führen zurück in diese große internationale Tradition, aus der einst ein antiwestlicher deutscher Staatskult ausgebrochen ist. Und dies um so entschiedener, als es zum Großteil Frauen und Männer waren, die vor dem Hintergrund jener problematischen Tradition deutschen Staatsdenkens und Sonderbewußtseins wenig für demokratische Gesinnung und revolutionäre Tat prädisponiert waren. Gerade sie haben die Worte Widerstand und Tyrannenmord »ins deutsche Vokabular zurückgeholt« (Wilhelm Hennis) und die deutsche Staatsmetaphysik, den Glauben an den Staat als Höchstwert überwunden, indem sie vom antidemokratischen zum antidiktatorischen Widerstandsverständnis fanden und sich dem europäischen Kampf gegen Hitler und den Totalitarismus einreihten. Dies eben war die Grunderfahrung des deutschen Widerstands gegen eine »Rechtsdiktatur«: daß Staat, Obrigkeit und Nation nicht länger absolut gesetzt sind, daß überstaatliche Werte ebenso wie eine menschenwürdige Form des politischen Prozesses erste Bezugspunkte für die Loyalität des Staatsbürgers sind, daß es nicht um den Staat als solchen, um Eid oder Ordnung als solche, sondern um ein waches Verfassungsverständnis und demokratisches Bewußtsein geht. Darin lag die tiefere Legitimität eines als illegal, verräterisch verfemten Widerstands gegen den eigenen Staat.

Thomas Mann hat einmal das Politische einen Teil des Humanum genannt. Die Bedeutung des Widerstands liegt nicht in der Trennung und Isolierung des Politischen und Moralischen, sondern gerade in der engen Verbindung von Politik und Moral, die so oft in der jüngeren Geschichte Deutschlands und noch in der Deutung des Widerstands gegen Hitler gegeneinander ausgespielt wurden. Die alte Frage nach dem Verhältnis von Recht, Gerechtigkeit und Gewalt ist immer von neuem gestellt. Die Antwort war nicht die Rechtfertigung der Gewalt als solcher, von der oft leichtfertig gesprochen wird, sondern die Bereitschaft, die Gewalt als Schuld und Opfer auf sich zu nehmen, um Recht und Gerechtigkeit gegen eine menschenfeindliche, verbrecherische Tyrannei wiederherzustellen.

Anmerkung

* Hans-Adolf Jacobsen hat sich früh und nachdrücklich mit den Problemen des deutschen Widerstands gegen Hitler beschäftigt: so schon in dem Buch »20. Juli 1944« (Bonn 1960) und vor allem in den zwei Bänden »Spiegelbild einer Verschwörung« (Stuttgart 1984). Mit diesem Beitrag danke ich dem Jubilar für die langjährige freundschaftliche Zusammenarbeit in Forschung und Lehre auch auf diesem Gebiet. Mein Beitrag, teilweise vorgetragen auf dem Europäischen Forum Alpbach 1989, faßt eigene Studien seit 1954 (»Das Gewissen steht auf«) und 1956 (»Anfänge der deutschen Widerstandsbewegung«) bis hin zu aktuellen Erörterungen der Problematik (»Die totalitäre Erfahrung«, 1987) zusammen.

II. Deutschland im Kräftefeld der internationalen Politik: Konfrontation – Kooperation – Integration

Lech Trzeciakowski

Bestimmungsfaktoren der deutsch-polnischen Beziehungen von der Bismarck-Ära bis zur Herrschaft Pilsudskis

Die beiden Staatsmänner, deren Namen im Titel dieser Abhandlung enthalten sind, nehmen in der Geschichte ihrer Nationen eine so außergewöhnlich bedeutsame Stellung ein, daß auch die Gestaltung der deutsch-polnischen Beziehungen oft durch das Prisma ihres politischen Handelns betrachtet wird. Allerdings waren ihre Wirkungsbereiche recht unterschiedlich.

Otto von Bismarck war ein Staatsmann, der in einer bestimmten Epoche einen erheblichen Einfluß auf die europäische Politik ausübte. Józef Pilsudskis politische Karriere hingegen nahm in der Zeit der noch fortbestehenden Teilungen Polens ihren Anfang, was seinen Spielraum grundsätzlich limitierte. So endete Pilsudskis Versuch – als er bereits »Vorläufiger Staatschef« war – mit einer Niederlage, durch die Gründung einer Föderation zwischen Polen, Litauen und Belorußland zu einer größeren Rolle in der internationalen Arena zu gelangen. Auf der anderen Seite blieb jedoch Polens siegreicher Krieg gegen Sowjetrußland im Jahre 1920/21 für die politische Gestaltung Mitteleuropas von maßgeblichem Einfluß.

Im alltäglichen Geschichtsbewußtsein der Deutschen und Polen gibt es grundsätzlich Unterschiede in der Einschätzung des »eisernen Kanzlers«. Für die einen verkörpert er die Idee der deutschen Vereinigung, für die anderen ist er ein Symbol der Germanisierungspolitik. Im Falle von Józef Pilsudski gibt es keine derartigen Diskrepanzen. Er wird als Staatsmann angesehen, welcher bei der »Wiedergeburt« des polnischen Staates eine entscheidende Rolle gespielt hat.

Nun wäre es wichtig, den chronologischen Rahmen dieser Abhandlung zu markieren. Im Falle der deutsch-polnischen Beziehungen ist die Ernennung Bismarcks zum Ministerpräsidenten Preußens als Ausgangspunkt für die nachfolgende Darstellung zweckmäßig, da er einige Monate später Entscheidungen zur Polenfrage (Konvention von Alvensleben) treffen mußte, die gravierende internationale Konsequenzen hatten. Unser Beitrag endet dann mit dem November 1918, im welchem der unabhängige polnische Staat wieder entstand und Pilsudski die Würde eines »Vorläufigen Staatschefs« von Polen erhielt.

Wenn wir die Bestimmungsfaktoren der deutsch-polnischen Beziehungen in diesen Jahrzehnten erforschen, müssen wir zunächst die Bedeutung der Auflösung des polnischen Staates hervorheben, die Ende des 18. Jahrhunderts durch Preußen im Zusammenwirken mit Rußland und Österreich erfolgte. Die Übernahme der Westgebiete Polens durch die Monarchie der Hohenzollern leitete eine neue Periode in den knapp neunhundertjährigen Beziehungen zwischen Polen und Deutschen ein. Diese Teilung prägte auch das weitere Schicksal der beiden Völker und blieb nicht ohne Einfluß auf die Gegenwart. In den nächsten mehr als 120 Jahren waren alle Faktoren eine Konsequenz dieses fundamentalen Ereignisses. Zuvor hatten sich die deutsch-polnischen Beziehungen vor allen Dingen als Kontakte zwischen souveränen Staaten gestaltet: zwischen Polen einerseits und Brandenburg, dem Ordensstaat, dann Preußen, Österreich und auch Sachsen andererseits. Offensichtlich gab es gewisse Verflechtungen zwischen der polnischen und deutschen Bevölkerung, hauptsächlich in den Grenzgebieten.

Mit den Teilungen trat die Polenfrage als ein internes Problem Preußens und später Deutschlands hervor; dabei ging es um die Einstellung des Staates zu der einheimischen polnischen Bevölkerung. Sie wurde auch zu einem internationalen Faktor in den Beziehungen zwischen den Teilungsmächten, zog aber auch die Aufmerksamkeit anderer Mächte wie Frankreichs, Großbritanniens und schließlich auch der USA auf sich.

Die Besetzung der polnischen Gebiete übte einen starken Einfluß auf die Staatsdoktrin Preußens aus, da sich die Notwendigkeit ergab, die Okkupation und die Mitwirkung bei der Auflösung des jahrhundertelang bestehenden polnischen Staates zu begründen. Friedrich II. stellte zivilisatorische Motive in den Vordergrund und behauptete, in dieses – wie er es selbst bezeichnete – »rückständige Land« die Moderne bringen zu wollen. Er schrieb an Jean d'Alembert, daß er versuchen würde, »die armen Irokesen mit der europäischen Zivilisation vertraut zu machen«[1]. Mehrere Jahrzehnte später formulierte Theodor von Schön, der Oberpräsident der westpreußischen Provinz, beim Amtsantritt 1816 es als sein Ziel, »aus den ehemaligen Sklaven und Slaven Menschen und Deutsche zu machen«[2]. Mit der Zeit wurde die Verwendung einer solchen Argumentation ein Anachronismus. Die Unterschiede in der zivilisatorischen Entwicklung wurden immer mehr abgebaut. Es gab sogar Bereiche, in denen man sich die Polen zum Vorbild machte. Im Jahre 1903 schrieb Leo Wegener, hervorragender Nationalökonom und Schüler Max Webers, zugleich aber auch Aktivist des Ostmarkenvereins und Autor des berühmten Buches »Der wirtschaftliche Kampf der Deutschen mit den Polen um die Provinz Posen«: »Bis jetzt haben nur Polen vorzügliche Organisationen der Selbsthilfe geboten ...«[3] Zwar konnte jetzt nicht von der Zivilisierung der Polen die Rede sein, doch griff man gern in diesem Zusammenhang die Frage des kulturellen Beitrages der Deutschen im Osten auf. Bernhard von Bülow sagte 1916: »Eine Kulturmission ist es gewesen, die uns Deutsche einst über die Elbe und die Oder nach dem Osten geführt hat. Das Kolonisationswerk im deutschen Osten, das vor beinah einem Jahrtausend begonnen, heute noch nicht beendet ist, ist nicht nur das Größte, es ist das einzige, das uns Deutschen bisher gelungen ist.«[4]

In der Begründung der Teilung fehlte es nicht an moralischen Argumenten. In der Broschüre »Das gerechte Schicksal Polens« (1775) stellt der anonyme Verfasser fest, daß die Polen selbst an ihrem Schicksal Schuld seien aufgrund ihrer überzogenen Freiheitsrechte und der Einschränkung der Rechte nichtkatholischer Minderheiten. Man bediente sich auch pseudohistorischer Argumentationen. Ewald Friedrich von Hertzberg, Minister zur Zeit Friedrichs II., fertigte z. B. einen umfangreichen Aufsatz an, in dem er auf halsbrecherischen Wegen und mit Hilfe von zweifelhaften

Beweisen aus dem 12. und 14. Jahrhundert versuchte, einen scheinbar legalen Erbanspruch seines Königs auf Westpreußen und Großpolen zu begründen. Seine Argumente waren jedoch so wenig stichhaltig, daß sie bald aufgegeben werden mußten. Mitunter kam man aber auf die Präsenz der Deutschen, insbesondere des Deutschen Ritterordens, in den preußisch besetzten Gebieten zurück. Recht häufig machte dies auch Wilhelm II. Ein breites Echo fanden seine Reden in Thorn (22. Oktober 1894) und in Marienburg (5. Juni 1902), in denen starke antipolnische Akzente enthalten waren[5].

Ein fester Bestandteil des preußischen und späteren deutschen politischen Denkens bildete die Idee der Staatsräson, wonach der Besitz der polnischen Gebiete eine unabdingbare Voraussetzung für den Bestand Preußens und später des Deutschen Reiches war. Diese Tradition reichte bis zum Großen Kurfürsten zurück, der für Territorien schwärmte, die Brandenburg mit dem Herzogtum Preußen hätten verbinden können. Friedrich der Große griff dieses Thema ebenfalls in seinen beiden berühmten Testamenten auf. Schon bald folgte zum Leidwesen Polens aus königlichen Träumereien die Realität der Teilungen von 1772, 1793 und 1795. Preußen besetzte riesengroße Gebiete im Osten; die polnische Bevölkerung machte 37 Prozent der Untertanen des preußischen Königs aus[6]. Dank dieser Annexion konnte sich die Hohenzollern-Monarchie als europäische Macht etablieren. Die preußische Diplomatie bemühte sich auf dem Wiener Kongreß mit Erfolg, das Territorium des Herzogtums Warschau einschließlich Thorn und Posen an die westlichen Monarchien anzuschließen, weil diese Gebiete von großer strategischer Bedeutung waren.

Bald wurde die Staatsräson zum Hauptargument für die Germanisierungspolitik. Sie sollte auch der Wiederentstehung des polnischen Staates, in welcher Form auch immer, selbst außerhalb der Grenzen der Hohenzollern-Monarchie, entgegenwirken. Dies brachte Feldmarschall von Gneisenau sehr prägnant zum Ausdruck, als er 1831 während des Novemberaufstandes in den russischen Teilungsgebieten in der Eigenschaft als Oberbefehlshaber der preußischen Truppen seine Sorgen wegen der katastrophalen Folgen eines möglichen polnischen Sieges zu Papier brachte: »Die Bildung eines ganz unabhängigen Königsreiches Polen würde übrigens schlimme Folgen haben. Die Polen würden sofort Westpreußen mit Danzig von uns zurückzuerhalten streben und später auch Galizien, und so gelänge dieses z. B. während eines Krieges mit Frankreich durch Unglücksfälle, die doch auch nicht im Reiche der Unmöglichkeiten liegen, so hätten wir stets Kriege in unserem Lande oder in unserer Nachbarschaft zu gewärtigen, ein Zustand, der bald eine politische Schwindsucht zuziehen würde. Die Frage ist also für uns eine Lebensfrage, und selbst auch für unsere Nachbarn, bei Zustand allgemeiner Gährung, den man nicht verhehlen darf, und der den Gewerben, dem Handel, den Künsten und Wissenschaften und jeder Art von Kultur einen Stillstand gebieten würde.«[7] Somit stellte ein unabhängiges Polen nicht nur eine Lebensbedrohung für Preußen dar, sondern erschien zugleich als Inbegriff des zivilisatorischen Rückschrittes!

Dies waren indessen nicht nur persönliche Überlegungen Gneisenaus, seine Argumente wurden nämlich von seinen Nachfolgern übernommen. Bereits zu Anfang seiner politischen Karriere bediente sich ihrer auch Otto von Bismarck. Angesichts der Ereignisse des Völkerfrühlings (Revolution um 1848) und einer eventuellen Entstehung des polnischen Staates sandte er am 20. April 1848 einen Artikel an die Magdeburgische Zeitung, in dem er als Hauptargument gegen eine positive Lösung der Polenfrage die preußische Staatsräson nannte: »Eine nationale Entwicklung des polnischen Elementes in Posen kann kein anderes vernünftiges Ziel haben, als das, einer Herstellung eines unabhängigen polnischen Reiches zur Vorbereitung zu dienen. Man kann Polen in seinen Grenzen von 1772 herstellen wollen (wie die Polen selbst es hoffen, wenn sie es auch noch verschweigen), ihm ganz Posen, Westpreußen und Ermland wiedergeben; dann würden Preußens beste Sehnen durchschnitten und Millionen Deutscher der polnischen Willkür überantwortet sein ...«[8] Bismarck versäumte es nicht, vor der Rückgabe eines Teils des Großherzogtums Posen an den künftigen polnischen Staat zu warnen. Einen derartigen Schritt hielt er für einen katastrophalen politischen Fehler, der neue Forderungen nach den bereits oben genannten Gebieten zur Folge haben würde. Die Redaktion der Zeitung fand den Text dermaßen aggressiv, daß sie ihn nicht drucken ließ. Er erschien erst 1886 (als der ehemalige Abgeordnete längst zum Ministerpräsident von Preußen und zum Reichskanzler aufgestiegen war) im Zusammenhang mit einer Parlamentsdebatte über den Ansiedlungsfonds und die Aufgaben der Ansiedlungskommission.

Dies war wohl der beste Beweis für die Stetigkeit Bismarcks in der Betrachtung der Polenfrage. Übrigens brachte er das auch zum Ausdruck in seiner am 28. Januar 1896 in der Sitzung des Abgeordnetenhauses gehaltenen berühmtesten Rede zu diesem Thema: »Das Jahr 1815 hat dem Preussischen Staat eine Grenze geschaffen, hinter die er unter keinen Umständen zurückgehen kann; er bedarf dieser Grenze zur Verbindung seiner Provinzen, zur Verbindung zwischen Breslau und Königsberg, zu seinem Verkehrsleben sowohl wie zu seiner Verteidigung und seiner Sicherheit.«[9] An diese Argumente in unterschiedlichen Varianten knüpfte man in den darauffolgenden Jahrzehnten an.

Die Idee der Staatsräson blieb jedoch nicht bloß reine Theorie. Nach Auffassung der Behörden und später der chauvinistischen Organistionen wie des Alldeutschen Verbandes bzw. des Ostmarkenvereins waren für den Verbleib der Westgebiete Polens in Preußen-Deutschland zwei Methoden erforderlich. In der Anfangsphase noch halbfeudaler Staatlichkeit stand die Frage der Germanisierung der einheimischen Bevölkerung nicht zur Debatte. Man erwartete vom Volk jedoch eine loyale Haltung gegenüber dem Thron. Mit der Stärkung des Nationalismus setzte sich jedoch das Streben nach Verdeutschung der Polen immer mehr durch. Gleichzeitig legten die Aufsichtsbehörden großen Wert auf die Unterstützung und Verbreitung der deutschen Ansiedlungsaktion. Solche Maßnahmen waren schon vordem von Friedrich II. praktiziert worden und wurden mit unterschiedlicher Intensität bis zum Ende der preußischen Herrschaft in diesen Gebieten fortgesetzt.

An dieser Stelle ist jedoch hervorzuheben, daß damit für die Behandlung der polnischen Frage kein generelles Konzept geschaffen wurde. Zwar hatte Friedrich II. gewisse Richtlinien vorgegeben und bestimmte Schwerpunkte gesetzt, aber bis zur Zeit Otto von Bismarcks waren es vor allem die örtlichen Machtorgane sowie die Oberpräsidenten – etwa Theodor von Schön, Eduard von Flottwell oder Eugen von Puttkamer –, die diese prodeutsche Politik betrieben oder verstärkten. Nicht von ungefähr gab Siegfried Baske seiner Studie den Titel: »Praxis und Prinzipien der preußischen Polenpolitik«, womit zum Ausdruck gebracht wurde, daß die Ereignisse selbst den Behörden eine bestimmte Verfahrensweise aufgezwungen haben[10].

Die Situation veränderte sich bald nach dem Amtsantritt Otto von Bismarcks, der sich vom Begriff der Staatsräson leiten ließ. Im Jahre 1863 kam es in den russischen

Teilungsgebieten zum Januaraufstand. Die heftigen Auseinandersetzungen um die Alvensleben-Konventionen bestätigten Bismarck in der Überzeugung, in der Polenfrage konsequentere Maßnahmen als die bisherigen treffen zu müssen. Die Kreise der Nationalliberalen und Konservativen hatten ihn dabei wesentlich unterstützt, so daß er mit einem Erfolg rechnen durfte. Seine Hoffnungen knüpfte er an die Macht des Staates und an die – eine, wie sich später erweist, falsche Einschätzung – polnische Bevölkerung. Er sah das polnische Volk traditionell mit den Augen des preußischen Junkers und hielt den polnischen Adel wie den Klerus für die Gegner der Krone. Die breiten Kreise der Bauern, des Bürgertums und des Proletariates betrachtete er als eine passive Masse, die sich sämtliche Manipulationen gefallen läßt. Diese Beurteilung des polnischen Volkes brachte er öfter in seinen Reden zum Ausdruck. So behauptete er, daß die polnischen Landtags- und Reichstagsabgeordneten – immerhin Vertreter des Adels und des Klerus – klassische Beispiele seien für Offiziere ohne Soldaten. Im Jahre 1871 formulierte Bismarck in einer Reichstagssitzung gegenüber den polnischen Repräsentanten: »Sie sind wirklich kein Volk, auch vertreten sie kein Volk. Sie, meine Herren, haben kein Volk hinter sich.« Fünfzehn Jahre später (1886) verkündete er von der Tribüne des Abgeordnetenhauses: »Den polnischen Bauern halte ich im Gegenteil für einen treuen preußischen Untertan, wenn er nicht durch andere Einflüsse künstlich zu anderer Meinung verleitet wird.«[11] Laut Bismarck sollte man also den Widerstand des Adels und der Geistlichen brechen, um in den Ostprovinzen für Ruhe zu sorgen und die Möglichkeit einer Irredenta für immer abzuschaffen.

An dieser Stelle möchte ich nicht im einzelnen auf die Gründe für den Kulturkampf eingehen, hervorzuheben ist jedoch, daß dieser im preußischen Teilungsgebiet den brutalsten Verlauf genommen hat. Zum einen mühten sich die preußischen Organe, die katholische Kirche in Abhängigkeit zu bringen; man ging aber auch so weit, durch zahlreiche Verhaftungen die Front der Gegner aufzubrechen. Zum anderen versuchte man unter dem Vorwand der Volksverhetzung durch die polnische Elite eine stärkere Durchsetzung und Verbreitung der deutschen Sprache zu erzwingen. Nur wer deutsch könne, könne auch die Wahrheit erfahren, meinte Bismarck im Herrenhaus am 6. März 1872[12]. Die Kurzsichtigkeit dieser Argumentation, mit der Bismarck Sprache und Religion angriff, hatte letztlich den gegenteiligen Effekt. 1881 mußte Bismarck eingestehen: »Im Laufe der letzten 10 Jahre habe ich wiederholt den Eindruck gewonnen, daß in Schlesien und Westpreußen, namentlich in der Graudenzer Gegend, die polnische Sache Fortschritte auf Kosten der deutschen gemacht hat.«[13]

Unerwartet wurden die preußischen Behörden sowie die deutschen Nationalisten mit einer äußerst beunruhigenden Erscheinung konfrontiert. In den achtziger Jahren zeichnete sich der Prozeß der sogenannten »Ostflucht« ab; eine Abwanderung der überwiegend deutschen Bevölkerungsteile (obwohl der Anteil der Polen dabei auch nicht gering war) aus dem Osten nach Berlin und in die westlichen Provinzen auf der Suche nach besseren Lebensbedingungen. Diesen Prozeß, der vor allem ökonomische Ursachen hatte, wollte man als ein wichtiges Argument gegen die Polen ausspielen. Unter Mißachtung der wirklichen Gründe versuchte man, die »Ostflucht« mit einer zielgerichteten antideutschen Tätigkeit der polnischen Seite zu begründen. Am 15. April 1886 schrie Bismarck in der Sitzung des Herrenhauses: »Wir wollen nicht das Polentum ausrotten, sondern wir wollen das Deutschtum davor schützen, daß es seinerseits ausgerottet werde.«[14] Eine solche Darstellung des Problems hatte weitgehende Konsequenzen. Sie führte zur Propagierung einer notwendigen »Hebung des Deutschtums in den östlichen Provinzen«. Diesem Ziel dienten wachsende Fonds für die Ansiedlungsaktionen und die sogenannte Hebungspolitik.

Mit ihr ging eine verstärkte Diskriminierung der Polen einher. Eine Ankündigung dessen waren die Ausweisungen von Polen aus Preußen im Jahr 1885. Ohne Zustimmung der Behörden durften die Polen auf einem neu erworbenen Grundstück kein Haus bauen (Novelle zum Ansiedlungsgesetz aus dem Jahre 1904); im Jahre 1908 wurde das Enteignungsgesetz verabschiedet, das in vier Fällen 1912 in Kraft trat. 1908 führte man ein Verbot für offene Versammlungen in polnischer Sprache ein, das in Ortschaften mit mehr als 40 Prozent deutscher Einwohner galt. Hans-Ulrich Wehler bewertet diese Schritte wie folgt: »Vor allem tritt auch in der Behandlung der Polen als ›Reichsfeinde‹ das Dilemma dieser Politik wieder hervor. Das doppelbödige Recht, das gegen diese fremdsprachigen Staatsbürger entwickelt wurde, hat die formal legalisierte, staatlich sanktionierte Aushöhlung des Rechtsstaates und der Verfassungsprinzipien vorbereitet, die gefährliche Gewöhnung an diskriminierte Minderheiten gefördert.«[15] Die Anwendung weiterer antipolnischer Maßnahmen wurde durch den Ersten Weltkrieg gestoppt. In dieser Zeit konnte man die Germanisierungspolitik zwangsläufig nicht mit der vorhergehenden Intensität fortsetzen.

Zum Bestandteil der preußisch-deutschen Staatsräson gehörte es auch, einer eventuellen Wiederentstehung des polnischen Staates jenseits der Grenzen der Hohenzollern-Monarchie entgegenzuwirken. Allergisch reagierten deshalb die preußische und deutsche Führung auf die Möglichkeit einer Verständigung zwischen Polen und dem Zaren. Während des November- und Januaraufstandes versicherte man Petersburg der absoluten Solidarität im Kampf gegen die polnische Befreiungsbewegung.

Mit Unruhe und Mißmut beobachtete man auch den Prozeß einer wachsenden Autonomie der Polen in österreichischer Herrschaft. Im Jahr 1877 gab Bismarck in Wien ganz klar zu verstehen, daß man »eine aktive polnische Politik Österreichs nicht dulden könne«[16].

Schon früh war man sich in Preußen der Umstände bewußt, die sich mit der Herstellung eines autonomen oder halbautonomen Staates verbanden. Nicht nur in einem Krieg mit Österreich gewann die polnische Karte an Bedeutung, sondern in viel grundsätzlicherer Hinsicht, wie bereits nach der Niederlage bei Jena offenbar geworden war. Danach hatten der Freiherr von und zum Stein in der berühmten Nassauer Denkschrift und ebenso Karl August von Hardenberg das Problem aufgegriffen. Der eine postulierte eine weitgehende Autonomie für Polen als Bestandteil Preußens, der andere befürwortete sogar die Unabhängigkeit. Im Hintergrund stand damals natürlich die Herauslösung Polens aus dem napoleonischen System.

Zum zweiten Mal kam die Frage der polnischen Unabhängigkeit im Jahre 1848 auf, als der preußische Außenminister Heinrich Freiherr von Arnim das Konzept eines polnischen Pufferstaates zwischen Deutschland und Rußland favorisierte. Eine eventuelle Zugehörigkeit des preußischen Teilungsgebietes zu diesem Staat wurde hierbei nicht deutlich befürwortet.

An diesem Dauerproblem einer polnischen Autonomie konnte selbst Bismarck nicht einfach vorbeigehen. Es gibt ungesicherte bzw. vage Berichte von Überlegungen Bismarcks bezüglich der Gründung eines polnischen Staates. Darüber soll es im

Zeitraum 1868 bis 1884 Gespräche mit Johannes Behrendt und dem polnischen Gutsherren Aleksander Klobukowski sowie 1882 mit einem geheimnisvollen polnischen Magnaten in Varzin gegeben haben[17].

Zu Zeiten des Kanzlers Leo von Caprivi wurde angesichts des russisch-französischen Bündnisses der Germanisierungskurs vorübergehend gemildert. Dann gewann jedoch das Problem eine dramatische Aktualität, als 1916 die Mittelmächte dringend Entlastung benötigten und die Formierung einer polnischen Armee vornehmlich aus Bewohnern der russischen Teilungsgebiete anstrebten, indem man den Köder vom neuen »Königreich Polen« auswarf. Erich Ludendorff schrieb dazu in seinen Memoiren: »Die Gründung des Königreichs Polen mit einer eigenen Armee stand somit nach den Abmachungen der führenden Staatsmänner fest ... Die ungemein gespannte Kriegslage forderte für den Viererbund mehr als dringend einen Kräfteausgleich.«[18] Dies war der Hauptgrund, weshalb Wilhelm II. und Franz Joseph am 5. November 1916 das Königreich Polen, einen seltsamen kleinen Staat ohne ein bestimmtes Territorium und ohne eine echte Regierung, ins Leben gerufen haben. Natürlich war dabei keine Rede von der Einbeziehung der preußischen Teilungsgebiete in das neue Gebilde. Im Gegenteil, im Rahmen des gigantischen Planes »Mitteleuropa« beabsichtigte man sogar weite Gebiete im Osten, den sogenannten polnischen Grenzstreifen, zu annektieren und die Grenze am Flußverlauf von Warthe und Narew festzulegen. Offensichtlich kann man den Akt vom 6. November 1916 nicht lediglich durch das Prisma der Motive betrachten, von denen sich die beiden Großmächte leiten ließen, sondern man muß auch die Bedeutung dieses Ereignisses in seiner internationalen Dimension hervorheben. Immerhin war dieses Ersatzgebilde eines polnischen Staates von einer der kämpfenden Seiten gegründet worden, was die andere Seite wiederum zwang, der neuartigen Situation mit mehr als nur mit Gleichgültigkeit zu begegnen. Die Polenfrage bekam eine neue Aktualität in der internationalen Diskussion.

Das Jahr 1918 brachte die Niederlage der Zentralstaaten mit sich. Vor dem Hintergrund der Entstehung eines unabhängigen polnischen Staates brach die Frage der zukünftigen Zugehörigkeit der bislang unter preußischer Herrschaft stehenden Gebiete auf. Eine Unterstellung dieser Territorien unter polnische Verwaltung wurde abgelehnt. Damit wurde der entsprechende Vorschlag der deutschen Delegation auf der Konferenz von Versailles hinfällig. Berlin betrachtete zudem eine Rückgabe eines Großteils von Posen an Polen als aufgezwungenes Übel. Posen war von Aufständischen besetzt bzw. befreit worden. Über die Übernahme Westpreußens (ohne Danzig), des Großteils von Oberschlesien und des Posener Gebietes entschieden der Aufstand in Großpolen, die schlesischen Erhebungen sowie die Konferenzen der Siegermächte.

Einen bedeutenden Einfluß auf die Entwicklung der polnisch-deutschen Beziehungen hatte das Verhalten der in den preußischen Teilungsgebieten lebenden deutschen Bevölkerung. Dieses war recht differenziert. Entscheidend waren dabei unterschiedliche Faktoren, wie die Motive für die Ansiedlung im Osten, politische Überzeugung, Sozialstruktur sowie die Einstellung zu dem wechselvollen politischen Schicksal dieser Gebiete. Einen wesentlichen Teil der Deutschen bildeten die Bauern und das Bürgertum, die versuchten, hier Wurzeln zu schlagen und gute Kontakte zu der einheimischen Bevölkerung aufzubauen. In den ersten Jahrzehnten gestaltete sich diese Beziehung sogar harmonisch. Trotz der Verstärkung der nationalistischen

Stimmung, die zur wesentlichen Schwächung dieser Kontakte führen mußte, haben diese Gruppen von Deutschen brutale Maßnahmen und antipolnische Hetze mit Unwillen betrachtet. Nach ihrem Dafürhalten brachte dies unerwünschte Spannungen mit sich. Ungern traten sie auch dem Ostmarkenverein bei. Besonders deutlich kamen solche Überzeugungen in den bürgerlichen Kreisen zum Ausdruck: im Jahre 1894 zum Beispiel gab es unter den 110 Mitgliedern des Ostmarkenvereines aus dem Posener Gebiet nur drei Fabrikanten und einen Handwerker[19] – ein Bild, das sich auch in Zukunft nicht verändern sollte. Anders war hingegen die Einstellung in den Kreisen der Junker, Beamten und Lehrer. Ein Teil der Großgrundbesitzer weilte nur noch von Zeit zu Zeit auf seinen Gütern im Osten. Diejenigen, die hier lebten, verkörperten in ihrer Mehrheit die Idee der preußischen Staatsräson. Bereits im Jahre 1846 versuchte man, eine antipolnische Organisation zu gründen. Aus dieser Sphäre stammten auch die Mitbegründer und zahlreichen Anhänger des Ostmarkenvereins. Ferdinand von Hansemann, Hermann Kennemann und Heinrich von Tiedemann, von deren Namen die geläufige Bezeichnung dieser Organisation »Hakata« abgeleitet worden ist, waren alle Großgrundbesitzer. Lehrer, aber vorwiegend auch Beamte, betrachteten häufig ihren Aufenthalt im Osten als eine Art Sprungbrett für ihre weitere Karriere. Aus diesem Grunde engagierten sie sich bei verschiedenen antipolnischen Aktivitäten. Sie bildeten auch den harten Kern der »Hakata«.

Innerhalb der politischen Parteien waren übrigens gravierende Meinungsunterschiede zu verzeichnen. Generell unterstützten die Konservativen und die Nationalliberalen die Germanisierungspolitik. Gegen dabei angewandte brutale Methoden traten die Fortschrittlichen (»Freisinnige«) auf, aber noch entschiedener und konsequenter die Sozialdemokraten. Die Unterschiede in der Haltung der Deutschen zur offiziellen Ostpolitik weckten Unruhe bei chauvinistischen Publizisten. Wilhelm von Massow z. B. sorgte sich im Jahre 1907: »Die Deutschen in den Ostmarken sind ebenso Pioniere des Deutschtums, wie die Deutschen im Auslande, aber sie fühlen sich nicht als solche.«[20]

Jegliche derartige Nuancen verschwanden jedoch, wenn eine privilegierte Stellung oder gar der Besitz besagter Gebiete bedroht wurden. Ein Beispiel dafür liefern die Ereignisse des Jahres 1848 im Großherzogtum Posen. Unter dem Einfluß der Revolution hatte Wilhelm IV. den Polen gewisse Erleichterungen versprochen, unter denen man sich eine Art weitgehender Autonomie vorstellte. Die deutsche Bevölkerung betrachtete dies als einen Angriff auf ihre privilegierte Stellung. Es kam zu einem Ausbruch von nationalistischen Kräften, und die Deutschen widersetzten sich mit Wort und Tat der geplanten Veränderung. Auch die preußische Armee und nicht selten freiwillige Truppen deutscher Ansiedler bekämpften die polnische Unabhängigkeitsbewegung.

Zum zweiten Mal trat die deutsche Bevölkerung in den Jahren 1918 bis 1921 solidarisch gegen die polnischen Forderungen nach Einbeziehung der Westgebiete in das Territorium des wiederentstehenden polnischen Staates ein. Charakteristisch ist, daß sich alle deutschen Gruppierungen von den Rechtsextremisten bis zu der Unabhängigen Sozialdemokratischen Partei dagegengestemmt haben.

Die Politik des preußischen Staates sowie das Verhalten der deutschen Bevölkerung wirkten sich in entscheidender Weise auf die Einstellung der Polen aus, wobei im einzelnen mehrere Faktoren eine Rolle spielten. Entscheidend waren die Intensität des Nationalbewußtseins, die Beurteilung der Lage in den drei Teilungsgebieten sowie die Einbindung in bestimmte politische Programme. Durch die Teilung der polnischen Gebiete waren der Adel (Schlachta), ein gewisser Anteil des Bürgertums und wenige Bauern ursprünglich am stärksten betroffen. Mit der Zeit aber wurde das wachsende Nationalbewußtsein, das sich in der Bereitschaft zur Verteidigung und der Pflege der eigenen Sprache, Sitten und Gebräuche, der Tradition und Religion manifestierte, für immer breitere Kreise der unter preußischer Herrschaft lebenden Bevölkerung bestimmend. Eine Ursache dafür war die übrigens von den preußischen Behörden durchgeführte Bodenreform, die eine Emanzipation der Bauern ermöglichte. Wichtig wurde dabei auch der freiere Zugang zur Volksbildung. In Ergänzung dessen versuchten die polnischen Meinungsführer das Programm der sogenannten organischen Arbeit zu verbreiten, das zum Ziel hatte, Methoden zur beschleunigten Umgestaltung der polnischen Gesellschaft in eine moderne Gemeinschaft populär zu machen. Dies sollte u. a. auf dem Gebiet der ökonomischen und kulturellen Entwicklung erreicht werden, wozu ein umfassendes und funktionstüchtiges System der verschiedenen Vereinigungen von der Genossenschaftsbank bis hin zur Gesellschaft der Freunde der Wissenschaften aufgebaut wurde. Diese Aktivitäten wurden zusätzlich durch Wahlkampagnen gestärkt, mit denen man sich um eine starke polnische Repräsentanz im Landtag und später auch im Reichstag bemühte.

Während dieser mehr als 120 Jahre umfassenden Entwicklung kam es zu drei markanten Ereignissen, die zur Herausbildung des Nationalbewußtseins und zur Verbreitung der Überzeugung von der Polenfeindlichkeit des preußischen Staates beigetragen haben. Im Jahre 1848, dem Jahr des Völkerfrühlings, ereignete es sich, daß die preußische Armee die Freiwilligentruppen, die sich aus polnischen Bauern und städtischem Proletariat zusammensetzten, zerschlugen und brutale Befriedungsaktionen im Posener Gebiet durchführten. Den nächsten Markstein setzte der Kulturkampf. Der Angriff auf die Muttersprache und die Kirche mobilisierte breite Kreise des polnischen Volkes zur Verteidigung dieser Werte auf gewaltlosem Wege. Es fanden zahlreiche Protestkundgebungen statt, und Petitionen zur Verteidigung »des Glaubens und des Nationalen« wurden verfaßt; eine von ihnen aus dem Jahre 1876 trug 300 000 Unterschriften. Organisiert wurden Feierlichkeiten bei wichtigen Jahres- und Gedenktagen des polnischen Volkes. Eine Manifestation zum 200. Jahrestag der Schlacht bei Wien wurde vom Präsidenten des Regierungsbezirkes Bromberg wie folgt bewertet: »Nie ist der innere rege Zusammenhang der Bevölkerung aller Länder, die jemals zur polnischen Krone in Beziehung gestanden haben, jedem einzelnen Polen klarer vor Augen getreten wie hier.«[21] Das dritte Ereignis meint die Schulstreiks aus den Jahren 1906 bis 1907, woran 100 000 Kinder, die gegen das Verbot der polnischen Sprache im Religionsunterricht protestierten, teilgenommen haben[22]. Stets blieb die Frage der Verteidigung des Katholizismus und der Nationalität miteinander verflochten. Zunehmend setzte sich die Überzeugung von der Notwendigkeit einer internen Solidarität der Polen im Angesicht der Germanisierungsbestrebungen durch. Das Posener Tageblatt »Dziennik Poznaski« schrieb, daß »die Voraussetzungen und das oberste Prinzip für unser nationales Dasein unter den bestehenden Bedingungen die nationale Solidarität ist«[23].

In bezug auf die Teilungsstaaten gab es im politischen Denken Polens bemerkenswerte Wandlungsprozesse. Zunächst dominierte jahrzehntelang die entschiedene Überzeugung, daß Rußland der Feind Nummer eins für Polen sei, und dies mit Abstand gegenüber den übrigen Teilungsmächten. Angesichts des nach der Niederlage des Januaraufstandes im russischen Teilungsgebiet herrschenden brutalen Terrors schrieb Aleksander Chodźko (Dichter, Orientalist und Slawist) im Jahr 1869: »Kraków, Lwów und Poznań sind heute die einzigen drei helleren Punkte vor dem dunklen Hintergrund unseres mit Blut durchtränkten und notleidenden Vaterlandes. Dort spricht das Volk noch polnisch und das fremde Joch drückt nicht so, erniedrigt auch weniger.«[24]

Auch nach Józef Pilsudskis Meinung war Polens Hauptfeind Rußland. Bereits im Jahre 1895 stellte er als prominenter Führer der Polskiej Partii Socjalistycznej (der Polnischen Sozialistischen Partei) in seiner Schrift »Rußland« fest: »Bald wird es zwischen der polnischen Arbeiterklasse und dem Zaren zu einem endgültigen Kampf – nicht auf Leben, sondern ... auf Tod kommen.«[25]

Die preußische Polenpolitik hingegen stieß auf kein größeres Interesse, d. h. auf keine so leidenschaftlichen Proteste. Lediglich die unter der Herrschaft der Hohenzollern lebenden Polen wiesen auf gewisse Gefahren hin, wie auf »diese hundertköpfige Hydra des Germanischen, die seine Herrschaft immer mehr ausweitete und mit ihrem Atem das polnische Element vernichtete«, wie die Zeitung »Gazeta Polska« im Jahre 1848 in Poznań schrieb[26]. Selbst ein Engagement des hervorragenden Publizisten und Literaturkritikers von europäischem Rang Julian Klaczko, der im Jahre 1849 seine Broschüre »Die deutschen Hegemonen« veröffentlichte, in der er die Deutschen und die Ungarn wegen ihrer feindlichen Einstellung zu den Slawen kritisierte, führte zu keiner grundlegenden Veränderung des Preußenbildes. Eine internationale Karriere machte allerdings der von Klaczko gebrauchte Ausdruck »Drang nach Osten«[27].

Erst allmählich stellten sich wegen der zunehmenden Germanisierungspolitik, der Ausweisungen von Polen und der Aktivitäten der deutschen Ansiedlungskommission Verhaltensänderungen gegenüber Deutschland ein. Einer der Begründer der nationalistischen »Nationaldemokratischen Bewegung«, Jan Ludwik Poplawski, schrieb noch im Jahre 1887: »Unsere Politiker träumen noch von Wilna und Kiev, aber um Poznań machen sie sich wenig Sorgen, Gdansk haben sie fast völlig vergessen und an Königsberg und Opole denken sie gar nicht.«[28] Es mußten nocht etliche Jahre verfließen, bis man bei den Nationaldemokraten (Narodowa Demokracja), neben der Polnischen Sozialistischen Partei die einflußreichste politische Richtung, die deutsche Gefahr mehr und mehr erkannte, obgleich anfänglich auch diese Partei traditionspflichtig Rußland als den Hauptfeind Polens ansah.

Zu Beginn des 20. Jahrhunderts kam es allerdings zu Ereignissen, die eine Umorientierung um so nachhaltiger bewirkten. So deckten einerseits der japanisch-russische Krieg und die Revolution von 1905 bis 1907 die Schwächen des Zarentums auf, andererseits verstärkte sich die Macht des Deutschen Reiches, wobei die im Rahmen der Polenpolitik getroffenen Maßnahmen immer schärfere Formen annahmen. Nun wurden die Deutschen als der Feind Nummer eins des polnischen Volkes dargestellt. Roman Dmowski, Führer der Nationaldemokratie, veröffentlichte im Jahre 1908 ein für das polnische politische Denken äußerst wichtiges Buch »Niemcy, Rosja a kwestia polska« (»Deutschland, Rußland und die Polenfrage«). Er forderte darin eine Umorientierung auf Rußland. Diese ergebe sich aus der Evidenz der Schwäche dieses Staates, der bei der Unmenge der anstehenden Probleme gezwungen sein werde, den Polen Konzessionen einzuräumen. Einen Kompromiß mit Deutschland hingegen stellte der Autor außerhalb jeder Möglichkeit. »Aus der Niederlage

Polens entwuchs die preußische Macht, um die sich das heutige Deutschland konzentriert; eine Wiedergeburt Polens und sein erneuter Auftritt in der Rolle eines politischen Faktors wäre eine Barriere für den deutschen Drang nach Osten und würde die herrschende Rolle, die Preußen im Rahmen des deutschen Reichs spielt, in Frage stellen. Die preußische Politik weiß somit ganz genau, daß es zwischen ihr und den Polen keinen Kompromiß geben kann.«[29]

In der Zeit des Ersten Weltkrieges mußten die polnischen Politiker ihre Konzepte praktisch auf die Probe stellen. Józef Pilsudski versuchte bis 1917, die Polenfrage in Anlehnung an Österreich-Ungarn und damit auch an das Deutsche Reich zu lösen. Als er die Irrealität dieser Pläne einsah, betrieb er Politik auf eigene Faust, die ihm zunächst Festungshaft in Magdeburg einbrachte, aber ihn dann doch später zum ersten Bürger des unabhängigen polnischen Staates erhob.

Dmowski setzte anfänglich auf Rußland. Nach dessen Niederlage 1915 begab er sich nach Westeuropa, um das Schicksal Polens unter die Protektion der Entente zu stellen. Es ist charakteristisch, daß polnische Politiker im preußischen Teilungsgebiet – bis auf recht wenige Ausnahmen, die mit dem Reich zusammenarbeiten wollten – von den Kooperationsalternativen »Mittelmächte oder Rußland« zwischenzeitlich Abstand genommen hatten. Man setzte große Hoffnungen auf die westlichen Staaten ungeachtet dessen, daß diese bis 1917 wegen ihres russischen Verbündeten keine verbindlichen Äußerungen zur Polenfrage abgeben konnten.

Als die Revolution in Deutschland ausbrach und der Krieg mit dem Sieg der Entente endete, konnte der polnische Staat wiederentstehen. Als besonderer Konfliktherd erwies sich die Zuordnung der polnischen Westgebiete. Der deutsche Standpunkt dazu war bekannt. Die in diesen Gebieten lebenden Polen glaubten stark daran, daß sie an Polen angeschlossen würden. Einige wie der polnische Oberste Nationalrat (Naczelna Rada Narodowa), der neben der preußischen Verwaltung und den Arbeiter- und Soldatenräten existierte, vertraten den Standpunkt, daß auf einer Friedenskonferenz die entsprechenden für Polen positiven Entscheidungen getroffen würden, während die sehr aktive Unabhängigkeitsbewegung, der vornehmlich die Jüngeren angehörten, vor allem auf den bewaffneten Kampf setzte. Die polnische Regierung in Warschau, zumal der »vorläufige Staatschef« Józef Pilsudski, vertraten einen Standpunkt, der die Radikalen nicht zufriedenstellte. Józef Pilsudski hatte noch als Häftling in der Magdeburger Festung in einem Gespräch mit dem Vertreter der deutschen Regierung, Harry Graf Kessler, am 31. Oktober 1918 geäußert: »Die jetzige Generation der Polen wird sich auf den Krieg um das Posener Gebiet oder Westpreußen nicht einlassen.«[30]

Dies bedeutete jedoch nicht, daß man den Gedanken, die Westgebiete zurückzugewinnen, aufgegeben hätte. Als »vorläufiger Staatschef« Polens verabschiedete Pilsudski am 28. November 1918 einen Erlaß über die Parlamentswahlen, der sich auf Westpreußen, das Posener Gebiet, Oberschlesien und einen Kreis in Pommern erstreckte. Seine Hoffnung auf die Rückkehr dieser Regionen setzte der Staatschef in die Beschlüsse eines Friedenskongresses. Er war gegen einen Krieg mit dem westlichen Nachbarn aus vornehmlich zwei Gründen: Einmal befand sich zu dieser Zeit noch östlich von Warschau die deutsche Armee des Oberkommandos Ost; zum zweiten sollte über das Schicksal der Westgebiete und über die Grundlagen einer günstigeren Gestaltung der künftigen polnisch-deutschen Beziehungen eine Friedenskonferenz entscheiden.

Der Verlauf der Ereignisse deckte sich nicht mit dem von Pilsudski entwickelten Szenario. Die Westgrenze des polnischen Staates kam als Ergebnis des großpolnischen Aufstandes, der schlesischen Erhebungen und der Versailler Friedensbestimmungen zustande.

Bedauerlicherweise bedeutete dies keine friedliche Regelung der Beziehungen zwischen Warschau und Berlin. Die deutsche Seite wollte sich nicht damit abfinden, daß sie über ein Territorium nicht mehr herrschen durfte, welches sie im Wege der Aufteilung des polnischen Staates zu Ende des 18. Jahrhunderts erworben hatte. Daraus resultierte die Fortdauer gespannter Beziehungen. Die Politik der Weimarer Republik, die sich die Revision der Ostgrenze als Ziel gestellt hatte, sollte im Dritten Reich ihre Realisierung finden und das Sittengesetz letztendlich an die Dämonie der Macht ausliefern.

Anmerkungen

1 Zit. nach Stanisław Tsalmonowicz, Fryderyk II (Friedrich der Zweite), Wrocław 1981, S. 116.
2 Peter Böhning, Die nationalpolnische Bewegung in Westpreußen 1815–1871, Marburg 1973, S. 39.
3 Leo Wegener, Der wirtschaftliche Kampf der Deutschen mit den Polen um die Provinz Posen, Posen 1903, S. 203.
4 Bernhard Fürst von Bülow, Deutsche Politik, Berlin 1916, S. 259.
5 Kaiserreden. Reden und Erlasse, Briefe und Telegramme Kaiser Wilhelms des Zweiten, Leipzig 1902, S. 182; Wojciech Kossak, Wspomnienia (Erinnerungen), Warszawa 1973, S. 206–207. Jerzy Topolski, Poglady na rozbiory Polski (Ansichten von der Teilung Polens), in: Stosunki polsko-niemieckie w historiografii (Die polnisch-deutschen Beziehungen in der Geschichtsschreibung), Teil 1, Poznań 1974, S. 415–416.
6 Friedrich der Große, Die politischen Testamente, (übersetzt von Friedrich v. Oppeln – Bronikowski), München 1941, S. 67, 232. Martin Broszat, Zweihundert Jahre deutsche Polenpolitik, Frankfurt/a.M. 1972, S. 68.
7 Hans Delbrück, Das Leben des Feldmarschalls Graf Neidhardt von Gneisenau, Bd. 5, Berlin 1880, S. 668. Brief an Gibsone (Posen, den 24. April 1831).
8 Otto von Bismarck, Die gesammelten Werke. Briefe, Bd. I: 1822–1861, hrsg. von Wolfgang Windelband und Werner Frauendienst. Berlin 1933, S. 106.
9 Ebd., Reden. Bearbeitet von Wilhelm Schüssler, Bd. XIII: 1885–1897, 2. Auflage, S. 145.
10 Siegfred Baske, Praxis und Prinzipien der preußischen Polenpolitik. Vom Beginn der Reaktionszeit bis zur Gründung des Deutschen Reiches. Sonderdruck aus »Forschungen zur Osteuropäischen Geschichte«, Bd. 9, Berlin–Wiesbaden 1963.
11 O. von Bismarck (Anm. 9), Bd. I: 1869–1878, Berlin 1933, S. 149; Bd. XIII, S. 173, Rede v. 29. 1. 1886.
12 Ebd., Bd. I: 1869–1878, S. 158.
13 Zit. nach Lech Trzeciakowski, Kulturkampf w zaborze pruskim (Kulturkampf im preußischen Teilgebiet Polens), Poznań 1970, S. 273.
14 O. von Bismarck (Anm. 9), Bd. XIII, S. 193.
15 Hans-Ulrich Wehler, Das Deutsche Kaiserreich 1871–1918, Göttingen 1977, S. 117.
16 Zit. nach Martin Broszat (Anm. 6), S. 132.
17 Józef Feldman, Bismarck a Polska (Bismarck und Polen), Warszawa 1980, S. 338–344, 459–462.

18 Erich Ludendorff, Meine Kriegserinnerungen 1914–1918, Berlin 1919, S. 315.
19 Lech Trzeciakowski, Walka o polskość miast Poznańskiego na przelomie XIX i XX wieku (Der Kampf um den polnischen Charakter der Städte im Posener Lande um die Wende des XIX. zum XX. Jahrhundert), Poznań 1964, S. 96.
20 W(ilhelm) von Massow, Die Polennot im deutschen Osten, Berlin 1907[2], S. 158.
21 L. Trzeciakowski (Anm. 19), S. 238.
22 John J. Kulczycki, School Strikes in Prussian Poland, 1901–1907: The Struggle over Bilingual Education, New York 1981, S. 112.
23 Dziennik Poznański, Nr. 129, 1872.
24 Zit. nach J. Feldman (Anm. 17), S. 347.
25 Zit. nach Andrzej Garlicki, Józef Pilsudski 1867–1935, Warszawa 1988, S. 52.
26 Zit. nach: Wielkopolska (Großpolen) 1815–1850. Quellenauswahl, hrsg. von Witold Jakóbczyk, Wroclaw 1952, S. 159.
27 Jerzy Krasuski, Polska i Niemcy. Dzieje wzajemnych stosunków politycznych do 1932 roku (Polen und Deutschland. Die Geschichte der gegenseitigen politischen Beziehungen bis zum Jahr 1932), Warszawa 1989, S. 260.
28 Zit. nach Wojciech Wrzesiński, Niemcy w polskiej myśli politycznej (Deutschland im politischen Denken Polens), in: Polska i jej sasiedzi (Polen und seine Nachbarn), Red. Henryk Zieliński, Wroclaw 1975, S. 98.
29 Zit. nach Adolf Juzwenko, Rosja w polskiej myśli politycznej (Rußland im politischen Denken Polens, in: Polska i jej sasiedzi (Anm. 28), S. 59.
30 Andrzej Garlicki (Anm. 25), S. 201.

MIECZYSLAW TOMALA

Die deutsch-polnischen Beziehungen seit Abschluß des Warschauer Vertrages

Der am 7. Dezember 1970 in Warschau unterzeichnete Vertrag, der »Vertrag über die Grundlagen der Normalisierung der Beziehungen zwischen Polen und der Bundesrepublik Deutschland« genannt wird, war für beide Staaten von besonderer Bewandtnis. Diese Besonderheit bestand nicht nur darin, daß mit diesem Vertrag eine Periode nur informeller Beziehungen endete, die zuvor zwischen beiden Ländern geherrscht hatte. Es handelte sich um den Vertrag mit einem Land, das 1939 das erste Opfer des nationalsozialistischen Überfalls war. Somit bildete der Vertrag den Abschluß eines historischen Kapitels – der Nachkriegszeit.

Dieser Vertrag kam nicht von einem auf den anderen Tag zustande und bildete auch keineswegs nur ein Ergebnis des am 17. Mai 1969 vorgelegten Vorschlags von Wladyslaw Gomulka, dem Ersten Sekretär des ZK der PVAP. Bereits zuvor war man sich in beiden Ländern immer klarer darüber geworden, daß eine Regelung der wechselseitigen Beziehungen notwendig sei und daß die damaligen Kontakte, besonders die wissenschaftlichen und kulturellen, zu geringfügig seien, um normale und umfassende Beziehungen zwischen beiden Staaten ersetzen zu können.

Im Jahre 1965 gab die evangelische Kirche in Deutschland ihre Denkschrift heraus. Später schloß sich auch die katholische Kirche der Aufforderung zum Dialog an. Es war ein Hinweis darauf, daß in der Bundesrepublik Deutschland starke gesellschaftliche Kräfte bemüht waren, die die Versöhnung mit dem polnischen Volk und die Normalisierung der gegenseitigen Beziehungen als ihre moralische Pflicht verstanden.

An dieser Stelle möchte ich betonen – und ich tue dies mit großer Genugtuung –, wie wegbereitend damals eine Veröffentlichung war, die von Hans-Adolf Jacobsen in Zusammenarbeit mit Wilfried von Bredow unter dem Titel »Mißtrauische Nachbarn – Deutsche Ostpolitik 1919–1970« herausgegeben worden war und in der der Übergang von der Konfrontation zur Kooperation geschildert wurde. In einer Rezension dieses Buches schrieb ich damals, die Herausgeber hätten als erste bürgerliche Historiker in der BRD ein Gesamtbild der Problemebenen vermittelt. Dieses konnte in Polen nicht unbemerkt bleiben, und in der Tat gab es ein vielfaches Echo. Gomulka hatte ein feines Gespür für diesen Trend in der europäischen Politik und schlug vor, die BRD möge in einem ähnlichen Vertrag wie dem von Görlitz mit der DDR (1950) die polnische Westgrenze an der Oder und Lausitzer Neiße anerkennen.

Der Vertrag von Warschau vom 7. Dezember 1970 bildete also einerseits die Krönung der Bemühungen beider Völker, war aber auch andererseits das Ergebnis langfristiger Aktivitäten der vielfältigsten deutschen und polnischen Gremien. So konnte sich die neue Regierung Willy Brandt auf eine nicht unbeträchtliche Fülle von Vorarbeiten und auf Kräfte stützen, die sich für eine Aussöhnung einsetzten.

Die neue Ostpolitik der Bundesrepublik wie auch die neue polnische Westpolitik waren im Begriff, Realität zu werden. Diese Tatsache war im Sinne der Stabilisierung der Lage auf dem europäischen Kontinent von großer Bedeutung. Das Problem der Nichtanerkennung der polnischen Westgrenze verschwand von der Tagesordnung und ließ für die alsbald zu erwartende Konferenz für Sicherheit und Zusammenarbeit in Europa (KSZE) günstige Vorbedingungen entstehen.

Der Wunsch der Begründer dieses Vertrages war, so Willy Brandt in seinem Buch »Friedenspolitik in Europa«, »eine Aussöhnung mit Polen, die für die Deutschen eine moralische und politische Pflicht ist. Zu dieser Aussöhnung gehört nicht nur, daß jeder Gedanke an Gewalt aus diesen Bemühungen verbannt werden muß, dazu gehört auch, daß kein Keim für künftigen Zwist gelegt werden darf.« Mit diesem Satz war die polnische Öffentlichkeit völlig einverstanden, man erblickte darin das Bestreben, die Mauer des Mißtrauens zu überwinden und die Gewißheit zu gewinnen, daß der Versöhnungswillen der Deutschen gegenüber Polen aufrichtig sei und für die Polenpolitik der Bundesrepublik Deutschland richtungsweisend werden würde.

Im Hinblick auf das für Polen besonders wichtige Anliegen, die Regelung des Grenzproblems, bestand der Kern des Warschauer Vertrages in der Anerkennung des endgültigen Charakters unserer Westgrenze durch die Regierung der Bundesrepublik Deutschland. Das Wort »Anerkennung« wurde zwar nicht gebraucht, auch das Wort »endgültig« fehlte. Dennoch unterliegt es keinem Zweifel, daß die Formulierung von Artikel I des Vertrages die Anerkennung des endgültigen Charakters unserer Grenze bedeutet. Denn dort heißt es u. a.: »Die bestehende Grenzlinie, deren Verlauf in Kapitel IX der Beschlüsse der Potsdamer Konferenz (hier folgt die Spezifizierung des Verlaufs der Grenze in Übereinstimmung mit den Beschlüssen der Potsdamer Konferenz-M.T.) festgelegt worden ist, bildet die westliche Staatsgrenze der Volksrepublik Polen.« Zu betonen ist auch die Verbindung der Formulierung über unsere Grenze mit der Aussage über den Verzicht auf Gebietsansprüche jetzt und in Zukunft. Die in dem Vertrag enthaltenen Feststellungen bedeuten, daß die Bundesrepublik Deutschland sich verpflichtet, unsere Grenzen nicht in Frage zu stellen und auch in Zukunft keine territorialen Forderungen zu erheben. Festgelegt wurde also nicht nur der Verzicht von seiten der Bundesrepublik Deutschland auf irgendwelche Versuche, die Grenze unter Anwendung von Gewalt zu ändern, sondern auch die Verpflichtung, keinerlei Ansprüche auf das polnische Territorium – nicht einmal auf friedlichem Wege – vorzubringen.

Der übrige Teil der Verpflichtungen der beiden Staaten (alle Verpflichtungen haben eine zweiseitige Form mit Hinsicht auf den zweiseitigen Charakter des Vertrages) besteht darin, sich vom Prinzip der Charta der Vereinten Nationen leiten zu lassen, insbesonderen von deren Artikeln 2 und 3. Das bedeutet die Garantie, in den gegenseitigen und internationalen Beziehungen nicht zu Mitteln der Gewalt zu greifen, sondern auf Androhung von Gewalt zu verzichten und alle künftigen Streitfragen ausschließlich mit friedlichen Mitteln beizulegen. Man stellte auch fest, daß der Vertrag eine feste Grundlage der Beziehungen zwischen den beiden Staaten bildet, und verpflichtete sich, die wirtschaftliche, wissenschaftliche, wissenschaftlich-technische und kulturelle Zusammenarbeit sowie sonstige Beziehungen zu entwickeln.

Ich habe etwas ausführlicher den Wortlaut des Vertrages dargestellt, denn dieser gilt weiterhin als Richtlinie in unseren Beziehungen und ist im Grenzvertrag vom 14. November 1990 endgültig bestätigt worden.

Die polnische Seite erblickte in diesem Vertrag nicht nur eine politische, sondern auch eine moralische Verpflichtung. Sie hoffte, durch eine vollständige Normalisierung der Beziehungen, wobei auch eine Wiedergutmachung an Millionen vom Dritten Reich geschädigter Polen geleistet werden sollte, die Wirtschaftsbeziehungen beträchtlich intensivieren zu können. Die Intensivierung sollte sich nicht nur auf Handel, sondern auch auf Industriekooperationen erstrecken. Die Umsetzung dieser Hoffnungen und Bestrebungen sollten dazu beitragen, das Mißtrauen zu überwinden, welches der Nationalsozialismus zwischen Polen und Deutschland hatte wachsen lassen.

Bereits 1970 hatte der deutsch-polnische Handelsverkehr große wirtschaftliche Bedeutung für Polen. Die Bundesrepublik war Nummer eins unter den westeuropäischen Geschäftspartnern Polens. Die Zusammenarbeit mit der westdeutschen Industrie sollte der Wirtschaft Polens auf ihrem Weg zu Strukturreformen helfen.

In den Jahren nach der Unterzeichnung des Vertrages zeichneten sich in den Beziehungen zwischen Polen und der Bundesrepublik Deutschland drei Entwicklungen ab – auf politischer, wirtschaftlicher und sozialer Ebene.

Die Debatte über die Ratifizierung des Normalisierungsvertrages in der Bundesrepublik wurde von der polnischen Öffentlichkeit mit großer Aufmerksamkeit verfolgt, trug aber leider keineswegs zu einer größeren Glaubwürdigkeit des bundesdeutschen Vertragspartners bei. Wir blicken voller Hochachtung und Bewunderung auf die Aktivitäten der sozialliberalen Koalition des Bundeskanzlers Willy Brandt und des Außenministers Walter Scheel, die die damalige christdemokratische Opposition zu überzeugen versuchten, daß in dem Vertrag nichts abgegeben würde, was nicht ohnehin schon seit langem verloren sei, und daß dieser Vertrag als Prüfstein der deutschen Absichten gegenüber Polen gelte.

Besonders aus polnischer Sicht hatte diese Überzeugungsarbeit nicht den gewünschten Erfolg. Gleichwohl verstärkte sich die Hoffnung, daß auch die Sicherheitsinteressen beider Länder von den intensivierten Integrationsbemühungen zwischen den europäischen Staaten profitieren würden.

Obwohl nach der Ratifizierung des Vertrages nur halbe Zufriedenheit herrschte und, so der damalige Bundeskanzler Willy Brandt, das Abstimmungverhältnis im Deutschen Bundestag diesem Abkommen etwas von seinem Glanz genommen hatte, kam es ein paar Monate später, am 14. September 1972, endlich zur Aufnahme der diplomatischen Beziehungen. Nunmehr hatte Polen, 33 Jahre nach Kriegsausbruch, vollständige diplomatische Beziehungen mit beiden Staaten auf deutschem Boden.

Auch Polen war die Abwicklung dieses Prozesses nicht leichtgefallen. Der Verlauf der Ratifizierungsdebatte im Auswärtigen Ausschuß des polnischen Parlamentes hatte deutlich gemacht, daß es keineswegs an Skepsis und Zurückhaltung gegenüber dem Vertragsprojekt fehlte. Es fiel schwer, durch ein solches Abkommen Besorgnisse zu entkräften, die sich in Jahrzehnten angestaut hatten, obwohl manche von ihnen nicht mehr zeitgemäß erscheinen mochten.

In den politischen Beziehungen stieß man alsbald auf neue Schwierigkeiten. Der polnische Partner war der Meinung, daß der Normalisierungsprozeß sich nicht nur auf die Herstellung diplomatischer Beziehungen beschränken dürfe, und präsentierte einen umfangreichen Katalog von Forderungen und Wünschen. Auf dieser Liste standen Entschädigungsbegehren sowohl im Namen der ins Dritte Reich verschleppten Zwangsarbeiter als auch der Häftlinge von Konzentrationslagern. Diese Angelegenheit von großem moralischen Stellenwert wurde zum Prüfstein der Normalisierung. Da der westdeutsche Partner sich keineswegs bereit zeigte, den polnischen Entschädigungsansprüchen nachzukommen, kühlten die politischen Beziehungen erheblich ab. In einem anderen Bereich gelang die Zusammenarbeit dafür um so besser, nämlich bei der verabredeten Erarbeitung von gemeinsamen Empfehlungen für den Geschichts- und Erdkundeunterricht in der Bundesrepublik und in Polen. Der Gemischten Schulbuchkommission, deren Mitglieder hochrangige Vertreter der polnischen und westdeutschen Wissenschaft waren, gelangen trotz schwieriger Situationen binnen vier Jahren harter Arbeit konstruktive Kompromisse, die man vor 1939 und nach 1956 nicht annährend hatte erreichen können. Die Empfehlungen gerieten zum Gegenstand heftiger, zuweilen äußerst kontroverser Diskussionen, doch alles in allem zeugten sie davon, wie sehr man neue bzw. korrigierte Leitbilder für den Unterricht junger Polen und Deutscher benötigte.

Ich scheue mich keineswegs zu sagen, daß diese Empfehlungen zum augenfälligsten positiven Ergebnis der Normalisierung im gesellschaftlichen Bereich nach dem Abschluß des Warschauer Vertrages wurden. Nicht die Politiker, sondern Wissenschaftler waren es, die im Laufe zum Teil harter Diskussionen zu Ergebnissen fanden, die nunmehr zwar unter großen Beschwernissen, doch zielstrebig in polnischen und westdeutschen Unterrichtswerken Niederschlag finden. Und obgleich die Kritiker dieser Empfehlungen recht hatten, als sie davon sprachen, daß sie Unvollkommenheiten aufweisen, haben die Richtlinien bei Tausenden von Menschen auf beiden Seiten eine neue Nachdenklichkeit gestiftet. Altbundeskanzler Helmut Schmidt sagte dazu: »... wenn man sich hineinvertieft, lernt man manches, was man sich falsch vorgestellt hatte, weil es einem von Kindesbeinen an nicht richtig dargestellt worden war.«

Die Wirtschaftsbeziehungen dynamisierten sich, insbesondere im Bereich des Handelsverkehrs. Von 1970 bis 1974 stieg der Umsatz im Warenverkehr mehr als viereinhalbmal. Im polnischen Außenhandel mit westeuropäischen Ländern stand die Bundesrepublik an der Spitze mit einem Volumen, das fast genau so groß war wie das Polens gegenüber Frankreich, Großbritannien und Italien insgesamt. Trotz der führenden Stellung der BRD im polnischen Außenhandel und der Anbahnung weiterer Kooperation blieben insgesamt die erzielten Größenordnungen hinter den Erwartungen zurück. Die polnische Industrie war einfach auf die Zusammenarbeit mit einer Industrie wie der bundesdeutschen zu wenig vorbereitet. Joint ventures blieben unbedeutend im polnisch-westdeutschen Handelsverkehr und machten etwa drei bis fünf Prozent davon aus. Die polnische Exportstruktur behinderte eine wirkliche Umsatzsteigerung. Es gab Erhöhungen im Rohstoffbereich, aber den Export von Maschinen und Fertigwaren vermochte Polen nicht zu steigern. Zu hoch waren die westlichen Qualitätsansprüche, und die Konkurrenz auf dem bundesdeutschen Markt war für Polen zu hart.

Es entwickelten sich aber auch ganz neue Berührungsfelder innerhalb der zwischenstaatlichen Beziehungen. Vielfältige Kontakte entstanden zwischen Gewerkschaftsvertretern, Jugendgruppen sowie polnischen Bürgern und deutschen Touristen, denen das Land nicht mehr verschlossen war. Sehr viele Menschen aus Westdeutschland besuchten Städte und Gebiete, die sie infolge des Krieges hatten verlassen müssen und wo sie nun seßhaft gewordene Polen antrafen, die einst ebenso gezwungen worden waren, ihre Heimat im Osten preiszugeben. Daher konnte es bei diesen Besuchen sehr oft zu freundschaftlichen Beziehungen kommen.

Aber auch umgekehrt wurde die Bundesrepublik Deutschland das Reiseziel vieler Tausender von Polen. Ihre Reisegründe waren andere, doch bildete der Besucherstrom in beide Richtungen eine der vielen positiven Folgeerscheinungen des Vertrages, der gefährliche Barrieren beseitigte, zumal nichts schlimmer ist als die Unkenntnis des Nachbarvolkes. Im Schatten dieser Unkenntnis sprießen Klischeevorstellungen, Vorurteile und Ressentiments.

Die Bonner sozialliberale Regierung bemühte sich sehr, diese bedenklichen Vorbehalte abzubauen und ihnen ihre zum Teil gespenstischen Züge zu nehmen. Doch hatte sie es dabei keineswegs leicht. Das Urteil des Bundesverfassungsgerichtes über den rechtlichen Fortbestand des Deutschen Reiches in den Grenzen vom 31. Dezember 1937 belastete die polnisch-deutschen Beziehungen, die ohnehin kompliziert genug waren, erneut. Denn Polen war der Meinung, dieses Urteil stimme mit dem Geist und den Buchstaben des Grundlagenvertrages nicht überein. Überdies lasse es Landesrecht vor Völkerrecht gelten, was gegen die Grundsätze des internationalen Zusammenlebens verstößt. Die Regierung Helmut Schmidts war durch diesen Urteilsspruch gebunden und mußte zwischen den Angriffen der Opposition in der BRD und dem polnischen Vertragspartner, der dieser Regierung zwar Vertrauen schenkte, doch über derartige Rechtsauffassungen nicht einfach hinwegsehen konnte, einen Balance-Akt vollführen. Auf der Tagesordnung der polnisch-deutschen Beziehungen stand nun noch ein Anliegen: die Familienzusammenführung. Schon am Rande des Grundlagenvertrages willigte die polnische Seite, um Bundeskanzler Brandt den Ratifizierungsvorgang zu erleichtern, darin ein, Zehntausende von Personen, die unbestritten deutscher Volkszugehörigkeit und bis dahin noch in Polen wohnhaft waren, nach Westdeutschland übersiedeln zu lassen. Für die Opposition in Bonn aber war diese Zahl zu gering und nicht zufriedenstellend. Man stellte neue Forderungen auf, die in die Hunderttausende gingen. Es standen einander also die polnischen Entschädigungsansprüche, die Bemühungen um Kredite und die bundesdeutschen Ausreiseforderungen für polnische Bürger, die sich zu Deutschland bekannten, gegenüber. Erneut kamen Emotionen hoch, vor allem bei den Fragestunden im Deutschen Bundestag, was man in Polen mit Unmut registrierte, schien doch nach polnischer Auffassung ein solches Verhalten der moralischen Dimension des Vertragsausbaus abträglich und unwürdig.

Ein Glanzstück bei der Selbstdarstellung Polens in der Bundesrepublik Deutschland bildete die im Oktober 1974 in Essen veranstaltete große polnische Industrieausstellung, die erste dieser Art, die in einem solchen Umfang stattfand. Tausende Bundesbürger konnten sich dort überzeugen, daß der negativ belegte Begriff »polnische Wirtschaft« in die Rumpelkammer gehöre und durch die Bezeichnung »Wirtschaft in Polen« ersetzt werden müsse, obschon diese damals bereits auf geliehenen Beinen stand.

Doch Giereks Polen brauchte Geld. Die Kredite mußten abbezahlt werden. Das Geld für diese Abzahlung begann knapp zu werden. Der bundesdeutsche Partner war sich dieser Situation bewußt und beabsichtigte, nach dem Grundsatz »do ut des« vorzugehen. Der Einsatz war hoch.

Im Februar 1975 legte das polnische Außenministerium der Regierung der Bundesrepublik Deutschland ein Aide-mémoire vor, in dem der bisherige Verlauf des Normalisierungsprozesses, der Grad der Realisierung unserer Postulate analysiert wurde. In den Vordergrund rückten Fragen der Entschädigung. In dem Dokument wurde ohne Umschweife festgestellt: »Ohne eine zufriedenstellende Regelung ist für die polnische Bevölkerung die Normalisierung unglaubwürdig, und die polnische Regierung wäre nicht imstande, ihre Bürger von der neuen Qualität der Beziehungen zur Bundesrepublik Deutschland und ihren Perspektiven zu überzeugen.« In dieser Zeit waren die politischen Beziehungen fast eingefroren; nur die gesellschaftlichen und wissenschaftlichen Kontakte, die früher angeknüpft worden waren, wurden fortgesetzt.

Gleichwohl war der Prozeß soweit fortgeschritten, daß die Anerkennung des territorialen Status, der sich nach dem Zweiten Weltkrieg herausgebildet hatte, in der Diskussion, die zur Unterzeichnung der Schlußakte der Konferenz für Sicherheit und Zusammenarbeit in Europa am 1. August 1975 in Helsinki führte, keine neuen Kontroversen auslöste. Dies erleichterte gewiß etwas die atmosphärischen Umstände der Begegnung zwischen Schmidt und Gierek in Helsinki. Doch die Art und Weise, in welcher während der nächtlichen Verhandlungen vom 1. zum 2. August 1975 neue Abmachungen zustande kamen, deutete bereits auf eine Verschiebung der Kräfteverhältnisse hin, die künftige Spannungen ankündigten.

Der Milliardenkredit für Polen, die Abstimmung über die Salden hinsichtlich der Rentenzahlungen in Höhe von 1,2 Milliarden DM zugunsten Polens und die Bewilligung der Ausreise von 125 000 Personen binnen vier Jahren aus Polen im Rahmen der Familienzusammenführung stellten nach außen eine Kompromißlösung dar, aber in der Substanz einen erheblichen Vorteil für die Bundesrepublik. In solchen Situationen sind selbst inbrünstigste Versicherungen über die Stärke Polens und über die Respektierung seiner Souveränität um so weniger gehaltvoll, als die nackten Tatsachen eine viel deutlichere Sprache sprechen. Das damalige Polen unter Edward Gierek, das mehrere Dutzend Milliarden DM Schulden hatte, galt zwar weiterhin offiziell als Partner, doch als ein solcher, dem man, obgleich man sich scheute, diese Vokabel zu verwenden, etwas diktieren konnte.

Die auf dieser Basis abgeschlossenen späteren Vereinbarungen hatten aber auch eine gute Seite. Sie ermöglichten, daß längst überfällige Besuche endlich stattfinden konnten. Zuerst kam Edward Gierek im Juni 1976 in die Bundesrepublik. Gegründet wurde das »Forum Polen – Bundesrepublik Deutschland«. Seine Aufgabe sollte es sein, das gegenseitige Verstehen und die Zusammenarbeit durch regelmäßige Treffen von Politikern, Vertretern der Wirtschaft, Wissenschaftlern und Publizisten beider Länder zu vertiefen, Fragen der Gemeinsamkeit zu diskutieren sowie Anregungen für den Ausbau der Beziehungen zu geben.

Es fanden bereits sechs solcher Treffen sowie viele Sitzungen des Lenkungsausschusses statt. Im Rahmen des Forums entstand zum Beispiel die Idee, Stätten, die in Polen gelegen sind und mit der deutschen Widerstandsbewegung in Verbindung stehen (z. B. Kreisau), zu ehren, darüber hinaus die Probleme der Familienzusammenführung zu lösen und das Recht auf Pflege der Sprache und der eigenen kulturellen Identität zu gewähren. Es sei betont, daß es ein solches Forum zwischen Polen und keinem anderen Land außer der BRD gibt.

Anschließend besuchte Bundeskanzler Helmut Schmidt Polen. Er war der erste Bundeskanzler, der in Auschwitz – Birkenau eine Ansprache hielt. Er sprach am 27. November 1977 dort die denkwürdigen Worte: »Eigentlich gebietet dieser Ort zu schweigen. Aber ich bin sicher, daß der deutsche Bundeskanzler hier nicht schweigen darf. Wir sind nach Auschwitz gekommen, um uns und andere daran zu erinnern, daß es ohne Erkenntnis der Vergangenheit keinen Weg in die Zukunft gibt, auch keinen Weg zu einem neuen und unbefangenen Verhältnis zwischen Deutschland und Polen. In Auschwitz und in Birkenau kann niemand der Erkenntnis ausweichen, daß Politik etwas anderes ist, daß Politik mehr ist als ein Spiel von Macht und Interessen, daß Politik der moralischen Grundlage und der sittlichen Orientierung bedarf. ... Die Verbrechen des Nazifaschismus, die Schuld des Deutschen Reiches unter Hitlers Führung begründen unsere Verantwortung. Wir heutigen Deutschen sind als Personen nicht schuldig, aber wir haben die politische Erbschaft der Schuldigen zu tragen, hierin liegt unsere Verantwortung. Aus ihr erwächst der Auftrag, die Zukunft nicht dem Zufall zu überlassen, sondern sie mit Mut, mit Umsicht zu gestalten ...

Auschwitz ist ein Mahnmal. Uns Deutschen steht es nicht zu, zu sagen, es sei ein Mahnmal, das zur Versöhnung mahne. Das könnten nur die sagen, deren Mitbürger hier gelitten haben. Wir wissen aber eines, daß die Wege zur Versöhnung Auschwitz nicht ausklammern können, und wir wissen, daß die Wege zur Verständigung nicht hier in Auschwitz enden dürfen.«

Die Beziehungen zwischen Polen und der Bunderepublik Deutschland der damaligen Zeit wurden charakterisiert durch viele Besuche und Gegenbesuche, durch Verträge, Erklärungen, Vereinbarungen. Es gab davon fast eine richtige Flut, doch die praktischen Auswirkungen und Maßnahmen blieben spärlich. In Polen war man enttäuscht, daß all die spektakulären Schritte im Grunde zu wenig in Bewegung zu bringen vermochten. Vor allem blieben die erhofften Aktivitäten im Bereich der Industriekooperation aus.

Obwohl 150 Kooperationsverträge abgeschlossen worden waren, war ihr Anteil am Handelsverkehr zwischen Polen und der BRD gering und belief sich auf drei bis fünf Prozent des Gesamtvolumens. Die polnische Industrie war auf die praktische Umsetzung eines solchen Abkommens nicht richtig vorbereitet. Die erhaltenen Kredite wurden zum großen Teil für den Konsum ausgegeben, was einem wirtschaftlichen Selbstmord gleichzusetzen war.

Den Arbeitsbesuch von Bundeskanzler Schmidt im Jahre 1980 in Polen konnte ZK-Sekretär Gierek infolge der innenpolitischen Entwicklung in Polen schon nicht mehr mit einer Reise nach Bonn erwidern.

Streiks, Unzufriedenheit der Bevölkerung, die Entstehung der »Solidarität« und die Amtswechsel in den Partei- und Regierungsgremien Polens ließen außenpolitische Fragen in den Hintergrund treten. Europa und die BRD beobachteten das polnische Geschehen mit Bewunderung, gaben Sympathieerklärungen für die neue demokratische Bewegung ab, wobei diese Sympathie in der breiten Polenhilfe in Form von Paketsendungen Ausdruck fand, die besonders Bundesbürger an oft unbekannte Polinnen und Polen sandten.

Gleichzeitig aber wurde Polen zum großen Schuldner der Bundesrepublik. Die riesigen Verbindlichkeiten Polens belasteten die Wirtschaft und schränkten auch den politischen Spielraum erheblich ein. Während sich dementsprechend die offiziellen Kontakte auf höchster Ebene abschwächten, gab es doch darunter eine Vielzahl von Aktivitäten. Der Reiseverkehr blieb lebhaft. Besuche in Polen, Symposien hier wie dort erlaubten es, die Umwälzungen in Polen zu beobachten und gemeinsam zu diskutieren.

Die Einführung des Kriegsrechtes in Polen im Dezember 1981 wirkte deshalb auf viele Bundesbürger wie ein Schock. Eine Flut von Protesten setzte ein, die sich vornehmlich an die offiziöse NATO-Linie des Westens anlehnte, die auch für die Bonner Regierung verbindlich war. Richtig war aber auch, daß Bundeskanzler Schmidt eine sehr skeptische Einstellung zu wirtschaftlichen Sanktionen gegenüber Polen hatte. Er mußte sich indessen dieser Entscheidung des Westens fügen, durch welche die Wirtschaft Polens einen großen Schaden erlitt. Helmut Schmidt signalisierte verdeckt in Richtung Warschau Verständnis für Polen, gewiß Bestätigung des besonderen Charakters der deutsch-polnischen Beziehungen.

In diese für das Verhältnis zwischen Polen und der Bundesrepublik besonders schwierige Periode fiel ein wichtiges bundesinternes Ereignis: der Regierungswechsel. Die sozialliberale Koalition, die 13 Jahre lang die Regierungsgeschäfte in der BRD versah, mußte ihre Arbeit beenden. An ihre Stelle rückte die CDU/FDP-Koalitionsregierung mit Bundeskanzler Helmut Kohl an der Spitze.

Bei seinem Rücktritt am 1. Oktober 1982 erklärte Schmidt folgendes: »Auch unsere tiefe Bedrückung über das Kriegsrecht in der Volksrepublik Polen darf und wird unseren Willen zur Versöhnung mit der polnischen Nation nicht beeinträchtigen. Eingedenk der Höhen und schlimmen Tiefen über zehn Jahrhunderte deutsch-polnischer Geschichte haben mein Amtsvorgänger Willy Brandt und später auch ich einen neuen Anfang in den deutsch-polnischen Beziehungen eingeleitet; diese bedürfen auch in Zukunft aufrichtiger, nicht nachlassender Bemühungen.« Bei diesem Ausspruch handelte es sich auch um einen Wegweiser für die künftigen politischen Entscheidungsgremien der Bundesrepublik. Bundeskanzler Kohl setzte diesen Kurs gegenüber Polen fort und sprach von der Notwendigkeit der Kontinuität, was seinen sichtbaren Ausdruck auch in der Fortsetzung der Amtsführung Hans-Dietrich Genschers als Außenminister fand.

Die Lage um und in Polen selbst begünstigte indes die Entwicklung der Zusammenarbeit trotz einer breiten Basis an Kontakten kaum. Die offiziellen politischen Beziehungen kamen ins Stocken. Die Kooperationsbeziehungen zwischen polnischen und bundesdeutschen Unternehmen gingen rapide zurück und wurden an den Rand der wirtschaftlichen Zusammmenarbeit gedrängt, die sich von nun an auf den reinen Warenverkehr beschränkte. Die Christdemokraten, die in der BRD mit den Liberalen regierten, sahen Polen unter Kriegsrecht und bekundeten entsprechend ihre Sympathie für die delegalisierte »Solidarität« und die polnische Bevölkerung. Von der polnischen Regierung forderte Bonn die Abschaffung der Beschränkung von Bürgerrechten und die Freilassung aller internierten Personen. Es war etwas Neues in den polnisch-deutschen Beziehungen: Die BRD trat als Anwalt der verletzten Menschenrechte in Polen auf. Freilich verhielt sich Bonn gegenüber jedem mittel- und osteuropäischen Land so, d. h. machte die Intensität seiner Kontakte jeweils von der inneren Lage in diesen Ländern abhängig. Ein besonderer moralischer Anspruch wurde darin sichtbar, der praxisbestimmend werden sollte.

Die politische Opposition in Polen hatte, bevor sie in den Untergrund gedrängt wurde, kein eigenes Programm, was Deutschland betraf. Es wurde zwar die moralische Dimension des Briefwechsels zwischen dem polnischen und deutschen Episkopat oder auch die Denkschrift der Evangelischen Kirche in Deutschland hervorgehoben, aber damit hatte es sein Bewenden. Falls es solche Überlegungen zum Widerstand gegeben haben sollte, was wir nicht bestreiten können, beschränkten sich solche Projekte auf Veröffentlichungen im Ausland oder auf Aktivitäten von politischen Gruppierungen in Polen, die aber im Inland keinen größeren Widerhall fanden. Als sich herausstellte, daß der Kriegszustand in Polen seinen konfrontativen Charakter zu verlieren begann und schließlich auch seine Aufhebung angekündigt wurde, trug Bundeskanzler Kohl dieser Veränderung mit seiner Äußerung vom 25. November 1982 Rechnung, daß Polens politische und soziale Probleme auf dem Wege einer inneren Verständigung, ohne Einmischung von außen, eigenständig gelöst werden müßten.

Freilich wurde der damit eingeleitete Klimawandel wieder gebremst durch die Neuauflage der Diskussion in der Bundesrepublik über die deutsche Frage, welche auch die Gebiete ostwärts der Oder-Neiße miteinbeziehe, unter Beteiligung von Kabinettsmitgliedern (in Sonderheit von Innenminister Zimmermann). Ähnlich negativ wirkte die Behauptung von den großen deutschen Minderheiten, die es in Polen gäbe. Alte Wunden brachen auf.

Die polnische Seite wollte diesbezüglich keineswegs zur Tagesordnung übergehen. Proteste verschärften die Situation, in welcher die Glaubwürdigkeit der Bundesregierung, ihre Politik auf der Basis des Warschauer Vertrages fortzusetzen, in Zweifel gezogen wurde.

Die polnisch-bundesdeutschen Beziehungen entwickelten sich keineswegs in einem politischen Vakuum. Es war die Zeit, in der in Europa die große Diskussion über die Stationierung der SS 20- und Pershing-Raketen entbrannt war. Die Bundesregierung hatte ja einen Entschluß zur Raketenstationierung auf Bundesgebiet gefaßt, was die offiziellen Angriffe Warschaus noch zusätzlich verstärkte. Die Situation begann jener der sechziger Jahre zu ähneln, als zu den schlechten politischen Beziehungen die Bestrebungen der BRD hinzukamen, sich Zugang zu Atomwaffen zu verschaffen.

Obwohl in jeder kritischen Verlautbarung Warschaus stets der gute Wille artikuliert wurde, die gegenseitigen Beziehungen zu verbessern, schwang in der Alltagspraxis etwas anderes mit. Der Begriff »Großdeutsches Expansionsstreben« fand nun in offiziellen Statements Verwendung.

Die politischen Beziehungen waren nun wieder am Ausgangspunkt angelangt, sie waren kühl. Trotzdem blieben die Kontakte auf privater Ebene weiterhin vielfältig. Die schwierige wirtschaftliche Situation in Polen verursachte eine große polnische Reisewelle in die Bundesrepublik. Doch auch das Interesse der Bundesbürger wurde nicht geringer, auch nicht während des Kriegszustandes, der für viele Polenbesucher aus der BRD in seinen Motivlagen so schwer zu verstehen war. In der Zeit, in der die Regierungen schwiegen, unterhielten sich Vertreter von Parteien, Künstler, Schriftsteller und weitere Repräsentanten des öffentlichen Lebens.

Die deutsche Sozialdemokratie setzte ihren Dialog mit der PVAP, die Demokratische Partei (SD) den mit der FDP fort. An diesem Dialog beteiligten sich auch Stiftungen, darunter nicht nur die Friedrich-Ebert-Stiftung, sondern auch die Konrad-Adenauer-Stiftung und die Hanns-Seidel-Stiftung. Zweimal war Franz Josef Strauß zu einem inoffiziellen Besuch in Polen. Er jagte Großwild, führte aber auch Gespräche mit hochrangigen Politikern.

Bald standen die polnisch-bundesdeutschen Beziehungen nicht mehr im Zeichen der Hoffnungslosigkeit, denn sie blieben unberührt von den Reden Hupkas auf den Schlesiertreffen. In diesem Klima begingen unsere Länder den 15. Jahrestag der Unterzeichnung des Vertrages über die Grundlagen der Normalisierung vom Dezember 1970. Aus diesem Anlaß war einer der Mitunterzeichner des Dokumentes, Willy

Brandt, zu Besuch. In dem in seiner alten Pracht wiederhergestellten Warschauer Königsschloß, dessen Ruinen noch 1970 die unverheilten, von den deutschen Besatzern Polen und Warschau zugefügten Wunden versinnbildlichten, hielt Brandt einen Vortrag. Es wurde Brandt eine Ehre zuteil, wie sie einem mutigen Sohn des deutschen Volkes gebührte, der die opfervollen Mühen auf sich genommen hatte, den Entspannungsprozeß zwischen den Deutschen und ihren östlichen Nachbarn in die Wege zu leiten. Dieser Prozeß, der sich nicht leicht gestaltete, wurde schließlich von der Mehrheit der Deutschen aktiv unterstützt.

Ein anderer Deutscher, dessen Worte in Warschau mit großer Aufmerksamkeit vernommen wurden, war Bundespräsident Richard von Weizsäcker. Seine Ansprache, die er am 8. Mai 1985 im Deutschen Bundestag anläßlich des 40. Jahrestages des Sieges der Alliierten über das Deutsche Reich hielt, fand in Polen lebhaften Widerhall. Denn es war eine Seltenheit im Deutschen Bundestag, daß dort Worte fielen, die den Deutschen in der Bundesrepublik die Pein und Erniedrigung vieler Völker – darunter auch des deutschen Volkes –, die das nationalsozialistische System verschuldet hatte, und den Preis, den ganz Europa hatte dafür zahlen müssen, zu vergegenwärtigen verstanden. Der Bundespräsident erinnerte an die Bedeutung der polnisch-deutschen Beziehungen für den europäischen Frieden und betonte die besondere Rolle und Verantwortung der beiden Staaten. Es wurde ersichtlich, daß die Jahre, in denen unsere gegenseitigen Beziehungen von Mißtrauen geprägt waren, nicht zuletzt aufgrund unverantwortlicher Äußerungen einiger Bonner Politiker, bald endgültig zur Geschichte gehören würden.

Mehrere Monate später sprach Bundesaußenminister Genscher während des deutsch-polnischen Treffens in Loccum von der Dimension der gegenseitigen Beziehungen und sagte, sie hätten eine besondere historische und moralische Qualität, welche über die sogenannten normalen nachbarlichen Beziehungen hinausweise. Der Zweite Weltkrieg habe im nationalsozialistischen Eroberungswahn zuerst und besonders tief Polen getroffen und über fast jede polnische Familie unaussprechliches Leid gebracht. Auch andere Völker mußten darunter leiden. Um so stärker müßten deshalb in Zukunft Polen und Deutschland aus geographischen und aus geopolitischen Gründen zu Eckpfeilern der Sicherheit und Zusammenarbeit in Europa werden.

Mit den Fortschritten einer Normalisierung in Polen selbst vertiefte sich auch das besondere Verständnis des deutschen Bundeskanzlers für die polnischen Probleme und Empfindsamkeiten. So stellte etwa Kohl gar Hupka zur Rede, als dieser versuchte, das fällige Schlesiertreffen unter einem provokativen Motto zu veranstalten.

Ende der siebziger und zu Beginn der achtziger Jahre hatte die internationale Lage eine ungünstige Verschärfung erfahren, was nicht ohne Auswirkung auf die Beziehung zwischen Bonn und Warschau geblieben war. Entsprechend blieben auch jetzt die immer stärkeren Entspannungstrends, die darin Ausdruck fanden, daß die SS 20-Raketen und Pershings zerstört wurden, nicht ohne Einfluß auf die polnisch-westdeutschen Beziehungen.

1985 fand der bis dahin mehrfach, oft unter dramatischen Bedingungen verschobene Besuch des Bundesaußenministers Genscher statt. Es war ein bedeutsamer Besuch. In einer Ansprache bediente sich Genscher – und er betonte ausdrücklich, das auch im Namen des Bundeskanzlers zu tun – folgender Formulierungen: »Der

Warschauer Vertrag ist in einer historischen Perspektive geschlossen worden. Er hat schon jetzt historische Wirkung entfaltet... Wir kennen und respektieren den Wunsch des polnischen Volkes, in dauerhaft gesicherten Grenzen zu leben. Die Bundesrepublik Deutschland erhebt keine Gebietsansprüche gegen irgend jemanden – wir werden das auch in Zukunft nicht tun. Wir werden es niemandem erlauben, an dieser Grundeinsicht europäischer Sicherheit, europäischen Vertrauens und europäischer Zukunft zu rütteln. Wir dürfen es niemandem erlauben um unserer gemeinsamen Zukunft willen. In unserem Verhältnis zu Polen bewährt sich die moralische Qualität unserer Außenpolitik.«

Die Botschaft inspirierte neue Gespräche über eine weitere Ausgestaltung der Beziehungen. Zu diesem Zweck wurde eine besondere Arbeitsgruppe gebildet. Ihre Aufgabe war, nicht nur eine Übersicht über die polnisch-bundesdeutschen Beziehungen im politischen, wirtschaftlichen und gesellschaftlich-sozialen Bereich anzufertigen und zu bilanzieren, sondern auch neue Konzepte zu entwickeln für eine Dynamisierung der Beziehungen, die sich von den jeweiligen übrigen Beziehungen beider Länder zu den anderen europäischen Staaten in besonderer Weise unterscheiden sollten. Ich möchte es vermeiden, an dieser Stelle eine Geschichte dieser Diskussion niederzuschreiben. Es gab sowohl Wolken als auch Sonnenschein. Der letzte Premierminister der von der PVAP gestellten Regierung hatte in Übereinstimmung mit Bundeskanzler Kohl Sonderbeauftragte berufen, um die Arbeiten zu beschleunigen. Es zeigte sich jedoch nach dem Regierungswechsel in Polen, daß diese Beamten bei zweifellos bestem Willen dem notwendigen neuen Denken und der Fülle der anstehenden Probleme nicht gerecht werden konnten. Immer wieder wurden die wahren Kräfteverhältnisse in den deutsch-polnischen Beziehungen falsch eingeschätzt.

Dann begann die Diskussion über einen notwendigen Besuch Bundeskanzler Kohls in Polen. Der 50. Jahrestag des Angriffes des Dritten Reiches auf Polen näherte sich. Es war unser Wunsch, diesen Jahrestag gemeinsam mit Vertretern des deutschen Volkes zu begehen, dessen Regierung am 1. September 1939 ein doppeltes Urteil gefällt hatte – gegen Polen und gegen das Dritte Reich selbst. Schon am 3. September 1939 meinte ein Sprecher des Warschauer Rundfunkes, als er die Nachricht verlas, daß Großbritannien und Frankreich Deutschland den Krieg erklärt hätten, damit sei der Krieg für Deutschland verloren. Doch bekanntlich nimmt die Geschichte nicht immer den geraden Weg.

Während der Diskussion über die Vorbereitung des Kanzlerbesuches in Polen brach eine Diskussion über das Problem der polnisch-deutschen Grenze an Oder und Neiße los. Ich weiß nicht, ob Minister Theo Waigel, als er diese Diskussion auslöste, sich bewußt war, welche Kräfte und Geister er damit heraufbeschwören würde.

Wir waren betroffen, daß zum Jahrestag des Ausbruchs des Zweiten Weltkrieges und dazu in einem Augenblick, in dem sich ein möglicher qualitativer Fortschritt in den Beziehungen (und dies nicht nur auf zwischenstaatlicher, sondern auch auf sozialer und zwischenmenschlicher Ebene) abzeichnete, Ansichten vertreten wurden, die dem Vertrag vom 7. Dezember 1970 widersprachen.

Äußerungen dieser Art mußten naturgemäß einen destruktiven Einfluß haben und konnten dem Aufbau gegenseitigen Vertrauens, das wir in den bilateralen Beziehungen so sehr benötigten, keineswegs dienlich sein. Klärend wirkte im Tumult der Meinungen das Wort von Altbundespräsident Walter Scheel, die polnisch-deutsche Zukunft müsse auf Wahrhaftigkeit basieren. Beruhigend wirkte zudem das

Ergebnis der Meinungsumfragen. Danach wollte die überwiegende Mehrzahl der Bundesbürger die Oder-Neiße-Linie als endgültige Grenze zwischen Deutschland und Polen anerkennen.

Am 1. September 1989 trat der Deutsche Bundestag zu einer feierlichen Sitzung zusammen. Am Vortage dieses Jahrestages richtete Bundespräsident Richard von Weizsäcker eine Botschaft an Wojciech Jaruzelski, den Päsidenten der Volksrepublik Polen, in der er schrieb: »Vor fünfzig Jahren, am 1. September 1939, wurde mit dem deutschen Angriff auf Polen der Zweite Weltkrieg entfesselt. Er erschütterte Europa aufs schwerste und führte zu unermeßlichem menschlichen Leid. ... In einer tausendjährigen Geschichte deutsch-polnischer Nachbarschaft gab es neben tiefen Schatten auch viel Licht und gegenseitige Bereicherung. In ihren Unterschieden und ihrer Nähe sind wenige andere europäische Völker mit ihrem Geist und ihrer Kultur, ihrer Lage und Geschichte so sehr aufeinander angewiesen wie das polnische und das deutsche. ... Die Bundesrepublik Deutschland und die Volksrepublik Polen haben sich aber im Rahmen ihrer eigenen Kompetenz und Verantwortung gegenseitig ihr Wort gegeben. Dies ist mit dem Warschauer Vertrag vom 7. Dezember 1970 geschehen, und er weist uns den Weg. Dabei wird es bleiben. Mein Land hat verbindlich zugesagt, jetzt und in Zukunft keinerlei Gebietsansprüche gegen Polen zu erheben. Unsere Achtung vor dem Recht erfüllt sich im menschlichen Grundgebot der Verständigung. So sehen es die allermeisten Deutschen, alte und junge Menschen. Sie wollen selbst in Frieden und Sicherheit leben, und sie verstehen und respektieren den Wunsch des polnischen Volkes nach gesicherten Grenzen. In diesem Sinne suchen sie die Verständigung mit Polen ohne Vorbehalte.«

Diese Worte wurden ihrer Bedeutung gemäß aufgenommen: mit tiefem Respekt und großer Hoffnung auf eine weitere Verbesserung der Beziehungen. An dieser Stelle darf ich auch die Worte nicht unerwähnt lassen, die in einer Botschaft anläßlich dieses tragischen Jahrestages von polnischen und deutschen Katholiken gemeinsam formuliert worden sind: »Wenn beide Völker, Deutsche und Polen, sich im Streben nach diesem vereinten Europa verbinden, wird dieses Ziel leichter und schneller erreicht werden. Es gilt deshalb, alle unsere Kräfte gemeinsam auf dieses Ziel zu konzentrieren.«

Inzwischen aber war es in Polen zu einer grundlegenden Wende gekommen – nicht nur deshalb, weil in den Wahlen politische Kräfte im Umfeld der »Solidarität« gesiegt hatten, sondern auch, weil daß das Wahlergebnis in der Berufung Tadeusz Mazowieckis, eines der führenden Aktiven der »Solidarität«, zum Regierungschef Ausdruck fand. Er war es, der es vermochte, die Regierung zu bilden und den Besuchstermin des Bundeskanzlers Kohl festzulegen. Vorher aber schon sahen sich die polnisch-bundesdeutschen Beziehungen mit einem neuen Phänomen im deutsch-deutschen Bereich konfrontiert. Die Massenflucht der DDR-Bürger in die BRD ging auch an Warschau nicht vorüber. Die polnische Regierung kam den Erwartungen der Flüchtlinge entgegen und half nach Möglichkeit – gewiß Beweise einer ernsten humanitären Selbstverpflichtung.

Der neue Pluralismus in der polnischen Politik machte keineswegs vor der Außenpolitik halt, wie die Anerkennung des Selbstbestimmungsrechts der Deutschen und ihres Rechts auf Wiedervereinigung bewiesen.

Die deutsche Wiedervereinigung, die in den Jahren zuvor als eine gefährliche Entwicklung für Polen dargestellt wurde, da man die geographische Position und

Machtfülle des vereinigten Deutschland fürchtete, fand jetzt bei der neuen polnischen Regierung und den Kräften, die sie unterstützten, Verständnis. Gleichzeitig betonte man aber, daß dieser Prozeß mit der Entwicklung der europäischen Einheit zu verbinden sei.

Am 9. November 1989 landete Bundeskanzler Kohl als erster christdemokratischer Kanzler auf dem Warschauer Flughafen. Der Besuch stand jedoch zu sehr im Zeichen des deutsch-deutschen Geschehens an der Berliner Mauer und verlor dadurch etwas von seinem Glanz. Der Bundeskanzler unterbrach seine Visite in Polen für einen Tag, um auf einer Kundgebung in West-Berlin und in Bonn anwesend zu sein. Am nächsten Tag kam er wieder nach Warschau zurück, doch blieb spürbar, wie sehr er in Gedanken den historischen Ereignissen in Deutschland verhaftet war. Das konnten wir ihm nicht übel nehmen, denn er ist vor allem Deutscher und als solcher hatte er das Recht, den 9. November 1989 tief mitzuempfinden. Während der Messe in Krzyzowa (Kreisau) kam es zu einem Versöhnungsakt, zu einer Feier von einzigartiger Bedeutung für Polen und Deutschland.

Die von Premierminister Mazowiecki und Bundeskanzler Kohl unterzeichnete Erklärung schlug in ihrer Ausführlichkeit alle Rekorde. Vergleichen wir den drei Seiten langen Vertrag vom 7. Dezember 1970 mit den zwanzig Seiten der Erklärung vom November 1989, so können wir daran die dynamische Entwicklung der Beziehungen zwischen Polen und der BRD am besten erkennen. Zu dieser Erklärung konnte es nämlich nur deshalb kommen, weil es diesen Vertrag, der zum Sauerteig unserer vielfältigen Kontakte geworden ist, seit 1970 gab.

In seiner Beurteilung der gemeinsamen Erklärung als auch des gesamten Ablaufes des Besuches des deutschen Bundeskanzlers in Polen sagte Außenminister Skubiszewski auf einer Sitzung des Außenpolitischen Ausschusses des Sejms, daß sowohl die Erklärung als auch der Besuch eine dringend notwendige Wende und einen großen Fortschritt in den gegenseitigen Beziehungen auf staatlicher und Regierungsbasis eingeleitet hätten und somit die Stagnation der letzten Jahre überwunden werden könnte.

Die Erklärung enthält Vereinbarungen über Probleme, die viele Jahre strittig waren. Zum Beispiel wurde zugesichert, jenen Personen und Bevölkerungsgruppen, die deutscher Abstammung sind, und solchen, die sich zur deutschen Sprache, Kultur und Tradition bekennen, die Bewahrung ihrer Identität zu ermöglichen. Dies erstreckt sich bis auf eine Neuregelung der Ortsnamen und anderer humanitärer Fragen. Auch hinsichtlich der Pflege deutscher Gefangenengräber in Polen wurde Einvernehmen erzielt, obwohl dies den Polen nicht leichtgefallen ist, denn man weiß ja, in welcher Eigenschaft diese Söhne des deutschen Volkes fielen. Diese Regelung entspricht aber dem Geist der Zusammenarbeit und Verständigung.

Der polnische Partner hat fest damit gerechnet, daß die Bundesrepublik den polnischen Erwartungen im finanziellen und wirtschaftlichen Bereich entgegenkommen werde. Nun wird viel davon abhängen, wie wir dieses Engagement der Bundesrepublik zu nutzen verstehen.

Gerade die brisanten ökonomischen Probleme Polens wurden jedoch in jüngster Zeit um so stärker aus dem Blickfeld der deutschen und polnischen Akteure gedrängt, als die schwindelerregende Schnelligkeit des deutschen Einigungsprozesses die damit unmittelbar verbundenen machtpolitischen und völkerrechtlichen Fragen in den Vordergrund rückte. Die sechs Unterschriften unter dem neuen Moskauer Zwei-plus-Vier-Vertrag vom 12. September 1990 schufen aber auch andererseits die überfällige Voraussetzung für eine zeitlich pressionsfreie und solide Ausgestaltung der deutsch-polnischen Grundsatzerklärung vom 14. November 1990, die Beziehungen »zukunftsgewandt zu gestalten und damit ein Beispiel für gute Nachbarschaft zu geben«.

In einem solchen Verständigungsprozeß wird die Frage der deutsch-polnischen Grenze, so darf man wohl vermuten, keine belastende Rolle mehr spielen. Am 14. November 1990 wurde der deutsch-polnische Grenzvertrag von den Außenministern Hans-Dietrich Genscher und Krzysztof Skubiszewski feierlich unterzeichnet. Das Abkommen wird ergänzt durch einen »Nachbarschaftsvertrag«, der im Januar 1991 fertiggestellt sein soll. Grenz- und Nachbarschaftsvertrag werden im Februar 1991 den Parlamenten beider Staaten zur Ratifikation vorgelegt. Mit der internationalen vertraglichen Regelung und der vollen Souveränität Deutschlands werden die dunklen Schatten der Kriegs- und Nachkriegszeit kürzer und vielleicht im Licht einer gesamteuropäischen Friedensordnung verschwinden.

Daniil Proektor

Das Ende des Kalten Krieges und die Zukunft Europas

Der Kalte Krieg begann nicht erst mit Churchills Rede in Fulton oder mit dem Atombombenabwurf auf Hiroshima, wie man häufig meint, sondern lange vorher. Wenn man die Frage im erweiterten Kontext betrachtet, kann man durchaus die dreißiger Jahre miteinbeziehen, als das sowjetische Herrschaftssystem einen unversöhnlichen Klassenkampf gegen den Kapitalismus um den Preis der Weltrevolution führte und der Westen dieses System nicht nur ablehnte, sondern es so oder so auch beseitigen wollte.

Die Anti-Hitler-Koalition zwischen Stalin und den Westmächten war nur eine zeitweilige Ausnahme, und bereits lange vor Beendigung des Zweiten Weltkrieges begannen zunächst der Westen und dann das administrative Kommandosystem des Ostens, eine Rückkehr zu den konfrontativen Positionen der dreißiger Jahre einzuleiten. Die USA bemühten sich um die Errichtung einer Blockadestruktur gegen die Sowjetunion, da Washington eine Ausdehnung deren Einflusses auf Europa und andere Länder der Welt befürchtete. Der Stalinismus, der sich in Osteuropa einen massiven Brückenkopf mittels Förderung analoger Herrschaftsstrukturen geschaffen hatte, schottete seinen Machtbereich gegen westliche Einflüsse ab, welche die Grundpfeiler der totalitären Diktatur nicht erschüttern sollten. Diese Tendenzen bekamen nach 1945 mit der Entwicklung der Atombombe eine neue Dimension. Es begann die zweite Phase des Kalten Krieges, der eigentlich jetzt erst von dem berühmten Journalisten Walter Lippmann seinen Namen als Epochenmerkmal erhielt.

Dieser Kalte Krieg wurde zum Kennzeichen einer grandiosen Übergangsepoche in der Welt des 20. Jahrhunderts. Während die Menschheit nach immer neuen Methoden zur Erhöhung des materiellen Wohlstandes suchte, gingen lebenswichtige geistige Werte verloren. Die Technisierung erdrückte die Ethik. Zwei Weltkriege, der Totalitarismus, repressive Regime, die Entwertung des Lebens und Millionen unschuldiger Opfer bildeten den Stoff einer universellen Tragödie, deren letzten Akt die Epoche des Kalten Krieges darstellte.

Die Spaltung Europas und Deutschlands waren einerseits das Resultat der verbrecherischen Politik des Faschismus, der die Welt in den Zweiten Weltkrieg gestürzt hatte. Doch die andere Ursache dafür lag darin, daß die Alliierten die Früchte des gemeinsamen Sieges nicht gemeinsam ernten konnten. Die politische Klugheit wurde aufgesaugt durch die Prinzipien des Kalten Krieges, d. h. bestimmend wurden ideologischer Dogmatismus und militärische Kraftmeierei, etwa nach dem Motto »Je mehr Waffen, desto besser« oder »Wenn die Gegenseite Angst hat, um so besser« usw. Eine alternativlose Zwei-Lager-Theorie wurde maßgebend für den Verlauf des Kalten Krieges, bei ständig wachsender Sorge und Spannung auf beiden Seiten.

Bereits unmittelbar nach der Potsdamer Konferenz hatte Präsident Truman geäußert, daß er eine Kehrtwendung von der Zusammenarbeit während der Kriegszeit zur Konfrontation mit der Sowjetunion vollziehen werde. Stalin antwortete am 9. Februar 1946 mit einer Rede, in der er die Unausweichlichkeit eines Krieges gegen den Westen betonte, weshalb an eine Umstellung der Kriegs- auf eine Friedenswirtschaft nicht gedacht werden könne. Diese Rede faßte man im Westen als Erklärung des Dritten Weltkrieges auf.

Es folgte die Antwort Churchills in Fulton am 5. März 1946, wobei er das Wort vom »Eisernen Vorhang« prägte, der Europa teile. Stalin wiederum beschimpfte Churchill in der »Prawda« am 13. April als Kriegstreiber, Rassisten und neuen Hitler. Amerikanische Kriegsschiffe liefen ins Mittelmeer ein. Am 18. Oktober sprach Außenminister Byrnes offiziell von einer wachsenden Spannung zwischen den USA und der UdSSR. Im Sommer 1947 konzipierte George F. Kennan die Strategie der »Eindämmung« gegenüber der UdSSR. Fast zur gleichen Zeit tauchte der Marshall-Plan auf, mit dessen Hilfe Westeuropa wiederaufgebaut wurde, der aber auch dazu beitrug, den Ost-West-Gegensatz zu verschärfen. Außenminister John F. Dulles, auf dessen Tisch immer Stalins Buch »Fragen des Leninismus« lag, verkündete die Strategie der »Abschreckung«, verbunden mit der Forderung nach »Befreiung der osteuropäischen Völker«.

Der Kalte Krieg gewann an Tempo und Intensität, denn keine Seite gab nach. Eine Versteifung der Fronten kam hinzu, als die Welle der Sympathie, die die Völker Osteuropas nach ihrer Befreiung für die UdSSR zunächst empfanden, sich in Kälte und Entfremdung verwandelte. Man wollte sich nicht abfinden mit der Planwirtschaft, dem Zentralismus, dem niedrigen Lebensstandard und dem kommunistischen Parteiterror. Schrittweise geriet die vom Stalinismus auf Osteuropa übertragene bürokratische Kommandostruktur in einen völligen Widerspruch zu den Lebensinteressen der sozialistischen »Bruder«-Völker. Von Stalin gedacht als eine Art »Sicherheitskordon« vor den sowjetischen Grenzen, wandelte sich diese Region allmählich in eine Zone politischer Instabilität.

In einer Botschaft an den Kongreß schrieb Truman 1947: »Im gegenwärtigen Augenblick der Weltgeschichte muß jede Nation zwischen zwei Lebensformen wählen ... Die eine Lebensform beruht auf dem Willen der Mehrheit und ist gekennzeichnet durch freie Institutionen ... Die zweite Lebensform beruht auf dem Willen einer Minderheit, welcher der Mehrheit gewaltsam aufgezwungen wurde. Diese Herrschaft stützt sich auf Terror und Gewalt, kontrolliertem Presse- und Rundfunkwesen, unfreien Wahlen und der Unterdrückung der persönlichen Freiheiten.« Kraß formulierte Truman den Gedanken einer Aufspaltung der Welt, was sich in dem großen Kalten Krieg verdeutlichte.

Natürlich ging die »Truman-Doktrin« von vereinfachenden Vorstellungen aus, von einer Polarität zweier Welten – des Guten und des Bösen –, von einer »besseren« und einer »schlechteren« Welt ohne Berücksichtigung ideologischer Pluralität. Trumans Politik blieb bestimmt von der Idee der Unversöhnlichkeit, der Feindschaft zwischen der westlichen und östlichen Hemisphäre.

In dieser Theorie der zwei Welten war im Westen von Anfang an die Überzeugung vorherrschend, »totalitäre Regime« seien außergewöhnlich stark. Man sah in ihnen deshalb eine unmittelbare Bedrohung, die proportional zur Anhäufung von Atomwaffen und zur Vermehrung der bis nach Mitteleuropa vorgeschobenen Panzerarmeen anwachse.

Wie nie zuvor in der Geschichte durchbrach der Rüstungswettlauf die Grenzen jeder Vernunft. Lange Zeit vermochte sich die Weltpolitik nicht vom Primat militärischer machtpolitischer Betrachtungsweisen zu lösen. Politischer Atavismus – gepaart mit dem Kampf der Ambitionen und primitiver Manipulation – führte die zweite Phase des Kalten Krieges ad absurdum.

Doch es bedurfte einiger Jahrzehnte, bis es den politischen Entscheidungszentren möglich wurde, auf Einstein und Sacharow zu hören, die schon zu Beginn des Atomzeitalters von der Antiquiertheit der Kriege gesprochen hatten. Als der Verstand endlich begriff, daß die absolute Waffe nicht für Kriege tauglich, sondern nur als letzte Warnung begreifbar ist, entstand ein neues Denken. In der Politik wurde es wohl zu dem, was das Zeitalter der Renaissance in Kultur und Wissenschaft einleitete. Erstmals seit Erschaffung der Welt obsiegte ein völlig neues Verständnis der ewigen Fragen von Krieg und Frieden.

Die Gefahr einer direkten atomaren Konfrontation, wie sie auf dem Höhepunkt des Kalten Krieges bestand, gebar zunächst die Überzeugung, die Rettung vor der Katastrophe könne durch ein Gleichgewicht zwischen den militärischen Kräften beider Seiten ermöglicht werden. Diese nüchterne Idee, die in der gefährlichsten Zeit half, ein Gefühl der Stabilität zu schaffen und Verhandlungen zu führen, verlor später, als die ideologische Spannung nachließ, immer mehr ihren Sinn. Man begann, in dieser mühevollen Balance eine allzu simple arithmetische Gleichung zu sehen und, bisweilen noch schlimmer, sie als bloßes Alibi für steigende Militäretats zu benutzen. Die Rüstungskontrollverhandlungen, die in den sechziger und siebziger Jahren periodisch geführt wurden, förderten zwar die diplomatischen Kontakte zwischen beiden Seiten, doch Hoffnungen und Enttäuschungen lösten einander ab, ohne den Rüstungswettlauf aufzuhalten.

Zunehmend wurde jedoch auf sowjetischer Seite die Sicherheit immer weniger von der äußeren Bedrohung bestimmt als vielmehr von der inneren, d. h. von ökonomischen, technologischen Schwächen und schwelenden Nationalitätenproblemen. Als paradox erwies sich, daß je mehr Waffen die UdSSR produzierte, sie desto schwächer wurde. Parallel dazu entwickelten sich falsche Perzeptionen und bedenkliche Strategien. Denn die führenden Männer Moskaus, die unablässig ihre besten Absichten erklärten (den Kampf für Sicherheit und Abrüstung, für eine friedliche Regelung in Europa, in Deutschland, in der Berlinfrage usw.), wandten in der Praxis zugleich überholte politische Methoden an wie Klassenkampf, Intoleranz und militärischen Druck. Die westliche Seite konterte mit einer globalen Einkreisungsstrategie. Unversöhnlichkeit und »Abschreckung« bildeten die Geschäftsgrundlage für die Beziehungen zur Sowjetunion.

Während sich in Westeuropa, von den USA ganz zu schweigen, während der fünfziger und sechziger Jahre eine ökonomische Revolution vollzog, machten wir uns in der UdSSR über das westliche »Wirtschaftswunder« lustig und militarisierten uns, indem wir riesige Summen des Nationaleinkommens für die Verteidigung ausgaben. Während der Westen die Marktwirtschaft entwickelte, führte die Planwirtschaft zu Stagnation und Rückschlägen. Das Ergebnis war: Wir blieben in allem hoffnungslos hinter dem Westen zurück und ruinierten die Wirtschaft.

Die Politik des ideologischen Imperialismus hatte eine wahnwitzige Verschwendung zur Folge, was aber die Führung der UdSSR in der Periode der Stagnation kaum beachtete. Man wurde zum Gefangenen der eigenen Propaganda von der ständig zunehmenden Stärke des sozialistischen Systems und vom Niedergang des Kapitalismus. Dies führte zu falschen, bisweilen abenteuerlichen Urteilen. »Die Bourgeoisie ist reaktionärer geworden, sie hat den Kontakt zum Volk verloren und sich damit selbst geschwächt« (Stalin 1952). Eine »rapide, allseitige Schwächung des Kapitalismus« (Chruschtschow, 1962) sei erfolgt.

Wenn der Kapitalismus schwächer wurde und der Sozialismus immer stärker, mußte man da nicht die Entwicklung irgendwie ausnutzen? So kam es zur Einmischung Moskaus in die Angelegenheiten der Länder der Dritten Welt, wurde die dogmatische Linie der Unterstützung des weltrevolutionären Prozesses verfolgt. Man wollte für die Freiheit der »vom Imperialismus geknechteten Völker« in jedem beliebigen Teil der Erde eintreten. Führende Politiker Moskaus verkündeten sogar: »Ein Angriff auf China ist ein Angriff auf die UdSSR.« All dies macht eines deutlich: Die Zeit des Kalten Krieges war die Epoche grober Fehler, schlechter Lagebeurteilungen und politischer Ignoranz.

Der Korea-Krieg 1950, den wir dafür als Beispiel betrachten wollen, entstand aufgrund der verhängnisvollen Fehlkalkulationen, die zwei Staaten gewaltsam »vereinigen« zu können. So bildete die Reaktion, die dieser Angriff im Westen hervorrief (»Die Russen kommen«), nämlich die Wiederbewaffnung Westdeutschlands, die Verstärkung der amerikanischen Truppen in Europa usw. – eine weitere Kette von Fehleinschätzungen. Auch der Krieg der USA in Vietnam war das Resultat einer Selbsttäuschung, der folgenschweren Illusion, es könnte auf diese Weise gelingen, die Ausbreitung linker Kräfte in Asien aufzuhalten. Die Kuba-Krise, die beinahe zu einem Weltkrieg geführt hätte, erwuchs aus den imperialen Ambitionen beider Seiten und aus der neuerlichen Überschätzung der eigenen Kräfte seitens des administrativen Kommandosystems in Moskau.

In etwa ähnliche Beweggründe lösten die Berlin-Krisen und die Interventionen der Großmächte in ihren »Interessensphären« aus – die der USA in der Dominikanischen Republik, in Grenada oder Panama; die der UdSSR in Ungarn, der Tschechoslowakei und Afghanistan. »Die beiden Kriege, auf die sich Amerika nach 1945 einließ – in Korea und in Vietnam –, entsprachen in keiner Weise unseren politischen oder strategischen Erwartungen«, schrieb Kissinger später.

Der Kalte Krieg betraf Deutschland in besonderer Weise. Gerade hier erfolgte die Spaltung Europas. Es entstand an der Nahtstelle zwischen den Blöcken ein Zentrum unmittelbarer militärischer Konfrontation. Jeder Block sah in dem jeweils anderen deutschen Staat und den dort stationierten Truppen eine grundlegende Bedrohung, so daß die Sicherheitsproblematik zur Quadratur des Kreises geriet: Wie sollte die europäische Verständigung bei gleichzeitiger Erhaltung der Spaltung Deutschlands und der Berliner Mauer erreichbar sein? Die auf die Spitze getriebene Konfrontation begann erst mit der neuen Ostpolitik der Regierung Brandts nachzulassen, die es ermöglichte, die Verträge von Moskau und Warschau zu schließen.

Man kann sich nur schwer des Gedankens erwehren, der Kalte Krieg hätte viel früher als ausgangs der achtziger Jahre beendet werden können und sei lange künstlich am Leben erhalten worden. Versuche, die Spannung abzubauen, stießen im Westen unweigerlich auf Widerstand von rechts. Gleichzeitig war das administrative Kommandosystem Moskaus in den Zeiten der Stagnation weder in der Lage, originäre Ideen anzubieten noch eine neue Politik jenseits der Dogmen vom Klassenkampf im Weltmaßstab. Eine Militärpolitik der ruinösen Überrüstung verlängerte das sinnlose Kräftemessen. Das EKG der internationalen Politik schlug nach oben und unten aus wie bei einer schweren Herzrhythmusstörung.

Dem gesunden Menschenverstand wurde es endlich gestattet, den sowjetisch-amerikanischen Vertrag von 1972 zu schließen, in dem die Nichtführbarkeit von Kriegen anerkannt wurde. Eine Serie weiterer Abkommen war mit dieser Entwicklung verbunden, darunter der Moskauer Vertrag mit der Bundesrepublik Deutschland und deren weitere Verträge mit anderen Staaten Osteuropas sowie schließlich die historische Übereinkunft von Helsinki.

Doch während dies die eine Hand der Weltpolitik tat, machte zur selben Zeit die andere das genaue Gegenteil. Gerade in den siebziger Jahren, als die Entspannungspolitik sich verstärkte, nahm das Raketenwettrüsten zu. Es entstand buchstäblich »aus dem Nichts«, d. h. wohl niemand kann bis heute zureichend erklären, wozu die berühmt-berüchtigten SS 20 oder Pershing 2 dienen sollten, und wer »angefangen« und wer »geantwortet« hat. Unter dem Vorwand, das Fenster der eigenen Verwundbarkeit schließen zu müssen, türmte man in diesem unglücklichen Europa eine solche unnötige Menge von Waffen auf, daß es zur gefährlichsten Region auf der Erde wurde. Währenddessen verwickelte die Politik der »brüderlichen Hilfe« Moskau in Abenteuer in Afrika und anderen Teilen der Welt. Eine besondere Last wurde der Krieg in Afghanistan.

Aber endlich kamen neue Leute nach vorn, welche die Realität mit klarerem Blick erfaßten. Michail Gorbatschow setzte die Welt am 15. Januar 1986 mit der Idee einer atomwaffenfreien Welt in Erstaunen. Was man für eine Utopie gehalten hatte, fing an, Wirklichkeit zu werden, und die Vernunft schien auf dem Vormarsch. Mit der Verschrottung der Raketen, die nach dem INF-Vertrag zu zerstören waren, vernichtete man auch Milliarden, die kurzsichtige Politiker zuvor im Grunde veruntreut hatten. Wir in der Sowjetunion kritisierten die USA wegen ihrer militärischen Überkapazitäten und wegen ihrer globalen Militärpolitik in den siebziger Jahren. Aber der Gerechtigkeit halber muß man andererseits zugeben, daß in der Zeit der Stagnation und auch davor der sowjetischen Führung die politische Kontrolle über die militärische Dynamik längst entglitten war. Die Sowjets übernahmen sich mit einer unnötigen »globalen« Militärpolitik, die die Welt beunruhigte, und mit einem Wettrüsten »nach Tonnen«, das die ökonomische Struktur unterminierte. Gerade diese »Strategie« trug dazu bei, den Kalten Krieg in die Länge zu ziehen. Immer wieder wurde Öl ins Feuer gegossen, wenn ein Eimer Wasser gereicht hätte, um es zu löschen. Wie teuer diese fast 15 Jahre dauernde, kurzsichtige und gedankenlose Agonie des Kalten Krieges alle, vor allem aber die UdSSR zu stehen kam – dies auszurechnen, steht uns noch bevor.

Wer hat denn nun im Kalten Krieg gesiegt? 45 Jahre einer gewaltigen Vergeudung von Erfindergeist, menschlicher Arbeit und Geldern in Trillionenhöhe sind im historischen Nichts verschwunden. Und es hat sich gezeigt, daß alles sinnlos war. Sowohl die USA als auch die Sowjetunion haben ihre Wirtschaft überstrapaziert. Auf die Entwicklung und Produktion immer neuer »Generationen« immer teurerer Waffen eingestellt, konnte die Wirtschaft beider Großmächte die soziale und kulturelle Entwicklung und den Wohlstand der Bürger nicht hinreichend gewährleisten. Die ideologische Überhitzung bedrängte die universellen Grundwerte der Menschheit. Die ganze Welt wurde in den Rüstungswettlauf mit hineingezogen. Der leichte Zugang zu Waffen führte zu politischem Terrorismus nie dagewesenen Ausmaßes und zur Brutalisierung der sogenannten »regionalen Konflikte«. Unterdessen stiegen die Auslandsschulden der USA zu den höchsten der Welt, während der Lebensstandard in der UdSSR – potentiell ein reiches Land – weiter verfiel.

Wer also hat in diesem Krieg gesiegt? Niemand. Und doch hat die UdSSR mit ihrer unzulänglichen Wirtschaft einen viel größeren Schaden erlitten. Der Kalte Krieg war sinnlos und nutzlos, ein weiteres Fiasko in der historischen Entwicklung. Der Verlauf des Kalten Krieges bedeutete aber auch die durch das gesamte 20. Jahrhundert hindurch bewiesene, endgültige Diskreditierung bloßer militärischer Stärke als Hauptmittel der Politik. Wenn auf dem Grabstein des Kalten Krieges die Daten 1945 bis 1990 eingemeißelt werden, dann wird das Ergebnis dieses Abschnitts der Geschichte das Eingeständnis sein, daß in der heutigen Welt Konfrontation absolut sinnlos ist. In dieser neuen Welt kann man nur überleben, wenn man die Traditionen der Feindschaft verwirft und die Einheit der Menschheit anerkennt. Dies hat die Perestroika, die dem Kalten Krieg ein Ende setzte, getan.

Die vergangenen 45 Jahre haben bewiesen, daß das administrative Kommandosystem zu einer wahren Friedenspolitik nicht fähig ist; es lebt von der Feindschaft, der Spannung und Militarisierung. Sie haben bewiesen, daß die Prinzipien der gegenseitigen Abschreckung durch nukleare Vernichtung, daß Verhaltensweisen des Typs »Aktion-Reaktion« im Rüstungswettlauf, daß Blockpolitik, die Verabsolutierung des sogenannten Gleichgewichts der Kräfte und vieles mehr, einschließlich der Doktrin des »militärischen Sieges«, unrichtig sind. Der Kalte Krieg ist ein Zeugnis für die Absurdität von sogenannten lokalen Kriegen, von Konflikten und militärpolitischen Krisen, die bei völliger politischer Ineffizienz nur die Wahrheit bestätigen, daß sich alle zwischenstaatlichen Probleme allein auf dem Wege des Einvernehmens, der Suche nach Alternativen und der gegenseitigen Konzessionen lösen lassen. Daß dies endgültig begriffen wurde, hat auch die Perestroika bewirkt.

Das neue Denken, der Sieg des Prinzips der freien Wahlen, die Absage an das militärische Kräftemessen und die Anerkennung der fundamentalen, allgemeinmenschlichen Werte bestimmen die Grundlagen der europäischen Revolution, die den Kalten Krieg beseitigt hat. Die historische Rolle unserer Politik bei diesen Prozessen liegt auf der Hand. Der Ost-West-Konflikt ist zu Ende. Die Berliner Mauer ist gefallen. Deutschland hat sich vereinigt, und die Geschichte der Spaltung des Kontinents ist abgeschlossen. Die Welt ändert sich vor unseren Augen. Die Entmilitarisierung Europas wird real. Unter dem Einfluß der Perestroika und der osteuropäischen Revolutionen wurde der Totalitarismus hinweggefegt, die Demokratie ist auf dem Vormarsch. Die Zukunft Europas wird in höchstem Maße vom Schicksal der Reformen in der Sowjetunion und – engstens mit ihnen verbunden – von der weiteren Demokratisierung bei uns und in Osteuropa abhängen. Nur ein völliger Erfolg hier wie dort kann Europa zu einem einigen und blühenden Kontinent machen. Doch die Zukunft hängt auch ab von der erfolgreichen Einigung Westeuropas auf der Grundlage des Gemeinsamen Marktes unter der Bedingung, daß er nach allen Seiten offen ist, d. h. von seiner Kooperation mit Osteuropa und von einem harmonischen und freien Austausch aller mit allen, von einer umfassenden Entmilitarisierung Europas. Wenn das in Erfüllung geht, erschließen sich die Geheimnisse der Zukunft, und der Kalte Krieg wird nur noch eine finstere Episode der Geschichte sein.

Eberhard Schulz

Kontinuität und Wandel in der sowjetischen Politik gegenüber Westeuropa und den USA

Seit dem Ende der Ära Breschnew und besonders seit der Machtübernahme durch Michail Gorbatschow lassen sich in der sowjetischen Außenpolitik erstaunliche Veränderungen beobachten. Nach und nach räumt Außenminister Schewardnadse strategische und taktische Positionen, die Gromyko seinerzeit mit Klauen und Zähnen verteidigt hatte. Befindet sich die Sowjetunion nur zeitweise in einer Phase der Schwäche oder ist sie machtpolitisch am Ende? In dem einen Falle müßte der Westen sein Pulver trocken halten – in dem anderen stellte sich die Sicherheitsfrage völlig neu. Hat Ronald Reagan, der im letzten Abschnitt seiner Präsidentschaft auf Gorbatschow zuging, nachdem er ihn mit seiner massiven Rüstungspolitik über Jahre an den Rand des Abgrunds getrieben hatte, genau den richtigen Zeitpunkt genutzt, um die sowjetische Politik zur Umkehr zu bewegen und eine Periode zuverlässigen Friedens einzuleiten? Niemand kann diese Fragen mit letzter Sicherheit beantworten. Will man jedoch über beliebige Spekulationen hinausgelangen, bedarf es fundierter Beurteilungskriterien.

Es steht außer Frage, daß sich Außenpolitik an ihren Ergebnissen messen lassen muß. Indessen entsteht Außenpolitik nicht im luftleeren Raum; ihre Resultate entsprechen nicht notwendigerweise den Intentionen der Akteure: Außenpolitische Aktionen können positiver ausfallen, wenn sich die Gegenseite ihnen gegenüber konstruktiv verhält, ja sie können durch exogene Faktoren in eine ganz neue Richtung gelenkt werden; sie können aber auch negative Konsequenzen haben, selbst wenn sie besten Absichten entspringen. An diese banalen Erfahrungen sei nur erinnert, weil immer wieder von Zielen der sowjetischen Außenpolitik zu lesen ist; diese sind dem Außenstehenden im einzelnen verschlossen. Sichtbar sind nur die Ereignisse, und auch diese sind das Resultat von beabsichtigten oder zufälligen Interaktionen – jedenfalls nicht Folgen der Handlungen nur einer Seite. Erst eine Sequenz verschiedener Aktionen einer Seite läßt vorsichtige Rückschlüsse auf die damit verbundenen Ziele zu.

Wie nun gelangt der Beobachter aus einer Sequenz von Ereignissen zu brauchbaren Schlußfolgerungen? Gewiß kann er einen sachlich zusammenhängenden Prozeß ins Auge fassen, etwa bestimmte Abrüstungsverhandlungen. Bis zu einem gewissen Grade läßt sich hier – trotz allen taktischen Finassierens – herausfinden, in welchem Umfang eine Seite Initiative entfaltet, mit welchem Nachdruck sie auf Ergebnisse hinarbeitet und welches Maß an Kompromißbereitschaft sie aufbringt. Was aber heißt »eine Seite«? Trifft Gorbatschows Beschwerde, daß die sowjetische Diplomatie seine Abrüstungsvorschläge zu langsam für den Verhandlungstisch aufbereitet habe[1], zu, oder handelt es sich hier nur um ein plumpes Ablenkungsmanöver? Offensichtlich müssen die Bestimmungsfaktoren der Außenpolitik zunächst generell untersucht und dann die Besonderheiten in der Sowjetunion sowie schließlich etwaige Veränderungen unter Gorbatschow in die Analyse einbezogen werden.

Bei dem Thema der Arbeit liegt auf der Hand, daß als erstes Beurteilungskriterium die Antwort auf die Frage gelten muß: Was hat sich in der sowjetischen Politik gegenüber Westeuropa und den USA nachhaltig geändert? Ein Wandel könnte sich auf Stil und Methoden, aber auch auf die Substanz der Politik beziehen. Ein zweites Kriterium wäre die Qualität des Wandels: Rührt die Veränderung an den Kern der Beziehungen, vielleicht sogar des Ost-West-Verhältnisses im ganzen oder gar der Struktur der weltweiten Politik, da doch der Ost-West-Antagonismus in der Weltpolitik fast ein halbes Jahrhundert dominiert hat? Drittens wäre zu fragen, inwieweit der Wandel auf objektive Vorgänge oder eher auf subjektive Wahrnehmungen oder Stimmungen zurückzuführen wäre. Schließlich wäre zu überlegen, ob der Prozeß des Wandels selbst schon zu einem gewissen Abschluß gelangt ist und wie weit sich die fernere Entwicklung mit Hilfe empirischer Überlegungen abschätzen läßt. Hierbei ist eine Unterscheidung der jeweiligen Zeithorizonte geboten: Langfristige Veränderungen haben ein anderes politisches Gewicht als kurz- oder mittelfristige. In jedem Fall stellt sich die Frage der Reversibilität; ihre Beantwortung hat wesentliche Bedeutung für die Reaktion der Außenwelt auf die Vorgänge in der Sowjetunion.

Um diesen Fragen nachzugehen, wird sich die Untersuchung zunächst den Bestimmungsfaktoren der sowjetischen Politik gegenüber Westeuropa und den USA unter Gorbatschow und dann deren praktischen Ergebnissen zuwenden.

I. Kontinuität und Wandel bei den Bestimmungsfaktoren

Wenn man davon ausgeht, daß Außenpolitik die Wahrnehmung staatlicher Interessen ist, so kommt es zunächst darauf an, wie die Akteure die Interessen verstehen. Bei den Akteuren handelt es sich in der Sowjetunion bisher noch immer um einen kleinen Personenkreis, der bis 1990 nicht einmal das gesamte Politbüro umfaßte. Zumindest im letzten Jahrzehnt der Breschnew-Ära dominierte in diesem Kreis Außenminister Andrej Gromyko. Neben dem Generalsekretär spielten außerdem der langjährige »Chefideologe« Michail Suslow zusammen mit dem ZK-Sekretär Boris Ponomarjow und Verteidigungsminister Dmitrij Ustinow eine besondere Rolle. Ihre außenpolitischen Auffassungen wurden in einem hohen Maße von der Tradition russischer Machtpolitik mit einem gehörigen Schuß Messianismus, aber auch von dem manichäischen Denken des Leninismus bestimmt. Damit sahen sich die Akteure in einem unversöhnlichen Gegensatz zum Westen, was jede Zusammenarbeit zum beiderseitigen Nutzen ausschloß und Kompromisse allenfalls aus taktischer Notwendigkeit gestattete.

Natürlich waren diese Akteure auch von dem allgemeinen Zeitgeist geprägt, der sich besonders auffällig in der Verschiebung der Werteordnung durch das nationalstaatliche Denken äußerte: Der eigene Staat – hier also die »revolutionäre« Sowjetmacht – wurde zum obersten Wert an sich; er wurde totalitär, was einen allgemeinen Werteverfall und einen entsprechenden Zynismus der Machthaber zur Folge hatte.

Wichtige weitere Bestimmungsfaktoren waren die Herausforderungen und Gelegenheiten, die von der Außenwelt auf die Sowjetunion zukamen. Zu ihnen gehörte das Phänomen Hitler; der Nationalsozialismus konnte nicht nur dazu benutzt werden, Aussagen der Ideologie zu bestätigen, sondern er ließ sich sogar als moralische Rechtfertigung eigenen Machtmißbrauchs verwenden. Vor allem aber führte die Niederlage des Dritten Reiches die Sowjetunion in das Herz Europas.

Unter den Bestimmungsfaktoren ist schließlich das Potential des Staates Sowjetunion zu nennen, dessen militärische Komponente der Zweite Weltkrieg enorm begünstigt hatte. Die technologische Entwicklung beförderte die Sowjetunion in den Rang einer Supermacht mit Weltmachtanspruch und damit zu einem der beiden Pfeiler des bipolaren Systems. Dieses freilich hat, wie alle historischen Phänomene, nur eine begrenzte Lebensdauer. Ja vieles spricht dafür, daß sich sein Ende schon abzeichnet: Die Sowjetunion scheint sich machtpolitisch in einem unaufhaltsamen Niedergang zu befinden; als Gegenpol für die amerikanische Weltmacht ist sie nicht mehr anzusprechen. Daß der Ost-West-Antagonismus dennoch bis in das Jahr 1990 hinein zu den wichtigen Bestimmungsfaktoren der Weltpolitik gezählt hat, liegt eher daran, daß sich die Veränderung im Bewußtsein der Öffentlichkeit nur sehr langsam durchsetzt.

Ähnlich verhält es sich mit einem anderen Bestimmungsfaktor, der Militärdoktrin. Sie enthält als langfristige Elemente Prämissen, die von der schnellen technischen Entwicklung unseres Zeitalters längst überholt worden sind. Gemeint ist hier die Tatsache, daß die kriegsgeschichtliche Epoche, die durch die Unterhaltung großer stehender Heere und die Führung raumgreifender Angriffsfeldzüge gekennzeichnet wurde, offenbar der Vergangenheit angehört[2]. Mögen sich Rudimente davon an der Peripherie – die Region um den Persischen Golf gehört dazu – noch erhalten haben, die Schlachten großer Panzerarmeen, die im Zweiten Weltkrieg oft kampfentscheidende Bedeutung hatten, sind ebenso Geschichte wie die Seeschlachten des Ersten Weltkrieges oder der Einsatz riesiger Bomberformationen vom Zweiten Weltkrieg bis zum Vietnam-Krieg. Da das ihnen angemessene militärische Potential jedoch in allen großen Industriestaaten das Rückgrat der Streitkräfte bildet und sich nur über Jahrzehnte durch andere Strukturen ersetzen läßt, beherrscht das alte Kriegsbild noch immer weitgehend die Feindbilder und Militärdoktrinen und wirkt damit in die Außenpolitik hinein.

Das Geflecht dieser Bestimmungsfaktoren änderte sich auch in der Sowjetunion unter Gorbatschow nicht über Nacht; Ansätze zu einem Wandel reichen Jahre, wenn nicht Jahrzehnte zurück, doch wurden sie unter Gorbatschow erst wirksam und sichtbar. Wie im Rußland des 18. und 19. Jahrhunderts ging der Wandel der geistigen und moralischen Bestimmungsfaktoren von Künstlern und Literaten aus, die das totalitäre System leidenschaftlich kritisierten. Er erfaßte dann Teile des Journalismus und Historiker, Ökonomen und Juristen in wissenschaftlichen Instituten wie im Staats- und Parteiapparat. Er äußerte sich eindrucksvoll in den Debatten des neuen Volkskongresses und des Obersten Sowjets und erreichte schließlich die Administration und das Militär.

Das eigentlich Auffallende bei dieser Entwicklung war der Rückschlag des Pendels der Werteverschiebung[3]. Unter dem Stichwort »Glasnost« verlangten vor allem Angehörige der künstlerischen und geistigen Intelligenz das Recht und die Gelegenheit auf das freie Wort. Sie wandten sich gegen staatliche Unterdrückung und forderten Gerechtigkeit sowie – besonders die Nichtrussen – nationale Selbstbestimmung. Der noch unter Breschnew gepflegte Stolz darauf, an der Spitze des menschlichen Fortschritts zu marschieren, wich einer Scham über die Rückständigkeit der Sowjetunion im internationalen Vergleich.

Die neue Glasnost, also der Mut, sich frei auszusprechen, setzte Informationen voraus. Er rüttelte damit an der langen russischen Tradition der Geheimniskrämerei. Zögernd gab der Apparat dem Drängen nach. Jetzt wurden Daten bekannt, die selbst vor der Administration die Realität verschleiert hatten, und Tabus umgestoßen, die die kritische Diskussion verhindert hatten. Das bedeutete für die Außenwelt zunächst, daß der Graben der ideologischen Dichotomie eingeebnet wurde. Je mehr erkennbar wurde, in welchem Umfang wirtschaftliche Daten gefälscht worden waren, desto deutlicher wurde sichtbar, daß das militaristische Weltmachtstreben die Wirtschaft der Sowjetunion überfordert hatte. Ronald Reagans Hochrüstungspolitik leistete ein Übriges: Sie führte Gorbatschow vor Augen, daß die Sowjetunion im Rüstungswettlauf mit den USA hoffnungslos abgeschlagen wurde[4].

Die Glasnost gab erstmals zivilen Fachleuten die Möglichkeit, die Sicherheitspolitik ihres Landes unvoreingenommen zu durchleuchten[5]; diese kamen alsbald zu dem Ergebnis, daß die bisherigen Prämissen überaus anfechtbar waren: Die bisher übliche Addition des Potentials aller denkbarer Gegner zur Berechnung des Kräfteverhältnisses als Basis für die eigenen Rüstungsanstrengungen ergab keinen Sinn mehr. Statt der bisher geforderten Parität empfahl sich eine »vernünftige Hinlänglichkeit«, zumal ein Nuklearkrieg ohnehin keinen Sieg mehr verhieß. Das Zerbröckeln der kommunistischen Systeme im osteuropäischen Vorfeld bei wachsender Animosität gegen die sowjetische Vorherrschaft rechtfertigte es nicht mehr, der Stabilität des Glacis in der Sicherheitspolitik oberste Priorität einzuräumen; viel einfacher und zuverlässiger erschien der Versuch, einen politischen Ausgleich mit den Hauptgegnern, den USA und China, anzustreben. Damit konnte die Sowjetunion auch in den Genuß der Vorteile einer wirtschaftlichen und technologischen Zusammenarbeit mit den fortgeschrittenen Industriestaaten gelangen, wie ja überhaupt internationale Zusammenarbeit zur Bewältigung der wirklichen Herausforderungen des auslaufenden 20. Jahrhunderts unerläßlich wurde. Nur auf diese Weise konnte sich die Sowjetunion von der schmerzenden Wunde des Afghanistan-Kriegs befreien.

Argumente dieser Art fielen bei den neuen Verantwortlichen für die sowjetische Außenpolitik auf fruchtbaren Boden; zu ihnen gehörten, außer Gorbatschow selbst, Alexander Jakowlew und Eduard Schewardnadse. Unterstützt von freimütigen Erörterungen in der Tagespresse und in Fachzeitschriften sowie von kritischen Interventionen im Volkskongreß und im Obersten Sowjet förderte Schewardnadse das »neue Denken« im Apparat seines Ministeriums. Da er sich des Widerstandes der alten Garde der Spitzendiplomaten bewußt war, wandte er sich besonders an die jüngere Generation und steigerte die Durchschlagkraft der Argumente, indem er eigenwilliges Denken mit Karrieresprüngen zu belohnen verhieß und gleichzeitig das Rückgrat der Kritiker dadurch stärkte, daß er eigenständige Wissenschaftler in Beratungsgremien seines Hauses einbezog.

In der praktischen Außenpolitik der Sowjetunion freilich hielten sich die Neuerungen in Grenzen; offensichtlich standen den vorwärts drängenden Bestimmungsfaktoren Gegenkräfte gegenüber, die ihre Wirkung nicht von einem Tag auf den anderen einbüßten. Zu diesen gehören in besonderem Maße die traumatischen Erinnerungen an den Zweiten Weltkrieg, die vor allem bei Rentnern, also der von der stalinistischen Propaganda besonders gepflegten Schicht von Kriegs- und Arbeitsveteranen, anzutreffen sind, die von der »Perestroika« Gorbatschows bisher nur Nachteile erfahren haben. Die Stimmen dieser Menschen der älteren Generation schlagen sich in zahllosen Leserbriefen in Tageszeitungen wie auch in Fachzeitschriften nieder; ihr psychologisches Gewicht ist nicht zu unterschätzen. Oft verbinden sich damit Residuen der alten »Agitprop«, jener Indoktrinierung der Massen, mit der die Partei jahrzehntelang undefinierte Mächte wie etwa »das Kapital« für alles Unheil in der Welt verantwortlich gemacht hatte. Auch ein gewisses Exkulpationsbedürfnis der alten Machtträger gehört in diesen Zusammenhang; in einer Zeit, da sich der Stalinismus heftigsten Angriffen ausgesetzt sieht, liegt es nahe, den Zorn der Öffentlichkeit auf andere abzuwälzen, etwa auf die »Faschisten«. Allzu oft wurde dieser Begriff auf alle Deutschen übertragen, wovon selbst die von Stalin nach Kasachstan verschleppten Sowjetdeutschen nicht ausgenommen wurden. In der Presse kamen Ängste zum Ausdruck, die von den unübersehbaren Verfallserscheinungen des Sowjetstaates herrührten und sich an Punkten konkretisierten, die als besondere Schwachstellen empfunden wurden. Hierzu ist etwa die Frage zu rechnen, ob die über ganz Mittelasien versprengten Sowjetdeutschen im nördlichen Ostpreußen eine neue Heimstatt finden sollten und ob eine solche Umsiedlung nicht revisionistischen Bestrebungen in Deutschland Tür und Tor öffnen könnte, zumal die baltischen Völker ohnehin mit einer Sezession liebäugelten und in anderen Randgebieten der Sowjetunion bürgerkriegsähnliche Zustände herrschten.

Der unaufhaltsame Zusammenbruch der DDR, des Eckpfeilers der sowjetischen Sicherheitspolitik, ließ das Gespenst einer NATO am Horizont erscheinen, die mit dem Potential eines vereinigten Deutschland bis zur Oder vorrückte; die Gefahren der Alternative, eines ungebundenen Deutschland, das nach einem Rückzug der USA über den Atlantik von niemandem mehr kontrolliert werden könnte, traten demgegenüber zunächst nur wenigen Publizisten ins Bewußtsein. Jedenfalls bewirkte die ungewohnte Unkalkulierbarkeit des Bestimmungsfaktors Deutschland eine schockartige Verunsicherung.

Gegenkräfte meldeten sich auch aus der Armee zu Wort. Manche Offiziere versuchten, die unerwartete Konkurrenz von seiten ziviler Sicherheitsexperten als unprofessionell zu diskreditieren, wobei sie sich die Tatsache zunutze machten, daß ihre eigentlichen Gegenspieler, die Militärs in den USA, wenig Neigung zeigten, den Gedanken der »sufficiency« wieder aufzugreifen, der in der amerikanischen Diskussion vor 20 Jahren eine Rolle gespielt hatte. Natürlich verteidigten die Militärs auch ihre professionellen Interessen; jeder Rüstungsabbau bedrohte ihre Karriere, wenn nicht gar ihre Lebensqualität. Die Erfahrungen mit dem Rüstungsabbau, den Chruschtschow vor 30 Jahren ohne jede Rücksicht auf die sozialen Konsequenzen für die Betroffenen betrieben hatte, war den Militärs noch durchaus gegenwärtig und wurde durch die neuerlichen Erfahrungen mit den Afghanistan-Veteranen verstärkt. Schließlich zeigten ja auch die Rüstungskontrollverhandlungen, daß die rivalisierende Supermacht auf die sowjetischen Abrüstungsvorschläge, ja sogar auf die einseitigen asymmetrischen Schritte eher zögerlich einging und gelegentlich ein geradezu provozierendes Verhalten an den Tag legte.

Gegenkräfte gab es auch im Apparat des Außenministeriums, ja bis in die Spitze der Parteiführung. Wenn Gorbatschow überhaupt Erfolge in seiner Politik aufzuweisen hatte, dann doch allenfalls in der Außenpolitik, und so ist es kein Wunder, daß die Skeptiker auch in der Außenpolitik nach Indizien dafür Ausschau hielten, daß die Neuerungen in der sowjetischen Politik die Interessen des Staates eher schädigten als begünstigten. Nicht zuletzt ist unter den hemmenden Bestimmungsfaktoren die Trägheit des außenpolitischen Apparates zu nennen, die alles für verderblich hält, was nicht von jeher praktiziert worden ist.

Die stichwortartige Aufzählung von Bestimmungsfaktoren kann gewiß keinen Anspruch auf Vollständigkeit erheben; noch weniger kann sie Auskunft geben über die vielfältigen Interaktionsmuster, doch erlaubt sie einige, vielleicht etwas pauschale zusammenfassende Feststellungen über die inneren Faktoren:

1. Der Bestimmungsfaktor Ideologie ist durch Gorbatschows Reformpolitik deutlich geschwächt worden. Das dadurch entstandene Vakuum dürfte durch ein diffuses Gemisch von Kräften gefüllt worden sein, die von abendländischen Wertvorstellungen bis zu schwächebedingten Ressentiments und chauvinistischen Tendenzen reichen.
2. Im Zeichen der Glasnost wird das Gegeneinanderwirken der verschiedenen Faktoren in unvergleichlich höherem Maße als früher sichtbar und damit eher berechenbar.
3. Gleichzeitig wächst die Zahl der außenpolitischen Einfluß- und Entscheidungsträger, was die Abschätzung ihrer Wirkung wieder kompliziert.
4. Wegen der Stagnation der Perestroika ist Gorbatschow viel mehr als seine Vorgänger auf außenpolitische Erfolge angewiesen.
5. Die Grenzen des verfügbaren Wirtschaftspotentials wirken sich stärker als früher auf die außenpolitische Orientierung aus.
6. Der machtpolitische Niedergang der Sowjetunion beeinflußt die sowjetische Außenpolitik in sehr verschiedenen Richtungen, so daß eine generalisierende Bewertung noch kaum möglich ist; doch läßt sich immerhin so viel sagen: Die Schwächung der russischen Macht reicht so tief, daß die Fähigkeit des Sowjetstaates, Westeuropa militärisch anzugreifen (von den USA gar nicht zu reden), über Jahrzehnte hinaus fast auf den Nullpunkt gesunken ist.
7. Früher als im Westen beginnen sich die sowjetischen Eliten der Tatsache bewußt zu werden, daß die Durchschlagkraft des militärischen Faktors in der Außenpolitik abnimmt.
8. Das Zurücktreten der manichäischen Ideologie und die Glasnost bewirken, daß das Verhalten der Partnerstaaten stärker als früher auf die sowjetische Entscheidungsbilanz zurückwirken kann; der Zeitgeist wird heute stärker von den USA als von irgendeiner anderen Macht und am wenigsten von der Sowjetunion bestimmt.

Kontinuität im sowjetischen außenpolitischen Verhalten zu bestimmen, ist ungewöhnlich schwer geworden – dies um so mehr, als Kontinuität manchmal durch vordergründige Phänomene verdeckt wird. Ein Beispiel dafür ist die in Rußland häufig zu beobachtende Tendenz, eher reaktiv als initiativ aufzutreten – eine Tendenz, die durch das Feuerwerk von Gorbatschows Abrüstungsvorschlägen ebenso verdrängt zu werden schien wie zu Zeiten Breschnews durch dessen leere Propagandaoffensiven. Ein anderes Beispiel ist der kontinentale Charakter der sowjetischen Militärmacht, der durch das gewaltige – aber letztlich nutzlose – Flottenbauprogramm Admiral Gorschkows aus dem öffentlichen Bewußtsein weitgehend verdrängt wurde. Kontinuität zeigt sich auch in der – keineswegs neuen, unter dem Einfluß der

Ideologie aber nie recht zur Entfaltung gekommenen – Neigung, eine globalpolitische Zusammenarbeit mit den USA zu suchen und dabei die eigene Weltmachtrolle weit zu überschätzen.

II. Auswirkungen auf die sowjetische Westpolitik

Die erste bemerkenswerte Änderung der sowjetischen Außenpolitik unter Gorbatschow bestand in einem signifikanten Stilwandel: Die sowjetischen Spitzenpolitiker präsentierten sich kraftvoll, selbstbewußt, freundlich, menschlich, pragmatisch und überzeugend statt schwächlich, ängstlich, bürokratisch, ideologisch und nichtssagend wie ihre senilen Vorgänger. Schon die Tatsache, daß sich der neue Stil beinahe ausschließlich bei Gorbatschow und Schewardnadse manifestierte, läßt erkennen, daß der Grund für diese Veränderung in den beiden Hauptpersönlichkeiten zu suchen ist. Viel schwerer ist es, eine eindeutige und umfassende neue Konzeption der sowjetischen Außenpolitik auszumachen, wenn man einmal davon absieht, daß die ideologisch begründete Feindseligkeit gegen den Westen zurückgetreten ist. Doch ist schon der Stilwandel als solcher von hoher Bedeutung, denn ohne ihn hätten Gorbatschows einzelne Initiativen vor allem auf dem Gebiet der Abrüstung im Westen kaum ein vernehmbares Echo gefunden.

Gorbatschows Vorgehen in der internationalen Politik soll an dieser Stelle nicht im einzelnen nachgezeichnet werden[6]; es geht also nur darum, die Ergebnisse festzuhalten. Hier ist zunächst der Welt- und Großmachtanspruch zu nennen, der sich auch unter der neuen sowjetischen Führung erhalten hat, obwohl er nur noch sehr begrenzt realisierbar erscheint. Eine Weltmacht im strengen Sinne ist die Sowjetunion nie gewesen. Als Kontinentalmacht besaß sie dafür nicht die notwendigen Voraussetzungen, weil sie der maritimen Macht USA nie auch nur annähernd Paroli bieten konnte und daher nicht die Kraft besaß, ihre Macht auf andere Erdteile zu projizieren, solange sich die USA ihr entgegenstellten. Es mag sein, daß ein westliches »worst-case«-Denken dazu beigetragen hat, Breschnew in seinen Weltmachtambitionen zu bestärken und ihn die Grenzen der Sowjetmacht nicht erkennen zu lassen. Die gegenwärtige Führung hat zwar das Flottenbauprogramm drastisch beschnitten, den Weltmachtanspruch als solchen aber noch nicht aufgegeben. Der Status einer nuklearen Supermacht, das Vetorecht im Sicherheitsrat der Vereinten Nationen und bis 1990 die Teilhabe an den Rechten der vier Siegermächte in Deutschland sind Residuen des Weltmachtanspruchs, doch wird sich erst noch beweisen müssen, ob dahinter mehr steht als hinter den Fassaden der Potemkinschen Dörfer.

Weit interessanter noch ist die Frage, ob die Sowjetunion nach den klassischen Kriterien als eine Großmacht anzusprechen ist. Als eine Großmacht pflegt man einen Staat zu beschreiben, der seinen Nachbarn oder gar größeren Regionen seinen Willen aufzuzwingen vermag. Noch gegen Ende der Ära Breschnew war die sowjetische Armee in Afghanistan einmarschiert und hatte gegenüber Polen Drohpositionen bezogen, um einen Abfall Polens vom Warschauer Pakt zu verhindern. Unter Gorbatschow hat die Sowjetunion ihre Haltung dramatisch verändert. Sie hat ihre Truppen aus Afghanistan zurückgezogen und darauf verzichtet, den USA öffentlich vorzuhalten, daß ihre Unterstützung der afghanischen Widerstandsgruppen eine unfreundliche Handlung darstelle, da es sich bei Afghanistan um einen »Hinterhof« der Sowjetunion handele (während sich umgekehrt die USA die sowjetische Unterstützung für Kuba und Nicaragua mit dem Hinweis auf ihren »Hinterhof« verbitten). Die Sowjetunion hat keinerlei Versuch gemacht, die Stabilität der kommunistischen Regime in Osteuropa mit Gewalt zu stützen, und auch sonst hat sie praktisch jeden politischen Einfluß auf diese Länder verloren. Eine Machtentfaltung gegenüber China, Iran oder der Türkei ist ebenso undenkbar geworden wie gegenüber Finnland und den nordischen Staaten. Den klassischen Großmachtstatus hat die Sowjetunion offenbar verloren.

Sie ist dennoch eine Supermacht und wegen der Wirkung ihrer nuklearen Bewaffnung gegen Angriffe anderer Nuklearmächte praktisch immun. Diese Situation würde sich nicht einmal ändern, falls sich die Sowjetunion als Staat weiter desintegrierte. Dieses einzigartige Phänomen erlaubt den Umkehrschluß, daß die konventionelle Bewaffnung der Sowjetunion keinen militärischen Angriff auf Westeuropa unterhalb der Nuklearschwelle mehr gestattet. Atomar gerüstete Mächte stehen einander in einer Pattstellung gegenüber; mit Aussicht auf Erfolg können sie gegeneinander auch konventionelle militärische Kräfte nicht mehr einsetzen. Für die Machtentfaltung dürften andere Faktoren wie Wirtschaftskraft und technologisches Innovationspotential, über die die Sowjetunion nicht in ausreichendem Maße verfügt, in Zukunft größere Bedeutung erlangen.

Wenn vorher festgestellt worden ist, daß sich eine eindeutige und umfassende neue Konzeption für die sowjetische Außenpolitik noch nicht abzeichnet, so sei gleich einschränkend hinzugefügt, daß eine umfassende Konzeption selten oder nie die Politik eines Staates bestimmt. Selbst visionäre Persönlichkeiten wie Charles de Gaulle, Konrad Adenauer oder Willy Brandt dachten nicht daran, ihrer Außenpolitik ein in den Einzelheiten ausgearbeitetes Programm zugrundezulegen. Ob Gorbatschow zu den visionären Persönlichkeiten zu zählen ist, läßt sich derzeit noch schwer beurteilen; daß er mit seiner Reformpolitik im Innern vor lauter taktischen Winkelzügen (die er mit Bravour vornimmt) kaum Fortschritte macht, mag an der unerhörten Kompliziertheit seine Aufgabe liegen.

In der Außenpolitik hat Gorbatschow ohne Zweifel in mancherlei Hinsicht die Weichen anders gestellt als seine Vorgänger. Vor allem hat er in der Sicherheitspolitik die Prioritäten geändert: Während seine Vorgänger seit Lenin und Stalin der Festigung des osteuropäischen Glacis erste Priorität beigemessen hatten, legte Gorbatschow das Schwergewicht auf eine Politik der Verständigung mit den USA und China, den beiden potentiellen Hauptgegnern. Er nahm dabei auch eine Veränderung der Methoden in Kauf: In seiner Amerikapolitik (wie gegenüber China) zeigte er sich zu weitreichenden Zugeständnissen an die Gegenseite bereit und nahm in Kauf, daß sich die Staaten des osteuropäischen Glacis weitgehend von der Sowjetunion abwandten. Er versuchte also nicht, den politischen Status quo um jeden Preis zu erhalten, sondern erkannte, daß Flexibilität einen Beitrag zur Stärke leisten kann.

Auch ein zweiter Aspekt des Wandels auf dem Gebiet der Sicherheitspolitik sollte nicht unterschätzt werden: Gorbatschow lieh denjenigen – vor allem zivilen – Militärexperten sein Ohr, die den Schlüssel zur Sicherheit nicht mehr in absoluter Parität sehen wollten, sondern das Prinzip der »Hinlänglichkeit« propagierten. Das ermöglichte ihm seine präzedenzlose Abrüstungskampagne, die ihm weltweit große Achtung eingetragen hat und die vielleicht der Hauptgrund dafür ist, daß die Ära der

Dominanz des Ost-West-Konflikts ihrem Ende entgegenzugehen scheint[7]. Freilich ging Gorbatschow bei dem Prinzip der Hinlänglichkeit nicht bis zur letzten logischen Konsequenz; er nahm es hin, daß sich die »vernünftige Hinlänglichkeit« unter dem bremsenden Einfluß der Militärs in eine fragwürdige »Hinlänglichkeit für die Verteidigung« verwandelte, solange ihm dies den Weg zu realistischen Abrüstungsschritten nicht versperrte. Das bedeutete ja immerhin, daß er sich nicht mehr wie seine Vorgänger von dem Prinzip der strengen Reziprozität leiten ließ, sondern den Militärs die Zustimmung zu unilateralen und asymmetrischen Schritten abnötigte. Der gemeinsame Nenner, auf den sich alle diese sicherheitspolitischen Veränderungen bringen lassen, ist eine Gewichtsverlagerung von militärischen hin zu politischen Instrumenten der Sicherheitspolitik. Dies ist nicht nur für die sowjetische, sondern für die russische Politik in einer längeren Perspektive ein erstaunlicher Vorgang.

Nicht weniger bedeutsam ist eine andere Veränderung in der sowjetischen Außenpolitik, die sich offenbar noch im Gange befindet und deren Wurzeln über Jahrzehnte zurückreichen: Die sowjetische Führung beginnt zu erkennen, daß die europäische Integration für sie nicht notwendigerweise eine Gefahr darstellt, sondern ihr – gerade in der heutigen Situation der Schwäche – großen Nutzen bringen könnte. Unter dem Einfluß der leninistischen Ideologie hatte die Sowjetunion Westeuropa seit 1945 vornehmlich unter dem Gesichtspunkt der von den Amerikanern besetzten Gegenküste betrachtet. Mit ihrer Propaganda hatte sie immer wieder versucht, Spannungen zwischen der entstehenden Europäischen Gemeinschaft und den USA zu verschärfen. Besonders deutlich wurde dies Mitte der sechziger Jahre, als die Sowjetunion mit dem Vorschlag einer »Europäischen Sicherheitskonferenz« den Hebel ansetzte, um die USA und die Bundesrepublik Deutschland in Westeuropa zu isolieren. Es war wesentlich das Verdienst der Ostpolitik der sozialliberalen Koalition, daß die »Europäische Sicherheitskonferenz« in eine »Konferenz über Sicherheit und Zusammenarbeit in Europa« umgemünzt und damit in ihr Gegenteil verkehrt wurde; denn auf diese Weise wurden der Sowjetunion kooperative Elemente aufgezwungen, die der Politik Breschnews im Grunde noch ganz fremd waren. Die Neue Ostpolitik der Bundesrepublik Deutschland und die Schlußakte von Helsinki konnten zwar den Kurs der sowjetischen Außenpolitik unter Breschnew nicht umlenken, schufen aber die Grundlage dafür, daß Gorbatschow und Schewardnadse über eine konstruktive Politik gegenüber Westeuropa nachzudenken begannen. Dies wurde ihnen zweifellos dadurch erleichtert, daß die Bundesrepublik als einziger westlicher Industriestaat in nennenswertem Umfang Interesse an einer wirtschaftlichen Zusammenarbeit mit der Sowjetunion erkennen ließ.

Bevor sich beurteilen läßt, ob sich der sowjetische Kurswandel gegenüber der Europäischen Gemeinschaft als dauerhaft erweist, dürften noch Jahre vergehen. Für die Brüsseler Kommission standen im Verhältnis zur Sowjetunion lange Zeit strategische Überlegungen im Vordergrund. Die Versuche, die Gemeinschaft zur Festigung der sowjetischen Vorherrschaft im Rat für Gegenseitige Wirtschaftshilfe durch den Abschluß eines Abkommens zwischen den beiden Organisationen zu instrumentalisieren, stießen in Brüssel verständlicherweise auf wenig Gegenliebe. Ökonomisch ist die Sowjetunion für die EG ein schwacher Partner; auf dem Wege zu einem freien und demokratischen Rechtsstaat nach den Kriterien des Europarats hat sie noch eine weite Strecke zurückzulegen. Das in Moskau propagierte »gemeinsame europäische Haus« erscheint bisher eher als ein Luftschloß mit zerfließenden Konturen.

Frankreich und Großbritannien, neben der Bundesrepublik die bedeutendsten Mächte in der Gemeinschaft, finden auch in der Sowjetunion Gorbatschows wenige Ansatzpunkte für politische Zusammenarbeit zum gegenseitigen Nutzen. Anders die Bundesrepublik, in der jedoch immer wieder innenpolitische Kräfte zum Zuge kamen, die die sowjetische Führung nicht richtig einzuschätzen vermochte; hier wird man ihr zugute halten müssen, daß die Dynamik der deutschen Entwicklung alle Regierungen und Beobachter völlig unvorbereitet getroffen hat – einschließlich der deutschen selbst. Offenbar wird die Sowjetunion von diesem Problem auf einen Weg gedrängt, auf dem sie sich in den letzten Jahren zunehmend sicherer bewegt hat, auf den des KSZE-Prozesses. Zunächst aber äußerte sich die Politik der Sowjetunion gegenüber Westeuropa noch eher in einem gequälten Zurückweichen vor der Übermacht harter Tatsachen als in einem bewußten Neubeginn. Insofern unterschied sie sich grundlegend von ihrer Sicherheits- und Abrüstungspolitik.

Ganz allgemein läßt sich die Außenpolitik unter Gorbatschow als eine postrevolutionäre Normalisierung, nämlich Entideologisierung charakterisieren. Zwar ist bei den sowjetischen Entscheidungsträgern auch in Zukunft mit einer ideologischen Verzerrung des Weltbildes zu rechnen, wobei das Ausmaß dieser Verzerrung bei den einzelnen sicherlich sehr unterschiedlich ausfällt; doch dürfte die Grundeinstellung zum Westen nicht mehr durch den früheren Antagonismus bestimmt werden. Wenn Gorbatschow »gesamt-menschheitliche Werte« als gegeben anerkennt, so hat er das leninistische Gebot des »klassenmäßigen Herangehens« überwunden und sich dem westlichen Denken in erheblichem Maße angenähert. Nachdem er den Anspruch der Partei, im Alleinbesitz der Wahrheit zu sein, einmal aufgegeben hat, kann er ihn kaum je wiederherstellen. Deswegen läßt sich die genannte postrevolutionäre Normalisierung nicht mehr rückgängig machen. Die Sowjetunion wird in ihrer Politik künftig auf Dialog und Kompromiß mit dem Westen angewiesen bleiben, auch wenn ihr diese nicht immer leicht gemacht werden. Widerstand gegen ein solches Arrangement mit dem Westen dürfte sich in der Sowjetunion immer wieder Bahn brechen, gerade weil die Sowjetunion dem Westen aus einer Position der Unterlegenheit begegnen muß.

Auf der anderen Seite ist es ja gerade die überaus kritische innere Situation, die die Sowjetunion zu einem Interessenausgleich, ja zur Zusammenarbeit mit dem Westen nötigt. Die Eruption der Nationalitätenkonflikte im Kaukasus und in Zentralasien etwa beruht nicht nur auf einer Vernachlässigung des Selbstbestimmungsrechts der Völker, sondern auch auf einer dramatischen Verschlechterung der Lebensbedingungen, vor allem durch die sich krisenhaft zuspitzenden Umweltprobleme. Diese aber lassen sich in einem nationalen Rahmen nicht mehr bewältigen; weltweite Zusammenarbeit ist unumgänglich und hier wieder vor allem die Zusammenarbeit mit den technologisch führenden Industriestaaten. Eine uneinsichtige Führung könnte versuchen, dieses Erfordernis einfach beiseite zu schieben, aber sie würde, wie Gorbatschow dies treffend ausdrückte, dafür eines Tages »vom Leben bestraft«.

Wohl das schwierigste Problem, das sich der sowjetischen Außenpolitik in den letzten Jahren gestellt hat, ist die deutsche Frage. Die Annahmen der Vergangenheit sind hinfällig geworden. Die Menschen in der DDR haben sich nicht mehr durch den Hinweis auf die »Realitäten« ruhig stellen lassen. Ein revolutionärer Aufbruch (»Wir sind das Volk«) hat die Hilfskonstruktionen der Nachkriegszeit ins Wanken gebracht. Als eine der Vier Mächte besaß die Sowjetunion einen Hebel, mit dem sie versuchen konnte, auf die Entwicklung einzuwirken. Auch hier jedoch befanden sich die sowjetischen Politiker in einer relativ schwachen Position. Damit sahen sie sich auf die Vernunft derjenigen angewiesen, denen sie in der Vergangenheit am wenigsten vertrauen mochten, der führenden Politiker der Bundesrepublik Deutschland. An dieser Stelle hat sich wie nirgendwo sonst herausgestellt, in welchem Maße sich die sowjetische Politik vom Westen her beeinflussen läßt.

Entgegen den Unkenrufen der konservativen Kritiker im eigenen Lande hat die Sowjetunion durch die einvernehmliche Regelung der deutschen Frage sowohl ihre äußere Sicherheit als auch ihre kritische wirtschaftliche Situation bedeutend verbessert. Dies freilich ging nicht auf ihre eigene Initiative zurück; das »neue politische Denken« erleichterte zwar die Akzeptanz der Vorschläge, doch beruhten diese fast ausschließlich auf westlichen Anregungen, wobei das größte Verdienst dem umsichtigen und geschickten deutschen Vorgehen in den »Zwei-plus-Vier-Gesprächen« zuzuschreiben ist. Immerhin hat die sowjetische Führung eingesehen, daß die Einbeziehung ganz Deutschlands in die NATO und in die EG in Verbindung mit der drastischen Reduktion der deutschen Streitkräfte auch für die Sowjetunion (oder Rußland) von Vorteil ist: Nicht nur wird die neue zentraleuropäische Macht Deutschland fest in einem größeren Rahmen integriert, sondern es ändern sich auch der Charakter der NATO und ihr Verhältnis zur Sowjetunion. Wirtschaftlich engagiert sich das neue Deutschland mit einer so gewaltigen Anfangsleistung, daß in der Folge eine enge Zusammenarbeit gewährleistet erscheint.

Nicht ganz so eindeutig ist der Wandel zu bewerten, der – ebenfalls im Jahre 1990 – in den sowjetisch-amerikanischen Beziehungen eingetreten ist. Mit seiner energischen Abrüstungspolitik, insbesondere mit beträchtlichen einseitigen Vorleistungen, hatte Gorbatschow diesen Wandel eingeleitet und das tiefe amerikanische Mißtrauen Schritt für Schritt gelockert. Bei dem entscheidenden Durchbruch aber kam ihm – wie bei seiner Deutschlandpolitik – der Zufall zu Hilfe: Als Saddam Hussein, der Diktator des Irak, mit dem die Sowjetunion durch einen Freundschaftsvertrag verbunden war, Kuwait annektierte, ergriff die Sowjetunion Partei im Sinne der geltenden Völkerrechtsordnung und ermöglichte damit erstmals in der Geschichte der Vereinten Nationen eine gemeinsame Haltung aller ständigen Mitglieder des Weltsicherheitsrats. Präsident Bush war darüber so erleichtert, daß er Gorbatschow anläßlich des kurzfristig vereinbarten Gipfeltreffens in Helsinki am 9. September 1990 nicht nur wirtschaftliches Entgegenkommen in Aussicht stellte, sondern die bis dahin streng verpönte Vokabel »Partnerschaft« benutzte, um das Verhältnis zur Sowjetunion zu charakterisieren. Auch die sowjetische Führung hatte lange gezögert, gegenüber dem früheren »Klassenfeind« von Partnerschaft zu sprechen. Auf beiden Seiten dürfte sich auch in Zukunft – nicht nur aus emotionalen Gründen – Widerstand gegen eine wirkliche Partnerschaft bemerkbar machen.

Besonders von amerikanischen Beobachtern wird häufig die besorgte Frage gestellt, ob die Regierung Bush recht daran tue, Gorbatschow bei seiner Perestroika Erfolg zu wünschen. Aber auch die Administration selbst vertritt die Auffassung, daß die »sowjetische Bedrohung« noch keineswegs überwunden sei, da Gorbatschow ja scheitern und sein Nachfolger dem Westen gegenüber wieder eine feindselige Haltung einnehmen könne[8]. Diese Frage verliert manches von ihrer Bedeutung, wenn man die Zeithorizonte in Betracht zieht: Gewiß könnte die Sowjetunion irgendwann zu einer Weltmacht werden; die Tiefe ihrer Krise läßt dies jedoch für Jahrzehnte als ausgeschlossen erscheinen.

III. Konsequenzen für die Sicherheit des Westens

Eine solche Feststellung hat eine geradezu atemberaubende Tragweite: Wenn wirklich mit hoher Wahrscheinlichkeit davon ausgegangen werden kann, daß die Sowjetunion keine wesentliche Bedrohung mehr für Westeuropa und Nordamerika darstellen wird, stellt sich irgendwann die Frage, ob die politischen Prioritäten der NATO-Staaten nicht eine Änderung der Streitkräfteplanung nahelegen. Im einzelnen wäre hier zu fragen, welche Struktur und welchen Umfang die Streitkräfte in Europa in Zukunft haben sollten, wenn eine Aggression oder eine militärische Drohung von seiten der Sowjetunion weniger wahrscheinlich geworden ist als andere Herausforderungen, für die die Mitgliedstaaten noch nicht ausreichende Mittel bereitgestellt haben. Denn jede Allokation von Mitteln setzt eine – explizite oder implizite – Setzung von Prioritäten voraus. Eine rationale Antwort auf diese Frage hängt wesentlich davon ab, mit welchem Grad von Sicherheit ausgeschlossen werden kann, daß von der Sowjetunion in absehbarer Zeit, also etwa in den nächsten beiden Jahrzehnten, wieder eine Bedrohung ausgeht – sei es, weil die gegenwärtige Führung ihren politischen Kurs revidiert oder weil sie von anderen Entscheidungsträgern abgelöst wird, die sich beispielsweise angesichts unlösbarer interner Probleme in das Abenteuer einer Aggression nach außen stürzen. Da die Meinungen in diesem entscheidenden Punkt weit auseinandergehen, sollen hier in der gebotenen Kürze einige Thesen in die Diskussion eingeführt werden:

1. Selbst wenn sich die Sowjetunion als Staat weiterhin desintegriert, bleibt dort eine nukleare Supermacht erhalten. Nach den Erfahrungen mit ihrem Verhalten, seit sie den Rang einer Supermacht erreicht hat, also seit über 30 Jahren, ist ein sowjetischer Angriff auf eine andere Supermacht, in diesem Fall die NATO, als extrem unwahrscheinlich einzuschätzen.
2. Der Warschauer Pakt kann nicht mehr als verlängerter militärischer Arm der Sowjetunion angesehen werden. Eine Wiederherstellung des früheren Zustandes kann selbst für den Fall ausgeschlossen werden, daß ein Land wie Polen zur Sicherung seiner Westgrenze eine militärische Zusammenarbeit mit der Sowjetunion anstrebt. Bei einem Vormarsch gegen Westeuropa hätte die Sowjetunion zunächst den Widerstand der osteuropäischen Staaten zu überwinden.
3. Der Zusammenbruch der sowjetischen Wirtschaft ist dramatischer, als im Westen oft angenommen. Die Sowjetunion ist nicht nur zur Konkurrenz auf dem Weltmarkt nicht in der Lage, sie ist auch im Rüstungswettlauf mit dem Westen, namentlich mit den USA, den sie in den letzten Jahrzehnten versucht hat, hoffnungslos abgeschlagen, und sie ist vor allem nicht fähig, einen längeren Krieg wirtschaftlich durchzuhalten. An dieser Tatsache wird sich über Jahrzehnte nichts Grundlegendes ändern, weil die tradierte Einstellung einer großen Mehrheit der Bevölkerung durchgreifende wirtschaftliche Reformen noch nicht zuläßt.
4. Die bitteren Auseinandersetzungen zwischen den verschiedenen Nationalitäten in der Sowjetunion werden durch religiöse, vor allem aber durch soziale Konflikte verschärft. Die außerordentliche Kompliziertheit des Nationalitätenproblems (mit der Verschränkung der Siedlungsgebiete und der Vielzahl der Nationalitäten) sowie die unlösbare Verflechtung dieses Problems mit anderen Konfliktstoffen (Kampf um die Verteilung lebenswichtiger Ressourcen) machen eine Beruhigung der inneren Lage und eine Konsolidierung der staatlichen Ordnung auf Jahrzehnte

hinaus höchst unwahrscheinlich; eine friedliche »Lösung« der Probleme ist kaum vorstellbar. Der Sicherheitsapparat wird in wachsendem Maße mit dem Versuch beschäftigt sein, die öffentliche Ordnung wiederherzustellen; auch die Armee wird dazu weiterhin herangezogen werden, obwohl sie damit von Ausstattung und Ausbildung her weit überfordert ist. Insbesondere die multinationale Zusammensetzung der Verbände dürfte die Kampffähigkeit der Truppe in dieser Situation nachhaltig beeinträchtigen.

5. Die Staatsideologie des Marxismus-Leninismus hat ihre staatstragende Funktion weitgehend und irreversibel eingebüßt. Zwar könnte das Vakuum teilweise durch einen antiwestlichen Chauvinismus gefüllt werden, doch ist nach den historischen Erfahrungen kaum anzunehmen, daß er sich in einer militärischen Aggression gegen den Westen entlädt.
6. Nachdem die KPdSU ihre führende Rolle verloren hat, ist eine Fragmentierung der politischen Kräfte zu erwarten, die über einen längeren Zeitraum kaum zu konsolidierten Organisationen führen dürfte. In dieser Lage ist es denkbar, daß die Armee größere politische Bedeutung erlangt als bisher. Allerdings ist die Armee durch eine Reihe von Faktoren angeschlagen:
   - Der Krieg in Afghanistan hat nicht nur ihr Ansehen in der Bevölkerung beeinträchtigt, sondern auch ihr Selbstbewußtsein erschüttert. Die Moral der Truppe scheint auf einen Tiefststand gesunken zu sein.
   - Die Abrechnung mit der Stalin-Zeit und überhaupt die »Glasnost« haben den mythischen Glanz der Armee verdüstert.
   - Die Abrüstung verunsichert die Berufssoldaten, zumal viele von ihnen um ihre berufliche Zukunft und ihre soziale Versorgung bangen müssen.
   - Die Armeeführung ist sich bewußt, daß sie ihre Vorstellungen von Parität mit den potentiellen Gegnern in bezug auf Truppenstärke und Ausrüstung nicht mehr durchsetzen kann – von der früher bevorzugten Überlegenheit ganz zu schweigen.
   - Die Armeeführung neigt dazu, die Bereitschaft der NATO im Verteidigungsfall Nuklearwaffen einzusetzen, eher zu über- als zu unterschätzen.
   - Die Transportkapazität erlaubt kaum die schnelle Verlegung von Großverbänden sowie die Unterstützung einer kämpfenden Truppe über größere Entfernungen und einen längeren Zeitraum, da die Straßen nur rudimentär entwikkelt sind und die Unterhaltung des relativ weitmaschigen Bahnstreckennetzes seit Jahrzehnten vernachlässigt worden ist.

Alle diese Faktoren sprechen dagegen, daß sich die Armee durch eine Stärkung ihrer politischen Rolle zu militärischer Expansion oder Aggression verführen lassen könnte. Für die Sicherheit des Westens wäre dabei belanglos, ob die Armee, wie manche befürchten, unmittelbar die Macht übernähme oder ob Gorbatschow durch einen – möglicherweise chauvinistischen – Rivalen oder durch eine Junta des konservativen Apparats entmachtet würde.

Angesichts der inneren Zerrissenheit der Sowjetunion und der schier unlösbaren politischen, wirtschaftlichen und sozialen Probleme spricht vieles dafür, daß die sowjetische Außenpolitik in den neunziger Jahren in erster Linie von inneren Faktoren bestimmt werden wird. Vielleicht wird man dann nach Kontinuität und Wandel nicht so sehr in der sowjetischen als in der russischen Außenpolitik forschen müssen.

Anmerkungen

1 Wiedergegeben in: Vestnik ministerstva inostrannych del SSSR, Nr. 1 vom 5. 8. 1987, S. 4ff.

2 Auf einen vergleichbaren Vorgang in der Geschichte hat einmal Carl Friedrich von Weizsäkker gesprächsweise hingewiesen: Die Epoche der Ritterfehden lief irgendwann aus – nicht weil die Ritter pazifistisch geworden wären, sondern weil sich diese spezifische Form der Kampfführung als nicht mehr praktikabel erwies.

3 Dieses Problem ist wieder hoch aktuell geworden. Siehe dazu Richard Löwenthal, Politische Legitimität und kultureller Wandel in West und Ost, in: Politik und Kultur, (1980) 1, S. 30–43.

4 Aus der unbestreitbaren Tatsache, daß das sowjetische »neue politische Denken« in kurzem Abstand auf den Amtsantritt Reagans mit seiner scharfen Steigerung der Rüstungsausgaben folgte, ist häufig auf eine eindimensionale Kausalität geschlossen worden. Ein solcher Kausalzusammenhang mag vorliegen – er läßt sich jedoch nicht beweisen. Da die Wurzeln des sowjetischen neuen Denkens viel weiter zurückreichen, ließe sich umgekehrt argumentieren, daß Breschnews außenpolitische Intransigenz viel früher zusammengebrochen wäre, wenn beispielsweise die Bonner Ostpolitik zu Anfang der siebziger Jahre von einer Bereitschaft zu partnerschaftlichem Denken in den Ost-West-Beziehungen in den USA begleitet worden wäre. Selbstverständlich läßt sich eine solche Hypothese genauso wenig beweisen. Eine dritte Theorie könnte darauf hinauslaufen, daß einerseits Härte, andererseits aber auch Dialogbereitschaft aus dem Westen in der Sowjetunion positive Ergebnisse gezeigt hätten, wobei möglicherweise die Adressaten von unterschiedlichen Faktoren beeinflußt worden wären. Eine so komplizierte These läßt sich am allerwenigsten verifizieren.

5 Über das »neue politische Denken« in der Sowjetunion gibt es im Westen inzwischen eine umfangreiche Literatur. Genannt seien aus jüngster Zeit: Gerhard Wettig, »New Thinking« in Soviet Foreign Policy, Berichte des BIOst 67–1989; Dieter Heinzig, Soviet Foreign Policy under Gorbachev: Motivation, Practice, Theory, Perspectives, ebd. 66–1989; Heinz Timmermann, Die Sowjetunion und Westeuropa · Perzeptionswandel und politische Neuausrichtung, ebd., 35–1989; Gerhard Wettig Bundesrepublik, NATO und Deutschland-Frage in der sowjetischen Politik, ebd., 60–1989; Fred Oldenburg, Sowjetische Deutschland-Politik nach dem Treffen von Moskau und Bonn 1988/89, ebd., 63–1989; Nikolaj Nowikow, Entwicklungen im offiziellen außenpolitischen Denken in der Sowjetunion, München, März 1989; Allen Lynch, Gorbachev's International Outlook: Intellectual Origins and Political Consequences, Institute for East-West-Security Studies, Occasional Paper Series 9, New York 1989; Neil Malcolm, Soviet Policy Perspectives on Western Europe, London 1989; schließlich die Arbeit des Verfassers, Das »neue politische Denken« und die Deutschen, in: Eberhard Schulz, Die deutsche Frage und die Nachbarn im Osten, München 1989, S. 81–143.

6 Siehe dazu die Beiträge des Verfassers ›Neubeginn in der Sowjetunion‹ und ›Weiterentwicklung des »neuen politischen Denkens« in der Sowjetunion‹ in den Jahrbüchern: Die Internationale Politik 1985/1986, München 1988, S. 215–232, und 1987/1988, München 1990.

7 Siehe dazu Klaus Ritter, Die Dominanz des Ost-West-Konflikts, in: Karl Kaiser/Hans-Peter Schwarz (Hrsg.), Weltpolitik. Strukturen – Akteure – Perspektiven, Bonn 1985, S. 89–101. Auch Ritter hält die Dominanz des Ost-West-Konflikts offensichtlich für ein zeitlich begrenztes Phänomen, zieht aber ein absehbares Ende noch nicht in Betracht.

8 Hierbei wird im allgemeinen auf die sowjetische Truppenstärke und das Waffenarsenal hingewiesen; Faktoren wie Wirtschaftskraft, innenpolitische Stabilität etc., die bei einem militärischen Konflikt mit der NATO ebenfalls eine Rolle spielen würden, bleiben unerwähnt. Eine Ausnahme stellt George Kennan dar, der in einem Hearing vor dem Senatsausschuß für auswärtige Beziehungen am 17. 1. 1990 ausführt: »It would be wrong to expect that the policies he (Gorbachev) has pursued would be likely to be totally and drastically altered

by his successors. Actually, his foreign policies have been the least controversial of any of the efforts he has put forward, and there is no evidence of the existence of any competing faction calling for their abandonment. Beyond which, much of what he has initiated has already been locked into position by circumstances to such an extent that any complete reversal would scarcely be possible.« Wortlaut in: U.S. Policy Information and Texts, Nr. 8 vom 18. 1. 1990, S. 19. Führende amerikanische Sowjetologen haben sich Kennans Beurteilung angeschlossen.

Wolfgang Pfeiler

Moskau und die deutsche Frage

Als der sowjetische Partei- und Staatschef Leonid Breschnew Ende Oktober 1971 Frankreich besuchte, wurde er vom französischen Präsidenten Georges Pompidou mit einer Rede empfangen, die in der Prawda abgedruckt wurde[1]. In dieser Rede hatte der französische Präsident gesagt, daß die Geographie der Geschichte zu Hilfe komme und die beiden Randstaaten des europäischen Kontinents auffordere, ihre Übereinstimmung zum Eckstein des europäischen Gebäudes zu machen. Und er erinnerte an den Besuch Peters des Großen zweieinhalb Jahrhunderte zuvor. So wie der russische Zar damals empfangen worden sei, werde heute Breschnew im Palast Ludwigs XIV. empfangen. Darin könne man ein Symbol einer glücklichen Kontinuität sehen.

Kurz nach der Unterzeichnung des Viermächte-Abkommens über Berlin und ein gutes Jahr nach dem Abschluß des deutsch-sowjetischen Vertrages (August 1970) wurde so das sowjetische Publikum an eine historische Situation erinnert, in der ein Deutsches Reich de facto nicht existierte und in der zwei deutsche Staaten (Preußen und Österreich) gegeneinander rivalisierten.

Insofern hatte der damalige Status quo in der deutschen Frage einige Strukturelemente mit der Lage in der ersten Hälfte der siebziger Jahre gemein. Allerdings läßt sich das, was der Begriff »deutsche Frage« impliziert, nicht auf eine Grundstruktur reduzieren, die zu allen Zeiten und für alle Beteiligten dasselbe bedeutete. Vielmehr hat gerade die deutsche Frage im Laufe der Geschichte unterschiedliche Inhalte und Ausdehnungen gehabt.

Will man die Haltung des Großreiches im Osten Europas zu den Entwicklungen in Deutschland beschreiben, so führt der Versuch einer Definition dessen, was die deutsche Frage denn nun eigentlich sei, nicht weiter. Aufschlußreicher ist es, zu fragen, was für ein Deutschland zur jeweils gegebenen Zeit von Moskau aus gesehen wünschenswert oder doch zumindest akzeptabel war und welche Entwicklungen möglichst verhindert werden sollten. Die Haltung zur deutschen Frage hing somit davon ab, wie die jeweilige russische oder sowjetische Führung die gegebene politische Konfiguration beurteilte und wie sie dementsprechend ihre Interessen definierte. In diesem Sinne gibt es schon eine Kontinuität in der Politik des Russischen Reiches in den deutschen Angelegenheiten, die über Jahrhunderte zurückreicht. Damals wie heute war die russische Deutschlandpolitik in politische Rahmenbedingungen eingebunden, die die eine oder andere Option begünstigten oder auch unmöglich machten.

Die Unterschiedlichkeit in Abhängigkeit von den gegebenen Rahmenbedingungen ist am besten von Rex Rexheuser und Karl-Heinz Ruffmann beschrieben worden: »Auf eine Formel zusammengezogen, bestimmte sich Rußlands Verhalten zur deutschen Frage mithin aus drei Konstanten: seiner exzentrischen Stellung zu den beiden großen Revolutionen der Neuzeit, seiner zeitweisen Vorrangstellung nach zwei europäischen Weltkriegen, seiner räumlichen Dauerstellung als Deutschlands Nachbar. Jedes einzelne der drei Momente hätte genügt, die deutsche Einheit zum russischen Thema zu machen. Daß alle drei Momente sich ständig zu einem Zusammenhang verknotet haben, erhob die deutsche Frage zu einem Hauptthema der russischen Politik und erklärt, warum niemand von außen die deutschen Antworten so kontinuierlich und nachhaltig beeinflußt hat wie Rußland. Das heißt freilich nicht, daß die Entwicklungen aufs Jahr 1870 hin und vom Jahre 1945 her einem russischen Kalkül entsprochen oder gar Rußlands Willen gehorcht hätten. Eher trifft das Gegenteil zu. Die auf Dauer berechnete Nachkriegsordnung von 1815 wollte Deutschland zersplittert halten und konnte doch seine Einigung nicht hindern. Die provisorische Nachkriegsordnung von 1945 setzte umgekehrt Deutschlands Einheit voraus und führte doch zu seiner Spaltung. Beide Male widersprach die spätere Entwicklung einem ursprünglichen Arrangement, dem Rußland seine wohlerwogene Zustimmung gegeben hatte.«[2] Bei dieser Formulierung wird zugleich auch deutlich, daß Fehleinschätzungen, akzidentelle Faktoren und Unwägbarkeiten die Ergebnisse einer Politik wesentlich mitbestimmen können. Darüber hinaus darf aber auch nicht übersehen werden, daß die Ergebnisse der eigenen Politik auf die politischen Rahmenbedingungen rückwirken.

Der folgende Beitrag wird zunächst einmal summarisch skizzieren, was für ein Deutschland die Sowjetunion im Laufe ihrer Geschichte angestrebt hat bzw. welche Optionen sie hier gesehen hat[3]. Abschließend wird dann auf die gegenwärtige Haltung Moskaus zur Frage der deutschen Einheit eingegangen.

I. Etappen sowjetischer Deutschlandpolitik

1. Brest-Litowsk

Die Brester Verhandlungen über einen Frieden mit Deutschland waren seitens der Bolschewiki zunächst der Versuch, die eigene Macht durch den Export der Revolution ins Deutsche Reich und durch ein Bündnis mit einem revolutionären Deutschland zu stabilisieren. Die Unterzeichnung des Vertrages im März 1918 war dann das Ergebnis der Einsicht, daß die eigenen Erwartungen zu weit gespannt gewesen waren. Nunmehr verzichtete man einem stärkeren Deutschland gegenüber auf eine Reihe von Territorien und auch auf eine destabilisierende weltrevolutionäre Politik, um die Macht innenpolitisch behaupten zu können. Dieses »Raum aufgeben, um Zeit zu gewinnen«, geschah erneut in der Erwartung, daß die Zeit für die eigenen Interessen arbeite.

2. Rapallo

In Rapallo wurde ein Vertrag mit Deutschland unterzeichnet, der die außenpolitische Isolierung des sowjetischen Staates überwinden sollte. Der Versuch, die Revolution nach Deutschland zu exportieren, Deutschland zu sowjetisieren, wurde jedoch fortgesetzt. Auf der Ebene der beiden Staaten versuchte man so, die antiwestliche Orientierung Deutschlands zu fördern, während man auf der Parteiebene eine Sowjetisierung Deutschlands unter Kominternführung anstrebte, was schließlich zu einem antikapitalistischen Bündnis mit Sowjetdeutschland hätte führen können.

3. Berlin

Der Berliner Vertrag von 1926 wurde auf der Basis der Einsicht unterzeichnet, daß die Revolutionierung oder Sowjetisierung Deutschlands vorerst nicht zu erreichen war. Realisierte und intendierte Option sowjetischer Deutschlandpolitik fielen jetzt weitgehend zusammen. Leitlinie war Stalins Konzeption vom »Aufbau des Sozialismus in einem Lande«. Dementsprechend wurde die Komintern zu einem Instrument sowjetischer Außenpolitik umfunktioniert. Mit Deutschland sollte politisch, ökonomisch und militärisch immer enger zusammengearbeitet werden, um die außenpolitische Isolierung der UdSSR zu überwinden, eine westliche Einheitsfront zu verhindern und die Sowjetunion wirtschaftlich und militärisch zu stärken.

4. Kollektive Sicherheit, Volksfrontpolitik, Münchener Abkommen

Weder die Politik der kollektiven Sicherheit noch die Volksfrontpolitik der Mittdreißigerjahre erreichten ihre Ziele.

Nachdem Hitler-Deutschland sich der Kooperation mit der UdSSR verweigert hatte, mißlang sowohl die außenpolitische Isolierung als auch die innenpolitische Destabilisierung des Dritten Reiches. Vielmehr signalisierte der Abschluß des Münchener Abkommens 1938 den Ausschluß der UdSSR aus den europäischen Angelegenheiten.

5. Hitler-Stalin-Pakt

Die Perzeption einer sich wesentlich verschlechternden Lage trug entscheidend dazu bei, daß die sowjetische Führung nach dem Münchener Abkommen erneut die deutsch-sowjetische Option aktivierte. Der deutsch-sowjetische Vertrag vom August 1939 beendete endgültig die Versuche, die expansive Politik der deutschen Führung durch ein Konzept kollektiver Sicherheit oder durch Volksfrontpolitik einzudämmen. Die sowjetische Führung schloß ein Bündnis mit Deutschland, um die außenpolitische Isolierung zu überwinden, um in dem erwarteten unvermeidbaren künftigen Krieg die kapitalistischen Staaten gegeneinander zu lenken und um für die UdSSR Zeit zu gewinnen, wirtschaftlich und militärisch stärker zu werden und um ihre geostrategische Ausgangsposition zu verbessern.

6. *Sowjetisch-britischer Vertrag*

Der von Hitler befohlene Angriff beendete vorerst die deutsch-sowjetische Option. Der sowjetisch-britische Vertrag vom Mai 1942 strebte ein politisches und militärisches Bündnis mit Großbritannien gegen Deutschland an, dem durch territoriale Abtrennungen dauerhaft die Aggressionsfähigkeit genommen werden sollte. Tatsächlich wurde nur ein Militärbündnis erreicht, um Deutschland zu besiegen und um auf der Basis dieses Sieges eine Neuregelung des europäischen Mächtegleichgewichts anzustreben, die zu Lasten Deutschlands gehen würde.

7. *Deutsch-sowjetische Optionen während des Krieges*

Ungeachtet der Bündnispolitik mit den Westmächten wurde bis zum Sommer 1943 die Möglichkeit einer deutsch-sowjetischen Option nicht fallengelassen. Zwei Varianten waren denkbar: ein Sonderfrieden mit einem nichtnationalsozialistischen Deutschland in Anlehnung an die Volksfrontpolitik; aber auch ein Sonderfrieden mit der deutschen Reichsregierung war nicht gänzlich auszuschließen. Die Realisierung einer solchen Option hätte den deutsch-sowjetischen Krieg damals in einem Kontext beendet, bei dem die militärische Präsenz der Westmächte auf dem europäischen Kontinent minimal gewesen wäre. Sie wäre auf ein deutsch-sowjetisches Kondominium in Europa hinausgelaufen.

8. *Die Anti-Hitler-Koalition*

Erfolgversprechender war jedoch die Option der Anti-Hitler-Koalition, die dann auch realisiert wurde. Sie lief auf eine gemeinsame Besetzung des gemeinsam besiegten Deutschlands entsprechend den Abmachungen auf den Kriegskonferenzen und auf eine langfristige Paralysierung der deutschen Macht hinaus. Die politische Zielsetzung der sowjetischen Führung im Rahmen dieser Gemeinsamkeitsoption mit den Westmächten ging jedoch noch weiter: maximale Ausweitung sowjetischen Einflusses im Einverständnis mit den Kriegsalliierten; dauerhafte Beseitigung einer künftigen deutschen Bedrohung durch eine sozialistische Umgestaltung Deutschlands; dauerhafte und unbegrenzte sowjetische Kontroll- und Mitspracherechte in ganz Deutschland.

9. *Nachkriegsoptionen und Kalter Krieg*

Über die sowjetische Polenpolitik hinausgehend war es eben diese weitreichende sowjetische Zielsetzung, die im Westen als expansiv verstanden wurde und die schließlich zur westlichen Containmentpolitik führte. Mit ihrer eigenen Politik trug die Führung der Sowjetunion selbst entscheidend dazu bei, daß die Gemeinsamkeitsoption der Anti-Hitler-Koalition nicht mehr fortgesetzt werden konnte.

Im ersten Nachkriegsjahrzehnt hat die Sowjetunion – meist sogar parallel zueinander – drei grundsätzliche deutschlandpolitische Optionen verfolgt. Die erste war eine moderne Variante des Volksfrontmodells. Als Sachwalter der deutschen Einheit wurde eine Art Bündnis mit dem deutschen bürgerlichen Nationalismus angestrebt, um die Deutschen mehrheitlich zu gewinnen und um eine deutsche Westoption zuverlässig zu verhindern. Der Vorrang sowjetischer Sicherheitsinteressen erforderte aber auch bei dieser Option eine Zerschlagung der sozialen Basis deutscher Expansionspolitik und ein dauerhaftes Mitspracherecht in diesem Sinne. Eine weitergehende Variante dieser Option war zeitweise mit der Erwartung verbunden, daß Deutschland langfristig kommunistisch werden könnte. Die zweite Option faßte längerfristig eine Wiedervereinigung Deutschlands unter sozialistischem Vorzeichen ins Auge. Eine dauerhafte Westoption der Westdeutschen sollte dadurch verhindert werden, daß ein attraktives Modell einer Deutschen Demokratischen Republik in der sowjetischen Besatzungszone geschaffen wurde. Natürlich hatte auch diese Option die sicherheitspolitischen Vorbehalte der UdSSR miteinzubeziehen.

Die dritte Option, die dann tatsächlich realisiert wurde, war die Konsolidierung des europäischen Nachkriegs-Status quo durch Einbeziehen der SBZ/DDR in den eigenen Machtbereich, ohne jedoch zunächst auf die anderen beiden Optionen zu verzichten. Diese Konsolidierung sollte durch konsequente sozialistische Umgestaltung der DDR dauerhaft abgesichert werden.

10. Die unerwünschte Teilung

Solange man in der sowjetischen Führung noch damit rechnen konnte, daß das Engagement der USA nicht von Dauer sein würde, gab es in Moskau keinen Anlaß, in einer Teilung Deutschlands eine sinnvolle Option zu sehen. Sie war allenfalls Bestandteil einer anderen sowjetischen Option, der Gemeinsamkeitsoption mit den Kriegsalliierten. Gegenüber der Möglichkeit, in ganz Deutschland ein dauerhaftes Mitspracherecht zu bekommen oder aber – noch weitergehend – nach Abzug der Amerikaner ganz Deutschland zu kontrollieren, erschien die Teilung Deutschlands in zwei voneinander unabhängige Staaten der sowjetischen Führung am ehesten als so etwas wie eine drittbeste Lösung.

Statt dessen erschien es den sowjetischen Führern im Zusammenhang mit ihrer »Zwei-Lager-Theorie« immer wichtiger, die Einbindung der westdeutschen Besatzungszonen in das westliche Bündnis möglichst zu verhindern. In diesem Kontext wurde das politische Spiel mit der deutschen Einheit bis zum Januar 1955 fortgesetzt, während man in der praktischen Politik den Aufbau eines separaten sozialistischen Staates in Deutschland begonnen hatte.

11. Die akzeptierte Teilung

Nach dem Beitritt der Bundesrepublik zur NATO und nach der ergebnislosen Genfer Konferenz vom Sommer 1955 wurde die Teilungsoption zum Ausgangspunkt der sowjetischen Deutschlandpolitik. Allerdings wurde auf die gesamtdeutsche Option nicht verzichtet; sie wurden jetzt lediglich zu einer Sache der beiden deutschen Staaten erklärt.

Dessen ungeachtet hielt die Sowjetunion aber auch an der Gemeinsamkeitsoption mit den anderen Siegermächten fest. Alle Rechte, die sich aus den Viermächtevereinbarungen ergaben, wurden sorgfältig gewahrt. Dies hielt die sowjetische Führung jedoch nicht davon ab, den Versuch zu unternehmen, die Rechte der westlichen Siegermächte im Falle Berlins zurückzudrängen. Das geschah nicht zuletzt deshalb, weil die Struktur des Berlinproblems die Konsolidierung der DDR behinderte.

12. Die praktizierte Teilung

Nachdem die Drohung mit dem Berlin-Ultimatum, aber auch die Lockung mit einem Friedensvertrag keine Veränderung im Status quo mehr bewirkt hatten, begann eine weitere Phase sowjetischer Deutschlandpolitik, die sich stärker auf die Zementierung des europäischen Status quo orientierte. Die Konsolidierungsoption auf der Basis der staatlichen Teilung Deutschlands wurde konsequent weiterbetrieben. Der Bau der Berliner Mauer war sichtbarer Ausdruck dieser Politik.

Im Hintergrund standen hier vor allem weltpolitische Überlegungen. Einerseits hatte sich das militärische Kräfteverhältnis in der Welt zum Vorteil der Sowjetunion verändert, andererseits hatten aber die Erfahrungen der Kuba-Krise die Risiken gezeigt, die mit einer direkten Herausforderung der amerikanischen Weltmacht verbunden waren. Die sowjetische Führung differenzierte deshalb stärker als zuvor zwischen einer Status quo-orientierten Politik der »friedlichen Koexistenz« gegenüber den NATO-Staaten und einer »internationalistischen« Politik zur allmählichen Veränderung des weltweiten Status quo im sowjetischen Interesse.

Im Interesse dieser globalen Politik, die »friedliche Offensive« genannt wurde, lag es, den Status quo zwischen den beiden Blöcken dadurch zu festigen, daß die Grenzen in Europa, einschließlich der Grenze zwischen den beiden deutschen Staaten, für endgültig und unwiderruflich erklärt werden sollten.

13. Der Helsinki-Prozeß

Weitere Veränderungen bei den Rahmenbedingungen ihrer globalen Politik (Invasion in der ČSSR, sowjetisch-chinesischer Konflikt, neue Waffentechnologien, Vietnam-Krieg, US-Entspannungspolitik, Konsolidierung in der DDR, veränderte innenpolitische Konstellationen in der Bundesrepublik Deutschland) ließen es der sowjetischen Führung als aussichtsreich erscheinen, ihre unveränderten europäischen Zielsetzungen nunmehr auch vertraglich abzusichern. Der Budapester Appell von 1969 brachte diese neue Orientierung zum Ausdruck. Im Vergleich zum Bukarester Appell von 1966 sollten die USA jetzt von der vorgeschlagenen Konferenz über Sicherheit in Europa nicht mehr ausgeschlossen, sondern in sie einbezogen werden. Und was Deutschland anging, so war die Anerkennung der DDR und ihrer Grenzen jetzt nicht mehr Verhandlungsvoraussetzung, sondern Verhandlungsgegenstand.

Die Westpolitik der Sowjetunion zwischen 1969 und 1975 läßt sich als eine Einheit verstehen, deren grundsätzliche Inhalte auf dem XXIV. Parteitag der KPdSU 1971 ausformuliert wurden. Der Moskauer Vertrag vom August 1970 war der Grundstein dieser Politik, die dann zu weiteren Ost-West-Verträgen und schließlich zum Helsinki-Abkommen führte. Der zentrale Inhalt des Moskauer Vertrages aus sowjetischer Sicht war die Anerkennung der politischen und territorialen Realitäten durch die Bundesregierung.

Die Sowjetunion hatte damit eines ihrer wichtigsten politischen Ziele erreicht: eine weitgehende völkerrechtliche Absicherung all dessen, was sie bis dahin vornehmlich mit militärischer Macht behauptet hatte. Andererseits konnte die UdSSR ihre Interessen im sogenannten Helsinki-Prozeß nicht vollständig durchsetzen. Ihre Versuche, die existierenden Grenzen in Europa für endgültig, unverrückbar und unwiderruflich zu erklären, blieben vergeblich. In der Schlußakte der Helsinki-Konferenz wurden die europäischen Grenzen lediglich als unverletzlich bezeichnet. Sie können auf friedliche Weise, im wechselseitigen Einvernehmen und entsprechend den Regeln des Völkerrechts geändert werden.

Damit war zwar das sowjetische Sicherheitsinteresse noch gewahrt, doch wurden zugleich alle deutschen Bestrebungen für einen solchen friedlichen Wandel legitimiert. Da andererseits aber friedliche einvernehmliche Veränderungen in europäischen Grenzfragen auch der sowjetischen Zustimmung bedurften, konnte die UdSSR dem Passus der KSZE-Akte zustimmen, ohne wirklich essentielle Interessen zur Disposition zu stellen.

Die Grundstruktur der sowjetischen Westpolitik zwischen 1969 und 1975 bestand so in der völkerrechtlichen und vertraglichen Konsolidierung des politischen und des territorialen Status quo in Europa unter Einbeziehung der USA. Die sowjetische Konsolidierungspolitik dieser Jahre war damit zugleich auch ein Rückgriff auf die Gemeinsamkeitsoption mit den Vereinigten Staaten von Amerika.

Bei der Konzipierung und der Durchführung ihrer Konsolidierungspolitik hat die sowjetische Führung offenbar sorgfältig darauf geachtet, die deutsche Option nicht endgültig zu begraben. Zwar ließ man die SED-Führung bei ihrer Politik der Abgrenzung von der deutschen Nation eine zeitlang gewähren, doch ging das nicht soweit, daß irgendwer in Moskau bereitgewesen wäre, die sich aus der Viermächteverantwortung ergebenden sowjetischen Rechte zur Disposition zu stellen. Das wird besonders deutlich, wenn man den Bündnisvertrag UdSSR-DDR von 1964 mit dem Bündnisvertrag von 1975 vergleicht[4]. Zwar enthält letzterer keine Hinweise mehr auf die Wiederherstellung der staatlichen Einheit Deutschlands oder auf den Abschluß eines Friedensvertrages, doch enthält Artikel 10 des Vertrages von 1975 eine Nichtberührungsklausel, d. h. einen sowjetischen Vorbehalt vor allem für die Viermächteverantwortung, eine Klausel, die in keinem der Verträge enthalten ist, die mit anderen sozialistischen Staaten geschlossen wurden. So ist nicht auszuschließen, »daß sich die Vertragsparteien damit die Möglichkeit aufrechterhalten haben, eine Politik der Wiederherstellung der Einheit Deutschlands auf einer friedensvertraglichen Grundlage wiederaufzunehmen, sobald es ihnen aus politischen Gründen opportun erscheinen sollte.«[5]

Auch in der Phase der Status-quo-Verträge zwischen 1969 und 1975 hat die UdSSR so neben der im Vordergrund stehenden Konsolidierungsoption für die DDR durchaus auch an den übrigen ihr zur Verfügung stehenden Optionen weiter festgehalten. Besonders sorgfältig wurden die sich aus der Viermächteverantwortung ergebenden sowjetischen Ansprüche gewahrt.

II. Gorbatschow und die deutsche Frage

Angesichts der fundamentalen Veränderungen, die sich in der sowjetischen Außen-, Bündnis- und Innenpolitik ergeben haben, seit Michail Gorbatschow Generalsekretär der KPdSU wurde, erscheint es auf den ersten Blick höchst erstaunlich, daß sich die sowjetische Grundsatzposition zur deutschen Frage seit der Unterzeichnung der KSZE-Schlußakte 1975 so gut wie nicht geändert hat. Als Gorbatschow Ende 1985 von einem italienischen Korrespondenten gefragt wurde, ob nicht 40 Jahre nach Kriegsende die Vereinigung der beiden deutschen Staaten auf der Tagesordnung stünde, antwortete er: »Ich denke, diese Frage ist auf der Beratung in Helsinki sehr eingehend erörtert und beurteilt worden. Der Helsinki-Prozeß und die Schlußakte, die von allen Staaten Europas, aber auch von den USA und Kanada unterschrieben worden ist, ist unsere gemeinsame Errungenschaft. Der Helsinki-Prozeß verdient es, daß wir ihn unterstützen und auf jede mögliche Weise weiterentwickeln. Gerade die Ergebnisse von Helsinki geben so die Antwort auf die von Ihnen gestellte Frage.«[6] In jedem dieser vier Antwortsätze findet sich der Bezug auf Helsinki, doch in der Schlußakte von Helsinki kommt die deutsche Frage nicht vor. Dort gibt es nur eine einzige auf die deutsche Frage anwendbare Aussage, daß nämlich existierende europäische Grenzen auch in Zukunft auf friedliche Weise und im gegenseitigen Einvernehmen unter Beachtung des Völkerrechts geändert werden können.

Wenn man Gorbatschows Stellungnahme in diesem Sinn auf die deutsche Frage anwendet, so heißt das, daß auch die Grenze zwischen den beiden Staaten in Deutschland im gegenseitigen Einvernehmen und auf friedliche Weise unter Beachtung des Völkerrechts eines Tages einmal geändert werden könnte. Die Option künftiger deutscher Einheit wird hier also offengehalten, doch wird der Teilungsoption unter den obwaltenden Rahmenbedingungen der Vorzug gegeben.

Diese grundsätzliche Verknüpfung zwischen der deutschen Frage und der Helsinki-Schlußakte ist von Gorbatschow auch in jüngster Zeit wieder hervorgehoben worden. So sagte er zum Abschluß seines Italienbesuches Ende 1989, daß die beiden deutschen Staaten Teilnehmer am Helsinki-Prozeß seien, daß sie als souveräne Staaten der UNO angehörten und miteinander ausbaufähige Kontakte pflegten. Über die Zukunft der beiden deutschen Staaten werde jedoch die Geschichte entscheiden, die nicht forciert werden dürfe[7]. Nur wenige Tage später nahm er auf der gemeinsamen Pressekonferenz mit dem französischen Präsidenten François Mitterrand erneut hierzu Stellung. Er bekannte sich zunächst zur Wahlfreiheit aller Völker, ihre inneren Aufgaben unabhängig und im eigenen Interesse wahrzunehmen. Dies gelte in prinzipieller Hinsicht auch für die DDR. »In Zusammenhang damit kommt und kam in der Realität die Frage auf, die heute (6. Dezember 1989, W.P.) im Blickfeld von uns allen steht, ... nämlich die Frage der Wiedervereinigung. Ich mußte mich in den letzten Tagen unweigerlich mehrmals dazu äußern. Und deshalb habe ich Schwierigkeiten, mich nicht zu wiederholen, denn mein Standpunkt ändert sich nicht. Wenn ich jeden Tag meinen Standpunkt ändern würde, dann kann man vielleicht Wiederholungen vermeiden. Aber ich war gezwungen, mich zu wiederholen, um noch einmal zu sagen, daß wir meinen bzw. heute davon ausgehen müssen, daß sich die neue Etappe von Veränderungen in Europa auf der Grundlage der Errungenschaften und der Realitäten entfaltet, die nach dem Kriege entstanden sind und die von den Helsinki-

Vereinbarungen gefestigt wurden. Und im Rahmen des Helsinki-Prozesses haben wir es mit zwei souveränen deutschen Staaten zu tun, die Mitglieder der Vereinten Nationen sind. Dies setzt voraus und wir meinen auch, daß jene Veränderungen, die heute ablaufen, die Situation nicht in der Weise ändern, daß wir heute diese Feststellung über die Realität revidieren müßten.«[8] In ähnlicher Weise hat auch Außenminister Eduard Schewardnadse einen Monat später unterstrichen, daß es sich bei den Beziehungen zwischen den deutschen Staaten nicht einfach um vitale Interessen zweier Nachbarn, sondern um die aller Teilnehmer des Helsinki-Prozesses handle[9].

Die Berufung auf Helsinki und das unveränderte Festhalten an der grundsätzlichen Position läßt deutlich werden, daß trotz wesentlicher Änderungen bei den Rahmenbedingungen sowjetischer Weltpolitik die Zweistaatlichkeit der Deutschen immer noch in ihrem Interesse liegt und daß die deutsche Frage im Sinne staatlicher Einheit nur im Rahmen eines größeren und umfassenderen politischen Prozesses in Angriff genommen werden sollte. So wie auf der sowjetisch-französischen Pressekonferenz in Kiew hat sich Gorbatschow zwischen 1985 und 1989 mehrfach geäußert. Die gleiche Perspektive findet sich auch in seinem Buch über die sowjetische Perestroika: »Ganz gleich was Ronald Reagan und andere westliche Regierungschefs in dieser Hinsicht sagen, sie können der BRD bezüglich der sogannten »deutschen Frage« kein realistisches Angebot machen. Was hier historisch geformt wurde, sollte am besten der Geschichte überlassen bleiben. Das gilt auch für die Frage nach der deutschen Nation und nach den Formen deutscher Eigenstaatlichkeit. – Was jetzt wichtig ist, ist der politische Aspekt. Es gibt zwei deutsche Staaten mit unterschiedlichen gesellschaftlichen und politischen Systemen ... Was in hundert Jahren sein wird, das soll die Geschichte entscheiden. Einstweilen jedoch sollte man von den bestehenden Tatsachen ausgehen und sich nicht zu Spekulationen hinreißen lassen.«[10] So hatte er es auch den Bundespräsidenten Richard von Weizsäcker bei dessen Besuch in Moskau wissen lassen. Auch bei den beiden Gipfeltreffen zwischen dem deutschen Bundeskanzler und dem sowjetischen Staats- und Parteichef im Oktober 1988 und im Juni 1989 war dies die sowjetische Ausgangsposition. Aus bundesdeutscher Sicht wäre damals eine Erklärung wünschbar gewesen, die auf die Existenz der offenen deutschen Frage verwiesen hätte. Dies wurde beim Kanzlerbesuch im Kreml von Gorbatschow schroff zurückgewiesen, und in Bonn beim Gegenbesuch vermied es der sowjetische Partei- und Staatschef, direkt auf diese Frage einzugehen. Die sowjetischen Äußerungen zur Zukunft Deutschlands blieben bewußt undeutlich und zwiespältig. Einerseits wurde in der Grundsatzerklärung das Recht aller Völker – mithin auch des deutschen Volkes – auf Selbstbestimmung ausdrücklich hervorgehoben, andererseits sprach Gorbatschow vom »Volk der Bundesrepublik«, als ob es in Deutschland zwei oder gar drei Völker gäbe. Offensichtlich wurde, daß Moskau den nationalen und vor allem territorialen Aspekt der deutschen Frage weiterhin nicht aufgeworfen sehen wollte[11].

Während nun in diesen Jahren die Grundsatzhaltung und die offiziellen Erklärungen der Sowjetunion kontinuierlich und übereinstimmend blieben, konnte man in bundesdeutschen Publikationen immer wieder einmal davon hören oder lesen, daß die sowjetische Führung dabei sei, ihre Deutschlandpolitik grundsätzlich zu überdenken. Meistens geschah dies, wenn Vertreter der UdSSR, die keinen offiziellen Status hatten und daher die Führung zu nichts verpflichteten, bundesdeutsche Partner oder ein bundesdeutsches Publikum ansprachen. Die deutsche Frage, so hieß es dann meistens, werde sich anders stellen, wenn erst der gesamteuropäische Prozeß fortschreite und das »gemeinsame europäische Haus« Konturen annehme[12].

Doch gab es auch andere sowjetische Stimmen. So hatte beispielsweise der Kommandeur der sowjetischen Landstreitkräfte gegenüber der BBC gesagt, daß die Wiedervereinigung eine Sache der Deutschen sei, der sich sein Land nicht widersetzen würde. Der sowjetische Generalstabschef Moissejew ließ verlauten, daß die Geschichte, die Deutschland geteilt habe, auch wieder korrigierbar sein müsse[13]. Und auch Boris Jelzin hat sich für die Wiedervereinigung Deutschlands ausgesprochen[14]. In aller Regel jedoch wurde die deutsche Einheit als eine Funktion der europäischen Entwicklung und/oder der Ost-West-Beziehungen im allgemeinen dargestellt. Das hat insbesondere der sowjetische Historiker und Regierungsberater Daschitschew immer wieder in typischer Weise getan. So beispielsweise sagte er im Sommer 1989 im Deutschlandfunk, daß die Wiedervereinigung zur Zeit nicht auf der Tagesordnung stehe. Wenn man sich jedoch zum Ziel gesetzt habe, die unnormale Spaltung Europas und die Trennung der europäischen Völker in zwei Blöcke zu überwinden, dann stelle sich die Frage, welchen Platz die beiden deutschen Staaten in einer neuen europäischen Friedensordnung einnehmen würden. Hier könne durchaus eine Lage entstehen, bei der sich beide deutsche Staaten in politischer, sozialer, gesellschaftlicher und kultureller Hinsicht sehr eng annähern[15]. Verschiedentlich wurde auch angedeutet, daß die Mauer keine sowjetische Conditio sine qua non mehr sein würde, wenn sich die globalen Rahmenbedingungen sowjetischer Politik verbessern würden. Diese Mauer, so formulierte ein Korrespondent der Moskauer Literaturzeitung im August 1989, sei »vor und nach 1961 von beiden Seiten gebaut worden«. Deshalb müsse auch ihre Demontage von beiden Seiten möglich gemacht werden. Und dieser Prozeß habe bereits begonnen, da ja die Konfrontation der beiden Systeme unwiderruflich zu einer Sache der Vergangenheit werde[16]. Mit anderen Worten: Damit die sowjetische Deutschlandpolitik sich wandele, müssen sich die Rahmenbedingungen dieser Politik aus Moskauer Sicht entscheidend geändert haben.

Bemerkenswert in diesem Kontext ist noch ein weiterer Aspekt: Unter Gorbatschow ist die Einheit der deutschen Nation nicht mehr in Frage gestellt worden. Vielmehr ist die nationale Identität der Deutschen wieder zu einem der Ausgangspunkte sowjetischer Politik geworden[17]. Aber Moskau akzeptierte diese nationale Einheit unter bisherigen Rahmenbedingungen immer noch nur auf der Basis der Zweistaatlichkeit.

Eine auch sehr weitgehende Erweiterung und Vertiefung der innerdeutschen Beziehungen stand und steht zu dieser sowjetischen Position nicht im Widerspruch. In den verschiedenen sowjetischen Verlautbarungen war ja gerade auch immer wieder darauf hingewiesen worden, daß hier sehr weitgehende Verbesserungen möglich seien. Und auch in der Vergangenheit hat der eine oder andere sowjetische Autor schon darauf hingewiesen, daß nicht die Mauer, sondern eben diese Zweistaatlichkeit das sowjetische essentielle Interesse sei. Die Grenze zwischen den beiden deutschen Staaten könne zu einer »vernünftigeren, zu einer friedlicheren Grenze« werden, hatte Valentin Falin schon im Herbst 1988 erklärt[18]. Es könne eine Grenze werden, so der ZK-Berater Nikolai Portugalow im Sommer 1988, »ähnlich wie sie zwischen Österreich und Ungarn bestehe«[19]. Das Grenzregime zwischen beiden deutschen Staaten wurde so zur Disposition gestellt, nicht aber die Grenze selbst, nicht die Zweistaatlichkeit.

III. Moskaus Haltung zur deutschen Frage nach der »Oktoberrevolution in der DDR«[20]

Als dann am 9. November 1989 die Mauer tatsächlich geöffnet wurde, wurde dies in keiner Weise als eine Beeinträchtigung essentieller sowjetischer Interessen verstanden. Vielmehr begrüßte die sowjetische Führung ausdrücklich die Entwicklungen in der Deutschen Demokratischen Republik. Während aber nun überall in der Welt und insbesondere in Deutschland intensiv über die Möglichkeit einer baldigen staatlichen Einheit Deutschlands diskutiert und spekuliert wurde, waren und blieben die sowjetischen Äußerungen hierzu weiterhin negativ.

Im Vordergrund standen dabei naturgemäß Stabilitätsüberlegungen. Die Sowjetunion habe zwar keine grundsätzlichen Einwände gegen eine Vereinigung der beiden deutschen Staaten, so formulierte es ein Parteisprecher in einem amerikanischen Fernsehinterview Ende Oktober, doch müsse Rücksicht auf das sowjetische Interesse genommen werden, daß Europa nicht destabilisiert werde[21]. Und der Präsident des Unionsrates des Obersten Sowjet, Jewgeni Primakow, erklärte, daß die Stabilität in der Welt und in Europa nicht davon profitieren würde, wenn einer der deutschen Staaten den anderen verschlinge.

Deshalb könne das Problem der Wiedervereinigung nicht gegenwärtig, sondern nur in der Zukunft gelöst werden[22]. Auch Vizeaußenminister Viktor Karpow unterstrich, daß Moskau nicht gegen die Wiedervereinigung sei. Dabei müsse man aber von der Existenz zweier souveräner deutscher Staaten und ihrer Lage im politischen System Europas ausgehen. Ferner sei eine Willensbekundung des deutschen Volkes erforderlich[23]. Und dem sowjetischen Fernsehpublikum teilte Präsident Gorbatschow mit, daß die Frage der Vereinigung der beiden deutschen Staaten politisch nicht aktuell sei[24].

So stieß auch der Zehn-Punkte-Plan von Bundeskanzler Kohl in Moskau überwiegend auf heftigen Widerstand. Portugalow meinte hierzu, daß eine Konföderation der beiden Deutschlands im gegenwärtigen Europa unmöglich sei[25]. Regierungssprecher Gremitskich bezeichnete den Plan als mit den Prinzipien von Helsinki unvereinbar. Der Erhalt der europäischen Stabilität lasse die Wiedervereinigung zum jetzigen Zeitpunkt nicht zu[26]. Erst wenn die Teilung Europas überwunden sei, werde auch eine Wiedervereinigung möglich werden[27]. Der sowjetische Außenminister bezeichnete den Zehn-Punkte-Plan sogar als eine Art Diktat gegenüber der DDR[28]. Zugleich warnte Gorbatschow auf einer Pressekonferenz in Italien davor, das Problem der deutschen Wiedervereinigung künstlich zu forcieren[29]. In seiner Rede vor dem Zentralkomitee der KPdSU am 9. Dezember hat er diese Überlegungen dann mit einer Art Garantie für die DDR verbunden: »Wir unterstreichen mit aller Entschiedenheit, daß wir die DDR nicht im Stich lassen; sie ist unser strategischer Verbündeter und ein Mitglied des Warschauer Vertrages. Es muß von den nach dem Krieg entstandenen Realitäten ausgegangen werden, zu denen die Existenz zweier deutscher Staaten zählt.«[30] Abweichungen davon könnten eine Destabilisierung Europas bewirken. Die Verbindung der deutsch-deutschen Angelegenheiten hat auch Gorbatschows politischer Freund Aleksander Jakowlew eine Woche später bei seinem Besuch in der DDR hervorgehoben. Ein Konsensus aller realistischen, verantwortlichen Kräfte und Bewegungen sowie die Achtung der Souveränität der DDR sei für die europäische Stabilität und den Bau des gesamteuropäischen Hauses notwendig. Und wie in den sechziger Jahren brachte er die deutsche Frage auf die Formel: »zwei Staaten einer Nation«[31].

Die zeitliche und sachliche Bedingtheit der deutschen Frage ist auch vom sowjetischen Außenminister herausgestellt worden. In einem Interview bezeichnete er die deutsche Wiedervereinigung als einen logischen Schritt, wenn vorher Europa entmilitarisiert sowie wirtschaftlich und rechtlich geeint sei[32]. Eine Woche später hat er dann in Brüssel vor dem Europaparlament die sowjetischen Bedenken zur deutschen Einheit zusammengefaßt. Er stellte voran, daß jeder der deutschen Staaten das Recht auf Selbstbestimmung habe. Dann präsentierte er seinen Sieben-Punkte-Fragenkatalog:

1. Er fragte nach den politischen, rechtlichen und materiellen Garantien, daß die deutsche Einheit nicht die Sicherheit anderer Staaten in Europa bedrohe;
2. die Anerkennung der bestehenden Grenzen (Oder-Neiße-Grenze vor allem) sei zwingende Vorbedingung;
3. man könne nicht erwarten, daß die DDR ihren Bündnisstatus radikal verändere, während die Bundesrepublik an ihrer Westbindung festhalte;
4. würde ein vereintes Deutschland bereit sein, Demilitarisierung, Neutralisierung zu akzeptieren?;
5. wie stelle man sich die deutsche Haltung zur Präsenz alliierter Truppen und zum Berliner Viermächte-Vertrag von 1971 vor?;
6. wie würde die deutsche Einheit in den Helsinki-Prozeß der KSZE eingepaßt werden?;
7. und wären die beiden deutschen Staaten auch bereit, die Interessen anderer europäischer Staaten in Rechnung zu stellen, wenn sie mit dem Einigungsprozeß begännen?

Hier müßten gegenseitig akzeptable Lösungen für alle Fragen einschließlich der nach einer europäischen Friedensregelung gesucht werden. Schewardnadse ließ seine Rede mit dem Wunsch ausklingen, daß gegen Ende 1990 ein Gipfeltreffen der 35 KSZE-Staaten die komplexe Situation in Europa weiterentwickeln könnte[33].

Im Januar ist er dann erneut auf die deutsche Frage eingegangen, um wiederum zu unterstreichen, daß die Beziehungen zwischen DDR und Bundesrepublik die Interessen aller Teilnehmer des Helsinki-Prozesses berührten. »Zweifellos können die Beziehungen zwischen der DDR und der BRD zu einem wichtigen Katalysator der gesamteuropäischen Integrations- und Konsolidierungsprozesse werden, sie können aber ebenso zu einem zerstörerischen Faktor werden, wenn sie bestimmte Grenzen überschreiten und damit gegen die geltende Völkerrechtsordnung verstoßen.«[34] Ein künstliches Forcieren des innerdeutschen Prozesses sollte deshalb besser unterbleiben. Die Annäherung der beiden deutschen Staaten müsse mit dem gesamteuropäischen Prozeß und der Reduzierung der Rüstungspotentiale verbunden werden. Eine Vereinnahmung der DDR in westliche Strukturen sei keine adäquate Lösung. Die deutsche Frage sei nun einmal das »Kernstück der europäischen Sicherheit«.

Immer wieder wurde sowjetischerseits so auf die Rahmenbedingungen der deutschen Einheit verwiesen: die Vier-Mächte-Verantwortung, den KSZE-Prozeß, die sowjetische Perestroika und vor allem die Frage der Sicherheit. Einige der Rahmenbedingungen sowjetischer Deutschlandpolitik haben sich nun in den letzten Jahren entscheidend gewandelt: Die sowjetisch-amerikanischen Beziehungen erlebten ein

Rapprochement; die westeuropäische Einigung ist vorangeschritten und wird ab 1992 eine neue Qualität annehmen; die sowjetische Bündnispolitik hat sich von der Breschnew-Doktrin gelöst; an die Stelle einer Politik, die in Block-Kategorien dachte, ist die Orientierung auf gesamteuropäische Strukturen getreten. Zugleich wurde der Ruf der Deutschen nach Einheit unüberhörbar.

Im Kontext dieses Wandels haben sich die sowjetischen deutschlandpolitischen Überlegungen bewegt und schließlich ihrerseits gewandelt. Unter Abwägung der neuen Gegebenheiten vollzog die Moskauer Führung den Schritt von der Teilungs- zur Einheitsoption.

IV. Der Wandel zur Einheitsoption

Fünfzehn Jahre lang – vom August 1975 bis zum Januar 1990 – war die sowjetische Haltung zur staatlichen Einheit Deutschlands im wesentlichen unverändert geblieben. Die entscheidende Veränderung wurde dann am 30. Januar 1990 manifest, als der sowjetische Präsident unmittelbar vor dem Treffen mit dem damaligen DDR-Ministerpräsidenten Hans Modrow sagte, daß die UdSSR »prinzipiell« die Vereinigung der Deutschen niemals in Zweifel gezogen habe. Dies, so habe er stets gesagt, werde die Geschichte eines Tages entscheiden, und diese sei gerade dabei, ihre Korrekturen einzubringen[35].

Mit anderen Worten: Die deutsche Frage wurde jetzt nicht mehr als ein Problem einer fernen und unbestimmten Zukunft gesehen, sondern als reales politisches Problem, das auf der Tagesordnung der Politik stand. Die zeitliche Perspektive der sowjetischen Führung hatte sich hier von der Zukunft auf die Gegenwart verlagert. Zugleich machte Gorbatschow aber auch klar, daß damit die Rahmenbedingungen der Deutschlandpolitik nicht etwa ausgeblendet worden waren. Die Einheit müsse mit den Verpflichtungen der Vier Mächte und dem gesamteuropäischen Prozeß in Einklang gebracht werden.

Beim Moskaubesuch von Bundeskanzler Kohl im Februar gestand er diesem dann zu, daß die Frage des »wie« und des »wann« von den Deutschen selbst entschieden werden müsse. Sie müßten ihre Wahl treffen, »in welchen staatlichen Formen, in welchen Zeiträumen, in welchem Tempo und unter welchen Bedingungen sie diese Einheit realisieren werde«[36].

Der entscheidende Wandel in der sowjetischen Position bestand somit darin, daß die Option der staatlichen Einheit, die jahrzehntelang nur gewahrt, aber nicht verfolgt worden war, jetzt zur operativen Politik wurde.

Unter den vielen Fragen zum »wie« und »unter welchen Bedingungen« war es dann vor allem die Frage nach der Bündniszugehörigkeit des wiedervereinten Deutschlands, die die Kreml-Führung beschäftigte. Immer und immer wieder verkündeten der Präsident, der Außenminister, militärische Führer, Wissenschaftler und deutschlandpolitische Berater, daß eine volle Mitgliedschaft Deutschlands in der NATO auf keinen Fall akzeptiert werden könne. Dies blieb die offizielle sowjetische Haltung auch bei den Zwei-plus-Vier-Verhandlungen im April und im Mai. Es wurde aber schon zu dieser Zeit deutlich, daß man sich in Moskau in einem Such- und Find-Prozeß um einen akzeptablen Kompromiß befand. Doch erst im Juni, beim Treffen der beiden Außenminister Schewardnadse und Genscher in Münster, wurde signalisiert, daß die UdSSR unter bestimmten Bedingungen der vollen Souveränität Deutschlands und damit der Entscheidungsfreiheit über seine Bündniszugehörigkeit zustimmen könnte[37]. Bei den sich anschließenden Zwei-plus-Vier-Verhandlungen in Ost-Berlin war der sowjetische Außenminister dann immerhin bereit, zumindest einen mittelfristigen zeitlichen Rahmen für die volle Souveränität zu avisieren. Vermutlich mit Rücksicht auf die sowjetische Öffentlichkeit ist jedoch der diesbezügliche Absatz seiner Rede in der Wiedergabe der Prawda zunächst nicht enthalten gewesen[38].

Ein weiteres Signal kam von einem der engsten Gorbatschow-Berater, Jewgenij Primakow, der erklärte, daß die Mitgliedschaft Deutschlands in der NATO in hohem Maße von den politischen Veränderungen innerhalb der NATO abhänge[39]. In Stellungnahmen dieser Art wurde der Bündnisstatus immer mehr vom Charakter des westlichen Bündnissystems abhängig gemacht. Als dann die NATO ihre Londoner Erklärung veröffentlichte, konnte man dies in Moskau zum Anlaß nehmen, dem Bündnis nunmehr einen anderen Charakter zuzuschreiben. Der »Impuls aus London«, so sagte es Michail Gorbatschow während der Pressekonferenz kurz vor der Abreise von Helmut Kohl, könne als »eine historische Wende in der NATO-Entwicklung« bezeichnet werden[40].

Während dieser Sowjetunionreise des Bundeskanzlers im Juli war der entscheidende Durchbruch geschafft worden. Die UdSSR akzeptierte mit der vollen Souveränität für das vereinte Deutschland auch dessen uneingeschränkte Mitgliedschaft in der NATO. Zugleich, und das war in diesem Zusammenhang noch wichtiger, erklärte sie verbindlich ihre Bereitschaft, die noch in der DDR stationierten sowjetischen Truppen innerhalb von längstens vier Jahren vollständig abzuziehen. Mit dieser Zusicherung hatte sie sich des eigentlichen politischen Hebels begeben, über den sie bisher noch verfügte.

Bundeskanzler Kohl hatte diese sowjetischen Zugeständnisse nicht zuletzt dadurch erreicht, daß er seinerseits bestimmte Kriterien für die Sicherheitspolitik des vereinten Deutschlands festlegte, nämlich:

- Die Streitkräfte des künftigen geeinten Deutschlands werden auf maximal 370 000 Mann begrenzt;
- erneut wurde auf Herstellung, Besitz und Verfügung bei ABC-Waffen verzichtet und der Nichtverbreitungsvertrag bekräftigt;
- ein Vertrag zur Abwicklung des Truppenabzugs aus der DDR wird mit der Sowjetunion geschlossen;
- erst nach vollständigem Abzug der sowjetischen Streitkräfte können auch der NATO angegliederte deutsche Truppen auf dem bisherigen DDR-Territorium stationiert werden, allerdings ohne nukleare Fähigkeiten[41].

Auf diese Weise waren die letzten Hürden zur staatlichen Einheit der Deutschen überwunden. Zugleich war auch das Ende der militärischen Präsenz der Sowjetunion in Ost-Mitteleuropa programmiert worden. Die Moskauer Führung hatte sich damit angesichts veränderter weltpolitischer Rahmenbedingungen den Realitäten angepaßt. Ihr bleibt die begründete Hoffnung, daß die Kooperation mit einem geeinten Deutschland sich insbesondere wirtschaftlich positiv auswirken wird und daß dieses Deutschland – nicht zuletzt durch die KSZE – in den gesamteuropäischen Kontext eingebunden bleibt.

Anmerkungen

1 Prawda vom 26. 10. 1971, S. 2.
2 Rex Rexheuser/Karl-Heinz Ruffmann, Rußland und die staatliche Einheit Deutschlands im 19. und 20. Jahrhundert, in: Aus Politik und Zeitgeschichte, B 9/1982, S. 13.
3 Ausführliche Darstellung der jeweiligen Etappen siehe Wolfgang Pfeiler, Deutschlandpolitische Optionen der Sowjetunion (Forschungsbericht 63), hrsg. i. A. der Konrad-Adenauer-Stiftung von Hans-Joachim Veen und Peter Weilemann, Melle 1988. Hier finden sich auch die entsprechenden ausführlichen Literaturhinweise.
4 Vgl. den Text des Vertrages von 1975 in: Ministerstvo inostrannych del SSSR/Ministerstvo inostrannych del GDR (Hrsg.), SSSR – GDR. 30 let otnošenij 1949–1979. Dokumenty i materialy, Moskva 1981, S. 461; der Text des Vertrages von 1964 findet sich ebd., S. 120ff.
5 Vgl. Boris Meissner, Die Bündnisverträge zwischen der DDR und der Sowjetunion, in: Aus Politik und Zeitgeschichte, B 43/1979, S. 24; vgl. auch S. 23. In ganz ähnlichem Sinne s. Hans Heinrich Mahnke, Der neue Freundschafts- und Beistandspakt zwischen Sowjetunion und DDR, in: Deutschland Archiv, (1975) 11, S. 1160ff.
6 Michail Gorbačev, (Antwort auf die Frage des Korrespondenten der italienischen Zeitung Mattino), in: Prawda vom 22. 11. 1985, S. 2.
7 Presse- und Informationsamt der Bundesregierung (Hrsg.), DDR-Spiegel (im folgenden BPA-DDR), 4. 12. 1989, S. 13.
8 Radio Moskau laut BPA (Hrsg.), Ostinformationen (im folgenden BPA-Ostinfo), 7. 12. 1989, S. 20.
9 Vgl. Neues Deutschland (ND) vom 19. 1. 1990, S. 1.
10 Michail S. Gorbačev, Perestrojka i novoe myšlenie dlja našej strany i dlja vsego mira, Moskva 1987, S. 209.
11 Vgl. hierzu auch Magarditsch A. Hatschikjan/Wolfgang Pfeiler, Deutsch-sowjetische Beziehungen in einer Periode der Ost-West-Annäherung, in: Deutschland Archiv, (1989) 8, S. 888f.
12 Zu diesen Äußerungen s. Gerhard Wettig, Bundesrepublik, NATO und Deutschland-Frage in der sowjetischen Politik, Bericht des Bundesinstituts für ostwissenschaftliche und internationale Studien (BIOst), 60–1989; sowie Fred Oldenburg, Sowjetische Deutschland-Politik nach den Treffen von Moskau und Bonn 1988/89, Bericht des BIOst 63–1989. In diesen beiden Studien ist die Problematik ausführlich behandelt worden.
13 Vgl. Ilse Spittmann, Auf dem Drahtseil, in: Deutschland Archiv, (1989) 7, S. 723.
14 Presse- und Informationsamt der Bundesregierung (Hrsg.), Nachrichtenspiegel/Ostteil, 20. 9. 1989, S. 1.
15 Vgl. I. Spittmann, (Anm. 13), S. 723.
16 Oleg Bitov, Berlinskaja stena, in: Literaturnaja Gazeta vom 23. 8. 1989, S. 14.
17 Vgl. hierzu insbesondere den Aufsatz von Leonid Počivalov, Nemcy i my, in: Literaturnaja Gazeta vom 20. 7. 1988, S. 14 sowie dessen erweiterte Übersetzung Wir und die Deutschen, in: Sowjetunion heute, (1988) 10, S. 4–7.
18 BPA-Ostinfo (Falin plädiert für Überwindung der Grenzen), 18. 10. 1988, S. 2.
19 BPA-Ostinfo, (Pointierte Beiträge des ZK-Beraters Portugalow auf dem Aschaffenburger Ost-West-Forum), 19. 7. 1988, S. 2.
20 So die Artikelüberschrift in der Wochenzeitung Argumenty i fakty, (1989) 49, S. 4.
21 BPA-Ostinfo, (Moskau ohne Einwände gegen deutsche Einheit), 30. 10. 1989, S. 3.
22 BPA-Ostinfo, (Primakow: Frage der Wiedervereinigung ist nicht aktuell), 30. 10. 1989, S. 1.
23 BPA-Ostinfo, (»Bunte«: Karpow macht Wiedervereinigung von Bedingungen abhängig), 20. 11. 1989, S. 1.
24 BPA-DDR, (Gorbatschow: Wir begrüßen das, was in der DDR geschieht – Wiedervereinigung nicht aktuell), 20. 11. 1989, S. 32.
25 Vgl. Joseph Fitchett, East Germans Remain Wary but Interested, in: International Herald Tribune vom 29. 11. 1989, S. 1.

26 BPA-DDR, (Kontroverse Reaktionen auf Kohls »10-Punkte-Plan zur Deutschlandpolitik«), 30. 11. 1989, S. 2.
27 Vgl. Bill Keller, Gorbachev's »European House«: The Plan, in: International Herald Tribune vom 4. 12. 1989, S. 1.
28 Vgl. Presse- und Informationsamt der Bundesregierung (Hrsg.), Nachrichtenspiegel/Inland II, (Zur Haltung der Sowjetunion), 7. 12. 1989, S. 2.
29 BPA-Ostinfo, (Deutschland-UdSSR), 5. 12. 1989, S. 1.
30 Michail Gorbacev (Rede vor dem ZK), in: Prawda vom 10. 12. 1989, S. 2.
31 TASS, Besedy v Berline in: Prawda vom 17. 12. 1989, S. 8.
32 Vgl. BPA-Ostinfo, (Schewardnadse: Wiedervereinigung »logisch« nach europäischer Einheit), 11. 12. 1989, S. 1.
33 Vgl. Frankfurter Rundschau vom 20. 12. 1989, S. 6 sowie Neue Zürcher Zeitung vom 21. 12. 1989, S. 2.
34 Zit. nach ND vom 19. 1. 1990, S. 1.
35 BPA-DDR, 31. 1. 1990, S. 38.
36 Prawda vom 11. 2. 1990, S. 1; vgl. a. Prawda vom 21. 2. 1990, S. 1 sowie vom 16. 3. 1990, S. 2.
37 Hierzu s. FAZ vom 18. 6. 1990, S. 2 sowie vom 20. 6. 1990, S. 3.
38 Vgl. die Textwiedergabe in: Prawda vom 23. 6. 1990, S. 6; vgl. ferner die Rede Schewardnadses, BPA-Ostinfo, 25. 6. 1990, S. 1–8.
39 Vgl. Interview mit Evgenij M. Primakov, in: Prawda vom 19. 6. 1990, S. 5.
40 So Michail Gorbatschow auf der Pressekonferenz in Sheleznovodsk, in: Sowjetunion heute (Beilage), 8 (1990), S. III.
41 Vgl. Bundeskanzler Kohl: Erklärung zu seinen Gesprächen mit Präsident Gorbatschow, in: Bundesministerium des Innern (Hrsg.), Informationen, 13/1990, S. II f.

Wolfgang Bergsdorf

Kontinuität im Wandel

Die deutsch-amerikanischen Beziehungen im Spiegel der Demoskopie*

»Amerika, du hast es besser
Als unser Kontinent, das alte,
Hast keine verfallene Schlösser
Und keine Basalte.
Dich stört nicht im Innern
Zu lebendiger Zeit
Unnützes Erinnern
Und vergeblicher Streit.«
Johann W. von Goethe

»Du alte Welt, behalte Deine Pracht.
Gib Deine Massen mir,
die Armen, Müden,
die nach Freiheit lechzen!«
Emma Lazarus

»Dies ist, klipp und klar, die Nachricht: zwischen Deutschen und Amerikanern ist eine neue Fremdheit gewachsen. Sie wird zunehmen und nicht abnehmen. Die Allianz, obschon in ihrem Bestand nicht gefährdet, hat ihre Blütezeit hinter sich.« Diese Prognose veröffentlichte eine Hamburger Wochenzeitung Ende 1984 aus der Feder eines bekannten Amerikaspezialisten[1]. Wenige Monate später – mitten in einer schrillen Debatte über den unmittelbar bevorstehenden Besuch des amerikanischen Präsidenten Reagan – überraschte eine vom selben Medienkonzern herausgebrachte Illustrierte ihre Leser mit einer Meinungsumfrage, die das Institut für Demoskopie Allensbach durchgeführt hatte[2]. Dabei wurde die Einstellung zum geplanten Besuch Reagans auf dem deutschen Soldatenfriedhof in Bitburg ermittelt.

Das Ergebnis der Befragung (Tab. 1) signalisiert nicht nur das Scheitern einer von leichter Hand hingeworfenen Prognose, es korrigiert die Perzeption eines symbolhaften deutsch-amerikanischen Ereignisses durch die Medien[3], es markiert auch die deutliche Verbesserung des bis dahin schwankenden Bildes von Ronald Reagan im Urteil der Bevölkerung der Bundesrepublik Deutschland[4]. Die unterschiedlichen Botschaften dieser publizistischen Beiträge demonstrieren auch, daß es sinnvoll ist, bei der Analyse des Feldes außenpolitischer Bestimmungsfaktoren neben der veröffentlichten Meinung auch die öffentliche Meinung einzubeziehen, wie sie mit Hilfe der Demoskopie anschaulich gemacht werden kann.

Die Demoskopie kann Auskunft geben über die Stärke von politischen Einstellungen, über die Motive von Meinungsänderungen, über den Bedeutungswandel von

Tabelle 1:
»Bei seiner Reise in die Bundesrepublik will US-Präsident Ronald Reagan auch einen deutschen Soldatenfriedhof in Bitburg in der Eifel besuchen. Finden Sie es gut oder nicht gut, daß Reagan den Soldatenfriedhof besucht?«

	insgesamt	Männer	Frauen	16–19 Jahre	30–44 Jahre	45–59 Jahre	Ab 60 Jahre	CDU/CSU-Anh.	SPD-Anh.	FDP-Anh.	Grünen-Anh.
Finde ich gut	64	71	59	52	61	72	73	77	56	71	40
Finde ich nicht gut	16	15	16	22	17	13	11	7	23	14	37
Unentschieden	20	14	25	26	22	15	16	16	21	15	23

Quelle: Institut für Demoskopie Allensbach, Befragungszeitraum 24.–26. 4. 1985, 1150 Befragte.

Themen und von Begriffen, über den Einfluß aktueller Ereignisse und politischer Persönlichkeiten auf die Meinungsbildung. Sie kann über verborgene Zusammenhänge und offene Widersprüche im Mosaik des Meinungskosmos einer Bevölkerung unterrichten; sie kann so mithelfen, den auf Bürgern, Parlament und Regierung lastenden Mediendruck zu verringern. Wähler und Gewählte gewinnen durch die Demoskopie ein differenzierteres Bild der Politik, indem ihre Informationsquellen erweitert werden. Für Wähler wie Gewählte ist es dabei wichtig, die begrenzte Aussagekraft demoskopischer Ergebnisse für ihre Beurteilung einschätzen zu lernen.

Vorsicht wie Erfahrung lassen es geboten erscheinen, demoskopische Befunde nicht überzuinterpretieren, sie nicht zum Ausgangspunkt langfristiger Strategien zu nehmen, die fast regelmäßig durch den unregelmäßigen Verlauf der Meinungsströme hinfällig werden. Vor allem wäre es ein eklatantes Mißverständnis des Wertes der Demoskopie, ihr sichere Rezepte für die Maximierung des langfristigen Vertrauens, kurz: für politische Führung, entnehmen zu können[5]. Der Erfolg einer Politik zeigt sich vor allem in Wahlentscheidungen, nicht in der Augenblickszustimmung einer demoskopisch meßbaren Mehrheit. Bei einer der wichtigsten Weichenstellungen der Nachkriegszeit, dem NATO-Doppelbeschluß, war vor der Installation der US-Raketen eine deutliche Mehrheit der Befragten in den Stationierungsländern anderer Meinung als ihre Regierungen. Gallup-International ermittelte Ende 1983 in einer vergleichenden Studie als wichtigstes Ergebnis, die Bürger Großbritanniens, Italiens und der Bundesrepublik Deutschland stehen der Stationierung moderner US-Raketen in ihren Ländern mehrheitlich ablehnend gegenüber[6] (Tab. 2).

Daß sich die Meinungen über den Stationierungsbeschluß schon unmittelbar vor der Entscheidung des Deutschen Bundestages ändern konnten und er rückblickend als eine der entscheidenden Voraussetzungen für den in der Selbstbefreiung der Osteuropäer kulminierenden Entspannungsprozeß gesehen werden konnte, verdeutlicht ein gleichzeitig erhobener Befund, der eine positive Grundeinstellung gegenüber den Vereinigten Staaten konstatiert[7] (Tab. 3).

Tabelle 2:
»Sollte Ihrer Meinung nach die Bundesrepublik Deutschland (...Großbritannien/...Italien) der Aufstellung neuer Atomraketen unter amerikanischer Kontrolle bei uns zustimmen – oder sollte sie nicht zustimmen?«

	GB Prozent	BR Deutschland Prozent	I Prozent
Sollte der Aufstellung zustimmen	41	25	27
Sollte der Aufstellung nicht zustimmen	48	48	62
Weiß nicht	11	26	11

Befragungszeitraum in der Bundesrepublik Deutschland: 27. 10.–3. 11. 83, 932 Befragte.

Tabelle 3:
»Wie ist alles in allem Ihre Meinung über die USA? Haben Sie eine sehr gute – eine ziemlich gute – eine ziemlich schlechte – oder eine sehr schlechte Meinung über die USA?«

	GB Prozent	BR Deutschland Prozent	I Prozent
Sehr gut	9	9	13
Ziemlich gut	34	47	45
Ziemlich schlecht	29	21	18
Sehr schlecht	18	7	13
Weiß nicht	10	15	11

Befragungszeitraum in der Bundesrepublik Deutschland: 27. 10.–3. 11. 83, 932 Befragte.

Die positiven Grundeinstellungen gegenüber den USA sind in der Bundesrepublik vornehmlich bei den höheren Altersgruppen zu finden (65 und mehr Jahre: 72 Prozent), bei den jüngeren indes hat die kritische Distanz leichtes Übergewicht (18- bis 34jährige 38 Prozent positiv, 42 Prozent negativ).

Ähnliche Unterschiede sind auch wieder bei den parteipolitischen Gruppierungen feststellbar: Die Regierungsanhänger haben zu 72 Prozent eine gute Meinung von den USA; bei den Oppositionsanhängern sind es nur halb so viele (36 Prozent).

Quelle: Großbritannien: Social Surveys LTD, London; Italien: DOXA-Institut, Mailand; Bundesrepublik Deutschland: EMNID-Institut, Bielefeld

Die Demoskopie kann ihren Nutzen für Politik und politische Wissenschaft vergrößern, indem sie ihre Befunde über einen längeren Zeitraum akkumuliert und so den Verlauf von Meinungsströmen und ihrer Veränderungen offenlegt. Wenn im folgenden versucht wird, das Raster der Meinungen und Einstellungen, in das die deutsch-amerikanischen Beziehungen eingebettet sind, mit Befunden der Demoskopie auszuleuchten, so kann angesichts vorliegender wichtiger Studien der Schwerpunkt auf die achtziger Jahre gelegt werden. Die Publikationen von Hans-Peter Schwarz[8], Elisabeth Noelle-Neumann und Gerhard Herdegen[9], Gebhard Schweigler[10], Hans Rattinger und Petra Heinlein[11] sowie von Wolfgang Dobler[12] bieten für die Kontinuitäten und Widersprüche der öffentlichen Meinung in der Bundesrepublik Deutschland und in den Vereinigten Staaten von Amerika bis in die achtziger Jahre hinein eine fundierte Orientierungsgrundlage. Noch weniger mangelt es an Literatur für die deutsch-amerikanischen Beziehungen[13]. Angesichts des revolutionären Umgestaltungsprozesses in Osteuropa, bei dem die Vereinigten Staaten von Amerika und mit ihnen die Bundesrepublik Deutschland mehr Grund zur Genugtuung haben als je zuvor[14], entsteht gleichwohl eine Reihe von offenen Fragen zu den Zukunftschancen der deutsch-amerikanischen Beziehungen, die von der Demoskopie angegangen werden können.

I. Das Amerikabild der Deutschen

Die ersten Meinungsumfragen über die Einstellung der Deutschen wurden unmittelbar nach der Kapitulation im Auftrag der amerikanischen Besatzungsbehörden durchgeführt[15]. Ihre Ergebnisse lassen erkennen, daß schon in den ersten Nachkriegsmonaten ein positives Amerikabild bei der deutschen Bevölkerung entstand, das einen krassen Gegensatz zu der antiamerikanischen Nazi-Propaganda zeichnet[16]. Bereits im November 1945 wurden die Besatzungsmächte nicht mehr als Demütigung empfunden. In der amerikanischen Besatzungszone waren bis Ende 1948 70 Prozent der Befragten dieser Meinung[17].

Zu Beginn der fünfziger Jahre hatte sich bei den Bürgern der Bundesrepublik Deutschland die Überzeugung gebildet, daß sie von den Amerikanern auf den Gebieten Politik, Technik und Wissenschaft lernen könnten. Dies blieb der Rahmen für das positive Amerikabild, das über durch aktuelle Ereignisse bewirkte Schwankungen hinaus bis heute eine bemerkenswerte Stabilität aufweist, obgleich nach einem Einbruch Ende der sechziger Jahre das Niveau seit Mitte der siebziger Jahre niedriger ist als in dem Jahrzehnt davor[18].

Die deutsche Sympathie für Amerika und die Amerikaner blieb selbst dann auf hohem Niveau erhalten, als sich die innenpolitischen Auseinandersetzungen um den NATO-Doppelbeschluß auf dem Höhepunkt befanden, ähnlich der Entwicklung zehn Jahre zuvor, als der Vietnam-Krieg sein Ende fand. Die Ergebnisse der seit 1957 vom Institut für Demoskopie Allensbach gestellten Frage: »Mögen Sie eigentlich die Amerikaner, oder mögen Sie sie nicht besonders?« belegen diese Feststellung (Graphik, S. 201).

Die demoskopischen Befunde weisen jeden zweiten Bundesbürger als einen Freund der Amerikaner aus. Jeder Fünfte läßt Vorbehalte erkennen, wobei die Antwortvorgabe »mag sie nicht besonders« als einschränkende Negation positiver Gefühle den Personenkreis relativ weit zieht. Ein Drittel der Bevölkerung ist in dieser Frage indifferent oder möchte keine Meinung äußern. Das vertraute und prägende Bild der deutschen Meinungen gegenüber den Vereinigten Staaten ist also durch eine klare Dominanz von Sympathie gegenüber Vorbehalten charakterisiert. Dieses insgesamt positive Bild wird durch gelegentliche Abweichungen nach oben oder unten

Graphik:

Wertschätzung der Deutschen für die Amerikaner

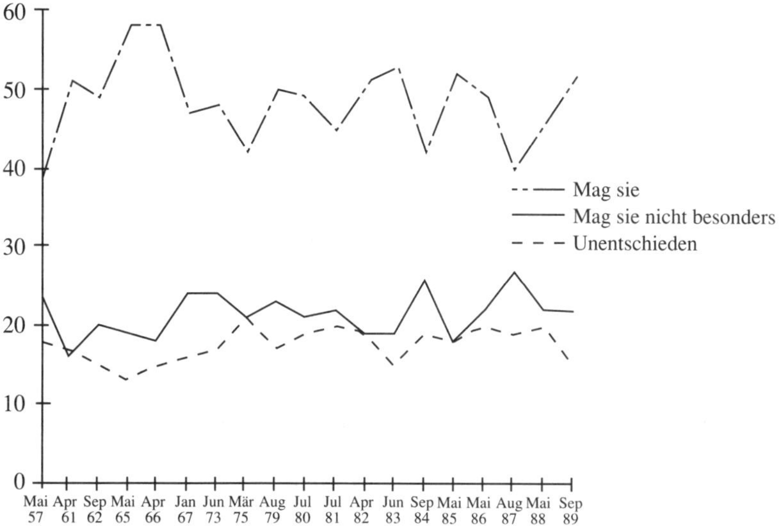

Frage: »Mögen Sie eigentlich die Amerikaner, oder mögen Sie sie nicht besonders?«
Quelle: Institut für Demoskopie Allensbach

nicht nachhaltig verändert. Seit den sechziger Jahren lag die positive Antwort nie unter 40 Prozent; die negative Meinung erreichte nie die 30 Prozent-Quote und fiel nie unter 16 Prozent.

Damit wird erkennbar, daß die Politik der Westbindung der Bundesrepublik Deutschland durch Konrad Adenauer eine emotionale Verankerung hat. Die Bevölkerung hat diesen seit mittlerweile vier Jahrzehnten gültigen Kurs mitgetragen. Dieser Kurs hatte aber immer auch seine Gegner, die – wenn sie sich nicht für eine engere Zusammenarbeit mit der Sowjetunion aussprachen (dies verlangten stets nur winzige Minderheiten) – zumindest für eine Politik der Unabhängigkeit von den beiden Supermächten plädierten. Die Vokabel »Äquidistanz« bringt diese politische Idee des gleichen Abstandes zu den USA und der Sowjetunion auf den Begriff.

Das Institut für Demoskopie in Allensbach[19] benutzt seit 1973 ein Fragenmodell, um die Entwicklung der Meinungsströmung in diesem Problemfeld zu verfolgen: »Eine ganz allgemeine Frage zur deutschen Außenpolitik: Sollten wir lieber in Zukunft mit Amerika und Rußland gleich eng zusammenarbeiten, oder lieber enger mit Rußland, oder lieber enger mit Amerika? Was meinen Sie?« Die Antworten der Bevölkerung auf diese Frage lassen in den achtziger Jahren eine eindeutige Tendenz erkennen: Die Forderung nach enger Zusammenarbeit mit den USA ist schwächer geworden, das Plädoyer für qualitativ gleich enge Zusammenarbeit mit der Sowjetunion wurde im gleichen Zeitraum stärker. Dieser Trend ist keineswegs auf das linke Segment der Wählerschaft begrenzt, er hat die Bevölkerung insgesamt erfaßt, die jüngeren Generationen zunächst früher und stärker als die älteren Mitbürger; heute spricht sich selbst die Gruppe der über 60jährigen mit absoluter Mehrheit für diese außenpolitische Grundorientierung aus[20].

Im Zeitvergleich der Antwortverteilung kristallisiert sich die zweite Jahreshälfte 1981 als Scheidemarke der Entwicklung heraus. Seit diesem Zeitpunkt erhielt das Plädoyer für den gleichen Abstand zu beiden Supermächten eine bis heute ungebrochene Dynamik. Damals strebte die NATO-Nachrüstungsdebatte ihrem Höhepunkt zu. Die Friedensbewegung verlor nach der Approbierung des Stationierungsbeschlusses durch den Deutschen Bundestag rasch an Relevanz und Resonanz. Heute kann diese Entscheidung als Eckstein einer Entspannungspolitik betrachtet werden, die in die osteuropäische Selbstbefreiung einmündete. Gleichwohl hat die Forderung nach gleichem Abstand zu beiden Weltmächten in den letzten Jahren weiter an Zustimmung gewonnen.

Dennoch scheint der Begriff »Äquidistanz« die Entwicklung der Meinungsströmung in der außenpolitischen Grundorientierung nicht vollständig zu kennzeichnen. Wird die Fragestellung auf eine Alternative zugespitzt, auf die Frage nämlich: »Was ist für die Zukunft des deutschen Volkes wichtiger: ein gutes Verhältnis zu Amerika oder ein gutes Verhältnis zu Rußland?«, dann entscheiden sich die Deutschen mit unmißverständlicher Deutlichkeit für die Vereinigten Staaten. 1987 lautet die Relation 46 Prozent (1983: 56 Prozent) für die USA und 12 Prozent (1983: 6 Prozent) zugunsten Rußlands[21]. Ähnliches gilt auch für die Mitgliedschaft in der NATO, die nach wie vor von einer überwältigenden Mehrheit der Bundesbürger unterstützt wird.

Die Bevölkerung der Bundesrepublik Deutschland – das lassen die demoskopischen Daten mit überzeugender Deutlichkeit erkennen – sieht in einer engen politischen und militärischen Zusammenarbeit mit den Vereinigten Staaten von Amerika als der Führungsmacht des westlichen Bündnisses die wirksamste Garantie für ihre Sicherheit und Freiheit. Insofern ist die Westbindung als Quasi-Staatsräson der Bundesrepublik von den Bürgern verinnerlicht worden. Gleichwohl ist mit der gewachsenen Selbstverständlichkeit einer engen deutsch-amerikanischen Zusammenarbeit der Wunsch nach einer Verbesserung der deutsch-sowjetischen Beziehungen entstanden. Die Deutschen haben offensichtlich einen stärker werdenden Wunsch, die starke Asymmetrie der deutsch-amerikanischen und der deutsch-sowjetischen Beziehungen zu verringern. Diese Asymmetrie war die Folge des West-Ost-Konfliktes, dessen Zwangsläufigkeit mit dem Abbau der perzipierten Bedrohung durch den »Osten« immer weniger nachvollzogen werden kann[22].

Gleichzeitig entsteht – befördert durch die Außenpolitik der Regierung Kohl – ein unverkennbar wachsendes außenpolitisches Selbstbewußtsein bei den Bundesbürgern. Die Verfolgung der deutschen Interessen – gegebenenfalls auch gegenüber den Verbündeten –, das Pochen auf eine größere Eigenständigkeit der deutschen Außenpolitik gewinnt deutlich an Rückhalt. Die Forschungsgruppe »Wahlen« stellt seit mehr als zehn Jahren die Frage: »Wenn die Bundesrepublik in wichtigen Fragen eine andere Auffassung hat als Amerika, sollte die Bundesrepublik sich dann eher nach Amerika richten, oder sollte sie nach ihren eigenen Vorstellungen entscheiden?« Auch wenn man bei der Bewertung der Antworten den suggestiven Charakter der Fragestellung in Rechnung stellt, bleibt die Entwicklung der Meinungsverteilung im Zeitvergleich eindeutig. Im Mai 1982 plädierten 69 Prozent der Bevölkerung für die Entscheidung nach eigener Vorstellung (29 Prozent für Orientierung an Amerika), im

April 1985 lautete das Zahlenverhältnis 84 Prozent zu 15 Prozent und blieb so bis November 1986; im Mai 1989 sprachen sich 88 Prozent für die »eigenen Vorstellungen« aus, für die Ausrichtung an der amerikanischen Politik plädierten nur noch 9 Prozent[23].

Freundschaft und Grundvertrauen zu Amerika verbindet sich bei den außenpolitischen Einstellungen der Bundesbürger mit einem wachsenden Selbstbewußtsein, das Kritik an Einzelentscheidungen und Einzelerscheinungen der amerikanischen Politik miteinschließt. Dem entspricht, daß in der Alternative »Amerika oder Sowjetunion« das Plädoyer für Amerika eindeutig ausfällt und auch neutralistische Ideen keine Mehrheit fanden, obgleich Sympathien für national-neutralistische Modellvorstellungen in den achtziger Jahren deutlich an Resonanz gewonnen haben. Dennoch bleibt festzuhalten, daß auch die demoskopische Analyse zeigt, daß die Deutschen ihre historische Mission offensichtlich gelernt haben. Sie lehnen es ab, sich als Wanderer zwischen zwei Welten zu verstehen. Das in den fünfziger und sechziger Jahren noch glänzende Amerikabild der Deutschen ist in den siebziger und achtziger Jahren differenzierter, vielfältiger, nuancenreicher geworden. Seine Konturen haben sich der Wirklichkeit geöffnet und dem Amerikabild der Westeuropäer angeglichen[24]. Angesichts der neuen Herausforderungen und Möglichkeiten, die deutsche und europäische Teilung zu überwinden und mit der Einigung Deutschlands eine Einigung Europas zu erreichen, bietet das neue, zukunftsoffene Amerikabild der Deutschen eine günstige Grundlage für die Fortentwicklung der deutsch-amerikanischen Beziehungen.

II. Unterschiede in den Einstellungen bei Amerikanern und Deutschen

Seit 1820 – dem ersten Jahr der amerikanischen Immigrationsstatistik – sind weit mehr als 53 Millionen Menschen in die Vereinigten Staaten eingewandert, darunter bilden sieben Millionen Deutsche die größte nationale Gruppe[25]. Nach einer 1988 durchgeführten Meinungsumfrage[26] erklärten 29 Prozent der Amerikaner, daß ihre Vorfahren aus Deutschland bzw. aus dem deutschen Kulturraum stammten. 17 Prozent der Amerikaner behaupteten, sie würden sich mit dieser deutschen Herkunft »identifizieren«. Man könnte also die Hypothese formulieren, daß das Deutschlandbild der Amerikaner und ihre Vorstellungen von den Deutschen aufgrund des großen deutschstämmigen Bevölkerungssegmentes auf einem positiven Resonanzboden basiere, daß auch die Einstellungen, Meinungen, die Selbstbilder und Fremdanteile der Amerikaner und Deutschen Züge von Ähnlichkeiten aufweisen dürften.

Bei der grundsätzlichen Sympathie für Amerika und die Amerikaner als die Verkörperung des politischen Wertesystems, dem die Zuneigung der großen Mehrheit der Deutschen gilt, verdeutlichte eine Gallup-Umfrage von 1981 in 13 Staaten Westeuropas und Nordamerikas, wie teilweise erheblich die moralischen, ethischen, sozialen und religiösen Grundvorstellungen der Amerikaner von denen der Deutschen abweichen[27]. 96 Prozent aller Amerikaner erklärten danach, sehr bzw. ziemlich stolz darauf zu sein, Amerikaner zu sein, demgegenüber äußerten nur 59 Prozent der Westdeutschen Stolz auf ihre Nationalität; 71 Prozent der Amerikaner würden – der

Studie zufolge – im Falle eines Krieges für ihr Land kämpfen wollen, dagegen nur 35 Prozent der Bundesbürger. 98 Prozent der Amerikaner legten sehr großen bzw. einigen Ehrgeiz in die Arbeit, die sie verrichten, während dies nur 53 Prozent der Deutschen von sich behaupteten. 81 Prozent der Amerikaner hielten sich für religiös gegenüber nur 58 Prozent der Deutschen; an Gott glaubten 95 Prozent der Amerikaner, aber nur 72 Prozent der Deutschen. Eine fast gleich große Mehrheit von 59 Prozent der Amerikaner und 58 Prozent der Deutschen akzeptierte die Aussage, daß es keine absolut gültige Unterscheidung zwischen Gut und Böse gibt. 92 Prozent der Amerikaner erklärten, sie seien sehr bzw. ziemlich zufrieden gegenüber nur 79 Prozent der Deutschen.

Während der zweiten Hälfte der achtziger Jahre wurden in den Vereinigten Staaten und in der Bundesrepublik Deutschland Demoskopien mit vergleichbaren Fragestellungen durchgeführt[28], die Übereinstimmungen und auch Kontraste signalisieren. In beiden Ländern wurde nach Sympathien für eine Reihe von anderen Ländern gefragt. Um die Antwort zu erleichtern, wurde ein Bildblatt mit einem Thermometer verwendet, das in Angleichung an die amerikanische Vorlage von 0 bis 100 Grad reichte. 0 bedeutete »sehr unsympathisch«, 100 stand für »sehr sympathisch« (Tab. 4).

Auffällig ist, daß die amerikanische Bereitschaft größer ist als die deutsche, andere Länder als sympathisch zu bezeichnen. In den USA erhielten 13 von den 23 vorgegebenen Ländern das Prädikat sympathisch (über 50 Prozent), während die Deutschen nur neun Ländern Sympathie zumaßen. In ihren wechselseitigen Sympathiezuweisungen stimmten Deutsche und Amerikaner ziemlich überein. Die Deutschen erreichten in den USA einen Sympathiegrad von 62 Grad, während es die Amerikaner in der Bundesrepublik auf 59 Grad brachten. Die Deutschen standen in den USA nach Kanada und Großbritannien an dritter Stelle, die Amerikaner nahmen in Deutschland den fünften Rang ein. Eine Reihe von Ländern genießen in den USA und der Bundesrepublik ein vergleichbares Maß an Sympathie. Amerikanische Sympathievorsprünge haben im Vergleich zur deutschen Sympathiebilanz einige außereuropäische Länder wie die Philippinen, Taiwan, Saudi-Arabien, Israel und Südafrika. Sympathievorsprünge bei den Deutschen im Vergleich zu den Amerikanern genießen Frankreich und die Sowjetunion. In den USA wie in der Bundesrepublik Deutschland genießt die geringste Sympathie der Iran.

Die amerikanische Meinungsforschung stimmt darin überein, daß offensichtlich infolge der Politik von Präsident Reagan die Amerikaner in den achtziger Jahren die Bedeutsamkeit der Außenpolitik wiederentdeckt haben, während in den siebziger Jahren ihre Aufmerksamkeit vor allem durch innenpolitische Fragen beansprucht worden war. Diese Verlagerung der Prioritäten hat eine veränderte Bewertung der amerikanischen Rolle als Weltmacht zur Folge gehabt. Zu früheren Umfragen wuchs das Urteil der Amerikaner, nach dem die USA jetzt eine »wichtigere Rolle« in der Welt spielen, 1986 auf 41 Prozent an[29]. Untersuchungen fanden zuvor deutlich geringere Werte (1974: 28 Prozent; 1978: 29 Prozent, 1982: 27 Prozent). In ihrem Urteil über die amerikanische Rolle in der Welt sind die Bundesbürger zurückhaltender. Nur 25 Prozent attestierten ihr 1987 eine gewachsene Bedeutung[30].

Aus der gleichen Untersuchung geht eine ähnliche Einschätzung der Stärke der USA und der Sowjetunion durch die Amerikaner und die Deutschen hervor. Wie die Amerikaner in den USA, so schätzen auch die Deutschen mit 48 Prozent bzw.

Tabelle 4:
»Jetzt möchte ich Sie bitten, verschiedene Länder danach zu beurteilen, wie sympathisch Ihnen diese Länder sind. Dazu habe ich ein Bildblatt mit einem Thermometer mitgebracht. Wenn Ihnen ein Land weder sympathisch noch unsympathisch ist, geben Sie 50 Grad an, wenn Ihnen ein Land sympathisch ist, geben Sie eine höhere Temperatur an, und wenn Ihnen ein Land nicht so sympathisch ist, eine niedrigere Temperatur als 50 Grad.« (Vorlage eines Bildblatts)

	USA	Bundesrepublik Deutschland
	Im Durchschnitt	
	Grad	Grad
Kanada	77	69
Frankreich	58	66
Japan	61	62
Italien	58	60
BR Deutschland/USA*)	62	59
Großbritannien	73	58
Brasilien	54	57
Mexico	59	55
Volksrepublik China	53	51
Israel	59	50
Philippinen	59	49
Polen	53	48
Ägypten	49	48
Indien	48	45
Taiwan	52	44
Saudi-Arabien	50	41
Sowjetunion	31	40
Südkorea	50	39
Nigeria	46	39
Nicaragua	46	37
Südafrika	47	30
Syrien	34	28
Iran	22	15

*) In USA Sympathiewerte für BR Deutschland, in BR Deutschland für USA
Quelle: CCFR-Umfrage, Okt./Nov. 1986 bzw. IfD-Umfrage 4087/II, Februar 1987

51 Prozent die Vereinigten Staaten und die Sowjetunion als »gleich stark« ein. Wie die Amerikaner attestieren die Deutschen, falls sie eine Seite als stärker bewerten, den USA einen militärischen Vorsprung.

Für die sicherheitspolitische Zusammenarbeit zwischen den Vereinigten Staaten und der Bundesrepublik Deutschland ist es sicherlich günstig, wenn die militärischen Stärkeverhältnisse in ähnlicher Weise eingeschätzt werden. Wichtiger noch ist jedoch eine Übereinstimmung über das künftige Engagement beider Länder in dem westlichen Verteidigungsbündnis. 58 Prozent der Amerikaner und 57 Prozent der Deutschen sind mit dem Engagement ihrer Länder in der NATO zufrieden und wollen die Mitwirkung auf dem erreichten Stand belassen. Jeweils 8 Prozent in den USA und der Bundesrepublik plädieren für eine Verstärkung des NATO-Engagements; 17 Prozent der Deutschen und 11 Prozent der Amerikaner verlangen für die Zukunft eine Verringerung der Mitwirkung. Für einen NATO-Austritt plädieren 5 Prozent in den USA, 6 Prozent in der Bundesrepublik[31].

III. Das Deutschlandbild der Amerikaner

Da die Supermacht USA für die Bundesrepublik Deutschland wichtiger als diese für die Vereinigten Staaten ist, ist es erklärbar, daß Deutschland und die Deutschen für die amerikanische Demoskopie weniger interessante Gegenstände regelmäßiger Befragung sind als umgekehrt. Um so erstaunlicher ist der Befund, daß die Bundesrepublik Deutschland nach Meinung der amerikanischen Führungsschicht seit den achtziger Jahren ein »vitales Interesse« der US-Politik beanspruchen kann. Zusammen mit Japan rangierte sie an erster Stelle, während sie nach der Meinung der US-Bevölkerung immerhin den vierten Rang einnahm (ohne besonders signifikanten Unterschied nach Großbritannien, Kanada und Japan)[32]. Großbritannien und die Bundesrepublik Deutschland stehen danach – weitab vor Frankreich und den anderen Staaten Europas[33] – im Brennpunkt amerikanischer Aufmerksamkeit in Europa. Die analytische, vom Verstand geprägte Bewertung der amerikanischen Weltmachtinteressen geht (und das ist ein weiteres bemerkenswertes Ergebnis, das, trotz aller Vorbehalte, nicht deutlich genug hervorgehoben werden kann) einher mit einer eher vom Gefühl hergeleiteten grundsätzlichen Sympathie für die Bundesrepublik.

Im Leistungsvergleich mit Großbritannien und Frankreich dominierte nach der EMNID-Studie von 1982[34] Großbritannien vor der Bundesrepublik und Frankreich aufgrund seiner historischen Bindungen und kulturellen Gemeinsamkeiten in der Bewertung von Politikleistungen wie Stabilität des Regierungssystems, militärischer Beitrag zur NATO, Zuverlässigkeit als Bündnispartner, Gewährleistung individueller Rechte und bürgerlicher Freiheiten, aber auch in der Bewertung der moralischen Stärke des Volkes. Lediglich hinsichtlich der wirtschaftlichen Stärke wurde der Bundesrepublik ein Vorsprung zuerkannt. Fast jeder zweite Amerikaner (47 Prozent) hielt nach EMNID die Bundesrepublik noch immer für einen »der treuesten Alliierten der USA«, ebenso viele stimmten allerdings der Meinung zu, die Deutschen wollten weiterhin profitable Geschäfte mit der Sowjetunion machen, auch wenn sie damit deren Rüstung stärken. Der geringe Kenntnisstand der Amerikaner rief im übrigen eine starke Unsicherheit im Urteil über etliche der genannten Politikbereiche hervor.

Zum Ausgang der achtziger Jahre hat sich das Meinungsbild von der Bundesrepublik kaum verändert. Zwei Drittel der Amerikaner mögen die Deutschen, und die Hälfte ist sich sicher, daß ihre positiven Gefühle von den Deutschen erwidert werden[35]. Das Vertrauen der Amerikaner in die Stabilität der zweiten Demokratie in Deutschland untersuchte 1988 die Cambridge-Reports Studie[36]. Die Hälfte der Befragten (51 Prozent) war bereit, die Bundesrepublik als demokratisches Gemeinwesen zu akzeptieren, allerdings mit signifikantem Abstand zu Großbritannien (68 Prozent), aber vor Japan (45 Prozent) und Frankreich (41 Prozent). Auf die Frage, welches von ausgewählten sieben Ländern als am demokratischsten angesehen wird, bezeichneten 61 Prozent Großbritannien, aber nur 14 Prozent die Bundesrepublik – die damit an 2. Stelle steht – und 9 Prozent Japan als am demokratischsten.

An die Zuverlässigkeit der Bundesrepublik als NATO-Verbündeter glaubt – so eine Allensbach-Studie vom September 1989[37] – etwa die Hälfte der amerikanischen Befragten. Nach Kanada und Großbritannien wird ihr im Vergleich mit allen NATO-Staaten der dritte Rang in der Bedeutung zugemessen. Ob sie ihren NATO-Verpflichtungen nach Meinung der Amerikaner angemessen nachkommt oder sich um sie drückt, bleibt im Meinungsbild unklar, ebenso, ob sie der Sowjetunion gegenüber zu entgegenkommend ist oder nicht. Etwa die Hälfte ist gewiß, daß die Bundesrepublik fest im westlichen Bündnis verankert ist (bei 40 Prozent Unentschiedenen). Gut die Hälfte der Amerikaner ist der Ansicht, die Menschenrechte seien in Westdeutschland gut aufgehoben; erstaunlicherweise wird lediglich das Netz der sozialen Sicherheit als nicht besonders tragfähig angesehen. Daß das Bild von den Deutschen immer noch von der Nazi-Zeit, dem Zweiten Weltkrieg und dem Holocaust geprägt wird, bejahen 41 Prozent der Amerikaner, 39 Prozent verneinen diese Fragestellung.

Seit dem zweiten Halbjahr 1989, als die revolutionären Vorgänge in den Staaten des Warschauer Paktes – und hier besonders in der DDR – die politische Landschaft Osteuropas völlig veränderten und Vereinigungschancen der beiden Teilstaaten in Deutschland nicht mehr ausgeschlossen erschienen, ist das amerikanische Meinungsbild heftig in Bewegung geraten. Umfragen in den letzten zwei Jahren hatten erkennen lassen, daß 1988 und noch im September 1989 erhebliche Vorbehalte in der US-Öffentlichkeit gegen eine Einheit Deutschlands vorhanden waren. Die Frage von Cambridge Reports[38], inwieweit eine Vereinigung Westdeutschlands mit dem kommunistischen Ostdeutschland die Haltung der Befragten über Westdeutschland beeinflussen würde, beantworteten insgesamt 62 Prozent mit einem negativen Votum (38 Prozent »much less favorable«, 15 Prozent »somewhat less favorable«, 9 Prozent »a little less favorable«, 16 Prozent »makes no difference«, 10 Prozent »more favorable«, 12 Prozent »don't know«). Bei der Bewertung dieses Ergebnisses ist allerdings das Adjektiv »kommunistisch« in der Fragestellung zu berücksichtigen, das als eine für Amerikaner wie Deutsche unerwünschte Bedingung für die Wiedervereinigung Deutschlands verstanden wurde. Auch die Allensbach/Hooper-Studie[39] untermauerte die tendenziell überwiegende Furcht der Amerikaner vor einem zu starken, geeinten Deutschland, das das internationale Gleichgewicht stören würde. 42 Prozent glaubten, daß die Teilung Deutschlands das internationale Kräftegleichgewicht stabilisiere, gegenüber 36 Prozent, die eine Vereinigung Deutschlands zum Wohle des Weltfriedens unterstützten. 22 Prozent blieben unentschieden. Diese Vorbehalte spiegeln sich auch in der Haltung von Teilen der Washingtoner Administration und der meinungsbildenden überregionalen Ostküstenpresse wider, die immer wieder Unsicherheit darüber erkennen ließen, welche Politik die USA gegenüber der Entwicklung im Ostblock und dem Streben nach Wiedervereinigung betreiben sollte[40].

Seit dem 9. November 1989 sind diese Vorbehalte gegen ein friedensbedrohendes Gesamtdeutschland in der amerikanischen Öffentlichkeit wie weggewischt. Nach einer Louis Harris-Umfrage[41] befürworten 76 Prozent eine Wiedervereinigung, 16 Prozent sind gegen sie, nur 8 Prozent bleiben unentschieden. 46 Prozent glauben außerdem, eine Wiedervereinigung würde den USA nützen, 25 Prozent sehen darin eher einen Nutzen für die Sowjetunion, für 13 Prozent ziehen beide Länder daraus einen Vorteil (unentschieden bzw. weder-noch 16 Prozent). Die Öffnung der Berliner Mauer wird von 90 Prozent als Zeichen des Friedens gewertet. Dennoch bleibt die grundsätzliche Skepsis, daß der Kalte Krieg wirklich überwunden ist, bei 59 Prozent lebendig. Die wenige Tage später von New York Times/CBS News[42] erhobenen Daten belegen den Trend zur Bejahung einer Wiedervereinigung in ebenso eindrucksvollem Umfang. 76 Prozent der Amerikaner unterstützen danach die Wiedervereinigung. Selbst bei 64 Prozent derjenigen, die über 65 Jahre alt sind und der Kriegsgeneration angehören, findet sie Zuspruch.

Mit diesen Ergebnissen rücken die Amerikaner an die Seite der Europäer, die sich aufgrund der revolutionären Entwicklung in der DDR in einer überwältigenden Mehrheit für die Einheit Deutschlands aussprechen. Im Dezember veröffentlichte die EG-Kommission das jüngste Eurobarometer, das im November in allen Mitgliedstaaten der Gemeinschaft die Frage nach dem Für oder Gegen die Wiedervereinigung Deutschlands gestellt hatte. 78 Prozent aller Europäer sind danach für die Wiedervereinigung. Im einzelnen sehen die Ergebnisse so aus: Jetzt stehen die Spanier mit 86 Prozent an der Spitze der Wiedervereinigungsbefürworter, gefolgt von Griechen und Portugiesen mit je 83 Prozent. Die Iren teilen diese Meinung mit 81 Prozent, Franzosen und Italiener mit je 80 Prozent. In die 70 Prozent-Gruppe kommen die Holländer, Belgier und Engländer. Luxemburg und Dänemark bilden mit 63 Prozent bzw. 59 Prozent das Schlußlicht. Interessant ist, daß die Meinungsverteilung der Bundesbürger in dieser Umfrage mit 73 Prozent exakt dem Durchschnitt der europäischen Meinungen entspricht. Es gibt also eine Reihe von europäischen Ländern, in denen die Bevölkerung stärker für die Wiedervereinigung Deutschlands plädiert als die Deutschen[43].

IV. Kontinuität und Wandel

Wer die Meinungsströme der Deutschen und der Amerikaner vor dem Hintergrund des engen historischen, politischen, wirtschaftlichen, kulturellen, militärischen, wissenschaftlichen und persönlichen Beziehungsgeflechtes untersucht, kann feststellen, daß die Demoskopie die psychologischen Rahmenbedingungen freilegt, innerhalb derer die politischen Akteure mit Erfolgschancen handeln können. In den achtziger Jahren haben sich im Amerikabild der Deutschen und im Deutschlandbild der Amerikaner wichtige Änderungen ergeben. Sie haben die früheren Bilder vom eigenen und vom jeweils anderen Land zwar keineswegs grundlegend verändert, wohl aber deutlicher differenziert und nuanciert. Die Deutschen betrachten die Amerikaner nach wie vor mehrheitlich mit Sympathie, sie sehen in den Vereinigten Staaten die Führungsmacht des westlichen Bündnisses und den Garanten ihrer Sicherheit, gleichzeitig sind sie selbstbewußter geworden, wollen ihre Interessen eigenständiger wahrgenommen sehen, sind eher als zu früheren Zeiten bereit, Kritik an der amerikanischen Politik zu üben.

Die demoskopischen Daten erlauben die Feststellung, daß es für einen originären Antiamerikanismus in der Bundesrepublik Deutschland keinen Nährboden gibt. Die heftige Debatte über Antiamerikanismus Anfang der achtziger Jahre war eine innenpolitisch motivierte Auseinandersetzung zwischen politischen und publizistischen Eliten[44]. Sie spiegelte jenes traditionsreiche Syndrom wider, das die Überlegenheit der deutschen (und europäischen) Kultur gegenüber der amerikanischen Kultur seit fast zweihundert Jahren behauptet und sich nach 1945 mit einer politischen Überlegenheit Amerikas gegenüber den Deutschen (und Europäern) verbunden hat. Werden die Manifestationen dieser Debatte untersucht und dabei demoskopische Daten einbezogen, so wird für die Meinungsverteilung der deutschen Bevölkerung ein sich überkreuzendes Phänomen erkennbar. Während die Älteren einen kulturellen »Anti-Amerikanismus« mit einem entschiedenen politischen »Pro-Amerikanismus« verbinden, ist es bei den Jüngeren umgekehrt. Sie verknüpfen eine kulturell »proamerikanische« Einstellung mit politisch »antiamerikanischer« Einstellung.

Aber auch das Deutschlandbild der Amerikaner ist von Widersprüchen und Brüchen keineswegs frei. Sie anerkennen die Stabilität der deutschen Demokratie, betrachten mit Mehrheit die Deutschen als sympathisch, attestieren ihnen den Willen zum Frieden und friedlichen Ausgleich, begreifen sie als zuverlässige Verbündete. Gleichwohl trägt das Deutschlandbild der Amerikaner noch Reste der Belastungen aus der Vergangenheit. Die in den achtziger Jahren gestiegene wirtschaftliche und politische Bedeutung der Bundesrepublik Deutschland hat ihr höchste Aufmerksamkeit der amerikanischen Öffentlichkeit verschafft, die sich der Führungsrolle der Vereinigten Staaten wieder stärker bewußt geworden ist. Isolationistische Neigungen sind im vergangenen Jahrzehnt durch eine Hinwendung zur internationalen Verantwortung abgelöst worden.

Die Konturierung der deutsch-amerikanischen Auto- und Heterostereotypen im vergangenen Jahrzehnt kann als Normalisierung verstanden werden. Die Veränderungen haben die Kontinuität nicht gebrochen. Eine dramatische Veränderung hingegen hat in beiden Ländern das Fremdbild der Sowjetunion erfahren. Sowohl in der Bundesrepublik Deutschland als auch in den Vereinigten Staaten von Amerika[45] hat die Perzeption der Bedrohung durch die Sowjetunion abgenommen, in beiden Ländern ist das Feindbild »Sowjetunion« zusammengeschmolzen, in beiden Ländern ist das frühere Mißtrauen gegenüber der Sowjetunion durch ein prinzipielles Vertrauen abgelöst worden. Sowohl in Amerika als auch in der Bundesrepublik Deutschland ist der Wunsch nach Zusammenarbeit mit der Sowjetunion enorm angewachsen.

Diese Gemeinsamkeiten in der Veränderung des Fremdbildes »Sowjetunion« bilden einen wichtigen Faktor bei der weiteren Stabilisierung des Fundamentes der deutsch-amerikanischen Beziehungen, das in den Meinungs- und Einstellungsstrukturen der Bevölkerung beider Länder gut abgesichert ist. Es gibt also weder Anlaß zur Dramatisierung noch Grund zur Euphorie über die emotionale Verankerung der deutsch-amerikanischen Beziehungen bei Deutschen und Amerikanern. Das frühere Lehrer-Musterschüler-Verhältnis ist durch die Normalität einer partnerschaftlichen Beziehung eingeholt worden.

Anmerkungen

* Der Verfasser hat für zahlreiche Hinweise und kritische Einwände Dr. Jörg Merkel, Bonn, zu danken.

1 Klaus Harpprecht, Der Freund wird zum Fremden, in: Die Zeit, Nr. 51 vom 14. 12. 1984.

2 Der Stern, Nr. 19 vom 2. 5. 1985.

3 Vgl. hierzu z. B. die aufschlußreiche Dokumentation: Ilya Levkow (ed.), Bitburg and Beyond. Encounters in American, German and Jewish History, New York 1987.

4 Eine »gute Meinung« über Präsident Reagan hatten in der Bundesrepublik Deutschland nie mehr Befragte als in den Monaten nach Bitburg. Von März bis November 1985 stieg die Zustimmung von 31 Prozent auf 44 Prozent. Nur zum Ende seiner Präsidentschaft überschritt die »gute Meinung« noch einmal die 40 Prozent-Marke, vgl. hierzu: Allensbach, Sonderauswertung.

5 Vgl. hierzu Wolfgang Bergsdorf, Politische Führung in der modernen Demokratie, in: Neue Zürcher Zeitung vom 17./18. 12. 1989.

6 EMNID-Informationen, Nr. 10/1983.

7 Ebd.

8 Hans-Peter Schwarz, The West Germans, Western Democracy and Western Ties in the Light of Public Opinion Research, in: James A. Cooney et al. (eds.), The Federal Republic of Germany and the United States. Changing Political, Social and Economic Relations, Boulder, Co. 1984; deutsche Ausgabe: James A. Cooney u. a. (Hrsg.), Die Bundesrepublik Deutschland und die Vereinigten Staaten von Amerika, Stuttgart 1985.

9 Gerhard Herdegen/Elisabeth Noelle-Neumann, The US-Image in Germany, in: German Comments, No. 3, April 1984; Gerhard Herdegen, Kontinuität und Wandel deutscher Einstellungen in zentralen politischen Fragen, Vortrag auf der V. American-German West Coast Conference, 24.–27. 6. 1989 in Los Angeles, Manuskript.

10 Gebhard Schweigler, Grundlagen der außenpolitischen Orientierung der Bundesrepublik Deutschland: Rahmenbedingungen, Motive, Einstellungen, Baden-Baden 1985.

11 Hans Rattinger/Petra Heinlein, Sicherheitspolitik in der öffentlichen Meinung. Umfrageergebnisse für die Bundesrepublik Deutschland bis zum »heißen Herbst 1983«, Berlin 1986.

12 Wolfgang Dobler, Außenpolitik und öffentliche Meinung. Determinanten und politische Wirkungen außenpolitischer Einstellungen in den USA und der Bundesrepublik Deutschland, Frankfurt a.M. 1989.

13 Vgl. hierzu z. B. die neueren Publikationen von Wolfram F. Hanrieder, Die deutsch-amerikanischen Beziehungen in den Nachkriegsjahrzehnten, in: Frank Trommler (Hrsg.), Amerika und die Deutschen, Opladen 1986; Helmut Wasser (Hrsg.), Die Ära Reagan, Eine erste Bilanz, Stuttgart 1988; David R. Gress, Die deutsch-amerikanischen Beziehungen von 1945 bis 1987, in: Aus Politik und Zeitgeschichte, B 3/88, S. 16–27; James A. Cooney/Wolfgang-Uwe Friedrich/Gerald R. Kleinfeld (Hrsg.), Deutsch-amerikanische Beziehungen, Jahrbuch 1, Frankfurt/Main 1989, sowie William R. Smyser, Restive Partners, Washington and Bonn Diverge, Boulder, Col. 1990.

14 Vgl. hierzu z. B. Christoph Mühlemann, Diskurse über Amerikas Rolle in der Welt, in: Neue Zürcher Zeitung vom 21./22. 1. 1990.

15 Die OMGUS- und HICOG-Umfragen stehen im Zentralarchiv für Empirische Sozialforschung an der Universität zu Köln zur Verfügung.

16 Vgl. hierzu Günter Moltmann, Nationalklischees und Demagogie. Die deutsche Amerikapropaganda im Zweiten Weltkrieg, in: Ursula Büttner (Hrsg.), Das Unrechtsregime, Internationale Forschung über den Nationalsozialismus, Band 1 (Festschrift für Werner Jochmann), Hamburg 1986.

17 Wolfgang Dobler (Anm. 12), S. 80 Anm. 28.

18 Vgl. hierzu z. B.: Alois Richman, The U.S. Image under Stress: Trends and Structure of Foreign Attitudes Toward The United States, in: Ch. Kegley/P. J. McGowan (eds.), Challenges to America, London 1979, S. 201 ff.

19 Institut für Demoskopie Allensbach: Die deutsch-amerikanischen Beziehungen und ihr internationaler Kontext, 1987.
20 Ebd.
21 Ebd., sowie IfD-Archiv, No. 4098.
22 Nach EMNID-Untersuchungen 1987 bis 1989 wuchs der Anteil der Bundesbürger, die sich »keine Sorge« machen über »die Bedrohung aus dem Osten« fast kontinuierlich von 69 Prozent (Januar 1987), 75 Prozent (Dezember 1987), 80 Prozent (Februar 1988), 82 Prozent (Dezember 1988), 83 Prozent (Dezember 1989), vgl.: EMNID-Monatsumfrage im Auftrag des Presse- und Informationsamtes der Bundesregierung.
23 Veröffentlicht jeweils im ZDF-Politbarometer.
24 Vgl. hierzu: Allensbach (Anm. 19).
25 Vgl. US Immigration and Naturalization Service, in: The World Almanac Book of Facts 1989, New York, 1988.
26 Cambridge Reports, American Attitudes Towards West Germany, Cambridge, Mass., August 1988.
27 Center für Applied Research in the Apostolate (CARA), Washington D.C. (ed.), Value Systems Study Group of the Americas, 1982. Bedauerlicherweise sind die Ergebnisse dieser internationalen Werteuntersuchung immer noch nicht vollständig veröffentlicht.
28 Vgl. hierzu John E. Rielly (ed.), American Public Opinion and U.S. Foreign Policy, The Chicago Council on Foreign Relations, 1987, sowie Allensbach (Anm. 19).
29 J.E. Rielly (Anm. 28).
30 Allensbach (Anm. 19).
31 Ebd.
32 Cambridge Reports (Anm. 26).
33 Vgl. Gallup-Untersuchung, Attitudes Toward U.S.-European Relations, Princeton, N.J. 1988, im Auftrag der EG-Kommission.
34 EMNID-Untersuchung, 1982, Tab. 8, 9, 10, 11.
35 Institut für Demoskopie Allensbach/Starch INRA Hooper, Umfrage im Auftrag des Presse- und Informationsamtes der Bundesregierung, Herbst 1989.
36 Cambridge Reports (Anm. 26).
37 Zahlenangaben im einzelnen in: Institut für Demoskopie Allensbach/Starch INRA Hooper, (Anm. 35).
38 Ebd.; zehn Jahre zuvor hatte eine EMNID-Umfrage im Auftrag des Presse- und Informationsamtes der Bundesregierung noch folgendes Resultat: 65 Prozent für Wiedervereinigung, 11 Prozent dagegen.
39 Vgl. Anm. 37.
40 Gert-Joachim Glaeßner, Die Krise der DDR und die deutsche Frage in der Presse der USA, in: Deutschland Archiv, 22 (1989) 12, S. 1408.
41 Louis Harris & Assoc. – Umfrage vom 13. und 14. 11. 1989, in: Business Week vom 27. 11. 1989.
42 New York Times/CBS News Umfrage vom 26. bis 28. 11. 1989, in: New York Times vom 1. 12. 1989.
43 Eurobarometer, Dezember 1989.
44 Vgl. hierzu z. B. Günter C. Behrmann, Geschichte und aktuelle Struktur des Antiamerikanismus, in: Aus Politik und Zeitgeschichte, B 29–30/84 S. 3–14.
45 Ronald H. Hickley, American Opinion Towards The Sowjet Union, in: International Journal of Public Opinion Research, 1 (1989) 3.

Hans-Peter Schwarz

Präsident de Gaulle, Bundeskanzler Adenauer und die Entstehung des Elysée-Vertrages

Im bisherigen wissenschaftlichen Schrifttum zum Elysée-Vertrag besteht Übereinstimmung, daß dieser einen der wichtigsten Verträge darstellt, den Frankreich und die Bundesrepublik Deutschland abgeschlossen haben. Desgleichen wird der Vertragsabschluß am 22. Januar 1963 als logischer Endpunkt und Höhepunkt der Entente zwischen General de Gaulle und Bundeskanzler Adenauer begriffen, die sich seit dem ersten Zusammentreffen in Colombey-les-deux-Eglises am 14./15. September 1958 immer mehr verdichtet hatte. Häufig verweist man auch darauf, der Elysée-Vertrag sehe im Zweier-Rahmen eine Zusammenarbeit vor, für die ursprünglich der multilaterale Rahmen einer politischen Union der sechs EWG-Staaten vorgesehen war.

Zu wenig wird bei diesen Perspektiven aber berücksichtigt, daß die Entscheidung zum Abschluß eines völkerrechtlichen Vertrags ganz kurzfristig getroffen wurde. Was als dauerhaftes Werk mit sehr langer Inkubationsperiode erscheint, ist tatsächlich das Ergebnis von Überlegungen gewesen, die sich auf wenige Tage im Januar 1963 zusammendrängten.

Der folgende Aufriß, in den alle bisher verfügbaren Informationen eingehen, wird diesen erstaunlichen Sachverhalt behandeln. In einem *ersten* Teil wird analysiert, wann und in welcher Form die Idee einer Institutionalisierung des deutsch-französischen Bilateralismus bei den verschiedenen Treffen zwischen de Gaulle und Adenauer erörtert wurde. Dabei wird sich zeigen, daß von einem deutsch-französischen Vertrag nie die Rede war. In einem *zweiten* Teil soll skizziert werden, was beim bisherigen Kenntnisstand über die Entscheidung für einen Vertrag bekannt ist. Mit Blick auf die Archivsituation in der Bundesrepublik Deutschland und Frankreich kann das nur ein Zwischenergebnis darstellen.

I. Annäherungsbemühungen

Soweit erkennbar, gibt es *vor* der Investitur General de Gaulles am 1. Juni 1958 keine ins Gewicht fallenden Pläne für einen umfassend angelegten bilateralen Vertrag über die deutsch-französische Zusammenarbeit. Auf beiden Seiten dominiert der Ansatz, die Beziehungen zwischen Frankreich und der Bundesrepublik Deutschland in den multilateralen Rahmen der Sechsergemeinschaft (eventuell um weitere Staaten ergänzt) einzubetten. Montanunion, EVG, die verschiedenen Pläne für eine Sektorintegration, schließlich EURATOM und EWG sind jeweils nach diesem Grundgedanken konzipiert. Dasselbe gilt auch für weiter angelegte Systeme wie OEEC (OECD), WEU und NATO. Allerdings bestehen in Teilbereichen durchaus bilaterale Beziehungen. So schließen Paris und Bonn beispielsweise ein Handelsabkommen (10. Februar 1950) und am 23. Oktober 1954 ein Kulturabkommen.

Auch die bilateralen Regierungsabkommen über Rüstungszusammenarbeit (etwa Abkommen von Sidi-Bel-Abbès vom Januar 1957) fallen nicht aus dem Rahmen des Üblichen. Sie beziehen sich auf sehr eingegrenzte Bereiche, und sowohl Frankreich wie die Bundesrepublik haben mit anderen Ländern vergleichbare Abkommen. Sogar das berühmte dreiseitige Abkommen über Rüstungszusammenarbeit auf dem nuklearen Sektor, das Ostern 1958 zwischen den Verteidigungsministern Chaban-Delmas, Strauß und Taviani geschlossen, von de Gaulle aber dann rasch auf Eis gelegt wird, paßt noch in das gewohnte Muster entweder multilateraler oder doch sektoral eingegrenzter Zusammenarbeit.

Alles in allem läuft dies auch zwischen September 1958 und Januar 1963 so weiter. De Gaulle beginnt zwar in der Militärpolitik schon spürbar gegen den Stachel der multilateralen Zusammenarbeit zu löcken. Doch nach wie vor sieht sich die Außenpolitik beider Staaten primär in multilateralen Strukturen verflochten – auch und gerade dort, wo de Gaulle und Adenauer Neues zu gestalten haben, also beim Ausbau der EWG oder bei den Verhandlungen über die Errichtung einer Politischen Union.

Aber gibt es bei den Gesprächen beider Staatsmänner nicht schon frühe und deutliche Anzeichen eines deutsch-französischen Bilateralismus? Schon die erste Begegnung in Colombey zeigt die Bereitschaft, mit dem Ziel des europäischen Zusammenschlusses »die Freundschaft und Zusammenarbeit zwischen Frankreich und Deutschland« zu verstärken (so Adenauer) bzw. zur engen Partnerschaft (so de Gaulle) auszubauen: »Es gibt in Europa für Frankreich nur einen möglichen Partner, ja sogar wünschenswerten Partner, und das ist Deutschland, das Deutschland von heute.«[1]

Schon dieses erste Gespräch offenbart unterschiedliche Akzentsetzungen. Adenauer geht von der umfassenderen Zielsetzung eines westeuropäischen Zusammenschlusses aus, der sich in die atlantische Allianz, insbesondere in die Zusammenarbeit mit den USA, einfügt. Man kann das abgekürzt ein *subsidiäres Konzept* deutsch-französischer Beziehungen nennen. Diese haben zwar durchaus einen hohen Eigenwert, sind aber vor allem auch Mittel zum Zweck einer harmonischen Gestaltung des westeuropäischen und des atlantischen Umfeldes. De Gaulle seinerseits ist sich der multilateralen Bedingtheiten autonomer Außenpolitik zwar auch bewußt, denkt aber doch noch viel ausgeprägter in den Kategorien der Großmachtpolitik. Daraus ergibt sich eine Präferenz für Zweier-Allianzen auf Zeit oder auf Dauer und für je nach Lage wechselnde Schwerpunktsetzung. Multilateralismus oder gar supranationale Integration werden nur als notwendiges Übel betrachtet. Was de Gaulle will und praktiziert, ist Großmachtpolitik unter den besonderen, aus seiner Sicht erschwerten Bedingungen des 20. Jahrhunderts. So hat es durchaus seine Logik, daß er schon in dem ersten Gespräch stärker als Adenauer auf die deutsch-französische Partnerschaft abhebt. Viel ausgeprägter als bei Adenauer ist deshalb bei ihm von Anfang an die Idee eines exklusiven Bilateralismus.

Beide sind sich darin einig, daß die Methoden zur Ausgestaltung der beiderseitigen Beziehungen auf zwei Ebenen anzusetzen sind. Einerseits soll die beiderseitige

Außenpolitik durch »ständige Kontakte«, »organische Kontakte« (de Gaulle) bzw. durch »ständige Konsultationen« (Adenauer) aufeinander abgestimmt werden. Andererseits aber sind auch die beiderseitigen Beziehungen auf den multilateralen Ebenen (EWG, NATO) zu verzahnen[2].

Diese Konsultationen werden denn auch in der Folge praktiziert – über die Botschafter, die Außenminister, mittels intensiver Korrespondenz, vor allem aber bei den unregelmäßigen Gipfeltreffen de Gaulles und Adenauers.

Dabei ist diese Zweierbeziehung durch ein charakteristisches Auf und Ab gekennzeichnet. Eine kritische Phase beginnt schon unmittelbar nach dem Treffen in Colombey, als Adenauer feststellen muß, daß ihn de Gaulle bei dem intimen tête-à-tête nicht über seine Pläne eines Dreierdirektoriums unter Ausschluß der Bundesrepublik unterrichtet hatte. Desgleichen führt der Zwist über die NATO-Politik im Frühjahr und Herbst 1960 zu einer monatelangen Verstimmung. Beiderseitige Vorschläge zur Intensivierung der beiderseitigen Beziehungen sind also meist in jenen Perioden zu erwarten, wenn diese ohnehin relativ ungetrübt sind – doch auch dann, wenn einer der Beteiligten des anderen dringend bedarf.

Ein solcher Zeitpunkt ist im Dezember 1959 gegeben. Auf Adenauer lastet nun der Druck des sowjetischen Berlin-Ultimatums. Dabei hat er erfahren, daß sich de Gaulle in Krisen als zuverlässiger Verbündeter erweist. So wirft er gleich zu Beginn bei dem Arbeitsbesuch in Paris am 1. Dezember erstmals die Frage auf, »ob und wie es möglich sei, das gute Verhältnis zwischen Frankreich und Deutschland auch für die Zeit zu sichern, während der ich nicht mehr im Amte sei«[3]. Konkret spricht er dabei von dem »Ausbau von Kulturzentren«, von einer Zusammenführung der Jugend, vom Hochschulaustausch und fährt dann fort: »Man sollte sich auch die Frage überlegen, ob man auf staatlichem oder völkerrechtlichem Gebiet etwas tun könne«, beläßt es aber bei der Frage.

Der Fortgang dieser Begegnung läßt aber dann die unterschiedlichen Positionen in Sachen NATO-Reform und Verhältnis zu den USA überdeutlich hervortreten. Adenauer vermerkt ein sehr übersteigertes Selbstbewußtsein und, wie er es sieht, eine völlige Verkennung der außenpolitischen Situation.

De Gaulle greift aber nichtsdestoweniger am zweiten Tag des Besuchs, als das Gespräch in Fragen der Sicherheitspolitik recht frostig wird, Adenauers Frage vom Vortage wieder auf. Auch er hält es für angezeigt, vorerst nur Fragen zu stellen. Ob Adenauer an Verträge zur besseren Konzertierung der Politik denke? Dieser antwortet vorsichtig, spezielle Vereinbarungen seien seiner Meinung nach nicht ausgeschlossen, so daß de Gaulle zusammenfassend feststellt, man müsse nach einer Methode suchen, um die künftige Zusammenarbeit beider Länder zu organisieren.

Es verbleibt aber bei derart vagen Absichtserklärungen. Bei den Gesprächen von Rambouillet am 29. und 30. Juli 1960 entschließt man sich in beiderseitigem Einvernehmen, zweigleisig zu fahren: einerseits Konzertierung der deutsch-französischen Politik, um die institutionalisierte Zusammenarbeit im Rahmen der Sechs zu ermöglichen. Dabei soll auch die bilaterale Rüstungszusammenarbeit, an der vor allem de Gaulle liegt, vorangebracht werden. Andererseits aber Organisation der Sechs, wie sie dann mit den Fouchet-Plänen versucht wird.

Wieder wird ganz deutlich, daß de Gaulle primär an der Organisation der deutsch-französischen Zusammenarbeit interessiert ist. Doch auch Adenauer betont nachhaltig sein Interesse an einer organisierten Zusammenarbeit zwischen Frankreich und

Deutschland. Dabei kommen jene Felder zur Sprache, von denen seit dem Scheitern der EVG immer wieder die Rede ist, wenn Adenauer mit französischen Ministerpräsidenten oder Außenministern über eine Vertiefung der Zusammenarbeit spricht: Rüstungsprojekte, Zusammenarbeit militärischer Stäbe, Ausbildung der Generalstabsoffiziere, Konzertierung der Außen- und Sicherheitspolitik im NATO-Rahmen – vielleicht früher (wie de Gaulle will) oder später (so meint Adenauer) als Alternative zur NATO-Integration. Bei der Definition jener Bereiche, in denen die organisierte Zusammenarbeit der Sechs erfolgen soll, tauchen nun jene vier Felder auf, die künftig auch im deutsch-französichen Vertrag figurieren: Politik, Wirtschaft, Kultur, Verteidigung. Auch die Organisationsform zeichnet sich bereits ab: regelmäßige Zusammenkünfte der Regierungschefs, der Minister, von Kommissionen, auch – so ist vorgesehen – einer »Versammlung« aus Delegationen der teilnehmenden Völker. Grundlage dieser Organisation aber soll ein enges deutsch-französisches Zusammengehen werden.

Während der Verhandlungen über eine Politische Union, die auf der Pariser Konferenz am 17. April 1962 – wie sich bald zeigt – endgültig festlaufen, tritt die Idee einer Organisation der deutsch-französischen Zusammenarbeit in den Hintergrund. Als Ergänzung oder als Alternative ist sie aber stets präsent. Als etwa Adenauer am 20. Mai 1961 de Gaulle in Rhöndorf zu Gast hat, kommt er einmal mehr auf die Organisation der deutsch-französischen Zusammenarbeit zu sprechen und meint, ein Treffen der beiden Regierungschefs müsse möglich sein, selbst wenn auch parallel dazu Treffen auf der Ebene der Sechs stattfinden würden. De Gaulle seinerseits kommt seinerseits auf die Notwendigkeit der Verteidigungskooperation zwischen Frankreich und Deutschland zu sprechen und braucht für die deutsch-französische Einigkeit den Begriff »Entente«[4]. Ganz deutlich zeichnet sich jetzt die Linie ab, im Fall eines Scheiterns der Verhandlungen über eine Politische Union der Sechs die geplante Kooperation zu bilateralisieren.

Die letzten Bemühungen der italienischen Regierung um Wiederbelebung der Politischen Union laufen noch, da versichert Adenauer beim Staatsbesuch in Paris am 2. Juli dem französischen Präsidenten erneut, wenn es zu keiner Einigung komme, sollten »diejenigen handeln, die einig seien«[5]. De Gaulle pflichtet ihm bei. Damals hat es noch den Anschein, als werde Italien vielleicht mit von der Partie sein.

Doch nun ist Adenauer nicht mehr zu halten. Er schlägt de Gaulle »ein Konsultationsarrangement« in bezug auf die kommunistische Gefahr vor, das – »ohne daß dazu das Parlament gehört werden müsse« – erst einmal zwischen ihm und de Gaulle gelten könne. Diplomaten brauchen vorerst nicht dabei sein. Später wäre eine Überleitung »auf eine breitere Basis möglich«[6]. De Gaulle hält sich aber weiter zurück.

Als Adenauer das Zögern des Präsidenten bemerkt, relativiert er am folgenden Tag seinen Vorschlag auf die Anregung eines deutsch-französischen Meinungsaustauschs in der britischen Beitrittsfrage[7], bringt aber zum Abschluß der Besprechungen nochmals das Thema Jugendaustausch und Städtepartnerschaften aufs Tapet.

Zum Schluß der Besprechung aber greift de Gaulle das Thema deutsch-französischer Alleingang auf. Ob Adenauer bereit sei, notfalls auch zu zweit voranzugehen. Adenauer weicht erst aus, de Gaulle faßt aber nach und so sagt Adenauer »Ja«[8].

Nach Bonn zurückgekehrt, akzentuiert Adenauer in einem Brief vom 15. Juli diese nun deutlich in den Vordergrund tretende Linie enger bilateraler Zusammenarbeit. Der September werde entscheidend sein. Entweder organisieren sich die Sechs, oder aber man müsse zwischen Deutschland und Frankreich beginnen. Andere Staaten könnten sich ja dann anschließen[9].

Während also in den Jahren 1958 bis 1960 ein gewisses Drängen eher bei de Gaulle zu beobachten war, ist es jetzt eher der Bundeskanzler, der für eine Organisation der Konsultationen plädiert. Freilich: Kein Wort von einem Vertrag!

Erst im September 1962, zu Beginn des triumphalen Staatsbesuchs de Gaulles, zeigt sich dieser zu konkreten Schritten bereit. Wieder ist Adenauer der ›demandeur‹: »Ich sei für eine präzise und gute Abmachung zwischen Frankreich und Deutschland, die diese beiden Völker dauerhaft verbinde und eine konsequente und abgestimmte Politik, vor allem hinsichtlich des Ostens ermögliche.« Doch noch denkt er an ein Abkommen, »das zwar nicht an die große Glocke gehängt zu werden brauche, das aber in der Praxis funktioniere«[10]. De Gaulle erwidert, ein »Gentlemen's Agreement« werde ja schon zwischen ihm und Adenauer praktiziert, bringt aber dann die Rede auf eine Koordination der Außenpolitik und natürlich wieder auf Rüstung und Verteidigungsplanung. Gleichzeitig zeigt er sich von dem Jubel der jungen Leute beeindruckt und schwelgt in der Idee, eine Million deutscher Jugendlicher nach Frankreich und eine Million junger Franzosen nach Deutschland zu bringen.

Nun wagt sich Adenauer mit dem Vorschlag eines »Briefwechsels« oder einer »vereinbarten Niederschrift« vor. »Ein kleines Komitee« solle die Möglichkeiten prüfen[11]. Schließlich verspricht de Gaulle, den Entwurf einer zu vereinbarenden Niederschrift zu übersenden. Immerhin aber ist die Idee nun so weit, daß die Außenminister gebeten werden sollen, die Themen für eine engere Zusammenarbeit zusammenzustellen. Desgleichen sollen organische Kontakte zwischen den beteiligten Ministerien – Verteidigung, Kultur, Jugend – erfolgen. Doch nach wie vor kein Gedanke an einen Vertrag: »Der Text dieser Vereinbarung«, so de Gaulle zum Abschluß der Unterredung, »würde natürlich nicht veröffentlicht.«[12]

Jetzt beginnt die Arbeit der Bürokratien. Am 19. September 1962 legt Frankreich den sechsseitigen Entwurf eines Protokolls vor, das durch einen Schriftwechsel in Kraft gesetzt werden soll. Ein formelles Abkommen sei nicht nötig. Doch Paris muß nun feststellen, daß es die deutsche Seite aus welchen Gründen auch immer plötzlich nicht mehr eilig hat. Adenauer schreibt zwei hinhaltende Briefe, erhält von de Gaulle eine Art Mahnschreiben und läßt erst am 9. November ein deutsches Memorandum in Paris übergeben.

In der Zwischenzeit hat sich in der Welt und in Bonn einiges ereignet – Kuba-Krise, Spiegel-Affäre. Während man in Paris die deutschen Vorschläge prüft, die vor allem in bezug auf die Verteidigung sehr viel vager und zurückhaltender sind, als de Gaulle dies wünscht, hat es zeitweilig den Anschein, als werde die Ära Adenauer mit der Spiegel-Affäre zu Ende gehen. Die umgebildete Regierung wird von einem politisch geschwächten Kanzler geführt, dessen Amtszeit auf den Herbst 1963 terminiert ist. Am 16. und 17. Dezember 1962 einigen sich die Außenminister Schröder und Couve de Murville auf die Grundzüge eines Protokolls mit dem Schwerpunkten Außenpolitik, Verteidigung, Erziehungs- und Jugendfragen sowie jenen organisatorischen Vorkehrungen, die dann in den Elysée-Vertrag eingehen.

Doch immer noch scheint niemand an einen Vertrag zu denken. Als man Anfang Januar im Auswärtigen Amt die Unterlagen für die Besprechung der Direktoren

Lucet und Jansen zusammenstellt, läßt sich feststellen, daß auf keiner der beiden Seiten daran gedacht ist, einen Vertrag oder ein Abkommen zu schließen, die ratifizierungsbedürftig wären. Offenbar hat die Prüfung ergeben, daß dies rechtlich auch durchaus möglich ist. Auf einer Kabinettssitzung am 9. Januar ergibt sich immer noch dasselbe Bild.

Adenauer gibt zwar dort, wie es bei wichtigen Fragen so seine Art ist, einen weiten panoramischen Überblick, der einige seiner Motive erkennen läßt. Die Kabinettsminister kennen diese Melodie aber schon zur Genüge: Niemals mehr dürfe eine Situation eintreten, in der Frankreich mit Rußland einen Vertrag gegen Deutschland abschließe. Ohne einen Zusammenschluß von Frankreich und Deutschland sei auch die europäische Einigung nicht möglich. Niemand werde dadurch benachteiligt. Eine kommunistische Machtergreifung in Frankreich oder Deutschland würde aber ganz Europa kommunistisch werden lassen. Nun finde also die Stetigkeit der Politik deutsch-französischer Annäherung ihren Abschluß – in dem geplanten Abkommen.

Einmal mehr keine Rede von einem Vertrag! Immerhin wird das Kabinett darauf eingestimmt, daß etwas Feierliches vorbereitet wird. Adenauer wird nämlich mit großem Gefolge – Außenminister, Verteidigungsminister, Jugend- und Familienminister – nach Paris reisen, um die praktische Zusammenarbeit »organisch« in Gang zu bringen.

Am 14. Januar findet in Bonn eine Besprechung des Direktors der Politischen Abteilung des Quai d'Orsay, Lucet, mit seinem Counter-part Dr. Josef Jansen vom Auswärtigen Amt statt. Die Delegationen erarbeiten den Text eines »gemeinsamen Protokolls«, von dem nur über wenige Punkte – Zusammenarbeit bei der Strategie und Rüstung – kleinere Differenzen bestehen, die von den Regierungen entschieden werden müssen. Also immer noch Protokoll! Doch jetzt wird innerhalb weniger Tage aus einem Protokoll der ratifikationsbedürftige Deutsch-Französische Vertrag. Wie kommt es dazu? Und woher kommt die Initiative zu einer so fundamentalen Veränderung des Vorhabens? Die folgende Skizze berücksichtigt nur Quellen der deutschen Seite. Sie kann auch längst noch nicht alle Aspekte des Vorgangs ausleuchten.

II. Ratifikationsschwierigkeiten

Wie sich seit Sommer 1962 zeigt, ist nun Adenauer sichtlich die treibende Kraft bei den Überlegungen, die deutsch-französische Freundschaft dauerhaft zu institutionalisieren.

Viele Beweggründe wirken dabei zusammen: der starke Eindruck der Staatsbesuche im Juli und September, zunehmendes Mißtrauen gegen die Entspannungspolitik der USA und Großbritanniens, anhaltende Befürchtungen um das Schicksal Berlins bei gleichzeitiger Sorge vor dem unkalkulierbaren Chruschtschow, die Unzufriedenheit mit den potentiellen, eher frankophoben Prätendenten für seine Nachfolge. Dennoch scheint auch Adenauer *vor* Anfang Januar 1963 einen ausgewachsenen völkerrechtlichen Vertrag nicht ins Auge gefaßt zu haben.

Der Anstoß zur Umorientierung kommt wohl von Horst Osterheld, dem Leiter des Außenpolitischen Büros im Kanzleramt. Osterheld wird um die Weihnachtszeit durch den Anruf eines Bekannten aus der Rechtsabteilung des Auswärtigen Amts darauf aufmerksam gemacht, daß man dort hinsichtlich der parlamentarischen Ratifikationsbedürftigkeit eines Protokolls geteilter Meinung ist. Die Leitung der Rechtsabteilung hat zwar keine Bedenken und teilt das auch dem Staatssekretär mit. Doch andere Juristen fürchten eine Verfassungsklage, die außenpolitisch schweren Schaden anrichten könnte[13].

Osterheld erstattet dem Kanzler zwischen Weihnachten und Neujahr, dann eindringlicher am 2. Januar und – auf dessen Ersuchen – auch in einem Memorandum Mitteilung. Er macht geltend, dabei primär die Gefahr im Auge gehabt zu haben, daß das geplante Protokoll zu einem belastenden Verfassungsstreit führen könnte. Der Sachverhalt, daß ein Vertrag von erheblich größerer Bindekraft, freilich auch außen- und innenpolitisch ungleich brisanter sein würde, scheint nicht im Vordergrund gestanden zu haben. Jedenfalls wurde auch Staatssekretär Globke informiert.

Dem Bericht Osterhelds zufolge war Adenauer von dem Vorschlag, mit Blick auf die verfassungsrechtliche Lage einen Vertrag abzuschließen, anfänglich nicht angetan. Natürlich sah er die Komplikationen, die bei der Ratifikation zu erwarten waren – von seiten des »atlantischen« Flügels der CDU/CSU um Ludwig Erhard, Gerhard Schröder, Kai-Uwe von Hassel, aber ebenso von seiten der FDP. Doch Osterheld berichtet, daß Adenauer, wohl auch von Globke beeinflußt, rasch die Vorteile einer Vertragslösung erkannt habe – ungleich größere Bindewirkung, auch für die Nachfolger, doch ebenso: Verhinderung eines Aufruhrs jener Parlamentarier in der Koalition, die sich sonst übergangen gefühlt hätten[14].

Allerdings ist wohl das Auswärtige Amt noch nicht gleich von den Absichten Adenauers unterrichtet worden. Ein Grund dafür lag im übervollen Terminkalender Adenauers – vom 5. bis 7. Januar Feierlichkeiten zum 87. Geburtstag, dann eine Flut von Terminen, so der Besuch des NATO-Generalsekretärs Stikker, des italienischen Außenminsters Piccioni und, besonders wichtig, ein Besuch des US-Unterstaatssekretärs George Ball, bei dem die MLF-Frage (multilateral forces) ansteht. Neben allen diesen Vorgängen auf internationaler Ebene macht sich auch noch das innenpolitische Nachbeben der Spiegel-Affäre bemerkbar.

Nach den heute vorliegenden Informationen verhandelt Josef Jansen am 14. Januar noch im guten Glauben, alle Beteiligten wollten nur auf ein »gemeinsames Protokoll« hinaus. Nicht vor dem 15. Januar, so hat es den Anschein, läßt Adenauer die Katze aus dem Sack und informiert das Auswärtige Amt, das Kabinett, den Bundespräsidenten und die Fraktionsvorsitzenden über seine geänderten Absichten. Entscheidend ist, daß es ihm gelingt, Bundesaußenminister Schröder vom Nutzen einer Vertragslösung zu überzeugen.

Inzwischen ist das große Thema nicht die Form der Vereinbarung, sondern die Frage, ob Adenauer überhaupt nach Paris fahren soll. Denn am 14. Januar hat Präsident de Gaulle seine berühmte Pressekonferenz abgehalten. Deren Hauptpunkte: Ablehnung der MLF, der Adenauer beim Besuch Balls am gleichen Tag zustimmt, und die Feststellung, zum gegenwärtigen Zeitpunkt lehne er den EWG-Beitritt Großbritanniens ab. Im Kabinett setzt sich Adenauer – unterstützt von Schröder – aber durch. Auch die Klippe einer Koalitionsbesprechung am 18. Januar wird umschifft, bei der sich Adenauer der Forderung nach einem Aufschub der Unterzeichnung des Vertrags in Paris gegenübersieht. Die Kritik an der Reise nach Paris nimmt auch in der deutschen Presse breiten Raum ein. Desgleichen beginnen nun die Pressionen aus dem Ausland: McCloy und Acheson senden kritische Telegramme.

Von Jean Monnet kommt ein sechsseitiger beschwörender Brief. Spätabends am 20. Januar findet sich Monnet persönlich in der Pariser Botschaft ein, um Adenauer zu bestimmen, gegen de Gaulle hart zu bleiben. Er meint, Adenauer solle zwischen der britischen Beitrittsfrage und dem deutsch-französischen Abkommen ein Junktim herstellen[15].

Doch hat man den Eindruck, daß die allgemeine Aufmerksamkeit auf die Frage des britischen Beitritts die Aufmerksamkeit manchen der deutscherseits Beteiligten etwas von der Tatsache ablenkt, daß unter der Hand aus dem Vorhaben eines bloßen Protokolls, das mit entsprechendem Zeremoniell zu unterzeichnen gewesen wäre, ein ratifikationsbedürftiges Protokoll – juristisch also ein völkerrechtlicher Vertrag – und schließlich in Paris ein voll ausgewachsener Vertrag mit allen protokollarischen Konsequenzen wird. Der Deutsch-Französische Vertrag – so stellt es sich den maßgebenden deutschen Akteuren dar – ist nun einfach da, und die Frage lautet jetzt in erster Linie: Wird die Unterzeichnung verschoben?

Da das Vorhaben aber inzwischen einen so hochpolitischen Charakter gewonnen hat, kann Adenauer argumentieren, nun dürfe man den stolzen Präsidenten de Gaulle nicht verprellen und die Gesamtheit der deutsch-französischen Freundschaft in Frage stellen. Ja, eben der Abschluß eines Konsultationsvertrags werde es künftig erlauben, auch im Sinn des britischen Beitrittswunsches auf de Gaulle einzuwirken. Doch immer noch ist es nicht offiziell, daß der Bundeskanzler tatsächlich einen formellen Vertrag abschließen möchte. Allerdings gibt es nach dem Koalitionsgespräch am 18. Januar schon erste Pressemeldungen, die von entsprechenden Absichten berichten.

Der wichtigste Grund, weshalb das Vorhaben vernebelt wird, liegt auf der Hand. De Gaulle, der in Aussicht genommene Vertragspartner, muß selbst erst darüber ins Bild gesetzt werden, daß und weshalb nun die deutsche Seite einen Vertrag wünscht. Und er muß sich erklären, denn daß die Ratifikation auch im Bonner Regierungslager umstritten sein wird, ist natürlich auch in Paris bekannt.

Andererseits, so kalkuliert Adenauer, ist die Lage für eine Vertragsbereitschaft des französischen Partners doch günstig. Da das Ratifikationserfordernis deutscherseits mit dem verfassungsrechtlichen Argument begründet wird, würde de Gaulle – international isoliert, wie er nach der Pressekonferenz ohnehin ist – ein Refüs gleichfalls sehr schwer fallen. Das einzige, was er zu Recht verlangen kann, ist eine deutsche Zusage, daß das Ratifikationsverfahren komplikationsfrei verlaufen wird.

In der Tat wirft der Präsident diese Frage bei der Delegationsbesprechung am Nachmittag des 21. Januar auch auf und erhält von Adenauer beruhigende Antworten. Die Entscheidung, den Elysée-Vertrag auch von den Außenministern unterzeichnen zu lassen, wird selbstverständlich von allen auch mit Blick auf das gewiß nicht einfache parlamentarische Ratifizierungsverfahren getroffen.

Wann und wie de Gaulle offiziell von dem deutschen Wunsch nach einem formellen Vertrag unterrichtet wird, ist noch nicht geklärt. Beim ersten Vieraugengespräch de Gaulle – Adenauer am Vormittag des 21. Januar ist davon noch nicht die Rede. Man hat den Eindruck, als hätten die Herren aus dem Auswärtigen Amt die Katze im Lauf der Delegationssitzungen am 21. Januar langsam aus dem Sack gelassen – unter dem Verweis auf inzwischen gewonnene verfassungsrechtliche

Erkenntnisse. Ein deutscher Teilnehmer notiert zu den Verhandlungen am 21. Januar in seinem Tagebuch: »Im wesentlichen beschäftigte sich die deutsch-französische Delegation mit der Fertigstellung des Abkommens, das mehr und mehr den Charakter eines ratifikationsbedürftigen feierlichen Vertrages annimmt.«

Präsident de Gaulle spricht in dem resümierenden Zwischenbericht bei der Plenarsitzung am Spätnachmittag des 21. Januar bereits von dem vorbereiteten »Vertragstext«. Dabei deutet er sogar die Möglichkeit eines Referendums an[16]. Diese Idee wird aber dann nicht weiter verfolgt. Am folgenden Tag hören die Delegationen bei der Plenarsitzung aus dem Mund von Präsident de Gaulle, der Vertrag sei nunmehr unterschriftsfertig.

In der Zwischenzeit haben deutsche Diplomaten wieder einmal ihre Fähigkeit zur Improvisation unter Beweis gestellt. Weder hat die deutsche Delegation Vertragspapier mitgebracht, noch wurde eine Ledermappe mitgeführt, in die Verträge mit Siegellack und Siegel eingeheftet werden. So muß der deutsche Vertragstext auf französischem Vertragspapier getippt werden. Noch am Morgen des 22. Januar, ein paar Stunden vor der feierlichen Unterzeichnung um zwölf Uhr, eilt der spätere Botschafter Per Fischer durch den Faubourg Saint-Honoré, um eine halbwegs passende blaue Mappe zu suchen. Bei Hermès wird er in der Tat fündig. Allerdings besitzt diese blaue Mappe zwar den für deutsche Verträge vorgeschriebenen Farbton, aber ohne den Bundesadler[17]. Doch wenn es gut geht, können Verträge selbst dann ihre Kraft entfalten, wenn das angemessene heraldische Beiwerk fehlt, weil ein Bundeskanzler sehr kurzfristig einen einsamen, aber richtigen Entschluß gefaßt hat und weil ein französischer Staatspräsident gleichfalls weitsichtig darauf einging.

Anmerkungen

1 Konrad Adenauer, Erinnerungen 1955–1959, Stuttgart 1967, S. 427, 429.
2 Ebd., S. 431, 432.
3 Konrad Adenauer, Erinnerungen 1959–1963. Fragmente, Stuttgart 1968, S. 15.
4 Ebd., S. 107.
5 Ebd., S. 159.
6 Ebd., S. 168.
7 Ebd., S. 172.
8 Horst Osterheld, »Ich gehe nicht leichten Herzens ...«. Adenauers letzte Kanzlerjahre – ein dokumentarischer Bericht, Mainz 1986, S. 152.
9 Pierre Maillard, De Gaulle et l'Allemagne. Le rêve inachevé, Paris 1990, S. 204.
10 Ebd., S. 178f.
11 Ebd., S. 180.
12 Ebd., S. 181.
13 H. Osterheld (Anm. 8), S. 174.
14 Ebd., S. 174.
15 Herbert Blankenhorn, Verständnis und Verständigung. Blätter eines politischen Tagebuchs. 1949 bis 1979. Frankfurt a.M.–Berlin–Wien 1980, S. 437.
16 Ebd., Eintragung v. 28. 1. 1963.
17 Hans-Peter Schwarz (Hrsg.), Adenauer und Frankreich. Die deutsch-französischen Beziehungen 1958–1969 (Rhöndorfer Gespräche, Bd. 7), Bonn 1985, S. 48.

Christian Hacke

Die Rolle der Bundesrepublik Deutschland zwischen Ost und West: Von der Tyrannei der Wahl zur glücklichen Krise

Deutschland war im 20. Jahrhundert mit zwei herausragenden Problemen konfrontiert: Es wurde von einer Tyrannei der Wahl zwischen Ost und West beherrscht. Deutschland scheiterte schließlich bei dem Versuch, sich einen angemessenen Platz als kooperativer Nationalstaat im Herzen Europas zu suchen und sich als Brücke zwischen Völkern und Kulturen zwischen Ost und West einzurichten. Nach Außenminister Stresemanns Tod 1929 wurde eine solche Rolle außenpolitisch verspielt. Zum zweiten scheiterte Deutschlands Versuch, sein nationales Interesse auf Grundlage von Demokratie und Gemeinsamkeit mit den anderen europäischen Demokratien zu entwickeln[1].

Die Resultate waren Krise, der Niedergang der Demokratie, politischer Rassismus und schließlich Krieg. Nach Aufstieg und Fall des Dritten Reiches wurden aber diese beiden o. g. Probleme durch zwei neue ersetzt. Allerdings bedeutete die Teilung Deutschlands und die Unterdrückung Ostdeutschlands und Mitteleuropas durch die Sowjetunion und durch kommunistische Regime für viele nicht nur Opfer, sondern zugleich endgültige Sicherheit vor Deutschland und Frieden in Europa. Folglich war das System des Kalten Krieges für die Deutschen unfrei und ungerecht, aber für alle anderen scheinbar stabil.

Es waren insgesamt nicht nur die neuen Gegebenheiten des Ost-West-Konflikts, sondern auch spezifische Erfahrungen mit der deutschen Geschichte und die besonderen Belastungen der deutschen Ausgangssituation nach dem Zweiten Weltkrieg, die die Situation prägten.

Mit der Gründung der Bundesrepublik wurden Deutsche wieder politisch mitverantwortlich. Die politische Identität blieb jedoch zunächst unklar. War die Staatsgründung auf dem westlichen Teil des Kaiserreiches nur Vorstufe, nur Keimzelle für ein größeres Staatswesen auf deutschem Boden? Ein großer Teil der Bevölkerung sowie der Parteien und Politiker verstand traditionell die Bundesrepublik als Provisorium bis zum Tag der deutschen Wiedervereinigung. Oder war die Republik ein Teilstück auf dem revolutionären Weg zur Integration Westeuropas, die wiederum nur als Vorstufe für die Vision der Vereinigten Staaten von ganz Europa angesehen werden konnte?

Wohin würde der deutsche Weg ab 1949 führen? Wie würde sich das Spannungsfeld zwischen traditionellem macht- und nationalstaatlichem Denken einerseits und den revolutionären Entwicklungen nach 1945 andererseits entwickeln? Die disparaten Rahmenbedingungen, die 1945 von den Siegermächten gesetzt wurden, machten einen Rückgriff auf die traditionellen außenpolitischen Grundmuster der Deutschen in Europa unmöglich. Diejenigen, die es versuchten – wie Jakob Kaiser oder Kurt Schumacher – scheiterten, weil die klassische Mitteleuropatradition für einen deutschen Nationalsstaat nicht mehr gegeben war. Allein Konrad Adenauer zeigte sich als Revolutionär der deutschen Außenpolitik, weil er früher, konsequenter und umsichtiger als alle anderen auf eine west- und gemeinschaftsorientierte Außenpolitik der Bundesrepublik im Verbund mit den freiheitlichen Demokratien setzte und die Wiederherstellung der bundesdeutschen Souveränität im Rahmen dieser Völkergemeinschaft konsequent anstrebte. Der Preis für diese neuerlangte Freiheit nach innen und außen war die Spaltung Deutschlands.

Die beiden Weltkriege, deutsche Schuld, soziale Umwälzungen in Deutschland, die neue außenpolitische Dialektik des Kalten Krieges sowie die des Nuklearzeitalters, aber auch die Perversion des deutschen Nationalstaates im Dritten Reich führten zu einer Westbindung der Bundesrepublik, die die Mehrheit der Bundesbürger rational nachvollzogen hat. Diese neue Staatsräson der Bundesrepublik war vom Verstand, aber auch von außenpolitischen Zwängen diktiert. Gleichzeitig aber sehnten sich viele Deutsche nach dem einheitlichen Deutschland. Mit dem Kopf dachte die Mehrheit westeuropäisch-atlantisch, mit dem Herzen fühlten aber viele nationaldeutsch.

Für die Außenpolitik der Bundesrepublik ist hierbei entscheidend, daß das Begriffspaar »Staatsräson« und »Nationalinteresse«, das in jedem ungeteilten Land zur Deckung gebracht wird, im geteilten Deutschland nach 1945 auseinanderklaffte, ja, zum realpolitischen Gegensatz wurde[2]. Der Primat der Westbindung in der Außenpolitik der Bundesrepublik verkörpert die Staatsräson der Bundesrepublik. Sie dient der Sicherheit und dem Wohlergehen der westdeutschen Bevölkerung. Gleichzeitig war diese Politik in den Augen vieler dem nationalen Interesse Deutschlands abträglich, weil dadurch die Teilung Deutschlands vertieft wurde. Die Westpolitik band die Bundesrepublik umfassend ein und söhnte sie mit den westeuropäischen und atlantischen Demokratien aus, verminderte jedoch gleichzeitig die Chancen zur nationalen Wiedervereinigung Deutschlands, vertiefte den Graben zum anderen Deutschland jenseits der Elbe. Das nationalpolitische Dilemma der Westbindung besteht darin, daß der harte und zum Teil dogmatische Anti-Kommunismus – genährt durch den marxistischen Atheismus, durch das sowjetische Verhalten nach 1945 in Europa und durch die mitteldeutschen Nachkriegserfahrungen – zwar voll verständlich und wohl unvermeidlich war, aber politisch statt notwendiger Annäherung zwischen den Deutschen und dem Osten das Gegeneinander zwangsläufig machte.

Zusammen mit der DDR bildete die Bundesrepublik die spektakulärste spiegelbildartige Gründung von Staaten, deren Genesis auf diesem ideologischen und militärstrategischen Reißbrett zu sehen ist. Während die Bundesrepublik am Laufgitter und unter dem Schutz der NATO auf die Beine kam, blieb der andere – ostdeutsche – Nationalstaat totalitär im Innern und nach außen total abhängig und isoliert. Aber beide Staaten, die Bundesrepublik Deutschland und die DDR, haben sich selbst von Anfang an als Provisorium verstanden, als unerfüllte Idee oder als Kernstaat für ein wiedervereinigtes Deutschland. Deshalb herrschte auf deutschem Boden seit 1949 ein doppelter Wettbewerb: ideologische Auseinandersetzung zwischen Demokratie und Kommunismus sowie nationale Konkurrenz mit Blick auf einen zukünftigen deutschen Gesamtstaat[3].

Diese Zwangslage empfanden viele Menschen in Deutschland als Tyrannei der Wahl zwischen Ost und West. Nicht so Konrad Adenauer und die CDU/CSU. Diese suchten nicht territoriale Einheit, sondern zunächst unter den erschwerten Bedingungen nach dem Zweiten Weltkrieg politische Freiheit für den westlichen Teil der Deutschen. In der Bundesrepublik reifte damit eine außenpolitische Orientierung heran, die sich im 20. Jahrhundert auf deutschem Boden während der Weimarer Republik nur kurz andeutete, aber nicht verwirklicht werden konnte: außenpolitische Westorientierung und innenpolitische Demokratisierung als sich gegenseitig bedingende Faktoren. Hatte nach 1918 die außenpolitische Ohnmacht Deutschlands die Entfaltung der Demokratie im Innern erschwert, so wurde nach 1949 durch die außenpolitische Verankerung der Bundesrepublik im Westen erst die demokratische Entwicklung im Innern gefestigt und gefördert. Ist es nicht paradox, daß erst in der frostigen Atmosphäre des Kalten Krieges das angenehme Wohlgefühl westlicher Demokratie das Leben der Deutschen durchströmen konnte? Aber während die Westdeutschen wieder den aufrechten Gang lernen durften, blieb den Landsleuten östlich der Elbe dieses Glück versagt. Ihnen war es nur erlaubt, die Diktatur der Nazi-Herrschaft mit der Diktatur kommunistischer Regime zu vertauschen.

Deshalb war Adenauers Westpolitik niemals allein Westpolitik. Sie hatte instrumentalen Charakter für die Ost- und Deutschlandpolitik. Die Bundesrepublik im Rahmen der westeuropäischen Integration und der atlantischen Zivilisation sollte so stark in das 1949 errichtete totalitäre Zwangssystem östlich der Elbe als demokratischer und wirtschaftlicher Magnet einwirken, daß das dortige Herrschaftssystem entweder zusammenbrechen oder die Sowjets unter dem Zwang der Umstände die SBZ aufgeben würden. Die gescheiterten Revolutionen in der SBZ 1953, in Polen und Ungarn 1956 sowie in der Tschechoslowakei 1968 zeigten, daß diese Magnettheorie des Westens richtig war, aber unter den Bedingungen des Nuklearzeitalters und der brutalen Rücksichtslosigkeit der kommunistischen Regime zunächst für lange Zeit scheitern mußte.

Konsequenterweise setzte die Ost- und Deutschlandpolitik der Bundesrepublik zu Beginn der siebziger Jahre nicht mehr auf revolutionäre Umstürze, sondern auf langfristige Reformen und Abrüstung. Neue entspannungspolitische Rahmenbedingungen wurden durch Verträge errichtet[4]. Diese konnten die deutschen und europäischen Probleme nicht lösen, aber vorübergehend einkapseln und lindern. Der Wunsch nach Freiheit, Selbstbestimmung und Wiedervereinigung blieb ungebrochen. Darin stimmten die zum Schweigen verdammten Menschen östlich der Elbe mit ihren westdeutschen Landsleuten überein. Aber Wandel konnte nur vorsichtig versucht werden, gleichzeitig wurde die Anerkennung der Zweistaatlichkeit in Deutschland unumgänglich. Während sich die SPD schnell auf diese neue Realität einstellte und sie zum Ausgangspunkt ihrer weiteren deutschlandpolitischen Überlegungen machte, beharrte die CDU/CSU – oft quer zur Zeitströmung – auf dem Recht zur Selbstbestimmung und der hartnäckigen Forderung nach Wiedervereinigung.

Die Ostpolitik der Regierung Brandt/Scheel war weniger Reflex oder Reaktion auf die Politik der Regierung Nixon, sondern vielmehr Ausdruck eines neuen Selbstbewußtseins der Bundesrepublik Deutschland, die – nach der Aussöhnung mit dem Westen und nach der Wiedergutmachung gegenüber Israel – nun die Normalisierung gegenüber den Staaten in Osteuropa und der DDR selbstbewußt und vorbildlich praktizierte. Lediglich unter taktischen Aspekten, wie z. B. unter dem Gesichtspunkt der hohen Anlaufgeschwindigkeit, hatte die Ostpolitik der Bundesrepublik nicht nur im Osten, sondern auch im Westen Widerstände und Skepsis zu überwinden[5]. Gleichwohl stand der Wandel der Bundesrepublik vom Mitmacher zum Schrittmacher in Europa, ihr Aufstieg zur europäischen Entspannungsvormacht im Einklang mit den grundlegenden Prämissen des westlichen Bündnisses.

Die Ost- und Deutschlandpolitik der siebziger Jahre förderte winzige Keimlinge der Freiheit, der Menschenrechte und des Selbstbestimmungsrechts im Rahmen des KSZE-Prozesses zögerlich, aber sichtbar. Die kommunistischen Regime blockten zwar ab, suchten aber vor allem mit der Bundesrepublik aus ökonomischen Gründen Kooperation. Wachsende ökonomische Schwäche zwang zum Handel. Der Wandel wurde, zunächst unbemerkt, dann aber mit Berufung auf die KSZE-Schlußakte, im Namen der Menschenrechte und der Selbstbestimmung immer nachdrücklicher formuliert. Zu Beginn der achtziger Jahre wurde immer klarer, daß die Menschen sich nicht mehr mit limitierten Freizügigkeiten abspeisen ließen, sondern die Freiheit voll und ganz verlangten.

Die Ost- und Deutschlandpolitik der sozialliberalen Regierungskoalition wurde ab 1969 möglich, weil sich die internationalen Rahmenbedingungen verändert hatten[6]. Es gab schon in Ost und West einen Willen zur Entspannung, aber es gab noch keine Entspannungspolitik. In Ost und West war man sich noch nicht darüber im klaren, ob und wie man die unterschiedlichen Interessen in ein Konzept gießen könnte. Auch wußte man noch nicht, mit welchen Methoden und Mitteln mit der anderen Seite eine Entspannungsstruktur würde entwickelt werden können. Es ging also nicht nur um die substantielle Problematik im Ost-West-Verhältnis, sondern auch um die Unsicherheiten bei der diplomatischen Vorgehensweise, um ein »Management der Détente« zu ermöglichen[7].

Seit 1982 hat die Regierung Kohl/Genscher eine Dynamik der Deutschlandpolitik entwickelt, die vorher als Utopie abgetan worden wäre. Keine schwammigen Gemeinsamkeiten mit dem SED-Regime, kein buchhalterisches Aufrechnen, keine hölzerne Rhetorik, die das Trennende gewunden vermeidet, sondern Freiheit, Selbstbestimmung und Wiedervereinigung wurden wieder betont. Bundeskanzler Kohl brachte bewußt das demokratische Werteprofil der Bundesrepublik in Gegensatz zur DDR. Die Regierung Kohl/Genscher machte nicht mehr allein die Verträge zur Grundlage ihrer Politik, sondern stellte sie in einen historischen und rechtlichen Rahmen: Die Präambel des Grundgesetzes mit dem Wiedervereinigungsgebot, der Deutschland-Vertrag vom 23. Oktober 1954, der Brief zur deutschen Einheit bei den einzelnen Ostverträgen sowie die gemeinsame Entschließung des Deutschen Bundestages vom 17. Mai 1972 und die Entscheidungen des Bundesverfassungsgerichts vom Juli 1973 und Juli 1975 gewannen an Bedeutung. Die Ostverträge wurden bewußt in diesen umfassenderen Rahmen gestellt, um Rechtsgrundsätze zu verdeutlichen: Der Hinweis auf die Präambel und die Briefe zur deutschen Einheit betonten das verfassungsmäßig und politisch verstandene Recht auf Selbstbestimmung, um die Einheit und Freiheit Deutschlands zu vollenden. Der Hinweis auf den Deutschlandvertrag stellte die Rechte und Pflichten der Siegermächte heraus, eine friedensvertragliche Regelung für ganz Deutschland zu vereinbaren. Für die Regierung Kohl/Genscher machte es nur Sinn, die deutsche Frage als rechtlich offen zu deklarieren, wenn man entsprechendes Rechtsbewußtsein schuf. Kontinuität und Wandel wurden geschickt gemischt: War von 1970 bis 1982 das Bild der Ost- und Deutschlandpolitik durch die Verträge geprägt, so wurde dieses Bild nun durch die Regierung Kohl/Genscher verkleinert. Gleichzeitig wurde die Bedeutung des rechtlich-politischen Rahmens so vergrößert, daß optisch der Eindruck entstand, die Bedeutung der Ostverträge schrumpfe. Gleichzeitig intensivierte die Bundesregierung Kohl/Genscher die Deutschlandpolitik, scheute sich aber nicht, völlig unverblümt Punkte anzusprechen, die man in Ost-Berlin in dieser Deutlichkeit seit den sechziger Jahren von keiner Bundesregierung mehr gehört hatte: »Ein Regime, das sich mit Mauer und Stacheldraht umgibt, mag die Geschichte umschreiben wollen, bestehen wird es vor der Geschichte nicht.«[8]

Unmißverständlich erklärte Bundeskanzler Kohl, daß es für die Bundesrepublik keinen Mittelweg zwischen Demokratie und Diktatur gibt: »Wer einen dritten Weg sucht, bringt unsere Freiheit in Gefahr.« Außerdem betonte die Regierung Kohl/Genscher die Vision eines freiwilligen Zusammenschlusses der europäischen Völker und die Absage an nationale Sonderwege oder neutrale Positionen für die Bundesrepublik.

Vor allem drängte die Regierung Kohl/Genscher seit 1982 die Regierung Reagan zur Abrüstungs- und Entspannungspolitik mit der Sowjetunion[9]. Aber Breschnew, Andropow und Tschernenko starben alle innerhalb von 20 Monaten. Außenpolitik mit der Sowjetunion wurde so zwangsweise zu einer Art Beerdigungsdiplomatie reduziert, bis Gorbatschow 1985 an die Macht kam.

Im historischen Rückblick markiert sein Auftritt auf der politischen Bühne die entscheidende Wende in den Ost-West-Beziehungen und für die Entwicklung in Mittel- und Osteuropa. Die westlichen Regierungen und Bevölkerungen beobachteten mit ungläubigem Staunen die historischen Veränderungen in der sowjetischen Innen- und Außenpolitik, nachdem über 40 Jahre lang Lüge und Erpressung, Unterdrückung und militärische Gewalt, ideologische Bevormundung und rücksichtsloser Machtegoismus sowjetisches Denken und Handeln bestimmt hatten. Wieder war es die Bundesrepublik, die – wie schon in den siebziger Jahren – als erste für Entspannung und dafür plädierte, Gorbatschow beim Wort zu nehmen. Gorbatschows Besuch in der Bundesrepublik 1989 symbolisiert eine neue Ebene in den Beziehungen. Sein enthusiastischer Empfang war allerdings nicht ohne Widersprüchlichkeiten: Auf der einen Seite repräsentierte er die Macht, die für die Teilung Deutschlands und für die Unterdrückung von Millionen Deutscher und anderen Nationen in Mittel- und Osteuropa verantwortlich war. Auf der anderen Seite personifizierte er Glasnost und Perestroika, die Hoffnung auf Reform und Wandel. Seine Haltung gegenüber der deutschen Frage blieb bis 1989 orthodox. Er beschrieb die Mauer als Friedensgarantie und die Existenz der DDR bzw. der beiden deutschen Staaten als Pfeiler der Stabilität, deutsche Wiedervereinigung hingegen als gefährlich. In der gemeinsamen Bonner Erklärung allerdings anerkannte Gorbatschow auch für die Deutschen das Recht auf Selbstbestimmung. Darüber hinaus würdigte Gorbatschow die politische Rolle der Bundesrepublik, als er die Beziehungen der beiden Länder umschrieb als »zwei große Mächte, die eine zentrale Bedeutung für die Situation in Europa und für die Ost-West-Beziehungen im ganzen haben«[10].

Nachdem der amerikanische Präsident Bush die USA und die Bundesrepublik »als Partner in einer Führungsrolle« im Mai 1989 bezeichnet hatte[11], war nun nach den Äußerungen Gorbatschows und auf der Grundlage der deutsch-sowjetischen Erklärung vom Juni 1989 sichtbar geworden, daß die Bundesrepublik in den achtziger

Jahren ihre Schlüsselrolle für die zukünftige Gestaltung der West-Ost-Beziehungen weiter ausbaute.

Schon vor dem Ausbruch der großen Revolutionen in Zentral- und Osteuropa 1989 hatte die Bundesrepublik unter der Führung der Regierung Kohl/Genscher sowohl den westeuropäischen Integrationsprozeß dynamisiert wie auch als Schrittmacher in der Entspannungspolitik nach Osten Maßstäbe gesetzt, ohne Zweifel darüber aufkommen zu lassen, daß das Recht auf Selbstbestimmung auch für die Deutschen gelten müsse.

Die revolutionären Erschütterungen in Zentral- und Osteuropa seit dem Sommer 1989 hatten einen epochalen Einfluß auf Deutschland. Umgekehrt wirkten die revolutionären Veränderungen in der DDR auf Deutschland und Europa. Wie Dominosteine fielen die kommunistischen Regime unter dem Massenprotest in Polen, Ungarn, der Tschechoslowakei, Rumänien, Bulgarien und nicht zuletzt in der DDR. Gorbatschow spielte für die Entwicklung in der DDR eine herausragende Rolle. Der alte stalinistische Slogan der fünfziger Jahre: »Von der Sowjetunion lernen heißt siegen lernen« wurde nun zum Schlagwort für Gorbatschows Glasnost und Perestroika in der DDR. Die 40-Jahr-Feier im Oktober 1989 wurde zu einem Alptraum. Der anfänglich einem Schneeball gleichende Protest schwoll zur alles mitreißenden Lawine an. Am 18. Oktober 1989 stürzte das Honecker-Regime, am 9. November mußte sein Nachfolger Krenz unter dem Druck der Ereignisse die Mauer öffnen. Als die Menschen zu Hunderttausenden auf den Straßen demonstrierten: »Wir sind das Volk«, brach die SED-Diktatur zusammen. Als sie dann »Wir sind *ein* Volk« skandierten, kam der Wille zur Wiedervereinigung spontan und überwältigend zum Ausdruck. 28 Jahre und 91 Tage seit dem Mauerbau im August 1961 und 40 Jahre nach der Teilung Deutschlands in zwei Staaten fand eine spontane und stürmische Wiedervereinigung der Deutschen aus beiden deutschen Staaten statt. In dieser Phase extremer emotionaler Aufgewühltheit, aber offenkundiger politischer Ratlosigkeit im In- und Ausland, ergriff Bundeskanzler Kohl am 29. November 1989 mutig die Initiative, als er in zehn Punkten die Deutschland- und Europapolitik seiner Regierung skizzierte[12]. Eine Vertragsgemeinschaft mit der DDR sollte auf dem Weg der Konföderation zur Föderation und schließlich zur Wiedervereinigung Deutschlands führen. Damit revolutionierte Bundeskanzler Kohl die innenpolitische Lage in beiden Teilen Deutschlands und die Haltung des internationalen Systems zur deutschen Frage in einer Weise, wie dies kein deutscher Politiker seit dem Zweiten Weltkrieg getan hatte:

1. Unter dem Eindruck von Kohls Wiedervereinigungsprogramm mußte das gesamte Parteiensystem der Bundesrepublik von einem Tag auf den anderen seine Einstellung zur Wiedervereinigung revidieren. Die Haltung der Grünen blieb zunächst gespalten, aber die Forderung nach Wiedervereinigung wuchs auch dort. Die SPD, die in den vergangenen zwei Jahrzehnten ihre gesamte Deutschlandpolitik auf die Perspektive der Zweistaatlichkeit in Deutschland abgestellt hatte, paßte sich über Nacht an. Während der saarländische Ministerpräsident Lafontaine sich gegen die Wiedervereinigung mehrfach ausgesprochen hatte, wurde Willy Brandt nun zum vorbehaltlosen Befürworter einer staatlichen Vereinigung. Auch in der FDP sowie in der CDU/CSU, die schon in der Vergangenheit das Recht auf Selbstbestimmung unter der Option der Wiedervereinigung betont hatten, wurde nun eine überwältigende Mehrheit für die zehn Punkte sichtbar.

2. Auch in der DDR wirkte der Zehn-Punkte-Plan verblüffend. Binnen Wochen bekannten sich alle alten und neuen politischen Gruppen zur Wiedervereinigung als entscheidender Grundlage ihres politischen Programms. Modrows Vorstoß vom 3. Februar 1990, die Neutralisierung Gesamtdeutschlands ins Spiel zu bringen, den er wenige Tage später wieder zurückzog, war nur noch Ausdruck von Schwäche. Wäre dieser Vorschlag noch Monate zuvor von manchen als verlockendes Zugeständnis empfunden worden, so kam er nun zu spät. Auch die neue PDS konnte den Homunkulus DDR weder innen- noch außenpolitisch weiter am Leben erhalten.
3. Die Reaktion des Auslands auf Kohls zehn Punkte war ambivalent. Öffentliche Meinung und die Bevölkerungen der befreundeten Demokratien stellten sich von Tag zu Tag stärker auf die deutsche Einheit ein. Der Bundesrepublik wurde hohes demokratisches Verantwortungsbewußtsein attestiert – Grund genug für die Annahme, daß auch ein vereinigtes Deutschland von totalitären Verführungen von links oder rechts bewahrt bleiben wird. Vor der dominierenden Wirtschaftsmacht Deutschland wurde zum Teil gewarnt, aber zu Recht auch darauf verwiesen, daß ein vereintes Deutschland seine ökonomische Stärke nicht nationalpolitisch, sondern im gesamteuropäischen Kooperations- und Integrationsrahmen einsetzen könne.

Bei den westlichen Regierungen wurde der Wiedervereinigungsprozeß unterschiedlich bewertet. Die englische Premierministerin Thatcher zeigte sich besonders reserviert, deshalb wurde sie in den eigenen Reihen wie auch von der öffentlichen Meinung ihres Landes zunehmend kritisiert. Gerade in England war nicht nur gefühlsmäßig, sondern auch politisch viel good will für das Verlangen der Deutschen nach staatlichem Zusammenschluß erkennbar. Fast schien es, als ob die starre Haltung von Frau Thatcher – dies gilt nicht nur für die deutsche Frage – wie ein unnötiger Kropf die deutsch-englischen Beziehungen belaste. Dies war besonders bedauerlich, weil das weltanschauliche Grundprofil beider Regierungen mehr entspannungspolitische Gemeinsamkeiten hätte produzieren können.

Die Haltung der französischen Regierung wurde geprägt durch neo-gaullistische Tendenzen am Quai d'Orsay, wo man vereinzelt zum Antichambrieren mit der Sowjetunion neigte[13]. Ministerpräsident Mitterrand sprach nicht doppelzüngig, ließ aber viele Fragen offen. Als er nach Ost-Berlin eilte, ohne die Bundesregierung zu konsultieren, war man in Bonn ebenso erstaunt wie über die gemeinsame Erklärung von Mitterrand und Gorbatschow in Kiew am 7. Dezember 1989, die besagte, daß die Unverletzlichkeit der Grenzen sich auch auf die innerdeutsche beziehe. Dieser Bezug auf die KSZE-Schlußakte war von beiden unglücklich gewählt. Nicht nur in der Bundesrepublik verstand man dies als eine ungerechtfertigte Sperrklausel gegen die Wiedervereinigung. In Wirklichkeit nämlich schloß die KSZE-Schlußakte eine friedliche Einigung Deutschlands im besonderen und eine friedliche Einigung oder gar Aufhebung der Grenzen im allgemeinen nicht aus. Schade, daß Präsident Mitterrand, der ja ein Faible für politische Gestik hat, nicht die Chance zur großen historischen Geste nutzte und gemeinsam mit Bundeskanzler Kohl bei der Eröffnung durch das Brandenburger Tor schritt. Überzeugender und zugleich visionärer hätten der deutsche Einigungsprozeß, die deutsch-französische Freundschaft und der gesamteuropäische Integrationsprozeß nicht sichtbarer gemacht werden können.

Die Regierung Bush hatte mit ihren vier Punkten zur deutschen Frage vom Dezember 1989 ein klares Bekenntnis zur deutschen Einheit abgegeben, aber zugleich verdeutlicht, daß dieser Prozeß atlantisch verankert werden müsse. Diese

Haltung war verständlich, auch wenn man sich in der Bundesrepublik gewünscht hätte, daß sympathiebezeugende und spontane Äußerungen wie z. B. die des amerikanischen Botschafters in Bonn, Vernon Walters, zur Wiedervereinigung nicht so deutlich in Washington kritisiert worden wären. So blieb der Eindruck, als ob die Regierung Bush weder gefühlsmäßig noch politisch die Wiedervereinigung so zu ihrer Sache mache, wie es die Mehrheit in der Bundesrepublik für angemessen hielt. Außenminister Baker schien den KSZE-Prozeß nicht unbedingt als beschleunigendes Vehikel für die Konstruktion eines neuen Deutschland zu verstehen, sondern forderte zunächst Unterschriften für die konventionelle Abrüstung in Europa[14].

Unter dem Eindruck des Treffens von Kohl und Gorbatschow am 10. und 11. Februar 1990, als Gorbatschow das Recht der Deutschen auf Selbstbestimmung voll akzeptierte, begann auch die Regierung Bush nun nachdrücklich, die Politik der Regierung Kohl/Genscher zu stützen.

Zum großen europäischen Befürworter der Wiedervereinigung entwickelte sich der Präsident der EG, Jacques Delors. Für ihn ist die Integration eines deutschen Gesamtstaates in den EG-Rahmen ebenso zentral wie für Bundeskanzler Kohl und Außenminister Genscher. Delors plädierte, wie manch anderer in Westeuropa, dafür, daß die EG den neuentstehenden Demokratien in Mittel- und Osteuropa nur dann helfen könne, wenn gleichzeitig Fortschritte bei der Beantwortung der deutschen Frage gemacht würden. Da die Deutschen sich offensichtlich mit überwältigender Mehrheit für Wiedervereinigung aussprächen, wolle er diesen Prozeß europapolitisch unterstützen. Es war auch Delors zu verdanken, daß die EG auf ihrem Gipfel in Straßburg im Dezember 1989 zum erstenmal offiziell das Recht der Deutschen anerkannte, sich in freier Selbstbestimmung zu vereinigen. Mit Überraschung hörten viele inner- und außerhalb Deutschlands folgende Worte des tschechoslowakischen Ministerpräsidenten Havel: »Wir brauchen keine Angst vor einem friedlichen und demokratischen Deutschland zu haben, egal, wie groß es ist!« Ähnlich vorbehaltlos äußerte sich die ungarische Regierung, insbesondere Außenminister Horn.

Gorbatschow baute unter dem Eindruck der Ereignisse in der DDR und vor allem unter dem Eindruck der überwältigenden Forderung nach Wiedervereinigung in beiden Teilen Deutschlands seine Vorbehalte gegen diese Schritt für Schritt ab. Im Januar 1990 erklärte er noch, daß die deutsche Frage auf die Tagesordnung der praktischen Politik gehöre. Zunächst schickte er jedoch noch Ministerpräsident Modrow mit dem antiquierten Neutralisierungsplan ins Rennen. Bei seinen Gesprächen mit der sowjetischen Führung konnte der amerikanische Außenminister Baker kurz vor Ankunft von Helmut Kohl in Moskau die Position der Bundesregierung untermauern. Baker unterstützte die Forderung der Regierung Kohl/Genscher nach Wiedervereinigung und bereitete damit das Terrain für die Gespräche zwischen Bundeskanzler Kohl und Präsident Gorbatschow vor.

War für manche Beobachter bis Anfang 1990 in Umrissen eine unheilige Allianz zwischen Ost und West gegen die Wiedervereinigung in Umrissen erkennbar, so schien dieser Akkord schon im Status nascendi zusammenzubrechen, weil Zug um Zug Gorbatschow, die neue SED/PDS und die Regierung Modrow von der Forderung nach Zweistaatlichkeit in Deutschland abrückten und sich die Forderung nach Wiedervereinigung durchsetzte.

Die Regierung Kohl/Genscher hat seit 1982 und besonders im Zehn-Punkte-Programm des Bundeskanzlers vom November 1989 sowie in den anschließenden

Beratungen wiederholt deutlich gemacht, daß der deutsche Einigungsprozeß nur im westeuropäischen Integrationsrahmen stattfinden dürfe.

Der Regierung Kohl/Genscher gelang die Synthese der beiden scheinbar antagonistischen Zielperspektiven Wiedervereinigung und Westintegration. Wie Konrad Adenauer, so setzte auch Bundeskanzler Kohl auf Stärkung der westeuropäischen und atlantischen Magnetwirkung gegenüber Mittel- und Osteuropa. Der atemberaubende wirtschaftliche und technologische Fortschrittsschub der vergangenen zehn Jahre im Westen und der rapide Zusammenbruch von Staatssozialismus sowie von Marxismus-Leninismus haben die Richtigkeit dieser Grundsatzüberlegungen schließlich nach 40 Jahren bestätigt.

Von 1949 bis 1989 hat die Bundesrepublik unter einer gewissen Tyrannei der Wahl zwischen Ost und West gestanden. Seit Konrad Adenauer war es vor allem die CDU/CSU, die immer wieder für die Unverrückbarkeit der atlantischen Verankerung der Bundesrepublik plädiert hatte, zugleich aber für Wiedervereinigung, Selbstbestimmung und auch trotz heftigster Kritik für die Vereinbarkeit beider Ziele eintrat. Es ist die historische Leistung der Bundesrepublik, daß sie diese scheinbare Diskrepanz zwischen Wiedervereinigung und Westintegration in eine konstruktive Integrationspolitik nach Westen umsetzte und zugleich den Wunsch nach Wiedervereinigung politisch durch jahrzehntelange Kärrnerarbeit untermauerte. Selten ist ein Konflikt in der deutschen Geschichte so konstruktiv und produktiv von Bevölkerung und Regierung verarbeitet und außenpolitisch friedlich und verantwortlich zum Wohl aller Völker in Ost und West gelöst worden. Diese Leistung wird nur der anerkennen können, der gleichzeitig die Phantasie für andere Alternativen aufbringen kann. Es war Schicksal und Chance zugleich, daß der historische Zusammenbruch des Marxismus-Leninismus und die Politik der Reformen von Michail Gorbatschow zusammenfielen.

Deutschland befindet sich deshalb seit dem 9. November 1989 im Zustand einer glücklichen Krise. Glücklich, weil für die Deutschen jenseits der Elbe auch Freiheit, Selbstbestimmung und die ganze materielle und geistige Wertepalette der westlichen Zivilisation Wirklichkeit werden kann. Helmut Kohl hat mit seinen zehn Punkten dieses diffuse Glücksgefühl in eine anspruchsvolle und zustimmungswürdige Perspektive umgesetzt. Der Krisenaspekt hingegen rührt aus der einfachen Tatsache, daß der Übergangscharakter und Vereinigungsprozeß eine Fülle von Unwägbarkeiten mit sich bringt. Gerade weil der Krisencharakter der politischen und ökonomischen Situation auf deutscher und auf europäischer Ebene anschwillt, bedarf es nach erfolgter Vereinigung einer politischen Strategie, die zugleich über den zukünftigen politischen Standort eines neuen Deutschland keinen Zweifel aufkommen läßt. Klar ist, daß ein solches Gesamtdeutschland Mitglied der atlantischen Gemeinschaft und Zivilisation bleibt. Offen hingegen ist, ob die Bündnissysteme in Ost und West wegfallen werden. Vieles spricht dafür, daß sowohl NATO wie auch Warschauer Pakt sich wandeln werden. Die militärischen Bündnisse werden zunehmend zu politischen Garanten eines zukünftigen Sicherheitssystems in Europa. Gänzlich anders wird sich vermutlich in der Zukunft die Entwicklung der wirtschaftlichen Zusammenschlüsse in West und Ost darstellen: Während die EG zum zentralen Faktor und Motor der wirtschaftspolitischen Entwicklung in Europa wird, steht der COMECON vor dem Zusammenbruch. Die Regelung der deutschen Frage wird notwendigerweise unter Einbeziehung der Europäisierung der gegenwärtigen Entwicklung und ihrer Krisenaspekte erfolgen müssen. Die Regierung Kohl/Genscher hat aber klar gemacht, daß die Regelung der deutschen Frage weder allein im Kreis der Siegermächte noch allein Sache der Deutschen sein darf, sondern im Rahmen des KSZE-Prozesses gelöst werden soll. Auch der zukünftige militärische Status Deutschlands gehört in diesen Rahmen. Die Ablösung der alliierten Sonderrechte in Ost und West wird auch im Zusammenhang einer multilateral zu vereinbarenden Friedensordnung zu erörtern sein.

Aus all dem geht hervor, daß die Lösung der deutschen Frage dreigleisig vorankommt. Auf gesamteuropäischer und deutscher Ebene sind noch erhebliche Hindernisse zu überwinden. Historische Vorurteile und machtpolitische Skepsis können nicht von einem Tag auf den andern überwunden werden. Aber während noch verschiedene Krisenaspekte auf europäischer und zwischenstaatlicher Ebene in Deutschland zu überwinden sind, gibt es *einen* fundamental glücklichen Aspekt in der gegenwärtigen Krise: Seit dem 9. November 1989 ist ein Prozeß der »Wiedervereinigung von unten« in Bewegung gesetzt worden, der sich im alltäglichen Leben der Menschen hüben und drüben schneller als erwartet bemerkbar macht. Praktisch sind alle Bereiche des öffentlichen und privaten Lebens, der Politik, Wirtschaft und Kultur, von Beruf und Freizeit auf die deutschen Dinge konzentriert. Fazit: Die verschiedenen Züge in Richtung Wiedervereinigung haben unterschiedliche Geschwindigkeiten erreicht. Auf der europäischen Ebene fehlt bisher der weitere und genauere Fahrplan, vor allem in der Sicherheits- und Abrüstungspolitik. Auf wirtschaftlichem Gebiet konnten bereits entscheidende Weichen gestellt werden, nachdem am 18. März 1990 die erste demokratische Regierung in Ost-Berlin ihre Arbeit aufgenommen hatte.

Die Züge auf der dritten Ebene, also im Bereich der Wiedervereinigung von unten, fahren fast unbemerkt seit dem 9. November mit Volldampf. Dies ist vielleicht der glücklichste und produktivste Aspekt der momentanen Krise, auch wenn Umstrukturierungsprobleme hier und da zu harten Enttäuschungen geführt haben. Eine 40jährige demokratische Tradition, eine 20jährige Tradition als Schrittmacher der Entspannungspolitik in Europa sowie eine 30jährige Tradition als Eckpfeiler der westeuropäischen Integration prägen Politik und Kultur der Bundesrepublik. Der Mut und die Überzeugungskraft der ersten friedlichen demokratischen Revolution auf deutschem Boden in der DDR und die große Leistungskraft der Deutschen drüben, die trotz Sozialismus, Planwirtschaft und Marxismus ein Wirtschaftswunder unter allerschwierigsten Bedingungen verwirklichten, bilden den zweiten Aktivposten und die Vertrauensgrundlage für die gemeinsame deutsche Zukunft. Das geeinte Deutschland wird politisch der atlantischen Zivilisation zugehören. Die alte Tyrannei der Wahl zwischen Ost und West ist damit überwunden. So gesehen, wird auch die Krise der gegenwärtigen Umbruchsituation zu einem glücklichen Ende kommen können. Dies ist die historische Veränderung, die die Regierung Kohl/Genscher klar erkannt und als erste in praktische Politik und in politische Vision umgesetzt hat. Spätere Historiker werden vielleicht einmal diesen Schritt zum Anlaß nehmen, um den Wandel Kohls vom Politiker zum Staatsmann zu begründen. Wie sich deutsche und europäische Teilung in der Vergangenheit bedingt haben, so werden sich deutscher und europäischer Zusammenschluß gegenseitig bedingen. Der deutsche Einigungsprozeß ist nicht Hindernis, sondern Motor für europäische Integration. Aber ein glückliches Ende der Krise ist nur in Sicht, wenn die Freunde in der atlantischen Allianz stärker als bisher tatkräftige Unterstützung und Zustimmung signalisieren. Ein zukünftiges einheitliches Deutschland ist kein Sieg für die Deutschen, sondern für alle Europäer, die demokratisch gesinnt sind. Die Regierungen im Westen dürfen nicht vergessen, daß sie nicht nur den Demokratisierungsprozeß in Europa, sondern auch ihre eigenen Interessen schwächen, wenn sie nur mißtrauisch beiseite stehen. Erst wenn sie ihre helfende Hand ausstrecken, werden das vereinte Deutschland und die atlantische Gemeinschaft füreinander Garant und Stütze sein. Wie schade, daß Dean Acheson und Konrad Adenauer bei der Erschaffung dieser neuen Welt nicht dabeisein können[15].

Anmerkungen

1 Vgl. hierzu Hans-Adolf Jacobsen, Zur Kontinuität und Diskontinuität in der deutschen Außenpolitik im 20. Jahrhundert, in: Hans-Adolf Jacobsen, Von der Strategie der Gewalt zur Politik der Friedenssicherung. Beiträge zur deutschen Geschichte im 20. Jahrhundert, Düsseldorf 1977, S. 9–32.
2 Vgl. hierzu Friedrich Meinecke, Politische Schriften und Reden, Darmstadt 1979, S. 281 und 412; ausführlich: Friedrich Meinecke, Die Idee der Staatsräson in der Neueren Geschichte, München–Berlin 1929.
3 Vgl. hierzu Richard Löwenthal, Vom Kalten Krieg zur Ostpolitik, in: Richard Löwenthal/ Hans-Peter Schwarz (Hrsg.), Die Zweite Republik, Stuttgart 1974, S. 604–699.
4 Willy Brandt, Erinnerungen, Frankfurt a.M. 1989.
5 »I must be quite honest to say that I had my doubts about the so-called ›Ostpolitik‹, when it was first proclaimed. But then later I came to the view that it was inevitable and that it was courageous for German leaders to take the responsibility for what the reality of the post-war period imposed« (Henry Kissinger am 2. Dezember 1978, Report from Aspen Institute Berlin, Aspen Institute for Humanistic Studies, Nr. 1/79, S. 3).
6 Vgl. hierzu Christian Hacke, Die Ära Nixon/Kissinger 1969–1974. Konservative Reform der Weltpolitik, Stuttgart 1983, S. 145 ff.
7 Vgl. Philip Windsor, Germany and the Management of Détente, London 1971.
8 Bundeskanzler Helmut Kohl, Bericht zur Lage der Nation im geteilten Deutschland 1983.
9 Vgl. hierzu Christian Hacke, Weltmacht wider Willen. Die Außenpolitik der Bundesrepublik Deutschland, Stuttgart 1988, S. 396 ff.
10 So Michail Gorbatschow während seines Besuches in der Bundesrepublik Deutschland am 12. Juni 1989.
11 So Präsident George Bush bei seinem Besuch in der Bundesrepublik Deutschland am 31. Mai 1989 in Mainz.
12 Zitiert nach: FAZ vom 30. 11. 1989.
13 Vgl. hierzu Wolf Lepenies, Erinnerung an einen Glücksfall, das neue Selbstbewußtsein der Deutschen könnte die bewährte Aufgabenteilung mit Frankreich im Prozeß der Einigung Europas gefährden, in: FAZ vom 24. 2. 1990, S. 27.
14 Vgl. Michael H. Haltzel, Amerikanische Einstellungen zur deutschen Wiedervereinigung, in: Europa-Archiv, 45 (1990) 4, S. 127–132.
15 Dean Acheson, Present at the Creation, New York 1969.

Hans-Gert Pöttering

Die Bundesrepublik Deutschland und der europäische Einigungsprozeß

Im Prozeß der historischen Veränderungen in Europa übt die Europäische Gemeinschaft (EG) eine große Anziehungskraft aus. Das Konzept eines gemeinsamen »europäischen Hauses« kristallisiert sich dabei aus dem Nebel der politischen Utopie heraus und sinkt, mit der *EG als Kern* einer neuen europäischen Identität, in atemberaubender Geschwindigkeit auf den Boden realpolitischer Planung.

Insbesondere die Einheit Deutschlands hat erneut Interesse an dem alten Problem des Verhältnisses der deutschen Frage zur europäischen Einigung geweckt. Diese Frage hat viele Aspekte, nicht zuletzt solche ökonomischer und juristischer Natur, sie muß jedoch in erster Linie aus einer politischen Gesamtperspektive beantwortet werden, welche sowohl die internen Perspektiven und Probleme der EG als auch gesamteuropäische sowie globale Rahmenbedingungen einbezieht[1].

Der folgende Beitrag dient daher dem Anliegen, einen europapolitischen Ordnungsrahmen für das geeinte Deutschland in den neunziger Jahren zu diskutieren. Dazu folgt zunächst ein kurzer historischer Rückblick auf die Anfänge der europäischen Einigung, um sodann nach einem Zeitsprung von 30 Jahren in einer Betrachtung des vergangenen Jahrzehnts eine politische Zwischenbilanz aus deutscher Sicht zu ziehen. Im zweiten Abschnitt wird danach gefragt, auf welche Weise deutsche Interessen im EG-Rechtsetzungssystem zur Geltung gelangen und wie dieses System dazu beigetragen hat, daß der EG in einem dynamischen Prozeß immer mehr nationale Kompetenzen zugewachsen sind. Im selben Abschnitt sollen einige für die Bundesrepublik bedeutsame verfassungsrechtliche und verfassungspolitische Aspekte dieses Prozesses zur Sprache kommen. Nach Rückblick und Analyse wendet sich schließlich der letzte Abschnitt zentralen Fragen deutscher Europapolitik in den neunziger Jahren zu.

I. Historische Reflexionen

1. Die europäische Einigung im gesamteuropäischen Rahmen

Die europäische Einigungsbewegung nach dem Ersten Weltkrieg zielte ohne Erfolg auf eine gesamteuropäische Friedensordnung[2]. Aber auch nach den für die Völker Europas verheerenden Konsequenzen verfehlter nationalistischer Politik in den Zwischenkriegsjahren blieben diesbezügliche Versuche, gemessen an den Zielen, in den Anfängen stecken. An der Abtrennung der osteuropäischen Staaten nach dem

Zweiten Weltkrieg waren in erster Linie das Aufbrechen des Ost-West-Gegensatzes der Supermächte und der Eiserne Vorhang in Europa schuld, welcher längs der innerdeutschen Grenze und der Berliner Mauer verlief. Aber selbst die politische Einigung des freien Westeuropa sollte wegen nationaler Widerstände zunächst nicht gelingen: Großbritannien verhinderte den Ausbau des Europarats als »großeuropäische«, föderative Lösung[3]. Von da an wurde – bis zum heutigen Tage – die Geschichte der europäischen Einigung in getrennten, sich teilweise überlappenden Integrationssystemen geschrieben: im bereits erwähnten Europarat, in der Organisation für Europäische Wirtschaftliche Zusammenarbeit (OEEC)[4], in den Europäischen Gemeinschaften (EGKS, EWG, EURATOM), in der Europäischen Freihandelszone (EFTA) und – im Osten – im Rat für gegenseitige Wirtschaftshilfe (RGW oder Comecon), um nur die wichtigsten zu nennen.

Die unterschiedlichen Entwicklungen dieser Integrationssysteme ließen auch deren Beziehungen untereinander in Bewegung geraten. EFTA und EG nähern sich, nach dem bereits 1973 erfolgten Übertritt Großbritanniens, Irlands und Dänemarks und dem österreichischen Aufnahmeantrag 1989, immer enger einander an: Man spricht bereits seit einigen Jahren auf offizieller Ebene von einem »Europäischen Wirtschaftsraum« (EWR)[5]. – Die Auflockerung der Blockstrukturen im Zuge der Reformpolitik Gorbatschows schuf die Voraussetzungen für die Aufnahme offizieller Beziehungen zwischen dem RGW und der EG im Jahre 1988, und der Europarat, seit langem auch osteuropäischen Staaten gegenüber aufgeschlossen, sowie die EFTA sind im Gespräch für eine Brückenfunktion auf dem Weg osteuropäischer RGW-Staaten in den Europäischen Binnenmarkt.

2. *Die gemeinsamen Anfänge der Europäischen Gemeinschaft und der Bundesrepublik Deutschland*

Der Zusammenschluß der ursprünglich sechs westeuropäischen Staaten (Bundesrepublik Deutschland, Frankreich, Italien und die drei Benelux-Staaten) in der Europäischen Gemeinschaft markierte das Ende einer jahrhundertelangen historischen Phase zahlreicher kriegerischer Auseinandersetzungen. Selbst diese »kleineuropäische« Friedensordnung wäre jedoch unter Einbeziehung des erst wenige Jahre zuvor erbittert bekämpften Kriegsgegners Deutschland so schnell wohl nicht ohne die Solidaritätspflichten denkbar gewesen, deren Erfüllung der Kalte Krieg allen Staaten der westlichen Allianz (NATO) abverlangte.

1948 hatte sich zunächst der Brüsseler Beistandspakt als Militärbündnis der Benelux-Staaten, Großbritanniens und Frankreichs gegen künftige Aggressionen auf ihr europäisches Territorium gegründet. Unter den sich verändernden weltpolitischen Umständen (Auseinanderbrechen der Siegerkoalition des Zweiten Weltkriegs, Ausbruch der Korea-Krise) drängten alsbald die Amerikaner als westliche Führungsmacht auf die Einbeziehung Westdeutschlands zur Verstärkung der atlantischen Gemeinschaft. Man brauchte Deutschland, nicht zuletzt aus wirtschaftlichen Gründen, um den konventionellen Wehrbeitrag in Europa zu erbringen[6].

Der französische Außenminister Schuman schlug am 9. Mai 1950, nach Absprache mit der (west)deutschen Regierung, unter dem Druck der politischen Veränderungen einen Gemeinsamen Markt für Kohle, Eisen und Stahl zur Ablösung des hegemonialen Ruhrstatuts vor. Nach erfolgreicher Durchführung des Plans durch Unterzeichnung des EGKS-Vertrags in Paris 1951 folgten 1957 als weitere Schritte die Verträge von Rom über die Nutzung der Atomenergie (EURATOM) und die Europäische Wirtschaftsgemeinschaft (EWG). Die drei Verträge, EGKS, EURATOM und EWG, bildeten bereits den Kern dessen, was die Europäische Gemeinschaft heute darstellt.

Für die Deutschen schuf jeder Integrationsschritt weitere Voraussetzungen für den Aufbau eines freiheitlichen, demokratischen und sozialen Rechtsstaates im Kreise gleichberechtigter Nachbarstaaten. Für die EG-Staaten bedeutete diese Integration im Gegenzug unter anderem auch Einbindung und Kontrolle eines wiedererstarkenden und daher zu Anfang noch mißtrauisch betrachteten Deutschland und für die Amerikaner eine Stärkung des westlichen Bündnisses[7]. Auf der Strecke europäischer Integrationspolitik in den fünfziger Jahren scheiterten der Entwurf einer Europäischen Politischen Gemeinschaft (EPG) und die damit eng verknüpfte Europäische Verteidigungsgemeinschaft (EVG), deren Herzstück eine supranationale westeuropäische Armee mit Bindung an die NATO sein sollte. Nach Unterzeichnung und intensiven, zum Teil mühseligen diplomatischen Aktivitäten wurde das EVG-Projekt schließlich am 30. August 1954 in der Französischen Nationalversammlung »sine die« vertagt. Wenngleich dieser sehr frühe Versuch politischer und militärischer Integration aus heutiger Sicht als verpaßte historische Chance bedauert werden muß, so waren aus damaliger Sicht daraus zwei Einsichten zu gewinnen: zum einen, daß der Gang der Geschichte im Zeichen des aufbrechenden Gegensatzes der Supermächte USA und UdSSR nicht durch den Widerstand in einer einzelnen europäischen Hauptstadt aufzuhalten war, denn unter dem Einfluß einer zwar diskreten, aber um so wirkungsvolleren amerikanischen Diplomatie mußten die Franzosen schließlich einer Ersatzlösung zustimmen, nach welcher der Brüsseler Pakt unter Einschluß der Bundesrepublik zur Westeuropäischen Union (WEU) umzubauen war und dem deutschen Teilstaat außerdem der Beitritt zur NATO gestattet wurde. Es ist vielleicht nicht übertrieben, es als Paradox europäischer Integrationsgeschichte zu empfinden, daß gerade in den Bereichen von Sicherheit und Verteidigung bis heute keine wahrhaft *europäische Lösung* gefunden wurde, obwohl in diesen Bereichen über viele Jahre Schlüsselmotive der europäischen Einigung zu finden waren.

Zum anderen wies das Scheitern des EVG-Projekts – abgesehen von den Vorbehalten nationalstaatlichen Denkens, wie es auch in anderen europäischen Hauptstädten noch immer verbreitet war – auf ein Sonderproblem der europäischen Einigung hin. Das war die Erzfeindschaft zwischen Frankreich und Deutschland. So ist es verständlich, daß Bundeskanzler Adenauer es als eine seiner außenpolitischen Prioritäten ansah, den jungen westdeutschen Staat mit Frankreich dauerhaft zu versöhnen und so über die Befriedigung des französischen Sicherheitsbedürfnisses die Voraussetzungen für die Integration der Bundesrepublik in die Gemeinschaft zu schaffen. Aus den verbesserten deutsch-französischen Beziehungen wurde im Laufe der Jahre zugleich ein starker Motor der europäischen Einigungsbestrebungen[8].

3. Deutsche Europapolitik in den achtziger Jahren

Die Europapolitik der Bundesrepublik am Beginn des vergangenen Jahrzehnts stand ganz im Zeichen der angespannten Bonner Haushaltslage. In dieser Situation löste der auf EG-Ebene 1980 ausgebrochene Streit um den britischen Finanzbeitrag heftige innenpolitische Kontroversen in der Bundesrepublik aus. Die Einsicht, daß die Finanzkrise der EG deren Bestand ernsthaft bedrohen könnte, bewog schließlich die Regierung, gegen Widerstand aus den Reihen der Koalitionsparteien und mit Zustimmung der damaligen Opposition, einen deutschen Solidaritätsbeitrag aus dem Bundeshaushalt zur Behebung der Krise bereitzustellen. Die Krise um den britischen Finanzbeitrag sowie die Explosion der EG-Ausgaben, vor allem zur Finanzierung der Agrarpolitik[9], ließen in der Bundesrepublik zwar immer wieder Unmut über die sogenannte »Zahlmeisterrolle«[10] aufkommen, dennoch bewahrte sich ein breiter europapolitischer Konsens unter den im Bundestag vertretenen Parteien.

1981 traten der deutsche Außenminister Genscher und sein italienischer Amtskollege Colombo mit dem nach ihnen benannten Plan über eine »Europäische Akte« an die Öffentlichkeit. Sie nahm bereits in weiten Teilen die fünf Jahre später verabschiedete Einheitliche Europäische Akte[11], das erste große Reformwerk zur Änderung der Römischen Verträge, vorweg. Der Eindruck dieser Initiative stand für viele, nicht zuletzt auch Regierungen der EG-Partner, im Widerspruch zum alltäglichen Medienbild der EG, das vom kleinlichen Feilschen der EG-Partner um den größtmöglichen eigenen Nutzen, von der Regelungsmanie einer perfektionistischen EG-Bürokratie und nicht zuletzt auch von der Beharrlichkeit geprägt war, mit der Bonn nationale Belange in wirtschaftspolitischen Fragen gegen angebliche oder wirkliche dirigistische Tendenzen aus Brüssel verteidigen zu müssen glaubte. Eine weitverbreitete Einschätzung der EG fand in dem Schlagwort von der »Eurosklerose« seinen pointierten Ausdruck.

Schon ein Vierteljahr nach dem im Herbst 1982 erfolgten Regierungswechsel hatte die deutsche Regierung unter Helmut Kohl die Präsidentschaft in der EG zu übernehmen. In der Feierlichen Erklärung von Stuttgart vom 19. Juni 1983 bekannten sich die Staats- und Regierungschefs zur Schaffung einer Europäischen Union. In bewußter Distanz zu anderslautenden Konzepten der EG als »ökonomischer Interessengemeinschaft« enthält diese Erklärung ein klares Bekenntnis zur politischen Zielsetzung der EG. Doch war es auch bedauerlicherweise das erste Mal, daß in einem Grundsatzdokument zur Europäischen Einheit zwei Mitgliedstaaten (Dänemark und Griechenland) ihre abweichenden Auffassungen in wesentlichen Punkten zu Protokoll gaben. Verbreitet war das Gefühl, daß die nun nach dem Beitritt Griechenlands (1981) auf zehn Mitglieder erweiterte Gemeinschaft zwar größer, aber als Integrationsgemeinschaft jedenfalls nicht stärker geworden sei. Symptomatisch waren in den folgenden Jahren die Versuche einiger Mitgliedstaaten, darunter der Bundesrepublik, Integrationsimpulse außerhalb des eigentlichen Gemeinschaftsrahmens zu setzen[12]. Dabei ist insbesondere das Schengener Abkommen (14. Juni 1985) zwischen der Bundesrepublik, Frankreich und den Benelux-Staaten über den vorzeitigen Abbau der Grenzkontrollen zu nennen.

Im Jahr 1985 setzten die Deutschen europapolitisch gemischte Signale: Während in Luxemburg die Einheitliche Europäische Akte verhandelt wurde, formierte sich gegen ihre Verabschiedung unter bayerischer Führung Widerstand der Bundesländer, die um ihre Kompetenzen in einem einheitlichen EG-Binnenmarkt fürchteten. Für die Bundesländer war 1985, etwas überspitzt formuliert, das »Jahr der Entdeckung Europas«. – Zum anderen sorgte es für beträchtliche Irritationen bei den Partnern, als sich mit Kiechle der erste deutsche Minister bei den Getreidepreisverhandlungen auf den Luxemburger Kompromiß von 1966[13] berief und ein Veto gegen den mit Mehrheit gefaßten Ministerratsbeschluß einlegte[14]. Dies verursachte vor allem deshalb Befremden, weil gerade die deutsche Regierung in der Vergangenheit immer wieder die Rückkehr zu Mehrheitsentscheidungen gefordert hatte, nicht zuletzt aber auch deswegen, weil das Veto zeitgleich mit der Unterzeichnung der Beitrittsakten Portugals und Spaniens durch die EG erfolgte. Die Befürchtungen, daß die nun – nicht zuletzt auf deutsches Drängen – auf zwölf Mitgliedstaaten weiter vergrößerte EG sich immer schwerer damit tun würde, gemeinsame EG-freundliche Beschlüsse auf Ministerratsebene zu treffen, erhielten durch das Ausschermanöver des bisherigen »EG-Musterknaben« Bundesrepublik neue Nahrung. Trotz aller Hindernisse gelang es 1986, die Einheitliche Europäische Akte zu verabschieden. Sie trat nach der irischen Ratifizierung am 1. Juli 1987 in Kraft: War das 1985 von der EG-Kommission vorgelegte Weißbuch die »Geburtsstunde«, so war dies nun die »Taufe« des Projektes »Binnenmarkt 1992«. Die EG-Verträge wurden mit EG-Kompetenzen in weiteren Politikbereichen angereichert, die Position des Europäischen Parlaments im Rechtsetzungsverfahren und die Exekutivbefugnisse der EG-Kommission gestärkt. Weiter enthielt die Akte eine Kodifizierung der Europäischen Politischen Zusammenarbeit (EPZ)[15].

Das Datum 1992 hat die Mitgliedstaaten beflügelt; das Schimpfwort von der »Eurosklerose« ist über der neuen Metapher von der »Europhorie«[16] in Vergessenheit geraten.

Während der deutschen Ratspräsidentschaft im ersten Halbjahr 1988 gelang der deutschen Europapolitik ein entscheidender Durchbruch: Nachdem auf dem Sondergipfel des Europäischen Rates in Brüssel im Februar das Finanzierungssystem der Gemeinschaft reformiert worden war, konnten auf dem Gipfel von Hannover am 27./28. Juni 1988 wichtige Weichenstellungen für die Errichtung einer Wirtschafts- und Währungsunion erfolgen: die Liberalisierung des Kapitalverkehrs bis 1990 (auch gegenüber Drittländern, was maßgeblich auf Einsatz der exportorientierten Bundesrepublik gegen eine Abschottung der EG – »Festung Europa« – zurückzuführen ist) und die Einsetzung eines Ausschusses unter dem Vorsitz des EG-Kommissionspräsidenten Delors zur Prüfung der Voraussetzungen und Schritte für eine solche Union. – 1988 war zugleich das Jahr der deutsch-französischen Freundschaft. Anläßlich des 25jährigen Bestehens des Elysée-Vertrages unterzeichneten die beiden Regierungen am 22. Januar zwei Zusatzprotokolle, die die Gründung eines deutsch-französischen Finanz- und Wirtschaftsrates und eines Verteidigungsrates zum Gegenstand hatten. Die Errichtung einer deutsch-französischen Brigade wurde zum sichtbaren Ausdruck abgestimmter deutsch-französischer Sicherheitsinteressen und des gegenseitigen Vertrauens. Im Frühjahr 1989 legte das Delors-Komitee seinen Bericht vor. Der Europäische Rat billigte auf seiner Madrider Tagung vom 26./27. Juni den darin vorgeschlagenen Drei-Stufen-Plan im Grundsatz als Arbeitsgrundlage für rechtsverbindliche Vorschläge der Kommission und eine nun für Dezember 1990 vorgesehene Regierungskonferenz zur Revision der Römischen Verträge. Dieser erneute Anlauf[17] zur Schaffung einer Wirtschafts- und Währungsunion wird einen noch weit größeren Integrationswillen der EG-Mitgliedstaaten mobilisieren müssen, als dies für die Einheitliche Europäische Akte (und das Binnenmarktprogramm) erforderlich war. Die unterschiedlichen Akzentuierungen der Mitgliedstaaten in der Währungs- und Wirtschaftspolitik und grundsätzliche Meinungsverschiedenheiten über die zukünftige Gestalt der EG und die Rolle der Mitgliedstaaten versprechen harte Auseinandersetzungen. Für eine gemeinsame Basis kann dabei auf die ganz überwiegend positiven Erfahrungen mit dem Wechselkursmechanismus des Europäischen Währungssystems (EWS)[18] zurückgegriffen werden, welches 1978/79 aufgrund der Initiative des damaligen deutschen Bundeskanzlers Helmut Schmidt und des französischen Staatspräsidenten Valéry Giscard d'Estaing errichtet worden war.

Von nicht zu unterschätzender integrationspolitischer Bedeutung waren auch die dritten Direktwahlen zum Europäischen Parlament im Juni 1989. Beteiligten sich an der ersten Europawahl 1979 neun Länder, so waren es 1984 zehn und 1989 bereits zwölf Länder Europas mit insgesamt 320 Millionen Menschen. Die Entwicklung des Europäischen Parlaments zeigt, daß der europäische Einigungsprozeß auch geographisch als noch nicht abgeschlossen gelten kann.

Im Oktober 1989 wurde die in Deutschland heftig umstrittene sogenannte Rundfunkrichtlinie verabschiedet und damit der Grundstein für einen gemeinsamen europäischen Fernseh- und Rundfunkmarkt gelegt. – Noch vor Jahresschluß konnten sich die Minister auf eine europäische Fusionskontrolle einigen, nicht ohne Zugeständnisse der deutschen Regierung, die den Kompromiß innenpolitisch gegen den Vorwurf zu verteidigen hatte, Unternehmenszusammenschlüsse der Industriegiganten würden zum Schaden der mittelständischen Unternehmen und des Wettbewerbs begünstigt.

Zum Beginn des neuen Jahrzehnts ist festzustellen, daß der Zustand der Gemeinschaft nach einer Phase ernster Turbulenzen wieder stabil ist, ja, sogar mehr als das: in Erwartung der Vollendung des Binnenmarktes bis Ende 1992 neue Dynamik zeigt. Ohne die soeben beschriebenen alltäglichen Probleme und zeitweiligen Rückschläge ignorieren zu wollen, werden sicher die Historiker eines Tages zugeben, daß seit den Anfängen der Gemeinschaft in den fünfziger Jahren *Europa* für die EG-Mitgliedstaaten – und in der direkten Erfahrung ihrer Bürger – zunehmend eine neue, eigene Gestalt annimmt, die sich qualitativ von einer bloßen Staatenkooperation unterscheidet.

II. Einige Aspekte der strukturellen Einbindung der Bundesrepublik in die Gemeinschaft

Die Gemeinschaft ist eine Schöpfung des Rechts, und in den Formen des Rechts gestaltet sie ihre Beziehungen zu ihren Bürgern und Unternehmen, nicht zuletzt aber zu den sie konstituierenden Mitgliedstaaten. Wer Aufschluß über die Stellung und Einflußmöglichkeiten der Bundesrepublik in der Gemeinschaft gewinnen will, muß sich mit den Institutionen der EG und ihren Beziehungen untereinander vertraut machen. Das »institutionale Denken« hat der große Europäer Jean Monnet, der 1988 hundert Jahre alt geworden wäre, beispielhaft vermittelt. Von der Rolle, welche die Institutionen der Gemeinschaft für die europäische Einigung spielen, sagte er einmal: »Diese Einigung läßt sich nicht nur auf der Grundlage des guten Willens verwirklichen, dazu sind Regeln notwendig. Die tragischen Ereignisse, die wir erlebt haben und noch erleben, haben uns vielleicht klüger werden lassen. Aber Menschen treten ab und werden durch andere ersetzt. Was wir der kommenden Generation vermachen können, ist nicht unsere persönliche Erfahrung, die wir mit uns nehmen. Unsere Hinterlassenschaft sind die Institutionen. Die Institutionen überleben die Menschen. Wenn sie auf soliden Fundamenten ruhen, können sie den Erfahrungsschatz der aufeinanderfolgenden Generationen sammeln und weitergeben.«[19]

1. Die Bundesrepublik und die Institutionen der EG

Der Ministerrat, als das wichtigste Legislativorgan der EG, ist mehr als eine bloße Versammlung nationaler Interessenvertreter. Die EG-Verträge haben diese Institution in einem recht komplizierten System verankert, um eine Rückentwicklung bzw. einen Stillstand des Integrationsprozesses zu verhindern bzw. zu hemmen. Dieses System umfaßt das Rechtsetzungsverfahren, in dem der EG-Kommission das alleinige Initiativrecht zusteht und das Europäische Parlament zunehmend an Bedeutung gewonnen hat[20], sowie verschiedene Kontrollverfahren, in denen der Europäische Gerichtshof (EuGH) über die Einhaltung der Verträge wacht. Auch Kommission, Gerichtshof und Parlament werden mit Angehörigen der Mitgliedstaaten besetzt, doch sind diese in stärkerem Maße berufen (und auch faktisch in der Lage), dem Gemeinschaftsinteresse gegen nationale Interessen zum Durchbruch zu verhelfen. Diese persönliche und sachliche Unabhängigkeit ist bei den Richtern des EuGH besonders ausgeprägt, aber auch ehemals hochrangige Politiker der Mitgliedstaaten, die das Amt eines EG-Kommissars ausüben, setzen sich wie selbstverständlich Konflikten mit derselben Regierung aus, auf deren Vorschlag sie das Brüsseler Amt übernommen haben.

Wo Entscheidungen der Minister oder Staats- und Regierungschefs sich außerhalb dieses Systems bilden (zum Beispiel bei Beschlüssen der im Rahmen der EPZ zusammentretenden Außenminister und bei Beschlüssen des Europäischen Rates), ist die Einigung, um mit Jean Monnet zu sprechen, nur »auf der Grundlage des guten Willens« zu verwirklichen.

Wo dagegen das EG-Rechtsetzungsverfahren eingehalten wird, ist der einzelne Mitgliedstaat in Gremien und Verfahren eingebunden. Sein Vertreter im Ministerrat ist Teil eines Organs der EG und bei Abstimmungen im Konfliktfall an das Gemeinschaftsinteresse nicht weniger gebunden als an das nationale Interesse. Die Bundesrepublik hat ihr Recht, selbst souverän zu entscheiden, weithin eingetauscht gegen ein Recht auf Mitwirkung bei der Entscheidung in den EG-Institutionen. Diese »Mediatisierung« eines Mitgliedstaates wird bei Mehrheitsentscheidungen des Rates zusätzlich akzentuiert. Das nationale Interesse an der Schaffung gemeinschaftlicher Regelungen, die von Kommissionsvorschlägen abweichen, hat bei Mehrheitsentscheidungen nur relativ geringere Aussicht auf Erfolg als bei einstimmigen Entscheidungen. Wenn sich sieben Mitgliedstaaten zusammenfinden, die einen Kommissionsvorschlag befürworten, besteht die Gefahr, daß der abweichende Standpunkt eines oder mehrerer kompromißunfähiger Minister völlig bedeutungslos wird. In der Praxis hat dies die Entscheidungsfähigkeit und das Selbstverständnis des Ministerrats als EG-Institution gestärkt, aber ebenso die Gewichte der Gemeinschaftsinstitutionen Kommission und Parlament im institutionellen System der EG. Es leuchtet ein, daß insofern die Rückkehr zur Mehrheitsentscheidung für das Binnenmarktprogramm in vielen Bereichen der Einheitlichen Europäischen Akte[21] einen entscheidenden integrationspolitischen Fortschritt darstellt.

Vom institutionellen Standpunkt bedeutet die EG-Rechtsetzung also nicht die Abschaffung oder Entmachtung, aber die dauerhafte und wirkungsvolle Mediatisierung nationaler Interessen in vielen Politikbereichen. Bildhaft gesprochen, sind alte Strukturen nationaler Staatsgewalt miteinander in einem beträchtlichen Ausmaß zu einem neuen, eigendynamischen Gebilde verwachsen. In den neuen Strukturen liegen Chancen für die Heranbildung und Durchsetzung eines übergreifenden Gemeinschaftsinteresses, das die Trennlinien nationaler Interessengegensätze in stets zunehmendem Umfang zugunsten eines europäischen Problembewußtseins und transnationaler Interessenkoalitionen überlagert.

Zugleich liegen im Zusammenspiel der EG-Institutionen im Rechtsetzungsverfahren Ansätze einer in Entfaltung begriffenen künftigen bundesstaatlichen oder bundesstaatsähnlichen Struktur (präföderale Struktur), in welcher der EG-Ministerrat in die Funktion eines »Bundesrates«, das Europäische Parlament in die Rolle eines »Bundesparlaments« und die Kommission in die einer »Bundesregierung« hineinwachsen könnten[22].

2. *Die EG-Institutionen als Faktoren einer dynamischen Kompetenzausdehnung*

Rechtsetzungskompetenzen sind dem EG-Ministerrat zwar durch die EG-Verträge im vorhinein zugewiesen, was eine unbegrenzte Zuständigkeit formal ausschließt, aber die Auslegung dieser Kompetenzbestimmungen, insbesondere der Generalklauseln – und somit deren tatsächliche Reichweite – werden bestimmungsgemäß in starkem Maße vom politischen Willen der EG-Institutionen geleitet, weit mehr noch als die Auslegung einer Staatsverfassung[23]. Anders als ein Bundesstaat, dessen Verfassung den Eigenwert der ihn konstituierenden Staaten anerkennt und deshalb deren Kompetenzen gegen den Bund schützt, versteht sich die Gemeinschaft als unvollendetes, dynamisches Gebilde, in dem die Staaten in einem ständigen Integrationsprozeß Kompetenzen zur Ausübung auf die EG übertragen.

Die Chancen, welche diese politische und rechtliche Offenheit der EG-Verträge bietet, finden natürlich ihre Kehrseite in dem Risiko, daß einmal nationale Egoismen im Rat die Oberhand gewinnen und Kommissionsvorschläge über Jahre hinweg einfach liegenbleiben. Aber selbst solche »Verweigerungen« des Rates werden in der EG nicht grenzenlos geduldet. So hat der EuGH den Rat auf eine Klage des Europäischen Parlaments hin in einem spektakulären Urteil verbindlich aufgefordert, seinen Pflichten als Gesetzgebungsorgan in der Verkehrspolitik nachzukommen[24].

Im markanten Unterschied zur EG der Gründerjahre ist heute kaum noch ein Lebensbereich denkbar, in dem der – modernen – EG des Binnenmarktes 1992 die Zuständigkeit völlig abgesprochen werden kann. Nur in ganz wenigen Politikbereichen bieten die EG-Verträge äußerste Rückzugslinien für nationale Kompetenzvorbehalte, d. h. Kernbereiche staatlicher Rechtsetzung, welche allerdings von der Gemeinschaft dann auch respektiert werden. Ein Beispiel dafür ist der neue, durch Art. 20 der Einheitlichen Europäischen Akte eingeführte Art. 102 a EWG-Vertrag (Wirtschafts- und Währungsunion). Der durch Einführung solcher Bestimmungen wie Art. 102 a EWG-Vertrag begleitete Prozeß der Einbindung des Rates in ein verfassungsähnliches Gefüge der Gemeinschaft, in dem die Mitgliedstaaten mit ihren

Regierungen und Parlamenten ebenso ihren anerkannten Platz finden wie auch die EG-Institutionen, muß auf dem Hintergrund des politischen Zieles »Europäische Union« bewertet werden, wie es in dem Entwurf des Europäischen Parlaments von 1984 in Einzelheiten dargelegt[25] und im Grundsatz von den Unterzeichnern der Einheitlichen Europäischen Akte rechtlich bekräftigt worden ist[26]. Eine Versteinerung des jetzigen (präföderalen) Zustands der EG wäre, daran gemessen, ein Rückschritt, denn der EG würden die Entwicklungschancen genommen, die sie nach den bestehenden Verträgen besitzt. Mit dem Wegfall der Entwicklungschancen jedoch würde die Gemeinschaft der Fähigkeit beraubt, auf die Herausforderungen der Zukunft angemessen und schnell zu reagieren. Walter Hallstein, der erste Präsident der EG-Kommission, hat schon in den Gründerjahren von der Europäischen Gemeinschaft als »unvollendetem Bundesstaat« gesprochen. Heute hat die EG weitere beachtliche Schritte auf dem Weg zum Bundesstaat zurückgelegt, dessen Verwirklichung in einer Europäischen Union Aufgabe für die Zukunft bleibt.

3. Verfassungsrechtliche und verfassungspolitische Aspekte

Das historische Trauma der Deutschen, erneut weltweit isoliert zu werden[27], spiegelt sich im Grundgesetz wider, das eine der europafreundlichsten Verfassungen der Gemeinschaft ist. – Art. 24 Abs. 1 des Grundgesetzes gestattet es dem Bund, deutsche Hoheitsrechte durch einfaches Gesetz auf eine supranationale Einrichtung zu übertragen. Damit waren die Voraussetzungen des Wandels von einer nationalstaatlichen zu einer europäischen Verfassung von Beginn an im Grundgesetz verankert. Die EG-Verträge und das auf seiner Grundlage erlassene Recht sind sozusagen der Samen dieses Wandels, welcher auf einem fruchtbaren verfassungsrechtlichen Boden zu seiner vollen Entfaltung gelangen kann. Das gegenwärtige Zusammenspiel der Institutionen der Gemeinschaft mit den Institutionen der Bundesrepublik steht mit fortschreitender Integration dennoch zunehmend unter verfassungsrechtlichem und verfassungspolitischem Rechtfertigungszwang.

a) Das Demokratiegebot

Die Dynamik der EG-Integration hat nicht zuletzt damit zu tun, daß die Beschlußform im EG-Ministerrat nach den EG-Verträgen nicht etwa ratifizierungsbedürftige völkerrechtliche Verträge sind, an deren Inkraftsetzung alle nationalen Parlamente beteiligt wären, sondern, insofern Regierungsbeschlüssen vergleichbar, eine Zustimmung des Bundestages und/oder des Bundesrates nicht erfordern. Das Ratifizierungsverfahren, wie es in Art. 236 EWG-Vertrag vorgesehen ist, wird allgemein – und zu Recht – als schwerfällig und risikoreich empfunden.

Auch die deutsche Verfassung läßt, unabhängig von Art. 24 des Grundgesetzes, die Beteiligung der Bundesregierung an rechtsverbindlichen Regierungsabkommen in einem gewissen Umfang zu, dies vor allem aus der Erfahrung heraus, daß eine Regierung in völkerrechtlichen bzw. außenpolitischen Fragen zuweilen einen größeren Freiraum benötigt als bei der Gestaltung von Innenpolitik. Als Regel sieht hingegen das Grundgesetz vor, daß völkerrechtliche Verträge, die sich auf Gegenstände der Bundesgesetzgebung beziehen, auch der Zustimmung der zuständigen Körperschaften in Form eines Bundesgesetzes bedürfen[28].

Die zunehmende Integrationsverdichtung in der EG – man denke nur an das Binnenmarktprogramm 1992 – bedeutet für Bundestag und Bundesrat parallele Einbußen an Möglichkeiten für eine direkte Mitgestaltung und Kontrolle in innenpolitisch sensiblen Bereichen. Diese Entwicklung haben die Väter des Grundgesetzes in der gesamten Reichweite nicht voraussehen können. Für die direkte demokratische Legitimation gibt es jedoch auch im Falle von EG-Rechtsetzung keinen überzeugenden Ersatz. Will man also einerseits nicht die EG-Dynamik brechen, indem man diese Legitimität über die Zustimmung von zwölf nationalen Parlamenten herzustellen sucht, bleibt als einzige realistische Alternative die Stärkung des Europäischen Parlaments. Es muß in solchem Maße mit Kompetenzen ausgestattet werden, daß es seine Aufgaben als parlamentarisches Initiativ-, Entscheidungs- und Kontrollorgan überzeugend ausüben kann. »Europäische Innenpolitik« kann nicht von zwölf nationalen Parlamenten gestaltet werden – übrigens genausowenig, wie europäisches Recht von zwölf nationalen Verfassungsgerichten überprüft werden könnte. Letztere Einsicht ist seit langem Allgemeingut in der EG, in der der EuGH unangefochten die Rolle eines europäischen Verfassungsgerichts ausübt. Wenn auch das Europäische Parlament die Chance erhält, seine demokratische Funktion zu erfüllen, dann wird es in Europawahlkämpfen künftig um europäische Themen gehen! Europäische Parteien werden dann für den Ausgleich nationaler Interessengegensätze und die Herausbildung transnationaler europäischer Interessenkoalitionen sorgen. Die im Dezember 1990 neben der Regierungskonferenz für die Schaffung der Wirtschafts- und Währungsunion einzuberufende Regierungskonferenz zur Politischen Union muß sich daher in einem zweiten Arbeitsforum mit der weiteren Parlamentarisierung der Gemeinschaft befassen. Ziel dabei muß es sein, das Europäische Parlament mit umfassenden Kompetenzen auszustatten (u. a. Gleichberechtigung als Gesetzgeber neben dem Ministerrat, Mitwirkungsbefugnis bei der Berufung der EG-Kommission, Erfordernis der Ratifizierung aller völkerrechtlichen Verträge der Gemeinschaft).

b) Das Föderalismusprinzip

Eine Mediatisierung der Bundesrepublik im europäischen Einigungsprozeß, welche die Bundesländer aussparte, kann es natürlich nicht geben. Wenn die Bundesregierung im EG-Ministerrat abstimmt, so betrifft dies zwangsläufig Materien, die auch oder sogar ausschließlich Interessen und Kompetenzen der Bundesländer betreffen. Auf der anderen Seite hat der deutsche Föderalismus maßgebliche Anstöße für die Entwicklung der EG geliefert. Mittlerweile hat sich der Gedanke der Subsidiarität in der EG Bahn gebrochen: in einem neuen Brüsseler Konzept der Rechtsangleichung, welches sich allzu detaillierter Vorschriften enthält und dafür dem Prinzip der gegenseitigen Anerkennung nationaler Normen und Standards mehr Raum gibt, in Bestimmungen der Einheitlichen Europäischen Akte[29] und nicht zuletzt in den Vorschlägen über einen föderativen Aufbau eines Europäischen Zentralbanksystems[30].

Die Prinzipien der Subsidiarität und des Föderalismus verstärken die demokratische Legitimation von Hoheitsausübung in und durch die Gemeinschaft durch

Ansätze einer zusätzlichen Legitimation, welche zum Beispiel in größerer Sachnähe und mehr Bürgernähe von Entscheidungen in einem einheitlichen politischen System bestehen. Hier liegen die Zukunftsaufgaben der deutschen Bundesländer. Sie sollten die Rückzugsgefechte aufgeben und sich intensiv ihrer zukunftsträchtigen Rolle in der EG widmen. Sie haben die weitere wichtige Aufgabe, in EG-Partnerstaaten, deren politischer Tradition der Föderalismusgedanke weitgehend fremd ist, dabei zu helfen, die Rolle der Regionen zu stärken. Ansätze dafür bieten die Versammlung der Regionen Europas (VRE) und der Beirat der lokalen und regionalen Gebietskörperschaften.

Über die Stärkung des föderalistischen Gedanken in den einzelnen Mitgliedstaaten werden solche Bemühungen ihre Wirkung auf Politik und künftige Gestalt der EG nicht verfehlen. Der Zusammenschluß der Regionen wird dann letztlich dazu beitragen, nationale Interessengegensätze durch transnationale Interessen der Regionen Europas zu überlagern.

III. Perspektiven der deutschen Europapolitik in den neunziger Jahren

1. Wohin entwickelt sich die Gemeinschaft?

Die kurzfristige Zielsetzung der Gemeinschaft liegt in der fristgerechten Verwirklichung des Binnenmarktprogramms, mittelfristige Perspektiven sind auf die Schaffung einer Währungsunion sowie der Politischen Union (einschließlich der Sicherheitsunion) gerichtet. Die Regierungskonferenz über die Politische Union, die ebenso wie die Regierungskonferenz über die Währungsunion im Dezember 1990 ihre Arbeit aufnimmt, sollte über Konzept und Instrumentarium einer gemeinsamen europäischen Außen- und Sicherheitspolitik beraten und entsprechende Vertragsänderungen erarbeiten. Die Europäische Politische Zusammenarbeit (EPZ), die heute eine Koordinierung der Außenpolitik sowie der politischen und wirtschaftlichen Aspekte der Sicherheit zwischen den EG-Staaten darstellt, ist vollständig in den Gemeinschaftsrahmen einzubinden. Das Vertragssystem der Westeuropäischen Union (WEU) mit seinen Beistandsverpflichtungen sollte in die Gemeinschaftsverträge einbezogen werden. Damit rückt sodann die Europäische Union in den Blick. Die klaren Zielsetzungen der Gemeinschaft machen die Überlegenheit des Systems gegenüber allen anderen politischen Integrationssystemen in Europa aus. Vor dem Hintergrund dieser Erkenntnis muß die politische Auseinandersetzung mit den EG-Partnern erfolgen. Das Ringen um die Gestaltung der Europäischen Gemeinschaft ist in eine entscheidende Phase getreten. Zwei fundamentale politische Konzeptionen lassen sich dabei erkennen. Die britische Regierung hat als einzige offen bekundet, sie möchte am Status quo der EG festhalten[31], während die Regierungen der übrigen EG-Mitgliedstaaten, soweit erkennbar, entschlossen sind, die Strukturen der EG qualitativ zu verändern. Doch sind auch unter ihnen unterschiedliche Vorstellungen etwa über die Geschwindigkeit und die Prioritäten der Integration zu vernehmen. In dieser Situation stellt sich häufig die Frage nach einer »Integration in mehreren Geschwindigkeiten«. Wenn man diesen vielschichtigen Fragenkreis erörtert, sollte man bedenken, daß das Innovative des gegenwärtigen EG-Systems gegenüber klassischen völkerrechtlichen Staatenverbindungen in den Institutionen und dem in ihnen erzeugten politischen Einigungszwang der Mitgliedstaaten liegt. Der Einigungszwang bietet die Chance, politische Gesamtpakete zu schnüren. Seine Beseitigung arbeitet unter Umständen langfristig denjenigen zu, die die EG zu einem System einer oder mehrerer wirtschaftlicher Interessengemeinschaften machen wollen. *Ökonomisch* mögen Teileinigungen zuweilen sogar sinnvoller als gesamteuropäische Lösungen sein und *rechtlich* mögen sie zulässig sein, aber als Integrationskonzept taugen sie grundsätzlich nicht zur Verwirklichung einer zwölf Mitgliedstaaten umfassenden Europäischen Union[32]. Bundeskanzler Kohl hat einem »Europa à la carte« deshalb immer eine unmißverständliche Absage erteilt. So sehr das »Europa à la carte« nicht zur Integrationsmethode schlechthin werden darf, so kann ein »Europa der verschiedenen Geschwindigkeiten« punktuell der Einigung durchaus dienlich sein: Die deutsch-französische Zusammenarbeit bietet hierfür zahlreiche gute Beispiele. Solange das europäische Recht beachtet und die europäische Integration dadurch gefördert wird, sind differenzierte Lösungen, die auf die unterschiedlichen Ausgangslagen und Bedürfnisse der Mitgliedstaaten Rücksicht nehmen, nicht zu beanstanden.

2. *Die Einheit Deutschlands und die Europäische Gemeinschaft*

Die Europäische Gemeinschaft wird durch die deutsche Einigung vor neue Herausforderungen gestellt[33]. Bereits bei Abschluß der Römischen Verträge 1957 wurde auf die durch die deutsche Teilung entstandene, besondere völkerrechtliche Stellung der Bundesrepublik dadurch Rücksicht genommen, daß nach dem sogenannten Protokoll über den innerdeutschen Handel dieser im Verhältnis zur Gemeinschaft nicht als Außenhandel anzusehen sei. Außerdem hat sich die Bundesrepublik für den Fall einer Wiedervereinigung eine Neuverhandlung der Römischen Verträge rechtlich vorbehalten. Hierzu ist es jedoch nicht gekommen. Der Beitritt der DDR zur Bundesrepublik Deutschland nach Art. 23 des Grundgesetzes machte Neuverhandlungen mit der Europäischen Gemeinschaft nicht notwendig. Mit der Vollziehung der Einheit Deutschlands am 3. Oktober 1990 ist gleichzeitig die Mitgliedschaft in der Europäischen Gemeinschaft begründet. Meines Erachtens wird es eines Tages als die historische Leistung von Bundeskanzler Kohl gewertet werden, daß er sich – in Übereinstimmung mit dem Willen der Menschen in der damaligen DDR – für einen Beitritt nach Art. 23 und nicht für eine neue Verfassung nach Art. 146 des Grundgesetzes ausgesprochen hat. Eine Vereinigung nach Art. 146 hätte in der Tat eine Neuverhandlung mit der Europäischen Gemeinschaft notwendig gemacht. Die Einheit Deutschlands nach Art. 23 und die gleichzeitige Mitgliedschaft des geeinten Deutschland in der Europäischen Gemeinschaft widerlegt die viel behauptete These vom Widerspruch der deutschen und europäischen Einigung. Die von Bundeskanzler Kohl vertretene Maxime »Einigung Deutschlands im europäischen Rahmen« stellt die konsequente Fortsetzung der Adenauerschen Politik »Wiedervereinigung über die Westintegration« unter gewandelten europäischen und globalen Rahmenbedingungen dar.

Mag es im Vorfeld der deutschen Einheit auch manche Irritation bei unseren westeuropäischen Partnern gegeben haben, so kann doch nicht nachdrücklich genug betont werden, daß sich die Gemeinschaftsinstitutionen im Prozeß der deutschen Einheit hervorragend bewährt haben. So hat schon der Präsident der Europäischen Kommission, Jacques Delors, die Einbindung der DDR im Rahmen der deutschen Einheit in die Europäische Gemeinschaft frühzeitig als einen »Sonderfall« bezeichnet, für den »Aufnahmeverhandlungen« nicht erforderlich seien. Wenn auch die rechtliche und praktische Eingliederung des bisherigen DDR-Gebietes in die Europäische Gemeinschaft viele Fragen und Probleme aufwirft, so handelt es sich gleichwohl nicht um die Aufnahme eines neuen Mitglieds. Neben dem Kommissionspräsidenten hat das Europäische Parlament den deutschen Einigungsprozeß immer wohlwollend und unterstützend begleitet. Diese europäische Solidarität mit dem deutschen Anliegen ist eine gute Voraussetzung für eine europäische Zukunft des geeinten Deutschland.

Anmerkungen

1 Vgl. die Schlußfolgerungen des Europäischen Rates vom 8./9.12. 1989 in Straßburg, abgedruckt in: Europa Archiv, 45 (1990), S. D 5ff., 14.
2 So hat der französische Politiker Aristide Briand 1930 in einem Memorandum eine föderative Verbindung der europäischen Staaten vorgeschlagen.
3 Damit soll die hervorragende Bedeutung des 1949 gegründeten Europarats und der in seinem Rahmen 1950 geschaffenen Europäischen Menschenrechtskonvention für den Schutz der Menschenrechte nicht geschmälert werden.
4 1948 im wesentlichen zur Verwaltung der Hilfen aus dem Marshall-Plan gegründet, wurde sie 1961 in die heutige OECD (Organisation für Wirtschaftliche Zusammenarbeit und Entwicklung) umgewandelt.
5 Vgl. die Erklärung der ersten gemeinsamen Ministerkonferenz beider Integrationsgebilde in Luxemburg aus dem Jahre 1984. Text in: Europa Archiv, 39 (1984), S. D 339f.
6 Hans-Gert Pöttering, Adenauers Sicherheitspolitik 1955–1963, Düsseldorf 1975, S. 42, 45.
7 Dazu Wolfram H. Hanrieder, West German Foreign Policy 1949–1963. International Pressure and Domestic Response, Stanford 1967.
8 Hans-Peter Schwarz, Die Entente. Perspektiven der deutsch-französischen Zusammenarbeit, in: Die Politische Meinung, 33 (1988) 236, S. 10ff.
9 Vor- und Nachteile der EG-Agrarpolitik sorgfältig abwägend Winfried von Urff, Die Gemeinsame Agrarpolitik – Integrationsopfer der Deutschen?, in: Rudolf Hrbek/Wolfgang Wessels (Hrsg.), EG-Mitgliedschaft: ein vitales Interesse der Bundesrepublik Deutschland?, Bonn 1984, S. 321ff.
10 Dazu die kritische Untersuchung von Bernhard May, Der deutsche Beitrag zum Gemeinschaftshaushalt – Die Nettozahler-Diskussion, in: R. Hrbek/W. Wessels (Anm. 9), S. 357ff.
11 Abgedruckt in: Kommission der Europäischen Gemeinschaften (Hrsg.), Bulletin der EG, Beilage 2/86.
12 Dazu Lutz G. Stavenhagen, Zukunftsperspektiven der Europäischen Gemeinschaft, in: Die Politische Meinung, 32 (1987) 232, S. 9.
13 Zur Bedeutung dieser Vereinbarung vgl. Joseph H. Kaiser, Das Europarecht in der Krise der Gemeinschaften, Europarecht 1966, S. 4ff.
14 Frankfurter Allgemeine Zeitung vom 14. 6. 1985.
15 Zum Ganzen instruktiv die Beiträge in: Jürgen Schwarze (Hrsg.), Legislation for Europe 1992, Baden-Baden 1989.
16 Reinhard Büscher/Jochen Homann, Supermarkt Europa, Zürich, Osnabrück 1989, S. 9.

17 Zur Geschichte der Währungsintegration vgl. den Delors-Bericht (vollständiger Titel: Report on Economic and Monetary Union in the European Community), Rdn. 1ff.

18 Am Wechselkursmechanismus nehmen nach dem Beitritt Spaniens 1989 neun Mitgliedstaaten der Gemeinschaft teil. Italien hat kürzlich die erweiterte Bandbreite (+/− 6 Prozent, normal +/− 2,25 Prozent) für obligatorische Interventionen am Devisenmarkt offiziell aufgegeben, welche nunmehr nur noch Spanien zusteht. Drei Mitgliedstaaten (Großbritannien, Griechenland und Portugal) sehen sich derzeit zu einer Teilnahme noch nicht in der Lage.

19 Dokumente des Kolloquiums der Kommission der Europäischen Gemeinschaften aus Anlaß des hundertsten Geburtstages von Jean Monnet, Luxemburg 1989, S. 149.

20 Vgl. das Verfahren der Zusammenarbeit gemäß Art. 149 Abs. 2 EWG-Vertrag.

21 Das bedeutet die Abkehr vom Luxemburger Kompromiß von 1966.

22 Vgl. auch Hans von der Groeben, Legitimationsprobleme der Europäischen Gemeinschaft, Baden-Baden 1987, S. 72.

23 Dazu Werner von Simson, Der politische Wille als Gegenstand der Europäischen Gemeinschaftsverträge, in: Festschrift für Otto Riese, Karlsruhe 1964, S. 83ff.

24 Urteil vom 22. 5. 1985, RS 13/83 (Gemeinsame Verkehrspolitik).

25 Vgl. Entwurf eines Vertrages zur Gründung der Europäischen Union, 14. 2. 1984, Europäisches Parlament, Generaldirektion Information und Öffentlichkeitsarbeit, Luxemburg. Abgedruckt in: Jürgen Schwarze/Roland Bieber (Hrsg.), Eine Verfassung für Europa – Von der Europäischen Gemeinschaft zur Europäischen Union, Baden-Baden 1984.

26 Art. 1 Abs. 1 der Einheitlichen Europäischen Akte.

27 Eberhard Schulz, Die europäische Integration und die deutsche Frage, in: R. Hrbek/W. Wessels (Anm. 9), S. 475.

28 Vgl. Art. 59 Abs. 2 des Grundgesetzes.

29 Hervorstechend die Bestimmung über umweltpolitische Maßnahmen der EG (Art. 130r Abs. 4 EWG-Vertrag).

30 Vgl. insofern den Delors-Bericht und die Entschließung des Europäischen Rates von Madrid im Juni 1989.

31 Vgl. die vielzitierte Brügger Rede der britischen Premierministerin Thatcher, abgedruckt in: Europa Archiv, 43 (1988), S. D 682ff.

32 Aus rechtlicher Sicht für den Bereich der Währungspolitik sorgfältig differenzierend Christian Köster, Institutionelle Veränderungen auf dem Weg zu einer Europäischen Wirtschafts- und Währungsunion, in: Jörg Peter/Kay U. Rhein, Wirtschaft und Recht, Osnabrück 1989, S. 64ff.

33 Die deutsche Frage war bis zum Straßburger Gipfel vom Dezember 1989 kein Thema der EG. Sie wurde als Sache der Vierergruppe bzw. der vier Mächte angesehen. »Die Gemeinschaft hat(te) ihr Interesse an der deutschen Frage noch nicht entdeckt«, auch nicht in der EPZ. So E. Schulz (Anm. 27), S. 465.

Gerd Langguth

Die deutsche Frage und die Europäische Gemeinschaft

I. Vorbemerkung

»›Die Deutsche Frage‹« ist eben offen, so lange das Brandenburger Tor zu bleibt. Die offene Deutsche Frage ist Teil der offenen Europäischen Frage, einer Friedensordnung für Europa«. Diese Worte Richard von Weizsäckers am 8. Juni 1985 auf dem Evangelischen Kirchentag wurden nach dem 9. November 1989 und nach der Öffnung des Brandenburger Tores nach 28 Jahren am 22. Dezember 1989 höchst aktuell. Die Aussage nach dem Sieg von Sedan 1870 am Brandenburger Tor: »Welch eine Wendung durch Gottes Führung« hat nach den dramatischen Ereignissen des Jahres 1989 einen anderen Klang: Am selben Tag, an dem das Brandenburger Tor geöffnet wurde, fand ein – bislang in seinen Wirkungen allerdings begrenzter – Umsturz in Rumänien statt. In Polen, Ungarn und der Tschechoslowakei änderten sich die einst totalitären Strukturen – im übrigen mit der Konsequenz, daß die Sowjetunion, wo Glasnost und Perestroika ihren Ausgang nahmen, inzwischen längst von diesen Staaten in dem Bemühen um Freiheit, Liberalität und der Einführung marktwirtschaftlicher Strukturen eingeholt wurde. Nun ist das Brandenburger Tor offen – ist die deutsche Frage aber schon gelöst? Trifft es zu, daß die deutsche Frage nach dem 9. November 1989 immer mehr zu einer Frage der Europäischen Gemeinschaft wurde?

In einer Zeit rapiden Wandels in den osteuropäischen Staaten ist es geboten, Bilanz zur Bedeutung der deutschen Frage im europäischen Kontext zu ziehen – auch auf die Gefahr hin, daß gegenwärtig jedes Manuskript binnen weniger Wochen von den Ereignissen eingeholt wird. In den Stuben vieler Politiker und Diplomaten, aber auch Journalisten und Wissenschaftler, war die Brisanz der deutschen Frage jahrelang verkannt und verdrängt worden – bis sie mit Wucht von der Bevölkerung selbst gestellt und beantwortet wurde. Zweifelsohne haben jene Deutschen, die gerade zum Zeitpunkt der Feierlichkeiten zum vierzigsten Jahrestag des Bestehens der DDR dieses System durch massenhafte Flucht auf dem Umwege über Ungarn und andere osteuropäische Staaten tatkräftig desavouierten, den Zusammenbruch des DDR-Regimes gefördert. Es war Ungarn, das durch seine Entscheidung, die DDR-Bürger in die Bundesrepublik ausreisen zu lassen, den Zusammenbruch des maroden SED-Regimes beschleunigt hat. Nicht nur die Deutschen selbst, auch die Europäer insgesamt wurden von der deutschen Frage – letztlich unvorbereitet – wieder eingeholt. Zwar wurde in allen wichtigen Grundsatzdokumenten die Verbindung der europäischen mit der deutschen Dimension angesprochen: sowohl im Grundgesetz des Jahres 1949, in den Deutschlandverträgen zwischen den drei westlichen Alliierten und der Bundesrepublik Deutschland der Jahre 1952/1954, in dem berühmten Harmel-Bericht des Jahres 1967 oder in der Erklärung zum vierzigjährigen Jubiläum des Nordatlantik-Vertrages 1989. Helmut Kohl erklärte beispielsweise im Januar 1989: »Ich bin mit Adenauer der Auffassung, daß Wiedervereinigung und europäische Integration kein Gegensatz sind.«[1] Doch schälten sich in der politischen Öffentlichkeit vor der Wende des 9. November 1989 gelegentlich solche Positionen heraus, die die westeuropäische Integration und die Vollendung des Europäischen Binnenmarktes zum 31. Dezember 1992 als einen möglichen Gegensatz zu der die bundesdeutsche Politik verpflichtenden Präambel des Grundgesetzes interpretierten. Zwei Beispiele mögen dies belegen:

– Fünf Bundestagsabgeordnete der CDU/CSU-Fraktion (Manfred Abelein, Heinrich Lummer, Michael von Schmude, Jürgen Todenhöfer und Herbert Werner) verlangten in einer Presseerklärung am 16. Januar 1989 von der Bundesregierung »ein klares, konkretes und unmißverständliches Bekenntnis zum Vorrang des Staatsziels der Wiedervereinigung vor dem Ziel der westeuropäischen Integration«. Sie forderten insbesondere das Auswärtige Amt auf, »diesen Vorrang der Wiedervereinigung in völkerrechtlich verbindlicher Form abzusichern«. Diese Pressemitteilung war die Reaktion auf Antworten des Außenministeriums zum Verhältnis deutsche Frage/europäische Integration, die von den Abgeordneten als »völlig unbefriedigend« deklariert wurde: »Dies gilt vor allem für die Frage nach der Bereitschaft der Bundesregierung, durch einen völkerrechtlich verbindlichen Wiedervereinigungsvorbehalt sicherzustellen, daß das auf dem Selbstbestimmungsrecht der Völker beruhende Recht der Deutschen, frei und ohne Zustimmung Dritter über die Wiedervereinigung zu entscheiden, auch im Falle eines Beitritts zu einer Europäischen Union gewahrt bleibt.«

– Der SPD-Deutschlandexperte Bahr hingegen resümierte im November 1988 mit seiner Rede »Nachdenken über das eigene Land«, daß die Vollendung eines europäischen Binnenmarktes einen Widerspruch zur Forderung nach Wiedervereinigung darstelle: »Das Grundgesetz will eine Revision des status quo in Europa durch staatliche deutsche Einheit. Die Westeuropäische Union soll den status quo unrevidierbar machen«, behauptete Egon Bahr, der in seiner Rede darauf hinwies, die Bundesrepublik Deutschland habe bei Abschluß der Römischen Verträge über die Europäische Wirtschaftsgemeinschaft (EWG) und die Europäische Atomgemeinschaft (EURATOM) einen Wiedervereinigungsvorbehalt gemacht. Daher brachte er einiges Erstaunen zum Ausdruck, »daß dem Bundesverfassungsgericht niemals ein Urteil darüber abverlangt worden ist, ob europäische Integration und Einheit einander widersprechen«. Die Ziele der deutschen Einheit und Europa seien 1949 noch theoretisch vereinbar gewesen, »1993 wird das praktisch nicht mehr so sein«. Denn: »Der Punkt ist sichtbar geworden, wo die Quantität europäischer Verschmelzungen in eine Qualität umschlägt, die das Einheitsgebot, wie es bis zur Stunde ausgelegt wurde, faktisch unmöglich macht.« Bahr erläuterte – ähnlich wie seine christdemokratischen Kollegen –, daß die Väter des Grundgesetzes der Einheit der Deutschen Vorrang gegeben hätten, wenngleich sie auch den Weg zu Europa geöffnet hätten und konstatiert, daß »die Realität der westeuropäischen Gemeinschaft mit der Bundesrepublik« den »Anspruch des Grundgesetzes mit seiner Priorität beiseite geschoben« habe.

So sehr zwar von den Führungspersönlichkeiten der gegenwärtigen Koalitionsregierung aus CDU/CSU und FDP wie auch von der Spitze der SPD die westeuropäische Integration als unverrückbarer Eckstein bundesdeutscher Politik interpretiert werden, so beeinflussen doch die Ereignisse in der DDR und insgesamt in Osteuropa die europäische Integration der Zwölf. Einige Mitgliedstaaten äußerten die Sorge, daß die Vertiefung der Gemeinschaft – d. h. ein schnelles Tempo bei der Verwirklichung der Vollendung des Binnenmarktes bis zum 31. Dezember 1992, die Schaffung einer Währungsunion und der verstärkte Ausbau der Europäischen Politischen Zusammenarbeit (EPZ), die Diskussion über eine europäische Verfassung – durch die Tatsache behindert wird, daß vielfältige Energien der wirtschaftlich starken westeuropäischen Partner, vor allem der Bundesrepublik, nach Osteuropa umgeleitet werden. In einigen Mitgliedstaaten wurde die Vermutung geäußert, das Interesse der Bundesrepublik an einer Vertiefung der westeuropäischen Integration lasse nach, und die Investitionen bundesdeutscher Firmen würden insbesondere in den peripheren Gebieten der Zwölfergemeinschaft reduziert. Umgekehrt gibt es auch die Sorge in der Bundesrepublik, die enge Verflechtung mit der Europäischen Gemeinschaft könne die Handlungsfreiheit der Bundesrepublik behindern. Typisch hierfür ist der »Spiegel«-Herausgeber Augstein: »Die Rechnung, daß alle, außer den Deutschen, ihre Interessen wahrnehmen dürfen, wird nicht aufgehen. Man wird von den Westdeutschen nicht verlangen können, daß sie der EG eilbedürftig unsachliche Zugeständnisse machen, nur damit die Ostdeutschen nicht dazukommen.«[2] Andererseits: Dieses Jahrhundert war von Katastrophen gekennzeichnet – zwei Weltkriegen, Hitler und dem Holocaust, Stalin, Hiroshima. Doch zeigte das Revolutionsjahr 1989, daß die Deutschen in der DDR in der Lage waren, durch engagierten Protest im Inneren eine Diktatur abzustreifen und eine echte Revolution herbeizuführen – wobei vergessen wird, daß eine der großen europäischen Revolutionen eben in diesem Lande, der einstigen DDR, begonnen hat, ausgelöst durch Martin Luthers Reformation. Und Henry A. Kissinger hat recht, wenn er sagt: »Wie so oft seit dem Westfälischen Frieden von 1648 bildet Deutschland auch jetzt das Kernstück der revolutionären Veränderungen, die ganz Europa erschüttern.«[3]

II. Einige historische Aspekte der europäischen Integration

Unzweifelhaft war die Teilung der Deutschen mit der Teilung Europas verwoben. Auf einige Aspekte sei hier verwiesen:
1. Die Teilung Deutschlands war für die Deutschen insofern besonders folgenschwer, weil sich für sie durch die Teilung Europas zugleich das Problem ihrer nationalen Identität stellte. Polen ohne Kommunisten an der Spitze bleibt dennoch Polen. Ein verändertes Ungarn ohne Kommunisten an der Spitze bleibt ebenfalls Ungarn. Es war indes sehr logisch, wenn der einstige Cheftheoretiker der SED, Otto Reinhold erklärte: »Welche Existenzberechtigung sollte eine kapitalistische DDR neben einer kapitalistischen Bundesrepublik haben? Natürlich keine!« Trotz der Doktrin von der Allmacht der Partei konnte die SED-Führung keine eigene nationale Identität der DDR-Bevölkerung erzwingen[4]. Die Nationalhymne der DDR durfte zwar jahrelang nicht mehr gesungen werden, denn der Text dieser von Johannes R. Becher formu-

lierten Hymne mit der Forderung »Deutschland, einig Vaterland« wurde als »eine Art geheime Verschlußsache behandelt«. In einem DDR-Kommentar zur Vereinigung der deutschen Staaten vom Januar 1990 heißt es denn auch: »Es gehört zu den fatalsten politischen Fehlentscheidungen der einstigen Partei- und Staatsführung unter Honecker, daß sie das Fortbestehen der deutschen Nation kurzerhand verleugnete und die deutsche Frage für nichtexistent erklärte. Wie die Ereignisse des Jahres 1989 bewiesen, war diese Politik destabilisierend für die DDR, für den Sozialismus und damit auch für den Frieden in Europa.«[5]

2. Trotz mancher theoretischer Unterscheidung der Begriffe Staats- und Kulturnation haftete lange Jahre der Bundesrepublik Deutschland ein provisorischer Charakter an, währenddessen die DDR-Führung weitgehend auf eine Abgrenzung zur Bundesrepublik Deutschland fixiert war, aber ohne hierbei die Ziele eines Sozialismus und die Herausbildung eines eigenen Nationalgefühles in der Bevölkerung durchsetzen zu können. Der provisorische Charakter der Bundesrepublik kam in Artikel 146 des Grundgesetzes zum Ausdruck: »Dieses Grundgesetz verliert seine Gültigkeit an dem Tage, an dem eine Verfassung in Kraft tritt, die von dem deutschen Volke in freier Entscheidung beschlossen worden ist.« Zwar verstand sich die Bundesrepublik Deutschland in ihrer definitiven Entscheidung für die Demokratie nicht als Provisorium – denn die klare Entscheidung lautete: Freiheit vor Einheit –, wohl aber in der Vorläufigkeit der staatlichen Ordnung. Bei allen Forderungen, die auch in der bundesdeutschen Politik nach völkerrechtlicher Anerkennung der DDR erhoben wurden, waren doch durch entsprechende Urteile des Bundesverfassungsgerichtes Schranken gesetzt, wobei insbesondere Artikel 116 durch die Festlegung des Begriffes »Deutscher« eine einzige deutsche Staatsbürgerschaft proklamierte. Dieses Rechtsinstitut der einen deutschen Staatsbürgerschaft war das wichtigste institutionell bindende Element der Deutschen, weil es den verfassungsrechtlich garantierten Anspruch der DDR-Bürger sicherstellte, in der Bundesrepublik Deutschland als Inländer behandelt zu werden. Dieses Rechtsinstitut führte dann auch zur Erosion der DDR, zu einer Massenflucht – nämlich immerhin von etwa 300 000 Deutschen noch im Jahre 1989 und mit Übersiedlungsraten im Frühjahr 1990 mit bis zu 3 000 Personen pro Tag.

3. Das Grundgesetz verankerte indes zwei miteinander konkurrierende Grundtendenzen, da in der Präambel das deutsche Volk aufgefordert wurde, »seine nationale und staatliche Einheit zu wahren und als gleichberechtigtes Glied in einem vereinten Europa dem Frieden der Welt zu dienen«.

4. Gleichwohl trat in der Gründungsphase der Bundesrepublik ihre Abhängigkeit von der internationalen Politik und auch von den Entscheidungen der früheren Siegermächte deutlich zutage, insbesondere bei der Bewältigung der Kriegsfolgen, den Bemühungen um den Wiederaufbau in einer bipolar gewordenen Zeit, in der die Bundesrepublik Deutschland gegenüber einem stärker werdenden Kommunismus Schutz in der Westintegration suchte[6]. Aber nur durch diese Bindung konnte auch eine Handlungsfähigkeit (west-)deutscher Politik wiederhergestellt werden. Darüberhinaus gab es unmittelbar nach dem Zweiten Weltkrieg Bemühungen, den nationalstaatlichen Egoismus der einzelnen Staaten durch die Schaffung internationaler Organisationen, vor allem den Vereinten Nationen, einzudämmen. So wurde mit den Vereinten Nationen eine Organisation ins Leben gerufen, die auf vergleichbaren utopischen Vorstellungen beruhte wie nach dem Ersten Weltkrieg der Völkerbund.

Aber immerhin war der Versuch neu, in diesem Rahmen über Sonderorganisationen eine neue Weltwirtschaftsordnung zu begründen[7]. So wurde dem Internationalen Währungsfonds (IWF) die Aufgabe zugewiesen, die Währungsrelationen zu stabilisieren, die Internationale Bank für Wiederaufbau und Entwicklung (Weltbank) sollte die internationalen Investitionen fördern und mit dem Allgemeinen Zoll- und Handelsabkommen (GATT) wurde schließlich der Rahmen für multilaterale Verhandlungen über die Senkung der Zolltarife und die Beseitigung sonstiger Handelshemmnisse geschaffen. Und schließlich bot der amerikanische Außenminister George Marshall im Juni 1947 in einer Rede an der Harvard-Universität die finanzielle Hilfe der Vereinigten Staaten für den wirtschaftlichen Wiederaufbau Europas an. Ferner wurde der Europarat gegründet.

5. Als besonders bedeutsam hat sich indes die eindrucksvolle Rede Robert Schumans vom 9. Mai 1950 erwiesen, mit der eine Wende in der französischen Deutschlandpolitik herbeigeführt wurde. Es wurde von ihm vorgeschlagen, den Kohlebergbau und die Stahlindustrie Frankreichs und Deutschlands sowie aller anderen europäischen Staaten einer gemeinsamen europäischen Behörde zu unterstellen. Mit dem am 18. April 1951 in Paris unterzeichneten Vertrag über die Europäische Gemeinschaft für Kohle und Stahl (EGKS) – basierend auf den Überlegungen Jean Monnets – war die Bundesrepublik Deutschland als gleichberechtigtes Glied von den fünf anderen Vertragspartnern akzeptiert worden[8]. Damit war die Gründung der heutigen Europäischen Gemeinschaft vorgezeichnet. Der Beitritt der Bundesrepublik Deutschland basierte u. a. auf Artikel 24 des Grundgesetzes, nach dem der Bund durch Gesetz »Hoheitsrechte auf zwischenstaatliche Einrichtungen übertragen« kann – eine Neuheit im deutschen Verfassungsrecht. Diese Bestimmung sollte, wie Carlo Schmid als Berichterstatter in der zweiten Plenarsitzung des Parlamentarischen Rats vom 8. September 1948 ausführte, zeigen, daß »das deutsche Volk . . . entschlossen« ist, »aus der nationalstaatlichen Phase seiner Geschichte in die übernationalstaatliche Phase einzutreten«[9]. Die eigentlich revolutionäre Bedeutung der westeuropäischen Integration seit dem EGKS-Vertrag besteht darin, daß die an dieser Integration beteiligten Staaten freiwillig Kompetenzen auf eine Gemeinschaft übertragen haben, ohne daß dies durch Gewalt erzwungen wurde. Damit wurde – anders als nach dem Ersten Weltkrieg – einem nationalstaatlichen Rückfall entgegengewirkt. Der Aufbau einer neuen Demokratie in der Bundesrepublik Deutschland war also mit der Europaidee eng verknüpft. Schnell stellte sich heraus, daß sich die Bundesrepublik Deutschland in der Mitte Europas zu einer Mittelmacht entwickelte, die eine kritische Größe besaß: »Sie ist zu stark, um für die anderen uninteressant zu sein. Sie ist zu schwach, um von den Interessen der Umwelt unberührt zu bleiben.«[10] Die zunehmende Verflechtung der bundesdeutschen Politik mit der Europäischen Gemeinschaft führte indes zu der Erkenntnis, daß das wirtschaftliche Potential eines 62 Millionen-Volkes durch eine politische Integration überdeckt wurde, in der klassisches nationales Überlegenheitsstreben durch Kooperation in der EG gebändigt ist. Die bundesdeutsche Politik war also immer gezwungen, sowohl in nationalen als auch in europäischen Kategorien zu denken. »Ohne Übertreibung dürfen wir sagen: die Bundesrepublik Deutschland begreift sich heute als Teil ihrer Umwelt und handelt nicht isoliert. Bei ihrer Politik des Interessenausgleiches nimmt sie nicht nur Rücksicht auf das westliche Bündnis, in dem sie sich fest verankert fühlt, sondern sie beachtet auch die besondere Interessenlage der sozialistischen Staaten. Die Bundesrepublik Deutsch-

land hat ihre neue Rolle als größere mittlere Macht, d.h. ihre natürliche, dem Gewicht nach zukommende Bedeutung akzeptiert«[11] (Hans-Adolf Jacobsen).
6. Diese europäische Zusammenarbeit wurde zudem kombiniert mit einer engen Anlehnung an die Vereinigten Staaten von Amerika, die in einer Zeit des Kalten Krieges insbesondere den Deutschen in der Bundesrepublik Schutz gegenüber einem sich ausbreitenden Kommunismus versprach. Zugleich blieben die Souveränitätsrechte der vier Hauptsiegermächte über Deutschland als Ganzes erhalten. Denn auch die Sowjetunion hatte mit der DDR keinen separaten Friedensvertrag geschlossen. Zwar hatte Chruschtschow im Zusammenhang mit der Zweiten Berlin-Krise zwischen 1958 und 1962 einen solchen separaten Friedensvertrag mit der DDR angedroht, doch wurde dieser niemals realisiert. Dies zeigten die drei grundlegenden Vertragswerke zwischen der UdSSR und der DDR, sowohl der Moskauer Vertrag vom 20. September 1955 über die Beziehungen zwischen der DDR und der Sowjetunion[12], ferner der Vertrag über Freundschaft, gegenseitigen Beistand und Zusammenarbeit zwischen der DDR und der UdSSR vom 12. Juni 1964[13] und auch der »Vertrag über Freundschaft, Zusammenarbeit und gegenseitigen Beistand« zwischen beiden Staaten vom 7. Oktober 1975[14]. Noch in Artikel 10 dieses für die Dauer von 25 Jahren abgeschlossenen Vertrages hieß es: »Dieser Vertrag berührt nicht die Rechte und Pflichten der hohen vertragschließenden Seiten aus gültigen zwei- und mehrseitigen Abkommen.« Mit dieser Formulierung bezog sich die Sowjetunion exakt auf ihre Verpflichtungen gegenüber den drei Westalliierten.

Aber auch die Pariser Deutschlandverträge vom 26. Mai 1952 in der geänderten Fassung vom 23. Oktober 1954 zeigten noch die Vorbehaltsrechte der Siegermächte. So hieß es in Artikel 2 dieses Vertrages zur deutschen Frage: »Im Hinblick auf die internationale Lage, die bisher die Wiedervereinigung Deutschlands und den Abschluß eines Friedensvertrages verhindert hat, behalten die drei Mächte die bisher von ihnen ausgeübten oder innegehabten Rechte und Verantwortlichkeiten in bezug auf Berlin und auf Deutschland als Ganzes einschließlich der Wiedervereinigung Deutschlands und einer friedensvertraglichen Regelung.«[15] In diesen Deutschlandverträgen, die für die drei Westmächte und die Bundesrepublik Deutschland bis in die Gegenwart Bindungswirkung hatten, waren sich die Unterzeichnerstaaten darüber einig, »daß ein wesentliches Ziel ihrer gemeinsamen Politik eine zwischen Deutschland und seinen ehemaligen Gegnern frei vereinbarte friedensvertragliche Regelung für ganz Deutschland ist, welche die Grundlage für einen dauerhaften Frieden bilden soll« (Artikel 7, Absatz 1). Die Vertragspartner waren sich darüber hinaus einig, »daß die endgültige Festlegung der Grenzen Deutschlands bis zu dieser Regelung aufgeschoben werden muß« (Artikel 7, Absatz 1). Konstitutiv für die weitere Politik der Bundesregierung war insbesondere Artikel 7, Absatz 2, nach dem vertraglich vereinbart war, daß die Unterzeichnerstaaten bis zum Abschluß der friedensvertraglichen Regelung zusammenwirken, »um mit friedlichen Mitteln ihr gemeinsames Ziel zu verwirklichen: ein wiedervereinigtes Deutschland, das eine freiheitlich-demokratische Verfassung, ähnlich wie die Bundesrepublik, besitzt und das in die europäische Gemeinschaft integriert ist«. Die weitgehende Entlassung in die politische Souveränität war für die Bundesrepublik verbunden mit der Verpflichtung für ein demokratisches wiedervereinigtes Deutschland, das sich der europäischen Integration verpflichtet. Dieser Artikel gab also nicht nur der westlichen Deutschlandpolitik eine formale Grundlage, sondern zeigte auch die Ideale der westlichen Politik für die Verteidigung von Frieden und Freiheit auf, was auch Artikel 3, Absatz 1 des Deutschlandvertrages belegt, in dem die Bundesrepublik versicherte, sie werde ihre Politik »in Einklang mit den Prinzipien der Satzung der Vereinten Nationen und mit den im Statut des Europarates aufgestellten Zielen halten«. Zwei der Vertragspartner der Bundesrepublik Deutschland sind zudem zugleich Mitglieder in der Europäischen Gemeinschaft. Wie sehr der besondere Status gerade von Berlin für die früheren vier Hauptsiegermächte immer schon ein Hebel zur Beeinflussung deutscher Politik war, zeigt nicht nur das Viermächte-Abkommen über Berlin des Jahres 1971, sondern in symbolhafter Weise auch das Zusammentreffen der vier alliierten Botschafter, das auf sowjetisches Betreiben hin am Montag, dem 11. Dezember 1989, zu einer offiziellen Botschafterkonferenz der vier Siegermächte des Zweiten Weltkrieges führte. Damit trafen sich erstmals nach nunmehr 18 Jahren – nach Abschluß der Viermächte-Verhandlungen über Berlin – im alten Alliierten Kontrollratsgebäude in West-Berlin die Botschafter der Vier. Zwar war offizieller Anlaß die Reagan-Initiative des Jahres 1987 zur Verbesserung der politischen Situation in und um Berlin, doch hatte offensichtlich die Sowjetunion bei diesem Zusammentreffen versucht, den Gesprächsgegenstand insgesamt auf die deutsche Frage auszudehnen. Dieses Treffen konnte als ein Signal der Vier an die Deutschen gewertet werden, daß die deutsche Frage nicht nur den Deutschen alleine gehört. Allerdings mußten sich die Sowjets mit dieser Botschafterkonferenz in einem Dilemma befinden, weil sie in der Vergangenheit die Berufung der drei Westmächte auf den Viermächte-Status von ganz Berlin als überholt zurückgewiesen hatten. Es ist nicht ausgeschlossen, daß die Sowjetunion zeitweilig daran dachte, die Viermächte-Verantwortung für Berlin und Deutschland als Ganzes ins Spiel zu bringen, wenn diese ihr noch die Möglichkeit gegeben hätte, die Entwicklung insbesondere in der früheren DDR politisch beeinflussen zu können.

III. Gegenwärtige weltpolitische Entwicklungen

Das Festhalten der Westmächte am NATO-Doppelbeschluß zeigte der Sowjetunion mit aller Konsequenz, daß weder der militärische noch der wirtschaftliche Wettlauf durch die Staaten des Warschauer Paktes gewonnen werden konnte. Zudem trat in der Sowjetunion eine Generation von Politikern an die Schalthebel der Macht, die nicht mehr in erster Linie vom Kalten Krieg sowie zuvor vom Zweiten Weltkrieg und dem Nationalsozialismus und damit der fundamentalen Bedrohung des russischen Imperiums geprägt wurden. Neben der Politik der militärischen Festigkeit war es insbesondere das veränderte Verhältnis der beiden Supermächte zueinander, das die Veränderungen in der Sowjetunion – Glasnost und Perestroika – erst ermöglichte. Aber auch die Erfolge der westeuropäischen Integration verfehlten ihre Anziehungskraft in den osteuropäischen Staaten keineswegs.

Gegenwärtig sind es vor allem drei Tendenzen, die sich in der Weltpolitik und speziell in Europa abzeichnen:

1. Die kommunistisch regierten Staaten sind politisch wie wirtschaftlich am Ende. Die Bindewirkung der marxistisch-leninistischen Ideologie war schon seit langem in sich zusammengebrochen. In fast allen Staaten Osteuropas gibt es Tendenzen zum politischen Pluralismus – im Vielvölkerstaat Sowjetunion zudem verbunden mit

nationalistischen Tendenzen in den einzelnen Sowjetrepubliken. Die Politik der Sowjetunion gegenüber ihren bisherigen Satelliten ist nicht mehr dominierend. Dies hatte auch Auswirkungen auf die Haltung der Sowjetunion in der deutschen Frage, denn anläßlich des Besuches von DDR-Ministerpräsident Hans Modrow in Moskau zeigte sich Gorbatschow am 30. Januar 1990 sehr viel flexibler, als er erklärte, daß die Vereinigung der Deutschen »prinzipiell« von niemandem in Zweifel gezogen würde und die deutsche Frage auf der internationalen Tagesordnung stünde. Auch beim Besuch des Bundeskanzler Kohl am 10. Februar 1990 in Moskau bekräftigte Gorbatschow diesen Standpunkt – wenngleich er damals noch die Neutralisierung Deutschlands forderte[16].

Noch im Dezember 1989 hatte sich Staats- und Parteichef Gorbatschow anläßlich des Besuches von Staatspräsident Mitterrand bei einem Arbeitstreffen in Kiew weit weniger flexibel geäußert: »Jedes Volk hat die Möglichkeit, sich zu entscheiden. Aber das betrifft auch andere Länder. Wir haben es mit zwei deutschen Staaten zu tun. Die Veränderungen, die im Gange sind, ändern nichts an dieser Lage. Man muß sich an die Realität halten. Die Geschichte muß über die Zukunft des Kontinents entscheiden. Diese Frage ist heute nicht aktuell.«[17]

Aber auch kulturpolitisch ist der Zusammenbruch des Kommunismus ein bedeutender Vorgang, weil damit vierzig Jahre ost- und mitteleuropäische Abkoppelung von der Moderne zu Ende gehen.

2. Die zweite Tendenz ist die westeuropäische Integration, die mit der Annahme der Einheitlichen Europäischen Akte in den Mitgliedstaaten und der Zielsetzung der Vollendung des Europäischen Binnenmarktes zum 31. Dezember 1992 neuen Schwung bekommen hatte. Diese Dynamik ist vor allem der Hartnäckigkeit des Präsidenten der EG-Kommission, Jacques Delors, zu verdanken. Mehr und mehr können die zwölf Mitgliedstaaten nicht mehr autonom ihre nationale Politik steuern, da es nur noch wenige Aspekte nationaler Politik gibt, die nicht zumindest europäische Dimensionen haben. Auch auf Feldern, die der EG keine unmittelbare Kompetenz geben, gibt es zunehmende Kooperationsbemühungen zwischen den Zwölf. Insbesondere die Europäische Politische Zusammenarbeit (EPZ), die mit der Einheitlichen Europäischen Akte eine Vertragsgrundlage erhielt, führte zu einer besseren Kooperation in der Außenpolitik[18]. Von den 279 Maßnahmen aus dem Weißbuch der Kommission zur Vollendung des Binnenmarktes waren über 70 Prozent im Herbst 1990 politisch entschieden – dazu gehören so bedeutsame Entscheidungen wie die Liberalisierung des Kapitalverkehrs oder die gegenseitige Anerkennung von Diplomen. Zum 1. Juli 1990 trat die erste Stufe der Währungsunion in der EG in Kraft. Mit der Einsetzung einer Regierungskonferenz am 15. Dezember 1990 zur Schaffung einer Währungsunion und den Überlegungen zur institutionellen Fortentwicklung der Gemeinschaft in einer parallel laufenden weiteren Regierungskonferenz wird zunehmend deutlich, daß sich in vielen Fragen die zwölf Mitgliedstaaten längst nicht mehr autonom verhalten und entscheiden können oder wollen. Die weltweite Diskussion um die ökonomischen Vorteile eines Binnenmarktes in einem Wirtschaftsraum von jetzt etwa 340 Millionen Verbrauchern hat zudem zu einem entsprechenden wirtschaftlichen Aufschwung in der Zwölfer-Gemeinschaft geführt, was wiederum das Wohlstandsgefälle zwischen Ost und West vergrößerte. Ganz zweifelsohne hat die stürmische Entwicklung wegen »1992« in den Staaten Osteuropas spürbare Wirkung hinterlassen, nämlich zum einen die Erkenntnis, daß der westeuro-

päische Integrationsprozeß das Wohlstandsgefälle zwischen Ost- und Westeuropa eher noch vergrößerte; zum anderen sahen viele Politiker in Osteuropa – insbesondere Angehörige einer erstarkten Opposition – die Gefahr eines kulturellen Abkoppelns von Westeuropa und der Moderne.
3. Parallel zu diesen beiden Prozessen »geht das amerikanische Jahrhundert« zu Ende[19]. Zwar werden die Vereinigten Staaten weiter die stärkste Macht in der Gemeinschaft nordatlantischer Demokratien bleiben: »Doch die Tage, da sie als Hegemonialmacht und alleinige Schutzmacht Westeuropas begriffen werden konnten, sind gezählt.«[20] Insgesamt zeichnet sich eine Entwicklung ab, nach der sich der Einfluß der beiden Supermächte reduziert, womit natürlich die Rolle Europas einen neuen Stellenwert erhält. Aber auch andere Gravitationsfelder der Weltpolitik zeichnen sich ab, so ein ökonomischer Aufstieg des pazifischen Raumes.

Als Fazit bleibt festzuhalten, daß sich mit der Reduzierung des Einflusses der Großmächte auch das weltpolitische Koordinatensystem ändert, in dessen Zusammenhang bislang die deutsche Frage gesehen werden mußte. Denn die Teilung Deutschlands und Europas war ein Ergebnis des Ringens beider Supermächte um Vorherrschaft in Weltmaßstab. Die Teilung Deutschlands stand also in einem engen Zusammenhang mit der Teilung Europas, wobei die Verträge der westlichen Staaten mit der Bundesrepublik die Gefahren eines »deutschen Sonderweges« beseitigen helfen sollten – allerdings mit der grundsätzlichen Entscheidung sowohl der drei westlichen Statusmächte in den Deutschlandverträgen als auch der EG-Staaten in den Römischen Verträgen, den Deutschen Hilfe in der Überwindung ihrer Teilung zu leisten.

Aufgrund der vertraglichen Abmachungen sind die Interessen Deutschlands so sehr mit der westeuropäischen Staatengemeinschaft verwoben, daß umgekehrt die Bundesrepublik aus diesen Abmachungen eine klare Unterstützung für ihre Politik der deutschen Einheit ableiten konnte. Allerdings war diese Wechselbeziehung häufig in anderen europäischen Staaten kaum bekannt, insbesondere nicht die normative Wirkung der Deutschlandverträge gegenüber den drei westlichen Statusmächten. Zudem muß darauf hingewiesen werden, daß die westeuropäische Integration wie auch das NATO-Bündnis den Zweck hatten, nicht nur Sicherheit *für* Deutschland zu schaffen, sondern auch Sicherheit *vor* Deutschland[21]. Gleichwohl war die Basis zur Lösung der deutschen Frage nicht der Bezug zur territorialen Einheit, sondern die Selbstbestimmung des deutschen Volkes und die Verwirklichung der Menschenrechte für Deutsche.

IV. Gab es eine europäische Deutschlandpolitik?

Allerdings waren bislang die oben erläuterten Grundsätze in der praktischen Politik der EG-Staaten nur von untergeordneter Bedeutung. Einsichtige Kenner der deutschen Szene wußten zwar, daß allein die Existenz der Insellage West-Berlins und die besondere statusrechtliche Situation Gesamt-Berlins ein dauerhafter Hinweis auf die Teilung Deutschlands und damit der Notwendigkeit ihrer Überwindung war[22]. Immer wieder mußte um die Einbeziehung West-Berlins in die Politik der Bundesrepublik Deutschland und der Europäischen Gemeinschaft mit den osteuropäischen Staaten gekämpft werden. Die Situation um die geteilte Stadt war also ein Hinweis auf die Ungelöstheit der deutschen Teilung. Zwar gab es eine ausformulierte Deutschland- und Berlinpolitik der EG nicht, doch existierten in den Römischen Verträgen von 1957 eine Reihe von Hinweisen auf deutschlandpolitische Rahmenbedingungen der Gemeinschaft:

- Besonders bedeutsam ist hier Artikel 92, der die Beihilfenregelungen innerhalb der Gemeinschaft definiert, nach dem bestimmte staatliche Subventionen den Wettbewerb verfälschen. Als mit dem Gemeinsamen Markt vereinbar sind jedoch nach Artikel 92, Absatz 2c »Beihilfen für die Wirtschaft bestimmter durch die Teilung Deutschlands betroffener Gebiete der Bundesrepublik Deutschland, soweit sie zum Ausgleich der durch die Teilung verursachten wirtschaftlichen Nachteile erforderlich sind«[23], anzusehen.
- Als besonders wichtig hat sich das »Protokoll über den innerdeutschen Handel und die damit zusammenhängenden Fragen«[24] erwiesen, das integraler Bestandteil der Römischen Verträge ist und in dem sich die Vertragsparteien einigten, daß der Handel zwischen der DDR und der Bundesrepublik Deutschland nach der Rechtsauffassung der Bundesrepublik Deutschland kein Außenhandel war: »Da der Handel zwischen den deutschen Gebieten innerhalb des Geltungsbereiches des Grundgesetzes für die Bundesrepublik Deutschland und den deutschen Gebieten außerhalb dieses Geltungsbereiches Bestandteil des innerdeutschen Handels ist, erfordert die Anwendung dieses Vertrages in Deutschland keinerlei Änderung des bestehenden Systems dieses Handels.«
- Bei der Unterzeichnung der Verträge zur Gründung von EWG und EURATOM gab die Regierung der Bundesrepublik Deutschland zudem folgende Erklärung ab: »Als Staatsangehörige der Bundesrepublik Deutschland gelten alle Deutschen im Sinne des Grundgesetzes für die Bundesrepublik Deutschland.«[25] Dieses Institut der einen deutschen Staatsbürgerschaft war das wesentliche rechtliche Element des Zusammenhalts der Deutschen in einer Nation.
- Die Vertragsparteien der Römischen Verträge gaben auch eine »Gemeinsame Erklärung betreffend Berlin« ab[26], in der sie »im Hinblick auf die besondere Lage Berlins und die Notwendigkeit seiner Unterstützung durch die freie Welt« und »in dem Wunsche, ihre Verbundenheit mit der Bevölkerung Berlins zu bekräftigen«, zum Ausdruck bringen, sie würden in der Gemeinschaft »ihre guten Dienste dafür einsetzen, daß alle erforderlichen Maßnahmen getroffen werden, um die wirtschaftliche und soziale Lage Berlins zu erleichtern, seine Entwicklung zu fördern und seine wirtschaftliche Stabilität zu sichern«. Daß die Gemeinschaft gerade Berlin einen besonderen Stellenwert einräumte, ist auch daraus zu ersehen, daß bei der Kommission der stellvertretende Generalsekretär zugleich Berlin-Beauftragter ist[27].
- Außerdem gab die Regierung der Bundesrepublik Deutschland über die Geltung der Verträge für Berlin eine Erklärung ab, nach der sie sich vorbehielt, bei der Hinterlegung ihrer Ratifikationsurkunde zu erklären, »daß die Verträge zur Gründung der Europäischen Wirtschaftsgemeinschaft und zur Gründung der Europäischen Atomgemeinschaft auch für das Land Berlin gelten«. Die Einbeziehung Berlins zeigte sich auch darin, daß – trotz indirekter Wahl der Berliner Abgeordneten zum Europäischen Parlament – diese im Gegensatz zu ihren Bundestagskollegen volles Stimmrecht hatten.

Trotz dieser eindeutigen rechtlichen Positionen, die die Bundesrepublik Deutschland in die Römischen Verträge eingebracht hat, kann nicht davon ausgegangen werden, daß die Europäische Gemeinschaft in der Vergangenheit die Deutschlandpolitik etwa zum Schwerpunkt erklärt hatte. Zwar gab es im Rahmen der Europäischen Politischen Zusammenarbeit (EPZ) vielfältige gemeinsame außenpolitische Aktivitäten der europäischen Staaten (so eine westliche Ostpolitik zu Fragen des Selbstbestimmungsrechtes oder zur Afghanistan-Politik der Sowjetunion). Indes hatte die seit 1970 bestehende EPZ, die aufgrund einer politischen Übereinkunft außerhalb der Römischen Verträge zustande kam und erst jetzt aufgrund des Luxemburger Gipfels vom Dezember 1985 eine vertragliche Regelung erfahren hat, die Deutschlandpolitik weitgehend ausgeklammert (allerdings gab es eine Deutschlandpolitik der drei Mächte und der NATO-Mitgliedstaaten). Natürlich soll dabei nicht übersehen werden, daß es innerhalb der befreundeten westeuropäischen Staaten – wie übrigens auch innerhalb der Bundesrepublik Deutschland selbst – unterschiedliche Auffassungen zur Wiedervereinigung gab. Ein gewisses Aufsehen erregte in der Bundesrepublik Deutschland so im Jahre 1984 die Tatsache, daß der damalige italienische Außenminister Andreotti nicht nur formulierte: »Es gibt zwei deutsche Staaten, und zwei müssen es bleiben«, sondern auch das Gespenst eines »Pangermanismus« als drohende Gefahr bezeichnete.

Staatssekretär Hallstein hatte als damaliger Verhandlungsführer der Bundesregierung den Bundestag über die Römischen Verträge unterrichtet und dabei erklärt: »Die Bundesregierung geht von der Möglichkeit aus, daß im Fall der Wiedervereinigung Deutschlands eine Überprüfung der Verträge über den Gemeinsamen Markt und EURATOM stattfindet.« Der deutsche Delegationsleiter hat diese Erklärung am 28. Februar 1957 zu Protokoll gegeben[28]. Allerdings ist diese Erklärung nicht Vertragsbestandteil, sie wurde nicht einmal als förmlicher Vorbehalt ausgesprochen. Damit ist der rechtliche Stellenwert dieses Wiedervereinigungsvorbehaltes umstritten, da die Bundesregierung die denkbar geringste Möglichkeit für einen solchen Vorbehalt nutzte, in dem sie lediglich von einer »Möglichkeit« sprach, daß eine Überprüfung der Verträge stattfindet.

V. Exkurs: Frage eines möglichen Austritts der Bundesrepublik Deutschland aus der EG

Es soll an dieser Stelle nicht verschwiegen werden, daß die meisten deutschen Staats- und Völkerrechtler der verpflichtenden Zielsetzung nach staatlicher Einheit der Deutschen stärkere rechtliche Priorität einräumten als dem europäischen Einigungsprozeß, der zumal bei der Verabschiedung des Grundgesetzes nicht in der konkreten Gestalt der Europäischen Gemeinschaft vorlag. Deshalb sei in diesem Zusammenhang auf einige Aspekte hingewiesen:

1. Nach dem schriftlichen Bericht des Bundestagsausschusses Gemeinsamer Markt/ EURATOM[29] deckte die Formulierung »Überprüfung der Verträge« alle Möglichkeiten, die sich im Falle der Wiedervereinigung ergeben konnten. Sie ließ die Möglichkeit der Beteiligung oder Nichtbeteiligung des wiedervereinigten Deutschlands an den Verträgen völlig offen. Die Erklärung gab die Auffassung der Bundesre-

gierung wieder, nach der ein wiedervereinigtes Deutschland volle politische Handlungsfreiheit in bezug auf vorher für einen Teil Deutschlands geschlossene Verträge haben muß. Gegen diese Erklärung wurde von seiten der übrigen Vertragspartner kein Widerspruch erhoben, ihr Inhalt wurde vielmehr als selbstverständlich angesehen. Die Bundesregierung legte ferner dar, daß auch ihre Verhandlungspartner die von ihr vertretene Auffassung von der Handlungsfreiheit eines eventuell wiedervereinigten Deutschlands teilten.

2. Dies wird durch damalige Äußerungen französischer, belgischer und luxemburgischer Politiker im Rahmen der Ratifizierungsverhandlungen der Römischen Verträge bestätigt. Unter anderem kommt die Erklärung in dem Bericht des Verteidigungsausschusses der französischen Nationalversammlung[30] zum Ausdruck: »Der Vertrag verpflichtet uns definitiv, aber er verpflichtet nicht Westdeutschland, das seine Entscheidungsfreiheit behält, am Tag seiner Wiedervereinigung zu gehen oder zu bleiben« (Zitat aus dem Bericht »Bohy« vor der Abgeordnetenkammer Belgiens[31]). »Die Beweisführung ist klar: Die Bundesregierung will sich weder von Europa trennen unter dem Vorwand, daß 18 Millionen ihrer Staatsangehörigen nicht befragt werden können, noch will sie zustimmen, daß man eines Tages diese Unmöglichkeit geltend machen könnte, um die Wiedervereinigung zu behindern.« Weiteres Zitat aus der gleichen Sitzung, in der der Außenminister erklärt: »Die große Schwierigkeit bestünde darin, daß das neue Deutschland nicht mehr die Verpflichtungen des aktuellen Deutschlands hätte ... Aber schließlich ist es eine eigene Angelegenheit Deutschlands, sich zu entscheiden, ob es seine früheren vertraglichen Verpflichtungen wieder aufnimmt.«[32] Das der luxemburgischen Abgeordnetenkammer unterbreitete Dokument führte in diesem Zusammenhang die »clausula rebus sic stantibus« ins Feld: »Ein wiedervereinigtes Deutschland existiert als Subjekt des internationalen Rechts zur Zeit nicht. Da es heute keine Verpflichtungen hat, kann es später nicht Inhaber von Rechten werden. Die Verträge sind geschlossen, um ›rebus sic stantibus‹ in Kraft zu bleiben. Wenn sich das wiedervereinigte Deutschland an die Stelle der Bundesrepublik Deutschland setzen will, schafft diese Veränderung eine neue Tatsache, die nach bloßem Recht eine komplette Revision der Situation erfordert. Wenn die Bundesrepublik Deutschland verschwindet und der wiedervereinigte deutsche Staat sich als neues Mitglied vorstellt, sind die Verträge überholt.«[33]

3. Die deutsche Delegation hatte jedoch nicht veranlaßt, daß ihre obige Erklärung in die Schlußakte der Regierungskonferenz für den Gemeinsamen Markt und EURATOM vom 25. März 1957 aufgenommen wurde. Der Grund für die Zurückhaltung der Bundesregierung ergab sich aus dem Bericht des Bundestagsausschusses »Gemeinsamer Markt/EURATOM«: »Gegen die Aufnahme einer entsprechenden Bestimmung in den Vertrag selbst, wie nach Auffassung der Opposition verfahren werden sollte, bestanden rechtliche Bedenken. Die Aufnahme einer solchen Klausel in den Vertrag könnte im Umkehrschluß zulassen, daß sich das wiedervereinigte Deutschland an alle übrigen von der Bundesrepublik Deutschland geschlossenen Verträge, in denen eine solche Klausel nicht steht, gebunden hält. Nicht nur die Bundesregierung, sondern auch ihre Vertragspartner stehen aber auf dem Standpunkt, daß ein wiedervereinigtes Deutschland und in bezug auf große politische Verträge, die für die Bundesrepublik Deutschland geschlossen sind, Handlungsfreiheit besitzen muß, obwohl in diesen Verträgen – außer im Deutschlandvertrag, der eine Sonderstellung einnimmt – keine besonderen vertraglichen Bestimmungen dieser Art getroffen sind.«[34]

4. Die Gemeinschaftsverträge sehen die Möglichkeit eines Austritts aus der Gemeinschaft nicht vor. Artikel 240 EWG-Vertrag lautet schlicht: »Dieser Vertrag gilt auf unbegrenzte Zeit.«
5. Diese Vertragssystematik spricht gegen ein einseitiges Austrittsrecht eines Mitgliedstaates. Ein Sonderfall ist die Erklärung der Bundesregierung vom 28. Februar 1957 hinsichtlich der Überprüfung der EG-Verträge bei einer Wiedervereinigung Deutschlands. Da sie nicht Teil der Schlußakte und auch sonst nicht ausdrücklich in das Vertragsabschlußverfahren eingegangen ist, könnte sie keine rechtliche Bindungswirkung gegenüber den anderen Mitgliedstaaten haben. Jeder Mitgliedstaat hat aber das Recht, den Umfang seines Staatsgebietes zu bestimmen. Mit der Bejahung der automatischen Ausdehnung des Gemeinschaftsgebiets ist noch nicht die Frage nach eventuellen Konsultationspflichten beantwortet. Die Veränderung des Staatsgebiets eines Mitgliedstaates – und die daraus resultierende Veränderung des territorialen Anwendungsbereichs des Vertrages – berührt die Interessen der anderen Mitgliedstaaten und der Gemeinschaft.
6. Die vom Leiter der deutschen Verhandlungsdelegation am 28. Februar 1957 zu Protokoll gegebene Erklärung stieß bei den anderen Delegationen auf keinen Widerstand. Sie könnte deshalb auf ein Austrittsrecht hinauslaufen. Die völkerrechtliche Identität eines Staates wird durch Änderungen seines Staatsgebietes nicht berührt, da im Völkerrecht der Grundsatz der »beweglichen Vertragsgrenzen« nach Artikel 15 der Wiener Vertragsrechtskonvention herrscht. Dies bedeutet, daß von einem Staat geschlossene Verträge für den gesamten – möglicherweise wechselnden – Umfang seines Staatsgebietes gelten, soweit nicht besondere Vereinbarungen getroffen werden. Größere Veränderungen im Gebietsstand eines Mitgliedstaates könnten dagegen die Verhältnisse, die beim Abschluß des EWG-Vertrags bestanden, so stark beeinflussen, daß eine Anpassung mancher Vorschriften nach dem Verfahren des Artikel 236 erforderlich werden könnte. Bei der Ratifizierung des EWG-Vertrags und des EAG-Vertrags hat der Deutsche Bundestag in seiner Sitzung vom 5. Juli 1957 zwei Entschließungen gefaßt, in denen es u. a. heißt: »... unterstreicht, daß diese Verträge wie andere, die durch die Bundesregierung geschlossen wurden oder noch werden, die künftige Regierung eines wiedervereinigten Deutschlands nicht binden«; »... unterstreicht, daß diese Verträge die Entschlußfreiheit eines wiedervereinigten Deutschlands nicht beeinträchtigen.«[35] Eine Wiedervereinigung der beiden deutschen Staaten hätte auch im Hinblick auf den EWG-Vertrag so viele Probleme aufwerfen können, daß zu ihrer Lösung neue Verhandlungen zwischen allen Mitgliedstaaten hätten unvermeidlich sein können – dies insbesondere, wenn der Zusammenschluß nach Artikel 146 des Grundgesetzes hätte stattfinden müssen und nicht nach Artikel 23. So hätte die Bundesrepublik Deutschland trotz der unbegrenzten Dauer des Vertrages bei der Wiedervereinigung möglicherweise nicht am Vertrag festhalten können, wenn nicht die Rechte und Pflichten von dem neuen Gesamtstaat bestätigt worden wären. Jedenfalls wären Verhandlungen zwischen dem neuen Gesamtstaat und allen Mitgliedstaaten erforderlich gewesen. Die Vertragspartner waren sich bei Abschluß des Vertrages dieser möglichen Entwicklung bewußt, da sie die vom Leiter der deutschen Delegation am 28. Februar 1957 zu Protokoll gegebene Erklärung widerspruchslos entgegennahmen.
7. Die Anforderungen an die Rechtfertigung eines einseitigen Vorgehens eines Mitgliedstaates erhöhen sich jedoch mit zunehmender Integrationsdichte. Je weiter

die Gemeinschaft in der Zeit fortgeschritten, je dichter das Netz der die Staaten verbindenden Beziehungen geworden und je stärker die Gemeinschaft im Bewußtsein der Rechtsunterworfenen verankert ist, desto gewichtiger müssen die rechtfertigenden Gründe sein (Verhältnismäßigkeitsgrundsatz). Die Rechtsordnung der Gemeinschaft beginnt sich mit zunehmender Eigenständigkeit vom Willen der Mitgliedstaaten zu lösen. Eine Desintegration hätte ebenso wie die Integration nur in Stufen erfolgen können. Dieses wird durch das Postulat gemeinschaftsfreundlichen Verhaltens gefordert. In erster Linie wären stets alle Wege der Konsultation und Verhandlung mit den Partnerstaaten auszuschöpfen (Artikel 219). Die Anwendung der Schutzklauseln des Vertrages sowie eine etwaige Anrufung des Gerichtshofs müßten erfolglos geblieben sein (Artikel 169 ff.). Eine Suspendierung der Mitgliedschaft oder ein vorläufiges Ruhen der Rechtsbeziehungen hätten in Betracht gezogen werden müssen (vgl. Artikel 5 der Satzung der Vereinten Nationen; Artikel 8 der Satzung des Europarats sowie Artikel 65 ff. Vertragsrechtskonvention). Artikel 240 fördert dabei alle Schritte, die der Erhaltung der unbegrenzten Dauer der Gemeinschaft im Sinne ihrer Finalität dienen.

Ein Austritt der Bundesrepublik aus der EG war aber von keiner wichtigen deutschen politischen Persönlichkeit gefordert worden, da die politischen Konsequenzen nach dem 9. November 1989 eine europäische Lösung der deutschen Frage nahelegten und die Kernthese bestätigten, daß die Trennung der Deutschen dann überwunden werden kann, wenn zugleich die Teilung Europas überwunden wird.

VI. Die Reaktion der EG auf den 9. November 1989

In der internen Gemeinschaftsdiskussion in der Kommission wie auch im Rat und vor allem kurz vor und während des Europäischen Rates im Dezember 1989 in Straßburg traten im Anschluß an den Zehn-Punkte-Plan von Bundeskanzler Kohl die grundsätzlichen Aspekte der Deutschlandfrage wieder in den Vordergrund. Die Diskussion kulminierte schließlich in dem vom Europäischen Rat angenommenen Text, der sich in der »Erklärung zu Mittel- und Osteuropa« der Europäischen Politischen Zusammenarbeit findet: »Wir streben die Stärkung des Zustandes des Friedens in Europa an, in dem das deutsche Volk in freier Selbstbestimmung seine Einheit wiedererlangt. Dieser Prozeß muß sich auf friedliche und demokratische Weise und unter Wahrung der Abkommen und Verträge sowie sämtlicher in der Schlußakte von Helsinki niedergelegten Grundsätze im Kontext des Dialogs und der Ost-West-Zusammenarbeit vollziehen. Er muß auch in die Perspektive der europäischen Integration eingebettet sein.« Dieser komplexe und sehr sorgfältig redigierte Text nimmt in seinem ersten Satz im wesentlichen eine Formulierung auf, die schon im Brief zur Deutschen Einheit anläßlich des Moskauer Vertrages von 1970 enthalten ist und die seitdem in viele internationale Texte in ähnlicher Form aufgenommen wurde. Mit dieser Formulierung wird das Recht auf Einheit in freier Selbstbestimmung bestätigt. Im zweiten Satz wird dann auf die Notwendigkeit der Wahrung sämtlicher in der Schlußakte von Helsinki niedergelegter Grundsätze hingewiesen. In diesem Zusammenhang sind zwei Grundsätze der Schlußakte von Bedeutung, nämlich die Unverletzlichkeit der Grenzen, sogleich aber auch die Möglichkeit, Grenzen durch friedliche Mittel und durch Vereinbarungen zu verändern. Nur um eine solche friedliche Veränderung konnte es bei der deutsch-deutschen Grenze gehen. Im dritten Satz dieses Textes geht es um die Einbettung des Einheitsprozesses in die Perspektive der europäischen Integration. Damit wird erstmals im Namen der EG die Zielvorstellung bestätigt, zu deren Unterstützung sich die drei Westmächte bereits im Deutschlandvertrag von 1952 verpflichtet hatten[36].

Die Entwicklung in der DDR nach dem 9. November 1989 hat bei allen befreundeten Staaten und EG-Mitgliedern in der politischen Führung keineswegs nur Sympathie ausgelöst. So versicherte der britische Außenminister Hurd am 16. November 1989 bei seinem ersten Besuch in Berlin, die Begeisterung über die Öffnung der Mauer werde überall in Großbritannien geteilt, aber: eine Wiedervereinigung stehe »nicht auf der Tagesordnung«. Mit dieser Erklärung sei das Prinzip der Selbstbestimmung nicht in Frage gestellt, das im Grundgesetz festgelegt und von den Westmächten in Erklärungen bekräftigt worden sei. Er wandte sich auch gegen eine Änderung des Berlin-Status[37]. Auch die britische Premierministerin Margret Thatcher hatte vor übereilten Schritten auf dem Weg zur deutschen Einheit gewarnt. Die ehemalige Regierungschefin erklärte in einem Interview des Wall Street Journal, die Hauptgefahr einer zu raschen Vereinigung der beiden deutschen Staaten liege darin, daß der sowjetische Staats- und Parteichef Gorbatschow dadurch so große politische Probleme bekommen könnte, daß er möglicherweise stürze. Um eine allgemeine Destabilisierung in Europa zu verhindern, müsse die Wiedervereinigung »mit einer Geschwindigkeit kommen, die anderen Verpflichtungen Rechnung trägt und uns Zeit gibt, alles vorzubereiten«. Sie warnte die Bundesregierung davor, allzu egoistisch die nationalen Interessen zu vertreten[38]. Auf einem Treffen der EG-Außenminister in Dublin am 20. Januar 1990 – also während der irischen EG-Präsidentschaft – gab es Divergenzen über das künftige Verhältnis der DDR zur EG. Denn der Präsident der EG-Kommission, Jacques Delors, hatte in mehreren Reden und Interviews – vor allem in seiner vielbeachteten Rede vor dem Europäischen Parlament am 17. Januar 1990 anläßlich der Vorlage des Arbeitsprogrammes der Kommission für 1990 – immer wieder erklärt, daß die DDR ein Sonderfall ist, und zum Ausdruck gebracht, daß eine DDR-Mitgliedschaft noch vor der Vollendung des Europäischen Binnenmarktes denkbar ist[39]. Hingegen äußerte sich der holländische Außenminister – unterstützt von seinem belgischen Kollegen – vor Journalisten, daß der DDR als eigenständigem Staat keine besondere Rolle zustehe. Vielmehr müsse die DDR wie jeder andere europäische Bewerber behandelt werden und die üblichen Bedingungen erfüllen. Der französische Außenminister nannte die Überlegungen über einen möglichen DDR-Beitritt »ein wenig verfrüht«, da diese noch nicht die politischen und wirtschaftlichen Voraussetzungen erfülle[40].

Daß die Entwicklung in Deutschland von fundamentaler Bedeutung für die Gemeinschaft ist, dokumentiert auch die Tatsache, daß auf einem Sondergipfel in Dublin am 28. April 1990 die Konsequenzen der deutschen Einheit für die Politik der EG diskutiert wurden. Andere europäische Regierungen kündigten frühzeitig an, sie wollten bei der deutschen Frage mitreden. So zeigte sich die italienische Regierung über die Formel »Zwei-plus-Vier« verstimmt, derzufolge Bonn und Ost-Berlin sowie die vier Siegermächte über die Vereinigung beraten sollten. Auch Rom wollte – im Rahmen der EG und der NATO – mitreden[41]. Staaten außerhalb der EG – wie Polen und Jugoslawien – erneuerten ihre Reparationsforderungen an Deutschland[42].

So sehr sich die europäischen Partner in der Bewertung der Entwicklung uneinig waren, so sehr konnten sie dabei nicht übersehen, daß durch die dramatische Übersiedlungswelle aus der DDR in die Bundesrepublik Deutschland dieselbe in einen enormen Zugzwang gebracht wurde, da mehr und mehr die Grenze ihrer Aufnahmekapazität und auch der Belastbarkeit der Sozialleistungen erreicht wurde. Generell kann aber konstatiert werden, daß die westeuropäischen Staaten kein ausgefeiltes Konzept entwickelt hatten, wie sie der Herausforderung durch die deutsche Frage begegnen können. Vielmehr wurden die EG-Staaten wie auch die USA und die Sowjetunion von den Ereignissen förmlich »überrollt«. Allerdings hatte sich – schon bevor es zur Öffnung der innerdeutschen Grenze kam – die Gemeinschaft Mitte 1988 auf eine Ostpolitik verständigt, die dem größer gewordenen politischen Spielraum der osteuropäischen Staaten nutzte.

War noch im Vorfeld des Straßburger EG-Gipfels in einzelnen EG-Staaten manche Skepsis insbesondere hinsichtlich der Schnelligkeit der Entwicklungen in Deutschland geäußert worden, so zeichnete sich der Dubliner Sondergipfel unter irischer Präsidentschaft zur deutschen Frage durch ein recht positives Votum für die Einheit der Deutschen aus: »Die Gemeinschaft freut sich auf den positiven und fruchtbaren Beitrag, den das ganze deutsche Volk im Anschluß an die bevorstehende Eingliederung des Staatsgebietes der DDR in die Gemeinschaft leisten kann.« Dieser Satz aus den Schlußfolgerungen der Staats- und Regierungschefs der zwölf EG-Staaten am 28. April 1990 in Dublin zeigt, daß sich nach den Wahlen in der früheren DDR am 18. März 1990 in den anderen EG-Staaten immer mehr die realistische Einsicht durchsetzte, daß die staatliche Einheit der Deutschen nur noch eine Frage der Zeit ist. Weiter zeigte sich die Gemeinschaft auf diesem Gipfel zuversichtlich, daß die Vereinigung Deutschlands »ein positiver Faktor in der Entwicklung Europas im allgemeinen und der Gemeinschaft im besonderen sein wird«. Gleichzeitig wies sie aber auch darauf hin, daß sie in den vielfältigen Aspekten der deutschen Einheit als Gemeinschaft beteiligt sein will. Und auf dem regulären Gipfel am 25./26. Juni 1990 in Dublin, an dem zeitweise auch der damalige DDR-Ministerpräsident de Maizière teilnahm, wurde der Abschluß des Staatsvertrages zwischen der Bundesrepublik Deutschland und der DDR zur Einführung der Wirtschafts-, Währungs- und Sozialunion, »mit dem die Eingliederung des Gebietes der Deutschen Demokratischen Republik in die Gemeinschaft gefördert und beschleunigt wird«, ausdrücklich begrüßt.

Die Integration der DDR in die Bundesrepublik Deutschland und damit in die EG wurde also immer mehr von den EG-Mitgliedstaaten akzeptiert, wobei insbesondere der Präsident der EG-Kommission, Jacques Delors, in den anderen Mitgliedstaaten um viel Verständnis für die deutsche Frage warb. Frühzeitig betonte er – wie bereits angesprochen – die Sonderrolle der ehemaligen DDR im Rahmen der osteuropäischen Staaten. Delors wußte um das besondere politische und rechtliche innerdeutsche Verhältnis, was ja auch in den Römischen Verträgen seinen Niederschlag gefunden hatte. Deshalb hatte er die ehemalige DDR als zur »Familie« gehörig bezeichnet. Frühzeitig wies Delors auf drei Möglichkeiten einer Einbeziehung der Ex-DDR in die EG hin:

a) Die Assoziierung der DDR: Dies hätte vorausgesetzt, daß die DDR völkerrechtlich und staatsrechtlich zunächst ein unabhängiger Staat geblieben wäre, auch wenn eine Wirtschafts- und Währungsunion mit der Bundesrepublik Deutschland entstanden wäre. Eine Assoziierung der DDR in die Gemeinschaft hätte der DDR zwar die Rechte eines Mitgliedstaates der EG gegeben, ihr jedoch nicht die Pflichten eines Mitgliedstaates aufgebürdet. Was »Assoziierungen« konkret sind, ist durch das EG-Recht so weit gefaßt, daß sich hierbei vielfältige Möglichkeiten eröffnen ließen. Ein Assoziationsabkommen kann auch geschlossen werden, um eine Aufnahme als Mitgliedstaat vorzubereiten.

b) Aufnahme der DDR als 13. Staat in die EG: Jacques Delors hatte dies als möglich auch vor Vollendung des Binnenmarktes zum 31. Dezember 1992 erklärt. Dieser Vorschlag hatte jedoch in einzelnen EG-Staaten, insbesondere Großbritannien, Widerstand ausgelöst. Er setzte voraus, daß die staatliche Einheit der Deutschen nicht stattfinden würde. Machtpolitisch stieß dieses Modell bei anderen EG-Staaten deshalb auf Widerspruch, weil im Europäischen Parlament damit 39 zusätzliche Sitze für einen zweiten deutschen Staat hätten geschaffen werden müssen, weil im Rat der EG fünf Stimmen hinzu gekommen wären, ferner hätte ein zusätzlicher deutscher EG-Kommissar benannt werden müssen. Andererseits hätte ein solches Modell deshalb auf Freunde stoßen können, weil damit eine staatliche Trennung Deutschlands festgeschrieben worden wäre, die automatisch eine Separierung deutscher Machtzusammenballung gebracht hätte. Allerdings galt bisher als Gesetz, daß sich der Gemeinschaft nur derjenige anschließen kann, der nicht einem anderen militärischen oder wirtschaftlichen Bündnis angehört. Es wäre also schwer denkbar gewesen, daß sich ein Warschauer Pakt-Mitglied der EG anschließt und damit sogar am »nur« neutralen Österreich vorbei marschiert. Eine Aufnahme der DDR als 13. Staat hätte der Einstimmigkeit aller Mitgliedstaaten bedurft.

c) Staatliche Einheit der Deutschen: Die nach Artikel 23 des Grundgesetzes zustande gekommene staatliche Einheit der Deutschen führte automatisch zu einem territorialen Zugewinn für die Europäische Gemeinschaft. In diesem Zusammenhang sei auf folgendes verwiesen: Ein Zustandekommen der deutschen Einheit nach Artikel 146 wäre für die EG nicht unproblematisch gewesen. Sie hätte gegebenenfalls Neuverhandlungen mit der EG zur Folge haben können – nämlich ein neu entstandener Staat, ein neues Völkerrechtssubjekt, hätte um Aufnahme in die EG nachsuchen müssen. Dies hätte möglicherweise innerhalb Deutschlands nicht nur zu einer Neutralitätsdiskussion (auch angesichts damaliger entsprechender sowjetischer Forderungen), sondern auch zu mehrjährigen Aufnahmeverhandlungen führen können. Dies hätte die Gemeinschaft wegen der zentralen Bedeutung Deutschlands für die EG in eine tiefe Krise stürzen können. Insofern war es geboten, daß die DDR – wie einst das Saarland – nach Artikel 23 der Bundesrepublik Deutschland und damit der EG beitrat. Es sei allerdings darauf verwiesen, daß die Modellfunktion des Saarlandes lediglich in dem Beitritt nach Artikel 23 GG bestand. Das Saarland kann aufgrund einer komplizierten Rechtslage nicht als Argument für territorialen Zugewinn zur Gemeinschaft herangezogen werden, da für das Saarland bis zum 31. Dezember 1956 Artikel 79 Satz 2 des EGKS-Vertrages galt, wonach bis zu diesem Zeitpunkt die auswärtigen Beziehungen des Saarlandes faktisch durch Frankreich wahrgenommen wurden. Nachdem am 23. Oktober 1955 die Saarbevölkerung eine ihr zugedachte Europäisierung der Saar mit über zwei Dritteln der Stimmberechtigten ablehnte, war am 27. Oktober 1956 der deutsch-französische Saarvertrag abgeschlossen worden, in dessen Vollzug das Saarland am 1. Januar 1957 als Bundesland in den politischen Verbund der Bundesrepublik Deutschland aufgenommen wurde. Bei der Rückgliederung des Saarlandes bestanden die Römischen Verträge noch nicht – diese wurden von den sechs Staaten der 1951 gegründeten Europäischen Gemeinschaft für Kohle und Stahl (EGKS), auch Montanunion genannt, am 25. März 1957 in Rom unterzeichnet und traten am 1. Januar 1958 in Kraft. Die Eingliederung des Saarlandes in die Bundesrepublik Deutschland hatte aber auch insoweit Modellcharakter für die Integration der ehemaligen DDR in die Bundesrepublik und die EG, als auch seinerzeit eine Reihe von Übergangsfristen festgelegt wurden (so erfolgte die wirtschaftliche Eingliederung erst am 5. Juli 1959).

Diese dritte Alternative – Beitritt der ehemaligen DDR zur EG durch die staatliche Einheit – wurde schneller wahr, als noch die meisten Beobachter im Frühjahr 1990 vermuteten. Insoweit mußte auch die EG-Kommission ihren Zeitplan auf die sich verändernden zeitlichen Rahmenbedingungen einstellen. Noch Monate vor der staatlichen Einheit der Deutschen am 3. Oktober 1990 hatte die EG-Kommission am 21. August 1990 auf einer Sondersitzung den Fahrplan für die rechtliche und politische Integration der ehemaligen DDR in die EG vorgelegt. In einem etwa dreihundert Seiten umfassenden Dokument »Die Gemeinschaft und die deutsche Einigung« wurde die Zielsetzung der Kommission hinsichtlich einer möglichst schnellen Einbindung der DDR in die Rechtsstruktur der Gemeinschaft erläutert. Mitte September billigten das Europäische Parlament und die Außenminister grundsätzlich diese Vorlage der EG-Kommission, womit EG-Recht per Ausnahmeregelung sofort nach der deutschen Vereinigung am 3. Oktober 1990 angewandt werden konnte. Im wesentlichen wurde die Vorlage der Kommission dann auch im zweiten Durchgang vom Rat wie auch zuvor vom Europäischen Parlament gebilligt.

Demnach soll das Territorium der ehemaligen DDR spätestens bis zum 31. Dezember 1992, also bis zur angestrebten Vollendung des EG-Binnenmarktes, prinzipiell in den Rechtsraum der Gemeinschaft eingegliedert werden. Lediglich in den Feldern, in denen der Übergang besondere Probleme aufwirft, räumt die EG längere Übergangsfristen ein – zum Teil bis 1995. Angesichts des dramatischen Zustands der Umwelt der DDR wird zum Beispiel die Einführung der EG-Normen im Bereich der Gewässer- und Luftverschmutzung erst nach umfangreichen Sanierungsprogrammen möglich sein. So gilt für die Einhaltung der EG-Grenzwerte über die Einleitung von Quecksilber und Cadmium in Gewässer eine Übergangsfrist von zwei Jahren; vier Jahre Zeit werden eingeräumt, um die Grenzwerte für den Bleigehalt in der Luft zu erreichen.

Auch für andere Bereiche, die die Gesundheit, das Lebensmittelrecht, bestimmte Teile der Landwirtschaft und die Arzneimittel betreffen, sind Übergangsregelungen von zwei bis fünf Jahren vorgesehen. Gleiches gilt für die veterinär- und pflanzenschutzrechtlichen Vorschriften, für die die Kommission technische Anpassungen oder befristete Ausnahmeregelungen für notwendig erachtet. Die Probleme halten sich in diesen Bereichen jedoch in Grenzen, da die nicht den EG-Normen entsprechenden Erzeugnisse nur innerhalb des Gebiets der ehemaligen DDR verkauft werden dürfen.

Im Gegensatz dazu kann die Kommission in Feldern, die die Sicherheit der Menschen unmittelbar gefährden könnten, keine Ausnahmegenehmigung erteilen. Bei der nuklearen Sicherheit kann es keinen Kompromiß geben, die hohen EG-Anforderungen müssen hier sofort Anwendung finden. Sichtbarste und von Bundesumweltminister Klaus Töpfer bereits angekündigte Folge ist die wahrscheinliche

Stillegung der Atomkraftwerke in der DDR, da diese dem hohen EG-Standard ohne kostspielige Nachrüstung keinesfalls genügen.

In bezug auf die gemeinsame Agrarpolitik werden technische Anpassungen und Ausnahmeregelungen hauptsächlich bei den sogenannten »Agrarstabilisatoren« und den Maßnahmen zur Verbesserung der Agrarstruktur gewährt. Die EG-Kommission geht davon aus, daß die Interventionshöchstmengen für Fleisch und Tomaten angeglichen werden müssen, und bis Ende 1992 nationale Anpassungsbeihilfen notwendig sein werden, um die Umstrukturierung der Landwirtschaft zu unterstützen. Für die landwirtschaftlichen Betriebe der ehemaligen DDR, die mit großen Schwierigkeiten zu kämpfen haben, brachte die Anwendung aller Regeln der Agrarpolitik spürbare Entlastungen. In bezug auf die Pflanzenproduktion werden die Wirtschaftseinheiten für eine Übergangszeit von zwei Jahren besser gestellt sein, denn sie können im Gegensatz zu ihren EG-Kollegen ohne Mengenbegrenzungen produzieren.

Der größte Teil der Regeln, Richtlinien und sonstigen Vorschriften fand allerdings mit dem Beitritt der DDR zur Bundesrepublik am 3. Oktober sofort Anwendung. Rund 80 Prozent der technischen Vorschriften sind ebenso anwendbar wir die EG-Rechtsakte zum freien Kapitalverkehr, zur Freizügigkeit, zum freien Verkehr der finanziellen Dienstleistungen sowie zu den indirekten Steuern. Im wichtigen Feld der Wettbewerbspolitik finden die EG-Regeln bereits seit einiger Zeit Anwendung.

Konkrete Hilfe für die ehemalige DDR bietet die gemeinschaftliche Strukturpolitik. In den drei Jahren von 1991 bis 1993 sind insgesamt drei Milliarden ECU, das sind etwa sechs Milliarden DM, für die fünf neuen Bundesländer vorgesehen. Um flexible und schnelle Lösungen zu ermöglichen, hat die EG zunächst auf die Unterteilung der früheren DDR in Zonen mit verschiedener Förderungswürdigkeit verzichtet. Das Strukturhilfekonzept für die ehemalige DDR soll in ein gesamtdeutsches gemeinschaftliches Förderkonzept integriert werden. Bundesregierung und Bundesländer stehen damit in der Pflicht, die Regionalpolitik für ganz Deutschland eindeutig auf die wirtschaftlich schwächsten Gebiete zu konzentrieren.

Natürlich wurde innerhalb der Gemeinschaft diskutiert, ob nicht die territoriale Erweiterung durch die frühere DDR auch eine Vergrößerung des deutschen Einflusses innerhalb der EG mit sich bringen müßte. Während Bundeskanzler Kohl prinzipiell auch aus Regierungssicht eine Änderung beispielsweise der Anzahl der Kommissare oder der Stimmen im Rat ablehnte, einigte man sich im Europäischen Parlament darauf, bis zu den nächsten Wahlen zum Europäischen Parlament 1994 18 Beobachter aus der früheren DDR zu akzeptieren. Ob allerdings auf Dauer zusätzliche 18 Abgeordnete aus dem vereinigten Deutschland ins Europäische Parlament einziehen können, ist derzeit noch fraglich, weil dann die ausgeklügelte Arithmetik innerhalb des Parlamentes neu diskutiert werden müßte.

VII. Exkurs: Die Ostpolitik der Gemeinschaft

In der Vergangenheit lagen die Sowjetunion und die anderen osteuropäischen Staaten am untersten Ende der außenpolitischen Prioritätenskala der Gemeinschaft. Die EG war von den Staaten des Warschauer Paktes abgelehnt worden[43]. Sie wurde bereits in ihrem Gründungsjahr als »kriegswirtschaftliche Grundlage der NATO« bezeichnet,

»die sich zwangsläufig gegen die sozialistischen Staaten richtet«[44]. Im Jahre 1962 sah Chruschtschow in der EWG noch eine »Waffe des imperialistischen Wirtschaftskrieges gegen den Sozialismus«. Und vor nicht allzu langer Zeit behauptete Zwetlana Doernberg vom Ministerium für Auswärtige Angelegenheiten der DDR, »daß sich der Zusammenschluß der EG-Staaten stets unter einer antisozialistischen Stoßrichtung vollzog, mit dem Ziel, gemeinsame Haltungen und Positionen im Kampf gegen den Sozialismus und für die Erweiterung des Einflusses des Imperialismus auf die gesamteuropäischen Prozesse zu sichern«[45].

In der Bundesrepublik gab es sogar Vermutungen, daß die Existenz der Europäischen Gemeinschaft eher die RGW-Staaten aneinander schweißen und ihre Abhängigkeit von der Sowjetunion vergrößern würde. Als Beispiel sei Günter Gaus genannt, der noch in einem 1986 erschienen Buch einer tiefen Skepsis gegenüber dem europäischen Einigungsprozeß Ausdruck verlieh: Der europäische Weg zementiere »gleichzeitig durch den weiteren Ausbau der Westeuropäischen Wirtschaftsgemeinschaft die Teilung des Kontinents«, und bilaterale Handelsabkommen zwischen einzelnen EWG- und RGW-Staaten seien deshalb seit einigen Jahren nicht mehr möglich, weil eine von Brüssel »betriebene europäische Spaltungspolitik«, die ohnehin geringen Handlungsvollmachten der osteuropäischen Staaten nur noch weiter zugunsten der Moskauer RGW-Zentrale einenge: »Die EWG selbst ist die Säule, auf der westlicherseits die europäische Teilung ruht.«[44] Doch diese Analyse hat sich als völlig falsch erwiesen, da schon wenige Jahre nach ihrer Veröffentlichung die einzelnen RGW-Staaten bilaterale Beziehungen zur EG aufnehmen konnten. Dies war die Folge einer im Juni 1988 unterzeichneten Gemeinsamen Erklärung zwischen EG und RGW, in der beide Seiten darin übereinstimmten, ihre gegenseitigen Beziehungen zu normalisieren und die Zusammenarbeit zu verbessern. Mit dieser Rahmenerklärung wurde etwa 15 Jahre nach Aufnahme der ersten Kontakte zwischen beiden Organisationen ein Zustand des Sich-Ignorierens überwunden. Einer der Gründe, warum es so lange Zeit brauchte, bis diese Gemeinsame Erklärung unterschriftsreif war, war Berlin: Die EG bestand nämlich auf der vollen Einbeziehung von Berlin (West) in die vertraglichen Bestimmungen. Der entsprechende Passus in der »Gemeinsamen Erklärung« lautete: »Was die Anwendung auf die Gemeinschaft anbelangt, so gilt diese Erklärung für die Gebiete, in denen der Vertrag zur Gründung der Europäischen Wirtschaftsgemeinschaft angewandt wird, und nach Maßgabe jenes Vertrages.« Auch eine dann kurz darauf erfolgte separate Erklärung des RGW konnte die volle Einbeziehung von West-Berlin keinesfalls relativieren. Diese RGW-Erklärung lautete: »Nichts in der Gemeinsamen Erklärung über die Aufnahme offizieller Beziehungen zwischen dem Rat für Gegenseitige Wirtschaftshilfe und der Europäischen Wirtschaftsgemeinschaft berührt das vierseitige Abkommen vom 3. September 1971 und kann es nicht berühren.«

Schon in den frühen siebziger Jahren hatte die Gemeinschaft ihre Absicht erklärt, handelspolitische Vereinbarungen mit den RGW-Ländern anzustreben. 1972 hatten die Staats- und Regierungschefs der Gemeinschaft ihre Bereitschaft betont, als »Beitrag zur Entspannung in Europa gemeinsame Handelsbeziehungen mit Osteuropa aufzunehmen«[47]. Daraufhin hatte die EG-Kommission schon Ende 1974 für alle Staatshandelsländer das Modell eines handelspolitischen Abkommens mit der Gemeinschaft entwickelt. Allerdings zeigten sich diese Staaten an Abkommen mit der EG grundsätzlich desinteressiert. Da es somit nicht möglich war, die bilateralen

Handelsabkommen der einzelnen EG-Mitgliedstaaten mit den RGW-Ländern, die am 31. Dezember 1974 ausliefen, in Handelsabkommen der Gemeinschaft mit den RGW-Ländern überzuleiten, beschloß die EG mit Wirkung vom 1. Januar 1975 autonome Handelsregelungen. Allerdings hatten alle RGW-Länder – mit Ausnahme der Sowjetunion – mit der EG in einem oder mehreren der Sektoren Stahl, Textilien und Landwirtschaft spezielle Ausfuhr- oder Selbstbeschränkungsabkommen vereinbart, die für bestimmte sensible Produkte einen Zugang zum Gemeinschaftsmarkt quantitativ ermöglichten und garantierten. Nur Rumänien schloß im Jahre 1980 ein allgemeines Handelsabkommen mit der Gemeinschaft ab, vermutlich zur Demonstration unabhängiger Außenpolitik. Auf das Angebot der Gemeinschaft von 1974, bilaterale Handelsabkommen mit den einzelnen RGW-Ländern abzuschließen, antwortete dann der RGW Anfang 1976 mit dem Gegenvorschlag, ein Rahmenabkommen zwischen der EG und dem RGW abzuschließen. Dieser östliche Entwurf eines solchen Abkommens sah vor, wichtige handelspolitische Fragen zwischen beiden Organisationen vertraglich zu regeln. Er war jedoch für die EG unannehmbar, weil er die Führungsrolle der Sowjetunion im RGW begünstigt hätte. Auch ansonsten praktizierte schließlich der RGW keine gemeinsame RGW-Außenhandelspolitik gegenüber westlichen Staaten. Es gab auch kein Handelsabkommen des RGW mit anderen wichtigen westlichen industrialisierten Handelspartnern Osteuropas (etwa mit Österreich, Japan oder den USA; das RGW-Abkommen mit Finnland ist ein politischer Sonderfall). Somit sah die EG überhaupt keinen Grund, nicht mit den einzelnen RGW-Staaten Abkommen handelspolitischen Inhalts zu schließen, zumal es zur Kompetenz der einzelnen Staaten gehörte, die handelspolitischen Konzessionen wie Meistbegünstigungen, Zollfragen, mengenmäßige Beschränkungen, Devisenbereitstellung etc. auf der Basis einer entsprechenden Reziprozität zu gewährleisten[48]. Ein Abkommen mit dem RGW hätte lediglich dessen Aufwertung bedeutet. Erst im Zuge der Wiederbelebung der Kontakte zwischen RGW und EG kam es dann zu einem Umdenken auf sowjetischer Seite, insbesondere seit Juni 1985 mit der RGW-Initiative zur Aufnahme offizieller Beziehungen zwischen den beiden Institutionen.

Die Gemeinschaft schloß dann zunächst weitreichende Rahmenabkommen mit Ungarn im September 1988 und Polen im September 1989 ab. Gegenüber beiden Ländern hat die EG inzwischen im Rahmen des übergreifenden multilateralen Unterstützungsprogrammes von 24 Industriestaaten den weitgehenden Abbau von mengenmäßigen Beschränkungen beschlossen. Beide Länder wurden zudem in das System der Allgemeinen Zollpräferenzen der EG einbezogen. Die wirtschaftliche Zusammenarbeit erstreckt sich auch auf bestimmte Gebiete wie Energie, Umweltschutz, den Bereich der finanziellen Dienstleistungen, Berufsausbildung, Management-Trainings etc. Am 19. Dezember 1989 wurde ein Abkommen über Handel und wirtschaftliche Zusammenarbeit zwischen der EG und der Sowjetunion geschlossen, zu dessen Unterzeichnung Außenminister Schewardnadse nach Brüssel gekommen ist. Die Tschechoslowakei hat nach Unterzeichnung der Gemeinsamen EG-RGW-Erklärung dem frühzeitigen Abschluß eines relativ kurzfristigen vierjährigen Abkommens mit der EG zugestimmt, das bereits am 1. April 1989 in Kraft trat. Im Februar 1989 hatte der Ministerrat der EG-Kommission auch Verhandlungsdirektiven für ein Handels- und Kooperationsabkommen mit Bulgarien erteilt, das aber zunächst wegen der politischen Lage in diesem Lande nicht vorankam. Verhandlungen mit Rumänien sind im April 1989 durch Beschluß des Ministerrats und der EG-Kommission wegen der Menschenrechtsverletzungen zunächst suspendiert worden. Die Verhandlungen wurden nach dem Sturz Ceauşescus wieder aufgenommen.

Mit der DDR wurden zunächst nur diplomatische Beziehungen aufgenommen. Erst nach der Wende in der DDR und entsprechenden Besuchen der beiden Vizepräsidenten Bangemann und Andriessen dort kam es zu Verhandlungen zwischen der EG und der DDR – und zwar zu einem Zeitpunkt, als die wenige Monate später erfolgte Auflösung der DDR als Staat noch nicht vorhersehbar war. So wurde noch am 8. Mai 1990 mit der DDR ein auf zehn Jahre angelegtes Handels- und Kooperationsabkommen abgeschlossen, mit dem vor allem der unterentwickelte Warenaustausch zwischen ihr und den elf EG-Staaten nach Kräften erweitert werden sollte. Das Protokoll über den innerdeutschen Handel in den Römischen Verträgen sollte indes unberührt bleiben. Demgegenüber war die Bundesrepublik im Kooperationsteil des Abkommens voll miteinbezogen. Das Abkommen sollte für alle gewerblichen und landwirtschaftlichen Erzeugnisse, mit Ausnahme von Textilien, Kohle und Stahl gelten. Im Handelsteil gewährten sich beide Seiten die Meistbegünstigung, womit sich Brüssel und Ost-Berlin gegenseitig alle handelspolitischen Vorteile zusicherten, die sie Drittländern bereits gewährt haben. In mehreren Schritten, spätestens aber Ende 1995, sollten fast alle noch bestehenden Mengenbeschränkungen für die Einfuhr von Erzeugnissen aus der ehemaligen DDR in die Gemeinschaft aufgehoben werden, ausgenommen einige sensible Erzeugnisse. Im Kooperationsteil wollten beide Seiten Gemeinschaftsunternehmen, Lizenzvereinbarungen und andere Formen industrieller Zusammenarbeit in aller Breite fördern. Dieses Abkommen wurde ebenfalls durch die Ereignisse überrollt. Der Hintergrund dieses Abkommens war aber folgender: Der Warenverkehr zwischen der DDR und den elf EG-Ländern (ohne die Bundesrepublik) war nicht einmal halb so groß wie der innerdeutsche Handel. Der Handel zwischen der DDR und den elf EG-Ländern betrug 1988 insgesamt 5,4 Milliarden DM (in beiden Richtungen), wobei die DDR einen Überschuß von 276 Millionen DM erzielen konnte. Im gleichen Zeitraum erreichte der innerdeutsche Handel einen Gesamtwert von 13,7 Milliarden DM; dabei ergab sich ein Handelsüberschuß zugunsten der Bundesrepublik von rund 430 Millionen DM.

VIII. Einige Aspekte zur künftigen Gestalt der EG

Die gegenwärtige Umbruchsituation in Europa ist im Kern durch die deutsche Frage bestimmt: In Deutschland standen sich als Folge des Kalten Krieges die beiden Supermächte gegenüber, vor allem in Berlin. Der rasche Wandel in Osteuropa und insbesondere der politische Zusammenbruch des SED-Regimes in der DDR haben ganz zweifelsohne Auswirkungen auf die künftige Gestalt der EG:

1. Ziel des europäischen Integrationsprozesses war die Überwindung des Nationalismus und insbesondere die Friedenssicherung zwischen Deutschland und Frankreich, die sich innerhalb von siebzig Jahren in drei Kriegen gegenüber gestanden hatten. Der Gemeinsame Binnenmarkt, der bis zum 31. Dezember 1992 in den zwölf EG-Staaten Wirklichkeit werden soll, ist nach dem gemeinsamen Willen der meisten Politiker im EG-Europa lediglich eine Vorstufe auf dem Wege zu einer Europäischen

Union. Doch wie die Gestalt, die Finalität eines solchen Einigungsprozesses aussehen wird, kann heute nicht exakt vorhergesagt werden. Allerdings werden wichtige nächste Schritte derzeit in einer Regierungskonferenz der zwölf EG-Staaten diskutiert, die erstmals – parallel zu einer Regierungskonferenz über Fragen einer Wirtschafts- und Währungsunion – am 15. Dezember 1990 tagte. Die Überlegungen zur Schaffung eines Gemeinsamen Marktes entstanden indes aus der pragmatischen Einsicht, daß Nationalstaaten ihre politischen Kompetenzen allenfalls schrittweise auf eine Gemeinschaft zu übertragen bereit sind. Das Scheitern der Europäischen Verteidigungsgemeinschaft (EVG) durch die französische Nationalversammlung beweist, daß am Beginn des Integrationsprozesses die Schaffung eines Gemeinsamen Marktes stehen mußte. Aber schon das Entstehen der Montanunion (Europäische Gemeinschaft für Kohle und Stahl – EGKS) zeigt, daß die Vertragspartner der Bundesrepublik aufgrund der damals erstarkenden deutschen Kohle- und Stahlindustrie diesen in der Nachkriegszeit besonders wichtigen Wirtschaftsfaktor durch Integration bändigen wollten. Gerade ausgelöst durch die deutsche Frage kommt eine Debatte über die Finalität der Gemeinschaft mit großer Geschwindigkeit auf uns zu.

2. Die Bündnispartner der Bundesrepublik Deutschland haben sich genauso mit der Konsequenz der deutschen Einheit abgefunden wie die Sowjetunion. Daß die von Moskau suggerierten Verlockungen politischer Neutralität in der Bundesrepublik ohne Wirkung blieben, zeigt, daß die Bindungswirkung der westeuropäischen Integration zumindest bei den tragenden politischen Kräften der Bundesrepublik Deutschland stärker verankert ist, als dies gelegentlich im europäischen Ausland vermutet wird. Die westeuropäische Einigung war ja nicht nur eine Antwort auf die Expansion der Sowjetunion, sondern auch das Bemühen um Einbindung Deutschlands. Der qualitative Fortschritt der europäischen Integration bestand eben darin, daß sich die Bundesrepublik Deutschland freiwillig in ein westliches Staatenbündnis einfügte, daß es also nicht militärisch in Schach gehalten werden mußte. Die Furcht vor einer Expansion des Kommunismus förderte diese Integration in die westliche Staatenwelt. In der jetzigen Zeit des radikalen Umbruchs in Europa zeigt sich, daß der Warschauer Pakt hingegen nur durch imperialistische Drohgebärden der Sowjetunion zusammengehalten worden war. Auch der Rat für Gegenseitige Wirtschaftshilfe konnte deshalb nicht funktionieren, weil der Zusammenschluß der osteuropäischen Staaten nicht freiwillig, sondern erzwungen war. Hingegen ist die Europäische Gemeinschaft als ein Zusammenschluß souveräner Staaten in einer Zeit radikalen Umbruchs der eigentlich stabile Faktor in Europa. Insoweit spielt die EG auch langfristig eine eminent politische Rolle.

3. Auch im Zusammenhang mit den Überlegungen zur Finalität der europäischen Integration muß die Frage nach den Rahmenbedingungen künftiger europäischer Sicherheitspolitik gestellt werden. Denn zur Politischen Union muß auch die Bereitschaft der EG-Staaten gehören, eines Tages ihre Sicherheitspolitik in der EG zu bündeln. Gelegentlich wird die Forderung erhoben, diese sicherheitspolitische Integration könnte außerhalb der EG auch im Rahmen einer neubelebten Westeuropäischen Union (WEU) geschehen. Damit könnte auch dem Problem der »immerwährenden Neutralität« Österreichs entsprochen werden. Eine hiermit verbundene Abkoppelung der Sicherheitspolitik von dem Prozeß der politischen Integration der EG ist zwar möglicherweise im politischen Kalkül der Verbreiter solcher Überlegungen: denn somit wäre die EG ihrer Entwicklungsmöglichkeit hin zu einer sicherheits-

politischen Union beraubt und letztlich dazu verurteilt, auf dem Status einer Wirtschaftsgemeinschaft zu verharren. Wenn tatsächlich die gegenwärtige Umbruchsituation in Osteuropa eine neue Epoche der Ost-West-Zusammenarbeit signalisiert, dann wird die EG als Institution politischer Kooperation gegenüber einer Militärorganisation noch weiterhin erheblich an Bedeutung gewinnen. Deshalb ist es notwendig, die Kompetenzausweitung der EG auch über solche Bereiche (wie den der Sicherheitspolitik) hinaus zu diskutieren, die bislang zum Kanon der alleinigen Reservatsrechte der Mitgliedstaaten gehören, die indes bündnispolitisch (mit Ausnahme Irlands) mit der NATO verwoben sind.

Die Neutralität Deutschlands wurde von den politischen Führungspersönlichkeiten der Bundesrepublik auch deshalb abgelehnt, weil sich die Idee von einer politisch starken Gemeinschaft, in deren Rahmen die deutsche Frage am besten gelöst werden kann, durchgesetzt hat. Eine sicherheitspolitische Neutralität Deutschlands hätte folgenschwere Konsequenzen für die politische Finalität der EG: Damit würde ein Bereich – nämlich die Sicherheitspolitik – definiert, der sich der politischen Integration in einer künftigen Europäischen Union entzöge.

4. Die EG muß darüber hinaus die Frage beantworten, wie sie auf das Begehren auf Mitgliedschaft insbesondere osteuropäischer Staaten – hier vor allem der Reformstaaten Ungarn, ČSFR und Polen – reagiert. Die unterdessen angelaufenen Verhandlungen um Assoziationen mit diesen Staaten (»Europaabkommen«) zeigen, daß die EG sich ihrer Verantwortung gegenüber den osteuropäischen Staaten bewußt ist. Wichtig ist in diesem Zusammenhang auch die »Operation Phare«[49]: Durch einen Beschluß des Weltwirtschaftsgipfels von Paris vom Juli 1989 wurde der EG-Kommission die Koordinierung der Hilfe von 24 OECD-Staaten für Ungarn und Polen übertragen. Dieser Auftrag ist inzwischen auch auf solche Staaten Mittel- und Osteuropas ausgedehnt worden, in denen gesellschaftliche Reformen eingeleitet wurden. Zu den Maßnahmen, die durch erhebliche eigene finanzielle Anstrengungen der EG ergänzt wurden, gehört beispielsweise eine Nahrungsmittelhilfe für Polen und später auch für Rumänien, ferner eine Garantie von Darlehen der Europäischen Investitionsbank (EIB) bis zu einer Milliarde ECU (ca. zwei Milliarden DM), darüber hinaus die Garantie einer Währungsanleihe an Ungarn über eine Milliarde US-Dollar und erhebliche Ausgaben für die Förderung von Investitionen im privaten Sektor. Auf dem Straßburger Gipfel vom Dezember 1989 wurde die Gründung einer Entwicklungsbank für Mittel- und Osteuropa beschlossen, an der sich zudem außereuropäische westliche Staaten wie auch Länder Mittel- und Osteuropas selbst beteiligten. Darüber hinaus haben sich die Staaten der EG auch zu einer wirtschaftlichen Hilfe gegenüber der Sowjetunion (besonders Nahrungsmittelhilfe) verpflichtet.

5. Eine gute Ost- und Wiedervereinigungspolitik war in den Nachkriegsjahren auch immer eine gute Westpolitik. Dies weist auf den Aspekt der Stärkung, also der Vertiefung der Gemeinschaft, hin. Immer mehr werden neue Überlegungen für eine europäische Verfassung diskutiert, die insbesondere zu einer Stärkung des Europäischen Parlaments führen soll. Gegenwärtig wird – gerade im Rahmen der oben angesprochenen Regierungskonferenz – zwischen den Zwölf und auch gemeinsam mit der EG-Kommission ausgelotet, welche politischen Felder der Gemeinschaftsebene neu – oder klarer definiert – zugesprochen werden sollen. Auch findet eine Diskussion darüber statt, auf welchen Feldern gegebenenfalls statt des Einstimmigkeitsprinzips künftig das Mehrheitsprinzip gelten soll. Bei diesen Verhandlungen zeigt sich,

daß die Einheit der Deutschen eher zu einer Beschleunigung des Vertiefungsprozesses führt – übrigens auch auf dem Gebiet der Schaffung eines europäischen Zentralbanksystems.

Andererseits wird derzeit darüber diskutiert, ob eine Vertiefung der Gemeinschaft einen Gegensatz zur Erweiterung der Gemeinschaft darstellen könne. Ganz zweifellos würde die institutionelle Zusammenarbeit innerhalb der Gemeinschaft erschwert, wenn Neuaufnahmen erfolgten, ohne daß in grundsätzlichen institutionellen Fragen neue Lösungen gefunden würden. Die Gemeinschaft folgt deshalb der Linie der EG-Kommission, daß Neuverhandlungen über Mitgliedschaften vor der Vollendung des Binnenmarktes am 31. Dezember 1992 nicht auf der Tagesordnung stehen sollen. Zuerst – das ist der Hintergrund dieser Überlegungen – müsse der Vertiefungsprozeß der Gemeinschaft erfolgreich verlaufen sein, um gerade angesichts der Tatsache, daß die Süderweiterung der Gemeinschaft ökonomisch noch verkraftet werden muß und eine Fülle von Beitrittskandidaten (nicht nur Reformstaaten Osteuropas, sondern auch EFTA-Staaten und weitere Staaten) jetzt in die EG drängen. Man befürchtet, daß die Politik der EG auf die Ebene einer gehobenen Freihandelszone zurückfallen könnte.

Es ist damit zu rechnen, daß die Bundesrepublik zu den Motoren des Vertiefungsprozesses innerhalb der Gemeinschaft gehören wird, zumal sie sich mit dem möglichen Verdacht konfrontiert sieht, sie erachte Aspekte der staatlichen Integration für wichtiger als die europäische Integration. Allerdings überläßt umgekehrt eine vorausschauende Europapolitik das Gebiet der ehemaligen DDR nicht nur den Deutschen. Von deutscher Seite wird darüber hinaus befürchtet, daß die DM einen Teil ihrer Stärke einbüßen könnte. Dies führte unter Umständen dazu, daß die anderen westeuropäischen Währungen nicht mehr so stark von der DM abhängig seien. Die Schaffung einer deutsch-deutschen Währungsunion ist indes nicht mit den Überlegungen einer europäischen Währungsunion zu vergleichen: Die Wirtschafts- und Währungsunion (WWU) auf EG-Ebene ist ein multinationales Unternehmen, das auf dem Zusammenschluß von Volkswirtschaften mit einer marktwirtschaftlichen Grundorientierung basiert[50]. Die Wirtschafts- und Währungsunion auf deutsch-deutscher Ebene, wie sie bilateral vereinbart wurde, muß demgegenüber erst bestimmte Grundsätze der Marktwirtschaft auf dem Gebiet der ehemaligen DDR in Kraft setzen – und dies kann möglicherweise vorübergehend mit einem nachlassenden Investitionsinteresse in anderen europäischen Gebieten verbunden sein. Letztlich führt ein wirtschaftlich gestärktes Deutschland auch zu einer Stärkung der gesamten EG. Gleichwohl fürchten einige Mitgliedstaaten, daß die Einbeziehung des Territoriums der ehemaligen DDR in den Geltungsbereich der EG-Verträge zunächst zu einschneidenden Konsequenzen für das Finanzgefüge der Gemeinschaft führen wird, deren größter Nettozahler bisher die Bundesrepublik ist, da nach der staatlichen Einheit Finanzmittel im Rahmen der Regional-, Struktur- und Sozialpolitik auch auf die DDR umgelenkt werden müßten, die damit anderen Gebieten der EG verlorengehen können.

Aus der Binnenmarkt-Gesetzgebung folgt allerdings, daß weite Bereiche des Außenhandels, der Produktion und der Dienstleistungen, aber auch des Umweltschutzes und sonstiger Politiken nicht mehr souverän durch die einzelnen Staaten geregelt werden, was zu der Konsequenz führte, daß nach der staatlichen Vereinigung der Deutschen auf dem Gebiet der Ex-DDR, wenngleich in Übergangsphasen, das EG-»Sekundärrecht« – von der Agrarpolitik bis zu den Richtlinien über die Zusatzstoffe – angepaßt und übernommen werden mußte (siehe Kapitel VI).

6. Da die vier Hauptsiegermächte des Zweiten Weltkrieges keinen Friedensvertrag mit dem niedergeworfenen Deutschland abgeschlossen hatten, wurde die Frage immer wichtiger, wie durch eine balancierte Sicherheitspolitik dem Sicherheitsbedürfnis der Sowjetunion – die im Februar 1990 mit dem Abzug der Truppen aus der ČSFR begonnen und gleichzeitig einen Truppenabzug aus Polen angekündigt hatte – entsprochen werden konnte. Zu diesem Problemkomplex gehörte die Frage der Grenze Polens zu Deutschland (übrigens auch der Grenze zwischen Polen und der Sowjetunion) genauso wie Überlegungen hinsichtlich einer Entmilitarisierung des Gebietes der Ex-DDR. Denn es wäre ein Novum für den EG-Integrationsprozeß gewesen, wenn auf einem Teilgebiet der EG vertraglich auf Dauer Truppen hätten stationiert sein dürfen, die einer anderen militärischen Paktorganisation angehörten als der NATO. So gab es zum Beispiel Überlegungen, daß die einstige Nationale Volksarmee weiterhin (zumindest für eine Übergangszeit) dem Warschauer Pakt angehören sollte, daß aber zumindest der Truppenbestand der ehemaligen NVA nicht in die NATO hätte eingegliedert werden dürfen. Darüber hinaus hatte sich die Sowjetunion lange Zeit für eine – zumindest sicherheitspolitische – Neutralität eines wiedervereinigten Deutschland ausgesprochen. Die Sowjetunion erkannte aber, daß Bundeskanzler Kohl für Überlegungen dieser Art nicht einmal ansatzweise zu gewinnen war. Dem Bundeskanzler gelang sogar die Zusage, daß die auf dem Gebiet der ehemaligen DDR stationierten Truppen voll der NATO unterstellt werden können (wenngleich Deutschland insgesamt eine erhebliche Truppenreduzierung vertraglich zusagen mußte und nichtdeutsche Truppen auf dem Gebiet der Ex-DDR nicht stationiert werden dürfen). Möglicherweise wünscht darüber hinaus sogar die Sowjetunion – entgegen gelegentlich anderslautender Hinweise – die amerikanische Präsenz in Europa, um dadurch eine politische und militärische Stabilität in Mitteleuropa herbeizuführen und um zu verhindern, daß ein erstarktes Deutschland außer Kontrolle geraten könnte. Auszuschließen ist auch nicht, daß die Sowjetunion über ein vereintes Deutschland eine Ankoppelung an die EG erreichen will, zumal es Lieferverpflichtungen der DDR an die Sowjetunion gab. Die DDR war 1989 mit rund 40 Prozent der größte Außenhandelspartner der Sowjetunion. Alle anderen europäischen RGW-Länder erzielten nur knapp 27 Prozent[51].

7. Der Prozeß der deutschen Einigung und der weiteren Vollendung des Binnenmarktes wird voraussichtlich auch mittel- und langfristig den Beitrittswunsch mittel- und osteuropäischer Länder verstärken, die sich nicht auf die Freihandelszone EFTA »abschieben« lassen wollen. Am 19. Dezember 1989 fand zwar in Brüssel ein Treffen der EG mit Ministern der Länder der Europäischen Freihandelsassoziation statt[52], auf dem zwischen der EG und den EFTA-Staaten an die Notwendigkeit der Schaffung eines »Europäischen Wirtschaftsraumes« erinnert wurde. Die Teilnehmer kamen deshalb überein, »den Rahmen für eine stärker strukturierte Zusammenarbeit zwischen der Gemeinschaft und sämtlichen EFTA-Ländern gemeinsam abzustecken«.

Die weiteren im Jahre 1990 mit der EFTA geführten Verhandlungen erwiesen sich gerade in den Details als außerordentlich schwierig, da die einzelnen EFTA-Staaten trotz der generellen Bereitschaft, mit der EG zusammen einen gemeinsamen Binnenmarkt in Form eines »Europäischen Wirtschaftsraumes« (EWR) herbeizuführen, zahlreiche Ausnahmen von der EG-Binnenmarktgesetzgebung wünschten. Außerdem stellte sich für die EFTA-Staaten die Frage, wie sie stärker institutionell auf die

Politik der EG Einfluß nehmen können. Wenngleich auch zwischen EG und EFTA in den offiziellen Stellungnahmen Optimismus hinsichtlich des EWR verbreitet wurde, so wollen doch immer mehr EFTA-Staaten eine EG-Mitgliedschaft anstreben: Österreich hat bereits einen Aufnahmeantrag gestellt; in den skandinavischen Staaten Schweden und Norwegen gibt es inzwischen einen deutlichen Schwenk der wichtigen politischen Parteien in Richtung EG-Mitgliedschaft; selbst in der Schweiz werden inzwischen ernstzunehmende Diskussionen über eine Mitgliedschaft geführt. Dies zeigt, daß der Ost-West-Konflikt seine Bedeutung verloren hat und bisher »neutrale« Länder den Integrationszug nicht verpassen wollen. Hinzu wird in einigen EFTA-Staaten das Problem gesehen, daß die Beitrittsfrage nicht nur den Reformstaaten Osteuropas überlassen werden darf, die sich ihrerseits ungern darauf vertrösten lassen wollen, als ersten Schritt zunächst Mitglied in der EFTA zu werden. Im übrigen sei darauf verwiesen, daß Voraussetzung von Mitgliedschaften in der EG (neben dem grundsätzlichen Vorhandensein demokratischer Freiheiten) eine ökonomische und rechtliche Situation ist, die mit der in den EG-Staaten vergleichbar ist. Dies kann jedoch noch viele Jahre dauern, weshalb auch die gegenwärtigen Verhandlungen über Assoziationen, also noch nicht über Mitgliedschaften, sinnvoll sind.

8. Die Pariser KSZE-Konferenz vom November 1990 hat die europäische Friedensordnung, wie sie sich insbesondere nach den dramatischen Veränderungen in Mittel- und Osteuropa und nach der deutschen Vereinigung darstellte, bestätigt und spielt insofern eine wichtige Rolle auch zur Lösung der deutschen Frage. Da die Einrichtung eines ständigen KSZE-Sekretariates, eines Konfliktverhütungszentrums wie auch einer Institution zur Wahlüberwachung beschlossen wurde, muß auf die Frage aufmerksam gemacht werden, in welchem Zusammenhang diese »gesamteuropäischen Institutionen« zu den Institutionen der EG (und der NATO) stehen sollen.

9. Angesichts der rapiden Veränderungen in Deutschland und Europa kommt der Europäischen Gemeinschaft gerade deshalb eine besondere Bedeutung zu, weil sie der eigentliche stabile politische Faktor in Europa ist – ein Gravitationszentrum, an dessen Stärke sich die EFTA, die Sowjetunion und weitere Staaten des RGW orientieren, auch Mächte außerhalb Europas. Die nächsten Schritte der Zwölf werden entscheidend dafür sein, ob die EG lediglich zu einer geographisch immer größer werdenden Wirtschaftsgemeinschaft ausgebaut wird oder ob die Faszinationskraft der europäischen Idee – die ja prinzipiell über die Zwölf hinausreicht – auch eine innere Stärkung der Gemeinschaft hervorruft. Es bleibt abzuwarten, wie gerade die deutsche Politik auf diese gesamteuropäische Herausforderung reagiert.

Als Fazit kann man festhalten, daß durch die politische Einheit der Deutschen die EG-Integration gestärkt worden ist – trotz vielfältiger Probleme. Denn solange die deutsche Frage noch nicht grundsätzlich entschieden war, gab es in Deutschland immer wieder die prinzipielle Diskussion, ob zwischen der Einheit der Deutschen und der Vertiefung der Integration ein Gegensatz bestehe. Die Geschichte hat bewiesen, daß die Einheit Europas und die Einheit Deutschlands keinen Widerspruch darstellen, sondern im Gegenteil aufeinander bezogen sind. Die deutsche Diskussion über einen möglichen Gegensatz zwischen beiden Integrationsbestrebungen gehört nunmehr der Vergangenheit an. Damit ist der europäische Konsens in Deutschland gestärkt worden. Eine Diskussion über einen Austritt Deutschlands aus der EG dürfte es also kaum noch geben, allerdings eine um so intensivere Diskussion über die Frage, wie die künftige Gestalt Europas aussehen soll und welche Verpflichtungen sich jetzt auch gegenüber den osteuropäischen Staaten und insbesondere der Sowjetunion ergeben. Die Diskussion um die politische Finalität des EG-Europa wird gleichwohl auch in Deutschland mit besonderer Sensibilität geführt werden müssen, wird doch in den anderen Partnerstaaten die Befürchtung geäußert, daß die staatliche Einheit der Deutschen eine Verlagerung des politischen Koordinatensystems der EG mehr in Richtung Osteuropa bewirken könnte, was zu einer Änderung des Gleichgewichtes in der EG führen könnte – und möglicherweise zu einer allzu dominierenden Rolle eines politisch und wirtschaftlich starken Deutschland innerhalb der EG.

Anmerkungen

1 Die Welt vom 11. 1. 1989.
2 Der Spiegel, Nr. 47/1989.
3 Welt am Sonntag vom 14. 1. 1990.
4 Siehe zu den gescheiterten Bemühungen der SED, eine eigene sozialistische deutsche Nation zu etablieren: Gerd Langguth, Neuer Kurs in der nationalen Frage? – Die Haltung der SED zur deutschen Einheit, in: Die politische Meinung, 33 (1988) 241.
5 Radio Berlin International, 16. 1. 1990.
6 Siehe hierzu: Karl Dietrich Bracher, Kein Anlaß zu Teuto-Pessimismus, in: Süddeutsche Zeitung vom 24. 5. 1989.
7 Louis Janz, Die Geschichte der europäischen Einigung nach dem Zweiten Weltkrieg, in: Werner Weidenfeld (Hrsg.), Die Identität Europas, Bonn 1985, S. 82ff.
8 Siehe hierzu unter anderem Jean Monnet, Erinnerungen eines Europäers, München–Wien 1978, S. 403ff.; Carlo Schmid, Erinnerungen, Bern–München–Wien 1980, S. 514ff.; Herbert Müller-Roschach, Die deutsche Europapolitik 1949–1977, Bonn 1980, S. 9ff.
9 Parlamentarischer Rat, Stenographischer Bericht, 2. Plenarsitzung vom 8. September 1948, S. 15; siehe auch C. Schmid (Anm. 8), S. 361ff.
10 Werner Weidenfeld, Land im Brennpunkt Europas. Die Europäische Qualität der deutschen Frage, in: Bundesministerium für innerdeutsche Beziehungen (Hrsg.), Die Teilung Deutschlands und Europas – Zusammenhänge, Aufgaben, Perspektiven, Bonn 1984, S. 22.
11 Hans-Adolf Jacobsen, Zur Kontinuität deutscher Außenpolitik 1919–1975, in: Vom Sinn der Geschichte, Stuttgart 1976.
12 Forschungsinstitut der deutschen Gesellschaft für Auswärtige Politik (Hrsg.), Dokumente zur Berlin-Frage 1944–1966, München 1967, S. 239ff.
13 Ebd., S. 555.
14 Bundesminister für innerdeutsche Beziehungen (Hrsg.), Texte zur Deutschlandpolitik, II/3, Bonn 1976, S. 440ff.
15 Zitiert nach: Bundeszentrale für politische Bildung (Hrsg.), Grundgesetz – Textausgabe, Bonn 1977, S. 109ff.; veröffentlicht auch in: Auswärtiges Amt (Hrsg.), Die Auswärtige Politik der Bundesrepublik Deutschland, Köln 1972.
16 Siehe TASS-Mitteilung zum Treffen des Bundeskanzlers mit Generalsekretär Gorbatschow am 10. 2. 1990.
17 Frankfurter Allgemeine Zeitung vom 8. 12. 1989.
18 Siehe hierzu insbesondere Elfriede Regelsberger, Die EPZ in den 80er Jahren: Ein qualitativer Sprung?, in: Alfred Pijpers/Elfriede Regelsburger/Wolfgang Wessels (Hrsg.), Die Europäische Politische Zusammenarbeit in den 80er Jahren – Eine gemeinsame Außenpolitik für Westeuropa?, Bonn 1989, S. 21ff.
19 Hans-Peter Schwarz, Auf dem Weg zum post-kommunistischen Europa, in: Europa Archiv, 44 (1989) 11, S. 319ff.
20 Ebd.

21 Siehe hierzu Werner Weidenfeld, Die europäische Antwort auf die Deutsche Frage, in: Süddeutsche Zeitung vom 30. 9./1. 10. 1989, S. 11.
22 Siehe hierzu: Gerd Langguth, Innerdeutsche und internationale Aspekte der Berlin-Politik, in: Aus Politik und Zeitgeschichte, B 33–34/86; ferner ders., Der Status Berlins aus Sicht der DDR, in: Aus Politik und Zeitgeschichte, B 50/87; siehe ferner: Gerd Langguth (Hrsg.), Berlin – Vom Brennpunkt der Teilung zur Brücke der Einheit, Köln 1990.
23 Siehe auch Artikel 82 des EWG-Vertrages über »Ausnahmen für gewisse deutsche Gebiete« in der Verkehrspolitik.
24 Veröffentlicht auch im Bundesgesetzblatt 1957, III, S. 984; siehe hierzu u. a.: Michael Baumann, Der Innerdeutsche Handel 1989 – Grundlagen, Probleme, Perspektiven, in: Ilse Spittmann/Gisela Helwig (Hrsg.), Edition Deutschland Archiv: Die DDR im vierzigsten Jahr – Geschichte, Situation, Perspektiven, Köln 1989, S. 173 ff.
25 Nach Artikel 116 des GG ist »Deutscher« im Sinne des Grundgesetzes »vorbehaltlich anderweitiger gesetzlicher Regelung, wer die deutsche Staatsbürgerschaft besitzt oder als Flüchtling oder Vertriebener deutscher Volkszugehörigkeit oder als dessen Ehegatte oder Abkömmling in dem Gebiete des Deutschen Reiches nach dem Stande vom 31. Dezember 1937 Aufnahme gefunden hat«.
26 Bundesgesetzblatt 1957, II, S. 67.
27 Die Einbeziehung West-Berlins in das Vertragsgebiet der EG zeigt die Firmierung der Berliner Vertretung der EG-Kommission: »Vertretung der Kommission der Europäischen Gemeinschaften in der Bundesrepublik Deutschland, Außenstelle Berlin«.
28 Vgl. Bundestagsdrucksache 11/3660, S. 11.
29 Bundestagsdrucksache, II. Wahlperiode, Nr. 3660, S. 11.
30 Drucksache Nr. 5367.
31 Sitzungsjahr 1956 bis 1957, Dokument 727, Nr. 2, S. 93.
32 Dokument 727, Nr. 2, S. 93–94.
33 Reguläre Sitzung 1956–1957, Dokument Nr. 6375D, S. 8.
34 Bundestagsdrucksache, II. Wahlperiode 1953, Nr. 3660, S. 11.
35 Umdruck Nr. 1289, HER IA 10, S. 105 f., Nr. 1300, HER IA 10, S. 108.
36 Siehe auch Horst G. Krenzler, Die Europäische Gemeinschaft und der Wandel in Osteuropa, in: EG-Nachrichten, Berichte und Informationen – Dokumentation, hrsg. von der Vertretung der EG-Kommission in der Bundesrepublik Deutschland, Nr. 1, 16. 1. 1990.
37 Frankfurter Allgemeine Zeitung vom 17. 11. 1989.
38 Tagesspiegel vom 26. 1. 1990.
39 Bislang wurde in der EG die Devise ausgegeben, daß neue Mitgliedschaften bis zum 31. Dezember 1992 ausgeschlossen sind.
40 Die Welt vom 22. 1. 1990.
41 So der italienische Außenminister De Michaelis gegenüber Bundesaußenminister Genscher in: Stuttgarter Zeitung vom 23. 2. 1990.
42 General-Anzeiger Bonn vom 23. 2. 1990.
43 Siehe hierzu Klaus Schneider, Einige Aspekte der künftigen Beziehungen der Europäischen Gemeinschaft zu Osteuropa, in: Hanns D. Jacobsen/Heinrich Machowski/Dirk Sager (Hrsg.), Perspektiven für Sicherheit und Zusammenarbeit in Europa, Bonn 1988, S. 391 ff.
44 Ebd., S. 393.
45 In: IPW-Berichte, S. 4 (1987) 3
46 Günter Gaus, Wo Deutschland liegt – Eine Ortsbestimmung, München 1986, S. 174 ff.
47 Siehe K. Schneider (Anm. 41), S. 396 ff.
48 Ebd., S. 358.
49 Siehe hierzu u. a. Pressemitteilung der EG-Kommission IP (90) 135 vom 16. 2. 1990.
50 Siehe hierzu: Rede von Peter M. Schmidhuber, Mitglied der Kommission der Europäischen Gemeinschaften, am 19. Februar 1990 in Bonn.
51 Siehe hierzu: Wirtschaftswoche vom 23. 2. 1990.
52 Siehe Pressemitteilung der EG-Kommission vom 22. 11. 1989, ferner Pressemitteilung des Rates vom 19. 12. 1989 (10949789-252).

III. Militär- und Sicherheitspolitik: Bilanz und Perspektiven

ULRICH DE MAIZIÈRE

Zur Mitwirkung der Bundesrepublik Deutschland an der Nuklearstrategie der NATO (1955–1972)

Beitrag eines Zeitzeugen

I.

Von Anbeginn stellt sich die Nuklearstrategie des Nordatlantischen Bündnisses als ein fortlaufender Entwicklungsprozeß dar, der zunächst entscheidend, wenn nicht gar allein von den USA bestimmt worden ist. Erst allmählich haben die europäischen Partner der Allianz mit unterschiedlichem Gewicht Einfluß auf die Ausgestaltung der Nuklearstrategie nehmen und dabei ihre nationalen Interessen zur Geltung bringen können. Dies hat sich über Jahrzehnte hinweg in verschiedenen kleineren oder größeren Zwischenschritten vollzogen.

Es liegt auf der Hand, daß die Zahl und Sprengkraft der Atomköpfe und Abschußmittel, über die die beiden Supermächte USA und Sowjetunion in den verschiedenen Zeitabschnitten verfügten, einen maßgeblichen Einfluß auf die nuklearstrategischen Überlegungen der Allianz ausgeübt haben. Mit dem Abwurf der ersten Atombombe über Japan im Sommer 1945 hatten die USA für einige Jahre ein Atomwaffenmonopol, danach noch für längere Zeit eine erdrückende Überlegenheit. Seit Ende der fünfziger Jahre änderte sich die Lage. Die Sowjetunion holte in der Nuklearrüstung rasch auf. Schon zehn Jahre später konnte man von einem annähernden Gleichgewicht, Ende der siebziger Jahre sogar – zumindest auf Teilgebieten – von einem sowjetischen Übergewicht sprechen. So näherten sich innerhalb des Bündnisses die Interessen der Atommächte und der atomaren »Habenichtse« immer mehr an. Sie erkannten, daß ihre Territorien zu einer strategischen Einheit und damit alle Mitgliedstaaten der Allianz zu einer Risikogemeinschaft zusammengewachsen waren. Auch wenn es nicht immer gelungen ist, eine volle Übereinstimmung der Auffassungen zu erreichen, so konnten doch stets Kompromisse gefunden werden, die für alle Partner annehmbar waren. Dabei hat sich die ursprüngliche Vorstellung, Atomwaffen in einem militärischen Konflikt als strategische und taktische Kampfmittel zur Beeinflussung der militärischen Lage verwenden zu können, grundlegend gewandelt. Heute werden sie als politische Mittel zur Erhaltung, äußerstenfalls zur raschen Wiederherstellung des Friedens angesehen. Niemand mehr wünscht sich ihren tatsächlichen Einsatz. Zu dieser Entwicklung haben deutsche Politiker, Soldaten und Diplomaten einen wichtigen Beitrag geleistet.

II.

Als die Bundesrepublik Deutschland 1955 dem Nordatlantischen Bündnis beitrat, waren ihr die Strategie und die operativen Planungen zur Verteidigung Mitteleuropas wohl in groben Umrissen, nicht aber in ihren Einzelheiten bekannt. Unbestritten war dies ein Mangel, der uns damals mit Unbehagen erfüllte und später in Politik und Wissenschaft auf kritische Verwunderung gestoßen ist. Aber war es realistisch zu erwarten, man werde einem früheren, noch unter Besatzungsrecht stehenden Kriegsgegner Einblick in die geheimsten militärischen Planungsunterlagen des Bündnisses geben, ehe die zuständigen Parlamente den Verträgen zugestimmt hatten, ehe man also mit Sicherheit wußte, ob die Bundesrepublik Deutschland wirklich in den Kreis der Verbündeten aufgenommen werden würde? Eine solche Forderung von deutscher Seite zu erheben, hätte die Ratifizierung des ganzen Vertragswerkes gefährdet.

Wir begannen also unsere Mitgliedschaft im Bündnis aus einer Position der Schwäche heraus. Außer unserem Territorium hatten wir noch nichts zu bieten. Erst mit der schrittweisen Aufstellung und Assignierung deutscher Heeres-Divisionen und Verbänden der Luftwaffe und Marine konnten unser politisches Gewicht und die Möglichkeiten zur Einflußnahme allmählich wachsen. Als jüngstes und gerade erst souverän gewordenes Mitglied der Allianz hatten wir uns zunächst an die bestehenden Verhältnisse anzupassen. Und nach zehn Jahren einer militärlosen Zeit gab es auch viel zu lernen.

Das vornehmste nationale Interesse bestand in der Forderung, daß die Bundesrepublik Deutschland »soweit ostwärts wie möglich« verteidigt wurde. Unser Territorium sollte nicht Kampffeld für ein Verzögerungsgefecht zwischen Elbe und Rhein bleiben. Der Abwehrkampf sollte vielmehr mit starken Kräften schon unmittelbar an der Grenze zum Warschauer Pakt aufgenommen werden. Doch dauerte es noch bis zum Jahre 1963, bis die für uns lebenswichtige »Vorneverteidigung« in dem Operationsplan für Mitteleuropa ihren Niederschlag fand, dessen volle Realisierung noch einmal weitere Jahre in Anspruch nahm.

An die Rolle der Atomwaffen tasteten wir uns vorsichtig heran. Wohl wußten wir von ihrer schrecklichen Wirkung, doch mußten wir uns erst informieren, über welches Spektrum von Kernwaffen die Amerikaner überhaupt verfügten und welche Daten für ihren Einsatz und ihre Wirkung bestimmend waren. Wir bemühten uns um Unterlagen über die verschiedenen Kaliber (yields) der Atomköpfe, ihre Sprengkraft, Hitzewirkung und Strahlung, die Abschußmittel und ihre Reichweiten, Treffgenauigkeit im Ziel, Zeitbedarf für die Einsatzvorbereitungen u. a. m. Es war nicht leicht, die notwendigen Auskünfte zu erhalten; die amerikanischen Geheimvorschriften waren streng.

Die nukleare Bündnisstrategie wurde – wie sollte es anders sein – weitgehend von den Amerikanern bestimmt. Sie stützte sich auf die atomare Suprematie, die die Unterlegenheit an konventionellen Kräften in Europa ausgleichen sollte. Jeder Angriff der Sowjetunion und ihrer Verbündeten auf ein NATO-Land sollte automatisch mit einer atomaren Reaktion auf sowjetisches Territorium beantwortet werden, während die USA selbst für sowjetische Atomwaffen damals noch nicht erreichbar waren.

Dies war die Lage, die wir beim Eintritt in das Bündnis vorfanden. Im Sommer 1956 ließ der Chairman der Joint Chiefs of Staff der USA, Admiral Arthur W.

Radford, die Absicht erkennen, die konventionellen amerikanischen Streitkräfte um rund 800 000 Mann zu verringern, um finanzielle Mittel für den weiteren Ausbau der Atomwaffen freizumachen. Eine deutliche Reduzierung der in Europa stationierten amerikanischen Land- und Luftstreitkräfte wäre die vorhersehbare Folge gewesen. Diese Aussicht beunruhigte die europäischen Mitgliedstaaten, vor allem aber die deutsche Bundesregierung. Die strategisch exponierte Lage der Bundesrepublik Deutschland machte diese zum Schlachtfeld jedes nuklearen und konventionellen Krieges in Europa. Wir mußten daher auf einer ausgewogenen Mischung von atomaren und konventionellen Waffen für Abschreckung und Verteidigung bestehen. Gerade deshalb hatte sich ja die Bundesrepublik Deutschland für einen militärischen Beitrag mit konventionellen Streitkräften entschieden. Die Aufstellung der Bundeswehr sollte die konventionelle Verteidigung Mitteleuropas stärken, aber nicht dazu dienen, die Amerikaner zur Verringerung ihrer konventionellen Kräfte in Europa zu ermutigen.

Bundeskanzler Adenauer entfaltete eine große politische Aktivität auf verschiedenen Ebenen. Staatssekretär Hallstein unterrichtete den NATO-Rat über die deutschen Besorgnisse. General Heusinger wurde nach Washington entsandt, wo er in eindringlichen Gesprächen mit dem amerikanischen Verteidigungsminister, den Joint Chiefs of Staff und der Standing Group der NATO – damals das höchste militärische Organ des Bündnisses – die deutschen strategischen Auffassungen vortragen konnte. Die Bundesregierung fand in ihren Bemühungen die Unterstützung der kontinentaleuropäischen Partner und des Atlantischen Oberbefehlshabers in Europa (SACEUR), des US-Generals Lauris Norstad. Die Amerikaner zeigten Verständnis für die europäischen Besorgnisse. Die ein Jahr später im NATO-Rat beschlossene Strategie übernahm zwar weitgehend die amerikanischen Vorstellungen, jedoch in einer für die Europäer nach den damaligen Möglichkeiten noch annehmbaren modifizierten Form. Diese Strategie – unter dem Schlagwort der »massive retaliation« bekannt geworden – bestätigte die überragende Rolle der strategischen Atomwaffen als das »Schwert der Vergeltung«. Dieses aber sollte durch einen »Schild« ausreichend starker konventioneller und atomarer Gefechtsfeldwaffen ergänzt werden, die vor allem begrenzte und lokale Angriffe abzuwehren in der Lage waren. Das Schwert sollte zum Einsatz kommen, wenn zu erkennen war, daß es sich bei dem angezettelten militärischen Konflikt um eine groß angelegte Aggression handelte, zu deren Abwehr die »Schildkräfte« zu schwach erschienen. Diese Strategie bediente sich zwar auch schon des Prinzips der Abschreckung als eines Mittels der Kriegsverhütung, regelte aber vornehmlich die Führung des eigentlichen Verteidigungskampfes unter Einsatz von konventionellen *und* nuklearen Waffen. Sie war Kriegsverhinderungs- und Kriegsführungsstrategie zugleich.

III.

In den Pariser Verträgen vom Oktober 1954 hatte die Bundesrepublik Deutschland auf die Produktion von Atomwaffen auf ihrem Territorium ausdrücklich verzichtet. Obwohl dies nicht zwangsläufig den Verzicht auf den Besitz von Atomwaffen bedeutete, falls diese von anderer Seite zur Verfügung gestellt worden wären, hat die deutsche Bundesregierung von vornherein erkennen lassen, daß sie eine alleinige nationale Verfügungsgewalt über Atomköpfe (warheads) nicht anstrebe. Wohl mögen Ende der fünfziger Jahre im Verteidigungsministerium weitergehende Überlegungen angestellt worden sein, zu konkreten politischen Schritten haben sie sich nicht verdichtet, oder sie sind mir, der ich von 1958 bis Herbst 1964 als Truppen- und Schulkommandeur außerhalb von Bonn Dienst tat, nicht bekannt geworden. Anders dagegen war die Ausstattung der jungen Bundeswehr mit atomaren Abschußmitteln (delivery means) zu beurteilen. Nachdem die Bundesrepublik Deutschland zugestimmt hatte, alle Kampfverbände ihres Verteidigungsbeitrages der NATO zu assignieren, erschien es nur konsequent, daß die in die gemeinsame Operationsplanung integrierten deutschen Verbände nicht schlechter ausgerüstet sein durften als die Verbände der Verbündeten, die im Verteidigungsfall im gleichen Raum mit gleichem Auftrag zu kämpfen haben würden. Andernfalls wären die Verteidigungsabschnitte mit geringer bewaffneten Kräften willkommene Ziele für die Angriffsschwerpunkte eines Aggressors geworden.

Alle nicht-amerikanischen in Mitteleuropa stationierten verbündeten Verbände aber verfügten über atomare Abschußmittel, auch wenn die Atomköpfe selbst in amerikanischem Gewahrsam verblieben. Nach einer leidenschaftlichen Debatte stimmte der Deutsche Bundestag im Mai 1957 einer vergleichbaren Ausstattung auch für die Bundeswehr zu. So erhielt die Bundeswehr für ihre Luftwaffe und das Heer atomare Abschußmittel, während sich die dazugehörenden Atomköpfe – wie die der Verbündeten – in Gewahrsam der US-Verbände und unter amerikanischer Kontrolle befanden. Mehr als ein Jahrzehnt später hat die Bundesrepublik Deutschland mit der Unterzeichnung und Ratifizierung des Nichtverbreitungsvertrages (non proliferation treaty) auch formell auf Besitz und nationale Verfügungsgewalt über Atomköpfe verzichtet. Sie blieb – militärisch gesehen – eine nicht-atomare Mittelmacht, auch wenn sie den stärksten konventionellen Beitrag zur Verteidigung Europas leistete.

IV.

Die Ausstattung mit atomaren Waffenträgern hatte weitreichende Auswirkungen auf das operative und taktische Denken der militärischen Führung. In der Rückschau muß festgestellt werden, daß die hohen Militärs der Allianz das Ausmaß der politischen und militärischen Folgen eines Einsatzes von taktischen Atomwaffen zunächst nicht richtig eingeschätzt hatten, vielleicht auch noch nicht einschätzen konnten. Vor allem war die Vielschichtigkeit und Gefährlichkeit der Strahlung damals noch nicht voll erkannt worden. Man ging zwar mit Recht davon aus, daß jede Kampfhandlung unter dem »Schatten der Atomwaffen« stehen würde – gleich, ob sie eingesetzt würden oder nicht. Man glaubte aber auch, gegenüber einem überlegenen Gegner das Geschehen auf dem Gefechtsfeld durch einen Einsatz taktischer Atomwaffen zu eigenen Gunsten entscheidend beeinflussen zu können. Das böse Wort, daß manche NATO-Generale Kernwaffen nur als eine wirkungsverstärkte Rohrartillerie betrachteten, mag reichlich übertrieben gewesen sein. Aber das breite Feld der atomaren Strategie war ein Neuland für alle, das von den Beteiligten – Politikern und Soldaten – noch viel Denkarbeit erfordern sollte.

Das galt auch für die Bundeswehr. Die 1960 erlassene deutsche Führungsvorschrift des Heeres (TF 60) spiegelt dieses von den Amerikanern beeinflußte Denken wider. Sie enthielt neben den Grundsätzen für eine konventionelle Gefechtsführung auch die Anweisungen für eine Kampfführung mit taktischen Atomwaffen. Die Vorschrift rechnete dabei noch mit erstaunlich hohen Zahlen von Atomwaffen, durch deren Einsatz man den Kampf im Verteidigungsraum bestehen zu können hoffte.

Die TF 60 blieb in der Phase der Entstehung und nach ihrem Erlaß nicht ohne Widerspruch. Bei manchen deutschen Generalen und Stabsoffizieren, zu denen auch ich mich rechnen durfte, hatten sich schon früher Bedenken und Zweifel geregt. Bereits im Sommer 1958 hatte ich in einem Planspiel, bei dem ich als Brigadekommandeur eingeteilt war, die Verwendung einer mir angebotenen Atomwaffe mit der Begründung abgelehnt, daß die zweifellos schwierige Gefechtssituation, in der sich meine Brigade befand, eine so schwerwiegende Entscheidung noch nicht rechtfertigte. Ein Jahr später nahm ich an einem einwöchigen Lehrgang der NATO-Special-Weapons-School in Oberammergau teil, in der Generale und Obersten aus zehn NATO-Ländern von amerikanischen Offizieren auf Gesamtstreitkräfteebene durch theoretische Übungen in die Atomkriegführung eingeführt wurden. Mein Erfahrungsbericht hob zwar den exakt durchdachten Lehrgangsablauf und die technische und methodische Genauigkeit des dargebotenen Lehrstoffes hervor, bemängelte aber die auffallend große Zahl der in den verschiedenen Lagen verwendeten Atomköpfe und die Vernachlässigung aller psychologischen Komponenten, ein Urteil, dem sich die übrigen europäischen Lehrgangsteilnehmer anschlossen.

1960 wurde ich neben anderen höheren Offizieren des Heeres um eine Stellungnahme zum Entwurf des Kapitels »Verteidigung« der fast fertiggestellten TF 60 gebeten. Ich kritisierte erneut den fast unbekümmerten Einsatz von Atomwaffen auf dem Gefechtsfeld und schlug vor, diese nur dann zu verwenden, wenn kein anderes Mittel zur Erreichung des vorgegebenen operativen Zieles ausreichen sollte. Diese Auffassung aber konnte sich damals noch nicht durchsetzen. Die Vorschrift wurde fast unverändert erlassen. Als Kommandeur der Führungsakademie der Bundeswehr von 1962 bis 1964 fiel es mir immer schwerer, die taktische Ausbildung der zukünftigen Generalstabs- und Admiralstabsoffiziere nach den Richtlinien der TF 60 unwidersprochen hinzunehmen. Man werde über den Atomwaffeneinsatz noch sehr nachdenken müssen, soll ich nach Teilnahme an einer Planübung zu den Anwesenden gesagt haben. Inzwischen waren ja auch bereits auf politischer Ebene Diskussionen zur Änderung der noch geltenden Strategie des Bündnisses in Gang gekommen.

Als Inspekteur des Heeres ab Herbst 1964 erhielt ich die Möglichkeit, stärker als bisher auf die geplante NATO-gemeinsame Operationsführung Einfluß zu nehmen. Die Diskussionen hierüber spielten sich fast ausschließlich im militärischen Rahmen unter strenger Geheimhaltung ab. Auch die Öffentlichkeit zeigte anfänglich nur geringes Interesse. Erst als unterschiedliche Auffassungen über den von Amerikanern forcierten Einsatz von ADM (atomic demolition means) bekannt wurden, gab es kritische, ja erregte Reaktionen. Bei den ADM handelte es sich um ortsgebundene atomare Sprengmittel mit großer Sperrwirkung, deren defensiver Charakter unbestritten war. Doch standen ihrer Verwendung die deutsche politische und militärische Führung mit großer Zurückhaltung gegenüber. Militärisch sinnvoll wäre sie nur im Rahmen der Vorneverteidigung, also unmittelbar an der Grenze zum Warschauer Pakt gewesen. Dazu aber hätte es einer detaillierten Vorausplanung und einer frühzeitigen Sprengerlaubnis schon unmittelbar nach einem Angriffsbeginn bedurft, während wir auf eine Anhebung der nuklearen Schwelle drängten. Die Verwendung von ADM in den dichtbevölkerten rückwärtigen Gebieten unseres Territoriums lehnten wir ab.

Während des intensiven Gedankenaustausches, den Offiziere der Führungsstäbe der Streitkräfte und des Heeres mit dem Pentagon pflegten, wurde offensichtlich, daß die führenden Männer in Washington über den Einsatz von Atomwaffen wesentlich zurückhaltender dachten als die amerikanischen Generale in Europa. Die Freigabe jedes Einsatzes von Atomwaffen war an die Person des US-Präsidenten gebunden. Die »Prä-Delegation« einer Einsatzermächtigung an militärische Befehlshaber stand nicht zur Debatte. Auch lehnte das Pentagon eine frühzeitige Verwendung von Atomwaffen ab.

Das ermutigte mich – nach Rücksprache mit dem Verteidigungsminister, dem Generalinspekteur und dem Oberbefehlshaber der Verbündeten Landstreitkräfte Mitteleuropas, dem deutschen General Graf Kielmansegg, und unterstützt durch meinen Stab –, im Sommer 1966 eine streng geheime Weisung an die Korps- und Divisionskommandeure des Heeres zu erlassen, in der diese zu einer restriktiven Haltung bei etwaigen nuklearen Entscheidungen aufgefordert wurden. Neben einer nüchternen Beurteilung des erhofften militärischen Nutzens seien auch die für die Zivilbevölkerung entstehenden Schäden in die Überlegungen einzubeziehen. Damit wurden die atomaren Führungsgrundsätze der TF 60 praktisch außer Kraft gesetzt. Ich nahm dabei in Kauf, daß diese Weisung die deutschen Kommandeure in Loyalitätskonflikte zwischen den nationalen Auffassungen und den ihnen möglicherweise von NATO-Kommandobehörden zugehenden Befehlen bringen konnte, jedenfalls so lange, bis die sich abzeichnende Änderung der NATO-Strategie und der Rolle der Atomwaffen in neue operative Bündnisplanungen umgesetzt werden konnten.

V.

Wichtiger noch als die Wahrnehmung deutscher Interessen bei der Operationsplanung und -führung der NATO-Kommandobehörden aber war es, auf politischer und höchster militärischer Ebene Einfluß auf die Nuklearpolitik und -strategie des Bündnisses zu gewinnen. Die Bundesrepublik Deutschland – von anderen nicht-nuklearen europäischen Mitgliedstaaten unterstützt – fühlte sich zu Recht am meisten betroffen. Auf ihrem Boden war die größte Zahl von Atomköpfen stationiert, von ihrem Boden aus konnten Atomköpfe abgeschossen werden, und die Ziele der Atomwaffen mit kürzerer Reichweite lagen auf dem Boden der beiden deutschen Staaten beiderseits der Bündnisgrenzen. Die Forderung nach »nuklearer Teilhabe« mußte als ein berechtigtes, ja existentielles nationales Anliegen angesehen werden. Dabei umfaßte der Begriff »Teilhabe« ein breites Spektrum nuklearer Zusammenarbeit, wie z. B. Information über Bestände und ihre Lagerung, Konsultation in allen Europa betreffenden nuklearen Planungen, Beteiligung an der Kommandoorganisation, Mitarbeit bei den konkreten Zielprogrammen und nicht zuletzt Mitwirkung bei der Einsatzfreigabe. Ein Vetorecht gegenüber Einsatzentscheidungen allerdings wurde als nicht realistisch beurteilt und daher auch nicht gefordert. Kein amerikanischer Präsident hätte sich einen Waffeneinsatz durch nicht-nukleare Mächte vorschreiben oder verbieten lassen. Der französische Staatspräsident und der britische Premierminister vertraten die gleiche Auffassung, nachdem ihre Länder über eigene Atomwaffen verfügten. Aber die nicht-nuklearen Staaten im Bündnis konnten erwarten, daß nicht über ihren Kopf hinweg – ohne Konsultation also – eine atomare Eskalation begonnen würde, bei der sie selbst das größte Risiko zu tragen haben würden.

Die geforderte Teilhabe an der Nuklearpolitik des Bündnisses realisierte sich in Einzelschritten über mehrere Jahre hinweg. Anfang der sechziger Jahre erkannten die USA, daß sie den europäischen Verbündeten annehmbare Vorschläge zur Lösung des »nuklearen Dilemmas« (Kissinger) unterbreiten müßten. Bei der Frühjahrstagung 1962 des NATO-Rates in Athen kam es zu einer ersten Vereinbarung, die unter dem Namen der »Athener Guidelines« bekannt geworden ist. Erstmalig sicherten die USA und Großbritannien zu, alle Informationen zu geben, die einen vollen Einblick in Aufbau und Kontrolle der atomaren Verteidigung der NATO ermöglichten. In der Zielplanung sollten die Europa und die USA bedrohenden Elemente der sowjetischen Angriffsmacht in gleicher Weise Berücksichtigung finden. Die USA erklärten sich bereit, dem Bündnis die Atomwaffen zugänglich zu machen, die den Bedürfnissen der NATO-Verteidigung entsprächen. Vor einem Einsatz sollten die Verbündeten »im Rahmen des Möglichen« und »soweit die Zeit reicht« konsultiert werden.

Gewiß, die Athener Beschlüsse stellten keine vertragliche Verpflichtung für die USA dar. Es handelte sich lediglich um vage Zusicherungen, die dazu noch unter dem Vorbehalt der Einhaltung der Geheimschutzerfordernisse standen; aber sie ließen erkennen, daß die USA die vitalen Interessen der Nicht-Nuklearmächte zu begreifen lernten. Und die USA haben ihre Zusicherungen eingehalten. Dem Atlantischen Obersten Befehlshaber Europa (SACEUR) wurden fünf mit Polarisraketen bestückte U-Boote unterstellt, ein notwendiger Ausgleich für die nach Abschluß der Kuba-Krise aus Großbritannien, Italien und der Türkei abgezogenen, meist veralteten Mittelstreckenraketen THOR und JUPITER. Europäische Offiziere, darunter auch ein deutscher, erhielten Zutritt zu der atomaren Zielplanung im Strategischen Luftkommando der USA (SAC) in Omaha/Nevada. Dem SACEUR wurde ein europäischer General (Italiener) als Stellvertreter für nukleare Angelegenheiten zur Seite gestellt. Die »Athener Guidelines« konnten als ein erster Ansatz für eine nukleare Teilhabe im Bündnis und damit als ein Fortschritt angesehen werden. Aber sie entsprachen noch nicht allen Erwartungen der »nuklearen Habenichtse«.

Nach einem Treffen des Präsidenten Kennedy mit dem britischen Premierminister Macmillan in Nassau (Bahamas) im Dezember 1962 schlugen beide die Bildung einer Flotte von 25 national-gemischt bemannten (mixed manned) Überwasserschiffen vor, die jeweils mit acht atombestückten Polarisraketen von rd. 2500 Meilen Reichweite bewaffnet sein sollten (MLF – multilateral force). Sie wollten damit deutlich machen, daß die nukleare Verteidigung der Allianz unteilbar sei. Die MLF sollte auf der Basis gemeinsamer Finanzierung gemeinsames Eigentum sein sowie einer gemeinsamen Einsatzplanung unterstehen. Aber auch für die Atomwaffen dieser Flotte wollten sich die USA die letzte Einsatzentscheidung vorbehalten. Die US-Verfassung ließ eine andere Lösung nicht zu.

Die Bundesregierung sagte ihre Unterstützung für den amerikanisch-britischen Vorschlag sehr bald zu. Sie sah darin eine Stärkung der transatlantischen Beziehungen und einen weiteren, wenn auch bescheidenen Einstieg in die atomaren Planungen und Entscheidungen der Amerikaner und der Allianz. Der französische Staatspräsident de Gaulle dagegen lehnte den Vorschlag kategorisch ab. Die MLF hätte die französischen Anstrengungen um den Aufbau einer eigenen nationalen Atomwaffe abgewertet und im Gegensatz zu den französischen Bemühungen gestanden, Frankreich und Europa mehr und mehr von den USA unabhängig zu machen. Dennoch zeigten sich anfangs sieben Teilnehmerstaaten an dem Projekt interessiert. Die Zahl aber bröckelte bald ab. Die Realisierbarkeitsuntersuchungen brachten erhebliche praktische Schwierigkeiten zutage. Der finanzielle Aufwand überschritt die Möglichkeiten der meisten Länder, und in der europäischen Öffentlichkeit formierte sich zunehmende Kritik gegenüber dem Projekt. Übriggeblieben wäre allenfalls ein bilaterales deutsch-amerikanisches Unternehmen. Dies aber hätte die Bündnissolidarität gefährdet und dem Geist des im Januar 1963 unterschriebenen deutsch-französischen Kooperationsvertrages (sogenannter Elysée-Vertrag) widersprochen. So verlief der Plan im Sande. Das amerikanische Interesse hatte schon Anfang 1965 nachgelassen. Nach der Bildung der Regierung der Großen Koalition in Bonn Ende 1966 legten auch die Deutschen das Projekt endgültig zu den Akten. Der Weg zu einem »Mitbesitz« von Atomwaffen – wenn auch ohne volle »Mitbestimmung« – blieb verschlossen.

VI.

Zeitlich gleichlaufend mit dem gescheiterten Projekt einer MLF rang die Allianz um die Erarbeitung einer neuen Strategie. In der Zeit ihrer eindeutigen atomaren Überlegenheit hatten die USA geglaubt, es sich leisten zu können, dem nuklear unterlegenen Angreifer einen vernichtenden atomaren Vergeltungsschlag anzudrohen, ohne sich selbst existentiell zu gefährden. Das rasche Aufholen der Sowjetunion in der nuklearen Rüstung, verbunden mit der Vergrößerung der Reichweiten der Waffenträger, machte die Strategie der »massive retaliation« seit Anfang der sechziger Jahre zunehmend unglaubwürdiger. Niemand konnte erwarten, daß die USA ihr Territorium der Gefahr eines atomaren Angriffs aussetzten, nur um begrenzten militärischen Konflikten in Europa zu begegnen. Das Bündnis, angeführt von den USA, bemühte sich um eine Politik der Entspannung zwischen den Blöcken. Der Kalte Krieg schien abzuflauen. Entspannung und Verteidigung galten als die beiden Seiten der gleichen Medaille.

Die Formulierung einer neuen Strategie dauerte sieben Jahre. Der französische Staatspräsident de Gaulle leistete entschiedenen Widerstand. Erst nach dem Ausscheiden der französischen Streitkräfte aus der militärischen Bündnisintegration und in Verbindung mit dem die zukünftige Politik des Bündnisses bestimmenden »Harmel-Bericht« konnte im Dezember 1967 die neue Strategie der »flexible response« endgültig beschlossen werden. Im August 1966 zum Generalinspekteur der Bundeswehr ernannt, nahm ich an der Schlußphase der Verhandlungen um diese Strategie und ihre Umsetzung in operative Planungen aktiven Anteil.

Die Strategie der »flexible response« wies dem Ziel der Kriegsverhinderung durch Abschreckung erste Priorität zu. Einem potentiellen Angreifer sollte die Fähigkeit und der Wille zur Verteidigung durch eine ausgewogene Mischung nuklearer und konventioneller Waffensysteme vor Augen gestellt werden. Er sollte überzeugt werden, daß das Risiko eines Krieges für ihn nicht kalkulierbar und in jedem Falle so hoch sei, daß der zu erwartende Schaden in keinem Verhältnis zum möglichen Nutzen stehe und daher untragbar erscheine. Sollte es dennoch zu einem militärischen Konflikt kommen, sah die neue Strategie verschiedene Möglichkeiten der Reaktion vor. Frei von jedem Automatismus überließ sie dem Verteidiger die Möglichkeit, auf jede Aggression, also auch bei einem regional begrenzten Krieg oder örtlichen Übergriffen, eine Antwort nach dem Grundsatz der Verhältnismäßigkeit der Mittel zu erteilen, d. h. unter den zur Verfügung stehenden konventionellen wie nuklearen Mitteln die der jeweiligen Lage angemessenen auszuwählen und sie in einer vom Gegner nicht vorauszuberechnenden Weise einzusetzen. Abschreckung durch einen breiten Fächer nuklearer und konventioneller Waffen, hohe Präsenz der Verteidigungsstreitkräfte, Flexibilität in der Antwort auf eine Aggression, Unkalkulierbarkeit des Risikos für den Angreifer, Vorneverteidigung und militärische Integration innerhalb des Bündnisses waren die auf Kriegsverhinderung und Verteidigung ausgerichteten Elemente der neuen Strategie.

Es war offensichtlich, daß auch die Rolle der nuklearen Waffen innerhalb dieser Strategie neu definiert werden mußte. Das aber war ohne Mitwirkung der nichtnuklearen Bündnispartner jetzt nicht mehr denkbar. Nach dem Scheitern der MLF bedurfte es neuer Wege zur Lösung der nuklearen Partnerschaft im Bündnis.

Es war der amerikanische Verteidigungsminister McNamara, der 1966 die Anregung gab, durch die Bildung einer Nuklearen Planungsgruppe (NPG) einen neuen Mechanismus für nukleare Beratungen innerhalb der NATO zu schaffen. Er leitete damit ein neues Kapitel der nuklearen Zusammenarbeit des Bündnisses ein. Und in der Tat hat sich die NPG in den folgenden Jahren als eine der wirksamsten und erfolgreichsten Beratungsorgane der Allianz erwiesen.

Die NPG – zunächst aus vier ständigen (USA, Großbritannien, Italien, Bundesrepublik Deutschland) sowie drei bis vier rotierenden Mitgliedern bestehend – tagte zweimal im Jahr auf Ministerebene. Als Treuhänder für die ganze Allianz führte der Generalsekretär der NATO regelmäßig den Vorsitz. Die Ministersitzungen wurden durch Beratungen in Ausschüssen und durch militärische Studien der hohen NATO-Kommandobehörden sorgfältig vorbereitet. Die Beratungen unterlagen strenger Geheimhaltung, was der Offenheit der Diskussionen zugute kam. Die Öffentlichkeit wurde in sorgfältig abgestimmten Kommuniqués nur über die jeweils behandelte Thematik unterrichtet.

Die Amerikaner sicherten den Erfolg schon der ersten Sitzung im Frühjahr 1967 durch eine offene Unterrichtung über den Rüstungsstand ihrer offensiven und defensiven strategischen Atomwaffen. Außerdem erklärten sie ihre Bereitschaft, die europäischen Stationierungsländer nunmehr regelmäßig über Ort, Zahl, Art und Kaliber (yield) der auf ihrem Territorium gelagerten Atomköpfe zu unterrichten. Damit war einem dringenden Anliegen der Bundesrepublik Deutschland als des wichtigsten Stationierungslandes entsprochen. Dies war ein guter Start.

Den entscheidenden Impuls erhielt die NPG durch den eindringlichen Hinweis der britischen und amerikanischen Verteidigungsminister Denis Healey und Robert McNamara, man habe zwar den NATO-Kommandobehörden Atomwaffen in die Hand gegeben, für deren Einsatz die technischen Voraussetzungen getroffen waren, doch fehle es an gemeinsamen politischen Richtlinien für Planung, Freigabe und

Einsatz dieser Waffensysteme. Dies sei ein selbstverschuldeter Verstoß gegen den Primat der Politik, ein Versäumnis, das nunmehr dringend abgebaut werden müsse. Damit erhielt die NPG eine politisch bedeutungsvolle Aufgabe, die nur systematisch und schrittweise zu lösen war.

Um einer aktuellen öffentlichen Diskussion rasch eine abgestimmte Antwort geben zu können, prüfte die NPG zunächst die Bedingungen eines Aufbaus von Raketenabwehrsystemen (ABM – anti ballistic missiles) für Europa. Man erkannte sehr rasch, daß die in den USA entwickelten ABM wegen der durch die geografische Nähe der Sowjetunion bedingten kurzen Reaktionszeiten und der außerordentlich hohen Kosten für Europa vorerst nicht in Betracht kamen.

Nach zwei Jahren eingehender Untersuchungen verabschiedete die NPG im November 1969 zwei Dokumente von grundsätzlicher Bedeutung. Zum einen handelte es sich um die »Politischen Richtlinien für das Konsultationsverfahren bei Freigabe und Einsatz von Atomwaffen«. Ohne die letzte Entscheidung des amerikanischen Präsidenten bzw. des britischen Premierministers in Frage zu stellen, verpflichteten sich die Partner zu gegenseitiger Konsultation vor dem Ersteinsatz von nuklearen Waffen. Die Europäer bestanden darauf, daß den Auffassungen der von einem Einsatz »unmittelbar betroffenen« Staaten ein besonderes Gewicht beizumessen sei. Als unmittelbar betroffen galten solche Länder, von deren Boden Atomwaffen abgeschossen, auf deren Boden die Ziele lagen oder deren Abschußmittel benutzt werden sollten. Diese drei Kriterien verstärkten den Einfluß der Bundesrepublik Deutschland während der Konsultationsphase. Nur in dem unwahrscheinlichen Falle eines großen atomaren Überraschungsangriffs durch die Sowjetunion mußten die USA ohne vorherige Konsultation sofort reagieren.

Den eigentlichen »Durchbruch« im deutschen Interesse bedeuteten die in der gleichen Sitzung beschlossenen »Politischen Richtlinien für den taktischen defensiven Ersteinsatz nuklearer Waffen«. Mit ihnen wurden erstmalig konkrete politische Einsatzrichtlinien für Atomwaffen geschaffen, auch wenn sie sich vorerst noch auf den Ersteinsatz für den taktischen Gebrauch beschränkten. Sie rechtfertigten nachträglich die von mir als Inspekteur des Heeres drei Jahre zuvor herausgegebene interne Weisung an die hohen Kommandeure der Bundeswehr. Gerade weil die NATO auf die Option eines Ersteinsatzes nicht verzichten konnte und wollte, enthielten die Richtlinien klare und einem Mißbrauch vorbeugende Beurteilungsmaßstäbe für Planung, Anforderung und Freigabe nuklearer Waffen. Jeder nukleare Ersteinsatz, welcher Art auch immer – so hieß es u. a. –, bedeute eine qualifizierte Änderung des Charakters eines Krieges. Er signalisiere die Entschlossenheit zu nachhaltiger Verteidigung gegen jede Art von Aggression und sei damit die entscheidende Stufe der Eskalation. Er solle, wann immer er erfolgte, nur selektiv und dosiert vorgenommen werden und die möglichen Folgeeinsätze mitbedenken. Eine gleichzeitig zu veröffentlichende Erklärung müsse Zielsetzung und Sinn des Einsatzes politisch erläutern und legitimieren. Mit diesen Richtlinien erhielt die politische Rolle der taktischen Atomwaffen als Abschreckungsmittel – auch noch nach Beginn einer Aggression – eindeutige Priorität vor einer militärischen Einwirkung auf das eigentliche Kampfgeschehen. Dies schloß auch die so umstrittenen ADM (atomic demolition means) ein. ADM, so hieß es in einem bald danach beschlossenen weiteren Dokument, sind nur eines der Mittel in dem breit gefächerten Arsenal der Atomwaffen für den taktischen Einsatz. Sie unterliegen daher auch den gleichen Bestimmungen wie alle anderen Kernwaffen. Für sie gibt es keine Sonderregelungen, erst recht keine Automatik. Die deutsche Auffassung hatte sich durchgesetzt. Damit entfielen auch endgültig die kuriosen Vorstellungen eines »Atomminengürtels« entlang der Grenze zum Warschauer Pakt – Mißverständnisse, die durch sprachliche Übersetzungsfehler noch verstärkt worden waren.

Schon ein Jahr später, im Oktober 1970, befaßten sich politische Richtlinien mit der Problematik am entgegengesetzten Ende der nuklearen Einsatzskala, nämlich mit der Rolle derjenigen nuklearen Mittel, die für eine Antwort auf einen allgemeinen atomaren Überraschungsangriff bereitgehalten wurden (strike forces). Auch dieser Fall war zu durchdenken, selbst wenn er als höchst unwahrscheinlich angesehen wurde, solange die Amerikaner über eine gesicherte ausreichende atomare Kapazität verfügten, die dem potentiellen Angreifer in einem Gegenschlag (second strike) immer noch einen vernichtenden und damit unannehmbaren Schaden zufügen konnte.

Mit diesen grundlegenden, in wenigen Jahren erarbeiteten Dokumenten stand jedoch noch nicht das ganze Gebäude. Der weite Bereich zwischen dem Ersteinsatz einzelner Waffen für taktische Zwecke einerseits und dem »second strike« andererseits blieb noch abzudecken. Diese als »follow-on-use« bezeichnete Thematik bereitete größere Schwierigkeiten als erwartet. Amerikanische und europäische Auffassungen liefen zunächst weit auseinander. Es bedurfte noch langer Jahre und neuer politischer und technischer Entwicklungen, bis im Oktober 1986 alle bisherigen politischen Richtlinien in einem geschlossenen Dokument zusammengefaßt werden konnten, das auch den »follow-on-use« einschloß.

Mehr als ein Schönheitsfehler war es, daß sich Frankreich, das inzwischen selbst über ein bescheidenes Maß an strategischen und taktischen Atomwaffen verfügte, an den Arbeiten der NPG nicht beteiligte. Es verfolgte eine eigene, nur an französischen Interessen ausgerichtete Nuklearstrategie. Da die französische Regierung auch davon absah, Atomwaffen auf deutschem Boden zu stationieren, blieb der Bundesregierung eine Einflußnahme auf Planung und Einsatz dieser Waffen verwehrt, selbst wenn ihre Ziele auf deutschem Boden lagen.

Zwar wurde Frankreich über die Arbeitsergebnisse der NPG informiert; es bestanden auch enge Arbeitsbeziehungen zwischen hohen und höchsten französischen und deutschen Militärs; nicht zuletzt erleichterte ein Kooperationsabkommen zwischen dem Chef des Generalstabes der französischen Streitkräfte und dem NATO-Oberbefehlshaber in Europa vorsorgliche Absprachen über mögliche operative Aufgaben französischer Streitkräfte im Falle einer Aggression. Aber die Ungewißheit, ob, wann, in welchem Umfang und mit welchem konkreten Auftrag sich französische Streitkräfte tatsächlich an der gemeinsamen Verteidigung Mitteleuropas beteiligen werden, blieb bestehen. Sie belastet auch heute noch das Verhältnis Frankreichs zum Bündnis.

Im Frühjahr 1972 wurde ich nach Erreichen der gesetzlichen Altersgrenze in den Ruhestand versetzt. Damit endete meine Mitwirkung an der Vertretung deutscher Interessen bei der Weiterentwicklung der Nuklearstrategie des Bündnisses. Jedoch hatte ich als aktiver Teilnehmer an den ersten zehn Sitzungen der NPG zwischen der Gründungssitzung im April 1967 bis zum Ende 1971 die Gelegenheit gehabt, die Arbeit dieses Ausschusses auf Ministerebene nicht nur zu beobachten, sondern auch selbst mit zu beeinflussen. Der eingeschränkte Teilnehmerkreis und die gelungene

Geheimhaltung der Beratungen erleichterten offene und vertrauensvolle Aussprachen zwischen den Ministern, den Stabschefs, dem Generalsekretär und den Oberbefehlshabern der NATO und eröffneten gerade in den ersten Jahren einen wichtigen gegenseitigen Lernprozeß. Die nicht-nuklearen Staaten erhielten Kenntnis von ihnen bisher nicht zugänglichen technischen Daten und Verfahren. Sie lernten amerikanisches Denken und amerikanische Sicherheitsvorstellungen besser zu beurteilen. Die Amerikaner ihrerseits wurden mit europäischen Überlegungen und Besorgnissen konfrontiert. Sie vertieften ihr Verständnis für die differenzierten Bedingungen Europas und für die besonderen Probleme der Staaten, die eine gemeinsame Grenze mit Warschauer Pakt-Staaten besaßen. Der Lernprozeß schuf die Voraussetzungen für die gemeinsamen Beschlüsse. Auf deutscher Seite haben die Verteidigungsminister Gerhard Schröder und Helmut Schmidt mit zahlreichen konstruktiven Beiträgen die Diskussionen positiv beeinflußt. Der Regierungswechsel von 1969 veränderte die von der deutschen Bundesregierung vertretenen nuklearstrategischen Auffassungen nur in Einzelfragen.

VII.

Die deutschen Interessen, die sich bis in die beginnenden siebziger Jahre immer deutlicher herauskristallisiert hatten und auch mit Nachdruck vertreten worden sind, lassen sich wie folgt zusammenfassen:

- Unbestrittenes Hauptziel jeder Sicherheitspolitik ist die Kriegsverhinderung durch Abschreckung vor jeder Art eines militärischen Konfliktes, sei er nun nuklearer oder auch »nur« konventioneller Art. Die Abschreckungsstrategie besitzt Priorität vor denkbaren Kriegsführungsstrategien.
- Das Bündnis braucht das volle Spektrum der Abschreckungsmittel in allen Ebenen. Sie umfassen den konventionellen, taktisch-nuklearen, strategisch-nuklearen Bereich in gleicher Weise.
- Zur Glaubwürdigkeit der Abschreckung gehört die unmißverständliche Bekundung des gemeinsamen politischen Willens, die zur Verfügung stehenden Mittel auch einzusetzen, wenn der Friede gebrochen werden sollte.
- Die nicht-atomaren Staaten, vor allem diejenigen, auf deren Territorium Nuklearwaffen ständig stationiert sind, haben Anspruch auf Information, Konsultation und Mitwirkung in allen Fragen der Nuklearstrategie, insbesondere bei nuklearen Planungen und Einsatzentscheidungen. Die letzte Entscheidungsgewalt der Staats- und Regierungschefs der Atomwaffen besitzenden Staaten muß allerdings respektiert werden.
- Europa und der nordamerikanische Kontinent bilden in Abschreckung und Verteidigung eine strategische Einheit. Sie müssen als Risikogemeinschaft fest miteinander verkoppelt bleiben. Es darf keinen längerdauernden, auf Europa beschränkten Nuklearkrieg geben, bei dem die USA und die Sowjetunion ihrerseits einer nuklearen Bedrohung nicht ausgesetzt wären.
- Die »Vorneverteidigung« – eine der Voraussetzungen für die Mitgliedschaft der Bundesrepublik Deutschland in der NATO – ist ein existentielles strategisches Anliegen. Deutsches Territorium darf nicht kampflos preisgegeben werden.

- Für den Angreifer muß das ihn erwartende Risiko einer Aggression unkalkulierbar bleiben. Die NATO muß sich daher die Option eines nuklearen Ersteinsatzes als Mittel der Abschreckung auch noch nach Beginn eines militärischen Konfliktes offen halten, selbst wenn man hofft, von dieser Option keinen Gebrauch machen zu müssen.
- Jeder Ersteinsatz einer Nuklearwaffe bedeutet eine qualifizierte Änderung des Charakters des Krieges. Die Entscheidung dazu muß unter strenger politischer Kontrolle bleiben und hat etwaige Nachfolgeeinsätze von vornherein mitzubedenken.

VIII.

Solange die Sowjetunion durch eine forcierte Rüstung ihre atomare Überlegenheit auszubauen versuchte, glaubte das Bündnis, mit einem weiten Fächer land-, luft- und seegestützter Atomwaffen verschiedener Reichweiten dem Ziel der Abschreckung am besten gerecht werden zu können. Als die Sowjetunion in der zweiten Hälfte der siebziger Jahre mit der Stationierung eines neuen Typs von mobilen, atomar bestückten Mittelstreckenraketen (SS 20) einen weiteren Versuch unternahm, die Verteidigung Europas und der USA zu »entkoppeln«, war ein Höhepunkt dieser Entwicklung erreicht, der aber zugleich eine Wende einleiten sollte.

Im Dezember 1979 entschloß sich die NATO zu einem neuartigen Weg, der unter der Bezeichnung »Doppelbeschluß« in die politische Diskussion eingegangen ist. Der NATO-Rat schlug vor, auf eine als Antwort auf die SS 20 notwendig gewordene Nachrüstung mit amerikanischen Mittelstreckenraketen auf europäischem Boden zu verzichten, wenn die Sowjetunion ihrerseits bereit wäre, die weitere Stationierung von SS 20 einzustellen und die schon aufgestellten SS 20 wieder abzuziehen. Zugleich kündigte die NATO den einseitigen Abzug von 1000 Atomköpfen aus Europa an.

Die Sowjetunion ignorierte zunächst diesen Vorschlag. Sie glaubte nicht an die Kraft der europäischen Mitglieder des Bündnisses, eine atomare Nachrüstung in ihren eigenen Ländern politisch durchsetzen zu können. Erst als nach Überwindung erheblicher innenpolitischer Widerstände Ende 1983 mit der Aufstellung amerikanischer Mittelstreckenraketen (Pershing 2 und Cruise missiles) in Europa tatsächlich begonnen wurde – verbunden mit der Ankündigung eines einseitigen Abzuges von weiteren 1400 Atomköpfen – setzte sich die Sowjetunion wieder an den Verhandlungstisch. Eine neue politische Führung in der Sowjetunion stimmte Ende 1987 einem Abkommen zum kontrollierten Abbau und zur Vernichtung aller Mittelstreckenraketen auf beiden Seiten zu. Beide Weltmächte verzichteten auf eine ganze Kategorie bereits vorhandener atomarer Waffen – ein Vorgang ohne Beispiel. Zugleich begannen sie mit Verhandlungen über eine drastische Reduzierung der strategischen Atomwaffen und stellten spätere Gespräche über eine Verringerung auch von atomaren Kurzstreckenraketen in Aussicht.

Der Bann war gebrochen. Reagan und Gorbatschow bekannten sich dazu, daß ein großer Atomkrieg nicht gewonnen werden könne und daher auch nicht geführt werden dürfe. Als politische Waffen aber konnten Atomwaffen zur Sicherung des Friedens eine entscheidende Rolle spielen. Die abgelaufenen 40 Jahre hatten das bewiesen. Diese friedenssichernde Aufgabe kann aber auch mit einer erheblich niedrigeren Zahl von Kernwaffen gewährleistet werden, solange das strategische Gleichgewicht auf beiden Seiten erhalten bleibt. Erste Erfolge auf diesem Wege zeichnen sich bereits ab. Der Schatten der Atomwaffen ist kürzer geworden.

Doch wäre es eine Illusion, auf eine Welt zu hoffen, in der es keine Atomwaffen mehr gibt. Selbst wenn alle vorhandenen Atomwaffen vernichtet werden würden, blieben sie in den Köpfen der Menschheit lebendig und könnten jederzeit wieder neu produziert werden. Wenn es richtig ist, daß es zum ersten Mal in der Geschichte Waffen gibt, deren reine Existenz schon eine kriegsverhindernde Wirkung ausübt, dann würde der totale Verzicht auf solche Waffensysteme konventionelle Kriege wieder in den Bereich des politischen Kalküls rücken. Das aber kann sich niemand wünschen.

Wolf Graf von Baudissin

Anmerkungen zu aktuellen Fragen der Sicherheitspolitik*

Die rasanten Entwicklungen im Bereich der Sicherheitspolitik machen Tendenzen erkennbar, sich diesem überaus komplizierten Problemkreis eher mit verminderter Rationalität und um so mehr mit gesteigerter Emotionalität zuzuwenden. Doch mehr denn je ist statt dessen ein »Neues Denken« von uns allen gefordert. Die Notwendigkeit dazu ergibt sich aus bedeutsamen Veränderungen innerhalb des Ost-West-Konfliktes und dem Beginn einer Nord-Kooperation, die tiefgreifende Wirkungen auf die Handlungsfähigkeit der UNO hat. Die nachfolgenden Anmerkungen gelten deshalb dem politischen Klimawandel in Europa, den Geboten kooperativer Rüstungssteuerung und möglicher Friedensstrategien sowie dem Selbstverständnis und der Rolle der Bundeswehr im Entspannungsprozeß zwischen den Blöcken.

I. Klimawandel im Ost-West-Konflikt

Es ist wohl sicher, daß die Epoche der beinahe tödlichen Konfrontation – ob sie nun ideologisch oder machtpolitisch fundiert war – zu Ende gegangen ist oder, besser, zu Ende geht. Sie war angestoßen und begründet durch Hitlers Gewaltpolitik und seine Kriegführung. Er war es letztlich, der die atlantische Seemacht Vereinigte Staaten und die Kontinentalmacht Sowjetunion an die Elbe führte und dieses in einem weitgehend zerstörten Europa, in dem die gesamten Strukturen gründlich in Frage gestellt waren.

Fragen wir uns, wodurch der Klimawechsel eingeleitet wurde und worauf er sich gründet. Zunächst ist festzustellen, daß alle Staaten – vornehmlich die Weltmächte – merkten oder spüren mußten, daß die Rüstungskosten von Waffengeneration zu Waffengeneration immens stiegen, ohne daß damit ein Mehr an Sicherheit erreicht worden wäre. Es zeigte sich auch – vor allen Dingen im Vergleich mit Japan –, daß die bisherige Euphorie gegenüber Waffenentwicklungen, die angeblich eine relativ billige technologische Förderung der Industrien erbrachten, irreal war. Es stellte sich heraus, daß gerade der Umweg über die Militärtechnik außerordentlich kostspielig ist und sehr häufig auf falsche Pfade führt. Auch haben die beiden Weltmächte – wiederum im Blick auf Japan – erfahren müssen, daß Weltmachtstatus nicht allein auf militärischer Stärke beruht, sondern daß von einer Weltmacht noch allerlei anderes erwartet wird.

Ein weiterer Anstoß hin zum »Neuen Denken« resultierte aus folgender Erfahrung: Ost wie West leiden unter der Anzahl und Intensität der zunehmenden

Binnenkonflikte. Arbeitslosigkeit, Schulden, Umweltprobleme mögen als Stichworte für diese Entwicklung ausreichen.

Aber was in unserem Zusammenhang vielleicht das Interessanteste ist: Es setzt sich mehr und mehr die Erkenntnis durch, daß Sicherheitspolitik unter nuklearzeitlichen Bedingungen nach ganz anderen Gesichtspunkten betrieben werden muß als je zuvor. In Amerika ist das – jedenfalls theoretisch – schon lange bekannt, allerdings nicht immer praktiziert worden und hat jetzt – unter Gorbatschow – auch in Moskau Geltung gewonnen. So unterscheidet er ganz präzise zwischen vornuklearem und nuklearzeitlichem Denken in Politik und Strategie.

Dieser Unterschied kann besonders klar mit Clausewitz verdeutlicht werden. Er erkannte als einzige Legitimation für einen Krieg die Aussicht auf bessere Bedingungen für mehr Frieden an, tat dies allerdings in einer Zeit, in welcher das Ausmaß von Kriegen mit den Mitteln der Politik noch beherrschbar schien. Oder anders gesagt: Sicherheitspolitik im Atomzeitalter muß von der Einsicht ausgehen, daß es nicht, wie in früheren Zeiten um Sicherheit *voreinander,* sondern um Sicherheit *miteinander* geht. Dieses Bewußtsein verändert die Szene und das Klima grundlegend. Es fordert von allen bestimmenden Kräften Empathie, d. h. die Bereitschaft, die Bedrohtheitsgefühle und -ängste der anderen Seite zu verstehen und, soweit es die eigene Sicherheit irgend erträgt, zu berücksichtigen. Es verlangt von uns die folgenreiche Einsicht – wir erleben das im Augenblick recht handgreiflich –, daß die innere Stabilität der anderen Seite von existentieller Bedeutung für unsere eigene Sicherheit ist; denn nur auf stabile Systeme ist Verlaß; nur sie bleiben vertragstreu, zuverlässig und berechenbar. Allerdings bedeutet dies praktisch das Ende solcher Konzepte wie Kalter Krieg bzw. – wenn wir es marxistisch-leninistisch formulieren – der »friedlichen Koexistenz«, der zufolge man zwar bereit ist, für bestimmte Zeit auf Krieg zu verzichten, nicht aber auf jedwede Anstrengung, das kapitalistisch-imperialistische System mit allen Mitteln unterhalb der Schwelle offener Kriege entscheidend zu schwächen.

An diesem politischen Wendepunkt wird Transparenz zu einer Notwendigkeit, um der Gegenseite präzise Einsicht in die politische Zielsetzung, die Entscheidungsprozesse, die Entwicklung der Militärstrategie sowie der Potentiale zu ermöglichen. Ich möchte sogar behaupten: Transparenz ist die Voraussetzung für einschneidende Rüstungsverzichte.

Zu den Konsequenzen des »Neuen Denkens« gehört auch die Einsicht, daß militärische Überlegenheit nicht mehr wie in guten alten Zeiten ein Plus an Sicherheit beschert. Im Gegenteil: Selbst lediglich partielle und temporäre Überlegenheiten destabilisieren; denn sie beunruhigen den anderen, sie motivieren bzw. fordern eine Beschleunigung seines Rüstungsprozesses geradezu heraus. Am schwersten zu ertragen ist wohl die tödliche Verwundbarkeit unserer Industriegesellschaften, auch und vor allem im Blick auf moderne Waffenwirkung. Doch gerade dieser hohe Grad an eigener Verwundbarkeit – mit einigen wenigen Schlägen kann man eine Gesellschaft wie die unsrige ausschalten – ist für die andere Seite die sicherste Garantie, daß wir keinen ersten Schuß auslösen werden. Wir müssen also diese Verwundbarkeit, so scheußlich sie auch sein mag, ertragen. Das völlige Umdenken in sicherheitspolitischen Kategorien fiel besonders in der Sowjetunion schwer und hat dort auch am spätesten eingesetzt, weil sie mit einem Weltbild frühindustrieller Souveränität und einem absoluten Feindbild lebte. Wenn wir Entspannungspolitik betreiben wollen, müssen auch wir auf Feindbilder verzichten. Wir sollten uns allerdings darüber im klaren sein, daß Feindbilder eine hohe Attraktivität ausstrahlen. Sie teilen die Welt fundamentalistisch in Gut und Böse und vertuschen überdies die Konflikte in der eigenen Gesellschaft wie im Bündnis.

Nun ein kurzer Blick auf das, was wir unter dem Entspannungsprozeß zu verstehen haben. Daß Entspannung mehr ist als bloße Nicht-Konfrontation, liegt auf der Hand, genau wie Frieden etwas ganz anderes ist als Nicht-Krieg. Hier geht es um zwischenstaatliche Beziehungen, die nicht mehr durch Bedrohtheitsängste, Argwohn und Mißtrauen geprägt sind – und wie wir schon sagten, auch nicht durch Feindbilder. Es geht vielmehr um die beiderseitige Anerkennung der Andersartigkeit des Gegenübers, die man als Gegebenheit hinnimmt. Unabdingbar ist sodann die Anerkennung des Status quo als Gewißheit dafür, daß beide Seiten die herrschende Ordnung respektieren und Veränderungen nur gemeinsam ausgehandelt werden können.

Allerdings möchte ich darauf hinweisen, daß wir nicht etwa konfliktlosen Zeiten entgegengehen. Im Gegenteil: Mit zunehmenden Kontakten und Interdependenzen werden sich die Konflikte mehren, auch im Inneren, nachdem uns das »solide« Feindbild fehlt. Es winkt uns also nicht die Rückkehr ins Paradies, vielmehr werden wir gefordert, mit den nach wie vor bestehenden Konflikten zu leben bzw. fertig zu werden. Konflikte gehören zur menschlichen Existenz – und zwar auf allen Ebenen unseres Lebens. Diese bittere Tatsache müssen wir anerkennen und gleichzeitig akzeptieren, daß unser jeweiliger Gegner in Familie, im Beruf oder wo auch immer zumindest von seinem Standpunkt aus ebenfalls recht hat – selbst dann, wenn er etwas Gegenteiliges tut oder behauptet, als das, was wir gerne hätten. »Konfliktfähig« sind wir dann, wenn wir anerkennen, daß Divergenzen normalerweise nicht zu lösen und aus der Welt zu schaffen sind, daß sie höchstens durch neue, akutere Probleme überrollt werden und daher verblassen. Was uns bleibt, ist das Bestreben, Konflikte in einem mühseligen Schritt-für-Schritt-Prozeß zu regeln – wobei ich gern anmerke, daß der Prozeß richtig verläuft, wenn alle Beteiligten sich am Ende frustriert fühlen. Worum es mir geht: Détente bringt kein Himmelreich, kein Paradies auf Erden, sondern strapaziert uns vermutlich sogar ärger, als es die Konfrontation tat. Wir werden – inernational gesehen – baldmöglichst Strukturen zum Krisenmanagement, zur Konfliktregelung, ja hoffentlich sogar zur Schiedsgerichtsbarkeit entwerfen müssen.

Schauen wir noch einmal kurz auf die Ursachen, die diesen atmosphärischen Wandel bewirkten. Die Sowjetunion leidet unter erheblichen wirtschaftlichen Schwierigkeiten: 25 Prozent der Bevölkerung haben auf bzw. unter Armutsniveau zu existieren; ungenügende Versorgung als Folge der Dezentralisierung quält die Menschen. Die Sowjetunion läuft Gefahr, nicht nur ihre militärische Weltmachtstellung zu verlieren, sondern auf den Status eines Entwicklungslandes zurückzufallen, falls nicht bald Entscheidendes geschieht und gelingt. Unter diesen Umständen bereitet nicht zuletzt das Nationalitätenproblem große Schwierigkeiten. Die Sowjetunion, oder sagen wir präziser Rußland, war ein Kolonialreich, der zahlenmäßige Anteil der herrschenden russischen Bevölkerung relativ gering. Zur Sowjetunion gehören 104, nach anderer Zählung sogar 150 nicht-russische Nationalitäten, die natürlich in dem Augenblick, wo kritische Situationen entstehen, plötzlich Bedeutung erhalten.

Wir erleben Versuche, die Rüstungsausgaben zu kürzen, 60 Prozent der Rüstungsindustrie umzustellen, die hier beschäftigten qualifizierten Fachleute in die Konsumgüterproduktion zu überführen. Im Prinzip ist festzustellen, daß Gorbatschow klare Konsequenzen aus dem Nuklearzeitalter zieht. Er sieht die »friedliche Koexistenz« nicht mehr als eine bloße Atempause im weltweiten Klassenkampf, sondern propagiert eine kooperative Koexistenz und schreibt, zum ersten Mal habe sich ein reales, allgemeines menschliches Interesse gebildet, nämlich die Rettung der Menschheit vor der alles zerstörenden Katastrophe. Er erkennt eindeutig, daß Sicherheit sich von einem einstmals primär militärischen zu einem politischen Problem entwickelt hat. Er erkennt sogar die Vereinigten Staaten sozusagen als »Kollegen« an – eine in Rußland traditionelle Haltung gegenüber anderen mächtigen Staaten. Er ist auch – soweit ich sehe – in keiner Weise dafür, daß die Vereinigten Staaten Westeuropa verlassen; die NATO ist für ihn ein Faktum, und was mich besonders beeindruckt, er wittert keine Aggressionsabsichten mehr und erkennt die kooperative Rüstungssteuerung, über die gleich noch zu sprechen ist, als hilfreiche Methode an. Sicherlich ist das alles keine Garantie für eine bessere Zukunft; aber ich glaube, ein Rückdrehen auf den Status Null ist unmöglich geworden.

Die Vereinigten Staaten besaßen längere Zeit das Monopol der Kernwaffen. Schon sehr früh wurde in ihren Politikwissenschaften das entwickelt, was man nuklearzeitliches Denken nennt. Allerdings hat sich die Politik nicht immer an diese neuen Erkenntnisse gehalten. Wir wissen, daß die Südkonflikte Washington heute viel mehr beunruhigen als die Spannungen mit dem Osten.

Besonders bitter für die Vereinigten Staaten ist die Tatsache, daß sie vom Weltgläubiger zum Weltschuldner wurden, daß auch bei ihnen Arbeitslosigkeit und Inflation herrschen. Immer wieder hört man die besorgte Frage, wie die Vereinigten Staaten eigentlich wirtschaftlich mit der Konkurrenz der EG und Japans fertig werden wollen. Die Lastenverteilung (»burdensharing«) kann zum gravierenden Bündnisproblem werden.

Der jetzige Präsident Bush gibt nach einer gewissen Bedenkpause die bisherige Politik des »containment« auf und tritt dafür ein, die UdSSR in die Gemeinschaft der Nationen aufzunehmen, vorausgesetzt, daß sie bereit ist, ihre Rüstung gemeinsam mit der der USA zu steuern, daß sie die Souveränität der osteuropäischen Staaten anerkennt und in ein kooperatives Krisenmanagement einwilligt. Wir stehen also vor einer ingesamt neuen Situation, die nicht etwa nur aus gutem Glauben, aus Ideologie oder aus Menschenfreundlichkeit entstanden ist, sondern sich auf zwingende Fakten gründet.

II. Kooperative Rüstungssteuerung

Kooperative Rüstungssteuerung ist eine Strategie, die erst im Entspannungsprozeß praktische Resultate erbringen kann und deren positive Resultate wiederum den Entspannungsprozeß fördern. Es handelt sich hier um eine politische Methode, die Rüstungsdynamik einzelner Staaten, bestimmter Bündnisse oder Regionen einzufangen, um ein Steuern im kybernetischen Sinne also. Ihr Ziel ist: Herstellen, Verbessern, Erhalten, Verbilligen eines Kräfteverhältnisses von strategischer Stabilität; eines Kräfteverhältnisses also, das allen Beteiligten jeden Versuch einer Konfliktregelung mit militärischen Mitteln als unverantwortbares Risiko vor Augen stellt. Es geht, strategisch formuliert, um beiderseitige Selbstabschreckung.

Rüstungssteuerung sollte allerdings nicht mit »disarmament«, sprich Abrüstung, verwechselt werden. Die vollständige Abschaffung aller Militärpotentiale auf unserer Erde ist etwas fundamental anderes. Sie wird überhaupt erst realisierbar, wenn sich die Welt grundlegend geändert hat, wir also ein globales System kollektiver Sicherheit haben, d.h. eine Autorität, die zur friedlichen Konfliktregelung verpflichtet, diese notfalls erzwingt und die eine anerkannte Schiedsgerichtsbarkeit ausübt. Daß wir davon noch sehr weit entfernt sind, brauche ich nicht zu erklären.

Die »arms control« wird – und das sage ich, um uns vor allzu großer Ungeduld zu warnen – auf verschiedenen Ebenen mit beeindruckender Intensität betrieben. Daß Erfolge Zeit erfordern, liegt vor allem an pränuklearen Sicherheitsanforderungen, an den Unterschieden der Arsenale sowie an bürokratischen und wirtschaftlichen Interessen. Weltweit wird über den Verzicht auf chemisch-biologische und toxische Waffen verhandelt. Hauptklippe ist die Inspektion, die in normalen chemischen Industriebetrieben vorgenommen werden muß mit all den damit verbundenen Gefahren der Wirtschaftsspionage. Hinzu kommt, daß einige Entwicklungsländer in ihnen einen Ersatz für Kernwaffen, d. h. ein Mittel des Aufstiegs zur Regionalmacht sehen. Eine wichtige Vereinbarung ist der Nicht-Verbreitungsvertrag, den 139 Staaten unterschrieben. Hier geht es darum, keine neuen Nuklearmächte entstehen zu lassen, ohne interessierten Staaten die Möglichkeit zu verwehren, Kernenergie für zivile Zwecke einzusetzen.

Die Weltmächte stehen vor dem Problem der Steuerung ihrer strategischen Systeme; hier haben sich Reagan und Gorbatschow bereits auf eine fünfzigprozentige Kürzung geeinigt. In Gefahr war, und ich fürchte, er ist es noch immer, der »nuklearzeitlichste« – verzeihen Sie, wenn ich das so sage – Vertrag, den es gegeben hat: der sogenannte ABM-Vertrag. In ihm verzichten die beiden Weltmächte auf Verteidigung gegen Raketen, jedenfalls auf eine Gesamtverteidigung. Hier schreiben also beide Weltmächte ihre Verwundbarkeit fest. Auch in Wien laufen Verhandlungen. Die einen im Rahmen des europäischen Zusammenschlusses, der KSZE, über vertrauens- und sicherheitsbildende Maßnahmen – eine Verhandlungsgruppe, die offensichtlich an Bedeutung verliert, je mehr sich die beiden Bündnisse in den anderen Wiener Verhandlungen über konventionelle Kräfte zu einigen beginnen. Dort geht es um ein Kräfteverhältnis zwischen Ural und Atlantik, das Überraschungsoperationen ausschließen soll.

Sehr wichtig erscheint die Frage – und darüber muß nachgedacht werden, ob nicht der Norden, d. h. Ost und West, Selbstbeschränkungen im Transfer von Waffen in den Süden vereinbaren sollte. Für mich ist es eine der erschreckendsten Tatsachen, daß 27 Industriestaaten den Golfkrieg durch Lieferung an beide Kriegführenden genährt haben. Früher konnte man meinen, sich durch Waffenlieferungen politischen Einfluß auf die Kundenländer zu verschaffen und sich damit auch die zivilen Märkte zu erschließen. Das trifft heute nicht mehr zu; der Waffenhandel ist zum Käufermarkt geworden. Es sollte in aller Interesse zu einem Konsens darüber kommen, welche Waffen und Waffentechnologien überhaupt nicht verbreitet werden dürfen und welche Krisengebiete grundsätzlich oder zeitweilig ausgespart werden müssen. Bei den United Nations scheint ein Nachdenken in Gang zu kommen: 30 Länder, darunter die beiden Weltmächte, haben vorgeschlagen, wenigstens ein Register über Waffenkäufe und Waffenlieferungen einzuführen. Derartige Pläne erregen verständlicherweise den vehementen Protest der Entwicklungsländer, die um ihre gerade errungene Souveränität fürchten. Auch die Frage, wie zwischen den Weltmächten und ihren Bündnissen die Nicht-Einführung – noch besser: die Nicht-Entwicklung bestimmter Waffen – frühzeitig verabredet werden kann, bedarf dringend der Beantwortung. Es gibt Waffentechnologien – ich erinnere nur an die Raketenabwehr –, bei denen von vornherein feststeht, daß sie strategisch destabilisieren und die Rüstungsdynamik anstoßen, also weniger Sicherheit zu erhöhten Kosten aller Art bieten würden.

Blicken wir noch ein wenig in die sicherheitspolitische Zukunft. Sie läßt sich allerdings nicht isolieren, steht vielmehr in engstem Zusammenhang mit den Entwicklungen auf dem politischen Gesamtfeld. Für alle Konzepte und Regelungen scheint mir festzustehen, daß herkömmliche nationalstaatliche Rezepte wenig hilfreich geworden sind. Sie stehen nicht nur im Widerspruch zur europäischen Wirklichkeit; sie aktivieren mit Sicherheit die alten Ängste und Aversionen. So taucht in der Diskussion bereits das Schreckbild eines »Vierten Reichs« auf, wenn von einem vereinigten Deutschland mit all seinen wirtschaftlichen und machtpolitischen Möglichkeiten die Rede ist. Sprechen wir von Europa als dem für mich einzig richtungweisenden Rahmen, so ergibt sich natürlich ein ganzes Bündel von Fragen: Wo fängt Europa an und wo hört es auf? Beginnt es am Atlantik oder gehören die Vereinigten Staaten und Kanada mit dazu; endet es wirklich östlich des Ural? Wie steht es eigentlich mit der Block-, besser der »Lager«-Zugehörigkeit? Ist Ungarn bereits »westlich«, und wie steht es mit Polen? Wie sollen selbst bei sauberer Definition der Lager die Grenzen verlaufen und aussehen: durchlässig oder verbarrikadiert? Wie sollen die Grenzen innerhalb unseres Lagers gestaltet werden und welche Sicherheitsbedrohungen sind möglicherweise zu befürchten?

Ich selber glaube, daß die Bündnisse auf absehbare Zeit bestehen bleiben sollten, zumindest so lange, wie wir keine funktionierende regionale Ordnung haben in Weiterentwicklung der KSZE. Bündnisse geben, das erleben wir jeden Tag, erhöhte Sicherheit zu geringeren Kosten. Nicht nur sind die Mitglieder vor Gewaltakten der anderen Mitglieder sicher; im Zweifelsfall ist bereits die Mitgliedschaft ein Hindernis, Gewalt gegen Dritte auszuüben – man denke nur an unsere Ostgrenze. Bevor wir in das Bündnis eintraten, war der Rhein die bundesdeutsche Grenze. Heute liegt die atlantische Grenze an der Elbe; sie ist gekennzeichnet durch die Tatsache, daß dort nicht etwa nur Bundeswehr steht – nicht einmal en bloc –, vielmehr sind auch Streitkräfte anderer Bündnispartner dort stationiert. Dieses Faktum gibt nicht nur uns, sondern auch der anderen Seite erhöhte Sicherheit. Selbst, wer einen urdeutschen Revisionismus befürchtet, kann eigentlich nicht glauben, daß Holländer, Amerikaner und Briten mit uns gen Königsberg marschieren würden. So sind die Bündnisse de facto von beträchtlicher Wirksamkeit, schon weil sie Deutschland politisch kontrollieren. Anders ausgedrückt: Wir sind nicht nur in der NATO, um geschützt zu werden, sondern auch, damit die anderen vor möglichen teutonischen Ausflügen sicher sind. Ein Fortbestand der NATO bedeutet politische und militärische Präsenz der USA in Europa und stützt die strategische Stabilität in und um Europa als Voraussetzung für einen tiefgreifenden, das West-Ost-Verhältnis normalisierenden Entspannungsprozeß. Auch kann die Auflösung der bisherigen Herrschaftssysteme in der UdSSR wie in Osteuropa zu Instabilitäten führen, die für ein nationalstaatlich organisiertes Westeuropa bedrohliche Züge aufweisen, also gerade die dann notwendige Hilfeleistung verbieten.

So sollten wir darüber nachdenken, wie sich beide Bündnisse »entmilitarisieren« lassen. In der NATO ließe sich eine Umstellung relativ leicht realisieren; bereits in dem berühmten Harmel-Bericht von 1967 wurde festgelegt, daß das Bündnis eine Doppelfunktion habe: die Sicherheits- und die Entspannungspolitik. Es dürfte nicht schwer sein, das Gewicht nunmehr zugunsten des Entspannungsprozesses und der Rüstungssteuerung zu verlagern.

Was die Entmilitarisierung nach innen betrifft, so sollten wir uns darüber klar sein, daß die strategische Stabilität, zu der die Bundeswehr nicht unwesentlich beiträgt, nicht primär der Abschreckung einer drohenden Aggression dient, sondern die psychologische und politische Grundlage dafür bildet, zielbewußt Interdependenzen und Assoziierungen aller Art einzugehen – auch zwischen Ländern unterschiedlicher politischer Bedeutung. Beim Reizwort »Interdependenzen« sind wir versucht, zunächst nur die eigene Abhängigkeit schmerzhaft zu empfinden, die der anderen jedoch nicht zu bemerken. Interdependenzen sind aber eines der wichtigsten Mittel zur Bildung fruchtbarer Koexistenz. Sie schaffen Abhängigkeiten aller Art, die etwaige Feindseligkeit, aber auch jeden Verstoß gegen bestehende Verträge verbieten. Sie wirken, sicherheitspolitisch gesehen, wie eine nichtmilitärische Abschreckung.

III. Zur Rolle der Bundeswehr

Die Bundesrepublik sollte auch weiter Mitglied des Bündnisses bleiben. Das erhöht die gemeinsame Sicherheit und verleiht Bonn das Mitsprache- und Mitgestaltungsrecht in existentiellen Fragen. Blicken wir nun auf die Bundeswehr, die primär aus politischen Gründen aufgestellt wurde. Aus den Besatzungszonen sollte ein souveräner Staat werden, der bei der Neugestaltung Westeuropas mitwirken und gleichzeitig vor weiterer sowjetischer Expansion geschützt sein würde. Seit Beginn des Entspannungsprozesses erheben sich nun aber bei immer mehr Menschen Zweifel darüber, ob wir überhaupt noch Streitkräfte brauchen bzw. diese nicht erheblich reduzieren könnten. Ja, es gibt sogar Menschen, die versuchen, die Soldaten als »potentielle Mörder« aus der Gesellschaft auszuscheiden. Eine solche Haltung hat ihre großen Gefahren. Eine isolierte Bundeswehr wird logischerweise, ähnlich wie die Reichswehr in Weimar, zum Staat im Staate. Ihr Nachwuchs wird politisch und fachlich immer einseitiger und damit immer fragwürdiger. Ich bin gebeten worden, noch ein Wort zu den »potentiellen Mördern« zu sagen. Bereits bei der ersten Vorstellung des Konzepts der Inneren Führung im Dezember 1951 habe ich festgestellt, daß die bundesdeutschen Soldaten sich nach allem, was durch ihre Vorgänger bzw. im Schutz ihrer Vorgänger geschehen ist, und angesichts dessen, was ein moderner Krieg bedeutet, beruflich nur für Kriegsverhütung, politisch nur für Friedenserhaltung und -gestaltung engagieren können. Sollten Soldaten der Bundeswehr jemals schießen müssen, läge die Schuld gewiß nicht bei ihnen. Diese Gedanken führte der Deutsche Bundestag weiter; sie fanden in Gesetzen und Vorschriften ihren Niederschlag und integrieren die Soldaten in das westliche Bündnis, in den demokratischen Rechtsstaat und in unsere Gesellschaft. So meine ich, es sei eigentlich unnötig, die Soldaten gegen eine, in meinen Augen unqualifiziert moralisierende

Polemik zu verteidigen. Derartige Anwürfe gegen andersdenkende Individuen oder anders konstituierte Gruppen widersprechen, wie ich es sehe, nicht nur dem Grundverständnis pluralistisch-demokratischer Gesellschaften; sie zeugen auch von einem bedauerlichen Mangel an Konfliktfähigkeit und damit an Friedensbereitschaft.

Freilich bin ich der Ansicht, daß die Bundeswehr sehr viel mehr als internationale Katastrophenhilfe eingesetzt werden könnte. Wie alle modernen Streitkräfte ist sie dafür sehr geeignet: mobil, rasch verfügbar, gut ausgebildet und ausgerüstet. Man stelle sich nur einmal vor, welch politische und moralische Wirkung es gehabt hätte, wenn Einheiten der Bundeswehr sich gemeinsam mit Soldaten anderer westlicher, neutraler und östlicher Staaten an Rettungsarbeiten im armenischen Erdbebengebiet beteiligt hätten. Gemeinsame Erfahrung von Not und Elend bzw. auch der eigenen Möglichkeiten ist, wie ich meine, für alle Seiten ein Gewinn. Desgleichen sollte erwogen werden, ob und wieweit sich Bundeswehreinheiten im Rahmen der UNO einsetzen lassen – zumal es ja nicht darum geht, »peace enforcing«, d. h. Frieden erzwingenden, sondern Frieden schaffenden, besser gesagt, Waffenstillstand erhaltenden Einsatz als Puffer zwischen Kriegführenden zu leisten. Die Bundesrepublik könnte auch auf diese Weise ihr Interesse an weltweiter Sicherung des Friedens bezeugen und damit Anstoß geben zum dringend notwendigen Nachdenken über erste Schritte zu einem globalen kollektiven Sicherheitssystem.

Wer über Umfang, Struktur und Bewaffnung der Bundeswehr nachdenkt, darf nicht aus dem Auge verlieren, daß sie unser Bündnisbeitrag ist. Die Stärke der Bundeswehr war zunächst als Maximalgröße festgelegt – diktiert von dem Bestreben, uns nicht zu stark werden zu lassen. Heute gilt sie als Minimalbeitrag; eine eigenmächtige Reduzierung würde unsere Bündnistreue in Frage stellen. So meine ich, daß Reduktionen oder Umwandlungen nur im Rahmen des Bündnisses und in Übereinstimmung mit den Wiener Verhandlungen vorgenommen werden sollten.

Zudem muß im Innern der Bundeswehr alles getan werden, um die jungen Menschen zu gewissenhafter Mitverantwortung und aktivem Gehorsam anzuhalten. Alle Versuche, sie nach alter vortechnischer und vordemokratischer Art auf einen mechanischen Gehorsam zu reduzieren, sind pädagogisch falsch und für hochtechnisierte Streitkräfte sachwidrig. Wenn ich recht sehe, geht es den meisten jungen Menschen nicht darum, sich vor Dienstleistungen zu drücken; sie möchten jedoch etwas tun, dessen Sinn sie erkennen. Von daher bekommt auch der vom Bundestag verordnete politische Unterricht seine besondere Bedeutung. Hier muß die politische Funktion des Bündnisses und der Streitkräfte überzeugend diskutiert, auch Verständnis für die Ablehnung der Bundeswehr geweckt und nicht zuletzt den Längerdienenden die sicherheitspolitische Notwendigkeit von Reduzierungen nahegebracht werden, die sich für sie im Zweifelsfall laufbahnschädigend auswirken.

Die Informationsarbeit wird von der Spitze der Hierarchie bestimmt. Diese Arbeit trägt nur dann Früchte, wenn die Offiziere eine gründliche politische Bildung und Weiterbildung erfahren. Sie sollte in Ausbildung und Beurteilung die Rolle spielen, die bisher der Taktik zukam. In Deutschland gilt zwar seit Moltkes Zeiten die schützende Mär vom unpolitischen Charakter des Militärischen. Doch wirkt alles Tun und Lassen der Soldaten, insbesondere das der Vorgesetzten, unmittelbar politisch – innerhalb wie außerhalb der Kasernen.

IV. Zur Fortentwicklung der sicherheitspolitischen Lage

Ein vereinigtes Deutschland mit all seinen politischen und vor allem wirtschaftlichen Potentialen fördert im Ausland die Sorge, daß wir dazu verleitet werden könnten, auf die Revision unserer bestehenden Grenzen zu drängen. Am gefährlichsten erscheint unseren Nachbarn deshalb ein neutrales, sprich unkontrolliertes Deutschland dieser Größe. Ich glaube, wir sollten unsere politische Phantasie auf ein großes pluralistisches Europa richten, das Sicherheit *für alle vor allen* bietet und in dem diejenigen, die aus welchen Gründen auch immer – jedenfalls nicht nur durch eigene Leistung – besser weggekommen sind, bereit sind, flankierende Hilfestellung für jede gewünschte und selbstbestimmte Gesellschafts- und Wirtschaftspolitik zu leisten.

Sicherheitspolitisch hat sich die Existenz der Bündnisse mit ihren Konsultationsorganen und Gesprächsgremien bewährt. Diese Erfahrung sollte dazu ermutigen, den Rufen nach Auflösung der Pakte bzw. einem deutschen Austritt aus der NATO zu widerstehen. In einer Zeit profunder, weltweiter Wandlungsprozesse, die per se Konflikte schaffen bzw. bereits bestehende weiter aufheizen, würde jeder derartige Eingriff in das bestehende Sicherheitsgefüge strategische und damit politische Instabilitäten erzeugen. In einem Augenblick, da Kooperation und Koordinierung an allererster Stelle rangieren, würden alte Feindschaften wieder aufleben, würde dem Rückfall in herkömmliche Nationalismen Tür und Tor geöffnet. Die weitverbreitete Ablehnung deutscher Neutralitätsträume deutete bereits auf die Sorgen, welche die Vorstellung eines unkontrollierten Gesamtdeutschlands in seiner näheren und ferneren Nachbarschaft auslöst. Selbst Moskau hat sich dazu bereit gefunden, das Stalinsche Neutralitätskonzept für ein wiedervereinigtes Deutschland aufzugeben. Gegen eine Neutralisierung spricht auch die allgemeine Erkenntnis, daß klassische Neutralität im Zeichen des Entspannungsprozesses und angesichts der Unwahrscheinlichkeit jedes kriegerischen Konfliktaustrags in Europa ihren einstigen Wert verloren hat. Neutralität verleiht heute keinen besonderen Schutz mehr; sie mindert sogar – die Schweiz ist ein Beispiel dafür – das Mitspracherecht in außenpolitischen Fragen.

Bei weiterbestehenden Bündnissen sollte man allerdings – im Sinne von Korb 1 der KSZE – die Bildung einer Dachorganisation anstreben. In dieser Institution würden, analog zur integrierten und integrierenden NATO-Organisation, Vertreter der beiden Bündnisse in vorgegebener Kompetenz sicherheitspolitische Probleme in weitem Rahmen zu analysieren und zu beurteilen haben, um gemeinsame Wege ihrer Steuerung zu entwickeln und zur Diskussion zu stellen bzw. zur Beschlußfassung durch die Regierungen.

Eine derartige Institution wäre Ausdruck und Instrument der »Entmilitarisierung« sicherheitspolitischen Denkens sowie der Entschlossenheit, entspannungsfeindliche Kategorien zu überwinden. Gleichzeitig erhielten die Bündnisse neuen Sinn und damit politische Autorität. Von entscheidender Bedeutung für die Sicherheit wäre das auf dieser Plattform mögliche präventive Management von internen wie externen Krisen. Es würde darum gehen, Konfliktmöglichkeiten rechtzeitig zu erkennen und zu versuchen, ihnen vorzubeugen bzw. gemeinsames Verhalten bei möglichen Eskalationen zu vereinbaren. Intern wäre ein regionales kollektives Sicherheitssystem schrittweise zu entwickeln, das befugt wäre, Gewaltanwendung nicht nur zu verurteilen, sondern auch zu bestrafen, und das eine für alle verbindliche Konfliktregelungsvollmacht besäße. Zweifellos verlangt ein solches System erhebliche Einbußen an klassischer Souveränität; doch wo besteht eine solche denn heute noch tatsächlich?

Unter dem multinationalen Dach verlören auch Staatsgrenzen ihren konfrontativen Charakter. Die Frage, welcher Sieger sie einst diktierte, wird uninteressant; ihre Akzeptanz ist nun ein selbstverständlicher Beitrag zur politischen Stabilität geworden. Verhandlungswert bleibt höchstens der Grad ihrer Durchlässigkeit.

Innerhalb dieses Rahmens ließe sich auch die qualitative wie quantitative Dynamik der Rüstungen wirkungsvoll steuern. Transparenz, auch die der Rüstungsplanung, ist vorgegeben; rechtzeitige Entwicklungsverzichte sollten sich durch Instanzen nach dem bewährten Muster der Standing Consultative Commission (SALT) vereinbaren lassen. Die Regelung des Transfers in seinen verschiedenen Formen würde auf den Erkenntnissen des gemeinsamen Krisenmanagements fußen. Wo gefährliche Über- und Unterlegenheiten drohen und auch – umgekehrt – wo etwas zur Stabilisierung beitragen könnte, wäre bekannt. Dieser Ansatz dürfte einen entscheidenden Fortschritt bedeuten gegenüber jener Periode, da sich die Nord-Konfrontationen auf die Süd-Konflikte übertrugen und damit zur unnötigen Eskalation begrenzter Auseinandersetzungen beitrugen.

Manchem Mitglied der Warschauer Pakt Organisation (WPO) wird es vermutlich zunächst nicht leichtfallen, einer Revitalisierung des ungeliebten Bündnisses zuzustimmen, sie sogar zu unterstützen. Es war als militärisches Machtmittel der Hegemonialmacht konzipiert und entsprechend geführt worden. Die aktuelle »Entmilitarisierung« erschüttert folglich das bisherige Konzept und seine Strukturen wie Verfahren. Die vorgeschlagene Dachkonstruktion wäre dazu angetan, den Wandel zu unterstützen. Die westlichen Verbündeten wären aus sicherheitspolitischen Gründen an einer konsolidierenden Reform der WPO vital interessiert.

International wird mehr und mehr die Tatsache akzeptiert, daß auch das vereinte Deutschland Mitglied der NATO bleibt. Manches spricht dafür, analog zur heutigen bundesrepublikanischen Situation, sowjetische und osteuropäische – nicht zuletzt polnische Verbände auf dem einstigen DDR-Gebiet zu stationieren. Das sollte auf ausdrückliche Einladung der deutschen Regierung mit Unterstützung der Verbündeten geschehen. Diese Regelung würde das neue Verhältnis der beiden Bündnisse und ihrer Streitkräfte manifestieren, die Stabilität des Gesamtsystems stärken und menschliche Kontakte herstellen. Nichts anderes könnte geeigneter sein, die Restbestände überkommener Feindbilder zu überwinden.

Mit Auslaufen der Nachkriegsphase und den Veränderungen im Osten Europas, mit den März-Wahlen in der DDR und insbesondere mit der deutsch-deutschen Vereinigung am 3. Oktober, verliert die deutsche Frage zunehmend an Brisanz. Aus einer ideologischen und politischen Bipolarität beginnt sich ein europäisches Bewußtsein zu entwickeln – eine kooperative Koexistenz. Dieser Prozeß bindet auch das vereinte Deutschland fest in den gesamt-europäischen Zusammenhang. Folglich hat deutsche Politik mehr denn je globale und regionale Aspekte zu berücksichtigen.

Eine gezielt autonome Vereinigung der beiden deutschen Staaten wäre Gefahr gelaufen, von vielen Nachbarn und Miteuropäern als bloße Wiedervereinigung, das heißt als Renaissance des Deutschen Reiches angesehen zu werden; sie hätte die organische Entwicklung einer europäischen Konföderation wie auch die Bildung eines situationsgerechten deutschen Binnenklimas empfindlich gestört.

Es wäre indessen gefährlich, das Verhältnis der beiden vereinten Landesteile zueinander vorwiegend nach ökonomischen oder gar nationalistischen Gesichtspunkten zu gestalten und die Schwierigkeiten zu übersehen, welche die Entwicklung eines fairen und kreativen Miteinander für Menschen unterschiedlicher, wenn nicht widersprüchlicher Erfahrung in konträren Staats-, Rechts- und Gesellschaftsordnungen mit sich bringen. Selbst die beruflichen und kulturellen Voraussetzungen sind nur begrenzt vergleichbar. Es geht hier also um sehr viel mehr als um die dringliche Katastrophenhilfe, nämlich um ein wohldurchdachtes Konzept, das nach Ziel und Verfahren allen Deutschen eine erstrebenswerte Zukunft verspricht und von den näheren wie ferneren Nachbarn akzeptiert werden kann; denn von deren Empathie und Kooperationsbereitschaft hängen die Deutschen im besonderen Maße ab. Dabei sollte man die Sorgen begreifen, die ein 80-Millionen-Volk mit einem bald bedeutend erhöhten Bruttosozialprodukt in Mitteleuropa erregen kann, wenn nicht muß.

Eine weitere, jedoch eher binnenpolitische Belastung ergibt sich daraus, daß die meisten ehemaligen DDR-Bürger weder politisch noch beruflich auf die Realitäten eines Rechtsstaats und einer hochentwickelten Industriegesellschaft vorbereitet sind. Das ist nicht ihr Versagen, sondern Konsequenz des Lebens unter zwei menschenverachtenden Systemen, die dort seit 1933 ohne Unterbrechung das Klima bestimmten. Es wäre für das vereinte Deutschland, wenn nicht Europa bedauerlich, wenn durch eine unkritische Übertragung bundesdeutscher Gesetze und Verfahren die freiheitlichen Impulse und Zukunftsvorstellungen der leider in den Hintergrund gedrängten friedlichen Revolution in Vergessenheit gerieten; sie bleiben auch für die Westdeutschen nützlicher Anstoß zu selbstkritischem Denken.

Dieses hat sich besonders gegen die Wiederbelebung der längst überholten Kategorien klassischer Nationalstaatlichkeit zu richten. Nicht einmal Weltmächte vermögen, ihre sicherheits-, wirtschafts- und ökologischen Probleme noch mit den Mitteln herkömmlicher Souveränität zu regeln. Wer es versucht, verliert bald den Anschluß an die globale Entwicklung. Wie gefährlich und wirklichkeitsfern Nationalismus heute geworden ist, zeigt ein Blick auf die Spannungen in der Sowjetunion, auf die Balkanregion von Jugoslawien bis Nord-Griechenland, auf die türkisch-griechischen Grenzkonflikte und nicht zuletzt auf den Süden unserer Erde, wo ein übersteigerter Nationalismus weithin fundamentalistische Züge trägt und damit jede politische Konfliktregelung als Verrat denunziert. Gerade dieses Wissen sollte jeden Übereifer im soziostrukturellen Einigungsprozeß zu besonderer Behutsamkeit aufgrund der Tatsache disziplinieren, daß es bisher in Deutschland nie gelungen war, einen im Inneren demokratisch fundierten, nach außen friedlichen oder gar »europäischen« Nationalstaat zu entwickeln. Wie schnell Machtgefühle und der Wunsch nach Grenzkorrekturen wieder aufflammen können, sollte nicht zum Testfall werden. Die Sorge, daß wiederbelebter Nationalismus den Weg zu den Vereinigten Staaten von Europa blockieren könnte, ist leider nicht ganz unbegründet.

V. Zur demokratischen Ethik unserer Streitkräfte

Die neue sicherheitspolitische Situation und die dadurch bedingte veränderte Funktion der Streitkräfte verlangt auch nach kritischer Auseinandersetzung mit der Traditionspflege. Sie stand von Beginn an unter einem restaurativen Stern. Viele

Offiziere der ersten Führungsgeneration verstanden sich primär als »Ehemalige« der angeblich diffamierten Institution »Wehrmacht« und fühlten sich ihr moralisch weiter verpflichtet. Dieses Trauma verband sie mit gleichgesinnten Mitbürgern und entsprechenden Traditionsorganisationen. Zwar widersprachen solche Vereinigungen den Richtlinien des Ministeriums, das diese alte Geisteshaltung aber duldete. So entwickelte sich in der Truppe – in Verbindung mit dem Streben, ein mögliches Gefechtsfeldverhalten zum wichtigsten Beurteilungskriterium zu erheben – ein anachronistischer Traditions-Wildwuchs, der in seiner Kriegsbezogenheit und Hypothetik weder der Funktion der Bundeswehr entspricht, noch geeignet ist, zu gewissenhaftem Gehorsam jetzt und hier zu motivieren. Woran aber könnte – nach allem Vorgefallenen und im Hinblick auf eine gründlich veränderte Welt – eine zeitgemäße Bundeswehr anknüpfen? Hier sei an den Vorschlag aus der Gründungsphase erinnert, die Männer und Frauen des deutschen Widerstandes als Vorbild für den »Staatsbürger in Uniform« zu wählen. Die Geschichte des Widerstandes gegen Hitler weist Menschen fast aller gesellschaftlichen und beruflichen Gruppen aus, die Recht von Unrecht zu unterscheiden wußten und bereit waren, für die Wahrung unveräußerlicher Menschenrechte ihre Existenz zu opfern. Sie hinterließen bewegende Beispiele der Tapferkeit in auswegloser Isolierung und unbeirrbarer Standhaftigkeit gegenüber den Drohungen und Verlockungen eines menschenverachtenden Systems. Soll aber – so wird häufig eingewandt – Widerstand zum Vorbild für Soldaten erhoben werden? Hier gilt es, genau zu unterscheiden: Widerstand gegen ein Unrechtssystem ist eines; Pseudowiderstand gegenüber einem Rechtsstaat, der politische und rechtliche Mittel zur Korrektur möglichen Unrechts anbietet, etwas völlig anderes; ihm fehlt jede Legitimität und damit die moralische Qualität – er ist Ungehorsam!

Warum dann aber Widerstandstradition ausgerechnet in Streitkräften eines Rechtsstaates? Die Beschäftigung mit der Geschichte des Widerstandes weist auf den Charakter, die Versuchungen und die außen- wie innenpolitischen Gefahren totalitärer, undemokratischer Regime, aber nicht zuletzt auf die Verwundbarkeit demokratischer Systeme. Der Blick zurück ermahnt den Soldaten, sich mit dem freiheitlichen Rechtsstaat zu identifizieren, politische Mitverantwortung zu übernehmen und sich in seinem Dienstbereich für die Wahrung der Rechte als Voraussetzung für gewissenhafte Pflichterfüllung einzusetzen. Auch wird hier deutlich, daß Freiheit ohne die Risikobereitschaft der Bürger und die innere Anerkennung des Pluralismus keinen Bestand hat.

Vor diesem historischen Hintergrund sollte endlich die Pflege einer bundeswehreigenen Überlieferung begonnen werden. In den Verbänden aller Teilstreitkräfte haben seit ihrer Aufstellung nicht wenige Soldaten als Individuen oder in Gruppen und Einheiten Hervorragendes im Sinne des Grundgesetzes und des Soldatengesetzes geleistet. Sich dieser Menschen zu erinnern und ihr Verhalten als Maßstab für heutige Pflichterfüllung zu statuieren, gäbe der Bundeswehr tragendes Selbstgefühl und den Soldaten Maßstäbe. Zur Sinnhaftigkeit soldatischer Dienstleistung gehört mehr denn je, daß der Versuchung widerstanden werden muß, die herkömmlichen Feindbilder weiter zu pflegen und dem Soldaten durch weitere Kriegsbezogenheit eine Sonderstellung anzubieten bzw. zu erhalten. Derartige Ansätze provozieren berechtigten Widerspruch in- und außerhalb der Kaserne und werden gerade qualifizierte Soldaten weder im Dienstbetrieb noch in ihrer persönlichen Wehrhaltung sonderlich motivieren. Notwendig erscheint es, auch hier analog zur bündnispolitischen Entwicklung den Dienstcharakter zu »entmilitarisieren«, d. h. zu »politisieren« und zu verwissenschaftlichen.

Dieser Ansatz fordert selbstverständlich die Disziplinarvorgesetzten, d. h. die eigentlich verantwortlichen *Inneren Führer* in besonderer Weise. Ihre Ausbildung und Weiterbildung sollte konsequenter denn je in die pädagogische und politische Dimension einführen und diese zu verstehen helfen. Nur durch eine Reform der Ausbildung, durch eine Neubestimmung der Schwerpunkte im Bildungs- und Erziehungsbereich sind die militärischen Führer auf die veränderten Aufgaben einer neuen Umwelt vorzubereiten.

Anmerkung

* Die Teile I–III dieser Ausführungen entsprechen dem verkürzten Text meines Beitrags in: »Reden über das eigene Land: Deutschland«, München 1989, S. 53–66, C. Bertelsmann-Verlag GmbH München.

Werner von Scheven

Bundeswehr im Umbruch – Perspektiven für die neunziger Jahre

Wir leben in einer Zeitenwende. Die überlieferten Gegebenheiten, Gedanken und Begriffe sind noch da, während das Neue schon geschieht. Und die Veränderungen ereignen sich in steigendem Tempo, laufen allen Besorgnissen, Vorkehrungen und Plänen davon. Das marxistisch-leninistische Staats- und Universalmodell ist zusammengebrochen. Eine schwere politische, wirtschaftliche und moralische Krise erzwingt fundamentalen Wandel in Osteuropa. Das Selbstbestimmungsrecht der Völker erlebt eine überwältigende Renaissance. Die Sowjetunion hat ihr Verhältnis zu den europäischen Nachbarn, einschließlich ihrer Zwangsverbündeten im Vorfeld, neu definiert. Ihre Kräfte braucht sie zunehmend im Inneren. Sie hat den demokratischen Umbruch in den nichtsowjetischen Staaten des Warschauer Paktes toleriert, ja offiziell begrüßt. Vor kurzem wäre dies noch als selbstmörderisch für ihr eigenes Interesse bewertet worden. Inzwischen scheint die Sowjetunion einzusehen, daß eine gedeihliche Wirtschaftszone im europäischen Vorfeld ihr langfristig mehr nützen wird als die eigene machtpolitische Absicherung durch marode RGW-Partner und unzuverlässige Satellitenarmeen. Am 10. Februar 1990 erklärte Staatschef Gorbatschow dem Bundeskanzler, daß die Sowjetunion die Entscheidung der Deutschen, in einem Staat zu leben, respektieren wird und daß es Sache der Deutschen sei, den Zeitpunkt und den Weg der Einigung selbst zu bestimmen. Am 15. Juli gab der sowjetische Staatschef den Weg für die volle Souveränität Deutschlands nach Beitritt der DDR zum Grundgesetz frei. Die Vision eines gemeinsamen deutschen Vaterlandes inmitten eines vereinten Europas mit parlamentarisch demokratischen Rechtsstaaten bis an die Grenzen Rußlands eröffnete eine optimistische, gleichwohl realistische Perspektive.

Die alte Gestalt Europas zeichnet ihre Konturen in unser Bewußtsein. Wir entdecken die gemeinsame Kulturgeschichte Deutschlands und Mitteleuropas wieder. Wissenslücken machen ebenso betroffen wie neugierig. Mehr Bundesbürger als je zuvor reisten 1990 in die DDR. Seit Herstellung der Wirtschafts- und Währungsunion am 1. Juli 1990 erlebte die ganze Bundesrepublik die touristische Invasion der Trabis und Wartburgs. Die Deutschen erfahren, daß Freiheit auch die Freiheit von staatlicher Bevormundung bei Selbstversorgung und privater Lebensgestaltung meint. Sie sehen, daß es zu sozialer Marktwirtschaft keine vernünftige Alternative gibt. Derweil bereitet sich Westeuropa auf das Richtfest einer Wirtschaftsunion vor, während Gorbatschow noch in den Blaupausen seines gemeinsamen europäischen Hauses blättert.

NATO und Warschauer Pakt (WVO) verhandeln in Wien um die Abrüstung landgestützter konventioneller Streitkräfte in Europa auf ein gleiches niedriges

Niveau, um Rüstungskontrollvereinbarungen und um ein Programm vertrauensbildender Maßnahmen. Im November 1990 haben die Regierungen einen ersten historischen Durchbruch auf diesem schwierigen Gebiet erreicht. Aber schon lassen Auflösungserscheinungen im Warschauer Pakt, verschiedene Alleingänge beim »Ballastabwerfen« in Ost und West sowie die Dynamik der gesamtdeutschen Entwicklung neue Besorgnis über die Steuerbarkeit des politischen Wandels und die Erreichbarkeit völkerrechtlich verbindlicher Abkommen über gegenseitige Sicherheit in Europa aufkommen. In einer Zeit, die unsere ganze Aufmerksamkeit auf die innerdeutschen und innereuropäischen Umbrüche lenkt, dürfen wir zudem nicht vergessen, daß sich der Horizont für den Frieden und das Wohl der Menschen in der Dritten Welt eher verdüstert. Bevölkerungs- und Klimaveränderungen, Zerstörung natürlicher Lebensgrundlagen, Hunger, Überschuldung, aggressiver Fundamentalismus und panarabische Ideologien, Aufrüstung bis über die Schwelle atomar und chemisch bestückter Mittelstreckenraketen, Drogenkrieg und Staatsterrorismus sind neue Menschheitsbedrohungen, die mit nationalen Kräften oder herkömmlicher Kooperation nicht beherrschbar sind. In diesem knappen Aufriß eines dynamischen historischen Wandels betrachten wir die Bundeswehr – die Streitkräfte, die der Bund nach Art. 87 a GG im Jahre 1955 zur Verteidigung aufgestellt hat.

Die folgenden Aussagen können nach Lage der Dinge nur Schneisen der Wahrscheinlichkeit in das Dickicht ungewisser Zukunftsentwicklungen schlagen. Dabei nimmt sich der Verfasser sowohl vor allzu großem Optimismus wie vor militärischem »worst case«-Denken in acht.

1. These: Die Bundeswehr erfüllt ihren politischen Zweck bis heute.

Die Bundeswehr ist als Armee im Bündnis konzipiert und kein Instrument zur selbständigen militärischen Machtentfaltung der Bundesrepublik Deutschland[1].

Im Einklang mit dem politischen Konzept der Nordatlantischen Allianz, formuliert im Harmel-Bericht (1967), strebt das Bündnis eine umfassende Friedenssicherung durch angemessene militärische Stärke, durch politische Solidarität der Verbündeten, durch Rüstungskontrolle und Abrüstung sowie durch die Bereitschaft zum Dialog und zur Zusammenarbeit mit dem Osten an[2].

In Michail Gorbatschow fand diese Politik erst Mitte der achtziger Jahre einen adäquaten Partner auf sowjetischer Seite. Jeder Aspekt des politischen Konzeptes der NATO trägt zur Zeit seine Früchte, kein einziger wird durch den Wandel überholt.

Die sicherheitspolitische Zielsetzung der Kriegsverhinderung bedarf des nuklearen Rückhaltes. Strategie soll jederzeit so flexibel angewendet werden, daß jedes erforderliche politische und militärische Signal für die andere Seite klar erkennbar gegeben werden kann. In der Phase sowjetischer Rüstungsherausforderung zwischen 1977 und 1983 war es erforderlich, Fähigkeit und Entschlossenheit zu signalisieren, daß eine glaubwürdige Option des Gegenhandelns beibehalten wird. Aus dem sogenannten NATO-Doppelbeschluß wurde der erste Abrüstungsdurchbruch der modernen Geschichte. Angemessene militärische Stärke und solidarisches Handeln verschafften westlicher Politik gegenüber sowjetischem Druck Festigkeit, Klarheit und Berechenbarkeit. Stabilitätselemente, an denen es den Gegnern Hitler-

Deutschlands ein halbes Jahrhundert zuvor gemangelt hatte. An diesem Erfolg hatte die Bundeswehr ihren nicht geringen Anteil.

In einer Phase des Übergangs von der Konfrontation zur Kooperation im Ost-West-Verhältnis bewährt sich die NATO als politisches Bündnis. Ihr positiver Einfluß auf die friedliche Umgestaltung Europas kann kaum überschätzt werden. Die Bundesrepublik Deutschland hat seit langem einen besonderen Anteil an der Zivilisierung des Konfliktes mit dem Osten gehabt, dabei ist nicht nur an die Ostverträge zu denken. Man darf davon ausgehen, daß Erfolg und diplomatischer Manövrierraum der Bundesregierung auch durch das Gewicht ihres Beitrages zu kollektiver Verteidigungsfähigkeit und die transatlantisch-europäische Einbettung bestimmt waren. Grund genug für die Bundeswehr, ihre Aufgabe, Leistung und Funktion mit Selbstbewußtsein zu vertreten und Bewährtes nicht voreilig in Frage zu stellen.

2. These: Die Bundeswehr wird im Nordatlantischen Bündnis integriert bleiben und mit diesem Bündnis Teil eines neuen kooperativen Sicherheitssystems in Europa sein.

Diese These geht von der Annahme aus, daß eine vernünftige sowjetische Führung – wie sie durch Michail Gorbatschow repräsentiert wird – zu der Einsicht gelangt, daß die Existenz der Sowjetunion nicht durch die NATO in Frage gestellt wird, vielmehr durch (westliche) Werte wie Freiheit, Recht und Selbstbestimmung. Der Verzicht des Kreml auf die klassische Möglichkeit, in einer existenzbedrohenden Krise des Sowjetsystems Innendruck nach außen zu projizieren, sowie das kooperative Verhalten der NATO und ihrer Mitgliedsländer waren bereits Indizien für die Schlüssigkeit dieser Annahme. Inzwischen hat die sowjetische Führung die vom NATO-Gipfel am 22. Juni 1990 ausgestreckte Hand zur Zusammenarbeit ergriffen. Gorbatschow ersuchte bereits im August den Westen offiziell um Unterstützung.

NATO und Warschauer Pakt sind Auswirkungen von Stalins gewaltsamer Teilung Europas. Die NATO unterscheidet sich in ihren Strukturen aber ganz erheblich von der sowjetisch dirigierten Militärkoalition von Warschau. Die NATO als Militärblock zu bezeichnen ist polemisch. Wesentliche Merkmale sind die Dominanz politischer Strategien auf der Grundlage gemeinsamer Werte, gleichberechtigte Mitentscheidung aller Regierungen, Verteidigungsstruktur und militärische Integration – jedenfalls der deutschen Streitkräfte. Dies alles sind Merkmale, die im wohlverstandenen Sicherheitsinteresse der Bundesrepublik Deutschland und ihrer Nachbarn einschließlich der ČSFR, Polens und der Sowjetunion liegen.

Mit einem Sonderstatus der Deutschen hat Europa keine guten Erfahrungen gemacht. Das Wort von der Neutralität im Zusammenhang mit Gesamtdeutschland verrät altes Denken. Die Herauslösung der Bundesrepublik Deutschland aus der Integration zum Zwecke der Neutralisierung Gesamtdeutschlands ließe nur eine Alternative zu: »Wehrmacht« aus eigener Kraft – mit eigenem Generalstab – oder Wehrlosigkeit. Beides böte weder den Deutschen noch den Nachbarn bis zur Sowjetunion eine akzeptable zukunftsträchtige Perspektive. Das Europa der Zukunft kann nur ein ökonomisch, ökologisch und sicherheitspolitisch eng verflochtenes Gebilde sein. Neutralität – zumal für die Deutschen in der Mitte des Kontinents und im

Zentrum eines neuen kooperativen Sicherheitssystems – paßt einfach nicht ins Bild. Das Wort ist in der Debatte um die Zukunft Deutschlands bis zum Sommer 1990 verschwunden.

Der Kern des Nordatlantischen Bündnisses ist die Mitverantwortung der Vereinigten Staaten von Amerika für die Friedenssicherung und Verteidigung in Europa. Diese Mitverantwortung ist eine historische Lehre zweier Weltkriege. Sie wird so lange unverzichtbar bleiben, wie die Sowjetunion militärische Nuklearmacht auf dem eurasischen Doppel-Kontinent ist, die sich als Machtrivalin der USA versteht. Solange der Schatten sowjetischer Militärmacht auf Europa liegt, so lange muß der Gebrauch dieser Militärmacht gegen Europa unter dem Risiko eines potentiell untragbaren Gegenhandelns stehen. Zu solchem Gegenhandeln ist Europa nur an der Seite der USA fähig. Aus diesem Grunde sind NATO-Europa, Nordatlantik und Nordamerika eine politisch-strategische Einheit. Im übrigen muß die Sowjetunion ihre Absichtserklärung, die vorwärtsgestaffelten Potentiale alten Denkens in Europa ab- und umzurüsten, noch einlösen. Die Vorwärtsstationierung von über 400 000 Sowjetsoldaten bis an Elbe und Böhmerwald hatte andere politische Grundlagen und strategische Funktionen als die in der Bundesrepublik Deutschland stationierten alliierten Streitkräfte. Während diese aufgrund freier vertraglicher Vereinbarungen demokratischer Staaten eine Schutzfunktion in klar erkennbarer Defensivstruktur übernommen haben, sollten jene den Machtanspruch kommunistischer Staatsparteien unter der Führungsrolle der KPdSU stabilisieren.

Der Westen hat keinen Anlaß, den Zusammenbruch des kommunistischen Herrschaftssystems mit einer Desintegration seiner intakten Stabilitätsordnung zu honorieren. Die Alliierten gewissermaßen nach Hause zu schicken und das westliche Sicherheitssystem aufzugeben, wäre eine Selbstbeschädigung des deutschen Eigeninteresses ebenso wie des Sicherheitsinteresses der Nachbarn Deutschlands. Seit dem Sommer 1990 ist klar erkennbar, daß die sowjetische Führung unter Gorbatschow die stabilisierende Rolle amerikanischer Präsenz in Europa begriffen hat und in ihr gemeinsames europäisches Haus konzeptionell einbezieht.

Die NATO bleibt überdies einziger Konsultationsrahmen für gemeinsames politisches Handeln der westlichen Demokratien quer über den Atlantik; bleibt Instrument für die Steuerung eines geordneten Abrüstungs- und Rüstungskontrollprozesses zwischen Ost und West. Ein bedeutender Teil des Verifikationsabkommens wird das vereinigte Deutschland und seine Streitkräfte in Anspruch nehmen, denn hier ist die größte Konzentration konventioneller Rüstung stationiert.

Nicht zuletzt bleibt ein politisch kooperationsfähiges Bündnis des freien Europas und Amerikas in seiner Verlängerung bis zu den neuen Wirtschaftsmächten des westlichen Pazifik als Werte- und Wirtschaftsgemeinschaft ein Depot der Hoffnung für die von Elend und Hoffnungslosigkeit bedrohten Teile der Welt. Eine Isolierung der Festung Europa wäre alles andere als zeitgemäß und zukunftsträchtig.

Daher muß neues Denken langfristig über NATO und Warschauer Pakt hinausgehen. Die WVO hat ihre militär-strategische Funktion bereits verloren. Ihre politische Zukunft ist ungewiß, denn sie wird vom neu erkämpften Selbstbestimmungsrecht der Völker Osteuropas nicht auszunehmen sein. Beim Übergang von der Konfrontation zur Kooperation sind beide Allianzen auf politischer Ebene bereits zu Instrumenten des Wandels geworden. Dabei ist unverkennbar, daß die nicht-sowjetischen WVO-Staaten zunehmend eigenes Profil zeigen, die WVO also auch hier ihre Legitimation nach und nach einbüßt. Zwischen der krisengeschüttelten Sowjetunion und NATO-Europa beginnt ein Gürtel der Instabilität sich abzuzeichnen. Neue Sicherheitsstrukturen im Rahmen der KSZE werden denkbar. Dabei ist abermals auf die Merkmale des Nordatlantischen Bündnisses zu verweisen: Präferenz des Politischen auf der Grundlage gemeinsamer Wertorientierung, Gleichberechtigung aller Mitglieder, Verteidigungsstrukturen, militärische Integration. Es ist im Interesse Deutschlands und seiner Nachbarn, daß die neue Sicherheitsarchitektur Europas nicht hinter solche Errungenschaften zurückfällt.

3. These: Die Bundeswehr wird kleiner und als Wehrpflichtarmee langfristig in Frage gestellt werden.

Es ist wohl bekannt, daß die Bundeswehr im Frieden bisher ständig eine halbe Million Soldaten im Dienst hatte. Es ist weniger bekannt, daß eine zivile Bundeswehrverwaltung 170000 Mitarbeiter beschäftigt, darunter den sogenannten Rüstungsbereich. Kaum bekannt ist die Tatsache, daß die Bundeswehr bei voller Mobilmachung 1340000 Soldaten aufbietet. Der Aufwuchs wird mit und von Reservisten geleistet; von denen ist der kleinere Teil in Ersatzpersonaleinheiten eingeplant, der größere Teil betreibt Einheiten für militärische und sanitätsdienstliche Funktionen, von denen die Aufnahme überseeischer Verstärkungen, die Operationsfreiheit der Bundeswehr und ihrer Alliierten sowie die Wahrung der Souveränitätsrechte der Bundesrepublik Deutschland abhängen. Im Verteidigungsumfang kommen auf jeden Soldaten mit freiwilligem Dienstverhältnis fünf Soldaten aufgrund der Wehrpflicht. Der Reservistenbedarf wird durch Entlassung von jährlich 220000 Soldaten aus dem Grundwehrdienst von 15 Monaten und ca. 40000 Zeit- und Berufssoldaten gedeckt. Jährlich werden rund 200000 mobilmachungs-eingeplante Reservisten zu durchschnittlich zwölftägigen Wehrübungen einberufen. Mit diesem Aufgebot stellt die Bundeswehr derzeit noch die Hälfte der Landstreitkräfte und der Luftverteidigung im Abschnitt Mitteleuropa sowie die Masse der Seestreitkräfte und Seefliegerkräfte im Ostseeraum. Die demographische Entwicklung in der Bundesrepublik Deutschland leitet eine extreme Bevölkerungsveränderung ein: Das Aufkommen an 19jährigen jungen Männern halbiert sich im Zeitraum 1986 bis 1994. Es liegt in der Natur der Sache, daß die Wehrpflichtarmee Bundeswehr mit einem Durchschnittsalter von 23 Jahren im selben Zeitraum diese Tendenz aufnimmt. Dem entgegen beschloß die Bundesregierung im Dezember 1985, daß die Bundeswehr ihren Friedensumfang im Prinzip beibehält. Der damit verbundene Beschluß einer vollen Ausschöpfung der Wehrpflicht und einer Verlängerung des Grundwehrdienstes auf 18 Monate ab 1. Juni 1989 wurde inmitten der Realisierung ausgesetzt. Ein neuer Planungszeitraum wurde von Bundesminister Stoltenberg im Dezember 1989 öffentlich mitgeteilt.

Danach sollte der Friedensumfang der Streitkräfte bis Mitte der neunziger Jahre auf 420000 aktive Soldaten, bei einem entsprechenden Abkommen in Wien gegebenenfalls auf 400000, bei darüber hinausgehenden Ost-West-Absprachen sogar unter diese Stärke reduziert werden.

Im ersten Halbjahr 1990 überstürzten sich die Ereignisse, so daß im Juli völlig neue Rahmenbedingungen gegeben waren. In beiden Teilen Deutschlands setzten die Parlamente den Grundwehrdienst auf zwölf Monate herab. Im Kaukasus verständigten sich Bundeskanzler Kohl und Staatspräsident Gorbatschow auf eine Obergrenze künftiger gesamtdeutscher Streitkräfte von 370000 Soldaten. Schließlich erklärte die Bundesregierung im Einvernehmen mit der DDR-Regierung, daß die Bundeswehrkomponente im beitretenden Teil Deutschlands auf 25000 Wehrpflichtige der ehemaligen DDR und 25000 längerdienende Soldaten der ehemaligen Nationalen Volksarmee zurückgreifen werde.

Im August erklärte der Bundesaußenminister vor der Wiener Konferenz die Absicht der Bundesregierung, die Reduzierung der gesamtdeutschen Streitkräfte auf 370000 Mann in drei bis vier Jahren vorzunehmen. Diese Absicht hat eine Neuplanung der Bundeswehrstruktur zur Folge und eine Reform, deren Dimension an die Aufstellung der Bundeswehr in den fünfziger Jahren heranreicht. Die Bundesregierung setzte nicht zuletzt deshalb eine unabhängige Beraterkommission unter dem Vorsitz von Professor Dr. Hans-Adolf Jacobsen ein.

Eine Verkleinerung des Friedensumfanges der Streitkräfte kann einerseits den positiven Effekt eines Gesundschrumpfens haben, wenn die ihnen übertragenen Aufgaben revidiert und neu geordnet werden. Die Streitkräfte leiden in ihrem Innenbetrieb an zahlreichen Erscheinungsformen einer Diskrepanz zwischen Aufgaben und Mitteln. Lücken und bürokratische Überlastung beim Führungs- und Ausbildungspersonal in der Truppe tragen in besorgniserregender Weise zu einem Image der Bundeswehr bei, das ihrem tatsächlich hohen Leistungsniveau nicht gerecht wird.

Eine Verkleinerung des Friedensumfanges der westdeutschen Streitkräfte um fast zwei Fünftel bei gleichzeitiger Verringerung der Präsenz alliierter Streitkräfte in der Bundesrepublik leitet aber auch unwiderruflich den Wandel des bisherigen Dispositivs in der Vorneverteidigung zwischen Ostsee und Alpen ein. Vorneverteidigung soll Voraussetzung sein, um jeden Konflikt räumlich und zeitlich zu begrenzen. Das Prinzip wird für einen zentraleuropäischen Staat immer gelten, gleichgültig wo eine militärische Konfrontation droht. Wenn die zweite Phase der VKSE aus einem geringeren Kräftegleichgewicht Ost-West ein stabiles Sicherheitssystem hervorbringt, dessen Merkmale Vertrauen und Fehlen jeglicher militärischen Invasionsfähigkeit sind, so hätte die bisherige Form der Vorneverteidigung ihre Funktion überlebt. Die schnelle Vereinigung Deutschlands hat diesen Wandel im strategischen Konzept der Nordatlantischen Allianz nur beschleunigt und in seiner Art und Richtung mitbestimmt.

Während des Abzuges sowjetischer Streitkräfte aus dem beigetretenen Teil Deutschlands wird die NATO keinen Vorteil aus ihrer Gebietserweiterung ziehen. Die Ostkomponenten der Bundeswehr werden ausschließlich nationalem Oberbefehl unterstehen. Danach gilt die Selbstbeschränkung der Bundesregierung, daß in dem beigetretenen Teil Deutschlands keine verbündeten Streitkräfte und keine Nuklearwaffenträger stationiert werden. Im Zusammenhang mit der absehbaren Verkleinerung der Bundeswehr wird immer öfter die Frage gestellt, ob sich die Bundeswehr auch zukünftig auf das Prinzip der allgemeinen Wehrplicht abstützen muß oder ob sich die Bundeswehr zu einer Freiwilligen-Armee entwickeln wird. Entscheidend für die Beantwortung der Frage, ob eine Alternative überhaupt erwogen werden muß, ist der zukünftige Verteidigungsumfang, nicht der Friedensumfang der Streitkräfte. Sinkt der Friedensumfang allerdings unter 350000, so ist entweder Wehrgerechtigkeit durch volle Heranziehung eines Jahrganges oder ein zwölfmonatiger Grundwehrdienst – das Minimum sinnvoller Ausbildung – in Frage gestellt. Die Frage nach dem

Minimum des zukünftigen Verteidigungsumfanges ist noch nicht beantwortet. Es ist zu erwarten, daß er beim Dreifachen des Friedensumfanges liegt. Nach dem heutigen Stand sprechen sicherheitspolitische und strategisch-operative Gründe für eine weitere Anwendung des Prinzips der allgemeinen Wehrpflicht, womöglich im Rahmen einer neuen Wehrstruktur.

Innen- und gesellschaftspolitisch sind wir bereits Zeugen eines fortschreitenden Legitimationsverlustes der allgemeinen Wehrpflicht in Deutschland. Technisch-organisatorisch werden die Grenzen der Professionalisierung aller Lebensbereiche immer mehr spürbar. Es ist nicht auszuschließen, daß die gesamteuropäische Entwicklung die Hoffnung auf dauerhaften Frieden tatsächlich immer mehr erfüllt (ebensowenig ist das Gegenteil auszuschließen). Bei einem optimistischen Szenario könnte der Übergang von der Konfrontation zur Kooperation in der internationalen Politik in Europa durchaus den Übergang von der Dominanz der Außenpolitik zur Dominanz der Innenpolitik mit sich bringen. Eine solche Tendenz könnte der Wehrpflicht langfristig die Grundlage entziehen.

Schon heute ist die Frage berechtigt, ob sich die Idee der allgemeinen Wehrpflicht der modernen arbeitsteiligen Konsumgesellschaft überhaupt noch erschließt; die Idee, daß der Bürger die Verteidigung des Gemeinwesens, die nach außen glaubwürdig dargestellte Bereitschaft, seine Freiheit notfalls auch mit der Waffe zu behaupten, als seine eigene Pflicht empfindet. Bei den Nachbarn wie in Finnland, der Schweiz oder Frankreich kann man das ursprüngliche Verständnis des wehrhaften Staatsbürgers noch leicht beobachten. In der Bundesrepublik Deutschland ist das Grundrecht auf Verweigerung des Kriegsdienstes mit der Waffe eine unverzichtbare Errungenschaft der Demokratie. Politik, Rechtsprechung und sozialer Wandel haben eine Situation herbeigeführt, in der etwa 15 Prozent eines wehrpflichtigen Jahrgangs sich für den Zivildienst an Stelle des Wehrdienstes entscheiden. Mehrheiten, vor allem in der jungen Bevölkerung, halten den Zivildienst für sozial nützlicher als den Wehrdienst. Immer mehr Wehrpflichtige sehen in der Wahl des Zivildienstes die höchstpersönliche Entscheidung zwischen zwei gleichberechtigen Optionen. Das öffentliche Bildungswesen, die Medien und Gewerkschaften sehen es mehrheitlich nicht als ihre Aufgabe an, junge Männer mit einem Grundbestand staatsbürgerlicher Kenntnisse auf die allgemeine Wehrpflicht vorzubereiten. Im Gegenteil wirken gerade in diesen Bereichen immer mehr Personen im Sinne einer Ausnutzung des Individualrechtes auf Kriegsdienstverweigerung als politisches Teilhaberecht. Man könnte es erstaunlich finden, daß immer noch 85 Prozent der wehrpflichtigen und wehrtauglichen jungen Männer ihren Dienst in der Bundeswehr leisten. Sie tun es ohne Begeisterung, und viele verlassen die Bundeswehr enttäuscht, weil sie nicht im Sinne ihrer Erwartungen gefordert worden sind. Freilich bringen die jungen Männer Erwartungen mit, die die Bundeswehr auch bei bestmöglichen Bedingungen nur für eine Minderheit annähernd erfüllen kann. Heute kommt jeder Dritte unmittelbar nach Abschluß einer gehobenen oder höheren Schulausbildung in den Wehrdienst und kann sich in der Regel mit der Tatsache nicht abfinden, daß hochtechnisierte Streitkräfte auch professionalisierte Streitkräfte sind, die für kurzdienende Wehrpflichtige nur verhältnismäßig einfache und unbefriedigende Tätigeiten vorsehen können. Vom militärischen Ausbilder werden Qualitäten verlangt, wie sie ein guter Internatslehrer vielleicht erbringt; aber wie viele gute Internatslehrer gibt es hierzulande? Auch die Ausrüstung und Arbeitsplatzgestaltung spielt zunehmend eine Rolle in der Einschätzung der Bundeswehr als »Arbeitgeber«. Modernität wird als selbstverständlich vorausgesetzt, kann aber von der Bundesregierung für ihr weitaus größtes Unternehmen nur in operativen Schlüsselbereichen – und künftig nicht einmal mehr überall dort – sichergestellt werden. Die an die Effizienz marktwirtschaftlicher Betriebe gewöhnten jungen Männer erleiden in der Bundeswehr die Mängel einer staatlichen Verwaltungswirtschaft. Auch der schwungvollste Kompaniechef reibt sich früher oder später daran wund. Hier ist erheblicher Reformbedarf, er kann mit einer Gesundschrumpfung abgearbeitet werden. Auch künftig müssen Streitkräfte ihr Geld wert sein. Die Annahme, eine Freiwilligen-Armee koste weniger als eine Wehrpflichtarmee, mag aus Sicht eines mittelständischen und Kleinbetriebes zutreffen, nicht jedoch für den Staat. Die allgemeine Wehrpflicht bringt das ganze Bildungs- und Qualifikationspotential der jungen Generation in die Streitkräfte, die davon nicht einmal in vollem Umfang Gebrauch machen können. Eine Freiwilligen-Armee hingegen hätte vor allem auf der Mannschafts- und Unteroffiziersebene einen ständigen Mangel an bestimmten Zivilqualifikationen und müßte einen noch erheblich höheren Aufwand an berufsfachlicher Schulung leisten, als sie heute schon betreibt.

Gewiß muß man die Entwicklungen noch geraume Zeit abwarten, bis eine Alternative zum Prinzip der allgemeinen Wehrpflicht zur Debatte steht. Wenn aber die Bundesregierung dem schleichenden Legitimationsverfall der Wehrpflicht weiterhin gleichsam unbeteiligt gegenübersteht, kann sie die Entscheidungsfreiheit verloren haben, wenn das Jahr der Entscheidung gekommen ist.

4. These: Die Bundeswehr wird auch in Zukunft einen technischen Modernisierungs- und Übungsbedarf haben; seine Erfüllung wird von der wachsenden Schwierigkeit politischer Durchsetzung begleitet.

Moderne Streitkräfte sind technische Großsysteme in einer scharfen Wettbewerbssituation. Jeder technische Fortschritt birgt Potential zur Leistungssteigerung. Niemals kann ein technologischer Sprung ausgeschlossen werden. Die Nutzung technischen Fortschritts nur dem möglichen Gegner zu überlassen, kann ein (vereinbart) ausgewogenes Kräfteverhältnis instabil machen. Eine solche Entscheidung kann zudem mit Blick auf den zur Verteidigung verpflichteten Soldaten wegen möglicherweise demoralisierender Auswirkungen unverantwortlich sein.

Technische Innovation erlaubt es der Bundeswehr, bestimmte Aufgaben mit weniger Personaleinsatz durchzuführen. Beispiele sind die modernen Kriegsschiffe, das bodengestützte Flugabwehrraketensystem oder die technischen Führungs- und Kommunikationssysteme. Technischer Fortschritt bei der Entwicklung moderner Aufklärungs- und Überwachungssysteme kann im Zusammenhang mit Rüstungskontrollvereinbarungen die Frühwarnung verbessern; eine Verlängerung der politisch nutzbaren Warnzeit kann das Maß erforderlicher Streitkräftepräsenz in Friedenszeiten herabsetzen.

Im Zusammenhang mit dem Modernisierungsbedarf von Flugkörpereinheiten, die als Trägersysteme amerikanischer Kernsprengkörper die deutsche Teilhabe an nuklearer Einsatzplanung und Risikoteilung gewährleisten, kam Modernisierung als Stichwort öffentlich ins Gerede. Der den Deutschen nachgesagte »Geist der apokalyptischen Erregtheit« beherrscht diese Debatte und leistet politisch-sachlicher Entscheidungsunfähigkeit der Regierung Vorschub, die von Glück sprechen kann, wenn die dramatischen Veränderungen der militärpolitischen Landschaft die populäre Entscheidung nahelegen. Der Modernisierungsbedarf der fliegenden Luftverteidigung betrifft ein offensichtlich »defensives Waffensystem«. Um so denkwürdiger ist die Debatte um militärische Flugtage und Tiefflüge. Sie ist auf ein »100-Milliarden-Projekt« fixiert und fragt nicht nach dem Sinn, weil soviel Geld anscheinend Sinnlosigkeit schon impliziert. Zum Veto entschlossene Politiker lassen sich in einer Weise vernehmen, als ginge es darum, den Militärs ein Spielzeug zu finanzieren. Auch diese Debatte leistet einer politisch-sachlichen Entscheidungsunfähigkeit der Bundesregierung Vorschub.

Die jetzt eingeleitete Verkleinerung fast aller Streitkräfte in Europa führt die Bundesregierung – wie alle anderen auch – rüstungspolitisch und rüstungswirtschaftlich an Grenzen des Realisierbaren. Je kleiner die Serien, desto teurer werden die Produkte – eine Regel, die sich besonders dramatisch bei hochwertigen Gütern des Verteidigungsbedarfs bestätigt. Internationale Gemeinschaftsprodukte sind bisher nicht notwendigerweise kostengünstiger gewesen, wie das Kampfflugzeug Tornado zeigt. Deshalb kommt das Bündnis langfristig nicht um Entscheidungen über eine militärische Aufgabenteilung und funktionelle Arbeitsteilung zwischen ihren Mitgliedsländern herum. Solche Entscheidungen sind außerordentlich schwierig, bedeuten sie doch einen Verzicht auf nationale Souveränitätsrechte. Sie sind nur zumutbar auf Gegenseitigkeit, man muß sich auf Gedeih und Verderb aneinander binden.

Eine funktionelle Arbeitsteilung wird die Bundeswehr demnächst einbeziehen, wenn es gilt, internationale Rüstungskontrollvereinbarungen zu überwachen. Trotz einer nach wie vor großen Zustimmung der Bevölkerung zu Bundeswehr und NATO wird das Verständnis dafür geringer, daß Verteidigung vorbereitet und daß auch eine Armee ihr Geld wert sein muß. Ein diffuses Unbehagen der Bevölkerung gegenüber militärischen Einrichtungen und Aktivitäten macht sich auf der Ortsebene stärker bemerkbar als früher. Mit dem Beitritt der DDR hat sich diese Tendenz verstärkt. Privatismus zivilisationsverwöhnter Generationen mischt sich hier mit dem Bewußtsein von tatsächlich zunehmenden Umweltgefahren und einer gewachsenen Verwundbarkeit unserer Zivilisation. Man reagiert empfindlicher, wenn sich die Bundeswehr als Ruhestörer, als Bedarfsträger für Erholungslandschaft, Fahrschulstrecken oder Manöverraum bemerkbar macht. Die Soldaten sehen sich mehr als früher dem Zwang ausgesetzt, ihre Aktivitäten nicht nur transparent zu machen, sondern auch zu rechtfertigen. Viele fühlen sich dabei manchmal von den politisch Verantwortlichen alleingelassen. Zweifellos erlebt die Bundeswehr hier eine Herausforderung an die demokratische Toleranz und die Öffentlichkeitsarbeit. Regierung und Parlament stoßen früher an Grenzen der Durchsetzbarkeit des politisch Notwendigen. Hier geraten Werte und Normen jeweiliger Lebenseinstellungen miteinander in Konflikt. Lebensgefühls- und Selbstentfaltungswerte konkurrieren mit hergebrachtem Pflicht- und Dienstverständnis. Dies findet auch in der Bundeswehr statt, denn der Soldat ist in die Gesellschaft integriert. Die Bundeswehr wird sich darauf einstellen müssen, mit einer ständig neue Anlässe suchenden Unterlassungskampagne einer verteidigungskritischen oder -ignoranten Teilöffentlichkeit zu leben.

5. These: Die Bundeswehr wird an den Grundsätzen der Inneren Führung festhalten.

In den Streitkräften der DDR wurde im Dezember 1989 eine Militärreform eingeleitet; deren Grundzüge ließen Ähnlichkeit mit der Konzeption der Inneren Führung der Bundeswehr erkennen. Mit jener Konzeption sollte die Wertordnung des Grundgesetzes auf die Innere Ordnung der Streitkräfte sowie auf das Verhältnis zwischen Militär, Staat und Gesellschaft in der Demokratie übertragen werden. Das Konzept der Inneren Führung ist an zwei Eckpfeilern festgemacht. Beide Eckpfeiler werden von Verfassungsgeboten und politischen Wertentscheidungen gebildet. Erster Eckpfeiler ist Art. 87 a GG: »Der Bund stellt Streitkräfte zur Verteidigung auf.« Dieses Verfassungsgebot schließt auch die Aufforderung an Parlament und Regierung ein, das innere Gefüge der Streitkräfte so zu gestalten, daß sie ihren militärischen Aufgaben gewachsen sind. Dieser Eckpfeiler fordert eine hohe militärische Effizienz. Sie muß auch die militärische Ordnung bestimmen.

Der zweite Eckpfeiler wird von der freiheitlichen demokratischen Grundordnung als Verfassungsgebot gebildet. Von ihr ist der Wille des Volkes abzuleiten, militärische Macht zu begrenzen, zu versachlichen und zu kontrollieren. Dieser Wille ist von historischer Erfahrung unseres Volkes mit der bewaffneten Macht bestimmt. Danach habe das Militär einen Hang zur Eigengesetzlichkeit, es neige zur Überbewertung von Ordnungsvorstellungen und zur Mythologisierung des Soldatentums. Der gesamten Rechtsordnung vorangestellt ist der Primat der Person, der Schutz der Menschenwürde. Dieser Eckpfeiler fordert Freiheit und Rechtsschutz auch in der militärischen Ordnung. Es gibt keine demokratische Armee, aber die Bundeswehr soll eine Armee sein, deren Soldaten eine freiheitliche und demokratische Gesinnung gemeinsam ist.

Das Konzept der Inneren Führung soll demnach eine doppelte Polarität überspannen und ausgleichen.

- Die Polarität zwischen Machtkonzentration zum Zwecke der Effizienz und Machtbegrenzung zum Zwecke der demokratischen Kontrolle und der Verhinderung einer Desintegration des Militärs.
- Die Polarität zwischen individueller Freiheit und militärischer Ordnung.

Diese beiden Ziele galten vor 1945 als grundsätzlich unvereinbar. Ihre Vereinbarkeit ist heute eine selbstverständliche Aufgabe aller Soldaten, insbesondere der militärischen Vorgesetzten. Das Leitbild vom Staatsbürger in Uniform kehrte die Frage um, wieviel Raum die Ordnung der Freiheit wohl noch lassen könne. Die Frage heißt, wie können wir den Freiheitsraum des Soldaten unbeschadet der militärischen Ordnung so erweitern und entfalten, daß der Soldat die Verteidigungswürdigkeit unserer Lebensordnung auch im Dienst erlebt?

Die staatsbürgerlichen Grundrechte, die das Grundgesetz garantiert, sind keine nur wohlklingenden Deklamationen oder gutgemeinten Programmsätze, sondern unmittelbar geltendes, alle staatlichen Gewalten bindendes Recht. Mit der Wehrnovelle hat der verfassungsändernde Gesetzgeber deutlich gemacht, daß auch die Bundeswehr in diese Grundrechtsbindung einbezogen ist. Die Grundrechte haben auch im militärischen Dienstverhältnis unmittelbar Gültigkeit, die Wehrgewalt nimmt keine Sonderstellung ein. Das Leitbild vom Staatsbürger in Uniform bedeutet auch, daß der Soldat seine demokratische Verantwortung gegenüber der Gemeinschaft im

Wehrdienst, auch im Soldatenberuf beibehält. Die Erfüllung der Pflichten als Soldat ist Mitverantwortung als Bürger in der Demokratie. Die Gestaltungsgrundsätze für die innere Ordnung der Streitkräfte lassen sich am besten in einem differenzierenden Ja/aber-Verhältnis darstellen:

- Effizienz – ja, aber nicht auf Kosten dessen, was zu verteidigen ist,
- hierarchischer Aufbau – ja, aber demokratische Strukturen, wo sie die Führung des Instrumentes durch die politische Leitung nicht gefährden,
- Prinzip von Befehl und Gehorsam – ja, aber Erziehung zum Gehorsam aus Einsicht und zur Kooperation,
- starke Positionsmacht der unmittelbar Vorgesetzten – ja, aber begrenzte Funktionsmacht aller anderen Vorgesetzten (deshalb auch keine allgemeine Grußpflicht),
- ungeteilte Führungsverantwortung des militärischen Führers – ja, aber Delegation der Handlungsverantwortung auf die unterstellten Führer und Führungsgehilfen (Tradition der Auftragstaktik),
- Übertragung von Handlungsfreiheit – ja, aber Dienstaufsicht und Erfolgskontrolle usw.

Von den klassischen Tugenden kommt es hier vor allem auf das Maß an. Das Prinzip der begrenzten Relevanz soldatischer Ordnungsvorstellungen verlangt soviel Ordnung und Hierarchie – notfalls Zwang – wie nötig, soviel Freiheit und demokratisches Verhalten wie möglich. Der Grundsatz prägt auch die liberale Handhabung der Presse- und Öffentlichkeitsarbeit in der Bundeswehr. Er setzt sogar der militärischen Geheimhaltung Grenzen. Stil und Form, wie die Soldaten der Bundeswehr miteinander umgehen oder sich in der Öffentlichkeit und unter Alliierten bewegen, wird letztlich von demselben Grundsatz geprägt.

Die Bundeswehr ist nicht die wiedererrichtete Deutsche Wehrmacht, die 1945 unterging. Die Bundeswehr ist zudem älter, als es Wehrmacht und Reichswehr wurden. Sie ist stolz auf die von ihr selbst hervorgebrachten Traditionen. Ein darüber hinausgehendes Traditionsverständnis soll die Erfüllung des Auftrages der Bundeswehr fördern, es ist kein Selbstzweck. Aus der Geschichte sind Lehren zu ziehen; zur deutschen Geschichte gehören nicht nur gute, sondern auch schlechte Traditionen. Unterscheidung wird immer nötig sein.

Bei der Verwirklichung des Konzeptes der Inneren Führung in der täglichen Praxis hat es immer wieder Schwierigkeiten gegeben. Es wird sie auch in Zukunft geben. Die Schwierigkeiten sind geringer, je mehr es gelingt, aus den militärischen Vorgesetzten nicht nur gute Soldaten, sondern auch entschlossene und somit zur Verantwortung im politischen Sinne fähige und bereite Demokraten zu machen. Der Wehrbeauftragte des Deutschen Bundestages hat in seinen Jahresberichten vor dem Parlament wiederholt erklärt, das Konzept sei in der Bundeswehr angenommen.

Der Bundesminister der Verteidigung beruft seit 1957 für die Dauer von jeweils vier Jahren einen Beirat von Persönlichkeiten außerhalb der Bundeswehr für Fragen der Inneren Führung. Dieser Beirat hat bedeutenden Einfluß auf die Weiterentwicklung des Konzepts der Inneren Führung und die Verbesserung der Praxis ausgeübt. Von 1969 bis 1989 war Prof. Dr. Hans-Adolf Jacobsen gewählter Sprecher des Beirates für Innere Führung. Er war in der Aufbauzeit der Bundeswehr Dozent an der Schule für Innere Führung in Koblenz.

Das Konzept der Inneren Führung ist an Rahmenbedingungen festgemacht, die in dynamischer Entwicklung stehen und die nicht alle in der Reichweite der politischen oder militärischen Führung der Bundeswehr liegen. Das Konzept wird daher auch weiter einer ständigen dynamischen Anpassung bedürfen. Eine von manchen als revolutionär empfundene Entscheidung des Bundesministers der Verteidigung ist die Einführung einer Dienstzeitbewirtschaftung für alle Soldaten. Sie verlangt von manchem älteren Vorgesetzten ein beträchtliches Umdenken. Eine Erweiterung der Mitsprache der Soldaten auf allen Ebenen wird seit längerer Zeit vorbereitet. Der Aufgabenverbund Innere Führung, eine Kooperation verschiedener zentraler Dienststellen der Bundeswehr unter der Leitfunktion des Zentrums Innere Führung in Koblenz und unter Mitwirkung der Führungsakademie der Bundeswehr in Hamburg, befaßt sich schwerpunktmäßig mit den Herausforderungen an die Innere Führung im politischen, militärischen und gesellschaftlichen Wandel.

6. These: Die Bundeswehr wird im Rahmen einer Erweiterung des politischen Sicherheitsbegriffes für zusätzliche Aufgaben zur Verfügung stehen.

Der Aufbau neuer politischer Strukturen in Europa bringt viele Chancen mit sich. Er birgt aber auch Risiken und Gefährdungen bis hin zu Zusammenbrüchen und zum Rückfall in die Unvernunft, d. h. zum Rückgriff auf militärische oder terroristische Gewaltanwendung. Politik darf sich weder ganz für Optimismus noch für Pessimismus entscheiden. Politik muß sich stets um realistische Perspektiven bemühen und ständig bereit sein nachzusteuern. Streitkräfte werden in Zukunft die Aufgabe haben, den friedlichen Wandel gegen solche Risiken und Gefährdungen in jeder Phase und auf jeder Stufe abzusichern. Sie ähneln damit einem Geleitverband auf hoher See, dessen militärische Eskorte die Chance des Ankommens im geschützen Hafen sichert. Streitkräfte haben nicht die Aufgabe, einen Status quo zu sichern, sondern die Möglichkeit einer besseren Zukunft durch Friedenssicherung offenzuhalten.

Sicherheitspolitik darf sich nicht auf den militärischen Aspekt staatlicher Existenzvorsorge beschränken. Alle Gefährdungen einer friedlichen Zukunftsentwicklung müssen in die sicherheitspolitische Verantwortung aufgenommen werden. Die in der Einleitung erwähnten nichtmilitärischen Existenzgefährdungen haben ein gemeinsames Merkmal: Sie überfordern die Kräfte eines einzelnen Staates. Hier ist ein hohes Maß an sicherheitspolitischer Kooperation innerhalb der bestehenden Bündnisse, aber auch über die bestehenden Bündnisgrenzen hinweg notwendig.

Der Einsatz der Bundeswehr ist in Art. 87a GG restriktiv geregelt. Andere Staaten setzen ihre nationalen Ressourcen so ein, wie sie sich von ihrer sachlichen Eignung her anbieten. Sie sind weniger von historischen Skrupeln geplagt als die Bundesrepublik Deutschland. Die Frage, ob die Bundesrepublik Deutschland den Vereinten Nationen auch Truppen für friedenserhaltende Operationen zur Verfügung stellen dürfe, scheint sich auf einen Konsens zuzubewegen. Der zuständige parlamentarische Ausschuß hält eine Grundgesetzänderung für erforderlich.

Der Briefwechsel zwischen Bundeskanzler Kohl und Israels Ministerpräsidenten Schamir vom Januar 1990 zur Aussicht auf eine deutsche Wiedervereinigung muß wegen Schamirs Äußerungen für jeden ernüchternd wirken, der der Meinung ist, die Bundesrepublik Deutschland habe sich über 40 Jahre als zuverlässige Demokratie in der Völkergemeinschaft bewährt und die Nachkriegszeit sei nunmehr unwiderruflich zu Ende. Behutsamkeit bei der Verwendung von Mitteln der Streitkräfte für andere Zwecke als die der Verteidigung gegen einen militärischen Angriff dürfte daher auch in Zukunft angezeigt sein. Gleichwohl muß man nicht Hellseher sein, um vorauszusehen, daß die Abwehr nichtmilitärischer Existenzbedrohungen in der Zukunft die ganze Kraft verbündeter Staaten in Anspruch nehmen wird. In dem Maße, wie die Mittel der Streitkräfte geeignet sind, an der Gefahrenabwehr mitzuwirken, sollten politische Wege gefunden werden, damit auch der deutsche Staat sich solcher Mittel bedienen kann, wenn es not tut und Erfolg verspricht.

Deutsche Streitkräfte werden in der Zukunft in erster Linie die Fähigkeit zur Verteidigung des Landes gemeinsam mit Verbündeten glaubwürdig bereitzustellen haben, als Faktor internationaler Stabilität in einer Zeit des Wandels. Darüber hinaus werden die Streitkräfte nützliche Beiträge leisten können zur Erhaltung der internationalen Ordnung und der freien Nutzung der See, im internationalen Krisenmanagement bis hin zur Teilnahme an Friedensoperationen der Vereinten Nationen. Schon heute leisten die Streitkräfte einen Beitrag zur Manöverbeobachtung und Abrüstungsverifikation. Ab 1991 wird die Ratifizierung des erwarteten internationalen Rüstungskontrollabkommens dieses Aufgabenspektrum erheblich erweitern. In diesem Zusammenhang, aber nicht nur darauf beschränkt, werden Streitkräfte künftig bedeutende Beiträge zur Völkerverständigung und zur Vertrauensbildung leisten. Schließlich stehen Streitkräfte auch in Zukunft für die Katastrophen- und zivile Gefahrenabwehr zur Verfügung. Das Berufsbild des Soldaten der Bundeswehr wird sich im Rahmen einer solchen Aufgabenerweiterung und Vertiefung nicht wesentlich verändern, jedoch um einige Aspekte anreichern. Der Soldat wird es dankbar begrüßen, daß er nicht auf die Sicherung des Friedens beschränkt wird, sondern auch aktiv an der Friedensförderung teilnehmen kann.

7. These: Die Bundeswehr wird als Armee Gesamtdeutschlands einen Beitrag für das Zusammenwachsen der deutschen Nation leisten.

Seit dem Beitritt der DDR zum Grundgesetz der Bundesrepublik Deutschland am 3. Oktober 1990 hat der Bundesminister der Verteidigung die Befehls- und Kommandogewalt über alle Soldaten im vereinigten Deutschland. Die noch etwa 90 000 aktiven Soldaten der ehemaligen Nationalen Volksarmee stehen als Soldaten der Bundeswehr in einem vorläufigen Dienstverhältnis.

Wer in der neu aufzubauenden Bundeswehr-Ost benötigt wird und Dienst tun will, wird zunächst in ein zweijähriges Dienstverhältnis übernommen. Er kann sich nach entsprechender Ausbildung als Soldat auf Zeit, Berufssoldat oder Beamter bzw. Angestellter in der Bundeswehr bewerben. Offiziere werden dann einer besonderen Eignungsprüfung in einem unabhängigen Ausschuß unterzogen. In einer Übergangszeit von zwei Jahren wird die Hinterlassenschaft der NVA abgebaut, die Bundeswehr-Ost aufgebaut, die Gesamtbundeswehr umgebaut und erheblich reduziert. Weitgehend einheitliche Verhältnisse sollen hergestellt werden.

In der Übergangszeit werden junge Männer auch im beigetretenen Teil Deutschlands aufgrund der allgemeinen Wehrpflicht in die Streitkräfte eingezogen und nach denselben Grundsätzen und Verfahren, die in der Bundeswehr gelten, ausgebildet. In der Zeit ab Oktober 1992 werden voraussichtlich 22 000 Zeit- und Berufssoldaten, die aus der NVA kommen, in den Standorten des beigetretenen Gebietes als Offiziere und Unteroffiziere der Bundeswehr Dienst tun.

Die organisatorische und administrative Aufgabe ist gewaltig, aber die größte Herausforderung kommt auf die Führung zu. Kommandofunktionen werden in der oberen Hierarchie von Bundeswehr-West-Offizieren, in der mittleren jedoch teilweise und in der Einheitsebene ganz von übernommenen Offizieren der ehemaligen NVA besetzt.

Die NVA war ein Beitrag zur kollektiven Verteidigung der Warschauer Vertragsorganisation, wie die Bundeswehr ein Beitrag zur kollektiven Verteidigung der NATO ist. Die Raison d'être der NVA war jedoch eigentlich die Frontstaatfunktion der DDR in der Machtprojektion des sowjetischen Imperiums. Die NVA war Stützpfeiler für den Herrschaftsanspruch der SED, der im Winter 1989/90 zusammenbrach. Die Führung der NVA ist seitdem dramatischem Legitimationsverfall ausgesetzt.

Die neue Bundeswehr-Ost – zunächst unter einem Kommando in Strausberg zusammengefaßt, nach einigen Monaten in die Teilstreitkräfte eingegliedert – muß nicht nur formiert, sondern auch gesellschaftlich legitimiert werden. Zugleich ist ein schwieriger interner Legitimations- und Integrationsprozeß zu bewältigen. Es gibt verbreitete Vorbehalte bis zur offenen Ablehnung der NVA-Kader in den Kasernen und Kasinos der alten Bundeswehr. Die kontroversen Argumente werden in der Presse öffentlich ausgetragen. Das gewachsene Vertrauen der Westalliierten zur Bundeswehr wird möglicherweise belastet. Ebenso könnte das Ansehen der Bundeswehr im beigetretenen Gebiet durch »gemeinsame Sache« mit NVA-Kadern beschädigt werden.

Da eine Entmilitarisierumg des östlichen Teils Deutschlands ebensowenig in Frage kam wie die Verlegung von 50 000 Mann Bundeswehr von West nach Ost und da Wehrpflicht zudem in ganz Deutschland ohne Unterbrechung weitergelten soll, ist der eingeschlagene Weg ohne Alternative. Die Einsicht vermag jedoch emotionale Vorbehalte nicht zu beseitigen. Eine Zerreißprobe oder eine Bewährungsprobe des bislang stabilen inneren Gefüges der Bundeswehr steht zu erwarten. Herauskommen muß am Ende eine geschlossene Armee aus verläßlichen Demokraten; eine Armee, der wehrpflichtige junge Männer in West wie Ost ohne Vorbehalte anvertraut werden können. Ziel muß ein solider Beitrag der Bundeswehr für das Zusammenwachsen der deutschen Nation sein. Die Chancen der Bundeswehr sind größer als die mancher anderen Institutionen des Staates, wie zum Beispiel im Bildungsbereich und in der Justiz. Das Leitbild vom Staatsbürger in Uniform ist unumstritten bewährt und attraktiv. Das Menschenbild des Grundgesetzes verbietet eine pauschale Gleichsetzung a priori zwischen dem Unwerturteil über eine kommunistische Parteiarmee und dem einzelnen, dessen Handeln menschlichen Maßstäben unterliegt.

Von dem Berufssoldaten der ehemaligen NVA in der Bundeswehr ist zu erwarten, daß er dazulernt, was nötig ist, daß er dabei eine wahrhaftige Bilanz vor sich selbst zieht, nichts verdrängt oder wegrationalisiert und daß er schließlich seinen Teil der Lebenserfahrung des deutschen Volkes in die Verantwortung für das Gelingen eines gemeinsamen Werkes aufnimmt, für das es in Deutschland kein historisches Beispiel gibt.

Vom Berufssoldaten der Bundeswehr-West ist zu erwarten, daß er sein Verhalten dem gemeinsamen Ziel und dem ersten Prinzip der Inneren Führung unterordnet. Es ist das Prinzip, daß dem Menschen in seiner unveräußerlichen Würde stets der Vorrang gebührt, wenn ein Führungsproblem angezeigt ist.

Das gemeinsame Ziel ist Sicherheit auf der Grundlage der Verteidigungsfähigkeit der Nation in einem durch Kooperation zusammenwachsenden Europa.

Die beiden deutschen Staaten stimmten immerhin in der Zielvorstellung überein, daß von deutschem Boden nie wieder Krieg ausgehen darf.

Es kann keinen Zweifel geben, daß die wiedervereinigte Nation in diesem Ziel übereinstimmt und die in einer Armee zusammengeführten Soldaten aus Ost- und West-Deutschland in diesem Sinne verpflichtet.

Zuversicht liegt darin, daß menschliche Begegnung und kameradschaftliche Zusammenarbeit allgemeines Vertrauen wachsen lassen. Das Bewußtsein gemeinsamer Verantwortung bei einem Werk von historischer Bedeutung für den Frieden wird ein übriges tun.

Anmerkungen

1 Weißbuch 1985 zur Lage und Entwicklung der Bundeswehr (Zf 160).
2 Weißbuch 1983 zur Sicherheit der Bundesrepublik Deutschland (Zf 222).

Wilfried von Bredow

Staatsbürger in Uniform

Zur Rolle des Soldaten in der modernen bürgerlichen Gesellschaft

Parallel zur Entstehung und Entwicklung der bürgerlichen Gesellschaft verläuft die Debatte darüber, ob Krieg als Mittel der Politik und ob der Soldat, dessen Beruf die zielgerichtete Anwendung (oder Abwendung) organisierter Gewalt in Konflikten ist, in diese Gesellschaftsform noch hineinpassen. Im Verlauf der Debatte hat es viel verfrühten Optimismus gegeben. Manch einem schien nach besonders schrecklichen kriegerischen Ereignissen während der letzten beiden Jahrhunderte der Zeitpunkt gekommen zu sein, den Krieg aus dem Verkehr der politischen Akteure ein für allemal zu verbannen. So ist der Pazifismus als Weltanschauung und als soziale Bewegung genauso ein Teil der bürgerlichen Gesellschaft (ausgehend im frühen 19. Jahrhundert von den USA), wie es all die Pläne und Deklarationen zur Abschaffung des Krieges sind, welche nach dem Ersten und dann wieder nach dem Zweiten Weltkrieg große Resonanz fanden. Beides aber blieb letzten Endes folgenlos für die Regeln des internationalen Systems.

Mit der Entwicklung der Rüstungstechnologie seit der Mitte dieses Jahrhunderts scheint nun ein neuer Anstoß gegeben zu sein, über die Rolle organisierter Gewalt im internationalen System nicht nur unverbindlich nachzudenken, sondern wirkungsvolle Mechanismen ihrer Kontrolle, Eindämmung, Reduzierung zu schaffen, weil die Zerstörungskapazität der avanciertesten Waffensysteme zu gewaltig und vor allem (Stichwort: Nuklearer Winter) nicht mehr steuerbar ist. Die Zeichen der Zeit scheinen sich in den späten achtziger Jahren für die Zukunft auf Rüstungskontrolle und Abrüstung eingestellt zu haben. Allerdings ist diese Deutung nicht unumstritten. Es könnte sich eine Zweiteilung der Welt in Zonen anbahnen, in denen organisierte militärische Gewalt je nachdem entweder nur noch Element symbolischer Politik ist oder in vielen Konflikten, in Bürgerkriegen und in Kriegen zwischen Staaten, auf eine zwar gewissermaßen gehegte, nichtsdestotrotz aber menschenzerstörende Weise eingesetzt wird.

Vor diesem Hintergrund werden hier zwei wichtige Komponenten für das Bild von modernen Staaten skizziert und miteinander verglichen, die sich auf Streitkräfte in modernen bürgerlichen Gesellschaften beziehen und deshalb von dem Impetus zur Abrüstung besonders herausgefordert werden. Der Vergleich muß ein wenig jonglieren, weil die Unterschiedlichkeiten zwischen den Konzeptionen nicht zu übersehen sind.

Die Neubildung von Streitkräften im nach-nationalsozialistischen Deutschland, das in zwei einander feindlich gegenüberstehende Staaten geteilt worden war, stellt einen historisch präzedenzlosen Vorgang dar. Zu dem Katalog von Sonderbedingungen für die zu schaffende Bundeswehr gehörte auch die Forderung, das Profil der Organisation und den Geist der Soldaten so zu gestalten, daß beide in einer demokratischen bürgerlichen Gesellschaft keine Fremdkörper bildeten.

In den USA ist das Verhältnis zwischen bürgerlicher Gesellschaft und Streitkräften seit der amerikanischen Revolution in der Figur des »citizen soldier«, des Bürgersoldaten, fixiert. Nach dem Zweiten Weltkrieg, besonders aber im Vietnam-Krieg, hat diese Figur an Attraktion und an Verbindlichkeit eingebüßt.

In Deutschland wurde Wolf Graf von Baudissin zum herausragenden Begründer des Konzepts der Inneren Führung, der ein Menschenbild zugrundeliegt und ein Bild vom Soldaten vorschwebt, die in der modernen bürgerlichen Gesellschaft miteinander kompatibel sind. In den USA wurde Morris Janowitz (1919–1988) nach 1945 zum Doyen der Militärsoziologie, dessen Veröffentlichungen nicht nur in der akademischen Welt, sondern auch in den Streitkräften rezipiert wurden. Insbesondere in seinen späten Schriften hat sich Janowitz noch einmal ausführlich mit der Figur des citizen soldier und der Frage auseinandergesetzt, ob sie auch in Zukunft angemessen bleibt.

Graf Baudissin hat das Konzept der Inneren Führung und das Leitbild des Staatsbürgers in Uniform seinem eigenen Bekunden nach in den fünfziger Jahren weitestgehend ohne militärsoziologische Beratung und im steten Kampf gegen das nicht immer freundliche militärische Umfeld im Amt Blank und in der Bundeswehr entworfen und vor allem mit Hilfe des Gesetzgebers und der Öffentlichkeit verbindlich zu machen versucht. Seit mehr als dreißig Jahren wird innerhalb und außerhalb der Bundeswehr darüber debattiert, ob das Baudissin-Konzept verwirklicht, verwässert oder gescheitert sei. Das ist eine spannende, indes nicht präzis zu beantwortende Frage. Denn unbestreitbar hat es weder auf der politischen Ebene noch auf der Ebene der Funktionsmechanismen innerhalb der militärischen Organisation alternative Konzepte gegeben, ja man wird sagen müssen: geben können. Die Bundeswehr konnte nicht anders werden, sie konnte nur dem Leitbild mehr oder weniger gerecht werden. Ob es den Gegnern Baudissins in den Streitkräften und ihm selbst nun gefällt oder nicht: Die Leistung Baudissins, die gerade wegen der diesbezüglichen Zurückhaltung seiner Kameraden in der Bundeswehr vielleicht ewas zu nachdrücklich mit seiner und fast nur seiner Person verbunden wird, wird ihm einen der vordersten Ehrenplätze im Pantheon moderner deutscher Militärgeschichte sichern[1].

Janowitz hat von ganz anderer Warte, nicht als Soldat, sondern als akademischer Forscher und Lehrer in der Disziplin Soziologie (und mit weit über das Thema Militär hinausreichenden soziologischen Forschungsinteressen und -perspektiven) die Veränderungen in der Rolle des Soldaten und in den Organisationsstrukturen der Streitkräfte wahrgenommen und systematisch analysiert.

Ein Leitthema in seinen militärsoziologischen Schriften ist der Versuch, den wechselseitigen Einfluß im zivil-militärischen Verhältnis moderner Gesellschaften zu bestimmen und dabei das Konzept des citizen soldier neu zu fassen.

Trotz der Unterschiede in den politischen und militärischen Traditionen Deutschlands und der USA und auch trotz der besonderen Rahmenbedingungen beim Aufbau der Bundeswehr erscheint ein Vergleich der gestalterischen Reformkonzeption des Staatsbürgers in Uniform und des analytisch-systematisch weiterentwickelten Konzepts des citizen soldier reizvoll. Denn beide zielen auf ein Kernelement der Rolle des Soldaten in der modernen bürgerlichen Gesellschaft.

I. Der »Staatsbürger in Uniform«

Wolf Graf von Baudissin hat seine Grundvorstellungen über das angemessene Verhältnis zwischen den neu aufzubauenden Streitkräften und der demokratischen Gesellschaft sowie über das diesem institutionell und organisatorisch festgefügten Verhältnis am besten entsprechende, neue soldatische Selbstverständnis nicht als »großen Theorieentwurf«, sondern als Patchwork von Aufsätzen, Reden, Briefen, dienstlichen Stellungnahmen verfaßt, die jeweils zu bestimmten Anlässen formuliert wurden. Das macht es zuweilen etwas schwierig, das in sich erstaunlich stimmige Konzept hinter seinen anlaß- und zeitbedingten sprachlichen Einkleidungen zu erkennen, und es hat auch nicht selten zu Mißverständnissen geführt. Die publizistische und sozialwissenschaftliche Literatur über Baudissin und seine Konzeption in der Bundeswehr ist umfangreich, oft polemisch, insgesamt, zusammen mit seinen eigenen Veröffentlichungen[2], ein reicher Fundus für jeden, der sich mit der Geschichte der Bundeswehr und ihrem inneren Gefüge beschäftigt[3].

Als es an den Neuaufbau der Bundeswehr ging, standen der Gesetzgeber und die Exekutive einschließlich ihrer militärischen Berater, später dann die »erste Generation« der Bundeswehr-Führung vor der Aufgabe, unter Zeitdruck eine Neukonzeption für deutsche Streitkräfte zu entwerfen und zu realisieren, die symbolisch und real alle als negativ wahrgenommenen Elemente der deutschen Militärgeschichte des 19. und 20. Jahrhunderts vermeiden, wohl aber natürlich militärische Effizienz demonstrieren sollten. Obwohl diese Trennlinie, wie sich rasch herausstellte, in dieser Form illusionär war, versuchte man es zunächst damit. Bewaffnung, Ausrüstung, militärstrategische und operative Grundsätze als »äußere« Führung wurden mehr auf die Effizienz bezogen, das Insgesamt der die »civil control« sichernden Gesetze und Regeln sowie die Nähe und Funktionsähnlichkeit von moderner demokratischer Gesellschaft und militärischer Organisation betonende politische Bildung und Grundsätze der modernen Menschenführung sollten hingegen in erster Linie nach innen und außen verdeutlichen, daß die Bundeswehr sich grundsätzlich von Reichswehr und Wehrmacht unterscheidet. Daß Baudissin und die Anhänger seiner Vorstellung von Innerer Führung auch noch reklamierten, nur mit ihren Vorstellungen sei letztlich auch die gewünschte Effizienz zu erreichen, ist in der Bundeswehr von den meisten Angehörigen des Unterführer- und Führerkorps nicht verstanden worden, aus verschiedenen Gründen übrigens. Ein erster heftiger Konflikt um die Innere Führung innerhalb der Dienststelle Blank sah als ihren dezidierten Kritiker den Obersten a. D. Bogislaw von Bonin, der später als publizistischer Kontrahent der militärstrategischen Modalitäten der Bundeswehr-Aufstellung bekannt wurde und dessen Gegenkonzeption die Debatten um alternative Militärstrategien in den siebziger und achtziger Jahren inspirieren sollten[4].

Entscheidendes Kernelement des Baudissin-Konzepts ist die Figur des »Staatsbürgers in Uniform«. Im Juni 1954 beschreibt Baudissin vor einem Ausschuß des Deutschen Bundestages den Staatsbürger in Uniform folgendermaßen: »Um es negativ zu sagen: Hier ist an alles andere als an eine Verbürgerlichung des Soldaten gedacht, d. h. an eine unsachgemäße Einordnung, Stellung, Erziehung und Ausbildung des Soldaten. Vielmehr sind zwei Komplexe angesprochen: Zunächst einmal der Standort des Soldaten. Nur derjenige kann heute für seine Gemeinschaft eintreten, der in ihr verwurzelt ist, d. h. der Soldat muß in dem politischen und geistigen Leben seiner Gemeinschaft verwurzelt sein. Ist er das nicht, dann weiß er bestenfalls noch, wogegen er kämpfen soll, wogegen er zu sichern hat; und das genügt nicht. ... nur die Einbürgerung des Soldaten verschafft ihm das Erlebnis der Werte, die er zu verteidigen hat, und nur die Möglichkeit zum Mitgestalten gibt ihm auch einen Anreiz zur Verantwortung. Weiter heißt Staatsbürgertum Bindung an die sittliche Ordnung, die die Gemeinschaft repräsentiert ... Diese Forderung wird uns gerade von der technischen Entwicklung her immer ernster gestellt ...

Aber neben dem Standort zeigt uns der Begriff auch noch eine andere ganz bestimmte Zuordnung zur Umwelt und zum Menschen. Unter Staatsbürgern, die zusammen Waffendienst tun, kann es kein Verhältnis mehr wie zwischen Unmündigen und Vorgesetzten ... geben; sondern es sind hier eindeutig Partner in verschiedener Funktion mit gleicher Würde aus der gleichen Verantwortung.«[5] Und 1971, im Rückblick auch auf die Abschürfungen, die seine Konzeption im Bundeswehr-Alltag erlitten hat, formuliert Baudissin so:

»Der Staatsbürger in Uniform ist sowohl Integrationsmodell als auch Leitbild. Als *Integrationsmodell* wendet sich der Begriff zunächst gegen alle Ideologien, die dem Soldaten einen – positiven oder negativen – Sonderstatus zuerkennen wollen. Die Betonung ›soldatischer Eigengesetzlichkeit‹, einzigartiger ›soldatischer Tugenden‹, eines im Zivilen unerreichten Dienstethos, eines falsch verstandenen, nicht auf Leistung gestützten Stolzes widersprechen dem demokratischen Grundsatz der Gleichberechtigung aller und untergraben das Primat der Politik; sie erschweren die Kooperation mit zivilen Institutionen und Organisationen und beweisen letztlich, daß die Integration nicht geglückt oder nicht beabsichtigt ist. ...

Positiv sagt der Begriff, daß der Soldat dem zivilen, d. h. demokratischen Wertsystem verpflichtet bleibt und aus den gleichen geistigen und politischen Bezügen lebt wie die anderen Staatsbürger. Soldat und Zivilist sind für das Individuum wie für die Gesellschaft nur zwei Aggregatzustände des Gleichen.

Als *Leitbild* ist der Staatsbürger in Uniform zugleich Postulat und Zielgestalt; es richtet sich vor allem an die Vorgesetzten. Sind diese überzeugte und überzeugende Demokraten, wird sich die Mehrzahl der Untergebenen ebenfalls engagieren.

Das Leitbild ist bewußt offen und dynamisch ... Es verpflichtet zum Engagement für die freiheitliche Grundordnung mit ihren Entwicklungsmöglichkeiten, die ohne demokratische Soldaten von außen wie von innen gefährdet wären. Die Innere Führung dient der Demokratisierung der Bundeswehr. Nur mit demokratischen Strukturen und Verhaltensweisen läßt sich politisch motivieren und zur notwendigen Kooperation befähigen. Der Führungsstil muß daher kooperativ und partizipatorisch sein ...«[6]

In diesen beiden Passagen sind alle entscheidenden Ingredienzien der Reformvorstellung Baudissins vorhanden: Einbindung der Streitkräfte in die politische Ordnung der Demokratie – demokratische Gesinnung der Soldaten, insbesondere der Vorgesetzten – kooperativer und partizipatorischer Führungsstil.

Die Schwierigkeiten, mit denen Baudissin und die Anhänger seiner Konzeption bei der Implementierung der Inneren Führung zu kämpfen hatten, waren mannigfaltig. Sieht man einmal von der persönlichen Komponente ab, die in ihren Auswirkungen jedoch keineswegs unterschätzt werden kann (weil Rivalitäten zwischen Individuen und »Seilschaften« in Organisationen, wie es die Streitkräfte sind, nicht unerhebliche inner-organisatorische Ressourcen verschlucken), dann kann man vor allem die folgenden Widerstände dingfest machen:

- das Selbst- und Traditionsverständnis der Mehrheit der Offiziere der »ersten Bundeswehr-Generation«, die nur selten dazu bereit waren, ihren in der Reichswehr und der Wehrmacht angeeigneten Professionalismus derart nachdrücklich in Frage zu stellen;
- die Intensität der Bedrohungsperzeption im Kalten Krieg, die es notwendig machte, anti-bolschewistische Expertise aus fast allen Quellen heranzuziehen, auch solchen, aus denen nicht unbedingt die Milch der demokratischen Denkungsart sprudelte;
- gegen das Visionäre an Baudissins Konzeption sträubten sich pragmatisch denkende Soldaten, die mit der Umsetzung der Anforderungen an den »neuen Soldaten« nicht vorankamen und deshalb auf bewährte Mittel der Ausbildung und Erziehung zurückgriffen;
- ebenso widersetzten sich jene Offiziere, für die die Streitkräfte vor allem als technische Organisation faszinierend waren und die mit politisch-geistigen Entwürfen nicht viel anzufangen wußten;
- der positive Widerhall, den Baudissin mit seiner Konzeption bei den beiden großen Fraktionen CDU/CSU und SPD und in der öffentlichen Debatte in den fünfziger Jahren fand, mochte zudem bei manchen Soldaten ein überkommenes Mißtrauen wecken – nach dem Motto etwa: wenn Nicht-Fachleute von solchen Rezepten begeistert sind, können sie eigentlich nichts taugen;
- schließlich gab es auch von seiten der Alliierten keine Ermutigung, weil für deren Streitkräfte nach 1945 ein vergleichbar radikal ansetzender Neuanfang nicht zur Debatte stand. Ihre militärischen Experten verfolgten diesen Neuanfang mit politisch wohlwollendem Unverständnis[7].

II. Der »citizen soldier«

Für Morris Janowitz steht die Figur des citizen soldier im Mittelpunkt der Entwicklung moderner Streitkräfte im 19. und 20. Jahrhundert. Die Heraufkunft der Nation als Bezugspunkt der Legitimation soldatischen Handelns und die rasche Technisierung von Ausrüstung, Bewaffnung und damit von militärischem Handeln beschleunigen die Ausbildung von Massenarmeen. Damit aber wurde das Kriegshandwerk zu einer Angelegenheit der Staatsbürger. »I argue that, starting with the French and American Revolutions, participation in the national army has been an integral aspect of the normative definition of citizenship . . . For 150 years, the notions of nationalism and citizenship participation supplied a basis for transforming the military from a status group into more and more of a civil service organization of the state.«[8] Die Figur des citizen soldier ist also (im Unterschied zum Staatsbürger in Uniform – »citizen in uniform«) keine Leitfigur, vielmehr ein *Realtyp* des Soldaten. Er konnte, weil über die allgemeine Wehrpflicht mit dem Kriegshandwerk in seinen Grundzügen vertraut, im Ernstfall mobilisiert und in die Kader der Berufssoldaten integriert werden.

»In theory and practice ... the armed forces required small cadres of professionals. By means of conscription, the citizen soldier who was mobilized – officer and enlisted personnel – supplied the required manpower, skills, and motivation. The conscript system also served as a political device for civilian control and for defining citizenship and thereby ... was compatible with the mechanism of parliamentary systems.«[9] Allerdings sind auch Ausnahmen zu konstatieren, bei denen die Versöhnung von bürgerlicher Gesellschaft und Militär nicht nach diesem Muster funktionierte: »In Germany, where the concept of citizenship was weak, the military continued to operate as a detached status group, as a state within a state, even after World War I. The National Socialist regime, with its ruthless and distorted forms of ›democratization‹, ended the Prussian military assumptions. The reconstructed armed forces, after the Allied victory, have a conventional modern Western format.«[10]

Der citizen soldier (am allerdeutlichsten wohl ausgeprägt in der Version des Schweizer Wehrmannes) war im 19. und weitgehend auch im 20. Jahrhundert deshalb ein so erfolgreicher Typ des Soldaten, weil er auf den Ebenen der Legitimation, der Integration (von Militär und Gesellschaft) und der Motivation ein optimales Profil besaß. An dieser Stelle könnte die Skizze des Vergleichs zwischen dem Staatsbürger in Uniform und dem citizen soldier zielstrebig zu einem harmonischen Ende geführt und die Baudissin-Konzeption als die Einholung einer Verspätung charakterisiert werden, die nach dem ja bekannten und als Etikett gerne gebrauchten Buchtitel von Helmuth Plessner von Deutschland als der »verspäteten Nation«, sozusagen im historischen Übersprung-Verfahren an die Reformvorstellungen von Stein, Scharnhorst und Gneisenau anknüpfend, die neuen deutschen Streitkräfte in den Gleichklang mit den Verbündeten bringt. Dieser Aspekt ist sicherlich nicht ganz von der Hand zu weisen. Aber wir haben bei der Schilderung der Konzeption Baudissins schon gesehen, daß sie in gewisser Weise über das, was den citizen soldier ausmacht, hinausweist.

In der Tat steigt man eben auch mit Verspätung nicht in denselben Fluß. Das Verhältnis zwischen Streitkräften und der sie unterhaltenden Zivilgesellschaft hat sich seit dem Ersten Weltkrieg langsam zu verändern begonnen, und diese Veränderung, so wenig dramatisch ihre unmittelbaren Auswirkungen auch verspürt worden sind, hat auch die Figur des citizen soldier in Mitleidenschaft gezogen.

Was sich hier verändert hat und weiter verändert, ist ein Thema des letzten Buchs von Morris Janowitz, in welchem er nicht nur als analysierender Soziologe, sondern auch als besorgter, mahnender und warnender Beobachter gesellschaftlicher Defizite in den USA hervortritt[11].

Eines dieser Defizite ist seit 1973 mit dem Wegfall der allgemeinen Wehrpflicht sichtbar geworden: »I believe that, with the fall of conscription, officially on 30 June 1973, and the establishment of an expanded ›peacetime‹ all-volunteer military establishment, the contribution of military service to civic education becomes problematic.«[12] An dieser Passage wird deutlich, daß Janowitz alle drei Ebenen – Legitimation, Integration, Motivation – zugleich in den Blick nimmt, wenn er das Problematische der neuen zivil-militärischen Entwicklungen beschreibt.

Dabei wird nicht übersehen, daß es ähnlich wie am Ende des 18. Jahrhunderts auch jetzt wieder allgemeine soziale und technische Impulse sind, die solche Veränderungen hervorrufen. »There is considerable support for the new hypothesis that the military logic of deterrence, accompanied by the decline of the mass armed force and the advent of the all-volunteer force, creates new political cleavages and controversy which strain the search for effective social control.«[13]

In dieser Situation will Janowitz die Realfigur der Vergangenheit, den citizen soldier, für die Zukunft als Leitfigur retten. Nur so, über die bestehenden Partizipationsmöglichkeiten hinaus, könne die moderne Demokratie lebenskräftig bleiben, im Geiste eines zivil orientierten Patriotismus, der seinen Ausdruck im freiwilligen Engagement der Staatsbürger für die Gemeinschaft findet, wobei der Dienst in den Streitkräften eine unter vielen möglichen Formen dieses Ausdrucks wäre.

III. Vergleich

So haben wir es auf eine vertrackte Art doch mit zwei Leitkonzeptionen zu tun, wobei die zeitliche Verspätung des Staatsbürgers in Uniform bezüglich des 19. Jahrhunderts sich im Licht der Erfahrungen des letzten Jahrzehnts vielleicht sogar als Vorsprung erweisen könnte. Das muß näher erläutert werden.

Sowohl Baudissin als auch Janowitz, der eine in den fünfziger Jahren, der andere zwei Jahrzehnte später, versuchen, mit ihren Konzeptionen den Verlust an Legitimität der Streitkräfte, die Schwierigkeiten der Integration von ziviler Gesellschaft und »militärischer Subkultur« sowie die individuell und gesellschaftsweit sich manifestierenden Motivations-Abschwünge im und für den militärischen Dienst aufzufangen. Die *Ursachen* für Verlust, Schwierigkeiten und Abschwünge waren gewiß unterschiedlicher Natur und können auch durch den Hinweis auf jeweils verlorene Kriege nicht homogenisiert werden. Mit dem nationalsozialistischen Regime und der Kapitulation 1945 brach für die Deutschen, Soldaten wie Zivilisten, mehr zusammen als beim Rückzug der Amerikaner aus Vietnam. Der Impetus für einen Neuanfang war für die Deutschen unumgängliche Notwendigkeit, für die Amerikaner eine schmerzliche Chance.

Die neu zu schaffenden Streitkräfte in Deutschland sollten und mußten in ein völlig neu geordnetes politisches System integriert werden, und der Staatsbürger in Uniform sollte diese Integration symbolisieren. In den USA hatte sich während des Vietnamkriegs die enge und über die Medien noch täglich sozusagen aktualisierte Verklammerung zwischen der Zivilgesellschaft und den Streitkräften in den Augen der meisten Militärs als problematisch gezeigt, so daß sich mit der Abschaffung der allgemeinen Wehrpflicht und der Einführung der Freiwilligen-Streitkräfte ein sanfter Trend zur Dissoziation durchsetzte. Genau um diesem Trend entgegenzusteuern, hat Janowitz eine erneuerte Form des citizen soldier ins Gespräch gebracht.

Nur kursorisch soll schließlich auf die unterschiedlichen politischen Rahmenbedingungen hingewiesen werden. Für die Motivierung des deutschen Soldaten in den fünfziger Jahren war es wichtig, die Gefährdung der freiheitlichen Werte und Ordnung durch ihre totalitär organisierten Gegner zu betonen. Im Zeichen der wenn auch fragilen Ost-West-Entspannung in den USA der siebziger und achtziger Jahre wirkt diese Betonung kaum noch motivierend.

Es gibt nun allerdings eine *gemeinsame Herausforderung* an beide, den Staatsbürger in Uniform und den citizen soldier; sie hat sich aus allgemeinen gesellschaftlichen

Entwicklungstrends und aus militärstrategischen und rüstungstechnologischen Impulsen heraus entwickelt. In dieser Herausforderung ist zusammengefaßt:

- das Ende der Massenarmee;
- die nachdrückliche Ausdifferenzierung des Soldatenberufs in eine Fülle von Spezialtätigkeiten »ziviler« Natur;
- die Erweiterung des traditionell hauptsächlich militärisch definierten Sicherheitsbegriffs;
- die Rolle von nuklearen Waffensystemen für Kriegsführung und Kriegsverhinderung;
- sinkende Bedrohungsängste im Ost-West-Konflikt.

All dies zusammen scheint einmal mehr die bisherige Rolle des Soldaten in der modernen bürgerlichen Gesellschaft in Frage zu stellen. Die Leitfigur des Staatsbürgers in Uniform ist eine (an bestimmten Stellen fortzuschreibende) Antwort auf die Frage: »Wie läßt es sich bewerkstelligen, den Prozeß der Verzivilisierung der Streitkräfte, gegen den aus sachlichen und aus politischen Gründen anzugehen, keinen Sinn macht, so zu gestalten, daß die gewandelten militärischen Aufgaben optimal bewältigt werden?« Die Erneuerung der Figur des citizen soldier hingegen soll eine Antwort auf die Frage sein: »Wie läßt sich das gesellschaftsweit erkennbare Defizit an staatsbürgerlichem Bewußtsein *(civic consciousness)* auch mit den Streitkräften verringern?«

Janowitz' Vorschlag eines freiwilligen »national service« ist speziell für die US-Gesellschaft gedacht[14], vor dem Hintergrund ihrer politischen Kultur auch gut verständlich, wenngleich er vermutlich ohne die vom Autor gewünschte Resonanz bleiben wird.

Der deutsche Staatsbürger in Uniform, in dieser Form alles andere als eine »Exportware«, ist immerhin mit einer ganzen Reihe von gesetzlich abgesicherten Rechten ausgestattet, er wird geschützt durch zahlreiche, in Vorschriften festgelegte Regeln des alltäglichen Dienstes, so daß es für andere Streitkräfte durchaus interessant sein könnte, ihn als Anschauungsmaterial und als Ausgangspunkt für eigene Reformüberlegungen zu studieren.

Für die adäquate, zukunftsgerechte Antwort auf das oben skizzierte Herausforderungs-Syndrom an moderne Streitkräfte sind mit dem Staatsbürger in Uniform und dem citizen soldier konzeptionelle Ansätze gegeben, die unverzichtbar sind, indes weiterentwickelt werden müssen. Vielleich wäre es von großem Vorteil, wenn das schwierige und sicherlich nicht rasch zu einvernehmlichen Lösungen führende Nachdenken über diese Weiterentwicklung nicht mehr nur jeweils im nationalen Rahmen, sondern z. B. auf Bündnis-Ebene stattfinden könnte. Daß damit auf den ersten Blick geradezu unübersteigbare Verständigungsprobleme und bürokratische Schwierigkeiten aufgeworfen wären, macht das Unternehmen doppelt reizvoll.

Anmerkungen

1 Es geht an dieser Stelle nicht um eine gerechte Würdigung des Anteils verschiedener Personen an der Konzeption der Inneren Führung und ihrer Durchsetzung. Da gäbe es mehrere Namen aufzuführen. Vgl. etwa: Hans-Adolf Jacobsen, Vom Leitbild des »Staatsbürgers in Uniform« (General de Maizière), in: ders., Von der Strategie der Gewalt zur Politik der Friedenssicherung, Düsseldorf 1977, S. 264ff.

2 Wolf Graf von Baudissin, Soldat für den Frieden. Entwürfe für eine zeitgemäße Bundeswehr, hrsg. von Peter v. Schubert, München 1969; Wolf Graf von Baudissin, Nie wieder Sieg! Programmatische Schriften 1951–1981, hrsg. v. Cornelia Bührle/Claus von Rosen, München 1982.

3 Vgl. etwa: Ulrich Simon, Die Integration der Bundeswehr in die Gesellschaft. Das Ringen um die Innere Führung, Heidelberg 1980; Carl Gero von Ilsemann, Die Innere Führung in den Streitkräften, Regensburg 1981.

4 Vgl. Heinz Brill, Bogislaw von Bonin im Spannungsfeld zwischen Wiederbewaffnung – Westintegration – Wiedervereinigung, Baden-Baden 1987, S. 52ff.

5 Wolf Graf von Baudissin, Soldat für den Frieden (Anm. 2), S. 206f.

6 Wolf Graf von Baudissin, Nie wieder Sieg! (Anm. 2), S. 166.

7 Die Dissertation von Uwe Heuer, Zur Perzeption der Bundeswehr in den Vereinigten Staaten von Amerika, 1963–1983. Deutsche Streitkräfte und deutsche Sicherheitspolitik im Urteil amerikanischer Experten, Diss. phil., Bonn 1989, hat eine Reihe von Zeugnissen für dieses wohlwollende Unverständnis zusammengestellt. Aber er weist auch auf das Diktum von Morris Janowitz aus dem Jahr 1979 hin und bezeichnet als nach wie vor gültig, daß »the responsive performance of the German military has been an important element – but an element which has attracted much less scholarly attention«. Nicht nur die Sozialwissenschaftler, auch die Militärs selbst haben die Baudissinsche Konzeption und ihre sie verändernde Umsetzung in der Bundeswehr fast immer nur als eine Art von deutschem Sonderweg zur Bewältigung der deutschen Katastrophe 1933–1945 interpretiert und dabei aus dem Blick gelassen, daß sie darüber hinaus auch nicht uninteressante Antworten auf allgemeine Herausforderungen an moderne Streitkräfte bereithalten könnte. (Das Zitat von Janowitz findet sich in seinem Vorwort zu: Armed Forces and Society, 5. Jg., H. 4, S. III).

8 Morris Janowitz, The Last Half-Century. Societal Change and Politics in America, Chicago 1978, S. 178 und 183.

9 Ebd., S. 213.

10 Ebd., S. 183.

11 Morris Janowitz, The Reconstruction of Patriotism. Education for Civic Consciousness, Chicago 1983.

12 Ebd., S. 42.

13 Morris Janowitz, The Last Half-Century (Anm. 8), S. 217.

14 »In my view, there can be no reconstruction of patriotism without a system of national service« (Morris Janowitz, The Reconstruction of Patriotism [Anm. 11], S. 194).

Akira Nishioka

Sicherheitspolitik als Problem der deutsch-japanischen Beziehungen

I. Vorbemerkung

In seiner Eröffnungsrede vor dem Plenum der Vereinten Nationen am 7. Dezember 1988 kündigte Michail Gorbatschow eine einseitige Reduzierung der sowjetischen Streitkräfte in Höhe von 500 000 Mann an. Außerdem stellte er den Abzug von sechs Panzerdivisionen aus osteuropäischen Ländern und die Auflösung dieser Kampfverbände in Aussicht. Diese Ankündigung war von neuer epochaler Qualität, weil Gorbatschow keine Bedingungen mit der Reduktion verknüpfte.

Zwei Tage danach, am 9. Dezember 1988, warnte George P. Shultz, Außenminister der USA und Teilnehmer des NATO-Außenministertreffens in Brüssel, den Westen vor der Annahme, daß der Kalte Krieg vorbei sei: »There is still tension. There are still varieties of interests. There are still those big force structures.« Außerdem hob Außenminister Shultz hervor: »The Berlin Wall is still there. If there is a single symbol of The Cold War, that's it.«

Am 9. November 1989, elf Monate nach der Warnung des amerikanischen Außenministers, öffnete sich die Berliner Mauer. Eine solche dramatische Entwicklung zwischen Ost und West hatte niemand vorhergesehen. Der Kalte Krieg ist vorbei.

In der Ära des Kalten Krieges waren die Befürworter des Balance-of-power-Prinzips davon ausgegangen, daß ungleiche Kräfteverhältnisse zum Krieg führen könnten. Die Theorie der Abschreckung bei einigermaßen gleich großem Militärpotential auf beiden Seiten wurde zur strategischen Maxime, wobei vor allem die Option eines nuklearen Waffeneinsatzes von entscheidender Bedeutung war.

Militärische Sicherheit wurde durch ein Drei-Pfeiler-System gewährleistet: zum ersten auf lokaler Ebene durch konventionelle Kräfte; zum zweiten auf regionaler Ebene durch einen Verbund von taktischen atomaren Einsatzmitteln und konventionellen Streitkräften und zum dritten auf globaler Ebene durch strategische Nuklearwaffen. Hierbei ist hervorzuheben, daß diese Art der Abschreckung nur für die Ost-West-Beziehungen in Mitteleuropa galt. Ein regionalspezifisches Kräftegleichgewicht existierte und existiert weder an der Nord- noch an der Südflanke der NATO. Ferner ist auch kein Gleichgewicht auf regionaler Ebene in Südostasien sichtbar. Das bisherige Gleichgewicht in Mitteleuropa ist zudem durch den INF-Vertrag vom Dezember 1987 bedroht. Dieser sieht die Vernichtung von sämtlichen Mittelstrecken-Raketen vor, womit dem Westen eine wichtige Waffe zur Verteidigung gegen die numerisch überlegenen konventionellen Streitkräfte des Warschauer Paktes genommen wird.

Heute deuten sich neue Sicherheitsstrukturen auf einem niedrigeren Gleichgewichtsniveau an, und es ist an der Zeit, das Prinzip der westlichen Abschreckung, welche auf der sogenannten »Triaden-Option« beruht, zu überprüfen. An diesem Wendepunkt der Nachkriegsgeschichte möchte ich gern ein Szenario beschreiben, in dem Japan und Deutschland gemeinsam, parallel zu den sich neu gestaltenden Beziehungen zwischen Ost und West, zu einer verbesserten globalen Stabilität beitragen können.

II. Aussöhnung des Kommunismus mit der freiheitlichen Demokratie

Es kann behauptet werden, daß die sich neu gestaltenden Ost-West-Beziehungen, die beobachtbaren Prozesse der Verständigung zwischen Kommunismus und liberalen Demokratien, im Endeffekt ein Triumph der westlichen Strategie des »Containment« darstellen. Schon im Jahr 1947 hatte George F. Kennan vorausgesagt, daß diese Strategie langfristig zu einer Veränderung des Sowjetsystems unter dem Druck seiner eigenen Widersprüche führen werde. Während die westliche Welt heute George F. Kennan wegen seiner erstaunlich genauen Prognose bewundert, sollte sie dabei nicht Sir Herbert Butterfield, einen weltweit anerkannten englischen Gelehrten, übersehen. Butterfield, bestimmt durch den Leitgedanken der Toleranz, untersuchte den Ost-West-Konflikt analog zu dem historischen Streit zwischen Katholiken und Protestanten und wies bereits 1960 darauf hin, daß viele Menschen den Abbau der Spannungen fälschlicherweise für unwahrscheinlich hielten. Es habe ähnlich gelagerte Konflikte zwischen antagonistischen Systemen auch früher gegeben und gleichwohl habe man sie in Entspannungsmaßnahmen auffangen können. Was zunächst gedanklich als unmöglich erscheine, so Butterfield weiter, habe sich allmählich aus den Paradoxien der geschichtlichen Entwicklung als eine neue Tatsache wie von selber ergeben. Es wäre deshalb eine grundfalsche Annahme, alle Möglichkeiten der Zukunft im voraus berechnen zu können und zu wollen. Man müsse vielmehr die Offenheit der Zukunft bejahen. Veränderungen seien lediglich eine Frage der Zeit, was man stets in Rechnung stellen müsse[1]. Die Aussöhnung zwischen Ost und West wurde vor allem durch die Idee der individuellen Freiheits- und Menschenrechte vorangebracht. In diesem Zusammenhang hat die Konferenz über Sicherheit und Zusammenarbeit in Europa (KSZE) eine wichtige Rolle gespielt. Seit 1975 wurde der Dialog zwischen Ost und West stetig verbessert. Moskau fand Unterstützung und Verständnis des Westens angesichts des drohenden wirtschaftlichen Kollapses in der UdSSR – nicht zuletzt auch eine lastende Folge des Wettrüstens mit der Reagan-Administration in der ersten Hälfte der achtziger Jahre.

III. Die Zukunft des kommunistischen Systems in der Sowjetunion

Der Sowjetkommunismus wird auch in Zukunft durch zwei Merkmale bestimmt bleiben. Innenpolitisch wird die Sowjetunion weiterhin das Prinzip durchzusetzen versuchen: »weniger Freiheit, dafür höherer Lebensstandard«. Freiheiten wurden dem Volk bisher nur gewährt, soweit die KPdSU dies für zweckmäßig hielt. Parallel dazu wird die Wirtschaft umfassend liberalisiert, dem Freien Markt mit seinem Konkurrenzprinzip geöffnet. Politische Freiheit wird auf diese Weise lebenswerter und kann zum Unterpfand für eine Stärkung der bürgerlichen Rechte gegen die Anspruchsgewalt des Staates heranreifen.

Außenpolitisch wird die Sowjetunion auch weiterhin den Anspruch aufrecht erhalten, eine Weltmacht zu sein. Dies obwohl manche Beobacher Gorbatschows Verhalten dahingehend auslegen, daß er den sowjetischen Einfluß schwerpunktmäßig auf Europa reduzieren und konzentrieren möchte[2].

Diese Tendenzen bedürfen jedoch noch einiger Erläuterung. Der Verfasser hält es für offenkundig, daß sich Michail Gorbatschows Reformen an bestimmten Beispielen orientieren. Denn Gorbatschow, so glaubt man vielfach im Westen, wolle zwar das Wirtschaftssystem ändern, gleichzeitig aber den Erhalt des politischen Systems absichern. Doch wird es angesichts sich deutlich mehrender Anzeichen schwerlich gelingen, die angestrebte wirtschaftliche Erneuerung mit der gleichzeitigen Sicherung des Machtmonopols des kommunistischen Systems zu verbinden.

Aber wie steht es überhaupt in Wirklichkeit mit dem Reichtum und dem Erfolg autoritärer Staaten wie Südkorea, Taiwan und Singapur? Die Freiheit der Menschen in diesen Ländern blieb bis heute unter den Erfordernissen der nationalen Sicherheit stark eingeschränkt. In Japan hingegen, einem wohlhabenden Land, stehen Unternehmer und Angestellte zusammen in einer Interessenfront, um den Erfolg ihrer Betriebe zu vergrößern und die eigene Leistung zu steigern. Könnte sich Gorbatschow nicht ein solches Selbstverständnis wie das der Japaner auch für sein eigenes Land wünschen, um die wirtschaftliche Umgestaltung zügiger voranzutreiben?

Angesichts des zweiten Zieles der sowjetischen Politik, der Erhaltung ihres Weltmachtstatus, stellt sich die Frage, ob eine erfolgreich umstrukturierte und gestärkte Sowjetunion nicht gleichwohl künftig eine Bedrohung für den Westen darstellen könnte. Man muß befürchten, daß sich der Westen auch dann noch von der Globalmacht Sowjetunion bedroht sähe, wenn diese denselben Grad an Demokratie erreicht haben würde wie die westlichen Länder. Doch würde das Gefühl der Bedrohung gewiß geringer sein, als es heute noch ist. Doch in gleicher Weise, wie sich deren Nachbarstaaten noch heute der einstigen Bedrängnis durch Japan und Deutschland erinnern, so wird auch im Westen das Bild von der Sowjetunion als revolutionärer Diktatur, welche die Welt veränderte, nicht so schnell verschwinden. Festzustehen scheint lediglich, daß nicht vor Beginn des nächsten Jahrhunderts die Sowjetunion als Globalmacht aktiv auftreten wird, da ihr bis dahin zu viele politische und ökonomische Hindernisse im Wege stehen.

IV. Mögliche Aspekte eines künftigen Ost-West-Konfliktes

1795 wies Immanuel Kant in seinem Aufsatz »Zum ewigen Frieden« darauf hin, daß »die republikanische Verfassung außer der Lauterkeit ihres Ursprungs, aus dem reinen Quell des Rechtsbegriffes entsprungen zu sein, noch die Aussicht in die gewünschte Folge, nämlich den ewigen Frieden« habe[3]. Zugleich forderte er den Leser auf, daß man »die republikanische Verfassung nicht (wie gemeiniglich geschieht) mit der demokratischen verwechsele«[4]. Unter den Staatsformen sei »die der Demokratie im eigentlichen Verstande des Worts notwendig ein Despotism, weil sie eine exekutive Gewalt gründet, da alle über und allenfalls auch wider Einen (der also nicht miteinstimmt), mithin alle, die noch nicht alle sind, beschließen; welches ein Widerspruch des allgemeinen Willens mit sich selbst und mit der Freiheit ist. Alle Regierungsform nämlich, die nicht repräsentativ ist, ist eigentlich eine Unform . . .«[5]. Angeregt durch Kants Äußerungen, behauptete etwa Michael W. Doyle, daß die durch die Verfassung gebotene Zurückhaltung der Regierenden und die Beachtung der Menschenrechte Friede unter den Demokratien der Welt stiften würde[6]. Aufgrund dessen könnte die Behauptung aufgestellt werden, daß ein ewiger Friede zwischen Ost und West dann möglich sei, wenn sich das demokratisch-despotische System der Sowjetunion in ein repräsentatives umwandeln würde.

Das Ende des Kalten Krieges bedeutet jedoch nicht gleichzeitig auch ein Ende der Konfrontation zwischen Ost und West. Die Gefahr militärischer Konflikte zwischen den beiden Blöcken besteht auch dann fort, wenn das politische System der Sowjetunion sich nach westlichem Vorbild in ein demokratisches umwandeln würde. Konfrontative Entwicklungen könnten aus jeweils innenpolitischen, aber auch aus internationalen Spannungen hervorbrechen, oder sie entstehen aus Krisen in der Dritten Welt. Ein weiterer Grund für neuen Spannungszuwachs kann sich aus moralischer Erosion einer Seite ergeben, etwa aus dem Verfall des Willens, die eigene Heimat und Nation zu verteidigen.

Zunächst ein Wort zu möglichen Konflikten, die sich aus Problemen der Dritten Welt ergeben könnten. Es gilt zu beachten, daß die sowjetische Verständigung mit den freien Demokratien oder die friedliche Koexistenz zwischen Ost und West nicht unbedingt zur Förderung von mehr Gleichheit und sozialer Gerechtigkeit in der Dritten Welt beiträgt. Und es sollte nicht übersehen werden, wie sehr der Marxismus in absehbarer Zeit zur Zauberformel werden könnte im Kampf revolutionärer Kräfte gegen Ungerechtigkeit und Unterdrückung. Vermutlich wird die Sowjetunion als Weltmacht die Unterstützung dieser Gruppierungen nicht ganz ablehnen, auch auf die Gefahr hin, daß sich damit die Beziehungen zwischen Ost und West verschlechtern. Da die Konfrontation der beiden Blöcke stellvertretend in der Dritten Welt fortbesteht, ist der Verfasser der Meinung, daß der Westen auch weiterhin an der nuklearen Abschreckung festhalten muß, um eine nachteilige Entwicklung zu verhindern, die es im Verbund mit dem nächsten Problemkreis unter dem Stichwort der moralischen Erosion anzusprechen gilt.

Die Sicherheitspolitik des Westens war eine Antwort auf die sowjetische Bedrohung. Insofern hat die Ära des Kalten Krieges die Implementierung westlicher Sicherheitspolitik entscheidend erleichtert. Heute hat sich das strategische Umfeld und damit die westliche Perzeption sowjetischer Bedrohung drastisch verändert. Zu diesem Schluß kam auch der amerikanische Außenminister James A. Baker nach dem Gipfeltreffen auf Malta Anfang Dezember 1989: »I really don't think military intervention is likely. They have been very, very firm with us.« Weiterhin stellte er fest, »both the United States and the Soviet Union today are supporting democracy.«

Angesichts dieser verringerten äußeren Bedrohung durch die Sowjetunion muß der Westen seine Sicherheitspolitik und seine Verteidigungswerte neu bestimmen. Etwa aus der Möglichkeit heraus, daß die geistige Verteidigungsgemeinschaft, der allgemeine Wehrwille in Ost und West verkümmern könnten. Daraus ergibt sich ein besonderes Problem, das ausgesprochen werden muß. Unterstellt man einmal, daß aus lokalen Aufständen in der Dritten Welt sich Situationen ergeben, in denen die Moskauer Führung für die Revolutionäre dort eintritt und damit die konservativen »Falken« im Westen provoziert, und unterstellt man zugleich, daß Washington, einst belehrt durch den Sieg Mao Zedongs in China, in den lokalen Aufständen der Dritten Welt den Beginn einer zentral gesteuerten, internationalen kommunistischen Offensive erkennen muß, dann steht der in Interessen aufgespaltene, schwache und wehrunwillige Westen einer wohlgerüsteten UdSSR gegenüber. Eine solche gedankliche Möglichkeit sollte zumindest nicht außer acht gelassen werden.

Zum weiteren Verständnis des Gedankenganges soll auf die Rolle der nuklearen Abschreckung Bezug genommen werden. Angesichts der Tatsache, daß die Sowjetunion weiterhin als potentieller Unruhestifter einzustufen ist, sollte die bisher vom Westen verfolgte »nuclear deterrence« auch weiterhin ihre Gültigkeit behalten. Die Effektivität dieser Doktrin ist unbestritten. Sie hat es seit Ende des Zweiten Weltkrieges vermocht, den Frieden auf dem Kontinent dauerhaft zu sichern, die längste Friedensperiode in Europa seit 500 Jahren.

Das traditionelle nukleare Abschreckungssystem funktionierte auf der Basis, daß ein Krieg in Europa automatisch zu einem russisch-amerikanischen Vernichtungsinferno führen würde. Die Strategie der US-Truppen in Europa ist nicht auf einen langen konventionellen Krieg ausgelegt, sondern auf die Auslösung einer atomaren Apokalypse, um die Überrennung Europas durch die Sowjets zu verhindern. Der Erfolg der Abschreckung bewegt deshalb den Autor zur Forderung nach Erneuerung der alten Theorie »of nuclear deterrence«. Der Verfasser, ein konservativer Verfechter der Abschreckungsdoktrin, ist der Meinung, daß man sich auch weiterhin gegenüber der UdSSR auf die traditionelle Doktrin der Abschreckung stützen muß. Sie hat die Sowjets auf den Weg zur Entspannung gebracht und sollte den gefährlichen Weg zu einer gegenteiligen Politik verhindern. Das Risiko eines nuklearen Krieges könnte zudem durch die Schärfung des Bewußtseins gemindert werden, daß die Völker der USA und der UdSSR füreinander im Ernstfall Geiseln sind. Innerhalb des Bündnisses zahlt jedes Mitglied einen besonderen Preis. So stellen die USA z. B. die Geiseln, und ihre Verbündeten verzichten, obgleich souveräne Staaten, auf die Produktion eigener Atomwaffen (Atomwaffen-Sperrvertrag).

V. Krisenherde in der Dritten Welt

Die Politik des Westens gegenüber bestimmten Regionen der Dritten Welt war oft widersprüchlich. Einerseits verlangte man die Beachtung der Menschenrechte – auch eine immer wieder erhobene Forderung gegenüber der UdSSR-Führung –, andererseits hatte man für Diktaturen viel Verständnis, wenn sie sich nur als stramm antikommunistisch erwiesen. Zugunsten stabiler Außenbeziehungen verzichtete der Westen auf Interventionsmaßnahmen gegen Tyrannen, was wiederum die Ideologie Lenins zum Fluchtpunkt für die Unterdrückten werden ließ, welche die Herrschaft des Unrechts bekämpften. Die Geschichte zeigte bisher aber auch, daß nach Beseitigung dieser Regime durch einen kommunistischen Umsturz eine Linksdiktatur folgte, welche die Volkswirtschaft ruinierte und noch brutaler regierte. Dies verdeutlicht bis heute die Tatsache, daß Kommunisten nicht eine freie und stabile Gesellschaft allein mittels ihrer Ideologie errichten können, wohl aber neue Tyranneien des Unrechts.

Diktaturen finden wir heute vornehmlich in der Dritten Welt, und es besteht keine Hoffnung auf Besserung dieser Lage bei Anbruch des 21. Jahrhunderts. Weiterhin wird der Marxismus in seiner spezifischen Umformung durch Lenin und Stalin eine Formel der Hoffnung sein für alle Revolutionäre, die sich in der Dritten Welt gegen Unterdrückung und Unrecht auflehnen.

VI. Gemeinsamkeiten und Unterschiede im strategischen Bedingungsfeld Japans und Deutschlands

Bevor auf die deutsch-japanische Partnerschaft in Sicherheitsfragen Bezug genommen wird, ist es notwendig, die Gemeinsamkeiten und Unterschiede des historischen und strategischen Umfelds von Japan und Deutschland aufzuzeigen.

1. Gemeinsamkeiten

a) Beide Staaten weisen Gemeinsamkeiten in der Entwicklung zu modernen Staaten auf.
b) Beide Länder haben nach dem Zweiten Weltkrieg entscheidend zur Stabilisierung ihrer Region beigetragen und dafür entsprechende Aufgaben übernommen.
c) Beiden Staaten gilt weiterhin ein Gefühl des Mißtrauens seitens ihrer Nachbarn. Diese haben die Rolle Deutschlands und Japans als zentrale Unruheherde ihrer jeweiligen Region nicht vergessen.
d) Obgleich beide Staaten künftig um den Ausbau ihrer Position in Ostasien bzw. Europa bemüht sein werden, können sie ihre militärpolitischen Möglichkeiten nicht in politischen Machtzuwachs umsetzen.
e) Für Japan und Deutschland ist es geopolitisch unmöglich, der UdSSR oder den USA den Rang einer Weltmacht streitig zu machen.

2. Unterschiede im strategischen Bedingungsfeld

a) Wähend Deutschland sich direkt in der Frontlinie zwischen NATO und Warschauer Pakt befindet, existiert Japan in einer Region multilateraler Politik ohne direkte dualistische Konfrontation militärischer Allianzsysteme.
b) Aus militärischer Sicht ergibt sich ein besonderer geopolitischer Unterschied insofern, als die Deutschen weitestgehend eine landgebundene Nation sind, die mit Bodentruppen zu verteidigen ist. Japan hingegen umfaßt ein Insel-Volk, das innerhalb des maritimen sowjetischen Verteidigungsgürtels lebt, was noch besonders zu erläutern sein wird.
c) Unter ideellem Aspekt ist bemerkenswert, daß Deutschland vor allem an Länder grenzt, die eine westliche Wertegemeinschaft bilden (vgl. Tabelle 1), hingegen Japan keine Nachbarn mit derselben politischen Kultur hat (vgl. Tabelle 2).

Tabelle 1: Vergleichswerte der Freiheit in Europa

	politische Rechte[1]	bürgerliche Freiheiten[1]	Freiheitswerte[2]
Nato-Länder			
BRD	1	2	3
USA	1	1	2
Belgien	1	1	2
Kanada	1	1	2
Dänemark	1	1	2
Spanien	1	2	3
Frankreich	1	2	3
Großbritannien	1	1	2
Griechenland	2	2	4
Island	1	1	2
Italien	1	1	2
Luxemburg	1	1	2
Norwegen	1	1	2
Niederlande	1	1	2
Portugal	1	2	3
Türkei	2	4	6
Warschauer-Pakt-Staaten			
DDR	7	6	13
Bulgarien	7	7	14
Ungarn	5	4	9
Polen	5	5	10
Rumänien	7	7	14
Tschechoslowakei	7	6	13
UdSSR	6	5	11
Bündnislose Staaten			
Österreich	1	1	2
Zypern/Griechenland	1	2	3
Zypern/Türkei	2	3	5
Finnland	1	2	3
Irland	1	1	2
Liechtenstein		N/A	
Malta	1	2	3
Monaco		N/A	
San Marino		N/A	
Vatikan		N/A	
Schweden	1	1	2
Schweiz	1	1	2
Jugoslawien	6	5	11

Tabelle 2: Vergleichswerte der Freiheit in Ost-Asien und der pazifischen Region

	politische Rechte[1]	bürgerliche Freiheiten[1]	Freiheitswerte[2]
westliches Bündnis			
USA	1	1	2
Kanada	1	1	2
Australien	1	1	2
Neuseeland	1	1	2
Philippinen	2	3	5
Südkorea	2	3	5
Japan	1	1	2
Taiwan	5	3	8
östliches Bündnis			
UdSSR	6	5	11
Nordkorea	7	7	14
Mongolei	7	7	14
Vietnam	6	7	13
ASEAN-Staaten			
Brunei	6	6	12
Indonesien	5	5	10
Malaysia	4	5	9
Singapur	4	5	9
Thailand	3	3	6
Andere kommunistische Staaten			
China (M)	6	6	12
Kambodscha	7	7	14
Laos	6	6	12

1 In der Skala von 1–7 bedeutet die Rangfolge 1 den höchsten Grad, die Rangfolge 7 den niedrigsten Grad politischer und staatsbürgerlicher Freiheiten.
2 Die Freiheitswerte ergeben sich aus der Addition der ersten beiden Spalten.
Quelle: Freedom Issue, Januar–Februar 1989, Freedom House, New York.

3. Japans maritime Bestimmungsfaktoren

Viele Beobachter haben jüngst die fortschreitenden Beziehungen zwischen Ost und West bewertet als Eintritt in die Phase der Post-Containment-Politik. Damit sei das einstige Duell-Verhältnis überwunden und der Weg geebnet zu einer wieder eher traditionellen Mächtekonkurrenz. In der Tat scheint die künftige japanische Strategie bestimmt zu werden von politischen Faktoren, die in den verschiedensten historischen Konfliktkonstellationen bereits von maßgeblichem Einfluß waren. In diesem Zusammenhang sind drei Aspekte besonders bemerkenswert:

- der sowjetische Aufbau maritimer Streitkräfte seit Ende der sechziger Jahre;
- das Weltmachtstreben der UdSSR;
- die Benutzung der Seestreitkräfte zur weltweiten politischen Einflußnahme.

Die Verfolgung und Ausweitung dieser maritimen Ziele verändert Japans Position, das nun innerhalb der vorgeschobenen maritimen Operationsbasen der Sowjets liegt und von dem die Offenhaltung der Zugangswege zur hohen See erwartet wird. Widrigenfalls würde Japan gewiß Gegenstand direkter sowjetischer Einflußnahme. Diese Situation ist in Friedenszeiten dem japanischen Sicherheitsbedürfnis gewiß nicht abträglich, doch kann im Falle einer Krise der Druck auf Japan seitens der Sowjets erheblich werden. Diese haben aus ihrer Absicht, als Weltmacht auch auf den Weltmeeren präsent zu sein, keinen Hehl gemacht. In diesem Zusammenhang sei an das Werk von Ludwig Dehio »Gleichgewicht oder Hegemonie« erinnert, wonach im Laufe der europäischen Geschichte Hegemonie-Konflikte zwischen Kontinental- und Seemächten immer zugunsten der letzteren entschieden wurden[7]. Und George Modelski kam in seiner Zyklen-Theorie über den weltpolitischen Wandel zum Ergebnis, daß Möglichkeiten zur globalen Einflußnahme und Reichweite die signifikantesten Eigenschaften einer Weltmacht seien. Ihr gehe es mit Bezug auf die strategischen Interessen zur See indessen weniger um den Aufstieg zur größten Militärmacht, sondern mehr um die Kontrolle der Mächte-Ordnung in globaler Perspektive[8].

Überlegungen dieser Art werden durch zahlreiche Untersuchungen bestätigt. So brachten etwa die USA als die unbestrittene erste Weltmacht nach Ende des Zweiten Weltkrieges immer wieder die Kriegsmarine ins Spiel, um politischen Interessen entsprechenden Nachdruck zu verleihen[9]. Das bedeutet insgesamt mit Bezug auf die Freiheit Japans, möglichst nicht im Wirkungsbereich der sowjetischen Seestreitkräfte zu liegen.

Vermutlich können die Deutschen Japans Situation als eines Inselstaates mit dem oben beschriebenen Bedingungsfeld am ehesten verstehen, erinnert diese Lage doch in gewisser Weise an die einstige Position West-Berlins. Zur Erweiterung seiner Handlungsräume bedarf Japan noch zu entwickelnder Gegenstrategien.

VII. Möglichkeiten einer deutsch-japanischen Zusammenarbeit in Sicherheitsfragen

Unter Berücksichtigung der oben skizzierten Gedanken und angesichts der Schwierigkeiten in den kommunistisch regierten Ländern, kommt es auf den Westen an, neue Initiativen zu ergreifen. Vor allem sollten Deutschland und Japan bereit sein, für die Stabilität in ihren Regionen besondere Verantwortung zu übernehmen. Im einzelnen bedeutet dies, daß Bonn und Tokio die USA zu einer gemeinsamen Verteidigungsstrategie drängen. Gerade Deutschland und Japan sind im Ost-West-Konflikt besonders betroffen, und ihre Sicherheit hängt weiterhin ab von der Aufrechterhaltung des Systems der Abschreckung. Beibehaltung und Präsenz der konventionellen Waffen unterstützen dieses System. Sie tragen zur Vermeidung militärischer Konflikte bei, die von so zentralen Regionen wie Europa, Ostasien und Mittelost unbedingt fernzuhalten sind. Für diese Politik spielt die Verteidigungsfähigkeit Deutschlands und Japans deshalb eine besondere Rolle innerhalb des Abschreckungssystems. Da beide Länder von allen Veränderungen innerhalb der Ost-West-Beziehungen besonders betroffen sind, haben sie ihre vitalen Interessen an der Erhaltung der Stabilität stets in besonderer Weise geltend zu machen und gegebenenfalls auch gegen für beide Mächte nachteilige Entwicklungen im Bereich der Dritten Welt durchzusetzen.

Was die Sowjetunion betrifft, so gilt es bei aller beobachtbaren Hinwendung zum Westen, weiterhin auf der Hut zu sein. Man sollte nicht vergessen, daß das »neue Denken« Moskaus sich des Vokabulars westdeutscher Friedensforscher bedient, wenn etwa Gorbatschow von nichtangriffsfähiger Verteidigung oder vernunftbestimmter Risiko-Abdeckung spricht[10].

Auf japanischer Seite besteht, flankiert von der Entwicklung der mit der freien Marktwirtschaft prosperierenden und sich demokratischen Strukturen zuwendenden autoritären Systemen, Chance und Bereitschaft, Gorbatschows Reformen in direkter und indirekter Weise zu unterstützen.

Auch in der Dritten Welt, wo Hilfe von außen unerläßlich ist, gibt es für Deutschland und Japan eine Fülle gemeinsamer Aufgaben, um für mehr Wohlstand und damit auch für mehr politische Sicherheit in jenen Regionen zu sorgen.

Anmerkungen

1 Herbert Butterfield, International Conflict in Twentieth Century, London 1960, S. 61.
2 Craig R. Whitney, in: International Herald Tribune vom 16. 11. 1988.
3 Immanuel Kant, Zum ewigen Frieden. Ein philosophischer Entwurf, Kleinere Schriften zur Geschichtsphilosophie; Ethik und Politik, hrsg. von Karl Vorländer, Hamburg 1959, S. 127.
4 Ebd., S. 128.
5 Ebd., S. 129.
6 Michael W. Doyle, Kant. Liberal Legacies and Foreign Affairs, Part 2: Philosophies and public Affairs, Vol. 12, No. 4, Fall 1983, S. 324–325.
7 Ludwig Dehio, Gleichgewicht oder Hegemonie, Krefeld 1948; hier unter Bezug auf die engl. Ausgabe The Precarious Balance. Four Centuries of the European Power Struggle, New York 1962, S. VIII.
8 George Modelski, Long Cycles in World politics, London 1987, S. 224–225.
9 Vgl. Barry Bleckman/Stephan S. Kaplan, Force without War, The Brookings Institution, Washington, D.C. 1978, S. 39–44 u. S. 53–55.
10 Pierre Lellouche, in: International Herald Tribune vom 21. 6. 1988.

Jutta Koch

Ist militärische Sicherheitspolitik am Ende?

Der verpaßte Paradigmenwechsel von nuklearer Abschreckung zu vertrauensbildender Verteidigung

I. Einführung

Wir leben in einer bewegten Zeit – die revolutionären Erschütterungen in der Sowjetunion und in den osteuropäischen Staaten haben sichtbar für die ganze Welt die Frage nach der politischen und militärischen Zukunft Europas aufgeworfen. Doch haben Kritiker der westlichen Verteidigungspolitik bereits seit den fünfziger Jahren, und verstärkt seit den Siebzigern, auf unaufhebbare Widersprüche innerhalb der westlichen Allianz und auf wachsende Inkonsistenzen und Schwierigkeiten im östlichen Bündnis hingewiesen, so daß bei genauerem Hinsehen die Nachkriegsordnung, institutionalisiert in den gegeneinandergerichteten militärpolitischen Blöcken NATO und Warschauer Pakt, seit langem Brüche und Legitimationsdefizite aufweist.

In diesem Aufsatz möchte ich versuchen, die sicherheits- und verteidigungspolitische Vergangenheit des Westens kritisch zu analysieren, um, auf dem heutigen Wissensstand seine Versäumnisse reflektierend, zwei Entwicklungspfade in die friedenspolitische Zukunft anzudeuten. Denn es ist gerade in Zeiten des Umbruchs unverzichtbar, Orientierungen in der großen Debatte über eine den gewandelten europäischen Bedingungen angepaßte Sicherheitspolitik anzubieten. Die Beschränkung auf die Analyse der europäischen Verhältnisse soll nicht als Ergebnis einer ausschließlich eurozentrischen Sichtweise mißverstanden werden; vielmehr ist eine derartige Betrachtung als eines von mehreren, ineinandergreifenden Elementen der globalen sicherheitspolitischen Situationsdefinition zu begreifen.

Im Zuge der umstürzenden Wandlungen, welche die Bevölkerungen Osteuropas begonnen haben zu vollziehen, richtet sich das Augenmerk der westeuropäischen Regierungen erstaunt auf die Tatsache, daß hier »von unten«, von den Gesellschaften, die bestehenden und so festgefügt erscheinenden staatlich-politischen Institutionen ihrer undemokratisch erworbenen Funktionen entkleidet wurden. Diese Erkenntnis konzeptionell umzusetzen bedeutet, der gesellschaftlichen Legitimierung von Sicherheitspolitik auch in der Bundesrepublik künftig mehr Gewicht beizumessen. Da aber die öffentliche Einmischung in sicherheitspolitische Belange an Grenzen des konkreten Interesses und auch der Informiertheit stößt, wird die Demokratisierung des sicherheitspolitischen Diskurses auch bei uns nicht einfach.

Folgender Argumentationsgang bietet sich für einen Pfad durchs Dickicht der Materie an: Um die hier vorgestellte Erörterung mit einem soliden Fundament zu versehen, erscheint es zweckmäßig, sich – noch einmal – kritisch mit der westlichen

Sicherheitspolitik seit 1945, zusammengefaßt in dem Begriff der »nuklearen Abschreckung«, auseinanderzusetzen. »Abschreckung« unter den geltenden nuklearen Bedingungen steht für ein so diffuses wie komplexes Konglomerat aus Bedrohungsvorstellungen, wie sie sich in der westlichen Staatenwelt mit Beginn des Kalten Krieges als unumstößliche formierten; aus den eine Art Lebensgarantie gewährleistenden Nuklearwaffen von zunächst strategischer Reichweite; aus den Doktrinen und strategisch-operativen Konzeptionen, die als abgeleitet aus der östlichen Bedrohung behauptet wurden, und aus der hybrid anmutenden Ansicht, all dies militärisch und politisch zieladäquat gebündelt zu haben.

Zwischenfrage: Ist eine Kritik an der NATO-Abschreckung überhaupt noch sinnvoll? Ist diese nicht mit dem teilweise geplanten Abzug der alliierten Truppen aus der Bundesrepublik in den nächsten Jahren, mit einer dem Präsidenten der Sowjetunion zugesagten Bundeswehr-Präsenzstärke von 370000 Mann sowie der Idee, die NATO solle taktische Atomwaffen nur als »last resort« betrachten, obsolet geworden? Vorwitzige Zwischenantwort: Keinesfalls. Die Abschreckung wird weiterleben, so NATO-Oberbefehlshaber Galvin (FAZ vom 4. Juli 1990), wenn auch in anderem Gewand. Abschreckung, umgetauft zu »abgestufter Konfliktkontrolle«, wird auch künftig eine »gewisse nukleare Kriegsführungsfähigkeit« (Karl Kaiser, FAZ vom 2. Juli 1990) eignen.

Um dieses weiterhin notwendige Thema behandelbar zu machen, wird hier weniger strategiehistorisch[1] als vielmehr systematisch verfahren. Dank dieser Methode können bestimmte Kritikpunkte an Abschreckung zugespitzt dargestellt werden. In die Analyse muß darüber hinaus immer wieder die praktische Abschreckungspolitik einbezogen werden, weil ohne eine historisch-empirische Überprüfung keine wissenschaftlich gültigen Aussagen über Abschreckung gemacht werden können.

Anschließend bleibt dreierlei zu diskutieren: der aktuelle Stand der wissenschaftlichen Debatte über Abschreckungstheorien; mögliche Gründe für den realpolitischen »Erfolg« des Abschreckungsdenkens; und die Frage nach der generellen Sinnhaftigkeit künftiger militärischer Strukturen verknüpft mit der nach einer überzeugenden Alternative zur Fortschreibung der bisherigen NATO-Abschreckungspolitik.

Abschreckung ist ein schillernder Begriff. Abschreckung »ist« keine Theorie, aber es gibt Theorien der Abschreckung, eine große Anzahl. Abschreckung kann hier als Verhaltensschema charakterisiert werden, das mit »manipulation via threat«[2] so essentiell wie genau beschrieben ist. Abschreckung kann in der westlichen sicherheitspolitischen Diskussion seit 1945 – sie fand im wesentlichen in den Vereinigten Staaten statt – ganz unterschiedliche Dinge bedeuten: eine Methode, wie Beziehungen zwischen Staaten beschrieben werden können; eine Konzeption, wie ein bestimmtes Wohlverhalten eines »feindlichen« Staates mit Druck und Strafandrohung hervorgerufen werden kann; einen Prozeß, ein Verfahren oder eine bestimmte Situation; schließlich einfach den Leitbegriff der NATO-Philosophie schlechthin, die besagt, die nukleare Abschreckung muß schon deshalb funktionstüchtig erhalten werden, weil sie seit 1945 erfolgreich Krieg – in Europa – verhindert habe. Diese politische Erfolgsgeschichte führe, verbunden mit der Tatsache, daß das Wissen um die Produktion von Atomwaffen nicht mehr aus den Köpfen der Produzierenden zu tilgen sei, notwendig zu der Ein- und Aussicht, Sicherheitspolitik sei für alle Zukunft unter dem Dach der zeitlosen nuklearen Abschreckung zu konzipieren.

II. Noch einmal: »Kritik der Abschreckung«[3]

Diese letztlich technische Erklärung eines politischen Zustandes ist aus mehreren Gründen nicht zufriedenstellend. Mit einer solchen Aussage wird eine sicherheitspolitische Konzeption als den politisch-gesellschaftlichen Rahmenbedingungen übergeordnet und als ewig gültig proklamiert. Zudem ist Abschreckung etwas, das auf der Annahme zweier zuverlässiger und unveränderbar feindlicher und angriffswilliger Gegenüber beruht, diese Konstellation zugleich immer wieder befördert und das Ergebnis als stabiles »Gleichgewicht« des Schreckens oder ähnlich interpretiert sehen möchte. So ist aus einem genuin unpolitischen ein überpolitischer Mechanismus geworden. Gegen die Ansicht, nukleare Abschreckung verkörpere eine Art politisch-didaktisches Meisterstück der westlichen Staaten[4], soll an dieser Stelle grundsätzlicher und begründeter Widerspruch eingelegt werden.

Anstatt politischen Gestaltungswillen erkennen zu lassen, zeigt die doktrinäre Ausformung der nuklearen Abschreckung zu »massive retaliation« und »flexible response«[5] zum einen die Durchsetzung der strategisch-politischen Interessen der USA im westlichen sicherheitspolitischen Verbund; zum anderen aber auch die Bereitschaft der Westeuropäer, ihre Sicherheitsinteressen dergestalt in einen Formelkompromiß einbinden zu lassen, daß alle beteiligten Regierungen die für die eigene Staatsräson vorteilhafteste Interpretation der Gewährleistung ihrer je nationalen Sicherheit herauszulesen vermögen. Damit akzeptierten die Westeuropäer jedoch zugleich, daß tiefe Konflikte im Bereich der Lasten- und Machtverteilung sowie der militärischen Konzeption zwischen ihnen und den USA – dies gilt bereits für den Zeitraum vor Eintritt der Bundesrepublik in die NATO – ungelöst blieben. Die Unlösbarkeit dieser Grundsatzkonflikte innerhalb der NATO war aber keineswegs ausschließliches Resultat der umfassenden Dominanz der Vereinigten Staaten, sondern auch der mangelnden Bereitschaft der übrigen Verbündeten, sich auf eine tragfähige Konzeption des europäischen Pfeilers zu einigen[6].

Auf diese Weise erzwang die Bündniskohäsion eine weitläufige Interpretierbarkeit der politischen Realität nuklearer Abschreckung, die in der Praxis ihre Überwindung zu einem kaum erreichbaren Ziel macht und zugleich die theoretisch-methodische Abschreckungskritik komplizierter werden läßt.

Bei der systematischen Untersuchung des Abschreckungs-Idealtyps dokumentiert sich statt dynamischer politischer Gestaltung vielmehr eine statische Auffassung von internationaler Politik, die eine selbständige Änderung des politischen Status quo nur als Gefährdung des Bestehenden perzipieren kann, die nicht von der Entwickelbarkeit der bipolaren globalen Machtstruktur ausgeht, die vielmehr die konkrete Verwurzelung in Feindbildvorstellungen des Kalten Krieges verdeutlicht, weil die Permanenz des Ost-West-Gegensatzes notwendig zur Modellannahme im internationalen Mächtespiel gehört. Dagegen sind der Nord-Süd-Konflikt oder die komplexen globalen Entwicklungen in Richtung Multipolarität und Interdependenz in der theoretischen Vorstellung von Abschreckung weder vorgesehen noch dort einzufügen.

Zutreffende Ansätze der Kritik an den Modellannahmen von Abschreckung lassen sich letztlich daran festmachen, daß Abschreckung in den fünfziger und sechziger Jahren[7] wie ein spieltheoretisches Modell entwickelt worden ist[8]. Klimax dieses Prozesses war die berühmte Eskalationsleiter von Herman Kahn[9]. Zu den dafür notwendigen spieltheoretischen Annahmen gehört die der perfekten Rationalität (erstens) zweier homogener (zweitens) Akteure (unitary actors); gehört die Annahme der Glaubwürdigkeit und Kommunizierbarkeit von Drohungen (drittens) sowie die Auffassung, ein Gleichgewicht der Drohpotentiale sei definierbar (viertens) und herzustellen.

Anhand der kritischen Analyse dieser vier wesentlichen Prämissen des Abschreckungsmodells soll eine systematische Bewertung des sicherheitspolitischen Denkens in Abschreckungskategorien vorgenommen werden.

Die Spieltheorie ist eine mathematische Teildisziplin, die weder mit Spielen im herkömmlichen Sinn noch mit einer Theorie mit erfahrungswissenschaftlichem Anspruch etwas zu tun hat. Die nicht-trivialen Spieltheorien werden vielmehr zur Darstellung situationsgebundener ad hoc-Entscheidungen benutzt. Die für das Abschreckungsmodell grundlegende Variante ist das Zwei-Personen-Nullsummen-Spiel in der Gestalt des Chicken-Spiels[10]: Zwei »Spieler« rasen auf einer Straße so lange wie möglich direkt aufeinander zu, bis das »chicken«, der Spiel-Verlierer und Feigling, ausweicht – um sein Leben zu retten. Die Orientierung an diesem Zweipersonen-Spiel mit konstanter Summe (Gewinn des einen bedeutet Verlust des anderen) setzt den totalen Antagonismus der Spielerinteressen voraus und hat mit seinem rigiden Konfrontations- und Reduktionscharakter auf die traditionellen nuklearen Abschreckungstheorien (also die der sechziger Jahre) entscheidenden Einfluß ausgeübt. Das Chicken-Spiel beschreibt ein Entscheidungsdilemma, das spielimmanent sofort total lösbar erscheint.

Die Annahme zweier je homogener und perfekt rationaler Spieler-Akteure hat mit der sicherheitspolitischen Praxis wenig gemein. Sie vernachlässigt sämtliche möglichen gruppendynamischen Friktionen sowie alle organisations-, bürokratie- und elitentheoretischen Erkenntnisse. Die Spieltheorie beruht auf der Strategie individueller statt kollektiver Rationalität. Die spieltheoretischen Modelle beschreiben Funktionsweisen, deren Interessengebundenheit nicht expliziert wird. Zudem sind in einer statischen Theorie Lernprozesse von »Abschrecker« und »Abgeschrecktem« sowie Rückkopplungen[11] (spezifische Reaktionen wie Frustration oder Ermutigung) nicht vorgesehen. Die spieltheoretischen Spielregeln können während des Spiels nicht thematisiert oder gar verändert[12] werden. Spieltheorie geht also vom »homo oeconomicus« aus, dessen einziges Ziel seine Gewinnmaximierung in einer Kosten-Nutzen-Matrix ist, »der« Spieler ist perfekt informierbar und informiert, seine Denk- und Entscheidungskapazität wird als erfahrungsungebunden, wertneutral, unhistorisch und unbegrenzt vorgestellt. Von vornherein implizieren derlei Spiele zudem, daß es eine vom Spieler identifizierbare, optimale Verhaltensstrategie gibt. Daraus folgt, daß eine zunächst indifferente, vorsichtige, zuwartende oder kompromißbereite Haltung spieltheoretisch als Manko und Nachteil betrachtet werden muß.

Auf einen anderen, häufig vernachlässigten Aspekt der Annahme, »Spieler« seien rational, soll hier noch aufmerksam gemacht werden: Die Rationalität, von der in unserem Zusammenhang immer die Rede ist, ist von der funktionellen und nicht von der substantiellen Art[13]. Die zustimmende Darstellung von Analytikern wie Kahn, in ihrem Abschreckungsmodell würden keine Wertentscheidungen getroffen und das sei gut so, ist bereits in sich ideologisch[14], denn die Spieler agieren gemäß vorgegebenen Werten und darauf fußenden Austragsregeln. Eine als funktional erkannte Rationalität kann aus sich heraus keine angemessenen Methoden und Instrumente für irgendwelche Ziele – wie es z. B. »Überleben« oder »Frieden« wären – hervorbringen, denn Zwecke oder Ziele, die Objekte substantieller Rationalität, sind außerhalb des Horizonts der funktionalen Rationalität. Abschreckungsexperten wie Schelling oder Kahn lehnen explizite und zielgerichtete, also substantielle Wertentscheidungen – wie sie natürlich auch in einer abschreckungsorientierten Sicherheitspolitik vorgenommen werden müssen – als »subjektiv« ab[15].

Ihr Objektivitätsanspruch trägt jedoch nicht, denn wenn sie die Angemessenheit der gewählten (Abschreckungs-)Mittel trotz des substantiellen Unvermögens, über die (Abschreckungs-)Ziele zu entscheiden, proklamieren, dann handelt es sich um Angemessenheitskriterien hinsichtlich eines nicht offengelegten, eines verschleierten Zwecks. Mit anderen Worten: Abschreckungstheorien beschreiben ein mehrdeutiges Mittel-Ziel-Verhältnis und bieten daher eine konzeptionelle Hintertür auch für eine wenig friedfertige, eine aggressive Politik.

Diese philosophisch-fern anmutende Argumentation findet durchaus ihren – selten beachteten – Niederschlag in der sicherheitspolitischen Abschreckungsdebatte. So bemerkt der Abschreckungs-Kritiker Wolfgang Pfeiler: »In der gesamten Literatur über Abschreckung beziehen sich die Zweckvorstellungen aller Definitionen durchwegs auf die Mittel, die militärischen Aktionen, und nicht auf die politischen Ziele.«[16]

Hier wird zwischen behauptetem politischem Anspruch der Abschreckungslogik und der militär-politischen Auswirkung – sie beschränkt sich ja auf den unterbliebenen Mitteleinsatz – eine »means-ends-confusion« deutlich, die so bezeichnend wie konstitutiv für die Abschreckungsidee und ihre Diskussion ist.

Mit dem dritten Funktionsmerkmal von Abschreckung, der Glaubwürdigkeit von Drohungen, ist ein sehr komplizierter Sachverhalt angesprochen.

Abschreckungstheorien beruhen auf dem »in Amerika ... am tiefsten verwurzelten Glaubenssatz des Kalten Krieges«[17], daß entschlossen vorgetragene Drohungen – und nur sie – die vom »Abschrecker« beabsichtigte Wirkung zeitigen müßten; oder, wie Richard Ned Lebow es (im Zusammenhang mit der Kuba-Krise) ausdrückt, »daß Vorsicht und Zögern zu Herausforderungen einladen, während der Ruf der Entschlossenheit ... abschreckt«[18].

Die Frage, ob überhaupt und, wenn ja, wie Drohungen dem Abzuschreckenden als glaubwürdig mitgeteilt werden können, gehört zu den umstrittensten Problemen der Abschreckungstheorien. Ein erheblicher Teil der Abschreckungstheoretiker – und dies hat bis heute Konsequenzen für die prinzipiell fehlende Eindeutigkeit der aus der »flexible response« abgeleiteten Strategie(-n) – versteht sich in der Nachfolge der Gedankenspiele von Thomas Schelling zu der Überzeugung, Abschreckung werde am glaubwürdigsten dadurch erreicht, daß Unberechenbarkeit und Unkalkulierbarkeit die Aktionen des erfolgreichen Abschreckers kennzeichne. Schelling betont mehrfach[19], daß rationale und berechenbare Handlungen die Glaubwürdigkeit der Drohhaltung des Abschreckers sogar vermindern würden, denn durch Berechnung könnte der eigentlich Abzuschreckende seinen Kriegseintrittspreis exakt kalkulieren und eventuell für erträglich halten.

Dieser Ansatz – irrationales Verhalten verbürge den Erhalt des Abschreckungsfriedens vielleicht am sichersten – steht in völligem Gegensatz zur weiter oben beschriebenen (Mittel-)Rationalitätsvorstellung als Prämisse schlechthin der meisten Abschreckungsmodelle. In der wissenschaftlichen Abschreckungsdiskussion der sechziger Jahre ließ man diese gegensätzlichen Annahmen unverbunden nebeneinander stehen, um je nach Bedarf entweder die vorgeblich auf gegenseitige Glaubwürdigkeit abzielende, instrumentelle Rationalitätsvariante oder aber die gerade beschriebene, letztlich anarchisch-unberechenbare Abschreckungsvariante bemühen zu können. Letztere kann bildlich so verdeutlicht werden: Der Abschrecker hält sich die Ohren zu, um keinesfalls mehr durch Kommunikationsversuche des Abzuschreckenden in seinem politischen Verhalten beeinflußt werden zu können.

Es bleibt also umstritten, wie die Glaubwürdigkeit einer abschreckenden Androhung von Strafe für ein sicherheitspolitisch mißliebiges Verhalten »hergestellt« werden kann, werden doch zu diesem Zweck einander entgegengesetzte oder gar ausschließende Wege diskutiert.

Ähnlich diffizil ist es darzustellen, wie es um die Übermittelbarkeit von Drohungen im Abschreckungsmodell bestellt ist. Ein Ergebnis kommunikationstheoretischer Ansätze, übertragen auf die Kommunikation im Abschreckungsmodell, besagt schlicht, daß prinzipiell »eine eindeutige und effektive Übermittlung von Abschreckungsdrohungen im Grundsatz ... unmöglich« ist[20].

Hinzu kommt die eindeutige »Senderorientiertheit« aller Abschreckungsmodelle – nirgends werden die Situationsdefinition und der Erfahrungskontext des Empfängers (Abzuschreckenden) thematisiert. Dies deutet darauf hin, daß die Amerikaner als Erfinder der nuklearen Abschreckungstheorien sich zu keiner Zeit als die Abgeschreckten sahen. Diese Selbsteinordnung macht in aller Kürze bereits die Kulturgebundenheit der nuklearen Abschreckungstheoreme und ihre Verwurzelung im amerikanischen Kalten-Kriegs-Denken der vierziger und fünfziger Jahre deutlich.

Zum Abschluß der kritischen Diskussion über die vier Kernelemente von Abschreckung bleibt noch ein kurzes Wort über den in diesem Zusammenhang häufig verwendeten Begriff des »Gleichgewichts« zu verlieren. Gleichgewicht ist als »balance of power« einer der dem politischen Denken der Neuzeit bestvertrauten Topoi der Staatengeschichte[21]. Es steht zu vermuten, daß diese tradierte Vertrautheit mit der Idee eines international austarierten Mächtekonzerts den Gleichgewichtsbegriff zum zentralen Regulativ zwischen den beiden atomar bewaffneten Supermächten gemacht hat.

Fragwürdig wird die Verwendung dieses Begriffs dort, wo er als Synonym eines militärischen, quantitativ-qualitativen Kräfteverhältnisses benutzt wird. Denn die Perzeption selbst eines erreichten militärischen »Gleichgewichts« stillt die Unterlegenheitsängste beider Gegner nicht, im Gegenteil. Militärisches Gleichgewicht ist, auch in den Augen des ursprünglich Überlegenen, stets durch die Bemühungen des Gegners gefährdet, es zu stören, und induziert daher zwingend vermehrte eigene Rüstungsanstrengungen. Die sich so ergebende Perzeptions- und Rüstungsspirale kann durch Gleichgewichtsberechnungen – ungeachtet ihrer Ergebnisse – nicht gestoppt werden.

Die zu diesem Zweck angestellten militärischen Kräftevergleiche erweisen sich als problematisch: Die rein quantitativen Gegenüberstellungen von Mannschaftsstärken und Waffenzahlen geben nur ein bestimmtes Segment des gesamten Szenarios wider; und qualitative Kräftevergleiche[22] müssen, um bewerten zu können, ihre Berechnungen auf der Basis etlicher Schätzgrößen vornehmen. Dieses Verfahren ermöglicht zwar differenziertere Aussagen, ist aber immer angreifbar und überzeugt nur wenige. Zudem gilt es auf der politisch-analytischen Ebene zunehmend als unrichtig, ein politisch-militärisches Gleichgewicht, sollte es denn jemals von den maßgeblichen Eliten als erreicht angesehen werden, mit politisch-militärischer Krisenstabilität zu identifizieren[23].

Gleichgewicht, verstanden als spiegelsymmetrisch strukturierte, auf (Gegen-)Angriff optimierte und in bezug auf Personalstand und Hauptwaffensysteme in ähnlicher Zahl und Anordnung aufgestellte Militärpotentiale, gewährleistet also wahrscheinlich nicht die politische und militärische Stabilität. Denn in der Geschichte gab es – auch nach 1945, aber außerhalb Europas – durchaus militärische Konflikte bei annähernder militärischer Parität. Es gilt, weiterhin die nach wie vor gültige Warnung der Spieltheoretiker John von Neumann und Oskar Morgenstern ernstzunehmen, die 1947 den Anstoß für die Übertragung von spieltheoretischen Erkenntnissen aus den Natur- in die Sozialwissenschaften gaben: »Wir wiederholen mit allem Nachdruck, daß unsere Theorie durch und durch statisch ist . . . Eine statische Theorie befaßt sich mit Gleichgewichtszuständen. Das wesentliche Merkmal eines Gleichgewichtszustandes ist, daß er keine Neigung zur Veränderung hat.«[24] Bereits hier ist die wesentliche Kritik an der Methode formuliert, die mit dem Gleichgewichtsbegriff verbundene statische Theorie auf komplexe dynamische Prozesse analysierend anzuwenden.

Die Konsequenz: »Gleichgewicht« ist daher nur ein in der Methodik der exakten Wissenschaften, zu der auch die Spieltheorie als mathematische Subdisziplin zählt, sinnvoll verwendeter Begriff. In der von den Abschreckungstheorien geprägten Diskussion und ihrer politischen Praxis ist »Gleichgewicht« – das eine auf den ersten Blick symbolhaft klare Merkmalsbeschreibung zu enthalten scheint – nicht mehr als eine nebelhafte Zielfunktion, die mit unterschiedlichem Inhalt gefüllt werden kann, variierend nach den Vorstellungen und Interessen derer, die es anzustreben vorgeben.

Aus der notwendig rudimentären Kritik an den vier Kernelementen abschreckungstheoretischen Denkens ergeben sich grundlegende Fragen. Drei davon werde ich kurz zu beantworten suchen. Erstens – und eher von wissenschaftshistorischem Interesse: Wie sieht der Fortgang der oben gestrafft wiedergegebenen Abschreckungstheorie-Debatte seit den siebziger Jahren bis heute aus? Zweitens: Warum war das Abschreckungsdenken – wo doch die wesentlichen Elemente, wie dargestellt, kein systematisches Zusammenspiel ergeben – so »erfolgreich«, ist Abschreckung doch der fundamentale Leitbegriff für Sicherheitspolitik im Nuklearzeitalter geworden? Drittens: Falls eine militärisch gestützte Sicherheitspolitik weiterhin für sinnvoll gehalten wird – gibt es eine akzeptable Alternative zur Abschreckungspolitik?

III. Nukleare Abschreckung: eine Erfolgsgeschichte?

In der weiteren wissenschaftlichen Abschreckungsdebatte seit den siebziger Jahren lassen sich zwei Entwicklungsstränge ausmachen.

Die eine Forschungsrichtung hat die Konsequenzen aus der Unzulässigkeit des bisherigen Verfahrens – dem deduktiven Schließen[25] zur Erzielung von Wenn-Dann-Aussagen im Abschreckungsmodell – gezogen und arbeitet nun induktiv-historisch, indem anhand geschichtlicher Einzelfallstudien Abläufe und eventuelle Fehlschläge analysiert werden. In diesem Zusammenhang wird Abschreckungstheorie nurmehr als »psychologische Theorie (verstanden, J. K.). Sie basiert auf einer Serie von ›versteckten‹ Annahmen über die Beziehung zwischen Macht und Aggression, Drohung und Erwiderung, und der Fähigkeit politischer Führer, die Kalkulation und das Verhalten ihrer eventuellen Gegner zu beeinflussen.«[26]

In diesem deutlich bescheideneren, historisches Material verarbeitenden Ansatz wird nicht mehr vorgegeben, mit der Abschreckung über eine alles erklärende Meta-Theorie zu verfügen; hier haben die permanente Gefahr von Fehlperzeptionen und auch der Einfluß innenpolitischer Faktoren einen ihrer tatsächlichen Bedeutung eher entsprechenden Stellenwert. Allerdings haben die nach dieser Analyse getroffenen Aussagen entsprechend ihrer sich selbst beschränkenden Konkretheit auch nur einen begrenzten (Vor-)Aussage-Wert über das künftige internationale »Abschreckungsverhalten«.

Die zweite Forschungsrichtung über Abschreckungstheorien wendet sich im Gegensatz zur gerade skizzierten, pragmatischeren, der generellen Frage schlechthin zu, nämlich der nach der Vereinbarkeit von nuklearer Abschreckung und moralischen Axiomen. Die theologische Diskussion über den »gerechten Krieg« ist ein bereits fünfzehn Jahrhunderte währender Vorläufer und Wegbereiter dieser Debatte. Der Frage, ob atomare Abschreckung moralisch sei, widmen sich die Theoretiker und Philosophen, seit ein Zusammenhang zwischen Abschreckung und Atomwaffen zum ersten Mal formuliert worden ist. Diese Wendung ins Allgemein-Philosphische ist aber nur bei oberflächlicher Betrachtung einer Abkehr von den Niederungen realer Sicherheitspolitik im Zeitalter der Atomwaffen gleichzusetzen.

Die Frage, ob es zur Verhinderung eines möglicherweise globalen Atomwaffenkrieges gerechtfertigt ist, mit dem zunächst selektiv geplanten Einsatz von Atomwaffen zu drohen, was eben die permanente provokante Einsatzbereitschaft dieser Potentiale voraussetzt, kann abschreckungsimmanent nicht beantwortet werden. Hier sei kurz an das vorstehend beschriebene Chicken-Spiel erinnert: Dort war das Dilemma spielimmanent sehr wohl lösbar; also liegt keinerlei Analogie zum gerade beschriebenen Entscheidungskonflikt der Atom-Abschreckung vor, der natürlich eine Wertentscheidung nötig macht. Zwei Reaktionen auf dieses Schlüsselproblem sind möglich: Fundamentale Abschreckungskritik und unerschütterliche Zustimmung zur nuklearen Abschreckungspolitik. Zur großen Zahl derer, die bereits die Planung der Anwendbarkeit von Atomwaffen für unmoralisch und verwerflich halten, denen aber kein Ausweg einfällt, gesellt sich allmählich eine kleine, aber wachsende Gruppe von »moralischen« Abschreckungskritikern, die auch Wege zu ihrem Ziel der »Befreiung von der Bombe« aufzuzeigen versuchen[27].

Diese erste Gruppe, die moralisch urteilenden Abschreckungskritiker, sind von den wissenschaftlichen und politischen Befürwortern atomarer Abschreckung (der zweiten Gruppe), seit es sie gibt, als »unrealistisch« und ihre Position als daher irrelevant verurteilt worden, auch wenn nicht alle Befürworter so weit gehen wie George Quester: »Better to live with hypocrisy than to die from moralism.«[28] Quester möchte die gültigen Moralvorstellungen an die nukleare Realität angepaßt sehen.

Als umfängliches Beispiel für diese zweite Position kann der von Uwe Nerlich und Trutz Rendtorff herausgegebene Band gelten[29]. Die beiden Herausgeber konstatieren zwar, nun (1989) sei der Zeitpunkt gekommen, an dem sich »ihre (der nuklearen Abschreckung, J. K.) politische Natur voll herauszubilden beginnt«;

gleichzeitig aber müsse Abschreckung »durch zunehmende Selektivität nuklearer Reaktionsmöglichkeiten ihre militärische Funktion weiterentwickeln«[30].

Dieses Insistieren der Befürworter des militärisch-selektiven Einsatzes von Atomwaffen auf der als politisch notwendige Flexibilisierung ausgegebenen Verfeinerung nuklearer Kriegführungsoptionen ist stets die der praktischen Sicherheitspolitik zugewandte Kehrseite der Medaille »Nukleare Abschreckung als politische Konzeption ist vereinbar mit moralischem Handeln«. Kurz: Die Moralität der atomaren Abschreckung ist nach Ansicht der Abschreckungsanhänger gegeben, muß aber immer mit den militärisch-nuklearen Verwendungsmöglichkeiten verknüpft bleiben.

Hier schließt sich die thesenhafte Beantwortung der zweiten Frage an, nämlich der nach den Gründen für die so erfolgreiche Verbreitung des fundamentalen Konzepts nuklearer Abschreckung, was doch wissenschaftlich-theoretisch verwunderlich erscheint – ich habe systematisch darzulegen versucht, warum – und politisch-praktisch auch nicht zu erklären ist –, kann doch der »Erfolg« einer Konzeption niemals erwiesen sein, wenn er im Nichteintreten eines Ereignisses besteht. Warum also dennoch nukleares Abschreckungsdenken seit mehr als vierzig Jahren?

Folgende Antwort – dies ist mein Erklärungsangebot – ist die plausibelste: Der »Erfolg« der Idee nuklearer Abschreckung wurde durch ihre mangelnde Eindeutigkeit erst möglich. Diese Mehrdeutigkeit gestattete, ja gebot nun mehrere, jeweils als zwingend ausgegebene Ableitungen in ganz entgegengesetzte politisch-militärische Strategien und operative Reaktionen.

Da sich aber, wie gezeigt, relativ beliebige »Ableitungen« auf die Ausgangsidee der nuklearen Abschreckung berufen können, wird zugleich klar, warum diese Ausgangsidee so beliebt und unersetzlich für die vielfältig konkurrierenden sicherheitspolitischen Eliten war und ist, die in ihren Ländern jeweils die Konzepte nationaler Sicherheit formulieren. Diese Mehrdeutigkeit der Abschreckungsgrundidee fördert und fordert geradezu den Interessenwiderstreit unter der Abschreckungsdecke.

Das, was Abschreckung eigentlich ausmacht, hat auch deshalb bislang nicht definitiv geklärt werden können, weil offensichtlich nur ein geringes Interesse daran bestand. Deshalb wird es die allgemein-politische Begründung der Notwendigkeit von nuklearer Abschreckung noch eine ganze Weile geben, kaum beeindruckt vom eigenen intellektuellen Bankrott, wenig irritiert von den dramatischen, realen politischen und gesellschaftlichen Veränderungen in Osteuropa und der Sowjetunion und kaum beeinflußt von den unter der Last der Rüstungsausgaben ächzenden westlichen Volkswirtschaften und den unter der Komplexität ihrer Versäumnisse kollabierenden östlichen Pendants.

Aus der relativen Unantastbarkeit des Kerns der Abschreckungsidee resultiert eine spezifische militärische (Legitimations- und Beschaffungs-)Praxis. Da konkrete strategische und operative Forderungen, verbunden mit dem Wunsch nach entsprechendem Gerät, aus dem als so realitätsnah wie überpolitisch und unantastbar proklamierten Abschreckungstheorem abgeleitet werden, hat es die Politik sehr schwer, an irgendeinem Punkt dieses stufenlosen Forderungsverbundes anzusetzen, um im Zeichen ihres Primats konzeptionell und politisch eigentlich gebotene Abrüstungsschritte einzuleiten.

Die dank der neuen Situation in Osteuropa und einer auf Rüstungskäufe zunehmend sensibler reagierenden Öffentlichkeit nicht mehr durchsetzbaren, aber eigentlich von den NATO-Experten weiterhin für notwendig gehaltenen Waffensysteme – z. B. landgestützte Atomwaffen kurzer Reichweite – werden zwar größtenteils aus der Bundesrepublik abgezogen werden; ihre Einsatzoptionen jedoch werden einfach auf andere Systeme – in der Luft und zur See – umgewidmet. Eine andere Art der Kaskade also.

Fazit: Die einander logisch wie praktisch ausschließende Charakterisierung von nuklearer Abschreckung als »kalkulierbarer Unkalkulierbarkeit« deutet die zwei Sachverhalte an, die das gesamte Konzept als wissenschaftlich und dann auch als politisch nicht mehr haltbar erkennen lassen: zum einen die zwischen theoretischer Analyse und praktischer Anwendung unvermittelten und unvermittelbaren Gegensätze; zum anderen die Tatsache, daß diese Vermittlung von den konkurrierenden nationalen sicherheitspolitischen Eliten gar nicht angestrebt wird, um die konfligierenden Kalküle derer, die Abschreckung betreiben, weiter bedienen zu können. Die Doppeldeutigkeit des theoretischen Abschreckungskonzepts erweist sich als ihr Lebensgesetz in der Praxis.

Mit diesem Befund der kritischen Analyse nuklearer Abschreckungstheorien und ihrer politisch-praktischen Konsequenzen ist deutlich geworden, daß Abschreckung nicht mehr Leitbegriff einer zeitgemäßen Sicherheitsphilosophie sein kann. Genauer: Die Legitimationsnöte der Abschreckungsbefürworter sind größer geworden. Statt Doppeldeutigkeit ist Berechenbarkeit und Eindeutigkeit, statt gegenseitiger Bedrohung ist Kooperation und Vertrauensbildung in Gesamteuropa gefragt. Auf die Umsetzung einer so umrissenen Sicherheits- und Verteidigungspolitik sollten sich künftig die Anstrengungen richten. Damit rückt nun die weiter oben gestellte dritte Frage in das Zentrum des wissenschaftlichen Interesses: Wird in der Zukunft noch Militär gebraucht, und falls dies der Fall ist, gibt es eine Alternative zur Fortschreibung der Sicherheitspolitik im Zeichen der nuklearen Abschreckung, der nach wie vor gültigen NATO-Philosophie?

IV. Entmilitarisierung durch Defensivstrukturen oder Perennierung der Abschreckung?

Diejenigen in Wissenschaft und Politik, welche die Frage nach der künftigen Notwendigkeit von militärischen Strukturen für sich bereits mit Nein beantwortet haben, erheben zuweilen den Vorwurf der »Militarisierung« der Debatte an die Adresse derjenigen, die militärische Strukturen – noch – für nötig halten.

Aber auch diejenigen, die den verdienstvollen Versuch unternehmen, eine künftige europäische politische Ordnung zu skizzieren, wollen in aller Regel eine politische und keinesfalls eine militärische oder gar militaristische Debatte führen. Denn letzteres sei »altes Denken« (Egon Bahr)[31].

Diese Auffassung muß im Rahmen einer Politikwissenschaft, die sich u. a. der kritischen Begleitung von Politik widmet, als unzutreffend bewertet werden. Denn neben der zentralen Frage, welche politischen, sicherheitspolitischen und institutionellen Strukturen das künftige Europa prägen und bestimmen werden, muß gleichwohl zur Klärung dieser Ordnung auch über europäische Militärstrukturen öffentlich diskutiert werden. Nicht die kritische Debatte über Wandel, Um- und Abbau von

Militärstrukturen ist militaristisch; vielmehr könnte, falls diese wenig hilfreiche Bezeichnung beibehalten werden soll, die Haltung derer, die die bestehenden Militärstrukturen so weit als möglich analytisch unangetastet lassen wollen, im Ergebnis so bezeichnet werden. Dies gilt so lange, bis die hochgerüsteten Apparate und Strukturen in einer friedlicher werdenden Welt weitestgehend abgebaut und defensiv umstrukturiert worden sind. Es sollte nun vorrangig über die einzelnen Schritte und ihre Reihenfolge in diesem komplexen Prozeß diskutiert werden, anstatt es bei der Proklamation der Endziele zu belassen. Innerhalb dieser Zeit muß viel geschehen: Eine gründliche Entwöhnung der politischen Eliten von der Vorstellung, das überpolitische Faktum der nuklearen Abschreckung überwölbe und bestimme auch die Zukunft der internationalen Staatengemeinschaft; eine Entfeindung der Begriffe in den Köpfen vieler traditionell denkender Experten muß stattfinden.

Es ist falsch, krampfhaft nach neuen NATO-Funktionen angesichts des Zerfalls des Warschauer Paktes zu suchen. Die militärischen Strukturen aus der Zeit des Kalten Krieges können in einem KSZE-Europa mit seinen globalen Verflechtungen nicht einfach, von einigen Ausdünnungen abgesehen, flankiert von Modernisierungen, fortgeschrieben werden.

Der Weg aus der atomaren Abschreckung läßt sich in zwei großen Schritten denken. In dem ersten Schritt werden alle atomaren Waffen aus Europa, gleich welcher Reichweite, abgezogen und vernichtet. Eine schmale strategische Minimalabschreckung verbleibt so lange zu Händen der amerikanischen und der sowjetischen Regierung, bis die Proliferationsproblematik gelöst ist, d.h. bis alle Länder, die Atomwaffen herstellen können oder sie besitzen, alle Waffen, alle entsprechenden Produktionsanlagen und Rohstoffe an eine global zuständige Verifikationsagentur abgegeben haben. Der zweite Schritt besteht dann in der Vernichtung der wenigen bis dahin noch vorhandenen sowjetischen und amerikanischen Atomwaffen.

Anstatt sich weiterhin auf die Atomfrage zu kaprizieren, sollte sich die »strategic community« hinwenden zu konstruktiver Kooperationsbereitschaft. Sie erstreckt sich auf die Bereiche einer gemeinsamen Sicherheitspolitik, einer kongenialen und nichtbedrohlichen Verteidigung, die weitgehende Abrüstung in Stabilität ermöglicht und die nur noch sehr wenig kosten darf, sowie einer »entrüsteten« Ökonomie. Dieser gigantische Umdenkungs-, Umsteuerungs- und auch Umverteilungsprozeß – in der Sowjetunion ist einer von noch weitaus größerer Tragweite längst im Gange – sollte gerade in den reicheren Ländern der westlichen Hemisphäre erfolgen. Denn die Hüter der sicherheitspolitischen Ordnung nach 1945 haben ihre Meinungsführerschaft noch nicht abgegeben, und sie stützen sich auf einen politischen Stabilitätsbegriff, der den Weg der NATO seit 1949 zur Siegesstraße verklärt. Diese beharrenden Kräfte berufen sich nämlich seit dem Beginn der atlantischen Sicherheitskooperation zur Begründung, warum sie politischen Wandel in der Geschichte der NATO stets und ausschließlich als Bestätigung der unveränderten Richtigkeit ihrer Bündnispolitik verstanden, auf die raison d'être der Allianz. Diese bestand bis vor etwa drei Jahren aus der »erfolgreichen« Abschreckung des »Ostblocks« unter der Führung der aggressiven Sowjetunion. Seit 1987/88 wandelt sich die NATO, ihrem eigenen Selbstverständnis zufolge und einhergehend mit den weitgehenden Wandlungen im östlichen Lager, zur organisierten politischen Stabilitätsgarantie. Um Abrüstungsforderungen so gut als möglich vorzubeugen, wird zunehmend auf das unveräußerliche staatliche Recht zur »Selbstverteidigung« hingewiesen. Mit Hilfe dieser Begründung versuchen die NATO-Strategen all das weiter zu bewahren, was das westliche Bündnis seit Beginn militärisch ausmachte: nukleare Abschreckung und eine konventionelle Verteidigung, die durchaus auch Angriffsoptionen umfaßt; man denke nur an die schlagkräftige Jagdbomberflotte der NATO.

Aus diesen Überlegungen ergeben sich zwei Pfade der künftigen politischen und militärischen Entwicklung, die hier abschließend kurz skizziert werden. Den ersten halte ich für wünschenswert und zwingend geboten, den zweiten für den wahrscheinlich eingeschlagenen Weg.

Pfad A – Umbau und Entmilitarisierung: Angenommen wird der Zeitraum bis zum Jahre 2015. Nach Ablauf dieser Zeitspanne sind genügend Erfahrungen mit dem Entmilitarisierungsprozeß in Europa gemacht worden, so daß dann, je nach Verlauf dieser 25 Jahre, Überlegungen angebracht sind, ob flächendeckende Militärstrukturen in Europa überhaupt noch sinnvoll sind. Eine gesamteuropäische politische Ordnung ist entstanden, in der die Sowjetunion neben den osteuropäischen Staaten Mitglied ist. Die viel durchlässiger gewordenen Grenzen bestehen noch, ebenso Kernbestandteile der nationalen Souveränitäten, das soziale Gefälle zwischen West und Ost ist schrittweise geringer geworden.

Sicherheitspolitisch ist nach einvernehmlicher Auflösung beider Blöcke eine multinationale, atomwaffenfreie Gemeinschaft entstanden[32], für die die USA und die Sowjetunion die Garantiefunktion übernähmen.

Die kongeniale europäische Militärstruktur wäre eine Raumverteidigung in Netzform[33]; Netz auch deshalb, weil es, was den notwendigen Personalbestand angeht, ausdünnungsfreundlicher ist als die geltende Struktur schwerer, beweglicher Verbände. Zur kurzen Erläuterung: Ein Netz besteht auch dann noch, wenn die Maschen weiter geknüpft werden; eine Verteidigung nach Art einer Aufreihung schwerer mobiler Verbände bricht zusammen, wenn nur wenige Elemente fehlen. Zudem ist ein Netz von der Raumidee her prinzipiell nicht auf Frontverläufe angewiesen. Es ist eine Struktur der unauffälligen Kontrolle größerer Räume, die man aus Stabilitätserwägungen nicht militärisch leer sein lassen will. Dieses Netz ist – überlagert von kleinen Eingreifkräften quasi wie von einer Spinne – durchaus noch in der Lage, Territorium zu verteidigen. Diese kleine, militärisch unaufwendige, gesamteuropäische Eingreiftruppe steht unter integriertem Kommando, bleibt also unter strikter politischer Kontrolle und ist logistisch angebunden an das Territorium ihrer Mitglieder; sie wird zur eventuellen Bereinigung von Konflikten vielleicht an der bulgarisch-türkischen Grenze, keinesfalls aber im Tschad oder im Nahen Osten zur Verfügung gehalten. Nach einer 25jährigen Friedensperiode ist die vielfältige Verflechtung der freien Gesellschaften Europas die beste Friedensgarantie, und das Netz zur flächendeckenden Verteidigung kann aufgelöst werden. Die kleine europäische Eingreiftruppe bleibt für genau begrenzte Konfliktfälle unter UNO-Regime bestehen.

Pfad B – Fortschreibung der NATO-Philosophie: Auch durch die hastige deutsche Vereinigung werden Ängste der politischen Eliten in west- und osteuropäischen Ländern neu angefacht. Dies verstärkt die Neigung, an bestehenden Organisationen schon deshalb unbedingt festzuhalten, um die Deutschen politisch kontrollierbar zu halten. Bei offener Selbstauflösung der WVO reagiert die NATO auf zweierlei Weise: Zum einen verdeckt die NATO mit der Behauptung, sie habe sich bereits vom militärischen zum politischen Bündnis gewandelt[34], eine in den wesentlichen konzeptionell-operativen Zügen unveränderte NATO. Das weitere Auseinanderdriften zwischen politischem Abrüstungsanspruch und der fortbestehenden militärischen Struktur ist vorgezeichnet. Eine breite öffentliche Kritik an dieser Entwicklung ist nicht zu erwarten, da die Öffentlichkeit von den militärischen Konsequenzen sicherheitspolitischen Handelns nur ausschnittweise und symbolfixiert Kenntnis nimmt. Die zweite Teilantwort: vereinzelte, nahezu erratische Kürzungen und Einschnitte in den Rüstungshaushalt aufgrund politischer Vorgaben, nicht in den Gesamtzusammenhang eines politisch-militärischen Planungskonzepts gestellt.

Zunächst werden gewisse Abrüstungsschritte auch von der NATO als unvermeidlich angesehen. Die militärische Reaktion der Westallianz besteht aus der verstärkten Formierung »hochmobile(r), kleinere(r), aber schlagkräftige(r) Streitkräfte«[35] und nicht etwa in Richtung auf eine netzartig organisierte Raumverteidigung. Diese Entwicklung erzeugt aber Streitkräfte, die strukturell angriffs- und gegenangriffsfähig sind. Das Ergebnis ist wachsendes Mißtrauen auf östlicher Seite insbesondere in Polen, der Tschechoslowakei und der Sowjetunion. Dies wird verstärkt durch die partielle Entmilitarisierung ihres westlichen Vorfelds, des Gebiets der ehemaligen DDR. An diesem Punkt der Entwicklung wird es für die Regierungen der östlichen Staaten trotz ihrer maroden Volkswirtschaften immer schwieriger, weitere Abrüstungsschritte innenpolitisch durchzusetzen. Das gegenseitige Mißtrauen wächst. Die Widerstände der konservativen Militärs und der Abschreckungsbefürworter verbinden sich mit nuklearfreundlichen Exponenten der französischen und britischen Regierungen zu einer Verhinderungskoalition der Ab- und Umrüstung. Die Beharrungstendenzen eines schon längst nicht mehr in die sicherheitspolitische Landschaft passenden, sehr teuren Kolosses obsiegen.

Fazit: Eine vorausschauende, planbare und abrüstungsfreundliche Sicherheitspolitik kann durch ihre Militärstruktur und -konzeption, ihren Personal- und Waffenbestand – von ihren Kosten her und dadurch, daß sie durch ihre Existenz niemanden bedroht – Vertrauen bilden und den Prozeß der Entmilitarisierung stabilisierend flankieren. Auf die im ersten Entwicklungspfad skizzierte Weise kann die politische Entwicklung zu mehr internationaler, grenz- und systemüberschreitender Verflechtung so vorangebracht werden, daß gegenseitige Bedrohungsvorstellungen minimiert werden könnten. Der vielerseits gefürchtete große Einfluß der Deutschen kann international eingehegt werden, und es tut sich eine Möglichkeit auf, die nationalen Militärbudgets entscheidend zu verkleinern. Gleichwohl – es bleibt noch viel zu tun. Neben der herkulischen Arbeit, die der hier aufgezeigte Weg erfordert, muß begleitend die Umsetzung von Konversionskonzepten – die es erst in zarten Ansätzen gibt – für die vielfältig verflochtenen und an große Gewinnspannen und wenig Konkurrenz gewöhnten Rüstungsindustrien dergestalt in die Wege geleitet werden, daß per saldo keine Arbeitsplätze verloren gehen[36].

Die gerade angedeuteten finanziellen und ökonomischen Schwierigkeiten, mit denen eine ab- und umrüstungsorientierte Sicherheits- und Verteidigungspolitik umgehen müßte, verweisen auf die komplexen globalen Zusammenhänge, die den Rahmen für die internationale Sicherheitspolitik konstituieren.

Drei Herausforderungen von weltweiter und gesamtpolitischer Bedeutung lassen sich erkennen, und die Bewältigung einer jeden dürfte mehr Geld kosten, als fortschreitend verkleinerte Militärbudgets an Ressourcen freigeben könnten: für die Entspannung des Nord-Süd-Konflikts, für die Milderung von Menschen verursachter Umweltschäden und für die Maßnahmen gegen die Klimakatastrophe.

Die westliche Sicherheits- und Verteidigungspolitik sollte ihren zwar nicht ausreichenden, aber doch wesentlichen Beitrag dazu leisten. Bis heute ist dieser Notwendigkeit jedoch – im Wortsinne – noch nicht Rechnung getragen worden.

Anmerkungen

1 Dies ist andernorts bereits in hervorragender Weise geleistet worden. Vgl. Lawrence Freedman, The Evolution of Nuclear Strategy, London 1985. Einen hilfreichen, tabellarischen Überblick über die Strategiedebatte im Zeichen der Abschreckung gibt Honoré M. Catudal, Nuclear Deterrence – Does it Deter?, Berlin 1985, S. 14–20.

2 Patrick M. Morgan, Deterrence. A Conceptual Analysis, Beverly Hills–London–New Delhi 1983², S. 11. Dieses Buch enthält neben dem älteren von Philip Green, Deadly Logic – The Theory of Nuclear Deterrence, New York 1968, die gründlichste Auseinandersetzung mit dem Abschreckungstheorem.

3 So lautet der Titel des Buches von Dieter Senghaas (Frankfurt a.M. 1967), mit dessen Erscheinen die fundamentale Abschreckungskritik auch in der Bundesrepublik begann.

4 So sehen es z.B. Uwe Nerlich/Trutz Rendtorff, Einleitung der Herausgeber, in dies. (Hrsg.), Nukleare Abschreckung – Politische und ethische Interpretationen einer neuen Realität, Baden-Baden 1989, S. 19–53.

5 Vgl. zusammenfassend zur »massiven Vergeltung« Alexander L. George/Richard Smoke, Deterrence in American Foreign Policy: Theory and Practice, Columbia University Press 1974, S. 23–30, und zur »flexiblen Erwiderung« Klaus-Dieter Schwarz, Amerikanische Militärstrategie 1945–1978, in: ders. (Hrsg.), Sicherheitspolitik, Bad Honnef-Erpel 1978³, S. 345–372.

6 Vgl. dazu kritisch Dieter Dettke, Alliance Roles and Responsibilities, in: Joseph I. Coffey/Klaus von Schubert (eds.), Defense and Détente. U. S. and West German Perspectives on Defense Policy, Boulder 1989, S. 188–225.

7 Robert Jervis, Deterrence Theory Revisited, in: World Politics, 31 (1978/79), S. 289–324. Dieser Aufsatz ist zugleich eine Historiographie der Abschreckungstheorie-Debatte, die Jervis chronologisch-systematisch in drei »Wellen« einteilt, deren zweite (Beiträger waren Wohlstetter, Kahn, Kissinger, Schelling u. a.) – sie dauerte bis Mitte der sechziger Jahre – die produktivste war. Jervis' Einteilung übernehme ich hier.

8 Vgl. Karl W. Deutsch, Politische Kybernetik, Freiburg/Br. 1969, S. 120.

9 Vgl. die harsche Kritik an Kahns laienhaften Eskalations-Darlegungen durch Bogislaw von Bonin, abgedruckt in: ders., Opposition gegen Adenauers Sicherheitspolitik. Eine Dokumentation, zusammengestellt von Heinz Brill, Hamburg 1976, S. 106–109. Von Bonins Rezension des Buches von Herman Kahn, Eskalation. Die Politik mit der Vernichtungsspirale, Berlin 1965, stammt aus dem Jahre 1967.

10 Vgl. Anatol Rapoport, Chicken à la Kahn, in: Günther Dill (Hrsg.), Clausewitz in Perspektive, Reinbek 1980, S. 719–737.

11 Vgl. K.W. Deutsch (Anm. 8), S. 106ff.

12 So Stanley Hoffmann, The State of War, London 1965, S. 206.

13 Zu dieser Unterscheidung grundsätzlich Karl Mannheim, Mensch und Gesellschaft im Zeitalter des Umbaus, Darmstadt 1958.

14 Zu diesem Vorwurf kritisch Helga Haftendorn, Bemühungen um eine Theorie Internationaler Beziehungen. Eine wissenschaftstheoretische Einführung, in: dies. (Hrsg.), Theorie der Internationalen Politik, Hamburg 1975, S. 10.

15 Diesen Vorwurf der Subjektivität – er ist immer wieder von Abschreckungsbefürwortern an die Adresse der Kritiker von Kahns Eskalationsleiter gerichtet worden – gibt auch Helmut Schmidt im Vorwort zur deutschen Ausgabe des Buches von H. Kahn (Anm. 9) beifällig wieder.

16 Wolfgang Pfeiler, The Semantic Aspect of Deterrence, Bellagio/Italien, Dezember 1985 (unv. Ms.), S. 15 (Übersetzung J. K.).
17 Richard Ned Lebow, Sackgassen der Abschreckung, Frankfurt 1985, S. 42.
18 Ebd.
19 Vgl. Thomas C. Schelling, The Strategy of Conflict, Harvard University Press 1960, S. 142; dazu sehr kritisch K.W. Deutsch (Anm. 8), S. 114–118.
20 Wolfgang Pfeiler, Die strategische Doktrin der Abschreckung als politisches Problem, Bonn 1981 (unv. Ms.), S. 151.
21 Vgl. Ernest B. Haas, The Balance of Power: Prescription, Concept or Propaganda, in: James N. Rosenau (ed.), International Politics and Foreign Policy, Glencoe 1961, S. 318–329.
22 Vgl. z. B. Malcolm Chalmers/Lutz Unterseher, Is There a Tank Gap? Comparing NATO and Warsaw Pact Tank Fleets, in: International Security, 13 (1988) 1, S. 5–49.
23 Vgl. zu diesem nicht nur militärtheoretisch relevanten Zusammenhang John J. Mearsheimer, Conventional Deterrence, in: P. Edward Haley/Jack Merritt (eds.), Nuclear Strategy. Arms Control and the Future, Boulder – London 1989², S. 327–333.
24 John von Neumann/Oskar Morgenstern, Theory of Games and Economic Behavior, Princeton University Press 1947², S. 44 f.
25 Zur Kritik an der Unzulässigkeit deduktiven Schließens in den Abschreckungstheorien vgl. das genannte Werk von George/Smoke wie auch W. Pfeiler (Anm. 20), S. 117–119.
26 Richard Ned Lebow, Preface and Acknowledgement, in: Robert Jervis/Richard Ned Lebow/ Janice Gross Stein, Psychology and Deterrence, Baltimore – London 1985, S. vii.
27 So der Titel eines Buches von Hermann Scheer, Köln 1986; vgl. weiter C. A. J. Coady, Escaping from the Bomb: Immoral Deterrence and the Problem of Extrication, in: Henry Shue (ed.), Nuclear Deterrence and Moral Restraint, Cambridge University Press 1989, S. 163–225.
28 Henry Shue, Introduction, in: ders. (ed.) (Anm. 27), S. 8 (So faßt Shue Questers Position zusammen).
29 Vgl. U. Nerlich/T.R. Rendtorff (Anm. 4).
30 Ebd., S. 30 und S. 51.
31 So ließ Egon Bahr auf einer Podiumsdiskussion über »Modelle alternativer Verteidigung – Wunschvorstellungen oder Notwendigkeit?« am 6. 2. 1990 in der Universität Bonn verlauten.
32 Vgl. zur »Entproblematisierung« der Atomwaffen bereits Dieter Senghaas, Eine Chance für Europa. Perspektiven einer friedensverträglichen Sicherheitsstruktur, in: Gewerkschaftliche Monatshefte, (1987) 8, S. 472–486, S. 477.
33 Vgl. konkret Lutz Unterseher, Bauprinzipien alternativer Landstreitkräfte (darin besonders den Abschnitt »Spinne im Netz«, S. 153–157), in: Studiengruppe Alternative Sicherheitspolitik (Hrsg.), Vertrauensbildende Verteidigung – Reform deutscher Sicherheitspolitik, Gerlingen 1989, S. 149–164.
34 Vgl. z. B. FAZ vom 20. 2. 1990, S. 4 (»Auch die Sowjetunion wünscht die amerikanische Präsenz in Europa« von Jan Reifenberg).
35 So Dieter Mahncke in einer im Dezember 1989 geführten Diskussion, abgedruckt in: Die Neue Gesellschaft/Frankfurter Hefte, (1990) 2, S. 150–156, S. 151.
36 Vgl. Christian Wellmann, Arbeitslos durch Abrüstung?, in: Wolfgang R. Vogt (Hrsg.), Angst vorm Frieden, Darmstadt 1989, S. 169–184.

Carl-Christoph Schweitzer

Feindbilder und Feind-Analysen im Ost-West-Konflikt

Zum hier gewählten Thema gibt es eine kaum noch überschaubare Literatur im internationalen Maßstab[1], wobei nach wie vor die Wissenschaftler der USA führend sind. Dies liegt sicherlich vor allem daran, daß dort ein theoretischer und praktischer Sinn für interdisziplinäre Zusammenarbeit ausgeprägter ist als z. B. bislang in der Bundesrepublik. Zweifellos eignet sich nämlich gerade das hier vorzustellende Thema für interdisziplinäre Analyseversuche. Zu denken ist dabei in erster Linie an die Geschichtswissenschaft, sodann an die Politikwissenschaft, Psychologie, Soziologie und Ethologie (Verhaltensforschung), um hier eine Rangfolge aus wertender Sicht des Verfassers anzudeuten. In der Bundesrepublik schließlich dürfte es in den letzten Jahren geradezu einen Boom in der öffentlichen Beschäftigung mit dem Phänomen »Feindbilder« nicht zuletzt deshalb gegeben haben, weil sich der derzeitige Außenminister, Hans-Dietrich Genscher, die Forderung nach einem Abbau von Feindbildern als eine der wichtigsten Voraussetzungen für die erfolgreiche und dauerhafte Schaffung einer Friedensordnung im internationalen System immer wieder zu eigen gemacht hat.

Jeder Versuch eines politikwissenschaftlichen Einstiegs in das Gesamtphänomen Feindbilder – ein Versuch, der im begrenzten Rahmen eines Aufsatzes ohnehin zur Kürze und daher zu einer paradigmatischen Auswahl von Beispielen, in unserem Fall von Beispielen aus der US-Außenpolitik nach 1945[2] und der Politik der DDR gegenüber der Bundesrepublik nach 1949, zwingt – muß zunächst andeutungsweise den gewählten definitorischen Ansatz klarstellen. Unterschieden werden muß zwischen einem *Fremdbild* und einem *Feindbild* ebenso wie zwischen oft über Jahrhunderte hinweg tradierten Fremd- oder Feindbildern einerseits und den häufig nur kurz- oder mittelfristig entstandenen Bildern (images) andererseits, den »we and them«-Bildern, die oft offiziell verordnet wurden und nicht zuletzt daher im Laufe der Zeit starken Schwankungen unterlagen.

In jedem Fall entstehen Fremd- oder Feindbilder in allen drei Strukturbereichen eines gegebenen politischen Systems, wobei in erster Linie der gouvernementale Bereich interessiert (von Exekutive und Legislative), aber auch im sogenannten intermediären der effective publics, also etwa der Medienmacher oder anderer Meinungsführer, nicht zuletzt der Wissenschaftler oder auch Schulbuchautoren – und last not least innerhalb der allgemeinen Öffentlichkeit (general public), sich dort niederschlagend und in einem gewissen Umfange Messungen der empirischen Sozialforschung unterliegend[3]. Diese drei Bereiche stehen dabei in Wechselwirkung, d. h. eine Regierung etwa kreiert durch Propaganda bestimmte Fremd- oder Feindbilder in der allgemeinen Öffentlichkeit, und diese so propagierten Bilder schlagen dann gewissermaßen echoartig in Gestalt von politischen Forderungen auf die Führung zurück.

Die Entstehung oder Veränderung von *Fremdbildern* hat in erster Linie immer wieder die Ethologen sowie die Sozialpsychologen beschäftigt. Fremdbilder lassen sich in der Geschichte sozusagen von Anfang an nachweisen, weil sie einen normalen Vorgang in Beziehungen zwischen Individuen und Gruppen darzustellen scheinen. Ohne Abgrenzungsbemühungen einer Gruppe X gegenüber einer Gruppe Y im Sinne einer eigenen Identitätsfindung zumindest unter der Rubrik Fremdbilder, d. h. noch ohne einen Umschwung in Richtung Feindbilder und eine daraus resultierende feindselige Haltung gegenüber der anderen Gruppe, ging es in der Menschheitsgeschichte offensichtlich selten ab. Mit diesem Phänomen brauchen wir uns in unserem Rahmen nicht lange aufzuhalten.

Für den politikwissenschaftlichen Analytiker besonders außenpolitischer Entscheidungsprozesse[4] ist die Feststellung, daß Fremdbilder, die sich Entscheidungsträger im gouvernementalen Bereich von anderen Akteuren im internationalen System machen, von großer Bedeutung für außenpolitische Entscheidungen aller Art sind, schon beinahe eine Binsenwahrheit. Außenpolitische Entscheidungsträger und ihre Berater haben sich zu allen Zeiten in ihren Analysen und Entscheidungen bewußt oder unbewußt von Vor-Urteilen leiten lassen, die sich dann zu Stereotypen verfestigten und die wohl ganz wesentlich aus den jeweiligen Sozialisationsprozessen solcher Akteure abzuleiten sind. Nachweisen läßt sich das schon am Sprachgebrauch eines solchen Akteurs. Insofern lohnt sich auch für den Politikwissenschaftler – und nicht nur für den empirischen Sozialforscher – bei Inhaltsanalysen eine Untersuchung der Wortwahl, derer sich über Jahre hinweg z. B. ein wichtiger außenpolitischer Entscheidungsträger wie der republikanische Außenminister John Foster Dulles oder einer seiner demokratischen Nachfolger, Dean Rusk, in Reden und Memoranden etc. insbesonders zur Charakterisierung der Sowjetunion bediente. John Foster Dulles war sicherlich als aktiver Laie in der US-Kirchenbewegung im Gebrauch seines Vokabulars stark von der Erinnerung an die Ausrottungspolitik der sowjetischen Revolutionäre gegenüber der russisch-orthodoxen Kirche nach 1917 geprägt, Dean Rusk von einem vor Ort in europäischen Studienaufenthalten erlebten München-Syndrom 1938, das in seinen Reden immer wieder bezogen auf den Vietnam-Konflikt während seiner Amtsjahre anklang und daher sicherlich zu falschen Annahmen in bezug auf die Triebkräfte hinter dem nordvietnamesischen Angriff auf Südvietnam und zu falschen Politikempfehlungen nach dem Leitmotiv führten: »Wehret den Anfängen unersättlicher Diktatoren.«[5]

Fremdbilder, die sich im Laufe der Zeit zu Feindbildern verdichten können, wenn sie aus bestimmten Erlebnissen hervorgehen oder zum gezielten Gegenstand von Propaganda gemacht werden, sind auch immer wieder starken Schwankungen unterworfen gewesen, was sich am Beispiel des Frankreichbildes in der deutschen Geschichte oder umgekehrt des Deutschlandbildes in der französischen aufzeigen ließe. Man kann nämlich nicht von einem, von beiden Ländern aus betrachtet, durchgehenden »Erbfeindbild« sprechen. Besondere Erfahrungen können vor-urteilende Verallgemeinerungen auf kollektiver wie individueller Basis verstärken. So kommt es auch immer wieder kurz- wie mittel- und langfristig zu unzulässigen Zuordnungen z. B. angeblich nationalspezifischer Eigenschaften gegenüber bestimmten Nachbarvölkern. Jüngstes Beispiel, bezogen auf einen westlichen Nachbarn der

Bundesrepublik, ist das offensichtlich durch den Zweiten Weltkrieg traumatisch verzerrte Bild des britischen Ex-Ministers Ridley von »den« Deutschen gewesen. Folgenschwerste Beispiele lassen sich in diesem Zusammenhang aus dem Ablauf der besonders von deutscher Seite schuldverstrickten deutsch-polnischen Beziehungen erbringen, wobei wir hier noch gar nicht von Feindbildern reden, sondern nur von verallgemeinernden Stereotypen, also deutscherseits z. B. von den »chaotischen« Polen oder zivilisatorisch auf einer niedrigeren Stufe stehenden »Wasserpolacken« – so der Sprachgebrauch schon lange vor Hitler – oder polnischerseits von den sich grundsätzlich als Herrenvolk gebenden Deutschen. Daß in den für Polen grauenvollen Jahren von 1939 bis 1945 eine gezielte Propaganda in Deutschland auf tradierte Fremdbilder von »den Polen« aufbauen konnte, ist mit eine der Erklärungen für das sonst unfaßbare Phänomen der Beteiligung vieler einzelner an den NS-Verbrechen. In diesem ganzen Bereich ist auch die Problematik des Antisemitismus anzusiedeln, der im engeren Sinne als politische Bewegung etwa einhundert Jahre lang besonders virulent in Europa auszumachen war. Ihm sozusagen vorgelagert war jahrhundertelang das, was man exakter als Antijudaismus zu bezeichnen hat – eine historische Schuld aller christlichen Kirchen gegenüber den Anhängern des mosaischen Glaubens.

Bahnbrechend für die internationale Friedens- und Konfliktforschung war im Zusammenhang mit unserem Gesamtthema schon 1956 das analytische Schema des US-Juristen und Politologen Quincy Wright, der einen leider viel zu wenig in exakten Fallstudien überprüften Analyse-Raster in Hinblick auf internationale Konflikte bzw. Konfliktbeziehungen so umschrieb: »Man kann davon ausgehen, daß es in jeder Konfliktbeziehung mindestens sechs Parteien gibt, A und B, A in der Sicht von B und B in der Sicht von A und schließlich A, wie er glaubt, daß B ihn sieht und umgekehrt B, wie er glaubt, daß A ihn sieht.« Die letztere Kategorie wird dreißig Jahre später häufig als »Metabild« bezeichnet, was aber letztlich nur dem üblichen professionellen Spiel mit neuen Termini gleichkommt[6].

An dieser Stelle nun sei der Übergang von »normalen« Fremdbildern zu übersteigerten Feindbildern in den internationalen Beziehungen festgemacht. Das schon erwähnte gruppenspezifische Abgrenzungsbedürfnis zur Stärkung eines eigenen Identitäts- bzw. Wir-Gefühles mit und ohne Wunsch nach Überwindung möglicherweise vorhandener eigener Minderwertigkeitskomplexe gegenüber einer anderen Gruppe, die – wie das Psychologen oft einsichtig gemacht haben – in der Regel in Überheblichkeitskomplexe umschlagen, ist immer wieder in der Geschichte mittels Errichtung und Vertiefung von Feindbildern durch einen »Führer« manipulativ verdichtet worden. Solche Führer haben ihrer Wir-Gruppe entsprechend verfälschte Leitbilder (distorted images) oft mit dem Ziel aufoktroyiert, zu einer Jagd auf Sündenböcke zu blasen und auf diese Weise von eigenen innen- wie außenpolitischen Schwierigkeiten ablenken zu können. Beispiele aufzuzeigen – sozusagen von Hitler bis zu Saddam Hussein – ist in unserem Zusammenhang unnötig. Hier liegen denn auch die oft analysierten Wurzeln des Antisemitismus im engeren Sinne, eben als einer Nutzbarmachung von Antijudaismus zum Zwecke ganz anderer politischer Zielsetzungen.

Feindbilder – in aggressiver Absicht erzeugt bzw. auf Fremdbilder durch amtliche Propaganda draufgesattelt – stellen für den Historiker und Politikwissenschaftler einen entscheidenden Faktor im Gesamtgeflecht des analytisch übergeordneten Phänomens der Bedrohungsvorstellungen dar. Das Vorhandensein solcher Bedrohungsvorstellungen bei einem Staat, einer Staatengruppe A gegenüber einem Staat oder einer Staatengruppe B (also etwa der USA gegenüber der Sowjetunion und umgekehrt oder der NATO gegenüber dem Warschauer Pakt und umgekehrt) kann als eine der wesentlichen Ursachen für das Entstehen und für die Verschärfung von internationalen Konflikten zu allen Zeiten, besonders aber in unserem Jahrhundert, gelten.

Bedrohungsvorstellungen entstehen nach gängiger Definition immer nur in einem Zusammenspiel von vermuteten Bedrohungsabsichten und vermutetem Bedrohungspotential der jeweils anderen Seite. Empirisch gesehen sind zumindest drei Möglichkeiten gegeben bzw. vorfindbar: Bedrohungsvorstellungen von A gegenüber B können entweder auf nachweisbaren Tatsachen beruhen, was die Forschung erst im Nachhinein klären kann; oder sie beruhen auf Fehlwahrnehmungen bzw. absichtlich falsch dargestellten Faktoren, oder aber es handelt sich schließlich um eine Mischung von teils richtigen, teils falschen Wahrnehmungen und Behauptungen. In jedem Fall führt das Vorhandensein von Bedrohungsvorstellungen zu dem selben Ergebnis: Bedrohungsvorstellungen bei A gegenüber B führen zu Abwehrmaßnahmen von A gegenüber B und rufen dann umgekehrt bei B gegenüber A Bedrohungsvorstellungen hervor oder verstärken gegebenenfalls schon vorhandene und bewirken bei B Abwehrmaßnahmen gegenüber A[7]. Sicher ist, daß bei Entscheidungsträgern eines Staates oder einer Gruppe A Fremd- oder Feindbilder in die Analyse der jeweiligen Absichten von B eingehen, also in Feindanalysen. Von einem solchen Analyse-Ansatz her ist dann die logische Schlußfolgerung ebenso erlaubt wie geboten, daß es gilt, nicht nur militärische Rüstungspotentiale, sondern auch Feindbilder abzubauen, wenn die internationale Staatengemeinschaft zu einer wirklich dauerhaften Friedensordnung überall in der Welt gelangen soll.

Für den Verfasser ist nun im Gesamtzusammenhang dieser kurzen Untersuchung die Feststellung wesentlich, daß letzten Endes nur der Historiker und Politologe aufgrund einer genauen Überprüfung von archivalischen Quellen beurteilen kann, ob Bedrohungsvorstellungen einschließlich dazugehörender images der anderen Seite bei A gegenüber B zu einem bestimmten Zeitpunkt post festum als gerechtfertigt, weil auf korrekten Wahrnehmungen basierend, ausgemacht werden können oder nicht.

Hier muß – damit nähern wir uns einer Kernthese dieses Beitrages – die kritische Bewertung der vergleichenden Analyse des besonders in der Bundesrepublik immer wieder als bahnbrechend im positiven Sinne angesehenen, leider allzu früh verstorbenen Schweizer Kollegen Daniel Frei einsetzen. Frei macht nämlich bei seiner Vergleichsstudie der amerikanischen und sowjetischen Feindbilder im Zusammenhang mit der Rüstungs- und Abrüstungsproblematik[8] den entscheidenden Fehler, auf die Heranziehung von Archivquellen zu verzichten. Generell fällt in dieser Untersuchung ein Mangel an exakter geschichtswissenschaftlicher Quellenarbeit zur Untermauerung von hochinteressanten, zum großen Teil ja auch durchaus plausiblen Erklärungshypothesen bezogen auf das sowjetisch-amerikanische Nachkriegsverhalten auf. Das kann nur daran liegen, daß er sich der Quellenproblematik bezogen auf die Sowjetunion wohl bewußt war[9], d. h. sich mangels besseren Materials wie alle Sowjetforscher auf offizielle Verlautbarungen aller Art im geschlossenen sowjetischen Einparteiensystem (von 1917 an bis zur Ära Gorbatschow) beschränken mußte und somit für die untersuchte »Gegenmacht« USA offensichtlich erst gar nicht auf den Gedanken kam, die im Rahmen der Dreißigjahresregel, aber vor allem auch die weit darunter liegenden Möglichkeiten des Freedom of Information Act bezüglich des Archivmaterials zu nutzen, also die Interna des außenpolitischen Entscheidungsprozesses der USA auszuwerten[10]. Somit bleiben Freis spiegelbildlich vergleichende Betrachtungen in einem ganz entscheidenden Punkt unzulänglich, der leider auch von seinen Anhängern immer wieder unkritisch übersehen wird[11]. Ein wenig unlogisch, aber im Kern wohl zu Recht weist allerdings auch Frei darauf hin, daß amtliche Verlautbarungen einer Regierung, in welchem Staat auch immer, keineswegs der zu einem Zeitpunkt XY tatsächlich beabsichtigten oder befolgten Politik entsprechen müssen. Diese Binsenweisheit ist im Hinblick auf Analysen der sowjetischen Politik besonders zu beherzigen. Auch für die US-Außenpolitik lassen sich solche Diskrepanzen ausmachen, aber eben erst nach einem Vergleich zwischen amtlicher Verlautbarung und geheimer exekutiver Analyse und Anweisung zu einem bestimmten Zeitpunkt auf der Basis von Archivquellen[12].

Natürlich hat es zu allen Zeiten tertia comparationis zwischen dem Verhalten von Groß- und Supermächten gegeben, so auch unter den spezifischen Bedingungen unseres Jahrhunderts im Verhalten der zwei Hegemonialmächte in ihren jeweiligen Lagern. Insoweit stellt die komparative Auflistung für Frei einen fruchtbaren Untersuchungsansatz speziell für Studierende dar. Es gibt z. B. ins Auge springende Ähnlichkeiten im sogenannten »Hinterhofverhalten« beider Supermächte nach 1945, d. h. dem sowjetischen gegenüber ihren cordon-sanitaire-Staaten, sprich dem Warschauer Pakt, und dem US-amerikanischen Verhalten in Mittel- und Südamerika, also etwa gegenüber Kuba oder Guatemala, aber auch gegenüber Chile usw.[13]. Aber selbst bei solchen Vergleichen ist festzuhalten: Kuba wurde nach dem gescheiterten Schweinebucht-Unternehmen nicht erneut von den USA militärisch angegriffen, nachdem in der kurz darauffolgenden großen Krise von 1962 die sowjetischen Frachtschiffe zum Abdrehen gezwungen worden waren, die Atomraketen vor der Haustüre Washingtons deponiert hätten, während umgekehrt die Sowjetunion 1953 in der DDR, 1956 in Ungarn und 1968 in der ČSSR mit Waffengewalt ihr Imperium sicherte, bis in die achtziger Jahre hinein eine große Zahl von ost- und südosteuropäischen Staaten als besetzte Gebiete behandelte und den betroffenen Völkern das Selbstbestimmungsrecht konsequent vorenthielt.

Daraus ergibt sich – und hier kommen wir zum entscheidenden Punkt des Beitrages –, daß heute mehr denn je als wissenschaftlich gesichert betrachtet werden kann, was einige Politikwissenschaftler auch in der Bundesrepublik schon lange so bewertet haben: Die US-amerikanischen Bedrohungsvorstellungen mit den ihnen innewohnenden Feindbildern gegenüber der Sowjetunion, wie sie sich in geheimen oder veröffentlichten Erklärungen niederschlugen, sind als im Kern richtig perzipiert einzustufen, weil sie auf *ausgeführten* Bedrohungsabsichten Moskaus basierten. Dies nicht sauber anhand der Quellen nachgezeichnet zu haben, macht nicht nur die Schwäche von Frei, sondern auch die der sogenannten revisionistischen Schule von US-Historikern und Politologen aus, deren wichtigste Abhandlungen allerdings zu einer Zeit veröffentlicht wurden, in der die für die untersuchte Epoche gültigen Bände der Archivpublikation »Foreign Relations of the United States« noch nicht zugänglich waren[14]. Nur hätte man sich nach der Schaffung von Zugangsmöglichkeiten zu den Archiven von diesen Revisionisten später eine Revision der Revision gewünscht, die nur sehr zögerlich, wenn überhaupt erfolgt ist. Von sowjetischer Seite liefert in der Ära Gorbatschow jetzt der renommierte Historiker Wjatscheslaw Daschitschew erste und wichtige Revisionen des bislang gültigen und jahrzehntelang von oben verordneten sowjetischen Geschichtsbildes in bezug auf die Entstehung des Kalten Krieges und die Beurteilung der US-Außenpolitik nach 1945.

Belege für die zentrale These vom Realitätsgehalt der US-amerikanischen Bedrohungsvorstellungen gegenüber der Sowjetunion nach 1945 und damit der Berechtigung ihrer Feindbilder von der Tendenz her ließen sich beliebig erbringen und sind auch immer wieder erbracht worden. Daher hier nur eine kurze Auflistung: Die USA schwankten in ihrer Nachkriegspolitik von 1944/45 bis 1946/47 wiederholt zwischen den beiden Polen: Kooperation mit dem widernatürlichen Kriegspartner Sowjetunion und Hinnahme seiner sich abzeichnenden Einflußssphären, die man allerdings nicht als annektierte Gebiete zu sehen wünschte, auf der einen Seite und Konfrontation mit dem zunehmend aufgrund der realen Entwicklung als inhärent expansiv eingestuften Gegenspieler auf der anderen. Das Pendel schwang also z. B. von den interalliierten Abgrenzungsplänen im Hinblick auf das künftig zu besetzende Deutschland und den diesbezüglichen Vereinbarungen von Jalta und Potsdam 1944/45 über die Wendemarke in der US-Deutschlandpolitik nach dem Zweiten Weltkrieg, d. h. die Rede des Außenministers Byrnes in Stuttgart im Herbst 1946, bis hin zur Truman-Doktrin 1947. Zentraler Beleg für unsere These ist aber heute in zunehmendem wissenschaftlichen Konsens, wie es das bei einer exakten Analyse von jeher hätte sein müssen, die Konferenz von Jalta mit ihrer jahrzehntelang in deutschsprachigen Abhandlungen viel zu wenig problematisierten »Erklärung über die befreiten Gebiete Europas«[15].

Hier hatten sich die Regierungs- bzw. Staatschefs von Großbritannien, Sowjetunion und USA mit ihrer Unterschrift dazu verpflichtet, gemeinsam die Verwirklichung des Selbstbestimmungsrechtes mittels freier Wahlen für die Völker in Ost- und Südosteuropa zu garantieren, die von der nationalsozialistischen Armee »befreit« worden waren. Natürlich war damals im Frühjahr 1945 die US-Führung nicht ganz so blauäugig in die Konferenz hineingegangen, wie sich das später ausnahm. Vielmehr weisen auch die Positionspapiere, die damals für den Präsidenten Roosevelt angefertigt wurden, aus, daß das State Department in Washington wohl aufgrund der voraussehbaren militärischen »Endlage« im Zweiten Weltkrieg mit einem »vorherrschenden« sowjetischen Einfluß in weiten Teilen Ost- und Südosteuropas rechnete. Man hatte aber dennoch gehofft, daß sich der Westen zumindest durch einen offenen Handel Möglichkeiten eines späteren Marktes und damit auch Einfluß in politischer Hinsicht würde sichern können[16].

Ganz eindeutig sahen jedenfalls alle US-Regierungen über 40 Jahre hinweg in der mehrfachen Moskauer Mißachtung dieser Erklärung den entscheidenden Beweis für die aggressiv-expansionistische Absicht der Sowjetunion, die eben gegenüber den in der Jalta-Erklärung angesprochenen Staaten verwirklicht wurde[17]. Bis heute haben daher die USA die Annexion der baltischen Staaten völkerrechtlich nicht anerkannt, eine ebenso heikle wie diffizile Frage der Ost-West-Beziehungen noch in der Ära Gorbatschow. Aller Welt wurde zwischen 1945 und 1948/49 die Schaffung eines despotisch gelenkten Imperiums vor Augen geführt, was man in der Ära Gorbatschow heute ausschließlich dem Stalinismus anlastet. Insofern war das berühmt-berüchtigte Wort Ronald Reagans 1983 vom »Reich des Bösen« bezogen auf den Zeitraum von 1945 bis 1983 in der Sache zutreffend, nicht aber im Hinblick auf den Zeitpunkt, zu dem eine solche Charakterisierung schon anfing, als überholt gelten zu können. Auf jeden Fall hätte sie nach 1985 sehr bald – wie Kohls Vergleich von Gorbatschow mit Goebbels – zurückgenommen werden müssen. Die Diktion war ohnehin die eines Politikers gewesen, derer sich eine Politikwissenschaft nicht bedienen kann, da diese es nicht primär mit Kategorien von »gut« und »böse« zu tun hat. Es war aber schon immer herrschende Lehrmeinung der Politologen, daß es sich bei der Sowjetunion jahrzehntelang um ein System des Terrors einschließlich der psychiatrischen Behandlung politischer Oppositioneller bis in die jüngste Zeit hinein handelte.

Angesichts dieser Zusammenhänge wird man heute mehr denn je feststellen können, daß die Bedrohungsanalysen mit ihren Feindbildfixierungen, wie sie der Forschung im Rahmen der Dreißigjahresregel und des Freedom of Information Act in den geheimen Positions- und Entscheidungspapieren insbesondere des Nationalen Sicherheitsrates der USA von 1945 bis 1959 zugänglich wurden, der Tendenz nach zutrafen, allenfalls in der Terminologie als überhöht bezeichnet werden können. Zu Recht wird in diesem Zusammenhang immer wieder auf den Klassiker solcher Nationalen Sicherheits-Richtlinien (NSC), speziell auf die Nr. 68 (1950), hingewiesen, ursprünglich vor dem Korea-Krieg entwickelt, dann aber in weiteren Neufassungen nach Ausbruch desselben leicht verändert. Dieser Richtlinie waren andere, auf einer ähnlichen Linie liegende Analysen, z. B. schon 1948, vorausgegangen. Ihr folgten später weitere, die stets die gleiche Tendenz, ja Diktion aufwiesen, was im übrigen in sich schon für den bewertenden Forscher von Interesse ist.

Ein ganz ähnlicher Befund ergibt sich z. B. auch für die verschiedenen US-Analysen der Nahost-Krise. Diese könnten auch noch im Jahre 1990 »mitgelesen« werden[18]. Wenige Zitate aus zwei Papieren, eben dem NSC 68 (1950) sowie dem NSC 5906 neun Jahre später, mögen als Illustration genügen. 1950 hieß es: »Daß wir es bei der Sowjetunion ganz anders als bei früheren Anwärtern auf eine Hegemonialstellung mit einer Macht zu tun haben, die durch einen neuen fanatischen Glauben angespornt wird, der die völlige Antithese zu unserem eigenen darstellt und daher ihre absolute Autorität der übrigen Welt aufzuoktoyieren sucht ...« Es gelte, »... die Integrität und Vitalität unserer freien Gesellschaft sicherzustellen, die auf der Würde und dem Wert des Individuums basiert ... und daher eine Gesamtsituation in der Welt herbeizuführen, in der das amerikanische System überleben und gedeihen kann ... sowie den Versuch zu unternehmen, eine gesunde internationale Gemeinschaft« zu entwickeln. Unser Ziel im Ausland muß es sein, in Abstimmung mit anderen Nationen sich unaufhörlich für Frieden, Sicherheit und Gerechtigkeit einzusetzen und unserer Nation die Stellung des Vorreiters im Durchbruch zu neuen Höhen menschlicher Leistung und Wohlergehens zu sichern.«[19]

Daß sich in solchen Formulierungen auch ein überhöhtes und daher kritisch zu wertendes Selbstverständnis und Eigenbild verbarg, tangiert ebenso wenig unsere zentrale These, wie die Tatsache, daß sich durch die zunehmende Verschärfung des Kalten Krieges und insbesondere den Ausbruch des Korea-Krieges, der nun mit hoher Wahrscheinlichkeit *fälschlicherweise* von Washington als ein weiterer Beweis für globale Aggressionsabsichten Moskaus perzipiert wurde[20], Feindbilder bezogen auf den Gegenspieler immer mehr verdichteten, ja übersteigerten. Vereinfachungen – ein typisches Merkmal verzerrender Fremdbilder – hatte es ohnehin auch auf US-amerikanischer Seite von Anfang des Kalten Krieges an, d. h. schon bei der Verkündung der Truman-Doktrin im Frühjahr 1947, gegeben, mit der die gesamte Welt in einer einfachen Schwarz-weiß-Skizze in Freund und Feind, in die Guten und die Bösen eingeteilt wurde: »Die eine Art zu leben, gründet sich auf den Willen der Mehrheit und zeichnet sich durch freie Institutionen, repräsentative Regierungen, freie Wahlen, Garantien der persönlichen Freiheit, Freiheit der Rede und der Religion und Freiheit von politischer Unterdrückung aus. Die zweite Lebensart hat als Grundlage den Willen einer Minderheit, die mit Gewalt der Mehrheit gegenüber geltend gemacht wird. Sie stützt sich auf Terror und Unterdrückung, kontrollierte Presse und Rundfunk, von vorneherein bestimmte Wahlen und auf die Unterdrükkung der persönlichen Freiheit.«[21]

Kritisch wären in diesem Zusammenhang z. B. das frühe Bündnis der USA mit Salazars Portugal oder eben Teile der US-Mittelamerika-Politik anzusprechen. Nur muß der analytische Beobachter und Bewerter auch hier Ursache und Wirkung in Rechnung stellen: Die sowjetische Gefahr im Weltmaßstab galt für die USA von der Intention her, weil eben immer wieder verwirklicht, als so übergeordnet, daß Washington auch vor einer Politik sozusagen des »Teufelaustreibens durch Beelzebub« nicht zurückschreckte, mit anderen Worten auch antidemokratische Diktaturen von »rechts« in Lateinamerika unterstützte, um solche von »links« als angeblich Moskau-gesteuerte einzudämmen bzw. zu Fall zu bringen.

Natürlich war gemäß unserer Definition von Bedrohungsvorstellungen und Feindbildern nicht nur die Washingtoner Perzeption der Intentionen Moskaus von Bedeutung, sondern auch die der gegnerischen *Potentiale.* 1950 konnte das sowjetische Potential, wie es auch im Nationalen Sicherheitsrat-Dokument 68 angesprochen wurde, noch als überzeichnet gelten – mit zunehmender atomarer Pattsituation dann aber immer weniger. Die nachweisbare Tatsache, daß es hinsichtlich der Beurteilung der Potentiale im sowjetisch-amerikanischen Verhältnis in Washington wiederholt zu Fehleinschätzungen gekommen ist – nun ganz im Sinne von Frei –, ändert nichts an unserem prinzipiellen Einwand gegenüber dessen komparativer Feindbildanalyse insgesamt. Abgesehen davon, daß in Washington wie im übrigen auch später in Bonn von jeher Differenzen zwischen Außen- und Verteidigungsministerium zum täglichen politischen Geschäft gehörten – in den USA vor allem aber sicherlich deshalb, weil die Militärs in den Worten des Generalpräsidenten Eiserhower dazu neigten, ein »Dreifaches« an notwendigem Potential zu stapeln[22] –, haben CIA und militärische Nachrichtendienste der USA ihrer eigenen Regierung zweifellos immer wieder überhöhte Potentialberechnungen bezogen auf die Sowjetunion vorgelegt, sei es aus tatsächlicher Fehlinformation – wie später vom CIA im Hinblick auf die zunächst behauptete und dann widerlegte Raketen-Lücke zugunsten der Sowjetunion Anfang der sechziger Jahre zugegeben wurde –, oder um eigene Nach- bzw. Vorrüstungen durchführen zu können[23], indem man gegnerische Potentiale bewußt hochrechnete. Alles in allem ist aber das Zwischenfazit eindeutig: Wir haben es auf westlicher Seite zwischen 1945 und 1985 mit dem klassischen Fall einer generell zutreffenden Feindanalyse zu tun gehabt, was zu spezifischen Bildern vom Gegner Anlaß geben mußte.

Was nun die sowjetischen Bedrohungsvorstellungen Stalins mit ihren spezifischen Feindbildern in Richtung USA betrifft, so basierten sie 1945/46 entweder auf Fehlwahrnehmungen (misperceptions) und kognitiven Dissonanzen – man wurde zum Opfer der eigenen Propaganda –, oder, was wahrscheinlicher ist, man manipulierte sozusagen als Täter ein Fremd- und Feindbild bezogen auf den Gegenspieler in Washington.

Für das Jahr 1945 könnte man allerdings Stalin mit einigem Wohlwollen attestieren, daß er unter dem traumatischen Schock des beinahe NS-Sieges vor den Toren Moskaus und Leningrads subjektiv gesehen in echten Bedrohungsängsten befangen war, wie denn überhaupt die sowjetische Massenöffentlichkeit bis in unsere Zeit hinein nach den Opfern von über 20 Millionen Toten im Zweiten Weltkrieg verständlicherweise von solchen Ängsten erfüllt gewesen ist. Für die Zeit unmittelbar nach Kriegsende stellen die in amerikanischen Akten festgehaltenen Äußerungen Stalins gegenüber Hopkins, dem Sonderberater von Roosevelt und dann von Truman, eine ernstzunehmende Quelle dar. Stalin verwies in diesem Gespräch immer wieder auf die historischen Erfahrungen Rußlands bzw. der Sowjetunion im 20. Jahrhundert und verlangte deshalb mehr oder weniger deutlich vor allem im Hinblick auf Polen die Schaffung eines Sicherheitsgürtels an den Grenzen seines Landes[24]. Ein solches Sicherheitsbedürfnis der Sowjetunion wurde Moskau in Washington auch in den Jahren des Kalten Krieges wiederholt zugebilligt. Damals, im Juni 1945, dürfte Stalin darüber hinaus auch schon Kenntnis von den Fortschritten bei der Entwicklung der amerikanischen Atombombe gehabt und somit das US-Atommonopol möglicherweise tatsächlich gefürchtet haben. Plausibel aber erscheint die weitere Hypothese, daß nach dem Verlust des amerikanischen Atommonopols spätestens Anfang der fünfziger Jahre die Sorge Stalins vor einem Angriff der USA immer geringer wurde. Von einem mangelhaften Informationsstand in dieser Frage in Moskau – ein Problem, das generell in der Konfliktforschung als eine Ursache für verzerrte Fremdbilder und damit für Konflikte überhaupt angesehen wird – kann in Stalins Falle sicherlich nicht die Rede sein. Der sowjetische Spionagedienst war schon damals so gut wie sein Ruf. Eine solche Annahme wird durch indirekte Quellen aus dem Ostblock abgestützt, wonach Stalin in der US-Atommacht zunehmend einen »Papiertiger« sah und wir es daher mit einer typischen Desinformationspolitik zu tun hatten, die darauf abzielte, auf diese Weise das Feindbild gegenüber dem kapitalistischen Westen im eigenen Lager besser aufrechterhalten zu können[25].

US-Außenminister John Foster Dulles hatte sicherlich recht, wenn er Ende der fünfziger Jahre, damals schon todkrank, seinem Besucher im Krankenhaus, Vizepräsident Richard Nixon, gegenüber erklärte: »Chruschtschow braucht nicht von unseren guten Absichten überzeugt zu werden. Er weiß, daß wir nicht Aggressoren sind und die Sicherheit der Sowjetunion nicht bedrohen. Er versteht uns. Aber was er unbedingt wissen muß, ist, daß auch wir ihn verstehen.«[26]

Selbst wenn Stalin unter Potentialgesichtspunkten von 1945 bis 1950 tatsächlich an eine echte Bedrohung durch die USA glaubte, ist für die heutige Forschung klar: Es lassen sich solche Bedrohungsängste als objektiv unbegründet widerlegen. Eine angebliche Bedrohungshaltung der USA gegenüber der Sowjetunion durch eine »atomare Diplomatie« nach dem erfolgreichen Test der ersten Atombombe noch während der Potsdamer Konferenz 1945 und die angebliche Weiterführung einer solchen Drohpolitik während des sich anschließenden ca. sechs Jahre dauernden US-Atommonopols wurde und wird in der Literatur[27] immer noch fälschlicherweise als Rechtfertigung für Stalins nachweisbare Aggressionsschritte dargestellt. Tatsächlich bestand in Washington zu keiner Zeit die Absicht, das atomare Monopol – etwa durch einen als potentielles Instrumentarium im Ost-West-Konflikt dort stets vor allem unter ethischen Gesichtspunkten abgelehnten Präventivschlag – einzusetzen, um die »tödliche« sowjetische Gefahr (so NSC-Analysen) ein für alle Mal auszuschalten[28]. Worst Case-Szenarien als solche, die in Washington wie vermutlich bei allen militärischen wie politischen Planungsstäben angestellt wurden und den sowjetischen Geheimdiensten nicht unbekannt gewesen sein dürften, können von den Quellen her unseren zentralen Einwand gegenüber der komparativen Analyse Freis insgesamt nicht abschwächen. Dies ist deshalb erwähnenswert, weil die Existenz bzw. das Bekanntwerden solcher Worst Case-Szenarien auch von Frei als eine Komponente angesehen wird, die in die Verfestigung von Feindbildern eingeht. Dies kann so sein, muß es aber nicht. Immerhin ist an dieser Stelle die Fruchtbarkeit des Lösungsansatzes im langsam überwundenen Ost-West-Konflikt festzumachen, wonach seit der KSZE-Schlußakte »vertrauensbildende Maßnahmen« zwischen den Militärs angestrebt und zunehmend verwirklicht werden.

Daß schließlich in den USA die Fixierung entsprechender Feindbilder und deren Hervorhebung in amtlichen Verlautbarungen Anfang der fünfziger Jahre in Verbindung mit den tatsächlichen Geschehnissen in Asien (China und Korea) ebenso wie in Südost- und Osteuropa zu polithysterischen Hexenjagden eines Senators McCarthy auf alles Kommunistische führte, steht auf einem anderen Blatt, wirkte sich aber nur auf das innenpolitische Klima in den USA aus, weil es sich dabei um Veranstaltungen eines sachlich und zeitlich begrenzt mit Macht ausgestatteten Kreises handelte, der nachweislich keinen Einfluß auf die US-Außenpolitik gehabt hat, wenn man einmal von dem Sonderfall der sogenannten China-Lobby absieht. Immerhin ging der republikanische Präsident dieses republikanischen Senators 1955 zu Versöhnungsgesprächen nach Genf und hatte ebenfalls zu solchen Gipfelgesprächen Chruschtschow 1959 in den USA zu Gast[29].

Beides, die außenpolitische Analyse wie diese vorübergehende innenpolitische Hysterie, kam dann sozusagen als back-lash über den Atlantik nach Westeuropa und insbesondere in die Bundesrepublik. Was die bedrohungsanalytische Seite und das außenpolitische Feindbild betraf, so ist von der Entstehungs- und Entwicklungsgeschichte der NATO her klar, daß das Bündnis in offiziellen Verlautbarungen sowie in bislang nicht zugänglichen Positionspapieren[30] trotz des nach Vertragslage stets erforderlichen Allianzkonsenses ganz wesentlich auf der Linie Washingtons lag. Das galt nun besonders uneingeschränkt für die Bonner Bundesregierungen. Die Regierung Adenauer verfügte ohnehin zunächst über keine eigenen Dienste, war also auf die Erkenntnisse der amerikanischen angewiesen. In der tatsächlichen Bedrohtheitssituation der Bundesrepublik Deutschland unter geographischen, ideologisch-politischen und damit auch militärischen Gesichtspunkten in der Mitte Europas konnte ein außen- wie innenpolitischer Gleichklang Bonns mit Washington über viele Jahre hinweg nicht überraschen. So kam es in bundesdeutschen Memoranden etc. schon rein terminologisch zu ganz ähnlichen Zuordnungen, zum Teil noch aufgrund persönlicher Erlebnisse vieler Deutscher beim Einmarsch der sowjetischen Armeen zu Ende des Zweiten Weltkrieges variiert: »In wenigen Tagen am Rhein«, »asiatischer Bolschewismus«, »überrollt werden«, »5. Kolonne«, »Wühlarbeit«, »freiheitliches Christentum gegen atheistischen Materialismus«, »Welteroberungspläne« usw. Auch die Zahl der in Europa unter Waffen stehenden sowjetischen Soldaten wurde in Bonn wiederholt zu hoch angesetzt[31]. In der Bundesrepublik waren darüber hinaus ebenfalls Anklänge antikommunistischer Hysterie zu verzeichnen. Diese blieb aber eine Randerscheinung und überdauerte allenfalls in gewissen Attributen, die sich bestimmte Massenpublikationen über die Jahre hinweg zu eigen machten. Daß schließlich die ersten Radikalenerlasse bezogen auf Angehörige des öffentlichen Dienstes unter Konrad Adenauer im internationalen Schicksalsjahr 1950 herausgebracht wurden, um nur diese Beispiele für in praktische Politik umgesetzte Feindbildraster anzudeuten, lag in der Logik der Dinge.

Damit sind wir abschließend bei der Feindbilderproblematik bezogen auf die deutsch-deutschen Beziehungen nach 1949. Auch hier galt und gilt es, in der bewertenden Analyse Ursachen und Wirkungen auseinander zu halten: Am Anfang stand eine auch in Bonn ja richtig eingestufte stalinistische Praxis, erweitert um die Variante Ulbricht und seine Mitarbeiter bzw. Nachfolger, verkörpert durch Begriffe wie Stasi-Staat mit dem, was auch auf deutschem Boden an Terror, psychiatrischen Anstalten, vor allem aber einer systematisch betriebenen und gänzlich unverschleierten Haßpropaganda zusammenhing – noch bis in das Revolutionsjahr 1989 hinein. Es wurde in der DDR mit allen Mitteln der Agitation ein Feindbild auf- und ausgebaut gegenüber dem anderen, westlichen Deutschland als Teil des gesamten kapitalistischen imperialistischen Westens. Es handelte sich nach marxistisch-leninistischer Definition um den nationalen wie internationalen Klassenfeind, also um ein Verhältnis von antagonistischen, nicht aufhebbaren Widersprüchen. Dies entsprach bis 1989 der Generallinie des moskaugesteuerten Satellitensystems, demzufolge auch Kriege lange Zeit als »gerecht« eingestuft werden konnten, einschließlich der Variante, daß man jedem Feind des Feindes ein Freund sein müsse. Letzterem Gedanken lag u. a. die direkte und indirekte DDR-Unterstützung für die PLO, aber auch, wie sich 1990 herausstellte, der RAF-Terroristen auf deutschem Boden zugrunde.

Für amtlich verordnete Feindbilder und Erziehung zum Haß lassen sich aus den Veröffentlichungen und Richtlinien des SED-Staates schon sehr frühzeitig und auch noch nach Beginn des KSZE-Prozesses ab 1975 eine große Anzahl an Belegen anführen. Hier seien paradigmatisch nur einige erwähnt: So hieß es z. B. in der Zeitung »Neue Zeit« (einem Blatt der damaligen Ost-CDU) am 16. Februar 1974: »Wer heute eine Haßerziehung der Jugend in unseren Schulen, die sozialistische Persönlichkeit heranbilden helfen, beklagt und damit jenes unserer Jugend eigene ganz bewußte parteiliche Empfinden und Handeln gegenüber Imperialismus und Antikommunismus zu kritisieren für nötig erachtet, disqualifiziert sich auch als Theologe ...« Oder, wie es die Akademie der Pädagogischen Wissenschaften der DDR in einem Memorandum über »Probleme der kommunistischen Erziehung« 1974 formulierte: »... aber gerade die Jungen und Mädchen unserer Republik müssen den Feind genau bestimmen können ... Er ist ein gefährlicher und heimtückischer Feind ... An unserem Feindbild ändert sich nichts, wenn auch in der BRD rechte Sozialdemokraten die Regierungsgeschäfte und die Militärpolitik betreiben ... Wir erziehen unsere Schüler zum Haß gegen den Imperialismus als System und gegen die Söldner, die unter der Befehlsgewalt imperialistischer Generale und Offiziere das Gewehr gegen die Macht der Arbeiter und Bauern, gegen den Sozialismus und unsere Freunde richten.« Oder in einer Broschüre an Eltern von Schulanfängern in der DDR, herausgegeben vom Ministerium für Volksbildung in Berlin 1973: »Helfen Sie Ihrem Kind, zwischen Gut und Böse, zwischen Freund und Feind zu unterscheiden.« Oder in einer »Handreichung zur sozialistischen Wehrerziehung« im Auftrag desselben Ministeriums 1974: »Die Erziehung zum Haß steht nicht im Widerspruch zu den edlen Zielen des Sozialismus.« Oder in einem Handbuch für Klassenlehrer, Lehrer und Erzieher, herausgegeben von der Akademie der Pädagogischen Wissenschaften der

DDR 1974 über die »sozialistische Erziehung älterer Schüler«: »Der unversöhnliche Haß gegen die imperialistischen Feinde ... wird vertieft«, oder in einem Grußwort der FDJler in der NVA und der Grenztruppen der DDR an das 10. Parlament der FDJ im Juni 1976: »Parteitagsinitiative der FDJ, das hieß für uns, alle FDJ-Mitglieder in die politischen Gespräche über das Wesen des Imperialismus und seine Aggressionsvorbereitungen einzubeziehen und sie zu befähigen, den Feind zu hassen ...«[32]

Solche Formulierungen in Tendenz und Diktion fanden zu keiner Zeit Entsprechungen in der Bundesrepublik Deutschland, schon gar nicht etwa in Rahmenrichtlinien der Kultusverwaltungen. Auch die Oberbefehlshaber der Bundeswehr in Friedenszeiten haben immer wieder ganz generell betont, daß die Bundeswehr keine Feindbilder gegenüber den kommunistischen Staaten kenne, so der sozialdemokratische Bundesverteidigungsminister Georg Leber 1976 genauso wie einer seiner Nachfolger, der christdemokratische Verteidigungsminister Rupert Scholz, als er am 12. September 1988 davon sprach, daß die »Bundeswehr nie ein Feindbild gehabt habe« und »ein solches ohnehin nicht brauche, wenn sie die nationale und internationale Lage richtig einschätzen wolle«[33]. Über viele Jahre hinweg herrschte aber in der Bundesrepublik Deutschland ein parteipolitischer Konsens darüber, Mauerbau, Schießbefehl und vermehrte Todesopfer an eben dieser Mauer und damit das gesamte SED-Regime als das zu bezeichnen, was es in dieser Beziehung für die Historiker auch bleiben wird.

Besonders nach Verabschiedung der Schlußakte von Helsinki und dem gerade in der Bundesrepublik ernstgemeinten Kurs der internationalen Entspannungspolitik konnte man hier aber zunehmend von einem Ausschlagen des Pendels beinahe schon in eine Gegenrichtung sprechen: Einmal galten immer mehr das Anprangern von Mauermorden oder die Zustimmung zur Erfassungsstelle in Salzgitter, ja ganz generell Verweise auf den Unrechts- und Terrorcharakter des SED-Regimes als Ausweis von kaltkriegerischem Antikommunismus, wobei dieser Terminus ganz unreflektiert oder bewußt manipulativ besonders von den neuen Alternativbewegungen in den Raum der politischen Auseinandersetzung gestellt wurde, wenn man einmal von der offiziellen Propaganda der westdeutschen DKP und anderen Linksgruppierungen absieht.

Nur vor einem solchen Hintergrund erklärt sich die Abfassung des SPD-SED-Papieres über die »Kultur des politischen Streites« vom August 1987. Von den diametral entgegengesetzten Systemen war hier nur noch in verschleierter Form die Rede, von Freiheit als zentraler Kategorie des Westens im Ost-West-Konflikt so gut wie überhaupt nicht. So mancher bundesdeutscher Politikwissenschaftler sah sich 1989, nachdem der wahre Charakter des DDR-Unrechtsstaates in allen seinen Facetten der breiten Öffentlichkeit bekannt wurde, immerhin gezwungen, zu eigenen früheren Werken über das politische System der DDR in einer erfreulichen Weise kritisch Stellung zu nehmen, so etwa Kurt Sontheimer. Es war in der Bewertung Dritter allerdings schon vorher aufgefallen, daß in den zeitgeschichtlichen und politikwissenschaftlichen Abhandlungen zur DDR z. B. über den Staatssicherheitsdienst wenig, wenn überhaupt etwas zu finden gewesen war. In diesem Zusammenhang sei paradigmatisch auf das in seiner Zeit als sehr solide angesehene Buch von Rüdiger Thomas »Modell DDR« hingewiesen, bei dem das Stichwort »Staatssicherheitsdienst« nur unter Personalia, d. h. bezogen auf den langjährigen Chef Mielke, angesprochen wurde[34].

Der Kreis dieser Kurzbetrachtung schließt mit der letzten These, daß aus westlicher Sicht erst die durch Gorbatschow eingeleitete Wende in der sowjetischen Innen- wie Außenpolitik, deren erfolgreicher Abschluß 1990 nicht abzuschätzen ist, die gesamte Feindbildproblematik im Ost-West-Verhältnis bezogen auf Europa einer Neubewertung und letztendlichen Lösung zugeführt werden kann. Neubewertung insofern, als nun Gorbatschow den totalitären Charakter eines über 70 Jahre währenden Systems grundlegend zu verändern begonnen hat und – offensichtlich motiviert durch eigene Lernprozesse vor allem als Folge seiner Gipfelbegegnungen mit zwei US-Präsidenten – seinem Vielvölkerstaat eine Abkehr von bislang amtlich verordneten Feindbildern dem Westen gegenüber aufzwingt. Andererseits kann der Westen seinerseits seine Fremdbilder oder auch daraus im Laufe der Zeit entwickelte Feindbilder den veränderten Umständen im sowjetischen Reich anpassen. Mit anderen Worten: Nicht der Westen mußte seine Fremdbilder von der Sowjetunion und ihrem Block als falsche Feindbilder abbauen, sondern umgekehrt, die sowjetische Führung mußte in einen Lernprozeß eintreten und ihre im wesentlichen falschen Feindbilder bezogen auf den Westen überwinden.

Damit gewinnt im Ost-West-Verhältnis die Forderung nach besseren gegenseitigen Fremdbildern eine ganz neue Dimension, wodurch auf beiden Seiten erstmalig seit 1945 Möglichkeiten zur Einübung von gegenseitiger Empathie geschaffen wurden. Auf solche und andere Lösungsansätze im Sinne einer Friedensforschung und auf entsprechende Prämissen praktischer Friedenspolitik hat nun Daniel Frei in seiner hier mehrfach kritisierten Vergleichsstudie zu Recht hingewiesen. Was über Jahre hinweg zunächst als »antagonistische Kooperation«[35] in der Terminologie der Politikwissenschaft besonders im Verhältnis zwischen Bundesrepublik und Sowjetunion zu praktizieren versucht wurde – wie wir wissen, nur mit begrenztem Erfolg –, kann aufgrund der von Gorbatschow herbeigeführten Wende letztlich zu einer dauerhaften Aussöhnung und Zusammenarbeit zwischen dem vereinigten Deutschland und seinen vom Zweiten Weltkrieg am meisten betroffenen osteuropäischen Nachbarn, d. h. den Russen und Polen, führen[36]. Dies wird noch auf Jahre hinaus eine Herausforderung und Aufgabe darstellen, wozu Hans-Adolf Jacobsen als Forscher und Autor ermutigende und wegweisende Pionierleistungen erbracht hat.

Anmerkungen

1 Bahnbrechend bereits Herbert Kelman (ed.), International Behaviour, New York 1965; Ole Holsti, The Belief System and National Images, in: Journal of Conflict Resolution, 6 (1962). Aus neuerer Zeit vor allem Robert Jervis, Perception and Misperception in International Relations, Princeton 1976, sowie eine ausgezeichnete Serie von Einzelfallstudien von Lloyd Etheredge, Can Governments learn, New York 1985.

2 Vgl. Ernst-Otto Czempiel/Carl-Christoph Schweitzer, Weltpolitik der USA nach 1945. Einführung und Dokumente, Bonn 1987[2].

3 Entsprechende Struktur- und Funktionsanalysen schon bei R. C. Snyder/H. W. Bruck/H. Sapin, Foreign Policy Decision-Making. An Approach to the Study of International Relations, Glencoe 1962; vgl. Carl-Christoph Schweitzer, Amerikas Chinesisches Dilemma, Opladen 1969.

4 Ebd., S. 13ff.

5 Belege bei Carl-Christoph Schweitzer, Die USA und der Vietnam-Konflikt 1964–67, Opladen 1969, S. 25 ff.
6 Quincy Wright, Design for a Research Project on International Conflicts and the Factors causing their Aggravation or Amelioration, in: Western Political Quarterly, X (1957), S. 265 ff.
7 Siehe Carl-Christoph Schweitzer (Hrsg.), Bedrohung durch die Sowjetunion? Westliche Analysen der politischen Absichten im Zeitvergleich der fünfziger und achtziger Jahre, Baden-Baden – London 1989/90, S. 12 f.
8 Daniel Frei, Feindbilder und Abrüstung. Die gegenseitige Einschätzung der UdSSR und der USA, München 1985.
9 Ebd., S. 20 ff.
10 Dazu grundsätzlich E.-O. Czempiel/C.-C. Schweitzer (Anm. 2), S. 11 ff., 29 und 33 ff.
11 Vgl. etwa Voitech Mastny, in: C.-C. Schweitzer (Anm. 7), S. 437 ff. Auch der Planungsstab des Bonner Auswärtigen Amtes hat sich in den letzten Jahren wiederholt positiv mit ihm beschäftigt.
12 Paradigmatisch bei E.-O. Czempiel/C.-C. Schweitzer (Anm. 2), S. 230 ff.
13 Ebd., S. 40 ff., 86 ff.
14 Literaturangaben ebd., S. 30.
15 Ebd., S. 43 f.
16 Ebd., S. 27.
17 Vgl. Martin Krumme, Die amerikanische Südosteuropa-Politik 1944–47 an ausgewählten Beispielen, Diss., Bonn 1989.
18 E.-O. Czempiel/C.-C. Schweitzer (Anm. 2), S. 146 ff. und 195 ff.
19 NSC 68, Text in: Foreign Relations of the United States, Bd. 1, 1950, S. 262 ff. (NSC 5906: National Archives, Washington).
20 Grundlegend hierzu Glenn Page, The Korean Decision, New York 1964; und Bruce Cumings, The Origins of the Korean War, Princeton 1981.
21 Deutsche Übersetzung nach Keesing's Archiv der Gegenwart, 12. 3. 1947, S. 1039.
22 Eisenhower Library, DDE Diaries, 20. 1. 1959, zit. in: E.-O. Czempiel/C.-C. Schweitzer (Anm. 2), S. 240.
23 Zur CIA und zu anderen US-Diensten grundsätzlich: Peer De Silva, Sub Rosa, the CIA and the Uses of Intelligence, New York 1978; zu den die »Raketenlücke« betreffenden Quellen siehe E.-O. Czempiel/C.-C. Schweitzer (Anm. 2), S. 103 ff.
24 Vgl. ebd., S. 46 ff.
25 Vgl. Michael Voslensky, in: C.-C. Schweitzer (Hrsg.), (Anm. 7), S. 411 ff.
26 Zitiert nach Richard Nixon, Six Crises, New York 1962, S. 241 f.
27 Bahnbrechend falsch Gar Alperovitz, Atomare Diplomatie. Hiroshima und Potsdam, (dt.) München 1965. Überprüfung für diesen Zeitraum, vor allem etwa der Moskauer Außenministerkonferenz im Frühjahr 1947, in den jeweiligen Bänden der Akten-Publikation: »Foreign Relations of the United States«.
28 Belege bei E.-O. Czempiel/C.-C. Schweitzer (Anm. 2), besonders für das sechste Jahrzehnt. Dort auch Belege zur China-Lobby.
29 Vgl. Richard Freeland, The Truman Doctrine and the Origins of McCarthyism. Foreign Policy, Domestic Politics and International Security, New York 1972; Belege bei C.-C. Schweitzer (Anm. 3).
30 C.-C. Schweitzer (Hrsg.) (Anm. 7), S. 345 ff.
31 Hans-Jürgen Rautenberg, in: C.-C. Schweitzer (Hrsg.) (Anm. 7), S. 311 ff.
32 Zitiert nach Reinhard Günther, Feindbild Bundesrepublik Deutschland, Band 2, Bonn 1976, S. 18 ff., 34, 47 ff.
33 Zitiert nach C.-C. Schweitzer (Anm. 7), S. 362.
34 Rüdiger Thomas, Modell DDR, München 1974[2]. Die erste umfassende Studie zu diesem Thema stammt von Karl Wilhelm Fricke, Die DDR-Staatssicherheit. Entwicklung, Strukturen, Aktionsfelder, Köln 1982.
35 David Mitrany, Toward a working Peace System, London 1944, als Begründer der sogenannten funktionalistischen Schule.

36 Zur ersten Gegenüberstellung dieser Art in einem interdisziplinären Gemeinschaftswerk von 20 deutschen und polnischen Wissenschaftlern nach langwierigen Vorverhandlungen des Verf. siehe Hans-Adolf Jacobsen/Carl-Christoph Schweitzer/Jerzy Sulek/Lech Treciakowski (Hrsg.), Bundesrepublik Deutschland und Volksrepublik Polen. Bilanz der Beziehungen, Probleme und Perspektiven ihrer Normalisierung, Warschau–Frankfurt a.M. 1979. In den verschiedenen Beiträgen machte die jeweils »andere Seite« Gegenanmerkungen zu Beiträgen aus dem anderen Land. Hans-Adolf Jacobsen hat darüber hinaus gerade zum gegenseitigen deutsch-polnischen Fremd- und Feindbild beachtenswerte Veröffentlichungen gemeinschaftlich mit polnischen Kollegen herausgebracht und an seinem Bonner Lehrstuhl gefördert.

IV. Prägekräfte politischer Lebenskultur

Barthold C. Witte

Deutsche Kulturpolitik im Ausland: Ziele – Chancen – Grenzen

I.

Auswärtige Kulturpolitik ist ein relativ junges Instrument staatlicher Außenpolitik. Ihre eigentliche Geschichte beginnt erst gegen Ende des vorigen Jahrhunderts; zunächst ab etwa 1880 in Frankreich und Italien – 1883 wurde die »Alliance Francaise«, 1889 die Dante Alighieri-Gesellschaft gegründet –, später in den anderen europäischen Staaten. Begriff und Idee einer »auswärtigen Kulturpolitik« wurden in Deutschland erstmals 1912 von dem Wirtschaftshistoriker Karl Lamprecht in einem Brief an den deutschen Reichskanzler von Bethmann Hollweg formuliert. Im Antwortbrief Bethmann Hollwegs heißt es: »Auch Deutschland muß, wenn es Weltpolitik betreiben will, diesen Weg gehen.«

Kulturelle Außenpolitik war – das verstand sich, wie Bethmanns Antwort zeigt – in Deutschland wie anderswo zunächst als Flankierung des imperialistischen Anspruchs und des nationalen Aufbruchs. Weil die nationale Mobilisierung auf betonter kultureller Distanz zu den anderen Nationen fußte, wie im deutsch-französischen Verhältnis bis zur Mitte des 20. Jahrhunderts paradigmatisch abzulesen ist, wurde die Demonstration kultureller Überlegenheit geradezu zum Selbstwert. Neu war dabei weniger der politische Gebrauch der Kultur; seit dem antiken Griechenland repräsentierte sich die Kultur eines Staates stets in seiner Politik. Neu war im Zeitalter der imperialen Mächte die mythologische Stilisierung der Nation und ihrer Kultur als Grundlage des Anspruchs, über andere, gar über die Welt zu herrschen.

Im Wettbewerb der Staaten um den »Platz an der Sonne« war indes die Kultur nicht nur Instrument. Sprache, Brauchtum, Volksgeist und Kultur sollten »geistige Waffen« werden. Der »Imperialismus der Idee« (von Bethmann Hollweg) wurde dem Imperialismus der wirtschaftlichen und politischen Tat an die Seite gestellt. Von da war es nicht mehr weit zur kulturellen Begründung des angeblich unvermeidlichen Griffs zu den Waffen. »Deutscher Geist« gegen »westliche Zivilisation« – dieser Alternative erlagen 1914 selbst kritische Geister wie Thomas Mann oder Ernst Troeltsch, die mit dieser Entgegensetzung den Ersten Weltkrieg ideologisch begründeten und überhöhten. Diesem verhängnisvollen Irrweg mag es zuzuschreiben sein, daß die »auswärtige Kulturpolitik« bis jetzt noch nicht die Aufmerksamkeit unter den Historikern und Politologen gefunden hat, die ihr gebührt. Durch die Fixierung der Forschung auf die politisch-militärischen und sozial-ökonomischen Aspekte des imperialistischen Zeitalters gewann die politische und zeithistorische Wissenschaft der Bundesrepublik Deutschland bisher kein rechtes Verhältnis zur vermeintlich »peripheren« auswärtigen Kulturpolitik.

Immerhin ist die Frühgeschichte deutscher auswärtiger Kulturpolitik vom Ende des vorigen Jahrhunderts bis zum Ende der Weimarer Republik dank der Initiativen von Kurt Düwell und einiger anderer seit den siebziger Jahren wenigstens zum Gegenstand forschender Reflexion geworden. Dabei kam als ein wichtiges Ergebnis zutage, daß schon während der Weimarer Republik Ansätze zur Überwindung der bloßen Inanspruchnahme der Kultur für welt- und nationalpolitische Zwecke sichtbar wurden, besonders in dem Bemühen des preußischen Kultusministers Carl-Heinrich Becker, Selbstwert und Autonomie von Kultur und Wissenschaft in den grenzüberschreitenden Austausch einzubringen.

Doch harrt die immerhin schon vierzigjährige auswärtige Kulturpolitik der zweiten deutschen Demokratie noch fast völlig ihrer wissenschaftlichen Durchdringung. Hans-Adolf Jacobsen gehört zu den wenigen, die dazu aus eigenem Engagement für den grenzüberschreitenden Dialog schon beigetragen haben. Damit ist nicht die erfreuliche Tatsache gemeint, daß seine zahlreichen Publikationen und Editionen über den Nationalsozialismus und den Zweiten Weltkrieg in den Bibliotheken vieler Goethe-Institute für deren Nutzer in aller Welt bereitstehen. Zu denken ist vielmehr und vor allem an Hans-Adolf Jacobsens dokumentierende und analysierende Begleitung des West-Ost-Konflikts und der Versuche zu dessen Überwindung durch Ostpolitik und KSZE-Prozeß. Der von Jacobsen zur Beschreibung dieses dialektischen Prozesses um Annäherung und Abstoßung zwischen West und Ost, Demokratie und Kommunismus entwickelte Begriff der »antagonistischen Kooperation« erweist sich in seiner Anwendung auf die auswärtige Kulturpolitik als besonders fruchtbar.

II.

Wer sich mit dem Forschungsgegenstand »auswärtige Kultupolitik« ernsthaft auseinandersetzt, der merkt sehr rasch, daß er sich auf ein tektonisch hochsensibles Feld begibt, das Altes und Neues, Nahes und Fernes, Vordergründiges und Hintersinniges zusammenbringt und deshalb von vielerlei Spannungen durchzogen ist. Zu denken ist zunächst an jenen in der deutschen Geistesgeschichte des 18. und 19. Jahrhunderts ausgeprägten, bis heute oft zitierten Gegensatz von Kultur und Politik, der in dem Wort »Kulturpolitik« nicht verdrängt, sondern beschlossen ist. Modus des Denkens gegen Modus des Handelns, Gesinnungsethik versus Verantwortungsethik, Geist contra Macht: Solche Paarungen beschreiben die Gegensätze, die sich freilich auch anziehen. Derzeit, so läßt sich feststellen, ist Kultur in aller Munde. Allenthalben wird angesichts von Modernisierungsschüben und politischen Paradigmenwechseln Zuflucht in »kulturellen Lösungen« gesucht. Kulturpolitik ist überall dort in den Mittelpunkt des Interesses gerückt, wo es darum geht, die Herausforderungen des weltweiten wissenschaftlich-technischen Prozesses auf dem Wege zur »Kommunikationsgesellschaft« anzunehmen. Zugleich wird in unseren Zeiten politischer Umstrukturierung unter Unsicherheit, zwischen fortschreitender Integration Westeuropas einerseits, friedlicher Revolution und demokratischer Reform in Osteuropa andererseits, nach »Kultur« als Haftstoff, als Ordnungshilfe gefragt. Die andere, eher innovatorische Rolle der Kultur tritt dabei häufig etwas in den Hintergrund.

Im internationalen Zusammenhang kommt die nach außen gerichtete »auswärtige« Komponente hinzu. Das schon im Innern mitunter heikle und spannungsvolle Gleichgewicht zwischen der freien, individuell und gesellschaftlich bestimmten Kulturszene und der staatlichen Politik verlängert sich in den Raum zwischengesellschaftlicher und zwischenstaatlicher Beziehungen: hier der Anspruch auf staatsfreien Austausch, dort die Einordnung von Kunst und Bildung, von Wissenschaft und Medien, von Personen-, Güter- und Gedankenaustausch in außenpolitische Ziele.

Daß man mit Kultur Politik, also auch Außenpolitik machen könne, hat schon Theodor Heuss des öfteren gesagt. Ralf Dahrendorf fügte dem warnend hinzu, die Kultur dürfe damit nicht Magd der Politik werden. Das ist gewiß richtig, wenn damit gemeint ist, daß sich langwellige kulturelle Entwicklungen nicht zur politischen Instrumentalisierung eignen. Da zumindest aber alle größeren Staaten dieser Welt auswärtige Kulturpolitik betreiben, dazu auch viele kleinere nach dem Maß ihrer Ressourcen, liegt der von Heuss benannte Sachverhalt als Tatsache offen: Mit Kultur wird Politik gemacht. Natürlich fließen viele Kulturströme, diejenigen für die Wenigen nicht anders als die für die Vielen, ganz ohne Zutun des Staates über die Grenzen. Wo es noch Hindernisse für diesen Fluß gibt, gilt es, sie zu beseitigen. Andererseits bleiben viele Bereiche nicht nur der »E-Kultur«, sondern auch der Bildung, der Wissenschaft oder des Personenaustausches auf staatliche Förderung angewiesen. Selbst bei völlig offenen Grenzen bleibt staatliches Handeln nötig.

Staatliche Entscheidungen bestimmen also wesentlich darüber mit, wie unser Land und seine Bürger im Ausland dargestellt werden, ob sie Vertrauen oder Mißtrauen finden. Nach welchen Maßstäben entschieden und welche Auswahl aus unserem kulturellen Angebot getroffen wird, muß immer erneut diskutiert werden. Selbst wenn Einigkeit darüber besteht, daß Vielfalt und Qualität unabdingbar sind, bleibt genug Stoff für Kontroversen.

Auswärtige Kulturpolitik ist damit eines der entscheidenden Medien für den Transport nationaler Selbstzuschreibungen. Daran hatte sich auch das Interesse der Realpolitik für kulturelle Angelegenheiten am Ende des vorigen Jahrhunderts entzündet. Vor dem Hintergrund der ungeheuren zerstörerischen Triebkräfte einer national fixierten, im wesentlichen die Differenz, nicht die Vielfalt betonenden auswärtigen Kulturpolitik bis 1945 ist das entscheidend Neue deutscher auswärtiger Kulturpolitik nach dem Zweiten Weltkrieg, daß sie nicht bei der Selbstdarstellung stehenbleibt, sondern zur gegenseitigen Durchdringung, zumindest Durchleuchtung der Nationalkulturen überging. Dialog und Zusammenarbeit treten damit an die Stelle bloßer Selbstspiegelung nach außen.

Auch in diesem neuen Modus bleibt indessen die Identitätsfrage gestellt, wie sich an den immer neuen Bemühungen um ein »umfassendes und wirklichkeitsgetreues Deutschlandbild« als einer wichtigen Zielgröße deutscher Kulturpolitik im Ausland zeigen läßt. Denn so sehr dieses Deutschlandbild davon bestimmt ist, daß die Bundesrepublik Deutschland Teil des Westens und seiner politischen und kulturellen Zivilisation geworden ist, so wenig kann und darf verschwiegen werden, was in der »histoire quasi immobile« der Sprachen, Bilder, kollektiven Selbstzuschreibungen und Mentalitäten mit dem Adjektiv »deutsch« zu benennen ist. Die auswärtige Kulturpolitik der Bundesrepublik Deutschland und künftig ganz gewiß auch des vereinten Deutschlands ist darum neben der Spannung zwischen Kultur und Politik von einer zweiten Spannung gekennzeichnet: zwischen dem Gemeinsamen der Europäer, ja der Weltbürger und dem Besonderen der Deutschen. Die eine Spannung wird so wenig aufhebbar sein wie die andere. Aufgabe verantwortlicher Politik bleibt es, beide nicht nur auszuhalten, sondern fruchtbar zu machen.

III.

Es bedeutet keine unzulässige Personalisierung der Zeitgeschichte, wenn im folgenden die wesentlichen Linien der bisherigen auswärtigen Kulturpolitik der Bundesrepublik Deutschland am Beispiel dreier überragender Gestalten wie Gestalter nachgezeichnet werden: Dieter Sattler, Ralf Dahrendorf und Hildegard Hamm-Brücher. Ihre Namen stehen für entscheidende Wegmarkierungen, ein jeder gewiß mit anderen Zeitläufen konfrontiert, deshalb auch jeweils andere Antworten gebend, alle indessen aus dem gleichen Geist der Liberalität schöpfend. Die bedeutenden Impulse, die ihnen zu verdanken sind, sind noch heute lebendig und gültig. Sie ergeben durchaus einen »roten Faden« in der komplexen Entwicklung unserer auswärtigen Kulturpolitik.

Daß es einen solchen »roten Faden« überhaupt gibt, ist um so erstaunlicher, als der Beginn dieser Kulturpolitik von einem tiefen Bruch mit der Vergangenheit geprägt war. Die Anfänge einer kulturellen Wirkung nach außen, zunächst unter der Ägide der Alliierten bis 1949, dann durch die Verbindungsstelle des Bundeskanzleramtes 1950 und 1951, ab 1951 schließlich durch die Kulturabteilung des neu gegründeten Auswärtigen Amtes, waren deshalb auch nicht mehr als erste tastende Versuche in schwierigem Gelände. Wohl waren die politischen Vorgaben und kompetenzrechtlichen Abgrenzungen durch die Väter des Grundgesetzes bestimmt worden. Der Parlamentarische Rat hatte die innerstaatliche Zuständigkeit für Kultur, Bildung und Wissenschaft ganz überwiegend den Ländern, die Zuständigkeit für Fragen der auswärtigen Kulturpolitik dagegen dem Bund als Träger der auswärtigen Gewalt zugeteilt. Für den Abschluß völkerrechtlicher Verträge im Bereich der Gesetzgebungskompetenz der Länder ist angesichts der bei dieser Verteilung möglichen Konflikte mit der Lindauer Absprache von 1957 – und in europäischem Kontext mit dem sogenannten »Bundesratsverfahren« von Dezember 1987 – ein für Bund und Länder gleichermaßen akzeptabler modus vivendi geschaffen worden.

1951 war jedenfalls mit der Kompetenz des Auswärtigen Amtes allein noch kein Programm zu machen. Da fast alle organisatorischen Strukturen der vorherigen auswärtigen Kulturpolitik entweder durch die Kriegsfolgen zerstört oder politisch und moralisch diskreditiert waren, schlug zunächst die Stunde der Praktiker. Sie waren allesamt von den Erfahrungen der Kriegsgeneration geprägt. »Nie wieder Krieg«, »Nie wieder Diktatur«, »Nie wieder Nationalsozialismus« – das waren ihre existenzbestimmenden Folgerungen aus den Erfahrungen mit der Barbarei. An die Stelle nationalistischer Abgrenzung sollte die völkerverbindende Kraft der Kultur treten. Das erwies sich als schwierig.

Der Entschlossenheit des demokratischen Neubeginns entsprach daher die Behutsamkeit, mit der die ersten Schritte ins Ausland angelegt wurden. Die Bundesrepublik Deutschland hatte es angesichts der geschichtlichen Hypotheken auf dem Gebiet der auswärtigen Politik bis hin zur Vernichtungspolitik des Hitler-Regimes so schwer wie kein anderes Land. Bewußt niedriges Profil der ersten Versuche sollte jegliche

Reminiszenz an Zeiten, da die Welt am deutschen Wesen genesen sollte, ausschließen. Der verdeckte Mißbrauch der Deutschen im Ausland durch die nationalsozialistische »Volkstums- und Lebensraumideologie« machte auch eine Unterstützung deutscher Minderheiten, wie sie für die Weimarer Republik ganz selbstverständlich gewesen war, für lange Zeit unmöglich. Um Verdacht und Ängste nicht entstehen zu lassen, entschied man sich zunächst für das Unproblematische, für eine eher museale Kulturarbeit im Ausland.

Das andere, das bessere Deutschland Kants, Goethes oder Dürers galt es, der Welt zu zeigen. Der Alleinvertretungsanspruch gegenüber der DDR zog dem zwar direktere interessenpolitische Motivationen ein, die zu vermittelnde Botschaft blieb aber vorwiegend im Ästhetisch-Schöngeistigen und im Bereich der reinen Wissenschaft. Unter diesen Prämissen wurden auch Institutionen der Weimarer Republik und ihre Zielsetzung wiederbelebt, so zum Beispiel durch die Wiedererrichtung des Goethe-Instituts, des DAAD und der Humboldt-Stiftung und die Revitalisierung der noch vorhandenen deutschen Auslandsschulen zwischen 1950 und 1953. Andere Aufgaben wie die Entsendung von Kulturreferenten, die Aufnahme der Bundesrepublik Deutschland in den Europarat und die UNESCO, erste Kulturabkommen kamen hinzu. Die hierfür zur Verfügung stehenden Mittel waren zunächst sehr beschränkt (Haushalt 1952: 2,8 Millionen DM), wuchsen dann aber stetig an (Haushalt 1958: 50 Millionen DM).

IV.

In der Gestalt Dieter Sattlers, der 1959 für sieben Jahre die Leitung der Abteilung für auswärtige Kulturpolitik des Auswärtigen Amtes übernahm, findet diese erste Periode der Neubestimmung ihren Höhepunkt und Abschluß. Sattlers Bemühungen richteten sich ebensosehr darauf, den engagierten und für die Sache begeisterten Praktikern den Rücken freizuhalten wie zunehmend auch konzeptionelle Aspekte einzubringen.

So war er es, der die zunächst aus rein praktischen Gründen wiedererstandenen Mittlerorganisationen in ein kulturpolitisches Konzept einband, das auf den verfassungsrechtlichen Vorgaben aufbaute. Das Bonner Grundgesetz hatte zwar hinsichtlich der institutionellen Verankerung auswärtiger Kulturpolitik an geschichtliche Vorbilder der Weimarer Republik und des Kaiserreichs angeknüpft, ging aber inhaltlich über sie hinaus: Denn selbst für so modern gesonnene Geister wie Wilhelm von Humboldt oder Carl Heinrich Becker war Kulturpolitik immer Bestandteil souveräner Staatlichkeit gewesen, die Freiheit der Kultur im Staat begründet. Die Gewaltherrschaft des Nationalsozialismus hatte schmerzhaft gezeigt, daß dies nicht ausreichte. Die Freiheit der Kultur, der Forschung und Lehre, überhaupt der Information war nun als vorstaatliches Menschenrecht durch den Staat gegen den Staat zu schützen. Das Ergebnis war der unmittelbar geltende Grundrechtskatalog des Grundgesetzes. Der Staat kann und darf danach nicht mehr tun, als die Kultur für sich selbst sprechen zu lassen. Letztes Ziel auswärtiger Kulturpolitik wäre danach ihre Selbstaufhebung durch die Eigenorganisation des kulturellen Dialogs durch die Bürger selbst.

Das ist nun freilich eine Utopie, überdies nicht einmal eine schöne, denn sie bedeutet, daß der grenzüberschreitende Austausch ganz den Gesetzen des freien Markts überlassen bleibt. Trotzdem galt es, so viel kulturelle Freiheit wie nur möglich zu verwirklichen. Es war deshalb folgerichtig, die Praxis der auswärtigen Kulturpolitik weitgehend selbständigen Mittlerorganisationen zu übertragen und diese auch nicht – wie es das Vorbild des British Council nahelegte – in einer zentralen Organisation zu vereinheitlichen. Sattler sah gerade in ihrer doppelten Vermittlerrolle – einmal zwischen In- und Ausland, zum anderen zwischen dem Staat und der freien Kulturszene – große Möglichkeiten für die Kulturbegegnung. Deren Beständigkeit und Richtung ergeben sich aus einem lebendigen »Hinüber« und »Herüber« oder – wie Sattler es formuliert hat – daraus, »daß eine Gondel rauf und eine Gondel runter muß«. Gerade weil die so neu organisierte auswärtige Kulturpolitik sich entschieden nicht als Staatskultur gerierte und zugleich aller nationalistischen Überheblichkeit absagte, deutsche Kultur und Wissenschaft vielmehr als wichtigen Teil europäischer und Weltkultur darstellte, gewann sie schnell verlorenes Vertrauen zurück. Dazu gehörte auch – und das ging auf Sattlers Einfluß zurück –, auf den Anspruch weltweiter Geltung für die deutsche Sprache zu verzichten und sie nur dort zu fördern, wo entsprechende Nachfrage nach einem Angebot verlangte.

V.

Gegen Mitte der sechziger Jahre zeigte sich, daß diese erste Phase der auswärtigen Kulturpolitik zu Ende ging. Die Darstellung des besseren Deutschlands hatte zu ihrem Teil zu der Wiedereingliederung der Deutschen in die Gemeinschaft der Völker beigetragen. Das gilt im übrigen nicht nur für die Bundesrepublik Deutschland und ihre Bürger, sondern trotz der ideologischen Unterschiede auch für die DDR. Nun aber setzte ein Wandel von innen her ein. Die immer breitere Bevölkerungsteile erfassende Zirkulation von Menschen, Gütern und Ideen durch den Massenverkehr und moderne Medien über die Grenzen hinweg bewirkte einen breit gefächerten Dialog der Gesellschaften und ihrer Bürger, der weit über bloße Selbstdarstellung hinauswies.

Zugleich reagierte das gesellschaftliche Leben der Bundesrepublik Deutschland zunehmend auf die von ihren Bürgern selbst gewollte Hinwendung zum Westen, zu seiner Modernität, Liberalität und Pluralität. Der Generationenkonflikt über die Rangfolge dieser Werte verschärfte sich. Die graduelle Öffnung der Staaten Mittel- und Osteuropas nach Stalins Tod, das Abschmelzen des Kalten Krieges und der Prozeß der Dekolonialisierung in Afrika und Asien fügten dem bislang auf Westeuropa und Amerika beschränkten kulturellen Austausch eine neue Dimension hinzu. Es war noch Dieter Sattler, der vor seinem Ausscheiden 1966 den Weg zu einer konzeptionellen Neuorientierung wies. Neben die nationale Repräsentation, so forderte er, müsse die internationale Kooperation, der Dialog mit dem Partner, treten. Damit ergebe sich für die Beziehungen zwischen den Völkern der Erde »eine dritte Bühne«: neben den politischen und ökonomischen Bereich tritt der kulturelle.

Es entsprach diesem Ansatz, in verstärktem Maße Kulturabkommen zu schließen, den wissenschaftlichen und studentischen Austausch auszubauen und den Jugendaustausch voranzubringen. Schwerpunkte dieser Bemühungen waren der transatlantische Wissenschaftsverkehr sowie der Kulturaustausch mit Frankreich. Beide Bereiche waren mit dem Notenwechsel zwischen Bundeskanzler Adenauer und Außenminister J. F. Dulles 1953 bzw. durch das deutsch-französische Kulturabkommen sowie den Elyséevertrag von 1963 auf vertragliche Grundlage gestellt worden. In der Folgezeit erlebten sie einen stürmischen Aufschwung. Der Beitrag der vielfältigen Programme und Initiativen, angefangen mit dem 1963 gegründeten Deutsch-Französischen Jugendwerk, für die Versöhnung der Deutschen mit ihren westlichen Nachbarn, gerade mit Frankreich und den USA, kann nicht hoch genug eingeschätzt werden. So vervierfachte sich der Kulturhaushalt unter Sattlers Stabführung (Haushalt 1966: 215,2 Millionen DM).

VI.

Die Anstöße Sattlers, so weitsichtig sie waren, kamen aus der Praxis und waren für die Praxis bestimmt. Weiterreichendes Interesse sollte ihnen erst in der Umbruchphase zu Beginn der siebziger Jahre zuteil werden. Die unmittelbare Nachkriegszeit war beendet. Der stürmische Wiederaufbau und der technische Fortschritt hatten die Gesellschaft der Bundesrepublik Deutschland grundlegend gewandelt. Die neue Ostpolitik und die entwicklungspolitischen Zielsetzungen bedurften einer kulturpolitischen Ergänzung. Eine breite innenpolitische Debatte rückte die Rolle der Kultur, des Bildungswesens und der Medien stärker ins Blickfeld. Die Zeit für eine grundsätzliche Ortsbestimmung und konzeptionelle Ausrichtung der auswärtigen Kulturpolitik schien reif.

Es ist das Verdienst Ralf Dahrendorfs, 1969 bis 1970 Parlamentarischer Staatssekretär im Auswärtigen Amt, diese konzeptionelle Phase in Gang gesetzt und ihr die maßgeblichen Orientierungspunkte gegeben zu haben. Die aus den gesellschaftlichen Transformationsprozessen, den neuen außenpolitischen Entwicklungen und den Bedürfnissen der Praxis fließenden Impulse führten zu einem Konzept auswärtiger Kulturpolitik, das die Prinzipien des Dialogs, des Austausches und der Partnerschaft in den Vordergrund rückte. Die auf der Grundlage eines umfänglichen Gutachtens des Konstanzer Soziologen Hansgert Peisert 1970 veröffentlichten »Leitsätze zur Auswärtigen Kulturpolitik« umreißen diese Aufgabenstellung folgendermaßen:

1. Stärkere Konzentration auf die Gegenwartsprobleme unter Berücksichtigung der gesellschaftlichen Entwicklungen
2. mehr Internationalität und Weltoffenheit
3. Förderung von Erfahrungsaustausch und Zusammenarbeit im kulturellen Bereich
4. Weniger Selbstdarstellung und mehr Information
5. Förderung des Verständnisses bei uns für fremde Kulturen und Lebensgewohnheiten
6. Stärkeres Gewicht auf multilateraler kultureller Zusammenarbeit im europäischen Rahmen und in der UNESCO.

Eine derart breit angelegte Kulturpolitik konnte sich nicht mit dem herkömmlichen, eher ästhetisch geprägten »Kulturbegriff« begnügen. Der von Dahrendorf aufgenommene erweiterte Kulturbegriff umfaßte alle geistigen und schöpferischen Tätigkeiten, mit denen der Mensch verändernd in seine Umwelt eingreift: Literatur und Kunst, Sprache und Geschichte ebenso wie Umweltpolitik, Städtebau, Hochtechnologie und Medienordnung. Eine deutliche Gewichtsverlagerung zugunsten wissenschaftlicher Kooperation und eines breiten gesellschaftlichen Austausches war die Folge. Zur Spracharbeit heißt es in den Leitsätzen, die deutsche Sprache sei »Träger, nicht Ziel unseres Wirkens im Ausland«. Im Schulbereich wurden die Begegnungsschulen deutlich in den Mittelpunkt gerückt.

Aus heutiger Distanz ist recht klar zu sehen, daß die Leitsätze einen dreifachen Umbruch darstellten: vom Vorrang der Tradition zu den Gegenwartsfragen, von der Individualkultur zur Gesellschaftspolitik, von der nationalen zur internationalen Orientierung. Das entsprach dem »Geist der Zeit« zu Beginn der siebziger Jahre, für den auch die Charakterisierung der Dahrendorfschen Leitsätze durch Außenminister Scheel als »Partitur des Friedens« kennzeichnend ist. Ihren parlamentarischen Widerhall fanden die Leitsätze in der durch den Deutschen Bundestag im Mai 1970 auf Antrag der CDU/CSU eingesetzten Enquete-Kommission Auswärtige Kulturpolitik. Die außenpolitische Entwicklung der Folgejahre bestätigte ihren Ansatz. Die auswärtige Kulturpolitik entwickelte sich rasch zur »dritten Bühne« der Ostpolitik. Korb 3 der KSZE-Schlußakte von Helsinki (1975) ist davon geprägt. Schon vor der Zeichnung der Schlußakte kam es mit fast allen Staaten des Warschauer Paktes zum Abschluß von Kulturabkommen; die innerdeutschen Kulturbeziehungen wurden erst 1986 vertraglich geregelt. Alle Abkommen wurden nach einer positiven Anfangsphase bei zunehmender Abkühlung des Ost-West-Klimas allerdings so mit Kontroversen über die Einbeziehung von Berliner Wissenschaftlern und Künstlern belastet, daß konkrete Programmabsprachen nicht zustande kamen.

Der Bericht der Enquete-Kommission vom Oktober 1975 stützte auf breiter parlamentarischer Basis – die in allen grundsätzliche Fragen der auswärtigen Kulturpolitik seit 1951 besteht – den »dialogischen Ansatz« der Dahrendorfschen Reformvorschläge von 1970. In ihrer Stellungnahme aus dem Jahre 1977 – schon unter maßgeblicher Beteiligung von Hildegard Hamm-Brücher als Staatsministerin im Auswärtigen Amt – machte sich die Bundesregierung die Empfehlungen der Enquete-Kommission weitgehend zu eigen. Deutlicher als in den Leitsätzen von 1970 stellte sie aber auf die nationalen Interessen ab, die in der Hochphase der Vorstellung einer auswärtigen Kulturpolitik als internationaler »Konfliktprävention« in den Hintergrund getreten waren. »Natürlich«, so heißt es dort, »haben internationale Kulturbeziehungen auch die Aufgabe, das Ansehen der Bundesrepublik Deutschland durch die Darstellung ihrer kulturellen Leistungen zu mehren.«

VII.

Hildegard Hamm-Brücher, auch sie Angehörige der Kriegsgeneration, übernahm als Staatsministerin im Auswärtigen Amt 1976 die schwierige Aufgabe, den Kulturoptimismus der frühen siebziger Jahre in die Realität einer durch Ölkrise, Grenzen des Wachstums und durch Terrorismus verunsicherten Gesellschaft zu übersetzen. Sie stärkte die seit dem Enquete-Bericht festliegenden Grundlinien und entschied im Zweifel für die Freiheit.

Der 1976 geschlossene zweite Rahmenvertrag zwischen dem Auswärtigen Amt und dem Goethe-Institut bestätigte die weitgehende Autonomie der Mittlerorganisationen, die sich – allen Unkenrufen zum Trotz – bewährt hat. Die Spielräume für Kunst und Wissenschaft gelten grundsätzlich auch für den Austausch mit dem Ausland. Ein für die deutsche Kultur maßgeblicher Künstler darf nicht etwa deshalb unterschlagen werden, weil er in der Bundesrepublik Deutschland nicht »mehrheitsfähig« wäre. Auf der anderen Seite ist zu gewährleisten, daß in dem vermittelten Deutschlandbild sich neben kritischen Minderheiten auch die Mehrheit wiederfinden kann, nicht zuletzt deshalb, weil auch die auswärtige Kulturpolitik der demokratischen Legitimation durch den Souverän bedarf. Die auf diese Legitimation gestützte außenpolitische Befugnis der Exekutive hat sich infolgedessen ein Vetorecht »aus wichtigen außenpolitischen Gründen« vorbehalten. In der Praxis ist dieses Vetorecht zwar bislang ohne nennenswerte Bedeutung geblieben; gleichwohl stellt es einen nicht einfachen Balanceakt für das Auswärtige Amt und die Mittlerorganisationen dar, einerseits die Unabhängigkeit und Würde von Kultur und Wissenschaft zu wahren, andererseits aber die vorgegebenen außenpolitischen Ziele zu achten. Dafür gab und gibt es keine Patentrezepte. Immer wieder hat es daher auch Spannungen zwischen der Politik, der Kultur und den dazwischenstehenden Mittlerorganisationen gegeben.

Zu erinnern ist an Veto-Fälle der Jahre 1976/77, aber auch an den denkwürdigen Beitrag des bayerischen Ministerpräsidenten Strauß im Jahre 1986, in dem er dem Goethe-Institut einen einseitig gegenwartsbezogenen Kulturpessimismus vorwarf, der dem politischen Interesse der Bundesrepublik Deutschland schade. Strauß' Intervention erregte deutlichen Widerspruch in ihrer entschiedenen Hinwendung zum Primat der Politik und ihrer Rückwendung zum Konfliktdenken der siebziger Jahre. Sie war aber gewiß nicht nur deshalb nützlich, weil die Aufmerksamkeit eines breiteren Publikums auf die auswärtige Kulturpolitik gelenkt wurde, sondern auch, weil sie im Ergebnis den politischen Konsens in der Bundesrepublik Deutschland bestätigte. Danach geht es, so die Regierungserklärung von 1983, um ein umfassendes und wirklichkeitsgetreues Deutschlandbild, nicht primär um ein positives. Ein solches entsteht gerade in der Offenheit der Positionen, ja des Streites, in »Spruch und Widerspruch«. Das schließt ein, bestimmte Erscheinungsformen der deutschen Wirklichkeit auch akzentuiert darzustellen, freilich nicht ohne die jeweiligen Gegebenheiten des Partnerlandes angemessen in Rechnung zu stellen. Die hier im Einzelfall erforderliche Güterabwägung soll in loyaler Zusammenarbeit zwischen Auslandsvertretung und Mittlerorganisation vorgenommen werden und ergibt sich in der Praxis ganz überwiegend ohne größere Probleme.

Nicht nur in der Strauß-Kontroverse, in ihrer gesamten Amtszeit als Staatsministerin (1976–1982) stand Hildegard Hamm-Brücher deutlich, ja streitbar auf der Seite der Kulturfreiheit. Das war nötig, weil die schleichende wirtschaftlich-soziale Krise mit wachsender Arbeitslosigkeit und zunehmender Inflation, gegensteuernder staatlicher Sparpolitik und – angesichts einer neuen Phase des Kalten Krieges – rascher Umdrehung der Rüstungsspirale höchst ungünstige Rahmenbedingungen für einen Ausbau der auswärtigen Kulturpolitik schuf. Um so höher ist zu werten, daß es nicht nur gelang, die mit den »Leitsätzen« – gezogene Linie fortzuführen und dafür auch Haushaltszuwächse zu erstreiten (Haushalt 1982: 737 Millionen DM), sondern zugleich neue Orientierungspunkte zu setzen. Hildegard Hamm-Brücher machte die

Bedeutung des kulturellen Nord-Süd-Dialogs bewußt und setzte ihn mit ersten Schritten in die Praxis um.

Unvergessen ist die Wirkung des internationalen Symposiums »Brücke über Grenzen« in Bonn 1980. Angeregt und maßgeblich beeinflußt durch Hildegard Hamm-Brücher, richtete es seinen Blick vor allem anderen auf die notwendige Kooperation der »Starken« im Norden und der »Schwachen« im Süden der Erde. Ergebnis waren die zwei Jahre später publizierten zehn Thesen des Auswärtigen Amts zur kulturellen Zusammenarbeit mit der Dritten Welt.

Leitprinzip der Thesen ist die Berücksichtigung der kulturellen Traditionen und Lebensformen des jeweiligen Partnerlandes und die Stärkung seiner Identität, seines Selbstvertrauens und seiner Eigenständigkeit. Durch Unterstützung des kreativen Potentials in den Entwicklungsländern – vor allem im Bereich des Bildungswesens – sollen die Vielfalt gewahrt und vermehrt, selbständige Entwicklung initiiert und gestärkt und so die Kräfte der Selbsthilfe mobilisiert und gefestigt werden. Im Respekt vor der Kultur des Partners werden nicht Leitbilder des Fortschritts formuliert, sondern Hilfsprogramme vorgeschlagen, um selbstgewählte Wege der Entwicklung zu stützen. Kulturelle und sozio-ökonomische Entwicklung sollen so verflochten werden, daß aus der kreativen Kraft einer durch Dialog, Austausch und Zusammenarbeit gestärkten Gesellschaft tragfähige Impulse der Selbsthilfe und eines wirtschaftlichen und sozialen Wachstums hervorgehen.

Dieser Ansatz wurde bis heute nur teilweise ausgefüllt, nicht nur weil die nötigen Gelder aus dem Bundeshaushalt ausblieben, sondern vor allem, weil dieser – von der UNESCO auf der Weltkulturkonferenz 1982 in Mexiko bestätigte – Ansatz von den Entwicklungspolitikern ein weitreichendes Umdenken verlangt, weg von ökonomischer Versorgung, hin zum Respekt vor überlieferten Kulturen. Immerhin konnten im Rahmen der auswärtigen Kulturpolitik seither wenigstens Zeichen gesetzt werden, zum einen durch ein auf die Erhaltung und Pflege des kulturellen Erbes in Entwicklungsländern zielendes Programm, zum anderen durch verstärkte Präsentationshilfe für die Kulturen dieser Länder. Der von Hildegard Hamm-Brücher gegebene Anstoß wird jedenfalls weiterwirken.

VIII.

Auf der festen Basis der geschilderten Konzeptionsbeschlüsse wird seither weitergebaut bei stetig wachsendem Kulturhaushalt des Auswärtigen Amts (1990: 967 Millionen DM). Dabei sind zunehmend neue Akzente sichtbar geworden. Wie die »Leitsätze« von 1970, die Resultate der Enquete-Kommission von 1975/77 und die »Thesen« von 1982 sind sie Resultat von Veränderungen in Deutschland und in der Welt. Drei besonders wichtige Akzente möchte ich hervorheben:

Erstens: In dem Maße, in dem die Deutschen, zunächst in der Bundesrepublik Deutschland, ihrer Identität und ihrer internationalen Rolle sicherer geworden sind, treten auch im engeren Sinn nationale Zielsetzungen wieder stärker hervor. Diese Tendenz wurde zuerst 1983 sichtbar, als Bundeskanzler Helmut Kohl in seiner zweiten Regierungserklärung eine stärkere Förderung der deutschen Sprache im Ausland und einen Ausbau der deutschen Auslandsschulen ankündigte. Zur Umsetzung der ersten Absicht legte die Bundesregierung dem Deutschen Bundestag 1985 einen Bericht über die Stellung der deutschen Sprache in der Welt mit Handlungsempfehlungen vor, die zwei Jahre später in einen fast einstimmig angenommenen Beschluß des Bundestages über Ziele und Methoden künftiger Sprachförderung mündeten. Auf dem gleichen Weg kam es Anfang 1990 aufgrund eines 1988 von der Bundesregierung verabschiedeten Berichts über die deutschen Auslandsschulen zu einem parlamentarischen Konsens über deren Zukunft. Zusätzlich ist zu vermerken, daß die kulturell-sprachliche Unterstützung deutscher Minderheiten im Ausland, seit 1945 weitgehend verpönt, ab 1987 mit einer Absprache zwischen der ungarischen Regierung und der Bundesregierung im größeren Umfang wieder aufgenommen wurde, freilich nicht als Fortsetzung früherer »Volkstumspolitik«, sondern im Rahmen der international anerkannten, im KSZE-Prozeß bestätigten Minderheitsförderung. Mit der Sowjetunion, Polen und Rumänien werden entsprechende Absprachen derzeit getroffen.

Zweitens: Vor unseren Augen entwickelt sich mit deutlicher Beschleunigung auf der Basis der Europäischen Gemeinschaft und des Europarats eine europäische Kulturpolitik, die diesen Namen verdient. In der Europäischen Gemeinschaft vollzieht sich der Prozeß der fortschreitenden Integration, für den das Jahr 1992 mit der Vollendung des Binnenmarktes zum Symbol geworden ist. Der Umbruch in Mittel- und Osteuropa bedeutet einen epochalen Einschnitt der europäischen Nachkriegsgeschichte und stellt weitreichende Fragen nach der neuen politischen Architektur Europas. So sehr beide Entwicklungen, nach Westen wie nach Osten, durch politische und mehr noch ökonomische Faktoren angestoßen worden sind, so wenig sind sie ohne den kulturellen Beitrag zu denken. Nichts wäre verfehlter, als etwa der Politik und der Ökonomie aufzubürden, allein die Elemente einer neuen europäischen Ordnung zu liefern. Letztlich geht es um Werte, die ideengeschichtlich gewachsen, also kulturellen Ursprungs sind.

Nicht die auf Pragmatismus und common sense bedachte Politik und nicht die Mechanismen des Marktes stiften jenes »Wir-Gefühl« der Völker, das Identität und Solidarität gleichermaßen hervorruft, sondern die Kultur. Zu allen Zeiten half sie Identitäten zu schaffen, Loyalitäten zu sichern und im Sinne Ralf Dahrendorfs »Ligaturen« zu knüpfen. Kultur hat gewiß stets zwei Gesichter: eins der Bindung, ein anderes der Befreiung. Weil sie zugleich bewahrt und erneuert, zur Beständigkeit mahnt und zum Wandel ermutigt, ist sie gerade in Zeiten des Übergangs mehr als sonst gefragt.

Europäische Kulturpolitik zielt darauf, ein das Nationale übergreifendes Bewußtsein der Menschen zu fördern, das dauerhafter als wirtschaftliche Interessen Gemeinsamkeit verbürgt. Man kann sogar sagen: Die raschen, auf Rationalitätseffekte zielenden Veränderungen durch neue politische Strukturen, Technologien, Internationalisierung und wirtschaftliche Konkurrenz können nur in einem Bewußtsein der Gemeinsamkeit auch gesellschaftlich nachvollzogen werden.

Europa lebt indessen zugleich aus seiner Vielfalt. Deshalb muß eine europäisch inspirierte Kulturpolitik ebenso auf den Erhalt der gewachsenen kulturellen Vielfalt des Kontinents abzielen. Sie wird dabei nicht nur aus der Spannung zwischen Einheit und Vielfalt leben, sondern auch die Dialektik zwischen »oben« und »unten« bewältigen müssen. So wenig das Europa von oben – in Gestaltungs- und Formwillen des Institutionenbaus, in europäischer Selbstdarstellung und politischer Rhetorik – entbehrlich ist, so sehr muß durch ein Europa von unten – der Städte, der Provinzen der Länder – ein Gegengewicht geschaffen werden. Wer auch nur eine geringe Anschauung von den europäischen Nationen hat, der weiß, wie verschieden ihre psychologisch-intellektuellen Mentalitäten verfaßt sind. Das ist ein großer Vorzug für das Ganze, wenn es eben nicht zu Abgrenzung und Selbstüberhöhung führt, sondern mit der Ausdehnung des »Wir-Gefühls« einhergeht.

Dazu ist auswärtige Kulturpolitik da. Gerade in ihrer Anbindung an den innerstaatlichen Kulturföderalismus hat die deutsche auswärtige Kulturpolitik einen Vorsprung. Natürlich sind auch Reibungsverluste nicht zu übersehen, wenn es um überregionale und europaweite Zusammenarbeit geht, wie die Schwierigkeiten zeigen, die europäische Medien- und Bildungspolitik mit der Kulturhoheit der Bundesländer in Einklang zu bringen. Denn bereits heute trifft sich nationale Kulturpolitik in vielen Teilbereichen – so im Bildungs-, Medien- und Sprachbereich – mit Aktivitäten und Programmen, die sich die Gemeinschaft seit dem »Bericht über das Europa der Bürger« von 1985 und der »Feierlichen Deklaration zur Europäischen Union« von 1988 selbst aufgelegt hat. Deshalb ist die Zeit nun reif, um der Gemeinschaft bei der nächsten Revision der Römischen Verträge enge und festumrissene, aber explizite Kompetenzen im Bildungs- und Kulturbereich einzuräumen. Daneben bleibt der bilaterale Austausch zwischen ihren Mitgliedstaaten unverzichtbar, vor allem dort, wo er Modelle schafft wie das Deutsch-Französische Jugendwerk, das parallele Hochschulkolleg und das europäische Kulturfernsehen.

Drittens: Die auswärtige Kulturpolitik nicht nur unseres Landes, sondern aller Demokratien westlicher Prägung leistet in wachsendem Umfang Beiträge zur Durchsetzung von Bürgerfreiheit und Demokratie gegen bisherige autoritäre Herrschaft in vielen Ländern. Erste Beispiele solcher Hilfe gab es in den siebziger Jahren, als die Goethe-Institute in Lissabon, Madrid, Athen und Teheran Schutz und Raum für die demokratische Opposition gegen die damaligen Inhaber der dortigen Macht boten. Welche Risiken eine solche Funktion mit sich bringt, ist offenkundig, jedenfalls solange die Chancen demokratischer Reform gering oder ungewiß sind. Darum muß jeweils sorgfältig ermittelt werden, wo die dünne Grenzlinie zwischen erlaubtem oder gar gebotenem Einsatz für die Freiheit und unerlaubter Einmischung in innere Angelegenheiten des jeweiligen Landes verläuft.

Wird aber, wie dies jetzt in Mittel- und Osteuropa geschieht, Hilfe ausdrücklich erbeten, dann ist eine positive Antwort geradezu Pflicht. Es geht dann um eine breite Palette von Programmen und Projekten: Einrichtung von Kulturinstituten, Aufbau von Stipendienprogrammen und gemeinsamer Forschungsvorhaben, Vereinbarungen über Jugendaustausch und schulische Zusammenarbeit, Umbau des Fremdsprachenunterrichts, Aufbau einer demokratischen Medienordnung, Aus- und Fortbildung von Fach- und Führungskräften der Wirtschaft. Der freiheitliche und demokratische Aufbruch in Mittel- und Osteuropa kann nur gelingen, wenn ihn alle Europäer stützen. Als nächste Nachbarn und kulturelle Partner seit Jahrhunderten sind wir Deutschen zumeist die ersten Ansprechpartner, also besonders gefragt und verpflichtet, auch um die immer noch spürbare Last deutscher Untaten während der Hitler-Zeit zu mindern.

Diese große Aufgabe wird während der nächsten Jahre alle Kräfte fordern. Doch gilt die alte Regel: Wenn du neue Freunde gewinnst, vergiß die alten nicht! Deshalb bleibt, zumal angesichts des Wechsels von der Kriegsgeneration zu ihren Enkeln, der transatlantische, europäisch-amerikanische Dialog für uns lebenswichtig. Für all diese Aufgaben braucht die auswärtige Kulturpolitik gewiß organisatorische Strukturen: Ministerien, Mittlerorganisationen, Hochschulen, private Vereinigungen. Aber ihr Erfolg hängt heute wie in den ersten Tagen der Bundesrepublik Deutschland ganz entscheidend von den Personen ab, die sich für sie engagieren.

Ulrich Littmann

Akademischer Austausch als Friedenspolitik

Die Ideen des Senators J. William Fulbright

Nur wenige Mitglieder des Repräsentantenhauses oder des Senats im Kongreß der USA haben international so viel Aufmerksamkeit und Anerkennung gefunden wie J. William Fulbright. In drei Bereichen trat er aus der Routine eines Abgeordneten heraus: In der amerikanischen Außenpolitik erwies er sich als nachhaltiger Kritiker jeglicher Großmachtpolitik und als Förderer des Gedankens von der Zusammenarbeit in den Vereinten Nationen; als Verfassungsjurist und Senator hat er die historisch bedingten Probleme der amerikanischen Präsidialdemokratie im System der »checks and balances« aufgedeckt und dabei in den Ereignissen der Kuba-Krise, des Kalten Krieges und des Vietnam-Krieges auch die Außeinandersetzung mit den Präsidenten nicht gescheut; im Zusammenleben der Völker hat er sich mit einem nach ihm benannten wissenschaftlichen Austauschprogramm bereits zu Lebzeiten ein Denkmal gesetzt. Auch die politische und kulturelle Prägung der Bundesrepublik Deutschland hat Fulbrights Idee über mehr als vier Jahrzehnte in besonderer Weise mitbestimmt.

Die Biographie von Fulbright[1], die geschichtlich gewachsenen Kräfte und Strömungen der USA und die weltpolitischen Entwicklungen seit 1945 sind am hier zu behandelnden Thema exemplarisch zu zeigen, auch wenn auf eine Gesamtdarstellung verzichtet wird.

J. William Fulbright – seinen ersten Vornamen James hat er nie benutzt – entstammt einer Familie, deren erstes amerikanisches Mitglied, Johan Vilhelm Volbrecht, um die Mitte des 18. Jahrhunderts aus der Gegend von Berlin in die Neue Welt ausgewandert war. Er wurde 1905 geboren und wuchs in jenem Teil des Staates Arkansas auf, in dem Landwirtschaft vorherrschte, eine schwarze Bevölkerung nicht existierte und die traditionellen Werte des bürgerlichen Amerika gepflegt wurden. Die University of Arkansas in Fayetteville war durch die ihr angeschlossene Schule von Jugend an und durch das College-Studium geistige und soziale Heimat. Im übrigen mußte er sich nach dem frühen Tod des Vaters um viele der geschäftlichen Belange der Familie kümmern. Als er sich 1925 – auf Anregung eines seiner Professoren – um ein Rhodes-Stipendium nach Oxford bewarb und nach eigener Einschätzung erfolgreich war, weil er neben ordentlichen Studienleistungen einige Anerkennung im »football«-Team und in der Studentenpolitik nachweisen konnte, öffneten sich in jeder Hinsicht neue Horizonte für ihn. In den vier Jahren seines Europa-Aufenthaltes lernte er nicht nur die englische Lebensart kennen, vielmehr erkundete er auch intensiv den Kontinent bis zum Balkan. Viele Begegnungen mit führenden Persönlichkeiten verdankte er amerikanischen Journalisten, mit denen er reiste. Ganz besonderes Gewicht jedoch erhielten Fulbrights Studien durch seinen

Tutor am Pembroke College in Oxford, Ronald Buchanan McCallum; ihre lebenslange Freundschaft beruhte nicht zuletzt darauf, daß McCallum als ein glühender Verehrer von Präsident Wilson und Förderer der Wilsonschen Völkerbundidee den jungen Fulbright auf eine amerikanische Fährte setzte und ihn zugleich in die komplexen monetären Verflechtungen der Weltwirtschaft einführte. Der Blick aufs eigene Land aus der Perspektive von außen, zusammen mit der Erkenntnis, daß nichts wichtiger sei als fremde Länder buchstäblich zu »erfahren«, waren der hauptsächliche Gewinn der Europa-Jahre von Bill Fulbright.

Der Rückkehr nach Amerika folgten 15 Jahre einer intensiven beruflichen Karriere. Jura-Studium an der George Washington University in Washington mit hervorragendem Abschluß, Tätigkeiten im Justizministerium unter dem New Deal von F. D. Roosevelt und ein Lehrauftrag in Washington führten zum Ruf auf eine Professur im heimatlichen Lafayette. Im Alter von 34 Jahren wurde er zum Präsidenten der University of Arkansas bestellt – der jüngste, der dieses Amt jemals bekleidete. Aber schon zwei Jahre später wurde er selbst ein Opfer seiner Reformbemühungen und einer Intrige, die ihn eigentlich gar nicht betraf: Seine Mutter Roberta Fulbright zog als streitbare Publizistin einer regionalen Zeitung in bester amerikanischer Tradition gegen die verfilzte Verwaltung des Gouverneurs von Arkansas, Homer Adkins, zu Felde; als erfahrener Politiker und im Rahmen seiner Vollmachten wechselte Adkins das Kuratorium der Staatsuniversität aus und sorgte für die Entlassung ihres Präsidenten, um die Mutter zu strafen. Freunde überredeten den widerstrebenden Fulbright, »in die Politik zu gehen« und sich für einen Sitz im Repräsentantenhaus zu bewerben. »I was not really prepared to be a politician. I was just a peace-loving professor, reputable I hope. So, you can't tell what may be coming your way, you just take up the challenge.«[2]

Mit seiner Wahl ins Repräsentantenhaus 1943 beginnt Fulbrights politische Karriere. Sie setzt sich 1945 fort mit der Wahl in den Senat – er schlägt dabei seinen alten Widersacher Adkins; bis 1974 ist er ununterbrochen Senator, ab 1959 als Vorsitzender des einflußreichen Ausschusses für Auswärtige Beziehungen. Dem politischen Bereich ist er auch seither als Rechtsanwalt in einer Sozietät in Washington verbunden.

Es lag auf der Hand, daß die Demokratische Partei den Neuling Fulbright in diejenigen Ausschüsse entsandte, für die er Sachkenntnis und eigenes Interesse mitbrachte; Finanzen und Auswärtige Angelegenheiten waren ohnehin Fachbereiche, für die in den letzten Kriegsjahren Kongreßabgeordnete sich weniger interessierten. Der Übergang der USA vom Isolationismus zum Internationalismus war noch nicht hinreichend erkannt. Fulbright stürzte sich in die Aufgabe, und es gelang ihm, schon in seinem ersten Amtsjahr die nach ihm benannte Resolution durch den Kongreß zu bringen, mit der die USA auf die Idee einer »international machinery with power to prevent further aggression« festgelegt wurden. In den Konferenzen von Dumbarton Oaks (1944) und San Francisco (1945) entwickelte sich die Struktur der Vereinten Nationen mit amerikanischer Unterstützung. Mit gleichem Nachdruck unterstützte Fulbright die Ergebnisse der Konferenz von Bretton Woods (1944), die zur Errichtung der Weltbank und des Internationalen Währungsfonds führten.

Bereits in dieser frühen Periode zeichnete sich ab, daß die Prinzipien einer Friedensstrategie von Fulbright schlecht in die vorherrschenden Kategorien der amerikanischen Internationalisten paßten. Weder teilte er das von F. D. Roosevelt und Harry Truman vertretene Konzept der »Four Policemen«, in dem die USA, die UdSSR, Großbritannien und China die Sonderstellung der Großmächte in den Vereinten Nationen verkörperten[3], noch stand er der »World Republic«-Bewegung von Norman Cousins und Cord Meyer (wie Fulbright selbst Delegierter in San Francisco) nahe[4]. Fulbright ging bereits damals weit eher von den gemeinsamen Interessen der Völker und Regierungen aus und nahm voraus, was Helsinki mit der Setzung von vertrauensbildenden Maßnahmen beabsichtigte. Der Einfluß seines Lehrers McCallum und die Übernahme Wilsonscher Gedanken werden hier erkennbar.

Freilich sind die Publikationen von Fulbright, die diese Grundlagen seiner eigenen Friedensstrategie erklären, erst viel später, sicher auch unter dem Eindruck der Auseinandersetzungen um den Kalten Krieg – hier besonders in den historischen Auseinandersetzungen mit Joseph McCarthy – und besonders aus der Sicht seiner Funktion im Senat geschrieben: »The Arrogance of Power« (1967) und »Old Myths and New Realities« (1964) – öfter zitiert als gelesen – wurden von den Friedensbewegungen in aller Welt als Kampfansage gegen den amerikanischen Imperialismus aus dem Lager der amerikanischen Herrschaftszentrale selbst mißverstanden. Diese vereinfachende Sichtweise vernachlässigt sowohl den Ausgangspunkt von Fulbright, nämlich sein eindeutiges Bekenntnis zu Amerika, als auch die sehr praktische Überlegung, daß er sich in seinem Heimatstaat einer Wählerschaft zu stellen hatte, deren Augenmerk wahrlich nicht auf komplexe Zusammenhänge der Außenpolitik gerichtet war[5].

Um so erstaunlicher ist es, wie es Fulbright gelang, ein großes Programm für den akademischen Austausch ins Leben zu rufen und damit die Glaubwürdigkeit nicht allein seiner Friedenspolitik zu beweisen, sondern darüber hinaus den demokratischen Prozeß der Nation sichtbar zu machen. In der Zeitspanne von nahezu einem halben Jahrhundert hat das Fulbright-Programm rund 300 000 Personen in aller Welt gefördert; seine Wirkungsweise ist untersucht und diskutiert worden. Das Programm selbst hat sich in vielerlei Hinsicht gewandelt und erweist sich so als ein Spiegelbild unserer Zeit.

Merkwürdigerweise blieben bis in die jüngste Zeit einige der wichtigen Grundüberlegungen und der Anlaß zur Fulbright-Gesetzgebung unklar. Diese Aspekte werden uns deshalb im folgenden besonders beschäftigen.

Der formale Ursprung und die Entstehung des Fulbright-Programms sind mehrfach beschrieben[6]. Es ging – vereinfacht dargestellt – darum, über die Versorgungsgüter zu verfügen, die das amerikanische Militär bei Kriegsende in vielen Ländern der Erde deponiert hatte und deren Rücktransport in die USA unwirtschaftlich gewesen wäre. Dazu gehörten etwa Bekleidung, Lebensmittel, Transportmittel, nicht jedoch Waffen und Munition. Mit dem War Surplus Property Act von 1944 hatten die USA bereits entschieden, daß derartige Überschußgüter auf Kreditbasis in nicht-konvertibler Landeswährung den Ländern in Übersee zum Verkauf angeboten werden sollten. Hier setzte Fulbright an: »Those countries obviously could not pay a dollar, and so we had to take credits. I was very conscious of what had happened after the First World War when we had credits abroad and could not use them; we just had to forgive them. I wanted to take a new approach by using those credits that we had on the surplus properties.«[7] Mit dieser Begründung legte der gerade gewählte Senator im September 1945 einen ersten Entwurf für eine Ergänzung (»amendment«) des War

Surplus Property Act vor, der zumindest einen Teil der Erlöse aus dem Verkauf der Kriegsüberschüsse für den Austausch vorsah. Und in der Tat, die Begründung stand bei der Behandlung des Gesetzentwurfs im Vordergrund, weniger sichtbar die Idee dahinter. Erschwerend für Fulbright kam hinzu, daß er mit seinem Bekenntnis zur Idee der VN – der Fulbright-Resolution von 1944 – auch die isolationistischen Grundströme im Kongreß der USA zu spüren bekommen hatte und daß ihm als Neuling im Senat ohnehin Aktivitäten in der Gesetzgebung verübelt wurden.

Im Hinblick auf die spätere Gesetzgebung – den Fulbright-Hays Act von 1961 – sei vorausgeschickt, daß die finanziellen Grundlagen des Austausches neu zu ordnen waren, weil die Mittel aus dem Verkauf von Kriegsüberschüssen restlos ausgegeben waren. Angesichts des unvorhergesehenen Erfolges und der rasch gewachsenen Bedeutung des Fulbright-Programms gingen die Initiatoren ausdrücklich von den außenpolitischen und kulturpolitischen Gegebenheiten aus. 15 Jahre vorher konnte der junge Senator sich bei seinem Alleingang öffentlich auf derartige Elemente nicht stützen und bedurfte in der Anfangsphase anderer Argumente.

Fulbright wählte 1945/46 für seine Initiative einen Weg, der den Gesetzentwurf als »minor routine issue« ohne Aussprache unauffällig an einem späten Nachmittag den Senat passieren ließ. In ähnlicher Weise kam das Gesetz durch Vermittlung des Assistant Secretary of State William Clayton durch das Repräsentantenhaus und wurde am 1. August 1946 von Präsident Truman unterzeichnet. Mit Intensität verfolgte Fulbright selbst die Umsetzung des Gesetzes, und als mit dem Kalten Krieg und der historischen Auseinandersetzung zwischen Fulbright und McCarthy auch die Ideen des Austauschprogramms in Frage gestellt wurden, hatte sich das Fulbright-Programm bereits – zumindest in der westlichen Welt – fest etabliert.

Daher blieb bis in die jüngste Zeit hinein verborgen, welche Überlegungen Fulbright mit seiner Initiative verbunden hatte und was ihm zutiefst am Herzen lag. Die erste umfassende Darstellung des Fulbright-Programms von 1965[8] stellt das Fulbright-Gesetz von 1945 ganz in den technischen Zusammenhang mit den Geldflüssen aus dem Verkauf von Kriegsüberschußgütern und verbindet damit die amerikanischen früheren Ansätze aus den traditionellen Hochschulbeziehungen und nicht zuletzt den Smith-Mundt Act von 1948, der erstmals ein umfassendes System von Information über die USA und den Austausch als außenpolitisches Mittel bereitstellte. Laut Randall Woods[9] gab ihm ein Freund, Bernal Seamster, die Idee für einen Studentenaustausch, als im Mai 1945 auf der UN-Konferenz in San Francisco der als Delegierter teilnehmende Fulbright sich über die Ungeschicklichkeit und Ahnungslosigkeit des Außenministers Stettinius und anderer Mitglieder wiederholt erregte. Vermutlich haben alle diese Erfahrungen einschließlich seiner eigenen Jahre als Rhodes-Stipendiat Fulbrights Überlegungen mitbestimmt.

Aber erst 1989 hat Fulbright selbst erstmals angedeutet, daß der Abwurf der Atombombe auf Hiroshima ihm den Anstoß gab, etwas zu unternehmen[10]. In einem Gespräch im September 1989[11] erläuterte Fulbright sehr deutlich, wie nach dem Abwurf der Atombombe seine eigenen Vorstellungen über eine kooperative Friedensstrategie und seine Bildungserfahrung darin mündeten, daß er seinen ersten Gesetzentwurf zum akademischen Austausch einbrachte, »just a few weeks after we had dropped the bomb over Hiroshima«.

Was die Ideen des Fulbright-Austausches vom Ansatz her von allen Vorgängern des Programms unterschied, war teils in der Gesetzgebung geschickt versteckt, teils wohl nur wenigen Fachleuten in der ganzen Tragweite erkennbar. Die wesentlichen Elemente bestanden in (1) der Partnerschaft zwischen Ländern und deren Menschen; (2) die Förderung sollte in erster Linie jüngeren, hochqualifizierten Akademikern und Studenten gelten, aber keinesfalls nur wissenschaftliche Kriterien berücksichtigen; (3) die teilnehmenden Länder sollten an der Gestaltung gleichberechtigt mitwirken. In der Umsetzung des Gesetzes ergaben sich folgerichtig die drei Zielsetzungen, die den Fulbright-Austausch als eine Besonderheit erscheinen lassen: (1) Das Programm dient der »promotion of mutual understanding« zusammen mit (2) dem »advancement of knowledge and education« und wird (3) veranstaltet »by strictly binational entities«, von denen ein Partner entsprechend dem Regierungsabkommen die USA sind.

Die im Fulbright Act von 1946 festgelegten Kautelen über die Auszahlung von Mitteln sowie die Anbindung an das U.S. Department of State entsprachen den einfachen Notwendigkeiten des Haushaltsrechts. Die Einrichtung eines eigenständigen Kuratoriums, des Board of Foreign Scholarships – dessen Mitglieder auf begrenzte Zeit vom Präsidenten der USA berufen werden –, sollte die Unabhängigkeit von regierungsamtlichen Einflüssen sichern[12].

Um das Programm nicht zu gefährden, hielt Fulbright sich zunächst in der Formulierung seiner frühen Absichten sehr zurück. »You see, in a way this reflects upon Congress at the time. You did not want to say what you really meant not knowing what some of these members would do about it. Some Congressmen would not have understood them (international ideas and peace strategies).«[13] Auf wie schwankendem Grund die Überlegungen von Fulbright standen, zeigte sich einerseits daran, daß auch die besiegten Staaten Deutschland, Italien und Japan über erhebliche Mittel aus dem Verkauf von amerikanischen Kriegsüberschußgütern verfügten und daher als wahrscheinliche Nutznießer zu gelten hatten, andererseits aber auch in der Kritik daran, daß das Programm vor allem junge Amerikaner ins Ausland schicken wollte. Als der Senat das Fulbright-Gesetz bereits verabschiedet hatte, holte sich als eine der führenden Figuren der grobe Senator McKellar aus Tennessee, von Fulbright buchstäblich überlistet, den jungen Kollegen aus Arkansas heran: »Young man, if I had known about it (die Pläne für das Austauschprogramm), I would have killed the bill. I don't believe it's a good idea to send our young boys and girls over, especially to Germany, and to expose them to those foreign ›isms‹.«[14]

Unter den gegebenen Umständen war Fulbright bereit, mancherlei Kompromisse zu schließen, z. B. den Wissenschaftleraustausch voll einzuschließen (»We did not think so much about the ›old boys‹; they had already made their way. ... sending distinguished professors abroad is nothing very original«)[15]. Durch geschickte Einbindung der Veterans Administration und durch ein qualifiziertes Vorschlagsrecht der einzelnen Unionsstaaten (»State scholars« des Studentenprogramms) gelang es ihm, aus der Generation der Kriegsteilnehmer des Zweiten Weltkriegs und des Korea-Kriegs »internationalists« in großer Zahl zu gewinnen. Es kam hinzu, daß die finanzielle Grundlage des Fulbright-Austausches – bis 1961 – die nichtkonvertiblen Gelder im Ausland bildeten; daher konnten für amerikanische Fulbrighter sowohl die Reise- als auch die Aufenthaltskosten im Gastland voll finanziert werden, während das Fulbright-Stipendium für Ausländer im Grunde nur als Reisestipendium gewährt wurde und der Übernahme der Aufenthalts- und Studienkosten durch die amerikanischen Hochschulen oder private Stiftungen bedurfte[16]. Auf diese Weise griff der Gedanke Fulbrights allerdings weit in die amerikanische Gesellschaft. Bis 1953 beteiligten sich 28 Länder am Programm und hatten bereits 15 000 Stipendiaten den Nachweis erbracht, daß der Austausch Wirklichkeit geworden war.

Dieser Erfolg war besonders erstaunlich, weil die weltpolitische Entwicklung im Zeichen des Kalten Krieges auch die Friedenspolitik Fulbrights zu diskreditieren schien. Zwischen Joseph McCarthy und Fulbright entwickelte sich 1954/55 eine Intimfeindschaft, die mit größter Härte in allen Bereichen der Senatsdebatten ausgefochten wurde und auch den akademischen Austausch einbezog[17]. Das Ende der McCarthy-Ära bedeutet zugleich einen Gewinn für den Gedanken des akademischen Austausches.

Für Fulbright selbst – seit 1959 Vorsitzender des Auswärtigen Ausschusses im Senat – begann nun die Periode, in der er seine Friedenspolitik in vielfältiger Weise äußerte, sich deutlich als »dissenter« bekannte und »seinen« akademischen Austausch als einen Teil des inzwischen mächtig gewachsenen Stroms von Akademikern in die Kooperation einbezog.

1961 brachte Fulbright gemeinsam mit dem republikanischen Abgeordneten Wayne Hays ein neues Gesetz über den Personenaustausch durch den Kongreß. Angesichts der raschen Zunahme von »traditionellen« Austauschbeziehungen in den ausgehenden fünfziger Jahren – in der Bundesrepublik Deutschland in erster Linie vertreten durch den Deutschen Akademischen Austauschdienst, die Alexander von Humboldt-Stiftung, die Deutsche Forschungsgemeinschaft und Hochschulpartnerschaften – konnten sie die politischen Grundsätze darin stärker herausstellen, auch wenn wiederum einige Kompromisse notwendig waren. Unter der offiziellen Bezeichnung als »Mutual Educational and Cultural Exchange Act of 1961« definiert das Gesetz als Zielsetzung: »... to increase mutual understanding between the people of the United States and the people of other countries; to strengthen ... the contributions being made towards a peaceful and more fruitful life for people throughout the world; to promote international cooperation for educational and cultural advancement; and thus to assist in the development of friendly, sympathetic, and peaceful relations between the United States and the other countries of the world.«[18] Zu den wesentlichen Neuerungen gehörte, daß der Fulbright-Austausch von nun an mit konvertiblen Geldmitteln finanziert wurde und daß die Partnerregierungen sich an der Finanzierung und Aufsicht gleichberechtigt beteiligen konnten.

Ganz sicher wurden auch hier die Ideen von Fulbright gelegentlich mißverstanden. Die einen meinten, darin einen »kulturimperialistischen Anspruch« der USA zu erkennen, der sich leicht mit der Berlin-Krise und ihrem Höhepunkt, dem Mauerbau vom August 1961, in Verbindung bringen ließ. Für andere war es ein Beitrag zur Aufbruchstimmung, die der junge Präsident John F. Kennedy mit der Forderung nach den »New Frontiers« hervorrief.

Tatsächlich aber waren die Überlegungen von Fulbright weit mehr auf die Zukunft gerichtet. Wohl gerade weil der wissenschaftliche Austausch inzwischen die frühen Ansätze der Nachkriegszeit weit überflügelt hatte und weil weltweit viele Strukturen traditioneller nationaler Interessen sich auf die kulturelle oder wissenschaftliche Zusammenarbeit ausgewirkt hatten[19], betonte Fulbright die internationalen Möglichkeiten und Zielsetzungen des Austauschs. In einem – über der

Vietnam-Kontroverse in den USA nahezu unbeachteten Artikel aus dem Jahre 1967 bekannte er[20]:

»... we must seek through education to develop *empathy,* that rare and wonderful ability to perceive the world as others see it. ...

Education is the best means – probably the only means – by which nations can cultivate a degree of objectivity about each other's behavior and intentions. It is the means by which Russians and Americans can come to understand each other's common aspirations for peace and for the satisfactions of everyday life. It is the means by which Americans may come to understand why many Europeans regard the war in Vietnam as an American imperialist war and also the means by which Europeans may come to understand why Americans believe themselves to be fighting for freedom in South Vietnam and for the security of the free world. And education is the means by which, some day, China may be drawn out of her isolation and brought into mutually respectful relations with other nations – including, I very much hope, my own.

Educational exchange can turn *nations* into *people,* contributing as no other form of communication can to the humanizing of international relations. Man's capacity for decent behavior seems to vary directly with his perception of others as individual humans with human motives and feelings, whereas his capacity for barbarism seems related to his perception of an adversary in abstract terms, as the embodiment, that is, of some evil design or ideology.

Perhaps the greatest power of educational exchange is the power to convert nations into people and to translate ideologies into human aspirations. I do not think educational exchange is certain to produce affection between peoples, nor indeed do I think that is one of its necessary purposes; it is quite enough if it contributes to the feelings of a common humanity, to an emotional awareness that other countries are populated not by doctrines that we fear but by individual people – people with the same capacity for pleasure and pain, for cruelty and kindness, as the people we were brought up with in our countries.

If international education is to advance these aims – of perception and perspective, of empathy and the humanizing of international relations – it cannot be treated as a conventional instrument of a nation's foreign policy. Most emphatically, it cannot be treated as a propaganda program designed to ›improve the image‹ of a country or to cast its current policies in a favorable light. Nor can its primary purpose be regarded as simply the cultivation of ›good will‹, which may come as a by-product of serious educational activities but cannot be regarded as their direct objective. Nor can educational exchange properly be treated as an instrument of foreign policy in anything like the sense that diplomacy is such an instrument; it is indeed a corruption of the educational process – and one that is likely to fail besides – to try to use educational exchange as a means of advancing current political, economic or military projects. Education can be regarded as an instrument of foreign policy only in the sense that the cultivation of international perception and perspective are – or ought to be – important long-term objectives of a country's foreign policy.

The purpose of international education transcends the conventional aims of foreign policy. This purpose is nothing less than an effort to expand the scope of human moral and intellectual capacity to the extent necessary to close the fateful gap between human needs and human capacity in the nuclear age.

We must try, therefore, through education, to realize something new in the world, an aim that will inspire us and challenge us to use our talents and material wealth in a new way, by persuasion rather than force, cooperatively rather than competitively, not for the purpose of gaining dominance for a nation or ideology, but for the purpose of allowing every society to develop its own concepts of public decency and individual fulfillment.

Far, therefore, from being a means of gaining national advantage in the traditional game of power politics, international education should try to change the nature of the game, to civilize and humanize it in this nuclear age.«

Die doppelte Zielsetzung, Förderung der wissenschaftlichen Zusammenarbeit und des Zusammenlebens der Völker (»mutual understanding«), sollte nicht mit den gewachsenen Austauschbeziehungen konkurrieren, sondern diese für die Besten ergänzen[21]. Das erklärt wohl auch, weshalb die Wirkung auf die Wissenschaftsbeziehungen in aller Welt sichtbar wurde[22].

In den Beziehungen zwischen den USA und der Bundesrepublik Deutschland nahm und nimmt der Fulbright-Austausch einen besonderen Platz ein[23]. Senator Fulbright selbst hatte freilich mit der Anlage und mit der Durchführung der Gesetze keine unmittelbare Verbindung, wie er ohnehin in die Einzelheiten des Austauschs nicht eingriff.

Als das erste deutsch-amerikanische Regierungsabkommen zum Fulbright-Austausch am 18. Juli 1952 von Bundeskanzler Adenauer und dem Hochkommissar McCloy unterschrieben wurde, ersetzte es die von der amerikanischen Militärregierung bis 1949 vertretene Politik der »reeducation« und die von der Hochkommission verfolgten Maßnahmen der »reorientation«[24] durch die partnerschaftlichen Bemühungen, im zweiseitigen Austausch die deutsche Wissenschaft in die akademische Gemeinschaft der freien Welt aufzunehmen. In der Vertragskommission, die sich sogleich und bis heute als »Fulbright-Kommission« etablierte (obgleich der Name amtlich in keinem Vertragstext je erschien), waren die von der Bundesregierung benannten Deutschen – mit Staatssekretär Hallstein als dem ersten Mitglied – und die vom Hochkommissar benannten Amerikaner erstmals gleichberechtigt an der Gestaltung eines gemeinsamen Vorhabens beteiligt. Offenbar machte das Fulbright-Abkommen von 1952 es auch möglich, die seit 1951 sich hinziehenden Verhandlungen über ein allgemeines Kulturabkommen mit dem Notenwechsel zwischen Dulles und Adenauer am 9. April 1953 erfolgreich abzuschließen.

Es lag im Prinzip des Fulbright-Programms, daß die Programmgestaltung strikt binational auf die deutsch-amerikanische Zusammenarbeit abgestellt war und ist, wenngleich zwischen den 17 Fulbright-Kommissionen im westlichen Europa enge formale und informelle Verbindungen seit 1956 aufgebaut wurden und mit den Programmen in anderen Teilen der Welt Gemeinsamkeiten gepflegt werden.

Als die Mittel aus dem Verkauf von Kriegsüberschüssen – in Deutschland als STEG-Waren ein wichtiges Versorgungselement der Nachkriegsjahre – erschöpft waren und der Fulbright-Hays Act von 1961 zugleich neue Rechtsformen zuließ, bot die deutsche Bundesregierung aufgrund der Erfahrungen der ersten zehn Jahre ein neues Abkommen an. Es wurde am 20. November 1962 in Gegenwart von Senator Fulbright in Bonn als erstes »cost-sharing agreement« unterschrieben. Seither besteht die Fulbright-Kommission als zwischenstaatliche Einrichtung unter der gemeinsamen Rechtsaufsicht und finanziellen Sicherung der Partner und in freundschaftlicher Zusammenarbeit mit Mittlerorganisationen des akademischen Austauschs und Hochschulen auf beiden Seiten des Atlantiks. Unter den Programmen ist das deutsch-amerikanische das größte.

In ihren vielfältigen Aufgaben, die sich über die Jahre hinweg stetig erweitert haben, fühlte sich die Kommission stets ihrem Namensgeber verpflichtet und hat sie sich bemüht, »mutual understanding« und Wissenschaft gleichermaßen zu fördern. Frei von parteipolitischen Einflüssen hat sich das Programm »als wichtigstes Instrument eines einvernehmlich zwischen den Regierungen beider Länder durchgeführten wissenschaftlichen Austausches ausgezeichnet bewährt«[25] und bildete zugleich ein Modell für das Deutsch-Französische Jugendwerk als einem ebenfalls binationalen Ansatz der Kulturpolitik.

Gerade der Umstand, daß die Fulbright-Kommission auf deutscher Seite als eine deutsche Mittlerorganisation, in den USA aber als amerikanische Einrichtung verstanden und in Anspruch genommen wird, hat ihr zusätzliche Aufgaben und Bedeutung weit über den engen Bereich des Personenaustauschs zugewiesen. Ihre Aktivitäten erstrecken sich geplant auf Gebiete, in denen Wissenschaft und Gesellschaft verflochten sind. So werden von der Kommission Intensivkurse für Hochschullehrer zur deutschen Landeskunde für Amerikaner und American Studies für Deutsche selbst veranstaltet, um die Kenntnis des anderen Landes im heimatlichen Lehrbetrieb sachkundig zu verankern. Die Mitwirkung in den deutsch-amerikanischen Schulbuchgesprächen schlägt eine weitere Brücke zum Verständnis des jeweils anderen Landes, und nicht zuletzt stellt die binationale Fulbright-Kommission ein breites Instrumentarium bereit, um die vielfältigen Probleme zu lösen, die sich aus den unterschiedlichen Strukturen im deutschen und amerikanischen Bildungswesen ergeben.

Dennoch stehen im Mittelpunkt die Fulbright-Stipendiaten. Es liegt im Wesen dieses Austauschprogramms, daß es der wissenschaftlich-akademischen Förderung und dem Gedanken des »mutual understanding« gleichermaßen dient. So ist es zu erklären, daß ehemalige Fulbrighter in der Bundesrepublik Deutschland ebenso wie in den anderen Ländern und in den USA in der Wissenschaft, Politik oder in der Wirtschaft führende Positionen einnehmen.

1990 nehmen 120 Länder am Fulbright-Austausch teil. Je nach den Gegebenheiten wird er vor Ort durch bilaterale Kommissionen (43 Länder) oder im direkten Kontakt zwischen einem Ministerium des Gastlandes und der Botschaft der USA abgewickelt. Das Programm ist sicher ein großer Beitrag der USA, seine Absicht aber von der Weitsicht seines Initiators bestimmt.

Arnold Toynbee schreibt über den Austausch[26]: »Along with the Marshall Plan, the Fulbright Program is one of the really generous and imaginative things that have been done in the world since World War II.« Später nahm Fulbright bei vielen Gelegenheiten das biblische Motto »Schwerter zu Pflugscharen« direkt auf und forderte wiederholt, den Bruchteil der Kosten eines Atomschiffs für den akademischen Austausch einzusetzen, und es lag ganz auf seiner Linie, auch die Länder Osteuropas und die Sowjetunion verstärkt in das entstehende Netzwerk der Begegnung einzubeziehen[27].

Seine Überzeugung, daß der akademische Austausch auch die Persönlichkeit unter den Besten bilde und auf diese Weise politisch wirksam werde, hatte Fulbright schon 1946 bewogen, dem deutsch-amerikanischen Austausch ein besonderes Gewicht zuzumessen, zumal die Entwicklungen in Deutschland (und Japan) auf längere Sicht die amerikanische Außenpolitik erheblich beeinflussen würden[28]. Die

Fähigkeit der Menschen, gewaltlos den Wandel zu demokratischen und kooperativen Formen des Zusammenlebens zu vollziehen, sieht Fulbright am Beispiel Deutschlands im Herbst 1989. Mit einer Erinnerung an die Herkunft seiner Familie weist er auf die besondere Rolle der Deutschen im friedlichen Prozeß der Erneuerung hin und sieht sich selbst als einen Teil seines Programms, das mit seinen Teilnehmern »contributed to the creation of a new era in world affairs . . . an era based upon reason and cooperation among people rather than force and violence«[29].

Die Ideen des Senators Fulbright bleiben Verpflichtung und Zielsetzung zugleich.

Anmerkungen

1 Die folgenden Abschnitte stützen sich besonders auf Haynes Johnson/Bernard M. Gwertzman, Fulbright: The Dissenter, New York 1968; Harry P. Jeffrey, Legislative Origins of the Fulbright Program, in: The ANNALS of the American Academy of Political and Social Science, (special editor: Nathan Glazer) May 1987, S. 36–47 (i. f. ANNALS). Eine umfangreiche Biographie wird z. Zt. von Randall B. Woods an der University of Arkansas bearbeitet; ihm und Senator Fulbright selbst verdankt der Verfasser wertvolle mündliche Hinweise.

2 Ulrich Littmann, A Discussion with Senator J. William Fulbright, in: The FUNNEL, Fulbright Newsletter der Fulbright-Kommission, Bonn IV/89, S. 22 (i. f. FUNNEL).

3 Randall B. Woods, Fulbright Internationalism, in: ANNALS (Anm. 1), S. 32.

4 Edward McN. Burns, The American Ideal of a World Republic, in: H. H. Russel (Hrsg.) Geist einer freien Gesellschaft, Heidelberg 1962, S. 122–150.

5 Vergl. J. William Fulbright, The Price of Empire, New York 1989, S. 88–94 (i. f. Empire), zur Rechtfertigung seiner Zurückhaltung in Fragen der amerikanischen Bürgerrechtsgesetze.

6 H.-P. Jeffrey (Anm. 1); J.W. Fulbright (Anm. 5), S. 210–217; FUNNEL (Anm. 2).

7 Ebd., S. 16.

8 Walter Johnson/Francis J. Colligan, The Fulbright Program: A History, Chicago 1965, S. 12–20.

9 R.B. Woods (Anm. 3), S. 35.

10 J.W. Fulbright (Anm. 5), S. 206.

11 FUNNEL (Anm. 2), S. 15–22.

12 W. Johnson/F.J. Colligan (Anm. 8), 68–84; Ralph V. Vogel, The Making of the Fulbright Program, in: ANNALS (Anm. 1), S. 11–21.

13 FUNNEL (Anm. 2), S. 18.

14 Ebd., S. 17.

15 Ebd., S. 19.

16 W. Johnson/F.J. Colligan (Anm. 8), S. 31–39; dort auch zurecht der Hinweis auf die staatlichen Hilfen aus dem Smith-Mundt Act.

17 J.W. Fulbright (Anm. 5), S. 51–55; W. Johnson/F.J. Colligan (Anm. 8), S. 95–104.

18 Public Law 256, 87th Congress, Sec. 101; W. Johnson/F.J. Colligan (Anm. 8), S. 332.

19 Vergl. für die deutschen Entwicklungen Hans Arnold, Auswärtige Kulturpolitik. Ein Überblick aus deutscher Sicht, München 1980; Barthold C. Witte, Kulturaustausch und Internationale Beziehungen der Bundesrepublik Deutschland nach vierzig Jahren, in: FUNNEL, Newsletter der Fulbright-Kommission, Bonn IV/89, S. 23–32. Für Entwicklungen in den USA hier besonders aufschlußreich die im Druck befindliche Darstellung von Hans N. Tuch, Communicating with the World: The U.S. Practice of Public Diplomacy, New York 1990. Es ist bemerkenswert, daß der National Defense Education Act von 1958, der in erster

Linie die Ausbildung amerikanischer Studenten förderte, nachhaltig wirkte, während der International Education Act of 1966 vom Kongreß zwar verabschiedet, aber nie mit Haushaltsmitteln in Kraft gesetzt wurde.

20 U.S. Senator J. William Fulbright, Education for a New Kind of International Relations, USIA Byliner No. F-67-73, March 1967, S. 8–10.

21 FUNNEL (Anm. 2), S. 19.

22 Warren J. Ilchman/Alice S. Ilchman, Academic Exchange and the Founding of New Universities, in: ANNALS (Anm. 1), S. 48–62; W. Johnson/F.J. Colligan (Anm. 8), Part Two.

23 Zur politischen Einbettung des Fulbright-Programms im einzelnen Ulrich Littmann, A Host Country's View: The Federal Republic of Germany, in: ANNALS (Anm. 1), S. 73–84.

24 Henry J. Kellermann, Cultural Relations as an Instrument of U.S. Foreign Policy: The Educational Exchange Program Between the United States and Germany 1945–1954, Washington 1978.

25 Staatsminister Moersch im Deutschen Bundestag, 19. 12. 1974, Stenographischer Sitzungsbericht 7/139, S. 9609.

26 A Quarter Century, Report of the Board of Foreign Scholarships, Washington 1971.

27 J.W. Fulbright (Anm. 5), S. 217; FUNNEL (Anm. 2), S. 20.

28 FUNNEL (Anm. 2), S. 16f.

29 Handschreiben Fulbrights an Verfasser vom 9. 1. 1990.

Rüdiger Thomas

Bauelemente einer gesamtdeutschen Kommunikationskultur

I.

Das Ende, das ein Anfang war, wurde von vielen Deutschen als »Stunde Nichts«[1] empfunden. Der Machtwahn Hitlers hatte nicht nur die Welt in Brand gesetzt, sondern in Deutschland selbst eine geistige Trümmerlandschaft hinterlassen. Besiegt und befreit, zwischen Zusammenbruch und Neubeginn, Scham und Hoffnung, mit einem »Vakuum im Kopf«[2], machten sich die Menschen auf den Weg in eine ungewisse Zukunft. Als der Krieg zu Ende war, »begann jene gewohnte, zum Teil akzeptierte Unfreiheit zu schwinden, ohne daß sich Freiheit, die große Unbekannte, zu erkennen gab«[3]. Das Datum der ahnungslosen Befreiung – die bedingungslose Kapitulation des Deutschen Reiches – war nicht die Stunde der Politik, sondern zuerst und vor allem die Stunde der deutschen Kultur.

Es waren vornehmlich Schriftsteller, die sich in den ersten Nachkriegsjahren »um die objektive Erkenntnis des Geschehenen und die subjektive Erkenntnis der Schuld«[4] bemühten und das Nachdenken über Deutschland inspirierten. »Deutschland ist Hamlet« – hatte Ludwig Börne 1829 sarkastisch und resignierend formuliert[5] und damit auf die politische Ohnmacht der Intellektuellen verwiesen, die aus der Verbindung von Gedankenschwere und Tatenlosigkeit entsteht. Die bitteren Lektionen der deutschen Geschichte, die Börnes ahnungsvoller Diagnose erst noch folgen sollten, haben viele Schriftsteller angestoßen, den Elfenbeinturm des Chronisten zu verlassen. Bedeutende Autoren wie Thomas Mann, Bertolt Brecht oder Anna Seghers hatten in den Jahren der NS-Diktatur aus dem Exil den Kampf gegen den Ungeist der braunen Barbarei aufgenommen und damit einen wichtigen Beitrag zur Verteidigung der deutschen Kultur geleistet. Aus dem »Ruinenmeer Berlins« rief ihnen Günther Weisenborn die von vielen im Land gebliebenen Intellektuellen geteilte Bitte um Rückkehr zu: »Wir schauen uns in all dem Jammer um und suchen die Beispiele in dieser beispiellosen Zeit ... Wir sind gehärtet im Krieg, geklärt nach mancher Wirrnis, und von Toten umgeben, die uns ständig zur Seite gehen und mit uns die unsichtbaren Dialoge der späten Erkenntnis führen.«[6]

Nicht alle mochten dem drängenden Appell folgen. Thomas Mann gestand die Bitterkeit ein, die »das Herzasthma des Exils, die Entwurzelung, die nervösen Schrecken der Heimatlosigkeit« bei ihm hinterlassen hatten. Er bekannte, Deutschland sei ihm »in all diesen Jahren doch recht fremd geworden« und erscheine ihm als »ein beängstigendes Land«. Offen benannte er seinen inneren Zwiespalt, die Dagebliebenen als Mitstreiter an seiner Seite zu akzeptieren: »Ich gestehe, daß ich mich vor den deutschen Trümmern fürchte, daß die Verständigung zwischen einem, der den Hexensabbat von außen erlebte, und euch, die ihr mitgetanzt und Herrn Urian aufgewartet habt, immerhin schwierig wäre.«[7] Er vermochte nicht an die eilfertigen Beteuerungen einer geistigen Umkehr der vormals Mut- und Hilflosen zu glauben, die sich der Diktatur angepaßt oder unterworfen hatten. Thomas Mann, den nach eigenem Eingeständnis »der Teufelsdreck, der sich Nationalsozialismus hieß, den Haß gelehrt hatte«[8], schockierte mit seiner schroffen Absage viele Intellektuelle in seiner verwüsteten alten Heimat[9], und er war in seinem Pauschalurteil gewiß auch ungerecht. Nicht alle, die dageblieben waren, beriefen sich auf ihren inneren Widerstand oder beteuerten, sie hätten von nichts gewußt.

Der Aufruf, den Ernst Wiechert an die deutsche Jugend richtete, ließ erkennen, daß der Mut zur Wahrheit nicht zerstört worden war und sich gegen die Gefahr zu Wort meldete, die Frage nach eigener Schuld und Verstrickung zu verdrängen: »Der Krieg kam wie wir ihn erwartet hatten. Er begann mit Lüge und Gewalt, mit Heimtücke und nackter Brutalität, mit Prahlerei und Fanfaren. Das Volk wußte, daß es ein verbrecherischer Krieg war, aber Millionen dieses Volkes stürzten sich in den Kampf ... Wir sahen zu. Wir wußten von allem. Wir zitterten vor Empörung und Grauen, aber wir sahen zu.«[10]

Die gemeinsame Wurzel für die geistige Erneuerung Deutschlands konnte nur der antifaschistische Konsens sein, der die deutsche Intelligenz in den ersten Nachkriegsjahren für eine kurze Periode zu einen vermochte. Unmittelbar nach Kriegsende wurde vor allem Johannes R. Becher zum Exponenten und Promotor einer zonenübergreifenden Verantwortung der deutschen Kultur, die er zuerst in seinem »Deutschen Bekenntnis« formulierte: »Demokratie, Sozialismus und Christentum stellten gegen die Hitlertyrannei die leidenschaftlichsten Kämpfer, und so müssen diese Mächte auch hervorragend beteiligt sein an der weltanschaulich-moralischen Neugeburt unseres Volkes, an dem größten Reformationswerk unserer Geschichte, das wir zu vollbringen haben.«[11] Der kommunistische Emigrant, der als einer der ersten aus Moskau in die sowjetische Besatzungszone zurückgekehrt war, verkörperte auf symptomatische Weise Hoffnung und Scheitern des Neuanfangs, den die deutsche Intelligenz im gemeinsamen Dialog zu projektieren suchte.

Becher initiierte im Sommer 1945 die Gründung des »Kulturbundes zur demokratischen Erneuerung Deutschlands«. Am 8. August wurde er zum Präsidenten dieser Organisation gewählt, die sich in ihren »Leitsätzen« u. a. die »Bildung einer nationalen Einheitsfront der deutschen Geistesarbeiter«, die »Wiederentdeckung und Förderung der freiheitlichen humanistischen, wahrhaft nationalen Traditionen« und die »Neugeburt des deutschen Geistes im Zeichen einer streibaren demokratischen Weltanschauung« zum Ziel gesetzt hatte[12].

Der Kulturbund hatte für die Reorganisation des geistig-kulturellen Lebens in der SBZ zunächst eine zentrale Bedeutung: Am 18. August 1945 wurde der Aufbau-Verlag lizenziert, der neben Auswahlbänden klassischer deutscher Literatur (Lessing, Goethe, Schiller, Heine) u. a. Werke von Heinrich und Thomas Mann, Arnold Zweig, Anna Seghers, Bertolt Brecht, Friedrich Wolf, Johannes R. Becher, Erich Weinert, aber auch Bücher von Else Lasker-Schüler, Ernst Wiechert, Ricarda Huch und Luise Rinser publizierte und damit auf eindrucksvolle Weise die pluralistische Orientierung des Neuanfangs dokumentierte. In diesem Verlag erfolgte auch die Erstveröffentlichung von Theodor Pliviers eindringlichem Kriegsbericht »Stalingrad«, der wenig später als einer der ersten »Rowohlt Rotations Romane« erscheinen sollte.

Das geistige Klima der frühen Nachkriegsjahre wurde vor allem durch ein breites Zeitschriftenangebot geprägt: 1946/47 existierten rund 200 kulturelle Periodika, wobei die literarisch-politische Publizistik im Vordergrund stand[13]. Auch wenn sich diese Zeitschriften in ihrer weltanschaulich-programmatischen Orientierung unterschieden, blieben sie nicht auf Besatzungszonen beschränkt, sondern waren in der Auswahl der Autoren gesamtdeutsch orientiert. Als erste Zeitschrift erschien im September 1945 »Aufbau«, als »kulturpolitische Monatsschrift« vom Kulturbund herausgegeben. Unter den Autoren waren Ernst Wiechert, Friedrich Wolf, Georg Lukacs, Heinrich Mann, Manfred Hausmann und Alexander Abusch vertreten – womit sich der »Aufbau« anfangs als breites Forum für einen weltanschaulichen Pluralismus darstellte. In der amerikanischen Zone wurde im November die Monatsschrift »Die Wandlung« lizenziert, die unter Mitwirkung des Philosophen Karl Jaspers, des Leipziger Romanisten Werner Krauss und des Heidelberger Soziologen Alfred Weber von Dolf Sternberger herausgegeben wurde. Sie veröffentlichte bereits im ersten Heft einen Text von Franz Kafka, dem später ein großer Kafka-Essay Hannah Arendts folgte, und übte vor allem mit der Artikelserie »Aus dem Wörterbuch des Unmenschen« eine wichtige Funktion sprachpolitischer Aufklärung aus. Die »Frankfurter Hefte«, die seit April 1946 ihr Publikum erreichten und von Eugen Kogon und Walter Dirks herausgegeben wurden, publizierten in ihrer ersten Ausgabe u. a. das Schlußkapitel aus Kogons Buch »Der SS-Staat« und akzentuierten vornehmlich Positionen eines christlichen Sozialismus.

Die Bedeutung dieser frühen Periodika – von denen hier nur wenige wichtige Beispiele erwähnt werden konnten – für die geistige Neuorientierung am Ende des Krieges kann kaum überschätzt werden. Sie vermittelten nach einer Zeit verordneter Sprachlosigkeit und gewaltsamer Abschließung von der Weltkultur wesentliche Impulse für die intellektuelle Selbstverständigung der Deutschen und bestätigten die Aufbruchstimmung: »Soviel Anfang war nie«[14].

So lange die Zonengrenzen noch keine geistigen Schranken markierten, war die gesamtdeutsche Dialogkultur – auch wenn über Wege und Ziele der Entwicklung gestritten wurde – ein selbstverständlicher Bestandteil des Neuanfangs. Viele Zeitschriften setzten dabei prononciert politisch-programmatische Akzente, einige wenige waren vor allem bestrebt, weltanschauliche Pluralität und gesamtdeutsche Orientierung in den Mittelpunkt zu rücken. In diesem Zusammenhang sind vor allem der »Ulenspiegel« sowie »Ost und West« hervorzuheben, die – kaum zufällig – in der Viersektorenstadt Berlin beheimatet waren. Am 24. Dezember 1945 erschien das erste Heft des »Ulenspiegel«, initiiert von dem kommunistischen Zeichner und Karikaturisten Herbert Sandberg, der die »Zeitschrift für Literatur, Kunst und Satire« gemeinsam mit Günther Weisenborn herausgab. Sie war zunächst und bis zur Währungsreform 1948 im amerikanischen Sektor Berlins lizenziert worden. Aufgrund seiner Themenvielfalt, die von der Auseinandersetzung mit der NS-Diktatur über die Alltagsprobleme bis zur Information über die neue Philosophie des Existentialismus reichte, und einer einzigartigen Mischung aus Text- und Bildbeiträgen erfreute sich der Ulenspiegel einer breiten Resonanz[15]. Hier konnten auch junge Autoren ihre neuen Texte präsentieren. So finden wir in der ersten Nummer des Jahrgangs 1948 einen Beitrag des gerade 18jährigen Günter Kunert[16] – eine seiner ersten Veröffentlichungen, die ein symptomatisches Schlaglicht auf die nationalen Identifikationsprobleme der Deutschen wirft:

DIE FRAGE

Frage einen Milchhändler.
In Paris.
Was bist Du?
Er wird sagen:
Ich bin Franzose.

Frage einen Zeitungsverkäufer.
In New York.
Was bist Du?
Er wird sagen:
Ich bin Amerikaner.

Frage einen Schiffer.
In Amsterdam.
Was bist Du?
Er wird sagen:
Ich bin Niederländer.

Frage einen Bürger.
In Berlin.
Was bist Du?
Er wird sagen:
Ich bin Oberpostausträgeranwärter.

Das ist zum Lachen?
Nein.
Zum Weinen.

»Ost und West« hatte Alfred Kantorowicz programmatisch seine »Unabhängige deutsche Monatsschrift« betitelt, die zwischen Juli 1947 und Ende 1949 erschienen ist. In seinem Lizenzantrag, den er gleichzeitig an die amerikanische und sowjetische Besatzungsmacht gerichtet hatte, schrieb der Herausgeber über das Konzept dieser Zeitschrift: »Sie soll bestehen auf dem Grundsatz, daß Deutschland, anstatt der Zankapfel zwischen den Mächten zu werden, die friedliche Brücke zwischen ihnen zu werden versuchen soll ... Repräsentative Wortführer der verschiedenen weltanschaulichen Richtungen werden eine Freistatt der Meinungsäußerung in diesem Blatte finden. Die Zeitschrift will eine freimütige Diskussion der Grundprobleme unserer Zeit fördern; sie will indessen keineswegs zum Schlachtfeld parteipolitischer Polemiken werden.«[17] Exemplarisch wird hier das Programm einer Dialogkultur formuliert, das sich in der Eiszeit des Kalten Krieges schon bald als chancenlos erweisen sollte.

Der Erste deutsche Schriftstellerkongreß, der vom 4. bis 8. Oktober 1947 in Berlin stattfand, war die letzte große Manifestation jener gemeinsamen Verantwortung, die aus dem antifaschistischen Konsens erwachsen war. Ricarda Huch plädierte in ihrer Begrüßungsansprache für ein Nationalgefühl, das die Schriftsteller als »Verwalter des Geistes« durch die Sprache lebendig werden lassen müßten, »indem sie Weltbürger werden, aber zugleich und in erster Linie Deutsche«[18]. Der Präsident des Kulturbundes, Johannes R. Becher, erklärte es für »verwerflich, Osten und Westen einander gegenüberzustellen« und bekannte sich emphatisch zur deutschen Einheit, gleichzeitig warnte er vor einer Unterordnung der Literatur unter die Politik: »Die Politik verschlingt die Literatur, wenn nicht die Literatur auf eine ihr eigentümliche und selbständige Art politisch wird.«[19] Der Schriftstellerkongreß, an dem mehr als 300 Autoren und Gäste teilnahmen, verabschiedete ein Manifest und zwei Resolutionen, die den Willen zur Einheit unterstreichen sollten. Die Schriftsteller bekundeten, »daß der Anitsemitismus eine der furchtbarsten Schandlehren des nazistischen Deutschland war«, und erklärten: »Eingedenk des Unheils, das das nazistische Regime über die Welt gebracht hat, ist es unser Wunsch, unseren Beitrag zu einer Aussöhnung zwischen Ost und West zu leisten.« Sie lehnten daher ein »Zonenbewußtsein« strikt ab und sahen »in unserer Sprache und unserer Kultur die Gewähr für die unveräußerliche Einheit unseres Volkes und Landes«[20].

II.

Die wohlmeinende Rhetorik solcher Absichtserklärungen sollte sich freilich im Spannungsfeld des politischen Systemantagonismus zwischen Ost und West, der die Dramaturgie des deutschen Teilungsprozesses unaufhaltsam vorantrieb, sehr rasch als Illusion erweisen. Schon kurze Zeit später wurde erkennbar, daß die frühe Periode einer undogmatischen Kommunikation, die das kulturelle Klima der ersten beiden Nachkriegsjahre geprägt hatte, an ihr Ende gekommen war. Hatten zunächst noch liberale sowjetische Kulturoffiziere zonenübergreifende Initiativen gefördert und künstlerische Freiräume gesichert, wurde der Einfluß des Stalinismus seit Anfang 1948 immer stärker. Der antifaschistische Konsens, der die Respektierung von Humanismus und Christentum als Partner einer Neugestaltung einschloß, wurde durch eine ideologische Kontrolle über Kunst und Literatur abgelöst, die zunehmend in den Dienst der stalinistischen SED genommen wurden[21].

Der weltpolitische Dualismus, der sich im Formierungsprozeß des deutschen Doppelstaates widerspiegelte, überlagerte die frühen Einheitsbeteuerungen auf beiden Seiten. Die Militanz einer bellicosen Rhetorik reduzierte sich auf ein Freund-Feind-Denken und ließ intellektuelle Substanz in den Strudeln der Politik versinken. Schon im November 1947 wurde der von Becher gegründete Kulturbund im amerikanischen und britischen Sektor Berlins verboten, weil er als kommunistische Tarnorganisation galt. Zur gleichen Zeit notierte Alfred Kantorowicz resignierend, »daß die Vereinzelten auf der anderen Seite, die selbstlos nach neuen Wegen suchten, nicht minder umstellt waren, als meine gleichgesinnten Freunde und ich selber«[22], und im Zusammenhang mit dem Projekt eines Ossietzky-Bandes für den Aufbau-Verlag registrierte er eine »unheimliche Kafkasche Atmosphäre des Ungreifbaren«[23]. Das Kenntlichwerden stalinistischer Herrschaftspraxis hatte die Dialogkultur desavouiert, die freie Bewegung der Gedanken über die Zonengrenzen war blockiert. Die Kultur im östlichen Teil Deutschlands wurde unter die Maßgaben einer Kulturpolitik gestellt, die sich schon bald als »Hauptverwaltung Ewige Wahrheiten« (Robert Havemann) gebärden sollte. Fortan mußten sich die Intellektuellen am »Kader-Welsch«[24] von »Kulturwebeln«[25] orientieren – und manche taten dies rascher, als der hoffnungsvolle Neubeginn erwarten ließ.

Während die politische Teilung der Deutschen auch die geistige Spaltung zunehmend vertiefte, war es Thomas Mann, der 1949 noch einmal einen spektakulären – im Westen umstrittenen – letzten Brückenschlag versuchte. In seiner »Ansprache zum Goethe-Jahr«, die er zum 200. Geburtstag des deutschen Genius textgleich in Frankfurt und Weimar Ende Juli 1949 vortrug, bekannte er sich zur Sehnsucht nach Einheit, die das deutsche Volk auf ein Ende der »Fremdherrschaft« hoffen ließ: »Trümmer umgeben mich, welche die nationale Katastrophe sinnfällig zurückgelassen, und ich finde das Land zerissen und aufgeteilt in Zonen der Siegermächte, und ich verstehe nur zu wohl den patriotischen Gram, die bittere Ungeduld ... Ich kenne keine Zonen. Mein Besuch gilt Deutschland selbst, Deutschland als Ganzem und keinem Besatzungsgebiet. Wer sollte die Einheit Deutschlands gewährleisten und darstellen, wenn nicht ein unabhängiger Schriftsteller, dessen wahre Heimat ... die freie, von Besatzungen unberührte deutsche Sprache ist?«[26]

Daß es auch unter den Bedingungen verschärfter Konfrontation noch ein gemeinsames Forum für die deutsche Sprache gegeben hat, war vor allem ein Verdienst Peter Huchels, der von 1949 bis 1962 als Chefredakteur der Literaturzeitschrift »Sinn und Form« tätig war, die Johannes R. Becher initiiert hatte und gemeinsam mit Paul Wiegler als Herausgeber verantwortete. Obwohl Huchel wachsendem politischen Druck ausgesetzt war, konnte er bis zu seiner rüden Amtsenthebung eine Zeitschrift gestalten, die von vielen Autoren – von Thomas Mann über Hans Erich Nossack bis zu Walter Jens – als »die wohl wichtigste Literaturrevue aller Deutschländer«[27] eingeschätzt wurde. Peter Huchel hat in einem Rundfunkvortrag 1955 seine Intentionen prägnant und eindrucksvoll umrissen: »... wir haben ein Forum geschaffen, auf dem Intellektuelle verschiedenster Herkunft, ja oft konträrer Weltanschauungen einander begegnen können. Jeder Beitrag war uns willkommen, wenn er den Menschen meinte und nicht die Zerstörung des Menschen ... Daß wir auch jegliche Simplifikation ablehnen, die alles auf den gleichen Nenner gebracht sehen will, braucht nicht erst gesagt zu werden ... in einer Zeit babylonischer Verwirrung der Begriffe muß ein Literaturblatt, wenn es über den Tag hinaus wirken und Klarheit schaffen will, den philosophischen Essay und die literarische Analyse pflegen, die vom Leser Konzentration und Mitarbeit verlangen. Diese Bereitschaft des Geistes haben wir in all den Jahren beim Leser gefunden. Das beweist die große Zustimmung, die uns immer wieder und vor allem aus Westdeutschland erreichte – von Schriftstellern, Universitätsprofessoren, Studenten, Buchhändlern.«[28]

Die historische Leistung Huchels läßt sich nur ermessen, wenn man sich erinnert, wie frostig das geistige Klima in Deutschland nach der Gründung der beiden deutschen Staaten geworden war. Auf dem II. Schriftstellerkongreß, der vom 4. bis 6. Juli 1950 unter dem Motto »Das neue Leben verlangt nach Gestaltung« im geteilten Berlin als Veranstaltung der DDR-Autoren stattfand, gab sich der einstmalige Verkünder der Einheit deutscher Kultur, Johannes R. Becher, als Sprachrohr der politischen Konfrontation zu erkennen, als er in seinem Schlußwort den westdeutschen Kollegen entgegenhielt: »Eure sogenannten Probleme interessieren uns nicht. Eure Verwicklungen, Kompliziertheiten, die ihr mehr oder weniger literarisch routiniert darstellt, sind für uns wertlos. Wir wollen nichts mehr wissen von euch, euch weder sehen noch hören. Zwar müssen wir vorerst von euch noch Kenntnis nehmen, aber wir nehmen Kenntnis von euch nur in dem Sinne, wie man von einem Geschwür Kenntnis nimmt, das darauf wartet, operiert zu werden. Ihr langweilt uns.«[29] Anna

Seghers ließ in ihrem Beitrag ahnen, wie sehr sich viele Künstler durch den totalen Verfügungsanspruch der Politik bedrängt fühlten: »Diese Menschen werden so abgestempelt, und sie wagen überhaupt nicht mehr, etwas zu probieren . . . Ich weiß, daß nach Kritiken über Ausstellungen in gewissen Städten gewisse Gruppen von Malern ratlos mit gelähmten Händen vor den Staffeleien standen.«[30] An die Stelle verordneter Propaganda in der Zeit des Nationalsozialismus war eine Agitationskunst getreten, die gegenüber dem Wagnis des Denkens und freier Gestaltung neue Schranken aufrichtete.

Die dunklen Jahre des Spätstalinismus wirkten sich auch auf die Wissenschaftsbeziehungen im geteilten Deutschland aus und ließen gesamtdeutsche Kontakte immer weniger zu. Dafür bieten die Beziehungen der Historiker ein anschauliches Exempel. Im Oktober 1951 hatte das Zentralkomitee der SED einen Beschluß gefaßt, der die Errichtung von Instituten für Geschichte des deutschen Volkes an verschiedenen DDR-Universitäten, die Schaffung eines Museums für deutsche Geschichte und die Gründung eines Geschichtsinstituts an der Deutschen Akademie der Wissenschaften in Ost-Berlin vorsah[31]. Damit wurde der Wille bekundet, eine eigenständige Geschichtswissenschaft zu entwickeln, der die Aufgabe gestellt war, die DDR als Fortsetzung der progressiven Traditionen der deutschen Geschichte zu legitimieren und damit vom »westdeutschen Separatstaat« als »Hort der Reaktion« abzugrenzen. Hatte der antifaschistische Konsens ursprünglich als Klammer der Einheit und Antriebsquelle der nationalen Wiedergeburt gegolten, nahm die DDR jetzt den Antifaschismus in ihren Alleinbesitz und schlug sich auf die Seite der »Sieger der Geschichte«, während sie gleichzeitig dem westdeutschen Nachbarn die nationalsozialistische Erblast allein aufbürdete.

Trotz dieser selektiven und polarisierenden Geschichtsbetrachtung gab es noch vereinzelte Beispiele für anhaltende Bestrebungen auf beiden Seiten, institutionelle Kontakte und intellektuellen Gedankenaustausch – trotz weltanschaulicher Differenzen – über die trennenden Grenzen hinweg aufrechtzuerhalten. Nach dem 23. Deutschen Historikertag, der im September 1956 unter Beteiligung von DDR-Historikern in Ulm stattgefunden hatte, resümierte die »Zeitschrift für Geschichtswissenschaft«: »Der Ulmer Historiker-Kongreß stand für uns und für viele der westdeutschen Teilnehmer im Zeichen des wissenschaftlichen Meinungsaustausches . . . Es wurde bewiesen, daß die Auseinandersetzung zwischen Marxisten und Nichtmarxisten auf dem Gebiet der Geschichtswissenschaft trotz der prinzipiellen Verschiedenheit des Klassenstandpunktes beider Seiten nicht nur möglich, sondern fruchtbringend ist. Wir wünschen, diesen Weg, der in Ulm beschritten wurde, weiter zu gehen . . .«[32]

Doch der Optimismus, der aus dieser Gesamteinschätzung sprach, war trügerisch. Zum letzten Mal hatten Wissenschaftler aus beiden deutschen Staaten in Ulm ihre Dialogfähigkeit in einem offiziellen Rahmen unter Beweis stellen können. Schon kurze Zeit später wurde deutlich, daß sich die Wissenschaft der Abgrenzungstendenz der Politik nicht dauerhaft entziehen konnte. Nachdem im März 1958 in der DDR eine eigene »Deutsche Historikergesellschaft« gegründet worden war, wurden auf dem 24. Historikertag im September 1958 in Trier die offiziellen Beziehungen durch den demonstrativen Auszug der DDR-Historiker endgültig abgebrochen. Hans Lades hat diesen Vorgang in einem instruktiven Beitrag einige Jahre später ausführlich beschrieben[33], und es verdient Respekt, daß er dabei einseitige Schuldzuweisungen zu vermeiden suchte. Eine zur Eröffnung verlesene Erklärung des Historikerverbandes, in der gegen die Hochschulpolitik der SED protestiert wurde, hatte den Vorwand für die unverzügliche Abreise der DDR-Historiker geliefert. Lades stellte die selbstkritische Frage, ob eine solche Erklärung des Vorstandes notwendig und geschickt gewesen sei und merkte an: »Es fehlte die unterscheidende Klarstellung, daß man bereit war, wie in Ulm, mit Vertretern eines diskutierenden Marxismus weiterzusprechen, daß man jedoch nicht gewillt war, den Historikertag zum Exerzierfeld eines harten SED-Kurses ... werden zu lassen.«[34] Für solche differenzierten Urteile blieb jedoch in der Folgezeit wenig Raum, sie wurden von der lautstarken Propaganda der Tagespolitik überdeckt.

III.

Die geistige Kluft zwischen den beiden Teilen Deutschlands schien nach der gewaltsamen Selbstabschließung der DDR am 13. August 1961 endgültig unüberbrückbar. Besonders in Berlin löste die rigorose mauerbewehrte Abgrenzung, die zu einer vollständigen Trennung der Menschen führte, tiefe Entrüstung und heftige Proteste aus. Nachdem sich viele westdeutsche Autoren in den fünfziger Jahren gegen die Wiederbewaffnung der Bundesrepublik, eine Atomrüstung der Bundeswehr und die geplanten Notstandsgesetze engagiert hatten, waren sie über die unkritische Systemloyalität ihrer DDR-Kollegen besonders schockiert. Günter Grass äußerte seine Betroffenheit schon am 14. August gegenüber der Vorsitzenden des Deutschen Schriftstellerverbandes (der DDR) Anna Seghers: »Es darf nicht sein, daß Sie, die Sie bis heute vielen Menschen der Begriff aller Auflehnung gegen die Gewalt sind, dem Irrationalismus eines Gottfried Benn verfallen und die Gewalttätigkeit einer Diktatur verkennen, die sich mit Ihrem Traum vom Sozialismus und Kommunismus, den ich nicht träume, aber wie jeden Traum respektiere, notdürftig und dennoch geschickt verkleidet hat.«[35] Sein Appell blieb ohne Antwort. Zwei Tage später richteten Günter Grass und Wolfdietrich Schnurre einen »Offenen Brief an die Mitglieder des Schriftstellerverbandes der DDR« und forderten ihre Kollegen zur Stellungnahme auf, »indem Sie entweder die Maßnahme Ihrer Regierung gutheißen oder den Rechtsbruch verurteilen«[36]. Das Verhalten der DDR-Autoren wurde nach den Kategorien einer politischen Moral beurteilt, die in den ersten Nachkriegsjahren durch den antifaschistischen Konsens geprägt worden war: »Es gibt keine ›Innere Emigration‹, auch zwischen 1933 und 1945 hat es keine gegeben. Wer schweigt, wird schuldig ...«[37]

Obwohl die Kritik berechtigt und verständlich war, konnte sie nur polarisierend wirken, weil sie die NS-Diktatur, gegen die viele der angesprochenen DDR-Autoren gekämpft hatten, mit dem DDR-System gleichsetzte, das als sozialistisches Experiment auf deutschem Boden ihren Idealen nahestand, auch wenn seine Wirklichkeit davon noch weit entfernt sein mochte. Durch den Angriff auf ihre moralische Integrität verletzt, reagierten Bruno Apitz, Franz Fühmann, Erwin Strittmatter und Stephan Hermlin mit umgekehrten Schuldzuweisungen: »Offenbar haben Sie doch nicht sehr genau überlegt, an wen Sie da geschrieben haben, denn Ihre Adressaten, zumindest die Mehrzahl von ihnen, schwiegen gerade zwischen 1933 und 1945 nicht, im Gegensatz zu so vielen patentierten Verteidigern der westlichen Freiheit des

Jahres 1961.«[38] Vordergründige Rechtfertigungsrhetorik hatte den Austausch von Argumenten suspendiert, die Politik hatte die Vernunft außer Kraft gesetzt.

Der Anfang der sechziger Jahre markierte einen Tiefpunkt der geistigen Auseinandersetzung, der nur allmählich überwunden werden konnte, als die Schriftsteller aus der Tagespolitik in die Literatur zurückgekehrt waren und die Absurdität der deutschen Zustände in ihrem eigenen Medium mit »subjektiver Authentizität«[39] zur Sprache brachten.

In den fünfziger Jahren hatten die Kulturverwalter unter dem Vorzeichen des »sozialistischen Realismus« eine politische Funktionalisierung der Kunst betrieben, die dadurch zunehmend ins Abseits gesellschaftlicher Resonanz geraten war. Die Pathosformeln einer beispielhaften Zukunft, die im Vorbild des »positiven Helden« exemplifiziert wurde, prägten eine affirmative Kultur, die sich an Illusionen berauschte und die Realität aus ihrem Wahrnehmungsfeld verdrängte. Es kann daher kaum verwundern, daß in dieser Periode die DDR-Literatur in der Bundesrepublik kaum beachtet worden war, wenn man von Autoren der älteren Generation wie Bertolt Brecht, Arnold Zweig oder Anna Seghers absieht, die ihren literarischen Ruhm bereits lange vor der DDR-Gründung erworben hatten. Als Schriftsteller anerkannt, wurde über ihre politische Rolle in der DDR im Westen Deutschlands mitunter heftig gestritten, was im Falle Brechts bis zu der Forderung reichte, die Aufführung seiner Stücke als Reaktion auf DDR-interne Vorgänge im Sinne einer »Künstlerhaftung« schlichtweg zu verbieten. DDR-Literatur, die das Land hätte kenntlich werden lassen, war in dieser frühen Entwicklungsperiode kaum entstanden.

Erst in den sechziger Jahren wurde die DDR-Literatur zu einem Seismographen gesellschaftlicher Verhältnisse, zu einer Ersatzöffentlichkeit, in der kritische Gedanken artikuliert wurden, die politisch tabuiert waren. Häufige kulturpolitische Interventionen – Zensurmaßnahmen, Aufführungsverbote, Verbandsausschlüsse und ideologische Einschüchterungsversuche – stärkten das Ansehen jener Autoren, die dem »Hunger nach dem Unbeschönigten«[40] Ausdruck verliehen und damit die DDR zu einem Leseland werden ließen, das zunehmend auch von den Bundesdeutschen als eine wichtige Quelle deutscher Realitätserkenntnis entdeckt wurde.

In diesem Zusammenhang kann die komplexe und konfliktreiche Literaturgeschichte der DDR nicht näher entfaltet werden[41], ihre innergesellschaftliche Funktion und ihre gesamtdeutsche Bedeutung sollen daher drei symptomatische Beispiele aus dem Werk von Christa Wolf verdeutlichen, die zentrale Themen des Nachdenkens über die deutschen Zustände betreffen. Christa Wolfs frühe Erzählung »Der geteilte Himmel« (1963) schildert die Tragik der Teilung Deutschlands als die bittere Geschichte einer Trennung von Menschen: Der begabte Chemiker Manfred Herrfurth kapituliert vor den Hemmnissen und Widerständen in seiner Umgebung und wählt die Flucht nach West-Berlin. Er bittet seine große Liebe, Rita Seidel, ihm zu folgen. Sie gerät in eine schwere innere Krise und entscheidet sich doch für ihre Heimat, in der sie Freunde findet und schließlich die Angst verliert, daß »sie leer ausgehen könnte beim Verteilen der Freundlichkeit« – wie es am Schluß der Geschichte heißt. Das Gespräch mit Manfred, das Rita nach seiner Flucht in West-Berlin führt, handelt vom Abschiednehmen, aber auch von der Zerrissenheit eines Landes, das diesen Zwiespalt der Gefühle bedingt. Als Manfred Ritas Heimatsehnsucht spürt, klingt in seinen drängenden Worten das deutsche Dilemma an: »Hör bloß mal ein paar Namen: Schwarzwald, Rhein, Bodensee. Sagt dir das nichts? Ist das nicht auch Deutschland? Ist dir das denn nur noch eine Sage oder eine Seite aus einem Erdkundebuch? Ist es nicht unnatürlich, wenn du gar keine Sehnsucht danach hast?« Von Rita heißt es, »die Sehnsucht nach allen Orten, an denen er von jetzt an sein würde, vernichtete sie fast. Wer auf der Welt hatte das Recht, einen Menschen – und sei es einen einzigen! – vor solche Wahl zu stellen, die, wie immer er sich entschied, ein Stück von ihm forderte?«[42]

Christa Wolf »ging von dem Gefühl ihrer Personen aus und nicht von den sophistischen Deutungen der Leitartikel, die vor dem Glücksgefühl über die Existenz der DDR übersehen möchten, daß es eine Spaltung mit schlimmen Folgen für die Menschen in Deutschland gibt«[43]. Die Erzählung wurde rasch zu einem literarischen Bestseller, den Konrad Wolf schon im folgenden Jahr eindrucksvoll verfilmt hat. Das Buch, das die stilistischen Qualitäten ihrer späteren Werke erst ansatzweise erkennen läßt, zeigt eine neue Erzählhaltung in der DDR-Literatur an. Das Pathos einer verklärten Weltsicht wird durch die differenzierte Gestaltung eines symptomatischen Konflikts abgelöst, den die Leser in beiden Teilen Deutschlands mit ihrer eigenen Erfahrung in Beziehung setzen konnten. Uwe Johnson, der 1959 die DDR verlassen hatte, sollte das Thema der Teilung in seinem Buch »Zwei Ansichten« (1965) erneut aufgreifen.

Am Ende der sechziger Jahre legte Christa Wolf ihre Erzählung »Nachdenken über Christa T.« vor, die eine wichtige Zäsur in der DDR-Literatur markiert, weil sie die Verbindlichkeit der propagierten sozialistischen Wertvorstellungen kritisch hinterfragt und mit dem Recht auf individuelle Selbstverwirklichung kontrastiert: Christa T., Mitte Dreißig, einst Neulehrerin, dann Germanistikstudentin, Ehefrau und Mutter von drei Kindern, ist an Leukämie gestorben. »Christa T. hat gelebt ... Aber wie war ihr Leben und was hat sie gewollt?« Die Erzählerin blickt auf die Geschichte eines Menschen zurück, der sich vor »schrecklich schreienden Helden« ebenso gefürchtet hat wie vor den »Phantasielosen« und den »Tatsachenmenschen«[44]. Dem Anspruch gesellschaftlicher Funktionalisierung hat sie sich kategorisch entzogen. Christa T. war skeptisch gegen »die heftigen, sich überschlagenden Worte, die geschwungenen Fahnen, die überlauten Lieder, die hoch über unseren Köpfen im Takt klatschenden Hände. Sie hat gefühlt, wie die Worte sich zu verwandeln beginnen, wenn nicht mehr guter Glaube und Ungeschick und Übereifer sie hervorschleudern, sondern Berechnung, Schläue, Anpassungstrieb«[45]. In dieser illusionslosen Erzählung problematisiert Christa Wolf die Tugenden der sozialistischen Industriegesellschaft: Leistung, Erfolg, Nützlichkeit und die Glaubwürdigkeit eines Menschenbildes, das den Anspruch auf individuelle Selbstverwirklichung einer abstrakten kollektiven Verantwortung unterordnet. Damit wird der Zweifel als Lebensprinzip gegen den Absolutheitsanspruch einer »wissenschaftlichen Weltanschauung« geltend gemacht, die sich als gefährliche Illusion zu enttarnen beginnt.

Christa Wolfs autobiographischer Roman »Kindheitsmuster« (1976) behandelt ein Thema, das in der DDR zuvor weitgehend verdrängt worden war: die Frage nach den Folgen des Nationalsozialismus für die Menschen, die von dieser Erfahrung betroffen waren. »Das Vergangene ist nicht tot; es ist nicht einmal vergangen« – so beginnt Christa Wolfs Geschichte, die den Menschen die Einsicht vermitteln möchte, daß es gefährlich ist, wenn man die Auseinandersetzung mit dem Nationalsozialismus ahnungslos oder ideologisch borniert den anderen überläßt. Während der Entstehung des Buches hat Christa Wolf über ihre Motive Auskunft gegeben: »Für diejenigen, die in der Zeit des Faschismus aufwuchsen, kann es kein Datum geben, von dem ab sie ihn als ›bewältigt‹ erklären können. Die Literatur hat dem Vorgang nachzugehen, was heißen kann: ihm voranzugehen, ihn vielleicht mit auszulösen: Eine immer tiefere, dabei auch immer persönlichere Verarbeitung dieser im Sinn des Wortes ungeheuren Zeit-Erscheinung ... Übrigens fällt das sehr schwer, und gerade dieser Widerstand ... deutet darauf hin, wie radioaktiv dieser Stoff noch ist. Haben wir uns nicht vielleicht deshalb angewöhnt, den Faschismus als ein ›Phänomen‹ zu beschreiben, das außerhalb von uns existiert hat und aus der Welt war, nachdem man seine Machtzentren und Organisationsformen zerschlagen hatte? Haben wir uns nicht eine Zeitlang Mühe gegeben, ihn als Vergangenheit an ›die anderen‹ zu delegieren, um uns selbst allein auf die Tradition der Antifaschisten und Widerstandskämpfer zu berufen?«[46] Dieses Buch hat bis heute seine Aktualität behalten und erklärt zumindest teilweise, warum in der jungen Generation der DDR als Folge solcher »sozialistischen Bewußtseinsbildung« rechtsradikale Tendenzen virulent geworden sind.

IV.

Mit dem Abschluß des Grundlagenvertrages 1972 war in der Bundesrepublik vor allem die Erwartung verbunden, die Trennung der Menschen zu überwinden und damit die Einheit der Nation zu fördern. Irritiert durch die neubelebten Einheitserwartungen, die sich beim Besuch Willy Brandts im März 1970 in Erfurt deutlich manifestiert hatten, sah sich die SED genötigt, die Vertragspolitik auf ihre völkerrechtliche Dimension zu reduzieren: Die Anerkennung der staatlichen Existenz der DDR sollte ihre innergesellschaftliche Legitimität und ihre internationale Position stärken und zugleich die Unvereinbarkeit der beiden Gesellschaftssysteme auf deutschem Boden unterstreichen. Während die SED die gemeinsame Verantwortung der beiden deutschen Staaten für die Sicherung des Friedens betonte und für eine Ausweitung der ökonomischen Kooperation eintrat, entwickelte sie zugleich das Konzept der ideologischen Abgrenzung und die These von der sozialistischen deutschen Nation.

Aus bundesdeutscher Sicht war die Ausweitung des Reiseverkehrs, der zunächst fast ausschließlich in West-Ost-Richtung erfolgen konnte, ein zentrales Ergebnis der neuen Deutschlandpolitik. Beispielsweise haben 1976 mehr als 6,5 Millionen Westdeutsche und Westberliner die DDR und Ost-Berlin besucht[47]. Die Begegnung der Menschen, die nach Jahren der Abschottung in diesem zuvor kaum erwarteten Ausmaß möglich geworden war, blieb allerdings weitgehend auf private Besuche bei Verwandten und Freunden beschränkt, wenn man von der flüchtigen Augenscheinnahme bei Tagesbesuchen in Ost-Berlin absieht. Im Hinblick auf die Entwicklung des Kulturaustauschs und der Wissenschaftsbeziehungen verhielt sich die DDR weiterhin sehr restriktiv und wehrte alle Bemühungen ab, eine gesamtdeutsche intellektuelle Kommunikationskultur entstehen zu lassen. Die erweiterten persönlichen Kontakte zwischen den Menschen in den beiden deutschen Staaten hatten das wechselseitige Interesse aneinander in den siebziger Jahren verstärkt, die gesamtdeutsche Kommunikation blieb jedoch auch künftig auf einen Rahmen beschränkt, in dem die Informationen übereinander den Dialog miteinander ersetzen mußten.

Bis zum Ende der sechziger Jahre hatte es im Verhältnis zwischen beiden deutschen Gesellschaften eine ausgeprägte Asymmetrie der wechselseitigen Wahrnehmung gegeben. Während die Bevölkerung der DDR im Hinblick auf die Einschätzung ihrer Lebenslage kontinuierlich auf den Vergleich mit der Bundesrepublik fixiert blieb, reagierten viele Bundesbürger auf die Entwicklung der DDR vornehmlich mit einer Wahrnehmungsblockade. Die starke Resonanz auf die »Materialien zum Bericht zur Lage der Nation«, die von der Bundesregierung in den Jahren 1971, 1972 und 1974 unter der wissenschaftlichen Gesamtleitung von Peter Christian Ludz vorgelegt wurden, zeigten das zunehmende Interesse der bundesdeutschen Bevölkerung an der DDR, die für viele in den beiden ersten Jahrzehnten der Teilung bereits ein unbekanntes Land geworden war. Die Entwicklung der DDR-Forschung[48], die Intensivierung deutschlandpolitischer Bildungsarbeit und die Ausweitung der Medienberichterstattung haben zu einer Neukonturierung des DDR- und Deutschlandbildes beigetragen[49], das unter dem Eindruck des weltpolitischen Systemantagonismus in erster Linie auf die Entwicklung gutnachbarlicher Beziehungen zwischen beiden deutschen Staaten ausgerichtet war, ohne die Frage der deutschen Einheit explizit zu reflektieren.

Von einer solchen guten Nachbarschaft konnte freilich noch keine Rede sein. Die Freizügigkeit des Reiseverkehrs blieb für die DDR-Bürger drastisch beschränkt, so daß nur wenige die Bundesrepublik bei Reisen in »dringenden Familienangelegenheiten« in Augenschein nehmen konnten. Die Politik der Abgrenzung führte dabei zu absurden Konsequenzen: Durch Rundfunk und Fernsehen konnten die DDR-Bürger ungehindert einen umfassenden Einblick in die Lebensverhältnisse der Bundesbürger erhalten, gleichzeitig wurde die Einführung von Printmedien durch weitreichende Verbotsvorschriften reglementiert[50]. Wissenschaftler und Schriftsteller trafen sich meist nur auf internationalen Kongressen, und wer ein Akademieinstitut in Ost-Berlin besuchen wollte, mußte die paradoxe Erfahrung machen, daß ein solches Vorhaben in Warschau oder in Moskau weit größere Erfolgschancen hatte.

Ideologische Berührungsängste, ein politbürokratischer Regelungsperfektionismus und vor allem die Furcht vor einer kritischen Öffentlichkeit hatten in der DDR zu einer unheiligen Allianz geführt, die ihre eigene Schwäche mit einer auftrumpfenden Machtgebärde zu kaschieren suchte. Diese Situation wurde im Herbst 1976 auf dramatische Weise deutlich. Nach der Veröffentlichung seines gesellschaftskritischen Buches »Die wunderbaren Jahre« in der Bundesrepublik wurde der Autor Reiner Kunze am 29. Oktober 1976 aus dem Schriftstellerverband der DDR ausgeschlossen und konnte schließlich nach einer Kampagne, die von bösartiger Polemik und Psychoterror bestimmt war, im April 1977 in die Bundesrepublik ausreisen. Wenige Tage nach einem Konzert in Köln wurde Wolf Biermann am 16. November 1976 die Staatsbürgerschaft der DDR entzogen und damit seine Zwangsexilierung veranlaßt. Die »administrative Blitzaktion«[51] gegen den bekannten Liedermacher, der seine »Drahtharfe« benutzt hatte, um die politischen Mißstände in der DDR offenzulegen, wurde von vielen Künstlern der DDR als Schock empfunden. Zwölf renommierte Autoren (Sarah Kirsch, Christa Wolf, Volker Braun, Franz Fühmann, Stephan Hermlin, Stefan Heym, Günter Kunert, Heiner Müller, Rolf Schneider, Gerhard Wolf, Jurek Becker, Erich Arendt) protestierten in einem im Westen veröffentlichten Brief an ihre Regierung gegen die Ausbürgerung Biermanns. Sie vertraten darin die Auffassung, der sozialistische Staat müsse auch unbequeme Dichter »gelassen nachdenkend ertragen können« und baten unter Berufung auf Marx, »die beschlossenen Maßnahmen zu überdenken«[52]. Dieser maßvoll und selbstbewußt formulierte kollektive Künstlerprotest, dem sich in den folgenden Tagen etwa 100 weitere Kulturschaffende anschließen sollten, stellte in der Kulturgeschichte der DDR ein Novum da. Er protokolliert das Ende einer Illusion, die im Sozialismus eine Versöhnung von Geist und Macht erwartet hatte. Aus dem Fall Biermann war ein kulturpolitischer Grundsatzkonflikt geworden, der nicht nur einen neuen Graben zwischen Kunst und Politik öffnete, sondern zugleich auch die Schriftsteller der DDR in zwei Lager spaltete und zahlreiche prominente Künstler zur Ausreise veranlaßte. Eine solche Kulturpolitik der Stärke hatte in Wahrheit nur ihre intellektuelle Ohnmacht demonstriert und damit ihr eigenes Ende schon selbst vorbereitet.

In der zweiten Hälfte der siebziger Jahre begann sich in der DDR unter den jungen Schriftstellern und Künstlern jenseits des reglementierten Kulturbetriebs eine autonome Kultur zu entwickeln, die sich von der »Vormundschaft eines übergeordneten Sinns«[53] befreite und einen »Weg aus der Ordnung« suchte, die sich selbst längst desavouiert hatte. Der Lyriker Uwe Kolbe registrierte 1979, »daß diese Generation völlig verunsichert ist, weder richtiges Heimischsein hier noch das Vorhandensein von Alternativen anderswo empfindet«[54], der Verlust an Gewißheit verweist den Künstler auf sein eigenes Gewissen. Dieses Bedürfnis nach Selbstverantwortung bestimmte auch die Entstehung einer alternativen Bewegung in der DDR, die sich unter dem schützenden Dach der Evangelischen Kirche seit Mitte der siebziger Jahre ausbildete[55] und einen Strukturwandel der Öffentlichkeit in der DDR einleitete[56]. Die Friedens-, Ökologie-, Menschenrechts- und Dritte-Welt-Gruppen forderten das Recht auf intellektuelle und politische Selbstbestimmung ein, das sich ein Jahrzehnt später als geistiges Bewegungsprinzip und soziale Energiequelle für die gewaltlose Revolution im Herbst 1989 erweisen sollte.

Wie eng die Grenzen für einen gesamtdeutschen Dialog gesteckt waren, zeigte ein gemeinsames Forum, das Stephan Hermlin im Dezember 1981 zeitgleich mit der ersten Begegnung zwischen Bundeskanzler Helmut Schmidt und Erich Honecker organisierte: Die »Berliner Begegnung zur Friedensförderung« von Schriftstellern und Wissenschaftlern aus Ost und West sollte ihre gemeinsame Verantwortung unterstreichen und ihre intellektuelle Autorität in der Friedensdiskussion wirksam werden lassen. Das Protokoll dieses Schriftstellertreffens dokumentiert die Schwierigkeiten, Tabus aufzubrechen und eine gemeinsame Sprache zu finden[57]. Der Vorsitzende des DDR-Schriftstellerverbands, Hermann Kant, und der Präsident der Akademie der Künste, der Filmregisseur Konrad Wolf, widersprachen gemeinsam mit anderen DDR-Teilnehmern Günter Grass, der eine wechselseitige Bedrohung registriert hatte, sie machten für den Zustand der Hochrüstung allein die USA verantwortlich. Einzelne DDR-Schriftsteller wie Günter de Bruyn und Rolf Schneider reihten sich allerdings nicht in eine solche Einheitsfront ein und akzentuierten eigene Positionen, die sich nicht an vorgestanzten Denkklischees orientierten. Sie kritisierten das »Wettrüsten im Geist«[58], das auch in der »sozialistischen Wehrerziehung« eingeübt wurde und verwiesen auf die Heuchelei der Politik im eigenen Land: »So erfreulich die Unterstützung der westeuropäischen Friedensbewegung durch die DDR auch ist, so fraglich wird ihr Nutzen bleiben, so lange der Eindruck entstehen muß, daß das drüben Bejubelte hüben unerwünscht ist.«[59] Nur selten kamen die deutschen Angelegenheiten bei dieser Friedensdiskussion zur Sprache. Ingeborg

Drewitz verwies am deutlichsten auf die unbefriedigende Situation, als sie für »eine größere Offenheit im kulturellen Austausch« plädierte, »die Tolerierung der Meinungsfreiheit und damit das Benennen ihrer Einschränkungen in beiden deutschen Staaten« forderte[60]. Sie erinnerte auch an die Ausgrenzungsbestrebungen gegenüber ehemaligen DDR-Autoren, die – ungeachtet ihres persönlichen Mutes und ihrer moralischen Integrität – von manchen Verbandsfunktionären auf beiden Seiten als Störenfriede für das erwünschte kulturpolitische Arrangement behandelt wurden: »aus Ihrem Gastland heute müssen Schriftsteller ausreisen auf Zeit, auf Dauer – beides keine gute Praxis; denn wir sind ja als Schreibende in der Lage, die Staaten, in denen wir leben, durch unsere Kritik vielleicht ein wenig zu verbessern, menschlich zu erhalten«[61].

Weil die Autoren als Folge der Abgrenzungspolitik am direkten Gedankenaustausch weitgehend gehindert wurden, mußten ihre Bücher Kommunikation stiften. Schon in den siebziger Jahren hatten viele DDR-Autoren in der Bundesrepublik ein breites Lesepublikum, verschiedene ihrer Werke mußten sogar zuerst in bundesdeutschen Verlagen erscheinen. Auch die DDR-Verlage haben zahlreiche Werke bundesdeutscher Autoren den DDR-Lesern präsentieren können, weil sie mit Beharrlichkeit und Engagement den reglementierenden Provinzialismus der frühen Jahre überwinden konnten, sofern keine grundsätzlichen politischen Einwände durch die SED-Kulturverwalter erhoben wurden. DDR-kritische Autoren wie Günter Grass, der besonders mit seinem Stück über den 17. Juni 1953 »Die Plebejer proben den Aufstand« den Zorn der SED hervorgerufen hatte, mußten lange auf die Veröffentlichung ihrer Bücher in der DDR warten. So konnte der Leipziger Reclam-Verlag erst 1984 dessen hintersinnige Parabel über eine gesamtdeutsche Schriftstellerbegegnung während des Dreißigiährigen Krieges »Das Treffen in Telgte« vorlegen, wozu Stephan Hermlin in einer Vorbemerkung feststellte: »daß ein genialer Erzähler sein Publikum in der DDR endlich erreicht, ist ein Anlaß zur Freude«[62]. Es sollte drei weitere Jahre dauern, bevor der Aufbau-Verlag »Die Blechtrommel« vorlegen konnte – fast dreißig Jahre nach ihrer Erstveröffentlichung.

Eine ebenso kompetente wie akribische Bilanz der Kulturbeziehungen zwischen den beiden deutschen Staaten aus dem Jahr 1983 kommt zu dem Ergebnis: »Nach dem Inkrafttreten des Grundlagenvertrages kam auf vielen Ebenen der Wunsch nach Kontakten auf, in der Erwartung, daß Begegnungen und Zusammenarbeit nunmehr erleichtert sein würden. Diese Erwartung hat sich kaum erfüllt, überwiegend verhalten sich die offiziellen Stellen in der DDR abwartend oder gar abweisend: Es bedürfe eines Kulturvertrages. Im institutionellen Bereich hat sich seit 1972 wenig verändert.«[63]

Am 6. Mai 1986 wurde schließlich nach langjährigen Sondierungen und Verhandlungen das Abkommen über kulturelle Zusammenarbeit zwischen beiden deutschen Staaten unterzeichnet[64]. Darin bekundeten die Partner ihre Absicht, »im Rahmen ihrer Möglichkeiten und auf der Grundlage des beiderseitigen Interesses« Zusammenarbeit und Austausch auf den Gebieten Wissenschaft und Bildung, bildende und darstellende Kunst, Musik, Literatur, Museumswesen, Denkmalpflege, Verlags-, Bibliotheks- und Archivwesen sowie bei der Durchführung kommerzieller Gastspiele von Künstlern und Ensembles zu fördern. In das Abkommen waren Rundfunk und Fernsehen, Sport und Jugendaustausch ebenfalls einbezogen. Die Kooperationsfelder wurden akribisch aufgelistet, »Arbeitspläne« für einen Zeitraum von jeweils zwei

Jahren sollten die Vorhaben fixieren, doch sollte dadurch »die Förderung anderer Maßnahmen, die in den Kulturarbeitsplänen nicht enthalten sind, ihrem Charakter nach jedoch den Zielen des Abkommens entsprechen, nicht ausgeschlossen« werden[65].

Der Abschluß des Abkommens war in der Bundesrepublik nicht unumstritten[66]. Manche intellektuelle Kritiker wie Günter Grass befürchteten, daß die politische Formalisierung der Kulturbeziehungen zu einem Instrument anhaltender Reglementierung werden könnte, die nun auch noch den schlechten Anschein bundesdeutscher Mitwirkung erhalten würde. Gegenüber solchen Bedenken muß berücksichtigt werden, daß keine andere Möglichkeit vorhanden war, reguläre Kontakte herzustellen und den unbefriedigenden Zustand des Kulturaustauschs zu verändern, auch wenn dieser mit dem Zwang zu Kompromissen verbunden war. In den drei Jahren seiner Anwendung hat das Kulturabkommen insbesondere als politische Berufungsgrundlage dienen können, die neue Initiativen – auch außerhalb der Arbeitspläne – sicher eher begünstigt als beeinträchtigt hat, auch wenn damit keine grundlegende Veränderung der Situation erreicht werden konnte.

Gegen den unumgänglichen Pragmatismus der »Realpolitik« hat Martin Walser, der Jahre hindurch als Anachronist betrachtet wurde, schon 1979 die Frage gestellt: »Warum akzeptieren wir eine Teilung wie ein Naturgesetz, obwohl wir einsehen können, daß sie aus ganz und gar zeitlichen Bedingungen entstand?«[67] Und er bekannte freimütig: »Ich habe ein Bedürfnis nach geschichtlicher Überwindung des Zustands Bundesrepublik. Von Grund auf sollten wir weiter. Aber die herrschende öffentliche Meinung, das herrschende Denken, der vorherrschende Sprachgebrauch nennen dieses Bedürfnis *obsolet,* obsolet heißt veraltet; ich glaube nur, es sei alt.«[68] Martin Walser fand damals zwar kein Echo, aber er hat recht behalten.

Heiner Müller hat auf dem erwähnten Schriftstellertreffen im Dezember 1981 ahnungsvoll von der subversiven Kraft der Kultur gesprochen, »die notwendig ist, um die Wirklichkeit unmöglich zu machen«. Die Gesellschaft der DDR hat im Herbst 1989 diese Vision bestätigt. Im deutschen Einigungsprozeß wird auch eine neue Kommunikationskultur entstehen. Die Behinderungen der Vergangenheit, die Verstrickungen in die Systemstrukturen und die fehlende Übung im Umgang miteinander werden dabei abgegolten werden müssen. Es bleibt aber die Aufgabe gestellt, die Frage zu klären, welchen Beitrag die Intellektuellen auf beiden Seiten geleistet haben, die Folgen der Teilung geistig zu verarbeiten und ihren kulturellen Ertrag als gemeinsames Erbe zu bewahren.

Anmerkungen

1 »Es stirbt täglich Freiheit weg«. Interview mit Heinrich Böll, in: Die Zeit, Nr. 31 vom 26. 6. 1985, S. 9: »Ich hab' das nicht als Stunde Null empfunden, sondern als Stunde Nichts.«

2 Günter Grass, Geschenkte Freiheit, in: Die Zeit, Nr. 20 vom 10. 5. 1985, S. 20.

3 Ebd.

4 Franz Werfel, An das deutsche Volk, in: Bayerische Landeszeitung vom 25. 5. 1945, zit. nach: Vaterland, Muttersprache. Zusammengestellt von Klaus Wagenbach, Winfried Stephan und Michael Krüger, Berlin 1979, S. 25.
5 Siehe Hans Mayer, Nach zwei Weltkriegen, in: Literatur und literarisches Leben in Deutschland, Bonn 1989, S. 25.
6 Günther Weisenborn, An die Deutschen Dichter im Ausland, in: Der Autor, (1947) 1, S. 5, S. 3. – Alfred Andersch hatte einen ähnlichen Aufruf an die emigrierten deutschen Hochschullehrer gerichtet, vgl. Der Ruf vom 1. 1. 1947.
7 Thomas Mann, Offener Brief, in: Aufbau (New York) vom 28. 9. 1945, zit. nach: Vaterland, Muttersprache (Anm. 4), S. 48.
8 Thomas Mann, Erneute Antwort. Rundfunkrede BBC vom 30. Dezember 1945, zit. nach: Vaterland, Muttersprache (Anm. 4), S. 48.
9 Auszugsweise dokumentiert in: Vaterland, Muttersprache (Anm. 4), S. 46–49.
10 Ernst Wiechert, Rede an die deutsche Jugend 1945, München 1945, S. 26, S. 30.
11 Johannes R. Becher, Deutsches Bekenntnis, 3. erw. Aufl., Berlin 1946, S. 44.
12 Zit. nach: Vaterland, Muttersprache (Anm. 4), S. 25f.
13 Einen umfassenden Überblick enthält: Handbuch der Lizenzen deutscher Verlage. Zeitungen, Zeitschriften, Buchverlage, Berlin 1947; Standardwerk ist der Ausstellungskatalog »Als der Krieg zu Ende war«. Literarisch-politische Publizistik 1945–1950, Marbach 1973 (3. Aufl. 1986).
14 Vgl. dazu die Einleitung von Hermann Glaser, in: ders./Lutz von Pufendorf/Michael Schöneich, So viel Anfang war nie. Deutsche Städte 1945–1949, Berlin 1989, S. 9–24. Grundlegend für die kulturgeschichtliche Entwicklung in den Westzonen ist die Darstellung von Hermann Glaser, Kulturgeschichte der Bundesrepublik Deutschland, Bd. 1: Zwischen Kapitulation und Währungsreform 1945–1948, München 1985.
15 Eine Auswahl der Beiträge enthält: Ulenspiegel. Zeitschrift für Literatur, Kunst und Satire 1945–1950, ausgewählt und herausgegeben von Herbert Sandberg und Günter Kunert, Berlin (DDR) 1978 (auch München 1978).
16 Ebd., S. 6.
17 Alfred Kantorowicz, Deutsches Tagebuch. Erster Teil, München 1959, S. 292f.
18 Ricarda Huch, Begrüßung, in: Ost und West, (1947) 4, S. 25, S. 28.
19 Johannes R. Becher, Gesammelte Werke, Bd. 17, Berlin–Weimar 1979, S. 170.
20 Abgedruckt in: Der Autor,(1947) 8, S. 3f.
21 Vgl. dazu Manfred Jäger, Literatur und Kulturpolitik in der Entstehungsphase der DDR (1945–1952), in: Aus Politik und Zeitgeschichte, B 40–41/85, S. 32–47.
22 Alfred Kantorowicz, Deutsches Tagebuch. Erster Teil (Anm. 17), S. 403.
23 Ebd., S. 411.
24 Ebd., S. 657.
25 Ebd. Zweiter Teil, S. 407.
26 Thomas Mann, Ansprache im Goethejahr 1949, Frankfurt 1949, S. 12. Die Ansprache wurde am 25. Juli in Frankfurt und am 31. Juli in Weimar gehalten. Vgl. dazu ausführlich Karl Robert Mandelkow, West-östliche Goethe-Bilder. Zur Klassikrezeption im geteilten Deutschland, in: Aus Politik und Zeitgeschichte, B 11/82, S. 17–37.
27 Rolf Schneider, Bilanz der Kultur-Affairen der DDR, in: Die Zeit, Nr. 9 vom 23. 2. 1979, S. 44. Vgl. auch Fritz J. Raddatz, Geduckter Mut, stürmische Debatte, in: Die Zeit, Nr. 17 vom 21. 4. 1989, S. 70f.
28 Abschrift eines Rundfunkvortrags aus dem Frühjahr 1955, Archiv des Verfassers.
29 Zit. nach Manfred Jäger, Literatur und Kulturpolitik in der Entstehungsphase der DDR (Anm. 21), S. 44.
30 Vgl. Anna Seghers, Über Kunstwerk und Wirklichkeit, Bd. I, Berlin (DDR) 1970, S. 78f.
31 Vgl. dazu Günther Heydemann, Geschichtswissenschaft im geteilten Deutschland, Frankfurt 1980, S. 143–153, bes. S. 150f. Zur Entwicklung der DDR-Historiographie in den fünfziger Jahren siehe auch Werner Maibaum, Geschichte und Geschichtsbewußtsein in der DDR, in: Rüdiger Thomas (Red.), Wissenschaft und Gesellschaft in der DDR, München 1971, S. 187–194.

32 Zeitschrift für Geschichtswissenschaft, (1957) 1, S. 127.
33 Hans Lades, Von Trier bis Wien. Beobachtungen zur Historiographie in Mitteldeutschland. Erweiterte Fassung des am 2. Juni 1965 im Friedrich Meinecke-Institut der Freien Universität Berlin gehaltenen Vortrags (Typoskript, im Archiv des Verfassers).
34 Ebd., S. 9f.
35 Günter Grass, Brief an Anna Seghers, in: Die Zeit vom 18. 8. 1961, zit. nach: Vaterland, Muttersprache (Anm. 4), S. 184.
36 Günter Grass/Wolfdietrich Schnurre, Offener Brief, in: Hans Werner Richter (Hrsg.), Die Mauer oder Der 13. August, Reinbek 1961, zit. nach: Vaterland, Muttersprache (Anm. 4), S. 184.
37 Ebd.
38 Zit. nach ebd., S. 186.
39 Hans Kaufmann, Gespräch mit Christa Wolf (1973), in: Weimarer Beiträge, (1973) 6, S. 106.
40 Hans Kaufmann, Zur DDR-Literatur der siebziger Jahre (1978), in: ders., Über DDR-Literatur. Beiträge aus fünfundzwanzig Jahren, Berlin–Weimar 1986, S. 148.
41 Vgl. dazu vor allem Hans-Jürgen Schmitt (Hrsg.), Die Literatur der DDR. Hansers Sozialgeschichte der deutschen Literatur vom 16. Jahrhundert bis zur Gegenwart, Bd. 11, München 1983; Wolfgang Emmerich, Kleine Literaturgeschichte der DDR, Frankfurt 1989 (erw. Neuausgabe).
42 Christa Wolf, Der geteilte Himmel, Halle 1963, S. 243.
43 Manfred Jäger, Sozialliteraten. Funktion und Selbstverständnis der Schriftsteller in der DDR, Düsseldorf 1973, S. 97.
44 Christa Wolf, Nachdenken über Christa T., Halle 1968, S. 72, S. 66.
45 Ebd., S. 71.
46 Subjektive Authentizität und gesellschaftliche Wahrheit. Interview mit Christa Wolf, in: Anneliese Löffler (Hrsg.), Auskünfte. Werkstattgespräche mit DDR-Autoren, Berlin – Weimar 1974, S. 497.
47 Vgl. Zehn Jahre Deutschlandpolitik. Die Entwicklung der Beziehungen zwischen der Bundesrepublik Deutschland und der Deutschen Demokratischen Republik 1969–1979. Bericht und Dokumentation, Bundesministerium für innerdeutsche Beziehungen, Bonn 1980, S. 44. In der genannten Zahl sind die Tagesaufenthalte von Westdeutschen, die über West-Berlin nach Ost-Berlin eingereist sind, nicht enthalten. Sie wurden auf jährlich 1,4 Millionen geschätzt.
48 Vgl. dazu als bilanzierenden Rückblick: Rüdiger Thomas, Von der DDR-Forschung zur kooperativen Deutschland-Forschung, in: Zeitschrift für Parlamentsfragen, (1990), S. 126ff.
49 Die beste Studie ist auf die Schulbuchanalyse beschränkt: Deutschlandbild und Deutsche Frage in den historischen, geographischen und sozialwissenschaftlichen Unterrichtswerken der Bundesrepublik Deutschland und der Deutschen Demokratischen Republik von 1949 bis in die 80er Jahre. Mit einer Einführung von Karl-Ernst Jeismann, hrsg. von Wolfgang Jacobmeyer, Braunschweig 1986: »Die Neuerscheinungen seit 1970 setzen sich, meist im Zugriff des Systemvergleichs, differenzierter mit der DDR auseinander. Einerseits parallelisiert sich das Deutschlandbild; andererseits wird die DDR gegenbildlich zur Bundesrepublik im Vorstellungszusammenhang einer dialektischen, jedoch kaum konturierten Einheit beider deutscher Staaten wahrgenommen.« (S. XXXVIII f.)
50 Nach den Zollbestimmungen der DDR waren vom Einfuhrverbot betroffen: »Literatur, sonstige Druckerzeugnisse und andere Materialien, wenn sie gegen die Erhaltung des Friedens gerichtet sind, revanchistischen, faschistischen oder pornographischen Inhalt haben oder in anderer Weise den Interessen der DDR und ihrer Bürger widersprechen.«
51 Manfred Jäger, Kultur und Politik in der DDR. Ein historischer Abriß, Köln 1982, S. 161.
52 Dokumentiert in: Peter Lübbe (Hrsg.), Dokumente zur Kunst-, Literatur- und Kulturpolitik der SED 1975–1980, Stuttgart 1984, S. 310f.
53 Elke Erb, Vorwort, in: Sascha Anderson/Elke Erb (Hrsg.), Berührung ist nur eine Randerscheinung. Neue Literatur aus der DDR, Köln 1985, S. 15.
54 Ohne den Leser geht es nicht – Ursula Heukenkamp im Gespräch mit Gerd Adloff, Gabriele Eckart, Uwe Kolbe, Bernd Wagner, in: Weimarer Beiträge, (1979) 7, S. 46.

55 Die wichtigsten Dokumentationen über die autonome Bewegung in der DDR sind: Peter Wensierski/Wolfgang Büscher (Hrsg.), Beton ist Beton, Zivilisationskritik aus der DDR, Hattingen 1981; Wolfgang Büscher/Peter Wensierski/Klaus Wolschner (Hrsg.), Friedensbewegung in der DDR. Texte 1978–1982, Hattingen 1982; Initiative Frieden & Menschenrechte, Grenzfall, Vollständiger Nachdruck aller in der DDR erschienenen Ausgaben (1986/87), hrsg. von Ralf Hirsch und Lew Kopelew, Berlin 1989; Ferdinand Kroh (Hrsg.), »Freiheit ist immer Freiheit ...« Die Andersdenkenden in der DDR, Berlin 1988. Die »Zeitschrift zwischen den Kulturen« »Niemandsland«, die in West-Berlin 1987 bis 1989 erschienen ist, veröffentlichte regelmäßig Beiträge unabhängiger Autoren aus beiden deutschen Staaten. Sie leistete damit in der gesamtdeutschen Kommunikationskultur Pionierarbeit.

56 Vgl. dazu Rüdiger Thomas, Neues Denken und alte Gewohnheiten. Über den Strukturwandel der Öffentlichkeit in der DDR, in: Niemandsland, (1988) 6, S. 60–65.

57 Das Protokoll wurde parallel im Luchterhand Verlag und im Aufbau-Verlag veröffentlicht: Berliner Begegnung zur Friedensförderung, Darmstadt–Neuwied 1982.

58 Rolf Schneider, ebd., S. 108.

59 Günter de Bruyn, ebd., S. 82.

60 Ebd., S. 26.

61 Ebd.

62 Vgl. dazu im einzelnen Rüdiger Thomas, Kulturpolitik und Künstlerbewußtsein seit dem VIII. Parteitag der SED, in: Gert-Joachim Glaeßner (Hrsg.), Die DDR in der Ära Honecker. Politik-Kultur-Gesellschaft, Opladen 1988, S. 589–608, bes. S. 603ff.

63 Klaus-Eberhard Murawski, Die Kulturbeziehungen zwischen der Bundesrepublik Deutschland und der DDR, in: Erika Lieser-Triebnigg/Siegfried Mampel (Hrsg.), Kultur im geteilten Deutschland, Berlin 1984, S. 45–57, hier S. 56. – Informationen zum Stand der kulturellen Zusammenarbeit vermittelt auch die Antwort der Bundesregierung auf die Kleine Anfrage der SPD-Fraktion vom 11. November 1985, Bundestags-Drucksache 10/4207.

64 Text in: Bulletin des Presse- und Informationsamtes der Bundesregierung, Nr. 482 vom 7. 5. 1986, S. 405–408. – Ein Abkommen über wissenschaftlich-technische Zusammenarbeit wurde im September 1987 geschlossen. Vgl. dazu Clemens Burrichter, Wissenschaftlich-technische Zusammenarbeit zwischen beiden deutschen Staaten, in: Aus Politik und Zeitgeschichte, B 34/89, S. 3–9.

65 Ebd. Art. 12, S. 408.

66 Vgl. dazu Uwe Wittstock, Der dünne Draht nach drüben, in: Frankfurter Allgemeine Zeitung vom 26. 2. 1986; Manfred Jäger, Kooperation mit Kontrasten. Über Kulturzusammenhänge im Rahmen eines Abkommens mit der DDR, in: Aus Politik und Zeitgeschichte, B 24–25/86, S. 3–15.

67 Martin Walser, Händedruck von Gespenstern, in: Jürgen Habermas (Hrsg.), Stichworte zur ›Geistigen Situation der Zeit‹, 1. Band: Nation und Republik, Frankfurt a.M. 1979, S. 49.

68 Ebd., S. 50.

69 Heiner Müller, in: Berliner Begegnung zur Friedensförderung (Anm. 57), S. 107.

Peter G. Thielen

»Und ob ich dich von hundert Bildern schaute ...«

Zur bildlichen Darstellung von Herrschaft in Amtsräumen

I.

Der 20. April 1939, der 50. Geburtstag Hitlers, wurde den linientreuen wie den opponierenden Zeitgenossen durch die Parade auf der Berliner Ost-West-Achse, durch lärmende Wochenschauberichte und von Marschmusik vibrierende Sendungen des Reichsrundfunks als Merkposten ins Bewußtsein gerückt. Aber es gab auch andere, nur auf den ersten Blick verhaltenere Gratulationsvarianten und Gedächtnisstützen. So erschien, beispielsweise, in Stuttgart ein schmaler Band unter dem Titel »Dem Führer, Gedichte für Adolf Hitler«[1]. Die Einleitung schrieb Philipp Bouhler, Chef der »Kanzlei des Führers«, Vorsitzender der »Prüfungskommission zum Schutze des nationalsozialistischen Schrifttums«. Er stimmt mit seiner Wortwahl den Leser bereits auf die Sprechlage, die Vorstellungswelt ein, die ihn erwarten. Der Große und die Größe werden heraufbeschworen, Held – Heros – Genie, Unsterblichkeit, Weltgeschichte, ja Schöpfer und Schöpfung. Ein NS-Brevier also liegt hier aufgeschlagen, durchtränkt von pervertierter Frömmigkeit, eingeschnürt von den Zwängen des Personenkults. Darin melden sich Wortführer aus allen deutschen Gauen. Sie haben sich selbst zur Elite der Nationalliteratur, zu Vormündern der Volksgemeinschaft hochstilisiert, oder sind längst in die Spitzenpositionen der neuen, durchbürokratisierten Schrifttumshierarchie eingerückt: Hans Friedrich Blunck und Will Vesper, Baldur von Schirach und Josef Weinheber, Erwin Guido Kolbenheyer und Wilhelm Pleyer[2]. Sie und ihre 42 Mitpoeten bewegt vor allem die Frage des Alemannen Hermann Burte: »Wie sieht er aus?« – die Frage nach dem inneren und äußeren Antlitz von »Deutschlands Herz und Haupt« (Weinheber).

Bei der Beantwortung werden alle Register des völkischen Pathos, der hagiographischen Rhetorik gezogen. An kosmischen Metaphern ist kein Mangel, wenn auch nicht jeder Beiträger dem Beispiel des emsigen Kantatendichters Herybert Menzel folgt und die Menschwerdung, die Inkarnation des Göttlichen mit den Dienstflügen Hitlers identifiziert: »Bisweilen nachts erklingt es von Motoren/hoch über uns, du Führer, ohne Ruh./Dein Antlitz ahnen wir an uns verloren,/vom Fenster der Kabine sinnt's uns zu.« Demütiger Aufblick ist angesagt, denn: »Wer will das Haupt nicht überwältigt neigen?/Wer hebt den Blick nicht voll Vertraun hinauf?« So fragt Ina Seidel, die populäre Romanautorin. Agnes Miegel, die Sprecherin Ostpreußens, vollzieht die gleiche Bewegung. Vor ihr hebt die Meereswoge das »verhüllte Bild« des

Führers empor, und »unsre Stirnen, die so tief geneigt,/richteten sich auf bei seinem Nahn.« Hitler als Anadyomenos! Für Hanns Johst, den amtierenden Präsidenten der Reichsschrifttumskammer – er hatte im Oktober 1933 dem Reichsführer SS nahegelegt, Thomas Mann in Sippenhaft für seinen Sohn Klaus »ein wenig« in Dachau zu internieren –, für Johst malt sich dieser Aufbruch so: »Ein Volk, von deinem Gesicht überlichtet, erwacht!/. . . Und Führer und Himmel sind ein Gesicht./. . . das deutsche Herz dröhnt im jungen Licht!« Denn das Dritte Reich »umbaut als köstlichste Monstranz/dein glücklichstes Lächeln, mein Führer!« Heinrich Anacker, auch er ein vielbeschäftigter Parteiliterat, bestätigt: »Ein Lächeln blühte ihm um Blick und Mund,/das Güte war aus tiefstem Herzensgrund./Und alle sahn dies sonnige Geleucht.« Schon sind also Details, Einzelzüge zu erkennen: »Die Augen leuchten bergseetief und klar./Es strömt aus ihnen unsagbare Güte« (G. Schumann). Und wir erleben in den Versen W. Jünemanns mit, wie »die Mütter ihren Kindern zeigen:/›Das ist der Führer!‹ – und dann weint das Glück.« Schlechthin fassungslos bleibt endlich der steirische Heimatdichter Hans Kloepfer auf dem Plan, wenn er – mit einer an die Marienlieder des Novalis gemahnenden Wendung – bekennen muß: »Und ob ich dich von hundert Bildern schaute,/ich fasse deines Wesens Allmacht nicht«[3].

Richtpunkt dieses Wortschwalls, der in der Geschichte der deutschen Literatur nur noch durch die Strophen zur Apotheose Stalins übertönt werden sollte, ist das allgegenwärtige Gesicht des »Führers«, gleichgültig ob dieser den Gefolgsleuten nun leibhaftig oder im Bilde, in persona oder in effigie begegnet. »Und ob ich dich von hundert Bildern schaute . . .« Da erinnern sich die Chronisten des bayerischen Strafrechts daran, daß noch um 1860 nach einem Crimen laesae majestatis 2. Grades der Übeltäter vor dem Porträt des Königs öffentlich Abbitte leisten mußte. Da kommen die präzisen Sätze ins Gedächtnis, mit denen – ein weiteres Jahrhundert zurück – die Autoren von Zedlers monumentalem Universallexikon (1733) die Stellvertreterfunktion des Herrscherbildes umschrieben: »Was das Bild eines souverainen Herrns anlanget, so stehet selbiges in denen Audientz-Zimmern, bey denen Gesandten zwischen dem Baldachin und Barade-Stuhl, meistens in Form eines Brust-Bildes erhoehet. Es praesentiret die Person, gleich als waere selbe gegenwaertig, dahero mag auch selbigen im Sitzen nicht leicht der Ruecken zugewendet werden, auch niemand in dem Zimmer, wo das Bildniß eines regierenden Potentaten befindlich, mit bedecktem Haupte, die Ambassadeurs ausgenommen, erscheinen darff.«[4] Der Zedler-Artikel skizziert nicht nur aufschlußreiche Problematisierungsansätze, die noch bedacht werden sollen. Er schränkt vor allem das ausufernde Themenfeld »Funktion und Gestalt der Herrschaftsdarstellung« in erwünschter Weise ein. Denn visuelle Präsentation von Herrschaft, idealtypische oder porträtgemäße Bildnisse von Herrschenden gab und gibt es auch in neuerer Zeit in massenhafter Verbreitung, in kaum mehr überblickbaren Erscheinungsformen und an den unterschiedlichsten Schau-Plätzen.

Wenige Beispiele müssen vorerst genügen. Sie reichen vom großformatigen Inventar der Ruhmeshallen wilhelminischer Provenienz zu den Statuetten preußischer Könige aus Berliner Eisenguß, von den tausendfach verbreiteten Visitphotographien der Queen Victoria und ihres Prinzgemahls bis zu den serienweise auf die Hauswände von Damaskus gesprühten Schablonenprofilen des heutigen syrischen Staatspräsidenten. Das faszinierende Photo Ludwigs II. in der Auslage eines Münchener Geschäfts wird zum Anlaß für Richard Wagner, die folgenreiche Liaison mit dem erlauchten Gönner einzugehen. »Führerbilder« leuchten auf den Altären deutscher Kirchen. Münz- und Briefmarkenbilder gehören hierher, Miniaturen auf Sammeltassen und Spielkarten, Karikaturen und Plakat-Grafiken, selbst noch die Korrespondenzblätter mit dem Wasserzeichenumriß des guten Kaisers Franz, auf denen – laut Stendhals »Kartause von Parma« – ein mailändischer Marchese seine gegen Bonaparte gerichteten Episteln schreiben läßt. Zahllose Exempla finden sich in Schlössern und Bahnhöfen, in Poststationen und Gasthäusern, wo sich, nach 1866, jener sprichwörtliche welfentreue Edelmann erst niederließ, nachdem er das obligatorische Bismarck-Konterfei zur Wand gekehrt hatte. Sie halten, seit vervollkommnete Reproduktionstechniken eine unbegrenzte Vervielfältigung zuließen, Einzug auch in den ganz privaten Bereich. Noch der Flüsterwitz der NS-Zeit erzählt, gewissermaßen hinter vorgehaltener Hand, von dem Emigranten, der sein Wohnzimmer in New York mit einem Hitlerbild dekoriert, um sich gegen das Heimweh gefeit zu machen[5].

Diese Flut von Herrschaftsabbildungen folgt einem eigentümlichen Gezeitenrhythmus, das heißt sie erweitert, reduziert, verändert ihre bevorzugten Geltungszonen, und zwar analog zu den Verschiebungen der Verfassungsstruktur, den wechselnden Motivationen ihrer Urheber, der Fortentwicklung des künstlerisch-technischen Instrumentariums. In der hoch- und spätabsolutistischen Epoche kommt es überwiegend zu Open-Air-Manifestationen der Herrschaftspropaganda; in konstitutionellen, vollends in demokratisch-republikanischen Perioden dagegen zum Rückstau »unter Dach«, bis die Diktatur ihren totalitären Anspruch auf alle Lebensbereiche geltend macht und sich auf jeder nur denkbaren Ebene auch bildlich offenbart.

Nur ein Wirkungsbereich bleibt im 19. wie im 20. Jahrhundert von diesen Schwankungen so gut wie unberührt: die visuelle Herrschaftspräsentation in Amtsräumen. Dieses interessante Teilphänomen, unser Thema, ist bisher von der Forschung nicht angemessen wahrgenommen, geschweige denn gewürdigt worden. So soll es Ziel des vorliegenden Versuchs sein, die Aufmerksamkeit zunächst auf die überbordende Materialfülle zu lenken und damit ein quellenkundliches Defizit zu markieren. Der Begriff »Amtsraum« wird dabei weit gedehnt, soll nicht nur Behördenbüros und andere administrative Arbeitsplätze sowie Stätten staatlicher Repräsentanz abdekken, sondern auch Einrichtungen der Justiz, des öffentlichen Bildungswesens, des Militärs. Einschlägige Beispiele aus der jüngeren deutschen Vergangenheit haben Vorrang, Streiflichter auf Parallelerscheinungen jenseits unserer Grenzen fehlen aber nicht ganz. Neben den gewohnten, mehr auf das zweidimensionale Bild als auf die zugehörige Skulptur bezogenen ikonographischen Quellen wird auch die kanzleimäßige und vor allem die meist zu Unrecht übersehene literarische Überlieferung zu Wort kommen.

Für den Einstieg in den Raum der Exekutive, der Regierung und Verwaltung eignet sich keine fiktive Quelle besser als George Orwells »Nineteen Eighty-Four«, 1947 geschrieben als Realutopie des Superstaats, der seine Untertanen lückenloser Kontrolle unter dem Blick des Diktators aussetzt: »Auf jedem Treppenabsatz« – so erlebt es ein unscheinbarer Ministerialbeamter – »starrte ihn gegenüber dem Liftschacht das Plakat mit dem riesigen Gesicht an. Es gehörte zu den Bildnissen, die so gemalt sind, daß einen die Augen überallhin verfolgen. ›Der Große Bruder sieht dich an!‹ lautete die Schlagzeile darunter.« Auf der Straße droht »das Gesicht mit dem schwarzen Schnurrbart ... von jeder beherrschenden Ecke herunter«, lauert in den fahlen Korridoren und Schreibstuben der Dienstgebäude, bis es überall zur festgesetzten Stunde auf den Televisorschirmen lebendig und vernehmbar wird. Omnipräsenz des Gewalthabers durch das audiovisuell wirkende Bild! – Schwenkt man in die historisch-chronologische Reihenfolge ein, so nehmen sich die älteren Beispiele vergleichsweise harmlos aus. Da malt Anton von Werner 1884 an einem Sedan-Panorama und stellt hier unter anderem, auf Grund von Augenzeugenberichten, die Kapitulationsverhandlungen zwischen Moltke und dem französischen Höchstkommandierenden General Wimpffen dar. Zeit: die Nacht vom 1. zum 2. September 1870. Ort der Handlung: die Mairie von Doncherie. An der Rückwand des Raumes ein Herrscherbild. Es zeigt freilich nicht Napoleon III., den Geschlagenen, sondern seinen schon legendären Onkel, den ersten Kaiser der Franzosen. Ironie des Schicksals, reportagegetreu wiedergegeben, oder Zynismus des Malers, der die Dimension des Sturzes grob hervorzuheben wünscht? – Noch einmal eine Bürgermeisterei, diesmal in einem Vorort Berlins. Ein Ausschnitt aus dem sensationellen Geschehen um den »Hauptmann von Köpenick« (1906), 25 Jahre später, bei sorgfältiger Wahrung des Zeitkolorits, von Carl Zuckmayer auf die Bühne transponiert. Regieanweisung im III. Akt: »Amtszimmer des Bürgermeisters. An der Wand ein Porträt Bismarcks und eine Fotografie Schopenhauers. Obermüller in einem bequemen Sessel hinterm Diplomatenschreibtisch.« – Wir bleiben in Berlin, im Dienstzimmer-Milieu: Schreibtischphoto des Reichspräsidenten von Hindenburg, Anfang 1932 zugleich mit filmischen Wochenschauaufnahmen produziert, mit einigen Motivvarianten in enormer Serienzahl verbreitet, auch als Ansichtskarte in den Handel gebracht. Hinter dem Akteur ein Porträt an der Wand, Bildnis im Bildnis. Wer wird hier im Amtsraum des Staatsoberhauptes geehrt? Generalfeldmarschall von Moltke, meint Werner Maser in seiner neuen Hindenburg-Biographie. Es handelt sich aber zweifelsfrei um Blücher, den Marschall Vorwärts, dem sich Hindenburg zeitlebens eng verbunden fühlte. – Eine letzte Schreibtischszene. Anfang 1942. Wachwechsel im Berliner Ministerium für Bewaffnung und Munition. Für den tödlich verunglückten Fritz Todt rückt Albert Speer nach und übernimmt zunächst das vorfindliche Mobiliar. »Erst im Sommer 1943«, berichtet Speer später, »konnte ich diese unschöne Zimmereinrichtung ... ersetzen. Dadurch gelang es mir auch, mich von einem Bild zu trennen, das bis dahin hinter meinem Schreibtisch gehangen hatte. Es zeigte Hitler, der überhaupt nicht reiten konnte, als mittelalterlichen Ritter mit einer Lanze in der Faust, hoch zu Roß mit strengem Gesicht. – Nicht immer zeigen feinfühlige Techniker in ihrer Inneneinrichtung künstlerischen Geschmack.«[6]

Früher noch als die internen, dem Publikum kaum zugänglichen Verwaltungs- und Regierungsräume wurden Repräsentations- und Versammlungssäle durch Herrschafts- und Herrscherbilder in ihrer hoheitlichen Bedeutung gekennzeichnet. Als Jean-Baptiste Isabey 1815 den »Wiener Kongreß« zeichnete, das heißt eine Konferenz der Signatarmächte des Pariser Friedens im Palais am Ballhausplatz, vergaß er als gewissenhafter Chronist nicht, auch das nahezu lebensgroße Schau-Bild des Landes- und Schirmherrn über den Köpfen der Teilnehmer zu registrieren. Franz I., dem Metternich, Castlereagh, Talleyrand und das Gros der übrigen Bevollmächtigten – entgegen den strikten Courtoisie-Regeln des Zedler – unbekümmert den Rücken zuwenden, ist freilich mit den anachronistischen Zeichen einer verblichenen Majestät wiedergegeben, mit den kaiserlichen Insignien des einstigen Heiligen Römischen Reiches. Seine Großmutter Maria-Theresia blickt aus ovalem Rahmen durch die geöffnete Tür. – Der altbewährten Gewohnheit, an den Stätten politischer Repräsentation die Kontinuität von Herrschaft durch eine »Ahnengalerie« der Amtsträger zu illustrieren, blieb auch Paul von Hindenburg treu. Bezeichnenderweise gehörte es 1925 zu seinen ersten, von der Öffentlichkeit aufmerksam beobachteten Amtshandlungen, daß er ein großformatiges Porträt von Friedrich Ebert an exponierter Stelle, nämlich im Botschaftersaal des Reichspräsidentenpalais an der Wilhelmstraße, anbringen ließ. – Nicht immer liefen solche demonstrativen Aktionen ohne peinliche Begleitumstände ab. So berichtet Albert Speer, daß beim Umzug von der alten in die neue Reichskanzlei im Januar 1939 die offenbar für eine zentrale Position im Neubau vorgesehene Bismarckbüste von Begas zerbrochen sei. Um dem Vorfall den Geruch übler Vorbedeutung zu nehmen, wurde er vor Hitler verheimlicht und das nicht mehr gebrauchsfähige Original durch eine rasch von Arno Breker gefertigte Kopie ersetzt. – Das »Habent sua fata imagines« gilt auch, um ein letztes Beispiel zu nennen, für den mehrfach variierten, dem jeweiligen ideologischen Status adäquaten Wandschmuck bei den Parteitagen der Kommunistischen Partei der Sowjetunion. Er ist heute – auf der Bühne des Kongreßpalastes im Moskauer Kreml – nach wechselvollen Umgruppierungen der Leitfiguren auf das beherrschende Profil Lenins reduziert. Geschichte der Amtsbilder als Spiegel der Geschichte politischer Ideologien![7]

II.

Literarische Quellen lassen den Bildsucher sofort fündig werden. Schon Kleists Prinz von Homburg beargwöhnt seinen Kurfürsten, der ihn wegen Insubordination arretieren läßt: »Mein Vetter Friedrich will den Brutus spielen,/Und sieht, mit Kreid auf Leinewand verzeichnet,/Sich schon auf dem kurulschen Stuhle sitzen:/Die schwedschen Fahnen in dem Vordergrund,/Und auf dem Tisch die märkschen Kriegsartikel.« – Gegenüber solchen neobarocken Phantasien hat das Potsdamer Polizeibüro in Zuckmayers »Hauptmann« (I. Akt., 2. Szene) naturalistische Konturen: »Geschlossene Fenster, muffige Luft, viel Papier, Akten- und Kassenschrank. An der Wand Kaiserbild, Verordnungstafeln, Gendarmeriesäbel und Pickelhauben an Kleiderhaken.« Kurz, ein wilhelminisches Stilleben! – Auch für Drehbuchautoren, Requisiteure und Regisseure von verfilmten Agententhrillern mit dem Schauplatz Berlin – fiktive Dokumente des Kalten Krieges, heute verstaubt und obsolet – war lange Zeit unser thematischer Betreff von Bedeutung. Woran erkennt der Zuschauer, verwirrt durch den Zickzackweg des Meisterspions zwischen Ost und West, auf welcher Seite der Mauer das gerade aktuelle Verhör abläuft? An den gerahmten Gesichtern von Walter Ulbricht resp. Willy Brandt. – Daneben nun die Zeugnisse bedrückender Realität. Ernst von Salomon, angeklagt im Prozeß gegen die Rathenau-Mörder vor dem »Staatsgerichtshof zum Schutz der Republik« im Jahr 1922, nicht frei von larmoyantem Selbstmitleid: »In tagelanger, grotesker Gerichtsverhandlung sahen wir in feierlichem, mit den Bildern der deutschen Kaiser geschmücktem Saale in verschabtes, altmodisches Schwarz gekleidete Männer auf mit goldenen Kronen gezierten Richterstühlen sitzen ...«[8]. – Und schließlich: Volksgerichtshof Berlin. Freisler vor Hakenkreuzfahne und Hitlerbüste.

Ein Spot-light wenigstens soll auf das Terrain der staatlich verantworteten und organisierten Bildung fallen. In so manchen Schulerinnerungen, etwa aus königlichpreußischen Gymnasien, wird der Gang des Schülers durch das aufwendig gestaltete Treppenhaus begleitet vom Crescendo der Büsten auf den Treppenpodesten: Perikles – Bismarck – Wilhelm II. – Da die Schule im übrigen seit je Gegenstand anekdotisch geformter Reminiszenzen ist, fehlt sie als Kulisse oder Tatort auch nicht im politischen Witz, dieser anrüchigen, aber ergiebigen Quellengattung. Hier nur ein Beleg: 1933, Klassenraum einer katholischen Schule, an der Wand ein Hitler- und ein Göringbild. Frage des Lehrers, der den greisen Reichspräsidenten von Hindenburg verehrt, welches Porträt wohl zwischen die beiden anderen gehöre. Schülerantwort mit gepfefferter Pointe: ein Bild Jesu, denn der habe schon einmal zwischen zwei Verbrechern gehangen. – Über Kontinente hinweg: Klassen- und Lehrerzimmer einer indischen Missionsschule. Gedankliche Achse des hier stationierten Romans und der zugehörigen Fernsehserie: der symbolisch-allegorisch aufgeladene Wandschmuck, nämlich die konkurrierenden, im Wechsel dominierenden Bildnisse der Queen Victoria, Kaiserin von Indien, und Gandhis[9]. – Zurück nach Deutschland. Die älteren Hochschulen hier sind überwiegend monarchisch-fürstliche Gründungen. Daher finden sich in der Aula (1837) der Georgia-Augusta zu Göttingen ganz selbstverständlich die lebensgroßen Porträts der kurhannoversch-britischen Landesherren und ihrer Sukzessoren, und selbst der Senat der Rheinischen Friedrich-Wilhelms-Universität Bonn tagt zu Füßen des Kurfürst-Erzbischofs Clemens August, der hier freilich nur als Schloßherr, nicht als Fundator fungiert.

Das Kasernenareal soll die letzte Etappe auf dem Streifzug durch das Quellenmaterial bilden. Zum Auftakt ein drastisches, besonders augenfälliges Beispiel aus der heutigen Türkei, wo bekanntlich noch im entlegensten anatolischen Dorf durch das Atatürk-Denkmal der Nationalstaatsgedanke personifiziert wird. Am Hang des Burgbergs von Selçuk, nahe Ephesus, staffeln sich übereinander die halb im Sumpf versunkenen Reste des Artemisions, die Johannes-Basilika des 6. Jahrhunderts und der Mauerring der osmanischen Zitadelle, die noch immer militärisch genutzt wird. An einem ihrer Türme, und zwar in voller Höhe vom Fundament bis zum Zinnenkranz, präsentiert sich, flankiert von Nationalfahnen, eine Darstellung Atatürks in knalligen Farben: die überdimensionierte Vergrößerung eines volkstümlichen, auch in vielen Amtsstuben vorfindlichen Photos, das den Staatsgründer in lässiger Haltung als passionierten Zigarettenraucher zeigt. Es handelt sich also um ein nach außen gekehrtes, zur Fassade umfunktioniertes Porträt, dessen Wirkung nicht zuletzt aus der Spannung zwischen dem Schnappschußcharakter der Photovorlage und dem monumentalen Format resultiert. – Nun ein letzter Rückgriff auf die jüngere deutsche Vergangenheit und ein letztes Mal Ernst von Salomon als nicht immer seriöser, aber in der Skizzierung genrehafter Miniaturen geübter Zeitzeuge. Er bringt das Milieu der Karlsruher Kadettenanstalt, kurz vor dem Ersten Weltkrieg, auf folgende Formel: »Acht Kadetten saßen auf acht Stühlen unter zwei Lampen um die Tische herum. Eine Uhr, ein Kaiserbild, ein Spucknapf. Das war alles.« Nicht zufällig erinnert dieser literarische Bildtopos an die Behausung des mexikanischen Polizeileutnants, den Graham Greene in den Mittelpunkt eines Erfolgsromans gestellt hat: »An der Wand hingen das Bild des Präsidenten und ein Kalender ... Im Kerzenlicht sah alles unbehaglich aus, wie ein Gefängnis oder eine Klosterzelle.« – Zu den Hauptabnehmern von Herrscherbildern im internationalen militärischen Umfeld gehörten, und gewiß nicht nur vor 1918, die Verwalter von Unteroffiziersmessen und Offizierskasinos. 1873 lieferte zum Beispiel die auf Serienproduktion eingestellte

Firma des königlich-bayerischen Hofphotographen Albert nicht weniger als 42 lebensgroße Porträts Ludwigs II. an die »Offiziersspeiseanstalten«.

Kein geringerer als Joseph Roth hat, wie in einem Resümee des bisher Dargelegten, die Verbreitung solcher Repräsentationsobjekte umschrieben und zugleich die Wirkung notiert, die sie auf ihre Adressaten ausübten: »Carl Josephs Blicke richteten sich gegen das Bildnis des Kaisers an der Wand gegenüber. Da war Franz Joseph in blütenweißer Generalsuniform ... Carl Joseph erinnerte sich, daß ihm dieses Bildnis in den ersten Tagen, da er eingerückt war, einen gewissen stolzen Trost bedeutet hatte. Damals war es jeden Augenblick so gewesen, als könnte der Kaiser aus dem schmalen, schwarzen Rahmen treten. Allmählich aber bekam der Allerhöchste Kriegsherr das gleichgültige, gewohnte und unbeachtete Angesicht, das seine Briefmarken und seine Münzen zeigten. Sein Bild hing an der Wand des Kasinos, eine merkwürdige Art von einem Opfer, das ein Gott sich selber darbringt ... Daheim, im Arbeitszimmer des Bezirkshauptmanns, hing dieses Bild ebenfalls. Es hing in der großen Aula der Kadettenschule. Es hing in der Kanzlei des Obersten in der Kaserne. Und hunderttausend Mal verstreut im ganzen weiten Reich war der Kaiser Franz Joseph, allgegenwärtig unter seinen Untertanen, wie Gott in der Welt ... Und Carl Joseph fror es unter dem blauen Blick seines Kaisers ... Man wird einmal Oberst werden und hierauf sterben. Indessen ging man jeden Abend ins Kasino, man sah das Bild des Kaisers. Je länger der Leutnant Trotta es betrachtete, desto ferner wurde ihm der Kaiser. ›Da schau her!‹ flötete die Stimme Leutnant Kindermanns: ›Der Trotta hat sich in den Alten verschaut!‹«[10]

III.

Schon bei solch flüchtigem Rundblick über das Ausgangsmaterial gerät man unversehens in eine facettenreiche Sozial- und Kulturgeschichte des Herrschaftsbildes, obwohl doch nur ein schmaler Sektor des Gesamtphänomens und ein eng begrenzter Epochenausschnitt ausgewählt wurde. Dabei ist eine irritierende Fülle von Quellen zutage getreten, Quellen von stark differierender Provenienz, Struktur und Wertigkeit. Massierung und Multiperspektivität sind Hauptkennzeichen dieses Bestandes und verlangen nach einer auf kritische Analyse und Interpretation zielenden Systematisierung. Erste Ansätze dazu eröffnen sich in der spärlichen, aber problemorientierten und kreativen jüngeren Fachliteratur, die – über das Arbeitsfeld der traditionellen Kunsthistorie hinausgreifend – auch politologische, soziologische und didaktische Aspekte erschließt und sich zunehmend eines sozialwissenschaftlichen Instrumentariums bedient. Die im Zusammenhang unserer Aufgabenstellung hilfreichen Publikationen können rasch Revue passieren, um jeweils als Kupplungen für weiterführende Überlegungen innerhalb des engeren thematischen Rahmens zu dienen. Denn zum einen hat die Historische Bildkunde als geschichtswissenschaftliche Hilfsdisziplin für die neuere und neueste Geschichte bisher nur wenige Interessenten und ausgewiesene Sachwalter gefunden. Diese Bilanz steht in auffallendem Gegensatz zur Attraktivität und sich immer wieder erneuernden Aktualität des Forschungsobjekts und zur vielzitierten »Bildschwemme«, in die historische, insbesondere zeitgeschichtliche Fachveröffentlichungen, Massenmedien und Schulbücher ihre Adressaten tauchen. Zum andern gehen, von einer Ausnahme abgesehen, die im folgenden vorzustellenden Hauptautoren unser Thema, wenn überhaupt, nur im Nebenhinein an[11].

Im Vorwort zu einer von ihm angeregten Dissertation hat sich der Karlsruher Kunsthistoriker Klaus Lankheit 1975 an sein eigenes Rigorosum in Göttingen (1947) erinnert, an die Ausgangsfrage des Geschichtsprüfers S.A. Kaehler, »seit wann man sich denn die Bilder seines Königs an die Wand gehängt habe«. Längst sei ihm klar geworden, betont Lankheit, daß diese scheinbar leichthin gestellte Frage »ein ganzes Bündel von Problemen berührte. So merkwürdig es klingen mag: Kein Historiker oder gar Kunsthistoriker scheint ihr nachgegangen zu sein.«[12] Dieses erst anderthalb Jahrzehnte zurückliegende Fazit ist in der Tat für die damalige Forschungssituation bezeichnend. Denn die früheren, von Geschichtswissenschaftlern wie Percy Ernst Schramm und Mitgliedern seines Schülerkreises unternommenen Anstrengungen in der angedeuteten Richtung bezogen sich primär auf mediävistische Sachverhalte. Und selbst die hier entwickelten Problemansagen, Kategorien und Kriterien zum Themenfeld »Herrschaftszeichen und Staatssymbolik«, die sich wegen ihrer Systemhaltigkeit auch auf andere Epochen transferieren ließen, waren von den Neuzeit-Historikern noch kaum genutzt worden. Das sollte sich mit der Drucklegung der angeführten Dissertation ändern. Der Autor Rainer Schoch untersuchte von Grund auf die Renaissance des Herrscherbildes im 19. Jahrhundert, mithin in einer Krisenepoche, in der konstitutionelle und demokratische Bewegungen das monarchische Prinzip unterminierten. Seine Erstlingsarbeit avancierte bald zu einem weithin beachteten Standardwerk. Denn er sammelte und offerierte nicht nur ein erstaunlich dichtes, typologisch geordnetes Material zur europäischen Bildgeschichte, das von den normsetzenden, modellhaften »Staatsporträts« des französischen Hoch- und Spätabsolutismus bis zu den anachronistisch anmutenden Hohenzollern-Mosaiken und -Reliefs in der Berliner Kaiser-Wilhelm-Gedächtniskirche reicht.

Schoch setzte vor allem an die Stelle des bis dahin gängigen, überwiegend formalästhetischen Kunstbegriffs einen funktionalen. Seine Begründung: Um den Wandel des Herrscherbildes zu verstehen, »ist es nötig, die ›Transmissionsriemen‹ freizulegen, die zwischen der gesellschaftlichen und politischen Entwicklung einerseits und den künstlerischen Formen andererseits verlaufen«. Der »utilitaristische Charakter« der monarchischen Auftragskunst sei nur von ihrer Funktion her zu begreifen. Dementsprechend lautet die Hypothese: »Der als ›Verfall‹ bezeichnete Wandel des Herrscherbildes war notwendig, um das ›Funktionieren‹ der monarchischen Propaganda unter den veränderten, sozialen, politischen und bewußtseinsmäßigen Bedingungen einer bürgerlichen Epoche zu gewährleisten« (S. 9f.). Visuelle Herrschaftsdemonstration als politisches Instrument, als Medium zwischen Amtsinhaber und »Publikum«, wird also in einem Kommunikations-, einem Interdependenzfeld wirksam, in dem die beiden Hauptfaktoren mutieren, ihre Positionen gegeneinander verschieben und dadurch auch das Medium verändern. Diesen komplexen Sachverhalt exemplifiziert Schoch, zum Teil in Anlehnung an die Nomenklatur von Gadamer und Habermas, unter dem Grundbegriff der »Repräsentation«, der gerade bei der Anwendung auf das Herrscherbild seine Multidimensionalität und -valenz erkennen läßt. Das Bild, so heißt es hier, steht zunächst stellvertretend für den abwesenden Monarchen. Dieser aber verkörpert die überpersönliche Staatsmacht und sucht mit seinem Amtsbild Einfluß zu nehmen auf eine ihrerseits »repräsentative«, d.h. ständisch organisierte, später dann »bürgerliche« Öffentlichkeit. Die »Bilderwartung«, das »Symbolmilieu« dieser Öffentlichkeit verschiebt sich im Zuge der politischen Emanzipation des Bürgertums und muß daher mit unverbrauchten, neuartigen Bildformen und -inhalten propagandistisch angesprochen werden. Nicht zuletzt wächst in Korrespondenz mit der Zahl derer, die am öffentlichen Leben teilnehmen, der quantitative Bedarf an jeweils zeitgemäßen visuellen Herrschaftsdarstellungen. Am Ende des untersuchten Zeitraums formt sich das Herrscherbild, seines mythischen Wesens beraubt, nach dem Bilde des Bürgers und gewinnt als neue Funktion die soziale Integration der Volksmassen. – Schon aus diesen, eigentlich unzulässig verkürzten Hinweisen wird deutlich, welcher Nutzen sich aus den theoriegesättigten Grundgedanken Schochs auch für die Analyse und Interpretation der speziellen Herrschaftsdarstellungen in Amtsräumen ziehen läßt, obwohl der Autor selbst diesen Bezug nur gelegentlich berührt. Es wird ferner erkennbar, welche – von Schoch nicht mehr berücksichtigte – Rolle vor diesem Hintergrund dem revolutionierenden technischen Medium Photographie zukommt.

Hier setzt die 1977 erschienene großangelegte Monographie von Winfried Ranke an, die dem Leben und Wirken des bayerischen Hofphotographen Joseph Albert (1825–1886) gewidmet ist[13]. Ranke konzentriert sich – zum Unterschied von Schoch, dem er sich in mancher Grundlagenreflexion verpflichtet fühlt – auf ein einzelnes reproduktionsfähiges Medium, einen einzelnen Bildproduzenten und auf wenige, für die technische Entwicklung freilich entscheidende Jahrzehnte. Er schildert detailliert, quellen- und werknah die zeittypische Unternehmerpersönlichkeit Alberts, den Aufbau der Salonstudios und Großlabors, der Lichtdruckschnellpressen, berichtet von den Gewinnkalkulationen, Herstellungsverfahren und Verkaufsstrategien der Firma, läßt aber keinen Zweifel an seinem eigentlichen Thema, der »Funktion des Mediums Photographie in den gesellschaftlichen Verhältnissen Deutschlands nach 1848« (S. 6). Dabei erscheinen im Zusammenhang unserer Thematik vor allem zwei Komplexe von Bedeutung: König Ludwig II. als Sonderfall visueller monarchischer Propaganda und zum andern das photographische Herrscherporträt als geplantes, jederzeit abrufbereites und auch in Amtsräumen rasch austauschbares Massenprodukt.

Wenn W. Bagehot 1867 das Wesen des englischen Königtums mit dem Merkmal der »visibility«, der sinnenhaften Anschaubarkeit kennzeichnete, dann läßt sich eine solche These auch auf Ludwig II. übertragen. Schon der Kronprinz war sich seiner Öffentlichkeitswirkung und der vielfältigen Möglichkeiten ihrer gezielten Realisation durch die Photographie voll bewußt. Er posierte in allen bürgernahen Motivvariationen, die schon die herkömmliche Hofmalerei den Kameraleuten nahelegte: in Gehrock und Uniform, am Schreibtisch und in der Kabinettsrunde, als Jäger und Wanderer, gehorsamer Sohn und schmucker Bräutigam. Nach der Thronbesteigung, die mit Großbestellungen bei den Photographen einherging, und unter den übersteigerten Devisen des Gottesgnadentums mehrten sich dagegen die spezifischen, für die Ausstattung von Amtsräumen besonders geeigneten Motive der höfischen Photographie. Thron- und Zeremonialporträts dominieren nun, Darstellungen als Ordensmeister, als Inbegriff luxuriös-romantisierender Phantasien eines gekrönten Hauptes in »fast übermenschlicher Stellung« (R. Wagner). Ranke spricht von einem Gegentypus zum populären verbürgerlichten Herrscherporträt, wenn gerade der durch Konstitution und Bismarcksche Reichspolitik eingeschränkte Monarch die ihm verbliebene, rein formale Repräsentanz durch derartige Allüren kompensiert. Diesen vom Alltag abgehobenen Sonderstatus vertrat der menschenscheue, aus der gesellschaftlichen

Wirklichkeit retirierende König der Öffentlichkeit gegenüber schließlich nur noch in effigie. Nur noch in Bildern ließ er sich bei den Landeskindern sehen, und zwar über seinen Tod hinaus, aus dem die Firma Albert einen spektakulären Gewinn zog. In vielen bayerischen Behörden und Repräsentationszentren hing sein Bildnis auch noch um die Jahrhundertwende, während sich sonst – bis heute – bei legitimen wie revolutionären Führungswechseln der Wechselrahmen bewährte.

Bereits um 1860 konnten die Laboranten Joseph Alberts pro Tag bis zu hundert Abzüge von einem Negativ liefern. Sie entwickelten gleichzeitig zukunftweisende Verfahren zur Druckwiedergabe von Lichtbildern und überwanden das letzte Hindernis für deren amtlichen Gebrauch, die bis dahin üblichen Kleinformate der Photoplatten und -kartons. Herrscherbilder in großen Räumen mußten als solche auch auf weite Distanz und für eine ständig wachsende Zahl von Besuchern erkennbar sein. So kreierte Albert das lebensgroße Porträtphoto, sei es als Brustbild, Kniestück oder Ganzfigur. Keine der bisher marktbeherrschenden Reproduktionstechniken konnte mit solchen Leistungen konkurrieren, auch nicht Stahlstich und Lithographie. Die Photographen etablierten sich als Grossisten für Hof und Staat und überrundeten dabei mühelos die auf dem gleichen Weg vorwärtsdrängenden Künstler klassischen Genres. Deren oft dubioses Geschäftsgebaren hat Olaf Gulbransson in einer Simplicissimus-Ausgabe von 1903 in der Gestalt des staatlich approbierten, von einem Telefonanruf aufgeschreckten Bildhauers karikiert. Text: »Zu Befehl! Also noch fünf Friedrich der Große, drei Kurfürsten und fünfzig Zentner Reichsadler. Danke untertänigst. Gehorsamsten Schluß!« Welche Dimensionen diese Serienproduktion drei Jahrzehnte später annehmen sollte, war selbst in der bildfreudigen Wilhelminischen Ära noch nicht abzusehen. Das nationalsozialistische Regime orderte im Bedarfsfall Führerbilder in Millionenauflage und befriedigte damit die »Bilderwartung« der indoktrinierten Bevölkerung[14].

Gleichzeitig mit Rankes Firmengeschichte erschien im Germanischen Nationalmuseum zu Nürnberg als Legitimation und Bilanz einer Ausstellung ein dickleibiges Sammel- und Katalogwerk mit dem Pauschaltitel »Das Porträt«[15]. Es konfrontiert anhand einiger hundert Objekte historische Bildwerke aller Epochen mit unserer gegenwärtig-aktuellen Bilderwelt: »Vom Kaiserbild zum Wahlplakat«. Ziel dieses kunstpädagogischen Unternehmens war es, vor allem jugendlichen Besuchern den Blick zu schärfen für exemplarische gesellschaftliche Verhältnisse, soweit diese in bildnishaften Menschendarstellungen fixiert sind, um sie zu kritisch-kreativem Umgang mit solchen »Dokumenten« anzuregen. Das von Günther Hoppe und Karl Georg Kaster koordinierte Ausstellungsteam reißt die theoretischen Grundlagen seiner Arbeit nur thesenartig, formelhaft an, liefert ein in mancher Hinsicht zusammenhangloses, einseitig oder kontrovers akzentuiertes, vielfach noch im Versuchsstadium steckengebliebenes Angebot. Dennoch hat die beigefügte umfangreiche Spezialbibliographie keinen Alibicharakter, sondern ist ein zusätzlicher Beleg dafür, wie hier die Erträge jahrzehntelanger Forschung museumsdidaktisch aufbereitet und aktiviert werden. Die Problemfragen im Besucherfaltblatt richten sich auf die vom Bildnis umkleideten Intentionen, auf seine Bedeutung für die sozialen Ordnungsvorstellungen, auf das Verhältnis zwischen dem Porträtierten und den ursprünglichen Adressaten, die Informationswege und Vermittlungsprozesse, auf die sozialen Voraussetzungen für bestimmte Bildtypen und deren formale Struktur und stellen zugleich die Kriterien für die oft ungewohnte, neuartige Bildauswahl und -reihung dar.

Unter diesen Prämissen erscheint die Abteilung »Herrscherbilder« in der Nürnberger Ausstellung als gelungener Test für die Ansätze und Arbeitsmethoden der Museumspädagogen. Hier werden Situationen, Erscheinungsformen und Attribute der Herrschaft, von der Antike bis hin zu den demokratischen Gepflogenheiten unserer Gegenwart, in einer sachkundigen, aber so provokativen Weise bildlich präsentiert, daß man sich motiviert fühlt, einzelne Argumentationslinien, etwa in Hinblick auf das Amtsbild, selbständig auszuziehen. Beispielsweise haben Bilder in Amtsräumen, wie die von ihnen umschlossenen Amtspersonen, ein von Fall zu Fall wechselndes kollektives oder individuelles Geschick, ein Curriculum vitae eigener Art. Sie werden »inthronisiert«, verehrt oder mißachtet, respektvoll, routinemäßig oder gewaltsam entfernt, verwahrt oder vernichtet, können aber auch revitalisiert, restauriert werden und neue Funktionen erhalten. Bezeichnenderweise sind die Quellen zur meist dramatisch verlaufenden damnatio memoriae durch Bildtilgung seit den Tagen des Alten Reiches am Nil besonders dicht gesät. Immer wieder wurden Denkmäler geschleift, Reliefs ausradiert, Bilder verhöhnt. »Nehmt alle Hitlerbilder von den Wänden, den alten Kaiser Wilhelm holt herbei ...!«, hieß es in blasphemischem Flüsterton während des Krieges oder, schärfer pointiert, bald sei mehr Butter zu erwarten, denn die Führerbilder würden entrahmt. Finales Photodokument: zerdrückte Hitlerporträts in den Müllkübeln eines zerschossenen Reichsministeriums. Legende: »Berliner Abfall 1945«. Der Symbolwert des Herrscherbildes wird hier drastisch vor Augen geführt und übrigens auch von den Karikaturisten genutzt. Warschauer Vertrag 1970: Walter Scheel und der polnische Außenminister durchkreuzen ein bombastisches Hitlerbild von 1939. Auferstehung im Bilde? Auch das macht die Karikatur möglich, wenn sie Erich Honecker, anläßlich seines Bonn-Besuchs 1987, erst unter dem Konterfei Stalins, dann unter dem Friedrichs des Großen posieren läßt[16]. Die Quellen drängen sich auf, aber Bearbeiter fehlen weithin.

Weitere Aspekte, die größere Aufmerksamkeit als bisher verdienen, sollen im Nachgang zur Nürnberger Ausstellung wenigstens noch angedeutet werden. Buchtitel wie »Das manipulierte Menschenbildnis« oder »Fotos, die lügen – Politik mit gefälschten Bildern« skizzieren bereits die Problematik[17]. In diesen Veröffentlichungen von Liselotte Strelow und Alain Jaubert geht es prinzipiell um die Verfremdung der Wirklichkeit im photographischen Abbildungsprozeß. Die Entscheidungen für Objektiv, Aufnahmewinkel, Bildausschnitt, Blenden- und Belichtungswerte bedingen ebenso wie die Weiterbehandlung des Negativs den Charakter der Aufnahme. Auch der technischen und künstlerischen Stilisierung arrangierter Porträtphotos, die für die Ausstattung von Amtsräumen besonders gefragt sind, ist kaum eine Grenze gesetzt, der Übergang zur verfälschenden Manipulation ist fließend. L. Strelow berichtet, sie habe einmal versuchsweise vom gleichen Adenauer-Negativ zwei unterschiedliche Vergrößerungen gezogen, freundlich vornübergeneigt die eine, arrogant zurückgelehnt die andere, und niemand habe bemerkt, daß es sich um ein- und dasselbe Original handelte. Noch gröbere Eingriffsmöglichkeiten bietet die Photomontage bzw. -demontage. Sie ist so alt wie die Lichtbildnerei selbst und wird vorwiegend bei Ereignisbildern, aber auch bei Gruppenporträts angewandt. So mußte Heinrich Hoffmann, der »Reichsbildberichterstatter der NSDAP«, den Minister Goebbels aus einem Tête-à-tête Hitlers mit Leni Riefenstahl eliminieren, und von Maos Seite verschwand die »Viererbande« auf dem Weg der Retusche. Schließlich gehören zur Bildgestaltung auch die amtlichen Platzanweisungen zur protokollgerechten Präsentation. Dem Herrscherbild gebührt seit je ein Ehrenplatz, bisweilen eine Kultecke, ein säkularisierter Hausaltar, deren Arrangement sich bei Herrschaftssystemen mit kollektiver Führung, also bei der hierarchischen Gruppierung mehrerer Bilder, politisch-ideologisch kompliziert.

Auf das Ausstellungsprojekt des Germanischen Nationalmuseums läßt sich wohl das Urteil übertragen, mit dem Alfred Döblin einst das Lebenswerk des rheinischen Porträtphotographen August Sander würdigte: Hier werde in Bildern eine vergleichende Soziologie entwickelt. Die Veranstalter sind aber darüber hinausgegangen. Sie haben ihre Präsentation grundsätzlich mediendidaktisch strukturiert, und zwar mit der Absicht, unter bestimmten Zielvorgaben bei Schülern Lernprozesse in Gang zu setzen. Sie gerieten dadurch in eine höchst komplexe Problemlage. Denn die Ausstellungsobjekte, ob nun historischer oder aktueller Herkunft, verdanken ihre Entstehung ebenfalls einem didaktischen Antrieb, einer gezielten politischen Intention.

Wenn man zu Recht gesagt hat, daß die Geschichte des Porträts die Wirkungsgeschichte von Gesichtern sei, so wächst der Geschichtsdidaktik, der wir uns jetzt abschließend zuwenden, in unserem thematischen Rahmen eine Doppelaufgabe zu. Sie hat die Rezeption von Herrscherbildern durch die jeweiligen Zeitgenossen ebenso in curriculare Rechnung zu setzen wie die Wirkung der nun zu Erkenntnisquellen und Unterrichtsmedien verfremdeten Bildnisse auf die Lernenden. Nicht umsonst beschränkt sich die Didaktik der Geschichte im weitesten Sinne längst nicht mehr auf den Raum der Schule und der Schüler, sondern umgreift auch die Erwachsenenbildung, insgesamt die Informations- und Lernvorgänge, die zur Bildung des Geschichtsbewußtseins in der Gesellschaft beitragen.

In diesem Zusammenhang soll wenigstens noch auf drei einschlägige Publikationen verwiesen werden. Schon vor Jahren hat Karsten Weber am Beispiel des neuzeitlichen Porträts »Führer und Geführte, Monarch und Untertan« auf die Ebene einer politischen Ikonologie gehoben, nach sozialpsychologischen Erklärungsmustern eingeordnet und für den Unterricht präpariert. Unabhängig von diesem anregenden Versuch ist jüngst Bodo von Borries bei seinen »empirischen Erkundungen zu Erwerb und Gebrauch von Historie« (1988)[18] der Wirkung von NS-Dokumentarphotographien auf Schüler nachgegangen. Zu seinen Objekten, durchweg Reproduktionen aus Schulbüchern, gehören auch einige porträtnahe Aufnahmen. Wichtiger aber als diese materialen Kontakte mit unseren Überlegungen sind seine theoretisch gefestigten Leitfragen und Ertragsformeln. Die politisch-ikonographische Erschließung von Bilddokumenten, historischen Bildsymbolen und ihre didaktische Umsetzung gelingen nur, so heißt es hier, wenn neben den Kontexten der Bildentstehung auch die Kontexte der Bildwahrnehmung und Bildwirkung hinreichend berücksichtigt werden. Nur so könne visuelle Kommunikation auch das Geschichtslernen befruchten.

In der gleichen Richtung, freilich weiter ausholend und strenger systematisierend, hat bereits 1982 Marhild Hoffmann in ihrer Bonner Dissertation über »Visuelle Präsentation von Herrschaft« und die »Bedeutung medialer Vermittlung in der politischen Sozialisation und Kommunikation« argumentiert[19]. Ihre Untersuchung ist am Ende dieses Beitrags besonders hervorzuheben, weil die Autorin sich einer bis dahin für Medienforscher, Geschichtswissenschaftler und -didaktiker ungewohnten Analysemethode bedient, diese ausschließlich auf Porträts der deutschen Staatsoberhäupter seit der Wilhelminischen Ära anwendet, und weil hier, wie nirgends sonst, dem Amtsbild im Amtsraum ein eigener Abschnitt vorbehalten ist. Hoffmann geht davon aus, daß das Bild, auch das Herrscherbildnis, nur vordergründig als ungetrübter Spiegel der Wirklichkeit erscheint, tatsächlich jedoch »ein komplexes visuelles System« darstellt, das die transportierte Information dem unmittelbaren Adressaten wie dem rückblickenden Interpreten nicht direkt, sondern verschlüsselt präsentiert. Es sei daher die gemeinsame Aufgabe der Medienpädagogik wie der historisch-politischen Didaktik, »den Kode für die Interpretation bildlicher Darstellung von Herrschaft erlernbar zu machen« (S. VI). Da die Verfasserin Herrschaft als Kommunikationsprozeß definiert und das Herrscherbild als Medium in diesem Vorgang begreift, nutzt sie kybernetische, informations- und zeichentheoretische Instrumente zur Bildanalyse. Deren Reichweite ist wohl begrenzt, aber die damit erzielten Ergebnisse sind – zum Unterschied von herkömmmlichen, etwa hermeneutischen Methoden – einwandfrei intersubjektiv überprüfbar. Das gilt ganz konkret für die entsprechende Ausleuchtung der bevorzugten Amtsbildnisse von Wilhelm II, Friedrich Ebert, Paul von Hindenburg, Adolf Hitler und Theodor Heuss, wobei sowohl »artistische« wie »technische Trägersysteme«, nämlich Gemälde und Photographien, unter die Lupe genommen werden.

Bei solchen Vorgaben erscheinen Amtsräume als »Zeichensituationen« im Sinne von Max Bense, wirken die dort plazierten Bilder situationsbestimmend und -verändernd, indem sie ihre Botschaft nicht nur dem ansässigen Personal, sondern möglichst vielen Betrachtern nahebringen. Trotz dieser an unzähligen Orten realisierten Funktion des Herrscherbildes haben die bisherigen, freilich erst punktuell vorgenommenen Archiv- und Behördenrecherchen nur einen mageren Bestand an kanzleimäßigen Quellen zu unserem Thema erbracht. Marhild Hoffmann konnte zum Beispiel am Bundesarchiv in Koblenz nur zwei zugehörige Aktenvorgänge aus dem Reichsinnenministerium nachweisen. Deren Betreffe wandeln sich von der Sparformel »Ausstattung der Büroräume mit Bildschmuck« (1922), die der Reichsfinanzminister angesichts der »verzweifelten Finanzlage des Reichs« bereits für zu weit gespannt hielt, bis zur eindeutigen Anordnung, unter dem Stichwort »Amtliche Maßnahmen zur Ehrung des Führers und Reichskanzlers« (1934) die in Dienstgebäuden befindlichen Porträts und Hoheitszeichen des »Novembersystems« ausnahmslos zu vernichten und durch von Hitler selbst autorisierte Photobildnisse zu ersetzen.

Auch vom Presse- und Informationsamt der Bundesregierung und den in Bonn ansässigen Protokollinstanzen war bisher nur wenig einschlägiges Quellenmaterial zu erhalten, obwohl die bildliche Präsentation des Bundespräsidenten im Dienstbereich im zurückliegenden Jahrzehnt gelegentlich sogar den Deutschen Bundestag beschäftigt hat. Breiter angelegte Archivstudien sind, zumindest für die Wilhelminische Ära und die NS-Zeit, erfolgversprechend und ebenso notwendig wie die Fortführung der so eindrucksvoll angebahnten Wirkungsforschung, die das Ihre dazu beiträgt, die Elemente des Geschichtsbewußtseins zu erhellen. Versteht man mit Karl-Ernst Jeismann Geschichtsbewußtsein als Synthese von Vergangenheitsdeutung, präsentischem Selbstverständnis und Zukunftserwartung, dann kann gerade ein Thema wie das hier dargelegte Vertreter der Politologie und der Geschichtswissenschaft, Politik- und Geschichtsdidaktiker zu gemeinsamer Arbeit zusammenführen.

Anmerkungen

1 Karl Hans Bühner (Hrsg.), Dem Führer. Gedichte für Adolf Hitler, 3. erweit. Aufl., Stuttgart o. J. Das Erscheinungsjahr läßt sich unschwer erschließen, da sich einige Gedichte auf die »Heimholung« der Sudetenlande im Oktober 1938, andere ausdrücklich auf den 20. 4. 1939 beziehen, hingegen Äußerungen zum Kriegsgeschehen fehlen.

2 Hans Friedrich Blunck, 1933–1935 Präsident der Reichsschrifttumskammer, Amtsvorgänger von Hanns Johst (1935–1945); Will Vesper, neben Johst im Kammerpräsidium, nach 1945 im Kreis um Hans Grimm.

3 Die voraufgegangenen Zitate sind der o. a. Gedichtsammlung (Anm. 1) entnommen: S. 16, 72, 13, 36, 65f., 8, 11, 10, 61, 59.

4 Johann Heinrich Zedler, Großes Universal-Lexicon aller Wissenschaften und Künste, Bd. 3, Halle 1733, Sp. 1825.

5 Hans-Jochen Gamm, Der Flüsterwitz im Dritten Reich, München 1963, S. 104.

6 George Orwell, »1984«, Zürich 1950, S. 5f. Anton von Werner, Erlebnisse und Eindrücke 1870–1890, Berlin 1913, S. 397. Zum Darstellungsstil Werners vgl. Peter G. Thielen, Zur Historienmalerei der Bismarckzeit, in: Spiegel der Geschichte, Festgabe Max Braubach, Münster 1964, S. 816–827; Carl Zuckmayer, Der Hauptmann von Köpenick, 15. Szene; Werner Maser, Hindenburg, Rastatt 1989, S. 216. Vgl. dazu ferner Marhild Hoffmann, Visuelle Präsentation von Herrschaft. Zur Bedeutung medialer Vermittlung in der politischen Sozialisation und Kommunikation, Studien zur Politikdidaktik 19, Frankfurt a.M. 1982, S. 260, 262, 271f.; Albert Speer, Erinnerungen, Frankfurt a.M. 1969, S. 542. Gemeint ist wahrscheinlich das stilisierte Hitler-Porträt »Bannerträger« von Hubert Lanzinger, ausgestellt auf der Deutschen Kunstausstellung München 1937.

7 Jean Baptiste Isabey, in: Athenaion Bilderatlas zur Deutschen Geschichte, hrsg. von H. Jankuhn/H. Boockmann/W. Treue, Frankfurt a.M. 1968, Tf. 343 und S. 740f.; Hindenburg: vgl. W. Maser (Anm. 6), S. 216; und A. Speer (Anm. 6), S. 129.

8 Prinz von Homburg: II. Akt, 10. Auftritt; Ernst von Salomon, Die Geächteten (zuerst 1930), Hamburg 1962, S. 241.

9 Politischer Witz vgl. H.-J. Gamm (Anm. 5), S. 40. – Missionsschule: Paul Scott, The Jewel in the Crown, zuerst London 1966.

10 Ernst von Salomon, Die Kadetten (zuerst 1933), Hamburg 1957, S. 24; Graham Green, Die Kraft und die Herrlichkeit, Hamburg 1954, S. 21; Kasinobilder: vgl. Winfried Ranke, Joseph Albert. Hofphotograph der bayerischen Könige, München 1977, S. 52; Joseph Roth, Radetzkymarsch (zuerst 1932), Hamburg 1957, S. 53f.

11 Zur Situation der Historischen Bildkunde vgl. u. a. P. G. Thielen, Historienmalerei (Anm. 6), S. 816ff., und ders., ›Viktoria hat heute Dienst am Tor . . .‹. Die Selbstdarstellung Preußens beim Siegesfest 1866, in: Dienst für die Geschichte, Gedenkschrift für W. Hubatsch, Göttingen 1985, S. 93–132.

12 Klaus Lankheit, in: Rainer Schoch, Das Herrscherbild in der Malerei des 19. Jahrhunderts (Studien zur Kunst des 19. Jahrhunderts, Bd. 23 – Forschungsunternehmen der Fritz-Thyssen-Stiftung, Arbeitskreis Kunstgeschichte), München 1975.

13 W. Ranke (Anm. 10).

14 Olaf Gulbransson: zit. nach Jost Hermand, Adolph Menzel. Das Flötenkonzert in Sanssouci, Frankfurt a.M. 1985, S. 22; Führerbilder: vgl. u. a. Rainer Fabian, Fotos verwandeln die Welt, in: Die Welt, Nr. 186 vom 13. 8. 1974. Fabian berichtet dort, ohne Quellenbeleg, für die »wiedereingegliederten Gebiete« (Sudetenland, Warthegau?) seien 750 000 Hitlerbilder bereitgestellt worden; Bilderwartung: vgl. Heinz Boberach (Hrsg.), Meldungen aus dem Reich, Neuwied 1965, S. 116. Laut SD-Bericht vom 28. 11. 1940, der sich freilich auf die Kinowochenschau bezieht, werde eine Wochenschau »ohne Bilder des Führers nicht für vollwertig gehalten . . . Man wolle immer sehen, wie er aussehe . . .«.

15 Günther Hoppe/Karl Georg Kaster (Hrsg.), Das Porträt. Vom Kaiserbild zum Wahlplakat. Eine Ausstellung des Kunstpädagogischen Zentrums im Germanischen Nationalmuseum Nürnberg, Nürnberg 1977.

16 Vgl. H.-J. Gamm (Anm. 5), S. 109; H. Boberach (Anm. 14), S. 417f.; Karikaturen: vgl. jetzt die umfangreiche Dokumentation von Wolfgang Marienfeld, Die Geschichte des Deutschlandproblems im Spiegel der politischen Karikatur, Hannover 1989; die angeführten Beispiele dort S. 167 und 228; zur symboltheoretischen Bedeutung des Austauschs von Herrscherbildern, hier am Beispiel der Hitler- und Stalinporträts in der SBZ 1945, vgl. Harry Pross, Politische Symbolik. Theorie und Praxis der öffentlichen Kommunikation, Stuttgart 1974, S. 82.

17 Liselotte Strelow, Das manipulierte Menschenbildnis oder Die Kunst, fotogen zu sein, Düsseldorf 1961; eine unverjährte, auch politologisch bedeutsame Publikation der renommierten Porträtphotographin; Alain Jaubert, Fotos die lügen. Politik mit gefälschten Bildern, Frankfurt a.M. 1989.

18 Karsten Weber, Führer und Geführte, Monarch und Untertan. Eine Studie zur politischen Ikonologie und ihre unterrichtliche Umsetzung, Frankfurt a.M. 1978; Bodo von Borries, Geschichtslernen und Geschichtsbewußtsein. Empirische Erkundungen zu Erwerb und Gebrauch von Historie, Stuttgart 1988; dort S. 95ff.: Historisches Lernen an Bildern. Über die Wirkung von ›Dokumentarfotos‹ zum Nationalsozialismus.

19 Marhild Hoffmann (Anm. 6).

Birgit Meyer

»Sie ist der einzige Mann in der Fraktion!«

Versuch einer Würdigung der ersten Parlamentarierinnen in der Bundesrepublik Deutschland

Die Tatsache, daß viele öffentlich beachtete Politiker nach ihrem Tode in völlige Vergessenheit geraten und andere nicht – diese schlichte Tatsache verhält sich nicht etwa proportional zu ihrem Bekanntheits- oder Beliebtheitsgrad zu Lebzeiten oder ihrem politischen Einfluß oder Rang, sie hängt nicht etwa ab von ihren publikumswirksamen öffentlichen Auftritten, sondern von ihrem Geschlecht. Kaum einen wird diese Erkenntnis heutzutage mehr über die Maßen provozieren, mancher wird sie nach wie vor für übertrieben halten, merkwürdig aber ist, daß trotz der Offensichtlichkeit dieses eingeschlechtlichen historischen Gedächtnisverlustes (wer kennt denn noch die Namen von Louise Schroeder, Helene Wessel oder Christine Teusch?) und trotz der zur Zeit modischen Beliebtheit, die das Thema »Frauen und Politik« genießt, weder die traditionelle Historiographie noch die Parteien selbst sich aufmachen, die Erinnerungslücke zu schließen und das Bemühen zeigen, die Verdienste ihrer »großen alten Damen«, ihrer ersten Parlamentarierinnen in der Geschichte unseres Landes zu würdigen.

Und auch Historikerinnen zeigen in diesem Bereich eine bemerkenswerte Zurückhaltung. So absurd es klingt: Wären Elisabeth Selbert, Marie-Elisabeth Lüders oder Helene Weber ganz gewöhnliche Frauen gewesen und ausschließlich ihrem alltäglichen Tagewerk nachgegangen, vielleicht hätte sie die jüngste Frauengeschichtsforschung bereits entdeckt. Deren Schwerpunkt in der Bearbeitung der jüngeren Nachkriegsgeschichte lag nämlich zunächst einmal auf der (sicher überfälligen) Ausweitung des frauenpolitischen Blicks. Als politisch relevant wurden vor allem diejenigen Frauen angesehen, die in »erweiterter Reproduktionsarbeit« zur Wiederherstellung eines wirtschaftlich und politisch starken (und patriarchalischen) Nachkriegsdeutschland beitrugen[1]. Bei all der wünschenswerten Akzentuierung der Alltagsgeschichte gerieten dabei allerdings *die* Frauen aus der Forschungsperspektive, die sich als Politikerinnen in den Anfangsjahren der Republik aktiv für die Rechte von Frauen und Minderheiten eingesetzt hatten. Die ersten Politikerinnen der Nachkriegszeit sind von der Frauengeschichtsforschung bislang unentdeckt geblieben, vermutlich weil es sich um Frauen handelt, die in traditionelle Männerdomänen eingedrungen sind und sich dort durchzusetzen vermochten. So etwas ist anrüchig[2].

Wenn heute Feministinnen die verstärkte Einmischung von Frauen in die Politik fordern, so sollte man sich zunächst derer erinnern, die noch vor der politisch-kulturellen Heraufkunft feministischer Deutungsmuster durch die Neue Frauenbewegung der sechziger und siebziger Jahre politisch aktiv in das Zeitgeschehen eingegriffen haben. Darüber hinaus sind alle herkömmlichen Arbeiten über Frauen in der Politik gekennzeichnet durch systematische Blindstellen: Entweder übersehen oder verkleinern sie die Politikerinnen bis zur Unkenntlichkeit, oder sie setzen »den Politiker« als Maßstab, an dem gemessen die Frauen immer ein Weniger aufweisen. Die Tatsache, daß Frauen in der Politik unterrepräsentiert sind oder dieses und jenes nicht so tun wie das männliche Politikerideal, wird ihnen stets als *Mangel,* als Nachteil angerechnet. Nie wird umgekehrt gefragt, ob es vielleicht sinnvoll sei, etwas nicht so zu tun, wie es üblicherweise von Männern getan wird. Und selten wird das politische Engagement von Frauen *an sich* ernst genommen.

40 Jahre nach Verabschiedung des Grundgesetzes ist es an der Zeit, daß an die Frauen erinnert wird, die nicht als Opfer, sondern als Subjekte ihrer individuellen Lebensgeschichte, aber auch der politischen Sphäre oder der Rechtsentwicklung aufgefallen sind. Hier soll von diesen Frauen selbst ausgegangen werden. Weshalb sind sie in die Politik gegangen? Was haben sie dort vor allem für Frauen und die Anerkennung der Gleichberechtigung bewegt? Wer waren z. B. die vier »Mütter« des Grundgesetzes?

Da ist zunächst die Sozialdemokratin und Juristin Elisabeth Selbert, von der der schlichte, aber umfassende Satz: »Männer und Frauen sind gleichberechtigt«, stammt. Sie hat einen zähen Kampf geführt, ehe er in dieser, heute selbstverständlich anmutenden Form, angenommen wurde. Neben ihr im Parlamentarischen Rat, der verfassungsgebenden Versammlung für die Bundesrepublik, waren als Frauen noch ihre SPD-Kollegin Frieda Nadig vertreten sowie die beiden ehemaligen Zentrumsabgeordneten Helene Weber und Helene Wessel.

Neben ihnen trat schon in Weimar die promovierte Juristin und Sozialarbeiterin Marie-Elisabeth Lüders für die Durchsetzung von Frauenrechten ein, besonders für die der nicht verheirateten Mutter und der nicht-ehelichen Kinder. Sie war nach 1945 als Abgeordnete der FDP und Alterspräsidentin des 2. und 3. Deutschen Bundestages angesehen und gefürchtet zugleich, weil sie nicht, wie viele ihrer Kolleginnen, mit damenhaft freundlichem Unterton, sondern oft scharf(züngig) und unbeirrt ihren Standpunkt vertrat. Die erste, dem Bundeskanzler Adenauer abgerungene weibliche Ministerin im Kabinett ab 1961 war Elisabeth Schwarzhaupt, Juristin und CDU-Mitglied. Auch sie zeigte sich in Sachen Gleichberechtigung oft unnachgiebig gegenüber ihren Partei-Kollegen.

Diese Politikerinnen sind die Verkörperungen der Antithese zu dem verbreiteten Verdacht, daß in patriarchalischen Strukturen immer nur diejenigen Frauen zu Amt und Einfluß kommen könnten, die den Zorn ihres Geschlechts verdrängt und sich den männlichen Mitspielern am nahtlosesten angepaßt hätten. Sie waren nicht bequem und mütterlich-verständnisvoll gegenüber den Nöten ihrer Zeit.

Elisabeth Selbert: Im Jahr 1896, als Elisabeth Rohde geboren wurde, war das Deutsche Kaiserreich gerade 25 Jahre alt und hatte fast noch die gleiche Zeitspanne vor sich. Es war auch das Jahr, in dem das Bürgerliche Gesetzbuch mit seinem uneingeschränkt patriarchalischen Ehe- und Familienrecht verabschiedet wurde, das vier Jahre später, 1900, in Kraft trat. Kaum sechs Jahre waren vergangen, seitdem das »Sozialistengesetz« nicht verlängert worden war[3], und noch zwölf Jahre mußten verstreichen, bis 1908 das Reichsvereinsgesetz die weitreichenden Verbote für Frauen, Jugendliche und Lehrlinge aufhob, die ihnen bis dahin die Teilnahme an politischen Versammlungen und die Mitgliedschaft in politischen Organisationen und

Vereinen verweigert hatten. Der Bund Deutscher Frauenvereine war gerade zwei Jahre zuvor gegründet worden und versammelte schon 34 Frauenvereine unter seinem Dach[4]. Die Forderungen der Frauenbewegung lauteten zu jener Zeit: Zugang zu verbesserten Ausbildungs- und Berufsmöglichkeiten, aktives und passives Wahlrecht über eine juristische und politische Gleichstellung, Arbeiterinnenschutz; aber auch Themen wie bürgerliche Doppelmoral, Prostitution, Sexualität bestimmten die Auseinandersetzungen. Theoretische und praktische Berührungspunkte fanden die Flügel der Frauenbewegung in der Wertschätzung der Mutterschaft und im sozialfürsorgerischen Engagement.

Als zweite Tochter eines Justizoberwachtmeisters in Kassel geboren, kann Elisabeth schon früh wesentliche Erfahrungen für ihr Leben sammeln. Zunächst bestimmt die gesetzliche Vormachtstellung des Ehemannes keineswegs das Familienleben im Elternhaus. Die Frauen in ihrer Familie waren selbstbewußte Persönlichkeiten, wie dies in bäuerlichen Familien oft der Fall ist. So tat die Mutter alles, den vier Töchtern eine Berufsausbildung zukommen zu lassen. Dieses bedeutete in jener Zeit große finanzielle Belastungen, so daß sich Elisabeth durch besondere Leistungen eine Freistelle an einer Mittelschule erwerben mußte. Die Mittlere Reife konnte sie dennoch hier nicht ablegen, sondern wurde als Externe von einer gesonderten Kommission einer strengen Prüfung unterzogen. »Ich erinnere mich deutlich, wie sehr ich in diesem Fall bereits die Ungleichbehandlung der Geschlechter und dabei die Benachteiligungen der Mädchen und Frauen im Bildungswesen spürte.«[5]

Nach Abschluß der Höheren Handelsschule wurde sie zunächst Auslandskorrespondentin in einer Exportfirma und nach Kriegsbeginn Beamten-Anwärterin bei der Post.

Mit 22 Jahren trat sie 1918 der Sozialdemokratischen Partei bei, motiviert von ihrem späteren Ehemann Adam Selbert, der 1918 Vorstandsmitglied des Kasseler Arbeiter- und Soldatenrates war. 1920 heirateten die beiden, und es begann das, was wir heute eine »emanzipierte Partnerschaft« nennen würden. Sie verteilten untereinander die Zeit und Verantwortung für die bald vierköpfige Familie, für ihre berufliche, aber vor allem für ihre politische Arbeit.

Sie faßten gemeinsam den Entschluß, daß sie das Abitur nachholen solle, da ihr schulischer Abschluß ihr dies leichter ermöglichen würde. Und so begann sie 1926, dreißig Jahre alt und Mutter von zwei kleinen Kindern, das Jurastudium, das sie in der Mindeststudienzeit von nur sechs Semestern 1929 mit dem Referendarexamen abschloß. Durch den Nationalsozialismus wurde der mühevolle Weg der Sozialdemokratin Elisabeth Selbert als eine der wenigen Jurastudentinnen in den zwanziger Jahren und als eine der ersten promovierten Juristinnen in Deutschland jäh in andere Bahnen gelenkt[6].

Nach dem Kriege gehört sie zu den ersten, die sich am Wiederaufbau der Sozialdemokratischen Partei beteiligen. In diesen Jahren war die Illegitimität männlicher Dominanz offensichtlich und unverkennbar geworden: Während Frauenarbeit im Betrieb und in den Familien das Überleben in Deutschland sichern half, übten Männer nach wie vor in allen gesellschaftlichen Bereichen die Vorherrschaft über (weibliches) Kapital und weibliches Arbeitsvermögen aus – konnte der Mann doch selbst gegen den Willen der Ehefrau ihr Arbeitsverhältnis kündigen, konnte er doch über ihr Vermögen verfügen und es nutzen, ohne sie zu fragen, konnte er letztlich allein über das Wohl der Kinder bestimmen – alles unter dem Mantel des Rechts.

1948 kommt für Elisabeth Selbert die große Herausforderung: Sie wird in den Parlamentarischen Rat entsandt, der im Auftrag der Militärregierungen das Grundgesetz für die zukünftige Bundesrepublik formulieren sollte.

Die Geschichte um die Formulierung des Artikel 3 im Grundgesetz liest sich wie ein englisches Gesellschaftsstück aus dem 19. Jahrhundert, mal mehr Melodrama, mal schlicht Posse[7]. Da hier das männliche Monopol auf Welterklärung und Rechtsetzung (durch eine einzelne Frau) gebrochen wurde, sollen die wichtigsten Etappen dieses Stückes etwas näher beleuchtet werden.

Im zuständigen Ausschuß für Grundsatzfragen wollte man sich zunächst an die weiche Formulierung aus der Weimarer Verfassung[8] erinnern. Demnach buchstabierte man Ende 1948 die Gleichberechtigung von Mann und Frau so: »Alle Menschen sind vor dem Gesetz gleich. Das Gesetz muß Gleiches gleich, es kann Verschiedenes nach seiner Eigenart behandeln. Jedoch dürfen die Grundrechte nicht angetastet werden.«

Mit dieser Formulierung wäre in Gesetzgebung und Rechtsprechung eine Gleichbehandlung der Geschlechter wieder in weite historische Ferne gerückt. Zwar wurden zur Begründung der Unterschiedlichkeit von Männern und Frauen nicht mehr die ganz durchsichtigen Stereotype offen geäußert, Frauen seien »von Natur aus« schwächer etc., aber die Gründe bezogen sich – gentlemanlike – auf Ähnliches: die besondere Schutzwürdigkeit der Frau.

Ein anderes Argument warnte vor dem zu erwartenden »Rechtschaos«. Denn mit einer im Grundgesetz fixierten Gleichberechtigung, die ja gerade die Gesetzgebung binden sollte, wäre das gesamte Bürgerliche Gesetzbuch verfassungswidrig. Just dies wollte Elisabeth Selbert. Erwartungsgemäß wurde ihre Formulierung »Männer und Frauen sind gleichberechtigt« erst im Ausschuß für Grundsatzfragen und anschließend im Hauptausschuß abgelehnt. Unter anderen waren auch die Vertreter der KPD dagegen, weil nach ihrer Auffassung nicht eindeutig genug das Prinzip des gleichen Lohnes für gleiche Arbeit festgeschrieben wurde.

Es ist beeindruckend, mit welcher Entschiedenheit Elisabeth Selbert die Selbstverständlichkeit der Gleichberechtigung damals vor dem Parlamentarischen Rat auch nach der ersten Niederlage zu vertreten verstand: »Ich kann bei dieser Gelegenheit erklären: in meinen kühnsten Träumen habe ich nicht erwartet, daß der Antrag im Grundsatzausschuß abgelehnt werden würde. Es ist eine Selbstverständlichkeit, daß man heute weiter gehen muß als in Weimar und daß man den Frauen die Gleichberechtigung auf allen Gebieten geben muß. Die Frau soll nicht nur in staatsbürgerlichen Dingen gleichstehen, sondern muß auf allen Rechtsgebieten dem Mann gleichgestellt werden. Die Frau, die während der Kriegsjahre auf den Trümmern gestanden und den Mann an der Arbeitsstelle ersetzt hat, hat heute einen moralischen Anspruch darauf, so wie der Mann bewertet zu werden.« Dann schlug sie vor, daß dem Gesetzgeber eine Frist bis zum 31. März 1953 eingeräumt werde zur Anpassung des Bürgerlichen Gesetzbuches an das Grundgesetz. Und sie schloß mit einer Warnung: »Sollte der Artikel in dieser Fassung heute wieder abgelehnt werden, so darf ich Ihnen sagen, daß in der gesamten Öffentlichkeit die maßgeblichen Frauen wahrscheinlich dazu Stellung nehmen werden, und zwar derart, daß unter Umständen die Annahme der Verfassung gefährdet ist.«

Und dieses geschah denn auch. Elisabeth Selbert ist, wie sie sich später erinnert, wie ein »Wanderprediger« durch die Republik gezogen und hat die gesamte politisch und gewerkschaftlich orientierte Frauenöffentlichkeit in Deutschland mobilisiert. Die Folge war, daß »körbeweise Protestschreiben« in Bonn eintrafen, die sich alle für die Annahme der von Elisabeth Selbert vorgeschlagenen Formulierung aussprachen. Im Januar 1949 nahm der Hauptausschuß des Parlamentarischen Rates den Artikel 3 des Grundgesetzes an.

»Ich hatte gesiegt, und ich weiß nicht, ob ich Ihnen das Gefühl beschreiben kann, das ich in diesem Augenblick gehabt habe. Ich hatte einen Zipfel der Macht in meiner Hand gehabt und diesen Zipfel der Macht, den habe ich ausgenützt, aber auch in voller Tiefe, in aller Tiefe, in aller Weite, die mir theoretisch zur Verfügung stand. Und es war die Sternstunde meines Lebens, als die Gleichberechtigung der Frau damit zur Annahme kam.«[9]

Das Nachspiel war nicht gerade rühmlich für das »erste Geschlecht«: Keiner der Abgeordneten wollte im nachhinein gegen die Gleichberechtigung der Frauen gewesen sein und sich dem Druck der von Elisabeth Selbert mobilisierten Frauenöffentlichkeit gebeugt haben. Skurril lesen sich die Erklärungen und Quasi-Entschuldigungen: So vermerkt der CDU-Abgeordnete Walter Strauß in der Sitzung des Hauptausschusses, im übrigen vor den Ohren seiner Frau auf der Zuhörertribüne: »Ich glaube, daß ich für die überwiegende Anzahl aller deutschen Männer und insbesondere aller deutschen Ehemänner spreche, wenn ich sage, daß der Grundsatz der Gleichberechtigung von Mann und Frau uns zumindest seit 1918 bereits so in Fleisch und Blut übergegangen ist, daß uns die Debatte etwas überrascht hat.«[10]

Der SPD-Abgeordnete Carlo Schmid sieht die Gleichberechtigung als »Ehrensache« an: »Es geht doch darum, daß die Frau in diesem Jahrhundert den Anspruch erhebt und erheben kann, als ein Wesen gleicher Mündigkeit wie der Mann angesehen zu werden ... Es handelt sich also genau gesehen darum, daß die Frau erwartet, daß diese fürsorgliche Vormundschaft über sie aufgehoben wird. Es geht den Frauen letzten Endes – und das ist ein großes Wort – um die Ehre und nicht um ›Besserstellung‹. Das scheint mir der wesentliche Sinn des Antrages von Frau Dr. Selbert zu sein ...«[11]

Und Theodor Heuss, der spätere erste Bundespräsident, spricht von »Mißverständnis« und bestreitet, daß »dieses Quasi-Stürmlein uns irgendwie beeindruckt und uns zu einer Sinnwandlung veranlaßt hat. Denn unser Sinn war von Anfang an so, wie sich die aufgeregten Leute draußen das gewünscht haben.«[12]

Als einzige der vier im Parlamentarischen Rat vertretenen weiblichen Abgeordneten zog Elisabeth Selbert ab 1949 nicht in den Bundestag ein, sondern kehrte nach Kassel zurück. Bis 1958 gehörte sie dem Hessischen Landtag sowie dem Parteivorstand der SPD an. Anfangs war sie noch eine Zeitlang Stadtverordnete in Kassel. Die Themen, für die sie sich einsetzte, umspannten zwar ein weites Spektrum, bezogen sich aber alle auf die Verbesserung der Rechte von sogenannten Minderheiten (z. B. die der Untersuchungsgefangenen, der psychisch Kranken). Immer blieb aber die Gleichberechtigung der Frau ihr Thema.

Diesem Ziel fühlte sich auch ihre prominente Gegenspielerin in der CDU, die ehemalige Reichstagsabgeordnete und Vertraute Konrad Adenauers, Dr. h.c. *Helene Weber,* verpflichtet. Auch ihre Lebensgeschichte umspannt fast einen Jahrhundertbogen von 1881 bis 1962. Helene Weber war nach 1949 bereits zum zweiten Mal eine Politikerin der ersten Stunde, denn sie gehörte schon 1919 zu den ersten Frauen in der Deutschen Nationalversammlung. Damals war sie eine der jüngsten.

Im Kaiserreich wurde sie zunächst Volksschullehrerin und studierte nach der Öffnung der Hochschulen für Frauen in Bonn und Grenoble. Während des Krieges war sie Leiterin der Sozialen Frauenschule des Katholischen Deutschen Frauenbundes in Köln. Ihre berufliche Karriere als erste Ministerialrätin in Preußen und ihr politischer Weg als Zentrumsabgeordnete im Landtag und von 1924 bis 1933 im Reichstag endete vorläufig mit dem Nationalsozialismus.

Nach 1945 entschied sich die politisch weitsehende Helene Weber für die neugegründete CDU, von der sie in den Parlamentarischen Rat entsandt wurde. Dort stimmte sie nach anfänglichem Zögern für den Antrag von Elisabeth Selbert, brachte sogar noch einen Antrag ein auf gleichen Lohn bei gleicher Arbeit, dies in einer eher außergewöhnlichen Übereinstimmung mit den beiden Vertretern der KPD. Der Passus sei überflüssig, wurde ihr beschwichtigend entgegengehalten, da er bereits in der Formulierung »Männer und Frauen sind gleichberechtigt« enthalten sei. Die Geschichte der andauernden Frauenlohndiskriminierung liest sich 40 Jahre später allerdings anders.

Als 1954 die Regierung ein »Entscheidungsrecht des Ehemannes« einführen wollte, verteidigte Helene Weber dieses, da sie die katholische Ordnungslehre von dem göttlich gewollten Vorrecht des Mannes teilte – auch gegen Artikel 3 des Grundgesetzes. Bis zu ihrem Tode im Jahre 1962 war sie im Bundestag vertreten und galt als einflußreichste Frau der CDU-Fraktion. Von Konrad Adenauer wurde sie besonders geschätzt, sicher nicht nur wegen der von ihr aus einer riesigen schwarzen Tasche stets verteilten Schokoladenstückchen. Im Gegenteil, sie war es, die ihn in den fünfziger Jahren wiederholt an sein Wahlversprechen erinnerte, endlich eine Frau ins Kabinett zu berufen. Kolportiert wird Adenauers geflügeltes Wort über seine Kollegin Weber: »Diese Frau hat mehr Politik im kleinen Finger als mancher Mann in der ganzen Hand.«

Auch Helene Webers Interesse galt stets sozialen Fragen und der Frauenpolitik, sie initiierte die Frauenarbeitsgemeinschaft ihrer Partei und personifizierte geradezu klassisch eine bestimmte Kontinuität in der Geschichte der Deutschen Frauenbewegung, u. a. in der Leitung des Müttergenesungswerkes, das sie von Elly Heuss-Knapp übernahm. Ihr Auftreten war energisch und beharrlich, stets hielt sie ihre Reden frei und ließ sich durch keine Zwischenrufe irritieren.

Das gleiche gilt für ihre ehemalige »Zentrums«-Kollegin *Helene Wessel*. Als eine der wenigen Politikerinnen, die aus den traditionellen Frauen-Ressorts ausscherte, galt die überzeugte Katholikin und Wohlfahrtspflegerin als große Rednerin im Bundestag zur Außen-, Deutschland- und Sicherheitspolitik. Sie war die mit großer Mehrheit gewählte erste Frau an der Spitze einer Partei und Fraktionsvorsitzende des »Zentrums« ab 1949. Wie viele Nachkriegsparlamentarierinnen hatte auch Helene Wessel ihre prägenden beruflichen und politischen Erfahrungen vor 1945 gemacht. Sie wurde 1898 in Dortmund als Tochter eines im »Zentrum« aktiven Lokomotivführers geboren. In Münster absolvierte sie die Ausbildung zur Jugendpflegerin und erlangte 1930 den Abschluß an der Deutschen Akademie für soziale und pädagogische Frauenarbeit in Berlin, der Gründung Alice Salomons. Von 1915 bis 1928 war Helene Wessel Parteisekretärin des »Zentrums« und ab 1928 als Dreißigjährige die jüngste Abgeordnete des Preußischen Landtags. 1933 mußte sie zwar alle politischen Funktionen aufgeben, konnte aber beruflich ihre familienpolitischen Forschungen fortsetzen, ab 1938 in der Zentrale des Katholischen Fürsorgevereins. Angelika

Ebbinghaus hat jüngst die politische Deformation bzw. Vereinnahmung des vorwiegend von Frauen getragenen Fürsorgewesens für die rassistischen und eugenischen Ziele des Nationalsozialismus herausgearbeitet[13]. Hier spielen auch Helene Wessels frühe Schriften eine Rolle[14]. Sie beabsichtigte, durch einen größeren Einfluß der Katholischen Kirche und auch des Staates einer Zerrüttung der deutschen Familien entgegenzuwirken. Auch nach dem Kriege hat sie in dieser Frage politische Kontinuität bewahrt, so setzte sie sich im 1. Deutschen Bundestag für ein Bewahrungsgesetz ein[15]. Im Parlamentarischen Rat vertrat sie als eine der vier »Mütter des Grundgesetzes« die Gleichberechtigung von Mann und Frau. In den fünfziger Jahren gehörte Helene Wessel neben der Berliner Bürgermeisterin Louise Schroeder zu den bekanntesten Frauen im politischen Leben der Republik. Durch ihre strikte Ablehnung des politischen Kurses von Konrad Adenauer, insbesondere der Einbindung ins westliche Militärbündnis und der Wiederbewaffnung, sowie durch ihr Engagement für eine Verständigung mit der UdSSR geriet sie in den Jahren der Nierentische und des Wirtschaftswunders in die Schlammschlacht des Kalten Krieges. Ein ominöser »Stoßtrupp gegen bolschewistische Zersetzung« und selbst Kollegen im Bundestag verdächtigten sie der Kollaboration mit dem Kommunismus. Wessel glaubte dagegen, die Wiedervereinigung Deutschlands nur über den Weg der Verständigung mit dem Osten zu erlangen.

Ihre viel beachtete Rede gegen die Atomrüstung der Bundeswehr im März 1958 ist ein Beispiel für ihren Mut in der Hochzeit des Antikommunismus, das Feindbild Sowjetunion abzubauen, aber auch für das Niveau der Zwischenrufer. Bei vielen galt sie als »Giftspritzerin« und als unberechenbare »Überläuferin«. Hatte sie doch im Herbst 1951 mit dem ehemaligen CDU-Innenminister und späteren Bundespräsidenten Gustav Heinemann die »Notgemeinschaft zur Rettung des Friedens in Europa« gegründet, aus der alsbald die Gesamtdeutsche Volkspartei wurde.

Ihr Austritt – oder war es ein Ausschluß? – aus dem »Zentrum« war unvermeidlich. »Eine Parteivorsitzende verläßt ihre Partei«, so lauteten die Pressestimmen im November 1952. Bereits Anfang der fünfziger Jahre gibt sie der späteren Entspannungspolitik der SPD/FDP-Koalition das Stichwort: Verständigung mit dem Osten. Demgegenüber steht 1957 die Bundestagswahl unter dem Motto Konrad Adenauers, es werde sich nunmehr entscheiden, ob Deutschland »christlich bleiben oder kommunistisch werden würde«. Diese Polarisierung lehnt sie entschieden ab, sie hat sie erbost »eine triviale Wahlmache unter Mißbrauch der Religion« genannt. Im selben Jahr wechselt Helene Wessel mit Heinemann und anderen zur SPD. Im nachhinein heißt es oft über Helene Wessel und Helene Weber anerkennend, sie seien »der einzige Mann in ihrer Fraktion« gewesen. Dies war gewiß als Kompliment gemeint. 1969 stirbt Helene Wessel als 71jährige. Heute ist sie fast vergessen.

Dieses Schicksal teilt mit ihr vor allem die vierte Frau im Parlamentarischen Rat, die gelernte Verkäuferin, Wohlfahrtspflegerin und Leiterin der Arbeiterwohlfahrt in Westfalen, *Friederike Nadig*. 1897 geboren, gehörte sie zu der jüngeren Generation im Bundestag. Sie war es auch, deren Beiträge sich fast ausschließlich auf die Durchsetzung der Gleichberechtigung im Ehe- und Familienrecht konzentrierten. Vielleicht war dies der Grund, weshalb sie keine erinnerungswürdige Herausforderung wurde und nicht in die Annalen der SPD-Parteigeschichte einging. Sie lieferte sich keine spektakulären Rededuelle mit ihren Kritikern und gab kaum Anlaß zur Häme und Aggression. Von 1949 bis 1961 gehörte sie dem Bundestag an. 1961 unterlag sie in einer Kampfkandidatur einem Mann in ihrem Wahlkreis. Auf der Landesliste wollte man sie nicht absichern, es gab bereits eine Frau auf einem aussichtsreichen Platz. Frieda Nadig starb 1970. Erst Wochen später vermeldete der Pressedienst ihrer Partei ihren Tod.

Die Lebensgeschichte von *Marie-Elisabeth Lüders* umfaßt beinahe einen Jahrhundertbogen. 1966 starb Marie-Elisabeth Lüders im Alter von 87 Jahren, bis 1961 war sie Abgeordnete der FDP-Fraktion im Bonner Parlament gewesen. Sie kam – im Gegensatz zu Elisabeth Selbert und Frieda Nadig – aus besten bürgerlichen Kreisen. Ihr Vater war – wie es so schön hieß – Wirklicher Geheimer Rat im Preußischen Kultusministerium zu Berlin, und ihr Elternhaus gehörte zu der geistig-kulturellen Elite der Hauptstadt. Zu den Freunden des Hauses zählten Otto Gierke, Theodor Mommsen, Otto Hirschfeld, Max Planck, die Brüder Mendelssohn, Max und Marianne Weber. Ihre Memoiren »Fürchte Dich nicht« malen ein anschauliches Bild ihrer privilegierten, aber nicht immer beneidenswerten Jugendjahre: sparsam, kultiviert, ein wenig asketisch, streng, intellektuell aufgeschlossen, pflichtbewußt, künstlerisch interessiert, kurz: Die feinsten protestantischen Tugenden prägten die sechs heranwachsenden Lüders-Kinder. Daß in diesen Häusern »eine sehr großzügige Geselligkeit und Gastfreundschaft«[16] gepflegt wurde, steht hierzu nicht im Widerspruch. Schon früh war Marie-Elisabeth Lüders an »Jungenspielen« interessiert: an Büchern, Technik, Photographieren und Politik. Über die Unzulänglichkeit ihrer schulischen Ausbildung im Gegensatz zu der ihrer Brüder urteilte sie später: »Es fehlte dort einfach alles, was zum Verstehen der Zusammenhänge und zu selbständigem Denken notwendig war.«[17]

So schlug sie nicht den für »höhere Töchter« damals standesgemäßen und ihr als schrecklich langweilig erscheinenden Weg einer guten ehelichen Partie und allenfalls sozial karitativ tätigen Dame der Gesellschaft ein, sondern studierte. Auch ihre Fächer waren nicht eben weiblich: Nationalökonomie und Jura. 1912 promovierte sie als erste Frau in Deutschland zum Doktor rer. pol. mit einer Arbeit zum Thema: »Die Fortbildung und Ausbildung der im Gewerbe tätigen Frauen und Mädchen und deren juristische Grundlage«. »Meine Doktorarbeit verärgerte den preußischen Handelsminister ... heftig, weil ich darin die rückständige und unlogische Haltung der Behörden gegenüber den berufstätigen Frauen an bestimmten Beispielen scharf kritisiert hatte.«[18]

Anschließend war sie als Wohnungspflegerin im Sozialwesen tätig. Sie leitete im Ersten Weltkrieg die Fürsorgeabteilung der Belgischen Zivilverwaltung und bis 1918 das Frauenreferat im Kriegsministerium in Berlin und zwar im Range eines Majors[19]. In diesen Jahren lernte sie die soziale Not der Bevölkerung hautnah und aus verschiedenen Perspektiven kennen. Als Abgeordnete wurde sie von der Deutschen Demokratischen Partei 1919 in den Reichstag entsandt, des ersten deutschen Parlamentes, in dem Frauen vertreten sind. Als Liberale setzte sie sich auch nach 1945 – dann in der FDP – für die Rechte der Frauen ein, z. B. für das Recht der mit einem Ausländer verheirateten Frau, die deutsche Staatsangehörigkeit zu behalten (Lex Lüders), oder das Recht auf gleiche Ausbildung im Handwerk für Mädchen; aktuelle Themen – leider noch heute. In ihren Memoiren fordert sie: »Die Frauen sollten lernen, das zu wollen, was sie der Gesellschaft schuldig waren, und das zu fordern, was die Gesellschaft ihnen schuldig ist.«[20] Dieser Satz und ihr Konfirmationsspruch »Fürchte Dich nicht« begleiteten sie zur Zeit ihrer Verfolgung und Verhaftung durch die Gestapo[21] ebenso wie in den fünfziger Jahren, wo sie als FDP-Abgeordnete im Bundestag für die Reform des Ehe- und Familienrechtes stritt. Uneitel begründete sie selbst ihr politisches Engagement: »Ich hatte nur das große, unverdiente Glück, in eine Zeitspanne hineingeboren zu sein, in der es einfach unmöglich war, geruhsam und schweigend zuzusehen gegenüber dem millionenfachen Leid und den millionenfachen Lebensschwierigkeiten von Menschen, die den besten Willen hatten, sich aber aus ihrer Lage nicht selbst befreien konnten ... ich fühlte mich verpflichtet, auch denen zu helfen, die Sie, meine lieben Kollegen, immer – ich weiß nicht, ob mit Recht – als die bessere Hälfte unter der Menschheit bezeichnen.«[22]

Nicht allein aus Fürsorglichkeit gegenüber der »besseren Hälfte« wollte die Adenauer-Regierung 1954 ein »Entscheidungsrecht des Ehemannes« einführen, das in der Ehe seine liebgewonnene Vorherrschaft absichern sollte. Der Vorschlag lautete: »Die Ehegatten haben alle Angelegenheiten, die das gemeinschaftliche eheliche Leben betreffen, in gegenseitigem Einvernehmen zu regeln. Bei Meinungsverschiedenheiten müssen sie versuchen, sich zu einigen. Können sie sich nicht einigen, so entscheidet der Mann; er hat auf die Auffassung der Frau Rücksicht zu nehmen. Widerspricht seine Entscheidung dem Wohle der Familie, so ist die Entscheidung für die Frau nicht verbindlich.«[23]

Dieser eher merkwürdigen Rechtskonstruktion, bei der Frauen, die das Gesetz zu Rate zögen, völlig verwirrt bleiben würden, wie auch ihre Bundestagskollegin Elisabeth Schwarzhaupt feststellte[24], widersprach Marie-Elisabeth Lüders in ihrer nicht bei allen beliebten, etwas spöttischen Art: »Wir sind der Meinung, daß die Zeit endlich vorüber ist, in der die Frau nach dem Rezept von Wilhelm Busch leben sollte: »Bei eines Strumpfes Bereitung/ sitzt sie im Morgenhabit./Er liest in der Kölnischen Zeitung/ und teilt ihr das Nötige mit.« (Hier wird große Heiterkeit im Parlamentsprotokoll verzeichnet.) »Das heißt im vorliegenden Falle: Wir sind gegen die gesetzliche Unterwerfung des einen oder anderen Eheteils, so oder so, ob mit oder ohne Pantoffel, ob mit Überredung oder sonst welchen Mitteln, das ist uns ganz egal. Privatim kann sich jeder und soll sich jeder soweit unterwerfen, wie sein Gewissen es zuläßt und wie er glaubt, der höheren Gemeinschaft der Familie, vor allem den Kindern, damit dienen zu können.«[25] Aber alle juristischen Argumente oder Beispiele aus dem Alltag änderten vorerst noch nichts an dem übermächtigen männlichen Widerstand. Erst 1957, kurz vor Ablauf der Legislaturperiode, wurde der Stichentscheid des Ehemannes zu Fall gebracht.

Wie es dazu kam, soll näher beleuchtet werden, denn daran »mitschuldig« war *Elisabeth Schwarzhaupt,* die hier kurz biographisch vorgestellt werden soll. Auch sie kam aus gutsituierten Verhältnissen des Bildungsbürgertums in Frankfurt, wo sie 1901 geboren wurde. Ihr Vater war Oberschulrat und gehörte von 1921 bis 1933 als Abgeordneter der Deutschen Volkpartei dem Preußischen Landtag an. Die Mutter war von der bügerlichen Frauenbewegung beeinflußt und fand es selbstverständlich, daß ihre begabte Tochter das Mädchengymnasium besuchte, wo sie 1920 das Abitur bestand. Elisabeth Schwarzhaupt war knapp eine Generation jünger als Marie-Elisabeth Lüders und Helene Weber, und somit blieb ihr während der Weimarer Republik der Kampf um eine ihren Wünschen und Fähigkeiten entsprechende Ausbildung erspart. »Ich mußte nicht darum kämpfen, ein Gymnasium zu besuchen, Abitur zu machen und danach zu studieren ... Auf diese Weise habe ich als junges Mädchen auch nicht – wie viele meiner Altersgenossinnen – bereits eine Aufsässigkeit gegen die patriarchalische Rechts- und Gesellschaftsordnung jener Zeit entwickelt. Ich habe sie einfach nicht so kennengelernt.«[26]

Ihrem Vater tat sie zwar noch den Gefallen und absolvierte das Lehrerinnenseminar, doch nach dem Examen fing sie sofort das Jurastudium an, das sie 1930 mit Prädikat abschloß. Ihre erste Anstellung als Gerichtsassessorin bei der städtischen Rechtsauskunfts- und Rechtsschutzstelle für Frauen in Frankfurt führte sie sogleich in die ungeschützte Realität der allermeisten Frauen ihrer Zeit. »Ich habe in dieser Arbeitsstelle unendlich viel gelernt und erlebt. In den behüteten Verhältnissen, aus denen ich kam, hatte ich nichts über Trinker-Ehen erfahren, in denen Frauen und Kinder geschlagen wurden, über materielle Not, die zu Straftaten verführte, über unterdrückte, rechtlose, verlassene Frauen, die oft mit allen Problemen und dazu noch mehreren Kindern allein fertig werden mußten ... nach und nach wurde mir klar, daß man nicht an den Symptomen kurieren sollte, sondern die Ursachen verändern, für Frauen ein neues Recht schaffen mußte.«[27]

Dieses Recht kam – wir wissen es – erst rund eine Generation später. Der Nationalsozialismus hatte auch für Elisabeth Schwarzhaupt bittere Konsequenzen: Immerhin war sie politisch bereits als Mitglied und Wahlkampfhelferin für die Deutsche Volkspartei sowie durch Vorträge und Aufsätze gegen den Nationalsozialismus aufgefallen. Auch dieser promovierten Juristin war der Staatsdienst während des Dritten Reiches verschlossen, und so kam sie als wissenschaftliche Mitarbeiterin in die Zentrale Verwaltungsstelle der Evangelischen Kirche in Deutschland. »Das wurde für mich eine sehr anregende, aber auch spannungsreiche Zeit. Wir versuchten, die kirchliche Organisation bis zu besseren Zeiten aufrecht zu erhalten und da, wo wir konnten, durch die Lücken, die ja auch das nationalsozialistische System hatte, zugunsten von Menschen hindurchzuschlüpfen.«[28]

Nach dem Krieg begann sie als Referentin für Frauenfragen in der Evangelischen Kirche die evangelischen Frauenverbände wiederaufzubauen und unter einem Dachverband zusammenzufassen, dessen geschäftsführendes Vorstandsmitglied sie wurde. 1953 zog sie für die CDU in den Bundestag ein. »Ohne Wahlkampferfahrungen in der neuen Demokratie und ohne parteitaktische Schulung stellte sie sich in ihrem Wahlkreis Wiesbaden in vielen kleinen Dorfzusammenkünften den Zuhörern, die es weit mehr interessierte, was aus der Umgehungsstraße am Rhein wurde ... als die Frage, wie eine freiheitliche demokratische Grundordnung aussehen könnte. Aber Elisabeth Schwarzhaupt hatte offensichtlich die richtigen Antworten auf die Fragen der Wähler gefunden, denn sie schaffte den Sprung in den Bundestag auf Anhieb und behielt ihr Mandat bis zu ihrem freiwilligen Ausscheiden 1969.«[29]

Ihre erste Rede im Deutschen Bundestag galt der Änderung des Grundgesetzes zur Wiederbewaffnung. Hieran sieht man, daß die weiblichen Abgeordneten durchaus sehr unterschiedliche Auffassungen haben, die natürlich geprägt sind von der Linie ihrer jeweiligen Partei. Ebensowenig sind Frauen per se pazifistischer als Männer: »Ich bin bestimmt kein Militarist, aber ich hielt die Aufstellung von Streitkräften für notwendig. Denn wir mußten uns wieder in die europäische Politik eingliedern. Und ich habe auch sonst die Politik Adenauers bejaht und bejahe sie im Grunde heute noch.«[30]

Aber in der Frage des Ehe- und Familienrechts scherte sie aus und gewann mit einem raffinierten Trick die Unterstützung einer Kollegin aus der Deutschen Partei, die sie extra zur Abstimmung aus einer anderen Sitzung lotste und deren alleinige

Stimme dann im Rechtsausschuß ausschlaggebend war für die Ablehnung des Stichentscheids des Ehemannes. Alle waren überrascht, und ungewöhnlich wütend reagierte die CDU-Kollegin Helene Weber. Sie nannte ihre Kollegin Kalinke »ein Biest« und fand das Verhalten von Elisabeth Schwarzhaupt: »hinterlistig, und dat ist doch sehr bedenklich für eine Oberkirchenrätin!«[31]

Nicht ganz so »hinterlistig« gelang es ihr später, noch andere wichtige frauenpolitische Reformen durchzusetzen, z. B. die Zugewinngemeinschaft, die eine Hausfrau an dem in der Ehe erwirtschafteten Vermögen beteiligt. Ab 1961 wurde ihr als Alibi-Frau ein eigenes Ministerium geschaffen: das Gesundheitsministerium. Adenauer wollte einer Frau damals am liebsten gar kein Ressort, besonders kein so wichtiges wie das Außen-, Justiz- oder auch das Familienministerium übertragen. Unter ihrem Vorsitz wurde dann das Erbrecht des nichtehelichen Kindes gegenüber seinem Vater eingeführt, es galt nunmehr – bittschön – auch als rechtlich mit ihm verwandt, die Mutter bekam das volle elterliche Sorgerecht, und die Unterhaltsansprüche wurden gegenüber denen von ehelichen Kindern relativ verbessert.

Elisabeth Schwarzhaupt und Elisabeth Selbert haben bis in unsere Tage gelebt. Alle Politikerinnen sollen stellvertretend für die ungenannten stehen, die sich wie sie in die Politik vorgewagt haben, um die zahlreichen Benachteiligungen und Behinderungen von Frauen in unserer Gesellschaft abzubauen.

Abschließend kann man das, was aus den genannten Politikerinnen-Biographien deutlich geworden ist, in sieben Thesen zusammenfassen:

1. In den vergangenen hundert Jahren hat sich die Stellung der Frauen in unserer Gesellschaft grundlegend verbessert: von der politisch unmündigen, rechtlich diskriminierten, ökonomisch ungeschützten und gesellschaftlich zweitrangigen Position zu einer zumindest formalen Gleichberechtigung in einer Gesellschaft, die nicht zuletzt aufgrund einer neuen vielgesichtigen Frauenbewegung gegenüber Gleichberechtigungsforderungen heute relativ aufgeschlossen ist.
2. Aus den Biographien wurde deutlich, daß die Unterstützung für ein politisches Engagement aus dem Elternhaus oder – wie im Falle Elisabeth Selberts – durch den in der fortschrittlichen Tradition der Sozialdemokratie stehenden Ehemann sehr wichtig war. In allen Familien war die Stellung der Frau relativ stark, und es herrschte ein geistig aufgeschlossenes, politisch interessiertes Klima.
3. Alle Politikerinnen sind durch ihre eigene Berufstätigkeit in weiblichen Domänen wie im Fürsorgebereich oder – eher untypisch – als Rechtsanwältin, allerdings vorwiegend in Scheidungsangelegenheiten, hautnah mit den schlimmen sozialen Problemen von Frauen und ihrer Rechtlosigkeit konfrontiert worden. Menschliches Leid und soziale Mißstände ihrer Zeit wirkten als Herausforderung für ihr politisches Handeln. Die Erfahrung, dem Schicksal ihres Geschlechts eventuell nur durch die Privilegien ihres gesellschaftlichen Standes, durch ihre gegen Widerstände erworbene Bildung, ihre persönliche Willensstärke und durch die eigene ökonomische Selbständigkeit entronnen zu sein, formte ihr großes frauenpolitisches Engagement.
4. Geprägt wurden alle auch durch den tiefen Einschnitt des Nationalsozialismus, der alle Reformen und Reformhoffnungen zunichte machte und der ihre eigenen Berufswege wie die anderer, vor allem besser ausgebildeter Frauen rigoros beschnitt. Der Nationalsozialismus hat die Männerdominanz in allen gesellschaftlichen Bereichen radikalisiert. Dieses mußte besonders schmerzhaft bei denjenigen

verarbeitet werden, die aufgrund ihrer politischen Auffassung, ihrer rassischen Zugehörigkeit oder ihres Geschlechts sich nicht in den totalitären Staat einpassen ließen.

5. In der bundesdeutschen Nachkriegsgeschichte hat es zunächst einmal kurzfristig Handlungsspielräume für Frauen in der Politik gegeben[32]. In der Zeit der Neuordnung oder der Wiederherstellung alter Zustände, wie es wohl richtiger heißen muß, konnten einzelne Frauen diesen Freiraum für sich im Politischen nutzen. Dann kehrten mit Macht wieder die alten Zustände zurück, und Verantwortliche in Politik und Gesellschaft taten alles, was mit der Anerkennung der Gleichberechtigung der Frau zu tun hatte, voller Arroganz und Häme als Bagatellen ab[33]. Kämpferinnen für die Gleichberechtigung oder für den Frieden und gegen die Wiederbewaffnung Deutschlands wurden im Zuge des Antikommunismus verhöhnt, eingeschüchtert und strafrechtlich verfolgt.

6. Auch fehlte es der überwiegenden Mehrheit der Frauen in den ersten Nachkriegsjahrzehnten an einem breiten gesellschaftspolitischen Bewußtsein ihrer spezifischen Betroffenheit, das in Forderungen an Gesellschaft, Politik, Wirtschaft oder Rechtsinstanzen zu transformieren gewesen wäre. Gerade die Vereinzelung in der Bewältigung der täglichen Not, die Atomisierung der Individuen auch noch nach Kriegsende als Nachwirkung der Vereinzelungstendenzen von totalitären Systemen, wie sie Hannah Arendt klassisch herausgearbeitet hat[34], und die Zuordnung der Frauenarbeit zur Privatsphäre statt zum Politischen ließen ein bewußtes Zusammengehen von Frauen als breite politische Kraft nicht zu.

Die Zeit vermehrter Frauenerwerbstätigkeit, die zusammenfiel mit dem Engagement zahlreicher frauenpolitischer Initiativen und Einzelpersönlichkeiten, war im Bewußtsein der allermeisten eine Zeitspanne äußerster Not und Krisenbewältigung. Frauenerwerbstätigkeit wurde als Übergangslösung von Staats wegen gebraucht und als solche vielfach von Frauen erst ertragen. Insofern erscheint die »Entpolitisierung« von Frauen in den fünfziger und sechziger Jahren oder der »Rückzug in die Familie«, wie er oft mit kritischem Unterton genannt wird, als eine rationale Verarbeitung der Sehnsucht nach »Normalität« oder dem Ende von Not. Die Suche nach Normalität und nach geschützten und bekannten Räumen gab es sicher nicht nur bei Frauen, sondern auch bei Männern nach dem Krieg. Doch für beide Geschlechter bedeuteten sie historisch Verschiedenes: eine Restabilisierung der tradierten Zuständigkeiten für unterschiedliche gesellschaftliche Bereiche: Haus und Öffentlichkeit.

7. Heute, nach 40 Jahren, hat sich einiges geändert. Die Forderung nach Einlösung der Menschenrechte auch für Frauen ist in den neunziger Jahren nicht mehr so leicht von der politischen Tagesordnung abzusetzen. Die *verstärkte Einmischung von Frauen* in die einstigen Domänen der Männer wie Recht und Politik als klassische Sphären der bürgerlichen Öffentlichkeit deutet auf ein verändertes Selbstbewußtsein und ein verändertes Partizipationsverhalten von Frauen hin. Die Frauenbewegung ist längst nicht mehr nur eine von autonomen Frauen. Soziale Breitenwirkung und persönlicher Veränderungswille haben Frauen auch innerhalb von traditionellen Institutionen zu Feministinnen gemacht. Was die heutige Frauenbewegung gegenüber ihren politisch aktiven Müttern nach 1945 auszeichnet, ist eine Veränderung der politischen Gesamtkultur. Die Sensibilitäten gegenüber geschlechtsspezifischen Diskriminierungen sind enorm gestiegen, auch wenn sich dies empirisch noch nicht sogleich meßbar im Verhalten einzelner niederschlägt; die traditionelle Politik hat

dazu gelernt, vielfach auch bloß vereinnahmt[35] oder ihre Gegenstrategien verstärkt[36]. Dennoch gibt es einen diffusen Machtgewinn der Frauenbewegung und Frauenkultur, der historisch ein neues Phänomen darstellt. Es erscheint überfällig, daran zu erinnern, daß die ersten Nachkriegsparlamentarierinnen als frühe Vorbilder für ein (frauen-)politisches Engagement daran mitgewirkt haben.

Anmerkungen

1 S. besonders Annette Kuhn/Doris Schubert, Frauen in der Nachkriegszeit und im Wirtschaftswunder 1945–1960, Frankfurt 1980; Annette Kuhn, Die vergessene Frauenarbeit in der deutschen Nachkriegszeit, in: A. Freier/Annette Kuhn (Hrsg.), Frauen in der Geschichte, »Das Schicksal Deutschlands liegt in der Hand seiner Frauen« – Frauen in der deutschen Nachkriegsgeschichte, Düsseldorf 1984; Annette Kuhn (Hrsg.), Frauen in der deutschen Nachkriegszeit, Bd. 2: Frauenpolitik 1945–1949, Düsseldorf 1986.

2 Neuere Ausnahmen bilden die zwei aber eher journalistischen Sammlungen von Kurzbiographien: Antje Dertinger, Frauen der ersten Stunde. Aus den Gründerjahren der Bundesrepublik, Bonn 1989; Ursula Huffmann u. a. (Hrsg.), Frauen in Wissenschaft und Politik, Düsseldorf 1987. Als eine der wenigen aktuellen wissenschaftlichen Untersuchungen über Parteifrauen erwähnenswert: Beate Hoecker, Frauen in der Politik. Eine soziologische Studie, Opladen 1987.

3 Das Sozialistengesetz verbot von 1878 bis 1890 die »gemeingefährlichen Bestrebungen der Sozialdemokratie« und verfolgte alle Vereine und Organisationen, die solche Bestrebungen »in einer den öffentlichen Frieden, insbesondere die Eintracht der Bevölkerungsklassen gefährdenden Weise« unterstützten.

4 20 Jahre später hatten sich bereits 46 Mitgliedsvereine mit mehr als 500 000 Frauen in ihm zusammengeschlossen. Vgl. Ute Frevert, Frauen-Geschichte. Zwischen Bürgerlicher Verbesserung und Neuer Weiblichkeit, Frankfurt 1986, S. 109.

5 Deutscher Juristinnenbund (Hrsg.), Juristinnen in Deutschland. Eine Dokumentation 1900–1984, München 1984, S. 96.

6 Hierzu ausführlicher: Birgit Meyer/Elisabeth Selbert, Gleichberechtigung ohne Wenn und Aber, in: Kritische Justiz (Hrsg.), Streitbare Juristen. Eine andere Tradition, Baden-Baden 1988.

7 Vgl. hierzu: Marianne Feuersenger, Die garantierte Gleichberechtigung – ein umstrittener Sieg für Frauen, Freiburg 1980; Marielouise Janssen-Jurreit, Gleichberechtigung im Patriarchat, in: dies., Sexismus. Über die Abtreibung der Frauenfrage, München 1976; Johannes Volker Wagner (Hrsg.), Der Parlamentarische Rat 1948–1949. Akten und Protokolle, Boppard am Rhein o. J.

8 Der Art. 109 der Weimarer Verfassung lautete: »Männer und Frauen haben grundsätzlich die gleichen staatsbürgerlichen Rechte und Pflichten.«

9 M. Feuersenger (Anm. 7), S. 53.

10 M. Janssen-Jurreit (Anm. 7), S. 312.

11 M. Feuersenger (Anm. 7), S. 36.

12 M. Janssen-Jurreit (Anm. 7), S. 313.

13 Angelika Ebbinghaus, Helene Wessel und die Verwahrung, in: dies. (Hrsg.), Opfer und Täterinnen. Frauenbiographien des Nationalsozialismus, Nördlingen 1987, S. 152–173.

14 Helene Wessel, Bewahrung nicht Verwahrung: eine fürsorgerische und eugenische Notwendigkeit, 1934.

15 Es ist Aufgabe einer (selbst-)kritischen Frauenforschungsperspektive, auch die negativen oder ambivalenten Seiten von Politikerinnen herauszuarbeiten und sie in ihrer historischen wie lebensgeschichtlichen Widersprüchlichkeit zu akzeptieren, anstatt im nachhinein eine

Gnade, nicht der späten, so doch der weiblichen Geburt zu reklamieren. Auf diesen Zusammenhang weist hin: Karin Windaus-Walser, Gnade der weiblichen Geburt?, in: Feministische Studien, (1988) 1, S. 102–115.

16 Marie-Elisabeth Lüders, Fürchte Dich nicht. Persönliches und Politisches aus mehr als 80 Jahren: 1878–1962, Köln 1963, S. 22.

17 Ebd., S. 37.

18 Ebd., S. 50.

19 Vgl. auch: Juristinnen (Anm. 5), S. 90.

20 M.-E. Lüders (Anm. 16), S. 31.

21 1933 war sie mit Berufs-, Rede- und Publikationsverbot belegt worden. 1937 saß sie vier Monate in Gestapo-Haft, ehe internationale Proteste sie zu befreien halfen.

22 Deutscher Bundestag, 3. WP, 34. Sitzung, 25. 6. 1958.

23 Zitiert in: M. Feuersenger (Anm. 7), S. 97.

24 »Die arme Frau, die etwa auf die Idee kommen sollte, bei einem Familienkonflikt in das BGB zu schauen – ich hoffe, nicht viele Frauen tun es – würde . . . am Ende nicht klüger sein als am Anfang« (Deutscher Bundestag, 206. Sitzung, 3. 5. 1957, Plenarprotokoll S. 11774).

25 2. Deutscher Bundestag, Bundestagsprotokolle (Anm. 24).

26 Juristinnen (Anm. 5), S. 110.

27 Ebd., S. 112.

28 Ebd., S. 114.

29 Ebd., S. 117.

30 Ebd., S. 117.

31 Zitiert in: M. Feuersenger (Anm. 7), S. 110.

32 Nicht nur hat der traditionelle Politikbegriff eine Erweiterung erfahren, sondern Frauen hatten anfangs auch Chancen in den traditionellen politikbestimmten Institutionen; vgl.: Birgit Meyer, Viel bewegt – auch viel erreicht? FrauenGeschichte und Frauenbewegung in der Bundesrepublik, in: Blätter für deutsche und internationale Politik, Heft (1989) 7.

33 »Diese Neigung entsprach und entspricht noch heute der traditionellen männlichen Einstellung gegen die Anerkennung der weiblichen Gleichberechtigung überhaupt und alles dessen, was die Männer im weitesten Sinne als »Weiberkram« betrachten« (M.-E. Lüders [Anm. 16], S. 97).

34 Hannah Arendt, Elemente und Ursprünge totaler Herrschaft, Band 3: Totale Herrschaft, Frankfurt a.M. 1975.

35 Darauf machen die Autorinnen in den Beiträgen zur feministischen Theorie und Praxis aufmerksam: Der Kaiserinnen neue Kleider. Feministische Denkbewegungen, Köln 1989.

36 Wie besonders die Aktivitäten zur Verschärfung des § 218 zeigen – Memmingen, Beratungsgesetz u. ä.

Werner Weidenfeld

Geschichtsbewußtsein der Deutschen: Die Gegenwart der Vergangenheit

I. Die Gegenwart der Vergangenheit

Am Anfang steht eine Paradoxie: Geschichte hat Konjunktur und zugleich ist die Klage über fehlendes Geschichtsbewußtsein ein Gemeinplatz der politischen Konversation. In der Gegenwart der Bundesrepublik Deutschland finden alle Dinge, die Geschichte geworden sind, eine außerordentliche Anteilnahme. Dahinter mag der Wunsch nach einem vertieften Herkunftsbewußtsein stehen; dahinter mag auch der Versuch stehen, eine komplizierte Gegenwart aus ihren Traditionen heraus zu begreifen.

Schlagworte und Themen wie Preußen, Museumsdebatte, Historikerstreit, die Diskussionen um historische Mahnmale, die Rede des Bundespräsidenten von Weizsäcker am 8. Mai 1985 und der Rücktritt des früheren Bundestagspräsidenten Philipp Jenninger beweisen die gesellschaftspolitische Aktualität und Brisanz, die in der Beschäftigung mit der Vergangenheit begründet liegen. Die Auseinandersetzung mit der Geschichte beschränkt sich nicht auf den Kreis von politischen Akteuren und wissenschaftlichen Fachleuten, die ohnehin beruflich mit der Präsentation von Geschichte, mit Konzeptionen über Museumsneubauten oder mit dem Verfassen historischer Analysen beschäftigt sind. Das neue Interesse an der Geschichte geht in seinem thematischen Spektrum und bezüglich des Personenkreises, der sich mit der Vergangenheit auseinandersetzt, weit über alles hinaus, was die Fachwissenschaft und die geschichtliche Laienarbeit der sechziger und siebziger Jahre gekennzeichnet hatte. Es stellt sich die Frage nach den Ursachen und Formen dieser Entwicklung. Diese Frage zu beantworten ist Anliegen dieses Beitrags, in dem die Erforschung des Nationalsozialismus als besonderer Aspekt des Geschichtsbewußtseins reflektiert wird.

Die Ambivalenz des neu erwachten Geschichtsinteresses ist offenkundig. Die rein quantitative Zunahme in der Beschäftigung mit Geschichte kann nicht den Mangel an systematisch-fundiertem historischem Bewußtsein verdecken[1]. Die Konjunktur des Historischen kann nicht darüber hinwegtäuschen, daß in der Bundesrepublik Deutschland erhebliche Probleme bestehen, sich mit den Ursachen und Grundlagen der staatlichen Existenz auseinanderzusetzen. Daneben konzentriert sich das Interesse oftmals auf wenige, besonders spektakuläre Ereignisse oder Epochen. Die Konsequenz besteht in einem punktuell reduzierten historischen Bewußtsein. Ein so konstituiertes Bewußtsein aber läßt weite Bereiche der Geschichte nicht einfach verschwinden – es wuchert weiter; es öffnet sich für Legenden, Mythen und Illusionen aller Art.

Die gesellschaftlichen und politischen Ereignisse, Umstürze und Revolutionen in Polen, Ungarn, Rumänien, der Tschechoslowakei, der Sowjetunion und der DDR am Ende der achtziger Jahre haben auch das Lebensgefühl und den Optimismus der Menschen in Westeuropa beeinflußt. Das vergangene Jahrzehnt – geprägt durch Katastrophen und Zukunftsangst – schien verlorenen »Zuständen der Vergangenheit neue Leuchtkraft und Symbolwert für ein postmodernes, auf Bewahrung, Defension oder Resistenz eingestelltes Lebensgefühl«[2] zu bringen. Es bleibt abzuwarten, ob die Konjunktur des Historischen ein Strohfeuer war oder ob Geschichte langfristig weiterhin der Baustoff von Selbstvergewisserung und Identität bleibt.

Auch zu Beginn der neunziger Jahre bleibt die Vergangenheit präsent. Das Beispiel einer aktuellen Ausgabe einer Wochenzeitung mag zentrale Probleme der Deutschen mit sich selbst und im Umgang mit der Geschichte verdeutlichen[3]. Nicht weniger als drei Beiträge befassen sich direkt mit der Aufarbeitung der Vergangenheit. Der Artikel über »das braune Schleswig-Holstein« behandelt eine Große Anfrage im schleswig-holsteinischen Landtag[4]. Dabei geht es um die Frage, ob Schleswig-Holstein in den ersten Nachkriegsjahren ein Schlupfwinkel für Nationalsozialisten gewesen sei. Die Antwort der Landesregierung stellt ein einzigartiges Dokument zur Nachgeschichte der NS-Zeit dar und belegt für viele Fälle, wie sich verantwortliche Aktivisten des NS-Regimes der Entnazifizierung entzogen. Ein weiterer Aufsatz[5] schildert den jahrzehntelangen Kampf eines ehemaligen Truppenarztes der Wehrmacht um Entschädigungsleistungen bzw. für eine Rente. Der Mann hatte im Krieg seine Gesundheit ruiniert, um sich nicht an Verbrechen gegen die Zivilbevölkerung beteiligen zu müssen. In den fünfziger und sechziger Jahren verweigerten die Gerichte Unterhaltszahlungen. Man tat sich offensichtlich schwer bei der Anerkennung von Widerstand und Befehlsverweigerung. Ein dritter Artikel beschäftigt sich mit der Auflösung des Trägervereins des Hauses der Kunst in München. Anlaß genug, über die Daseinsberechtigung dieses von den Nazis gebauten Museums nachzudenken[6]. Die Eingliederung nationalsozialistischer Hinterlassenschaften in die Kultur bereitet Schwierigkeiten. Dies wurde schon deutlich, seit in den letzten Jahren verstärkt über die Aufnahme und Ausstellung von NS-Kunst in Galerien und Gemäldesammlungen debattiert wurde. Der Autor bescheinigt dem Haus der Kunst ein ungesichertes Selbstverständnis, konzeptionslos und vergangenheitsbelastet: »Das Haus ist nie zum Mahnmal geworden, es blieb Nutzbau mit einem Anwendungsspektrum vom Kunstsalon bis zum Faschingsfest.« Die Vergegenwärtigung der nationalsozialistischen Vergangenheit und die damit verbundenen Schwierigkeiten stellen eine grundlegende Konstante im Geschichtsbewußtsein der Deutschen dar. Bei der Symbolik von Nazibauten angefangen bis hin zum zentralen Selbstverständnis der Deutschen reflektieren das Geschichtsbewußtsein und die politische Kultur in der Bundesrepublik Deutschland die besondere Bedeutung dieser Epoche.

II. Geschichtsbewußtsein und politische Kultur

Geschichtsbewußtsein als reflektierte Vergangenheit prägt, bedingt und begrenzt die Gegenwart. Geschichtsbewußtsein als Prägemuster aus dem Zusammenhang von Vergangenheitsdeutung, Gegenwartsverständnis und Zukunftsperspektive[7] versucht, erfahrungsgesättigtes Wissen um die menschliche Vergangenheit zur Deutung dessen, was gerade geschieht und was von der Zukunft erwartet werden kann, zu mobilisieren[8]. Für einen Menschen kann Geschichtsbewußtsein als Inbegriff der mentalen Operationen gesehen werden, mit denen er Erfahrungen vom zeitlichen Wandel der Welt und von sich selbst so deutet, daß er seine Lebenspraxis – also den Alltag – in der Zeit absichtsvoll orientieren kann[9]. Damit sind einige zentrale Elemente der Bedeutung und Funktion von Geschichtsbewußtsein angesprochen.

Die identitätsstiftende Funktion von Geschichtsbewußtsein ermöglicht einer Gesellschaft aufgrund eines Prozesses der Selbstzuschreibung vergangener Handlungen[10] die notwendige Standortbestimmung[11] durch die Anerkennung gemeinsamer Vorstellungen[12]. Identität einer Person kann sich nur entwickeln, wenn der eigene historische Lebensentwurf in die übergeordnete Realität der Gesamtgesellschaft dauerhaft integriert werden kann[13].

Die Orientierungsfunktion von Geschichtsbewußtsein verleiht einer Gesellschaft durch den Rückgriff auf zukunftsfähige Traditionen und durch Entwicklung konkreter Zukunftsentwürfe erst die Zukunftsfähigkeit[14]. Weiterhin ermöglicht die Ausbildung von Geschichtsbewußtsein nicht nur den Aufbau einer eigenen Identität, sondern auch Identitätsvermittlung, Legitimationsbeschaffung und letztlich Handlungsbefähigung[15].

Der Prozeß der Aktualisierung und Deutung von Vergangenheit ist dabei immer wertend und selektiv. Geschichte wird zur »gegenwärtigen Geschichte«, da auch der Historiker an die Vergangenheit unter bestimmten, »von seiner eigenen gesellschaftlichen Situation bedingten Gesichtspunkten herantritt und diese mit einer bestimmten, ebenfalls unter gegenwärtigen Aspekten geformten Begrifflichkeit erfaßt . . .«[16].

Geschichte ist die Grundsubstanz der Handlungs- und Orientierungsfähigkeit sozialer Systeme. Die je spezifische Ausdifferenzierung eines gesellschaftlichen Systems basiert auf der Ausdifferenzierung einer eigenen Geschichte[17]. Der unveränderliche Grundstoff in Gestalt der historischen Ereignisse ist dabei das Gerüst eines Identitätsgebäudes. Die Auskleidung, die jeweilige Ausgestaltung, sprich: Interpretation der Deutung der grundlegenden Fakten dagegen unterliegt einer Unzahl von Einflüssen, die letztlich das Geschichtsbewußtsein einer spezifischen Epoche ausmachen. Die Menschen ordnen die Welt, in der sie leben. Sie verbinden isolierte Fakten und konstruieren so ihre soziale Umwelt. Dabei werden die Erfahrungen der Vergangenheit zum Auswahlkriterium für die Gegenwart. Unser Gedächtnis speichert erinnerungswürdige Sachverhalte: Geschichte begründet Identität. Identität ist ein allgemeines Informationsmuster zur Koordinierung des jeweiligen Akteurs mit seiner Umwelt. Sie ist eine allgemeine Form der Selbstdefinition, das Ergebnis eines Prozesses der Selbstzuschreibung vergangener Handlungen, gewissermaßen die Summe des Gedächtnismaterials , aber auch die Summe unserer Gegenwartsbeschreibungen wie unserer Zukunftserwartungen. Darin liegt die prinzipielle Änderungsmöglichkeit begründet, aber auch die kurz- und mittelfristig relativ hohe Stabilität. Identität wird zunächst nicht aus sich selbst heraus positiv beschrieben. Identität wird vielmehr in Abgrenzungen und Differenzierungen markiert – im Anderssein, im Verschiedensein gegenüber anderen. Man kann es auch auf einem davon differenzierten Weg ausdrücken: Identität ist die Summe unseres Orientierungswissens[18].

Bildlich gesehen ist Geschichte die formbare Knetmasse der Vergangenheit, die im Laufe der Zeit durch subjektive Interpretations- und Selektionsleistungen – auch durch Unterlassungen und durch Vergessen[19] – ihre gesellschaftsspezifische Form annimmt bzw. erhält. Geschichtsbewußtsein und Identität eines Individuums und einer Gesellschaft sind das Ergebnis der jeweiligen Identifikation über die eigene geschichtliche Individualität[20].

Bedeutsam ist die affektive Komponente im Wechselspiel der Beziehungen zwischen dem System und den Individuen. »An Symbolen, Bildern, Geschichtsvorstellungen wird die Gleichheit der Erfahrungen festgemacht; so ruht Geschichtsbewußtsein auf einem im emotionalen Bereich wurzelnden Gemeinsamkeitsverständnis und ist ein notwendiges Element der Bildung und des Bestandes menschlicher Gesellschaften.«[21]

Im politischen System und in der politischen Kultur einer Gesellschaft spielt Geschichtsbewußtsein eine elementare Rolle. Gerade die politische Kultur der Bundesrepublik Deutschland, die sich aufgrund der jüngsten Vergangenheit unter extrem schwierigen Rahmenbedingungen entwickelt hat, ist untrennbar an die Geschichte gekettet. Politische Kultur ist das Ergebnis einerseits der kollektiven Geschichte eines politischen Systems und der Lebensgeschichten der Mitglieder dieses Systems[22].

Die politische Kultur eines Staates repräsentiert einen Teil des »kollektiven Gedächtnisses der Nation(en)«[23]. Geht man davon aus, daß sich nationale Selbstverständnisse immer auch in bezug auf historische Ereignisse formieren, »die dabei häufig verformt, heroisiert oder sakralisiert werden«, da »doch aus ihnen ein positiver kollektiver Selbstwert entstehen« soll, so liegt für die Bundesrepublik genau der umgekehrte Fall vor[24]. Der Nationalsozialismus stellt ein extrem negatives und negativ bewertetes Bezugsereignis dar, das für die Bundesrepublik Deutschland von konstitutiver Bedeutung wurde und ihrer Entstehung kausal vorausgeht[25]. Nur vor dem Hintergrund der Kenntnis des kausalen Zusammenhangs von Geschichtsbewußtsein und politischer Kultur wird die Gegenwart der Vergangenheit, die permanente Selbstverortung und Selbstreferenz auf den Nationalsozialismus in der Bundesrepublik Deutschland deutlich.

III. Die achtziger Jahre: Die Gegenwart des Nationalsozialismus

Den von den Nazis propagierten historischen Zerrbildern, die in ihrem Rassismus und in ihrer Intoleranz noch über das Ende der Diktatur hinaus nachwirkten[26], folgte mit den fünfziger Jahren eine als geschichtslos charakterisierte Epoche. Dieser scharfe Befund erweist sich jedoch bei näherem Hinsehen als unzutreffend. Die unmittelbare Vergangenheit des Nationalsozialismus wurde aus der Sicht der fünfziger Jahre vorwiegend in ihren problematischen und schuldbehafteten Aspekten verdrängt[27]. Davon zeugt das in Illustrierten der späten vierziger und fünfziger Jahre verbreitete Phänomen, die Geschichte des Dritten Reiches und – getrennt davon – die Geschichte des Zweiten Weltkrieges nachzuerzählen. Dabei wurden tendenziell diejenigen Ereignisse, Entwicklungen und Strukturen der Vergangenheit verdrängt, die sich nicht mit der generellen Haltung des »Davon haben wir nichts gewußt« in Einklang bringen ließen. Die individuelle Mit-Schuld, das Mit-Wissen und das Mitläufertum wurden vergessen und verdrängt, während in Kriegsberichterstattungsserien und »Tatsachenberichten« über das Dritte Reich die negativen – nicht zu leugnenden – Fakten als externe Vergangenheit aktiviert und Kriegserlebnisse schon bald glorifiziert wurden[28]. Der schuldbeladene Teil der Vergangenheit blieb mental eingekapselt. Die Dynamik und der Elan der Menschen in den fünfziger Jahren richtete sich auf den Wiederaufbau. Über den Trümmerfeldern des Zweiten Weltkrieges war der Hunger nach Wohlstand und nach Wohlergehen gewachsen, nicht der Hunger nach großen geistigen Entwürfen und Theorien. Wer wollte schon die errungene Freiheit wieder aufs Spiel setzen, und wer wollte nicht alle Anstrengungen unternehmen, um Not und Elend möglichst bald hinter sich zu lassen? Handfestes Zupacken war gefragt, nicht Theoretisieren, Moralisieren, Reflektieren. Die Bilanz der fünziger Jahre war eine ökonomische Erfolgsgeschichte. Doch trotz des unübersehbaren Stolzes auf den wirtschaftlichen Erfolg und auf das damit verbundene neue internationale Ansehen wollte sich bei den Deutschen kein Selbstbewußtsein einstellen, das ohne tiefe Selbstzweifel gewesen wäre.

Die sechziger Jahre tragen das Signum der Veränderung, eine durchgängige, konsistente Charakterisierung ist fast unmöglich, wollte man nicht eine Verlaufsgeschichte erstellen. Der Ost-West-Konflikt erlebte mit dem Bau der Mauer einen neuen Höhepunkt, die Ära Adenauer ging zu Ende, und die Studentenbewegung stellte erstarrte Strukturen und unkritisch hingenommene Traditionen mit einer in der Bundesrepublik Deutschland bisher nicht gekannten Radikalität in Frage. Der im Jahre 1964 seinen Höhepunkt erreichende Streit unter Historikern und Publizisten[29] um die Frage nach der Schuld am Ausbruch des Ersten Weltkrieges markierte einen ersten Wegpunkt des sich verändernden Umgangs mit der deutschen Vergangenheit. Der Hamburger Historiker Fritz Fischer revidierte die traditionelle Auffassung der deutschen Historiographie, derzufolge alle europäischen Staaten gleichermaßen am Kriegsausbruch beteiligt waren. Zum zentralen Streitpunkt wurde die Frage nach der deutschen Schuld und damit nach der Kontinuität in der jüngsten deutschen Geschichte. Gerade Fischer hat mit seinen tabubrechenden Thesen zur kritischen Auseinandersetzung mit der Vergangenheit angeregt, besonders zur sozialgeschichtlichen Analyse der deutschen politischen Traditionen und Strukturen seit dem 19. Jahrhundert.

Die jeweils eigene Schuld, und sei es auch nur in Form des geleugneten Mitwissens derjenigen, die den Nationalsozialismus noch miterlebt hatten, und der ganze verdrängte Komplex der Nazi-Verbrechen wurde im Verlauf der Auschwitz-Prozesse schmerzhaft in Erinnerung gerufen. Die Verjährungsdebatte des Jahres 1965 mobilisierte und sensibilisierte ein weiteres Mal die Öffentlichkeit für die problematische eigene Vergangenheit. Der langwierige Streit um die Notstandsgesetzgebung und die Studentenrevolte am Ende der sechziger Jahre stellten die eigentlichen Höhepunkte der politischen Auseinandersetzungen dar. Die Frage nach einem Zusammenhang zwischen der Verdrängung der Vergangenheit und dem Protest[30] der Jugend ist kaum zu beantworten. Ob der große zeitliche Abstand von 1945 die Aufarbeitung erst verstärkt ermöglichte[31] oder ob die junge Generation nunmehr den Widerstand stellvertretend für die Eltern und Großeltern nachholte – keine der Interpretationen ist für sich plausibel genug, die Heftigkeit und Radikalität der Proteste zu erklären.

In der Geschichtsforschung wurde ein Paradigmenwechsel[32] eingeläutet. Bis dahin gültige und verbreitete Deutungen der Vergangenheit und Methoden der Geschichtsforschung erfuhren weitreichende Umbewertungen und Wandlungen.

Sozial- und Alltagsgeschichte[33] gewannen an Bedeutung. Am Beispiel der Widerstandsforschung zeigte sich Mitte der sechziger Jahre der Wechsel der Perspektive[34]. In neueren Arbeiten wurde die Legitimität des Widerstands nicht mehr bezweifelt, auch rückte zunehmend der alltägliche »kleine« Widerstand der Menschen in den Vordergrund des Interesses.

Gleichzeitig jedoch waren die sechziger Jahre eine Epoche der Visionen, der unbegrenzten Zuversicht in die Problemlösungskapazität und Gestaltungskraft der modernen Technik. Das eindrucksvollste Beispiel hierfür war die Ankündigung des amerikanischen Präsidenten John F. Kennedy, noch in den sechziger Jahren Menschen auf den Mond zu bringen. Die ausklingenden sechziger und die beginnenden siebziger Jahre brachten schließlich den politischen Aufbruch, mit großen emotionalen Investitionen, mit weitgesteckten Hoffnungshorizonten. Die Ostpolitik der Regierung Willy Brandts und die internationale Entspannungspolitik, die in die KSZE-Konferenz von 1975 mündete, schienen das alte, auf Gegnerschaft beruhende Ost-West-Denken einer neuen Qualität zuzuführen. Innenpolitisch war es die Zeit der Reformen mit hohen Erwartungen an die Fähigkeit der Politik zur Glücksvermittlung. Demokratisierung, antiautoritäre Erziehung, Emanzipation und Liberalisierung waren die Schlagwörter der Zeit.

Die Erdölkrise jedoch leitete eine Veränderung der allgemeinen Bewußtseinslagen ein. Die Grenzen des Wachstums, überhaupt die Grenzen des technisch Machbaren und die Begrenztheit der Rohstoffe stellten eine neuartige Erfahrung dar. In der Geschichtswissenschaft der siebziger Jahre wurden die in den sechziger Jahren begonnenen Entwicklungen fortgeschrieben. Sozial- und Alltagsgeschichte, Strukturgeschichte und Geschichtsdidaktik waren die Felder der siebziger Jahre. Im Jahre 1979 zeigte das deutsche Fernsehen den mehrteiligen amerikanischen Spielfilm ›Holocaust‹. Schon im Vorfeld der Ausstrahlung der Serie wurde ein allgemeines Unbehagen deutlich, angesichts der kommerziellen Aufbereitung dieses hochsensiblen Themas, das der Serie in deutschen Tages- und Wochenzeitungen fast durchgängig das Etikett »umstritten« eintrug. Der Film traf auf breite Resonanz in der Öffentlichkeit. Die direkt im Anschluß an die ›Holocaust‹-Ausstrahlung unter Beschuß geratene Historikerzunft sah sich ihrerseits unter öffentlichem Druck gezwungen, ihre bisherigen Leistungen einer selbstkritischen Bilanz zu unterziehen, schienen doch rund dreißigjährige Bemühungen um seriöse Aufklärung mit dem Erfolg von ›Holocaust‹ schlagartig in Frage gestellt. Zwar wies man den pauschalen Vorwurf, der Endlösung generell zu wenig Aufmerksamkeit geschenkt zu haben, von sich, kam jedoch nicht umhin, grundsätzliche Defizite einzuräumen, die eine ereignisgeschichtliche Darstellung und damit auch die Möglichkeit des Nachvollziehens bis dahin verhindert hatten.

Die eminent politische Bedeutung von Geschichtsbewußtsein in der Bundesrepublik Deutschland liegt auf der Hand, wenn man sich nur die hier genannten Beispiele von politischen Debatten um Geschichtsstoffe vor Augen hält. Damit aber werden zugleich die Forschungsdefizite zur Erfassung von Geschichtsbewußtsein offenkundig. Eine breite Palette von Beobachtungen im Rahmen der Politischen Kulturforschung könnte mit Hilfe einer entsprechenden Operationalisierung von Geschichtsbewußtsein erklärt werden. Das Deutungspotential eines Ansatzes, der Geschichtsbewußtsein als politischen Faktor in präzise Hypothesen und dann möglicherweise weitergehende Aussagen gießen könnte, hätte jedoch nicht nur politische und gesellschaftliche Aussagekraft, sondern auch wissenschaftstheoretische Implikationen. Die bisherigen Arbeiten zum Thema Geschichtsbewußtsein beruhen methodologisch mehr oder weniger auf einer zeitgemäßen Weiterentwicklung der »Geschichtsbild-Forschungen« des späten 19. und frühen 20. Jahrhunderts. Die Geschichtsdidaktik hat u. a. dazu beigetragen, daß sich in der Geschichtswissenschaft der Begriff des Geschichtsbewußtseins eingebürgert hat. Die Ansprüche, die Geschichtsbewußtsein als Erklärungskategorie an den »Anwender« stellt, wurden bisher jedoch nicht ausreichend befriedigt. Die Forschungslage zum Geschichtsbewußtsein in der Bundesrepublik Deutschland ist zum einen gekennzeichnet durch eine Fülle von Kurzbeiträgen, die eher hermeneutisch-intuitiv Thesen zum Geschichtsbewußtsein aufzeigen. Andererseits muß das vollständige Fehlen von aussagekräftigem und validem empirischen Datenmaterial festgestellt werden. In bezug auf die empirisch-sozialwissenschaftliche Überprüfung der in vielen Kurzmonographien aufgestellten Aussagen zum Geschichtsbewußtsein erweist sich das Problemfeld als ein weißer Flecken auf der wissenschaftlichen Landkarte. Die wenigen Zeitreihen, die generell geringe Menge erhobenen Materials und die Unterschiedlichkeit der jeweils aktuellen tagespolitischen und fragebogenspezifischen Kontexte erschweren eine fundierte Interpretation nach wissenschaftlichen Kriterien. Daher ist eine methodische Abklärung und die anschließende Erfassung des empirischen Datenmaterials zum Thema Geschichtsbewußtsein geboten, damit so in gesicherter Form ein umfassender Einblick in die Sphäre der historisch-politischen Einstellungen der Bevölkerung in der Bundesrepublik bzw. in ganz Deutschland gewonnen werden kann.

Drei zentrale Entwicklungen, welche die aktuellen Probleme der Deutschen mit ihrer Vergangenheit beispielhaft widerspiegeln, sollen im folgenden aufgezeigt werden:

1. Eingeleitet wurden die Debatten der achtziger noch in den ausgehenden siebziger Jahren mit der Auseinandersetzung um das Medienereignis ›Holocaust‹.

Gleichzeitig erlebten historische Ausstellungen wie die Staufer-Ausstellung in Stuttgart im Jahre 1976 und wie entsprechende – gleichermaßen stark in der Öffentlichkeit registrierte und diskutierte – Veranstaltungen einen vorher nicht gekannten Besucherzustrom. Die Preußen-Ausstellung in Berlin 1981 und die breite öffentliche Präsenz der Thematik löste neue und alte Diskussionen beispielsweise um die Bedeutung Preußens für den Aufstieg des Nationalsozialismus oder um die Frage nach der Kontinuität der deutschen Geschichte aus. »Die Aktualität Preußens«[35] spiegelte sich in vielen Veröffentlichungen wider, deren jeweilige Titel fast schon Programm waren für die Art der Beschäftigung mit Preußen: »Preußen ist wieder chic . . .«[36], aber: »Preußen ohne Legende«[37].

Das neuerwachte Interesse an Preußen war bestimmt durch zwei unterschiedliche Aspekte. Die Medienpräsenz Friedrichs des Großen und seiner Epoche vor allem im Rahmen einer Reihe von Fernsehsendungen und die großen Besucherzahlen der Preußen-Ausstellung in Berlin lassen auf ein sehr allgemein kulturell-historisches Interesse am Thema schließen. Der Trend, Geschichte aufregend und erlebnisorientiert in Museen bzw. aufwendig gestalteten Sonderausstellungen zu präsentieren, räumte der Ästhetik – gegenüber der reinen Information – einen vergleichsweise hohen Stellenwert ein. Demgegenüber standen die Überlegungen und Veröffentlichungen von Publizisten, Politikern und Fachhistorikern zur generellen Bedeutung Preußens in der Gegenwart. Die preußische Geschichte und Politik wurde umfassend in ihren – aus heutiger Sicht – positiven und negativen Aspekten und Entwicklungen zur Diskussion gestellt. Die Urteile fielen naturgemäß unterschiedlich aus. Der Streit beinhaltete die sogenannten preußischen Tugenden und die Bedeutung Preußens für die deutsche Geschichte. Zwei Faktoren wurden angeführt, welche als Ursachen für die als fatal eingestuften Wirkungen heute negativ beurteilter Preußenklischees angesehen werden. Dies sind einmal als preußisch bezeichnete Traditionen, welche scheinbare oder tatsächliche Kontinuität in der deutschen Geschichte zeigen. Gemeint sind Untertanenmentalität, Autoritätsgläubigkeit und unbedingte Pflichterfüllung, die zusammen mit dem preußischen Militarismus sowohl den Antimodernismus des Kaiserreichs begründeten und unterstützten und als ursächlich – neben anderem – für die Erfolgsmöglichkeit des Nationalsozialismus betrachtet werden. Preußens »inhaltsleerer Nationalismus«[38], Hierarchiedenken[39] und soziale Militarisierung[40], all dies führte zwar nicht in einer direkten Linie – sozusagen zwangsweise – zu Hitler und dem Nationalsozialismus, habe aber sicherlich einen entscheidenden Teil dazu beigetragen. Die Bedeutung preußischer Tradition und Verhaltensweisen und die Auswirkungen preußischer Expansionspolitik auf die Entwicklung der Geschichte des 20. Jahrhunderts können in der Literatur zwar unter manchen Aspekten nachvollzogen, aber wohl nicht endgültig aufgeklärt werden. Daß sich die Historiker und die Öffentlichkeit dennoch um das Erbe Preußens streiten, spiegelt die allgemeine ambivalente Einstellung gegenüber dem Preußentum wider, die auch Richard von Weizsäcker in seiner Rede zum 200. Todestag Friedrichs des Zweiten deutlich gemacht hat[41].

2. Am Beispiel der Entstehung und Entwicklung der sogenannten neuen Geschichtsbewegung sollen die Veränderung und vor allem die neue Qualität in der Beschäftigung mit Geschichte gezeigt werden. Die neue Geschichtsbewegung umfaßt inhaltlich ein weites Spektrum von Personen und Gruppen, die in Geschichtswerkstätten, in Rathäusern, in Bürgerinitiativen mit mehr oder weniger unkonventionellen Methoden Geschichte neu erforschen und neu schreiben. Diese Gruppen setzen sich zusammen sowohl aus Laienhistorikern oder sogenannten Barfußhistorikern als auch aus wissenschaftlichen Experten. Die Mischung ist oft sehr bunt. Mit dem Begriff »Alltag« und »Emanzipation« kann man die zentralen Anliegen der neuen Geschichtsbewegung zwar nicht präzise, aber doch annäherungsweise beschreiben. Aus den unterschiedlichsten Perspektiven und Motiven wird in vielen Fällen versucht, die je eigene Vergangenheit neu zu entdecken. Nicht der großen Politik, nicht der Politikgeschichte gilt das Interesse, sondern dem Alltag der Menschen in seiner jeweiligen regionalen, stadtteilspezifischen oder schichtspezifischen Eigenheit. Einige Überschriften aus einer Publikation zu dem Thema[42] mögen exemplarisch die inhaltliche Vielfalt, aber vor allem auch den Perspektivenwechsel, der sich dabei vollzieht, aufzeigen: »Grabe, wo du stehst; Leben im Dorf; Reise in die Provinz; Berliner Straßengeschichten; Die Fabrik; Dienstmädchen-Legenden; Eine Sinti-Familie erzählt; Rebellische Volksliteratur; Mit Fotos arbeiten.« Die veränderte Sichtweise wird überdeutlich. Durch die Rekonstruktion des Alltags in seinem Facettenreichtum sollen die Lebensbedingungen und gruppenspezifischen Lebensweisen der Menschen in den Vordergrund des Interesses gerückt werden. Die mühsame Erarbeitung von Details aus der sozialen Realität vergangener Epochen ist für die Betreffenden deshalb so wichtig, weil durch diese Rekonstruktionsleistungen die jeweils eigene Vorgeschichte erfahrbar gemacht wird. Die historischen Bedingungen der eigenen

jetzigen Existenz, die geschichtlichen Entwicklungslinien, die die jetzige eigene Lebenslage mitbestimmen und mitgeformt haben, werden bewußt neben die Politikgeschichte gestellt, um der historischen Realität und Vielfalt gerecht zu werden. Im Rahmen dieser Entwicklungen werden nicht nur subjektive historische Teilrealitäten – im Gesamtbild aller vergangenen Ereignisse und Fakten – erarbeitet, sondern auch häufig das Bild des einfachen Lebens positiv gezeichnet. Dies kann dann durchaus als Utopie-Kompensat[43] gesehen werden. Aufgrund immer differenzierter und unübersichtlicher werdender sozialer Strukturen zeigt sich die Selbst-Erfahrung des einzelnen als überforderte Existenz inmitten einer sich immer schneller wandelnden Umwelt. Die Rekonstruktion und Musealisierung einfacher Lebenszusammenhänge stellen damit sowohl Kompensationen als auch Versuche von Emanzipation dar. Emanzipation meint die Gleichberechtigung der Sichtweisen: der Geschichte »von unten« als auch der Geschichte »von oben«.

Ein wichtiges Themenfeld der Arbeiten im Rahmen der neuen Geschichtsbewegung ist die Beschäftigung mit dem Nationalsozialismus. Auch in diesem Bereich steht die Rekonstruktion des Alltags im Dritten Reich im Vordergrund gegenüber der Nacherzählung der großen Strukturen. Zum Alltag[44] zählt beispielsweise »Der vergessene Widerstand«[45] von bisher unbekannten Gruppen im Nationalsozialismus, aber auch die Vergangenheit von Vereinen und Gewerkschaften[46]. Die Gegenwart der NS-Zeit wird nirgends deutlicher als bei dem Versuch, die jeweils eigene Lebenswelt bzw. die der Väter und Großväter in der Zeit von 1933 bis 1945 zu beschreiben. Die Geschichte der Nazi-Herrschaft ist bekannt. Das Interesse am Alltag im »tausendjährigen Reich« mag in der immer noch nicht vollständig beantworteten Frage liegen, wie es dazu kommen konnte.

3. Als letztes Beispiel für die Bedeutung der nationalsozialistischen Vergangenheit in der politischen Kultur der Bundesrepublik Deutschland soll der sogenannte Historikerstreit des Jahres 1986 angeführt werden. Dabei soll jedoch nicht die Diskussion inhaltlich wiedergegeben werden, dies ist bereits vielfach in entsprechenden Veröffentlichungen geschehen[47]. Es geht lediglich darum, den Historikerstreit in den Gesamtzusammenhang der hier angesprochenen Probleme einzuordnen. Die zentralen und strittigen Punkte dieser Debatte waren die Fragen nach der Vergleichbarkeit des Holocaust, nach der Einzigartigkeit dieser Verbrechen in der Geschichte und die Frage nach den Ursachen des Massenmordes an den Juden. Diese drei Fragen betreffen wiederum zwei grundlegende Probleme der Deutschen mit ihrer Geschichte. Erstens: Nach 1945 war das Verhältnis der Deutschen zu ihrer Vergangenheit deutlich gestört. Der Nationalsozialismus hatte – über seine eigene Geschichte hinaus – vieles an Traditionen und Gedankengut diskreditiert, was bis dahin den Grundstoff der Identität der Deutschen ausmachte. Selbst »die zustimmungsfähigen Traditionen der deutschen Geschichte sind nicht als gemeinsames Erbe anerkannt; darunter leidet die Identität«[48]. Bedenklich wäre es jedoch, daraus die Schlußfolgerung zu ziehen, daß praktisch alle gegenwärtigen Probleme der politischen Kultur einer mangelhaften nationalen Identität zuzuschreiben seien[49]. Zweitens: Der Historikerstreit zeigt, daß auch heute noch nicht geklärt ist, welchen Platz der Nationalsozialismus im Selbstverständnis und im öffentlichen Leben der Deutschen einnehmen soll. Eine Historisierung des Nationalsozialismus[50] hat in der Bundesrepublik Deutschland noch nicht stattgefunden.

Die Wirklichkeit als Kondensat von Geschichte und Politik – daraus läßt sich ein einfacher Satz ableiten, der so einfach ist, daß er schon fast zu einer Platitüde zu werden droht: Niemand entkommt seiner Zeit. Man könnte auch sagen: Niemand entkommt der Geschichte und niemand entkommt der Politik. In Geschichte und Politik ist keine Frage endgültig beantwortet, aber auch kein Konflikt, keine Idee, keine Illusion, keine Legende endgültig verloren gegangen. Das Wissen darum ist unwichtig und wichtig zugleich: unwichtig, weil sich die Geschichte nicht gleichförmig wiederholt und weil sie keine Rezeptblätter für morgen bereithält. Wichtig, weil nichts dafür spricht, daß jede Generation infantil beginnt und die alten Fehler wiederholt. Wichtig auch, damit wir nicht einem Mythos von Identität nachjagen, der die Idylle und Harmonie des Ganzen verspricht. Die heute feststellbare Sehnsucht nach Geschichte ist ein Indiz für einen neuen Verständigungsbedarf in unserer Gegenwartsgesellschaft. Die politische Brisanz, die in diesem Phänomen steckt, sollte niemand unterschätzen.

Anmerkungen

1 Vgl. dazu: Geschichtsbewußtsein der Deutschen. Materialien zur Spurensuche einer Nation, hrsg. v. Werner Weidenfeld, Köln 1987, bes. S. 13–35.
2 Martin Broszat, Die Ambivalenz der Forderung nach mehr Geschichtsbewußtsein, in: Hermann Graml/Klaus-Dietmar Henke, Nach Hitler. Der schwierige Umgang mit unserer Geschichte. Beiträge von Martin Broszat, München 1986, S. 310–324, hier S. 312.
3 Siehe Die Zeit, Nr. 5 vom 26. 1. 1990.
4 Das braune Schleswig-Holstein, in: ebd.
5 Thomas M. Ruprecht, Gewissen auf verlorenem Posten, in: ebd.
6 Vgl. Hans Joachim Müller, Die Entsorgung des Kunsttempels, in: ebd.
7 Vgl. Karl-Ernst Jeismann, Geschichtsbewußtsein, in: Handbuch der Geschichtsdidaktik, hrsg. v. K. Bermann u. a., 3. Aufl., Düsseldorf 1985, S. 40–44, hier S. 40.
8 Vgl. Jörn Rüsen, Geschichtsbewußtsein und menschliche Identität, in: Aus Politik und Zeitgeschichte, B 41/84, S. 3–10, hier S. 4.; vgl. Karl-Ernst Jeismann, Verlust der Geschichte? Zur gesellschaftlichen und anthropologischen Funktion des Geschichtsbewußtseins in der gegenwärtigen Situation, in: ders., Geschichte als Horizont der Gegenwart, Paderborn 1985, S. 11–27, hier S. 12f.
9 Vgl. Jörn Rüsen, Historische Vernunft. Grundzüge einer Historik I: Die Grundlagen der Geschichtswissenschaft, Göttingen 1983, S. 49. Dabei geht es auch nicht um eine objektive Reproduktion und Einordnung der für die Alltagsorientierung notwendigen Ereignisse, es geht nicht um »abstrahierbare historische Wahrheitsfindung, vielmehr um das Sich-Zurecht-Finden in bestimmten Lebenssituationen«. Zit. nach Rolf Schörken, Geschichte im Alltag. Über einige Funktionen des trivialen Geschichtsbewußtseins, in: Geschichte in Wissenschaft und Unterricht, 30 (1979) 2, S. 73–89, hier S. 75.
10 Vgl. Werner Weidenfeld, Die Suche nach der Identität: ein deutsches Problem?, in: ders. (Hrsg.), Nachdenken über Deutschland, Köln 1987[2], S. 89–100, hier S. 91.
11 Vgl. Niklas Luhmann, Identitätsgebrauch in selbstsubstitutiven Ordnungen, besonders Gesellschaften, in: ders., Soziologische Aufklärung, Bd. 3, Opladen 1981, S. 198–228.
12 Vgl. Klaus Bergmann, Identität, in: Handbuch der Geschichtsdidaktik (Anm. 7), S. 29–36, hier S. 29.
13 Vgl. J. Rüsen, Geschichtsbewußtsein und menschliche Identität (Anm. 8).
14 Vgl. Ernst Bloch, Gibt es Zukunft in der Vergangenheit?, in: L. Reinisch (Hrsg.), Vom Sinn der Tradition, München 1970, S. 17ff.; Karl-Ernst Jeismann, Tradition, in: Handbuch der Geschichtsdidaktik (Anm. 7), S.18ff.

15 Vgl. ders. ebd.
16 Wolfgang J. Mommsen, Gesellschaftliche Bedingtheit und gesellschaftliche Relevanz historischer Aussagen, in: Eberhard Jäckel/Ernst Weymar (Hrsg.), Die Funktion der Geschichte in unserer Zeit, Stuttgart 1975, S. 208–225, hier S. 209.
17 Vgl. Niklas Luhmann, Einfache Sozialsysteme, in: ders., Soziologische Aufklärung 2, 3. Aufl., Opladen 1986, S. 21–39, hier S. 26.
18 Vgl. Hermann Lübbe u. a., Der Mensch als Orientierungswaise?, München 1982.
19 Vgl. dazu N. Luhmann (Anm. 17).
20 Vgl. Hermann Lübbe, Geschichtsbegriff und Geschichtsinteresse. Analytik und Pragmatik der Historie, Basel–Stuttgart 1977, S. 146.
21 K.-E. Jeismann, Geschichtsbewußtsein, (Anm.7), S.40.
22 Vgl. Lucian W. Pye, Aspects of political development, Boston 1968, S. 46.
23 Martin und Silvia Greiffenhagen, Ein schwieriges Vaterland. Zur politischen Kultur Deutschlands, Frankfurt a.M. 1981, S. 19.
24 M. Rainer Lepsius, Das Erbe des Nationalsozialismus und die politische Kultur der Nachfolgestaaten des »Großdeutschen Reiches«, in: Kultur und Gesellschaft. Verhandlungen des 24. Deutschen Soziologentags, des 11. Österreichischen Soziologentags und des 8. Kongresses der schweizerischen Gesellschaft für Soziologie in Zürich 1988, hrsg. v. M. Haller u. a., Frankfurt–New York 1989, S. 247–265, hier S. 247f.
25 Vgl. ebd.; erste aktuelle Erhebungen der Forschungsgruppe Deutschland der Universität Mainz zum Geschichtsbewußtsein in der ehemaligen DDR deuten darauf hin, daß dort im Gegensatz zur alten Bundesrepublik der Nationalsozialismus weniger im Vordergrund steht. Die Aufarbeitung der unmittelbaren Vergangenheit der DDR dominiert scheinbar das historische politische Bewußtsein der Befragten. Die in diesem Beitrag aufgezeigten Ergebnisse und Beobachtungen betreffen die Bundesrepublik Deutschland ohne die fünf neuen Bundesländer.
26 Siehe dazu die Einstellungen und Meinungen der Deutschen in der Zeit von 1945–1955 in: Anna J. Merritt/Richard L. Merritt (eds.), Public Opinion in occupied Germany. The OMGUS Surveys 1945–1949, Urbana u. a. 1970, und: dies. (eds.), Public Opinion in semisovereign Germany. The HICOG Surveys 1949–1955, Urbana u. a. 1980.
27 Siehe dazu das unveröffentlichte Arbeitspapier von Felix Ph. Lutz/Werner Weidenfeld, Prägestempel: Die 50er Jahre. Wir wollen Demokraten sein, Mainz 1988; ebenfalls dazu die Analyse von Michael Schornstheimer, Bombenstimmung und Katzenjammer. Vergangenheitsbewältigung: Quick und Stern in den 50er Jahren, Köln 1989.
28 Beispielhaft dafür die Überschrift zu einer Serie zur Geschichte des Dritten Reiches in der Zeitschrift »Neue Frankfurter Illustrierte« 1 (1948 1): »Der spannendste Tatsachenbericht der Welt: Das haben wir nicht gewußt!»
29 Siehe dazu Hans Mommsen, Haupttendenzen nach 1945 und in der Ära des Kalten Krieges, in: Bernd Faulenbach (Hrsg.), Geschichtswissenschaft in Deutschland. Traditionelle Positionen und gegenwärtige Aufgaben, München 1974, S. 112–121; Fritz Fischer, Deutsche Kriegsziele, Revolutionierung und Separatfrieden im Osten 1914–1919, in: Historische Zeitschrift, Nr. 108, 1959, S. 249–310, außerdem: ders., Der Erste Weltkrieg und das deutsche Geschichtsbild. Beiträge zur Bewältigung eines historischen Tabus, Düsseldorf 1977.
30 Siehe hierzu Peter Graf Kielmansegg, Lange Schatten. Vom Umgang der Deutschen mit der nationalsozialistischen Vergangenheit, Berlin 1989, bes. S.75ff.
31 Vgl. dazu ebd., nach Hermann Lübbe, Der Nationalsozialismus im deutschen Nachkriegsbewußtsein, in: Historische Zeitschrift, Nr. 236, 1983, S. 587ff.
32 Siehe hierzu Rudolf Vierhaus, Geschichtsbewußtsein in Deutschland, in: Werner Weidenfeld/Hartmut Zimmermann (Hrsg.), Deutschland-Handbuch. Eine doppelte Bilanz 1949–1989, München 1989, S. 86–99, hier S. 91.
33 Vgl. dazu die Veröffentlichungen im Rahmen des von Martin Broszat geleiteten Forschungsprojekts: ders./Elke Fröhlich/Falk Wiesemann (Hrsg.), Bayern in der NS-Zeit. Soziale Lage und politisches Verhalten der Bevölkerung im Spiegel vertraulicher Berichte, 6 Bde., München 1977–1983.

34 Beispielhaft Walter Schmitthenner/Hans Buchheim (Hrsg.), Der deutsche Widerstand gegen Hitler; vier historisch-kritische Studien von Hermann Graml/Hans Mommsen/Hans-Joachim Reichhardt/Ernst Wolf, Köln/Berlin 1966; Kurt Klotzbach/Hans-Josef Steinberg, Gegen den Nationalsozialismus. Widerstand und Verfolgung in Dortmund 1930–1945, Hannover 1969.

35 So der Titel eines Buches von Martin Greiffenhagen mit dem Untertitel: Fragen an die Bundesrepublik, Frankfurt 1981.

36 Hans-Ulrich Wehler, Preußen ist wieder chic ... Politik und Polemik in zwanzig Essays, Frankfurt a.M. 1983.

37 Sebastian Haffner, Preußen ohne Legende, Hamburg 1981.

38 Vgl. Martin Greiffenhagen (Anm. 35), S. 134.

39 Ebd. S. 117.

40 Vgl. Hans-Ulrich Wehler (Anm. 36), S. 13.

41 Siehe Richard von Weizsäcker, Friedrich der Große und der Mißbrauch eines Mythos. Ansprache in Berlin zum 200. Todestag des Preußenkönigs, abgedruckt in: Bulletin Nr. 94 vom 19. August 1986, Presse- und Informationsamt der Bundesregierung, Bonn, S. 785–791.

42 Siehe dazu auch den Beitrag von Hannes Heer/Volker Ullrich, Die »neue Geschichtsbewegung« in der Bundesrepublik. Antriebskräfte, Selbstverständnis, Perspektiven, in: dies. (Hrsg.), Geschichte entdecken. Erfahrungen und Projekte der neuen Geschichtsbewegung, Reinbek bei Hamburg 1985, S. 9–37. Die Überschriften sind derselben Publikation entnommen.

43 Vgl. Hermann Lübbe, Erfahrungsverluste und Kompensationen, in: ders., Die Aufdringlichkeit der Geschichte. Herausforderungen der Moderne vom Historismus bis zum Nationalsozialismus, Graz u. a. 1989, S. 105–120, hier S. 108.

44 Siehe dazu den Beitrag von Detlev Peukert, Der braune Alltag, in: H. Heer/V. Ullrich (Hrsg.) (Anm. 42), S. 217–222.

45 Vgl. Gisela Wenzel, Der vergessene Widerstand, in: ebd., S. 223–231.

46 Siehe dazu Frank Schmitt, Ein Pfadfinderbezirk erforscht seine Geschichte. Würzburger Georgspfadfinder in schwerer Zeit 1933 bis 1945, in: Gerhard Paul/Bernhard Schoßig (Hrsg.), Die andere Geschichte. Geschichtswerkstätten, Köln 1986, S. 112–131; Klaus Lohnstein, »Damit die nicht machen, was sie wollen«. Die IG-Metall-Verwaltungsstelle Wetzlar auf den Spuren der örtlichen Arbeiterbewegung, in: ebd. S. 168–117.

47 Zum Historikerstreit siehe ausführlich die folgenden Veröffentlichungen und Dokumentationen: Eberhard Jäckel, Faktisches Prius und kausaler Nexus. Trübes Verwirrspiel um den Mord an den Juden, in: ders., Umgang mit Vergangenheit. Beiträge zur Geschichte, Stuttgart 1989, S. 69–77; Jürgen Habermas, Eine Art Schadensabwicklung, Frankfurt 1987; Hans-Ulrich Wehler, Entsorgung der deutschen Vergangenheit? Ein polemischer Essay zum »Historikerstreit«, München 1989; Reinhard Kühnl (Hrsg.), Vergangenheit, die nicht vergeht, Köln 1987; »Historikerstreit«. Die Dokumentation der Kontroverse um die Einzigartigkeit der nationalsozialistischen Judenvernichtung, München 1987; Thomas M. Gauly (Hrsg.), Die Last der Geschichte. Kontroversen zur deutschen Identität, Köln 1988.

48 Thomas Nipperdey, Die deutsche Einheit in historischer Perspektive, in: ders., Nachdenken über die Deutsche Geschichte. München 1986, S. 206–218, hier S. 216.

49 Ebd. S. 117, sieht in der fehlenden nationalen Identität die Ursache für »die politische Labilität unserer politischen Kultur und unseres seelischen und intellektuellen Gleichgewichts, für die Krisen – und Moden – und Hysterieanfälligkeit, für die seltsame Mischung von Unbehagen, Weltangst, Welttrauer einerseits und realem Wohlergehen, relativem Glück andererseits, für die (...) Verschärfung des Generationenkonflikts und die Radikalität des Wertwandels (...) für die Erosion des demokratischen Grundkonsenses (...)«.

50 Siehe dazu Martin Broszat, Plädoyer für eine Historisierung des Nationalsozialismus, in: H. Graml/K.-D. Henke (Hrsg.) (Anm. 2), S. 159–174.

Die Autoren

BAUDISSIN, WOLF GRAF VON, Generalleutnant a. D., em. Professor für Politische Wissenschaft an der Universität Hamburg

BERGSDORF, WOLFGANG, Prof. Dr., Ministerialdirektor und Leiter der Abteilung Inland im Presse- und Informationsamt der Bundesregierung, Bonn

BRACHER, KARL DIETRICH, em. o. Professor, Dr. Dr. h. c. mult., Seminar für Politische Wissenschaft der Universität Bonn

BREDOW, WILFRIED FREIHERR VON, Dr., Professor für Politische Wissenschaft an der Universität Marburg

BURDICK, CHARLES, em. Professor of History, San Jose State University, Cal., Oberstleutnant d. Res.

DASCHITSCHEW, WJATSCHESLAW, Prof. Dr., Abteilungsleiter im Institut der Akademie der Wissenschaften für das sozialistische Weltwirtschaftssystem, Moskau

FUNKE, MANFRED, Dr., Priv. Doz., Studiendirektor am Seminar für Politische Wissenschaft der Universität Bonn

HACKE, CHRISTIAN, Dr., Professor für Internationale Politik an der Universität der Bundeswehr in Hamburg

JONCA, KAROL, Dr. habil., o. Professor für Rechtsphilosophie, Rechtsgeschichte und Wirtschaftsgeschichte an der Universität Wroclaw (Breslau)

KOCH, JUTTA, MA, Wissenschaftliche Mitarbeiterin und Doktorandin am Seminar für Politische Wissenschaft der Universität Bonn

LANGGUTH, GERD, Dr., Leiter der Vertretung der Kommission der Europäischen Gemeinschaften in der Bundesrepublik Deutschland; Lehrbeauftragter am Seminar für Politische Wissenschaft der Universität Bonn

LITTMANN, ULRICH, Dr., Geschäftsführender Direktor der Fulbright Kommission, Bonn-Bad Godesberg

MAIZIÈRE, ULRICH DE, General a. D., ehemals Generalinspekteur der Bundeswehr der Bundesrepublik Deutschland

MEYER, BIRGIT, Dr., MA, Professorin für Politikwissenschaft an der Fachhochschule für Sozialwesen Esslingen

MEYERS, REINHARD, Dr., MA, M. Phil., Professor für Internationale Politik und Außenpolitik an der Universität Münster

MÜLLER, KLAUS-JÜRGEN, Dr., Professor für Neuere Geschichte und Sozialgeschichte an der Universität der Bundeswehr in Hamburg

NISHIOKA, AKIRA, Professor und Abteilungsleiter am National Institute for Defense Studies, Government of Japan, Tokyo

PFEILER, WOLFGANG, Prof. Dr., Forschungsinstitut der Konrad-Adenauer-Stiftung Bonn/St. Augustin

PÖTTERING, HANS-GERT, Dr., Jurist, Mitglied des Europäischen Parlaments, Lehrbeauftragter an der Universität Osnabrück

PROEKTOR, DANIIL, Prof. Dr., Abteilungsleiter im Institut für Weltwirtschaft und Internationale Beziehungen, Moskau

RYSZKA, FRANCISZEK, Dr. habil., o. Professor an der Universität Warschau, Fakultät für Politische Wissenschaften

SCHEVEN, WERNER VON, Generalmajor, Stellvertreter des Befehlshabers Bundeswehrkommando Ost, Berlin-Strausberg

SCHULZ, EBERHARD, Prof. Dr., Stellvertretender Direktor des Forschungsinstituts der Deutschen Gesellschaft für Auswärtige Politik, Bonn

SCHWARZ, HANS-PETER, Dr., Professor für die Wissenschaft von der Politik und Zeitgeschichte, Direktor des Seminars für Politische Wissenschaft an der Universität Bonn

SCHWEITZER, CARL-CHRISTOPH, Dr., em. o. Professor für Politikwissenschaft an der Universität Bonn, Honorarprofessor an der Universität zu Köln

SMITH, ARTHUR L., Jr., Dr., Professor of History, California State University, Los Angeles

THIELEN, PETER G., Dr., em. o. Professor für Mittlere und Neuere Geschichte, Didaktik der Geschichte und Politische Bildung an der Universität Bonn

THOMAS, RÜDIGER, Arbeitsgruppenleiter »Publizistik« der Bundeszentrale für politische Bildung, Bonn

TOMALA, MIECZYSLAW, Prof. Dr., Abteilungsleiter am Institut für internationale Beziehungen, Warschau

TRZECIAKOWSKI, LECH, Dr. habil., Professor für Geschichte an der Universität Poznan (Posen)

WEIDENFELD, WERNER, Dr., Professor für Politikwissenschaft an der Universität Mainz; Koordinator für die deutsch-amerikanische zwischengesellschaftliche, kultur- und informationspolitische Zusammenarbeit

WEINBERG, GERHARD L., Dr., Professor of History, University of North Carolina at Chapel Hill

WITTE, BARTHOLD C., Dr., Ministerialdirektor, Leiter der Abteilung für Auswärtige Kulturpolitik im Auswärtigen Amt der Bundesregierung, Bonn